日本情报中的近代中国报刊史料汇编

第二册

秦绍德　主　编
许金生　副主编

复旦大学出版社

(秘)1924年5月6日

有关中国(附香港)报纸及通讯的调查

外务省情报部

定期调查报告　　（秘）1924年5月6日　　有关中国(附香港)报纸及通讯的调查

凡　　例

1. 本调查根据各公馆报告编纂，显示的是以1923年末为时点的调查内容，但此后至本书付梓为止，对于新刊、停刊的报刊等及其他变化之处进行了订正。
2. 统计表显示的仅仅是纯粹的报纸、通讯，对于官报类杂志等进行了省略。

有关中国(附香港)报纸及通讯的调查
目 录

东北地区 ……………………………… 432
大连 …………………………………… 432
　报纸、通讯及杂志 ………………… 432
辽阳 …………………………………… 432
　一、概况 …………………………… 432
　二、报纸 …………………………… 432
　三、通讯员 ………………………… 433
奉天 …………………………………… 433
　一、概况(含抚顺、本溪湖) ……… 433
　二、报纸、通讯及杂志 …………… 434
　三、通讯员 ………………………… 437
抚顺 …………………………………… 438
　一、报纸 …………………………… 438
　二、通讯员 ………………………… 438
本溪湖 ………………………………… 438
　一、报纸 …………………………… 438
　二、通讯员 ………………………… 438
牛庄 …………………………………… 438
　一、概况 …………………………… 438
　　1. 报纸 …………………………… 438
　　2. 通讯 …………………………… 439
　　3. 记者团体 ……………………… 439
　二、报纸 …………………………… 440
　三、通讯员 ………………………… 440
安东 …………………………………… 441
　一、概况 …………………………… 441
　二、报纸及杂志 …………………… 441
　三、通讯员 ………………………… 441
铁岭 …………………………………… 441
　一、概况(含开原) ………………… 441

　二、报纸 …………………………… 442
　三、通讯员 ………………………… 442
开原 …………………………………… 442
　报纸 ………………………………… 442
海龙 …………………………………… 443
　概况 ………………………………… 443
　附录:报纸调查表 ………………… 443
长春 …………………………………… 443
　一、概况(含四平街、公主岭) …… 443
　二、报纸 …………………………… 444
　三、通讯员 ………………………… 445
四平街 ………………………………… 446
　一、报纸 …………………………… 446
　二、通讯员 ………………………… 446
公主岭 ………………………………… 447
　通讯员 ……………………………… 447
农安 …………………………………… 447
　通讯员 ……………………………… 447
吉林 …………………………………… 447
　一、概况 …………………………… 447
　二、报纸 …………………………… 447
　三、通讯员 ………………………… 448
哈尔滨 ………………………………… 449
　一、概况 …………………………… 449
　　1. 俄文报纸 ……………………… 449
　　2. 中文报纸 ……………………… 450
　二、报纸、通讯及杂志 …………… 450
　三、通讯员 ………………………… 456
齐齐哈尔 ……………………………… 456
　一、概况(含黑河) ………………… 456

  1. 报纸 ……………………… 456
  2. 通讯员 …………………… 457
 二、报纸 ………………………… 457
黑河 …………………………………… 458
 报纸 ……………………………… 458
满洲里 ………………………………… 458
 一、概况 ………………………… 458
 二、报纸及通讯 ………………… 458
 三、通讯员 ……………………… 458
龙井村 ………………………………… 459
 一、报纸 ………………………… 459
 二、通讯员 ……………………… 459
局子街 ………………………………… 459
 一、概况 ………………………… 459
 二、通讯员 ……………………… 460
珲春 …………………………………… 460
 通讯员 …………………………… 460
百草沟 ………………………………… 460
 通讯员 …………………………… 460
赤峰 …………………………………… 460
 一、概况 ………………………… 460
 二、报纸 ………………………… 461

华北、西北等地区 ……………… 461

北京 …………………………………… 461
 一、中文报纸及通讯 …………… 461
  （一）概况 …………………… 461
  （二）报纸 …………………… 461
  （三）通讯 …………………… 466
 二、外文报纸、杂志、通讯及通讯员 … 468
  （一）报纸、杂志及通讯 …… 468
  （二）通讯员 ………………… 471
 三、日文报纸、杂志、通讯及通讯员 … 472
  （一）报纸、杂志及通讯 …… 472
  （二）通讯员 ………………… 473
天津 …………………………………… 474
 一、概况 ………………………… 474

 二、报纸、通讯及杂志 ………… 474
 三、通讯员 ……………………… 478
芝罘 …………………………………… 478
 一、概况 ………………………… 478
 二、报纸、通讯及杂志 ………… 478
 三、通讯员 ……………………… 480
济南 …………………………………… 481
 一、概况 ………………………… 481
 二、报纸、通讯及杂志 ………… 481
 三、通讯员 ……………………… 485
青岛 …………………………………… 485
 一、概况 ………………………… 485
 二、报纸、通讯及杂志 ………… 486
 附：报社支社 …………………… 488
 三、通讯员 ……………………… 489

华东、华中等地区 ……………… 489

上海 …………………………………… 489
 第一 中文报纸、通讯及杂志 … 489
  一、概况 ……………………… 489
   （一）上海中文报界现状纵览 … 489
   （二）中文报纸对日本之态度 … 489
   （三）上海日报公会现状 …… 489
   （四）上海中文通讯界之现状纵览 …… 490
  二、报纸、通讯及杂志 ……… 490
 第二 日文报纸、通讯及杂志 … 495
 第三 外文报纸、通讯及杂志 … 496
  一、上海外文报界的现状概况 … 496
  二、报纸、通讯及杂志 ……… 497
 第四 通讯员 …………………… 501
  一、日本通讯员 ……………… 501
  二、外国通讯员 ……………… 501
苏州 …………………………………… 502
 报纸 ……………………………… 502
无锡 …………………………………… 503
 报纸 ……………………………… 503
杭州 …………………………………… 503

一、报纸 ············· 503
　　二、通讯员 ············· 505
绍兴 ············· 505
　　报纸 ············· 505
诸暨 ············· 505
　　报纸 ············· 505
乍浦 ············· 505
　　报纸 ············· 505
海宁 ············· 505
　　报纸 ············· 505
宁波 ············· 505
　　报纸 ············· 505
温州 ············· 506
　　报纸 ············· 506
平湖 ············· 506
　　报纸 ············· 506
南京 ············· 506
　　一、概况 ············· 506
　　二、报纸、杂志及通讯 ············· 506
镇江 ············· 508
　　报纸 ············· 508
芜湖 ············· 508
　　一、概况（含安庆） ············· 508
　　　1. 报界沿革 ············· 508
　　　2. 补助金状况 ············· 508
　　　3. 论调及经营状况 ············· 509
　　　4. 报纸相关团体 ············· 509
　　二、报纸 ············· 510
安庆 ············· 511
　　一、报纸 ············· 511
　　二、通讯及通讯员 ············· 512
九江 ············· 512
　　一、概况（含南昌） ············· 512
　　二、报纸及杂志 ············· 512
　　三、通讯员 ············· 512
南昌 ············· 513
　　一、报纸及杂志 ············· 513

　　二、通讯员 ············· 513
汉口（含武昌、汉阳） ············· 514
　　一、概况 ············· 514
　　二、报纸、通讯及杂志 ············· 514
　　三、通讯员 ············· 520
开封 ············· 521
　　报纸 ············· 521
长沙 ············· 521
　　一、概况 ············· 521
　　二、报纸及杂志 ············· 521
　　三、通讯员 ············· 523
沙市 ············· 523
　　一、概况 ············· 523
　　　附录：报纸创刊费用及收支概算 ············· 523
　　二、报纸 ············· 524
宜昌 ············· 525
　　报纸及通讯 ············· 525
重庆 ············· 525
　　报纸 ············· 525
成都 ············· 526
　　一、概况 ············· 526
　　二、报纸 ············· 526
　　三、通讯员 ············· 527

华南等地区 ············· 527
福州 ············· 527
　　一、概况 ············· 527
　　二、报纸 ············· 527
　　三、通讯员 ············· 529
厦门 ············· 529
　　一、概况 ············· 529
　　二、报纸 ············· 530
汕头 ············· 531
　　一、概况 ············· 531
　　二、报纸 ············· 532
潮州 ············· 534
　　报纸 ············· 534

广东 ·· 534	一、概况 ······································ 543
一、概况 ···································· 534	1. 英文报纸 ································ 543
1. 报界公会 ······························ 534	附录:香港接收的英文通讯及其发布对象
2. 派报人 ································ 534	·· 543
二、报纸、通讯及杂志 ···················· 534	2. 中文报纸 ································ 543
云南 ·· 540	二、报纸及通讯 ······························ 543
一、概况 ···································· 540	三、通讯员 ···································· 546
二、报纸及杂志 ···························· 541	
(附) 香港 ···································· 543	**中国(附香港)的报纸、通讯统计表** ········ 546

东 北 地 区

大连
报纸、通讯及杂志

名　　称	主义系统	持有人或社长	主笔与重要记者	备　　考
辽东新报（日文）	不定	有限股份公司辽东新报社	难波胜治	1905年10月创刊①，发行量三万九千五百八十二份
满洲日日新闻（日文）	政友系	有限股份公司满洲日日新闻社	河合乙彦	1907年11月创刊，发行量两万七千份
大连新闻（日文）	不定	有限股份公司大连新闻社	宝性确成	1920年3月创刊，发行量一万两千五百份
满洲商业新报（日文）②	不定	山口忠三	八木沼丈夫	1917年12月创刊，发行量两千五百份
关东新闻（日文）	政友系	水野吉太郎	石丸金尚	1920年5月创刊，发行量三千七百三十份
泰东日报（中文）	不定	金子平吉	平山武靖	1908年10月创刊③，发行量一万一千四百九十八份
满洲报（中文）	不定	西片朝三	太原要	1922年7月创刊，发行量一万八千份
关东报（中文）	不定	永田善三郎	王子衡	1919年11月创立，发行量三千五百份
Manchuria Daily News（英文）	不定	滨村善吉	同前	1914年8月创刊，发行量九百八十份
周刊极东④（日文杂志）	不定	森山守次	同前	1922年12月创刊，发行量三千份
日本电报（日文通讯）	无政党关系	日本电报通信社	内海安吉	1920年8月创设，发行量一百五十份
日满通信（日文通讯）	不定	津上善七	小林诚福	1921年4月创立，发行量两百九十六份

辽阳

一、概况

本领事馆负责的地域内没有有影响力的报纸，只有由普通报纸半页大的纸张四页构成的《辽鞍每日新闻》可以说是辽阳、鞍山两市间的社会报道机关报，但在舆论界毫无权威。

二、报纸

名　　称	主义系统	持有人或社长	主笔与重要记者	备　　考
辽鞍每日新闻（日文）	以报道政治、经济及其他社会一般情况为目的，以稳健的指导、宣传为理想	社长　渡边德重	主笔　渡边德重（重要记者）野尻弥一	1908年12月创刊⑤，当初名《辽阳新报》⑥，1919年10月30日⑦起改称《辽鞍每日新闻》。日刊，只有早报，平均页数四页，发行量六百五十份，社址：辽阳佟家大街

---

① 一说为1905年11月25日创刊。
② 初名《大连经济日报》，1923年易名。
③ 一说为1908年11月创刊。
④ 有时作《极东周报》。
⑤ 一说为1908年3月创刊。
⑥ 亦曾名《辽阳每日新闻》。
⑦ 1922年报告为"1919年10月31日"。

三、通讯员

没有称得上由通讯社派遣的通讯员，但在本地工作的中国东北各报支局人员有时会将当地发生的事向总社发送通讯。

姓　　名	所属报社名称	备　　考
北川武八郎	辽东新报	
古田川新一郎	满洲新报	
青山员雄	奉天每日新闻	
岩野藤藏	大连新闻	
佐佐野忠八	大陆日日新闻	
渡边德重	大阪每日新闻、满洲日日新闻	
近藤升	奉天新闻	
刘日宜	泰东日报	
徐益三	东报	
王识尘	东报	
张耀武	盛京时报	
丁桂卿	东三省公报、关东报	
李星泉	民国日报	

奉天

一、概况（含抚顺、本溪湖）

在本领事馆负责地域内的报纸中，中文报纸主要有《盛京时报》《东三省公报》《东三省民报》及《东报》等，日文报纸主要有《奉天新闻》《奉天每日新闻》及《大陆日日新闻》等。

(1)《盛京时报》由日本人经营，以日中亲善及"满蒙"开发为主义，是东三省最早的中文报纸，总是持正确言论，报道事实真相，因而在中国官方与民间，以本报为唯一的指南。

因此，在读者的信誉和影响方面，具有其他报纸无法企及的独特地位，其销路逐年增加，目前发行量达到每日一万四千份之多。

(2)《东三省日报》十余年来是奉天中国报纸的权威，并且处于官方监督之下，因而稍具机关报的色彩，但并非完全是机关报。其信誉和影响力次于《盛京时报》，所论比较公正而稳健，很少囿于过激偏狭之谬见，有时亦有进行御用报纸式宣传之嫌，但相当认真，很少登载排日报道，财政状况也最为宽裕。

(3)《东三省民报》认为日本对中国东北的政策，特别是对中国人存在歧视，与对日本不怀好感的《东报》相呼应，屡屡登载排日报道。本报似乎与省长王永江有关，有时多少接受一些物资方面的援助。

(4)《东报》是以张学良为中心的奉天主战派的机关报。奉直战争后，张学良在张作霖许可下，以原军事杂志社的人马创办该报，作为主战派的宣传机关，总是持武力统一主义，积极登载排日报道、评论。影响力比前者稍占优势，现发行量约为五千七百份。

(5)《奉天新闻》在当地日文报纸中可称得上第一位的，以日中亲善为主义，与其他报纸相比，有关中国状况的报道丰富，报道相对精确，因而拥有相当数量的读者。

(6)《奉天每日新闻》也拥有相当数量的读者，发行量每日三千五百份。

(7)《大陆日日新闻》是当地最早的日文报纸，但经营不如人意，与大连的《辽东新报》有关系。

此外，抚顺有《抚顺新报》，本溪湖有《安东新报》，规模均极其微小，不足以列举记载。

再者，有关各报的详细情况见附页所述。

二、报纸、通讯及杂志

名　称	主义系统	持有人或社长	主笔与重要记者	备　考
盛京时报（中文）	不偏不倚、客观公平主义	社长　中岛真雄　在东京学习国学、汉学，1897年来中国，在上海兴办同文书院，1899年在福建发行中文报纸《闽报》，同年赴北京发行《顺天时报》，1906年在营口创办《满洲日报》，同年10月创办本社 副社长　染谷保藏　毕业于同文书院，于本社创办同时入社供职，1910年进入满铁，1917年成为该社兴业部人员，至长春代表满铁任长春运输株式会社专务董事，1918年任东省实业株式会社董事，1923年任本社副社长，是经营上的主脑	主编　大石智郎　1914年毕业于同文书院，从军任陆军口译，1916年入社 （重要记者）穆六田　吉林省出身，户籍在北京，毕业于早稻田大学，1914年入社	1906年10月1日创刊①，日报，早报，八页，发行量每日一万四千份。发行以来，在对内方面，社长及其他社员没有变化，以家族形式发展。在对外方面，每逢中国政局变动，就会给其经营带来烦恼，但其总是以不偏不倚为宗旨，因而现在在中国人中博得了根深蒂固的名声
东三省公报（中文）	无党派关系	社长　王希哲　奉天人，毕业于北京大学，任高等中学教习、法政学堂教习，后任本社经理，稳健善书	主笔（社长兼任）（重要记者）英钝生、陈蕉影、王玉洸　以上均为奉天教育界出身。冯福林　毕业于早稻田大学，会日语，担任《东方通信》电报的翻译等工作	1912年2月创刊②，日报，八页，发行量约六千五百份，在当地中国人经营的中文报纸中位居第一。本报由《东三省日报》改名而来③，现在每月接受奉天省长公署、奉天财政厅、东三省官银号等一千二百元的补助，财政状况与他社相比最为宽裕，本职工作主要是普及教育，介绍科学知识
东三省民报（中文）	民治主义。看似属于孙文系，是国民党机关报	社长　赵锄非④　奉天人，留日出身，与营口盐务有关，现为东三省盐款监理处监理	副社长兼主笔　宋大章　奉天北镇县人，曾任职于北京《国风日报》（重要记者）张冈　江西人，持排日论。陈丕显、郎惠和　旧参战军将校，精通日语	1922年10月2日创刊⑤，日报，八页，发行量四千三百份。目前财政困难。内容错杂，经营不振，但对于广东方面的详细情况报道迅速。因为是奉天省长王永江的机关报，有省长公署方面的报道稍显丰富
东报（中文）	武力统一主义，奉天主战派的机关报	社长　张煊　江苏人，毕业于北京大学文科，曾任财政部。兼任张学良的秘书而得宠，擅长写温厚之文，是富有机智的评论家	主笔　何香石　江苏人，毕业于早稻田大学，擅长日语、英语（主要记者）范希齐、任受真、王子然	1922年10月20日创刊，日报，八页，发行量约五千七百份。正确且迅速地报道奉天官方的消息、奉天军的行动及有关政局的事项

---

① 一说为1906年9月1日创刊。
② 据《辽宁省志·报业志》记载：1905年12月奉天宪务处创办《东三省公报》，主办人是谢荫昌；1912年2月创办的《东三省公报》由奉天省议会主办。
③ 据《辽宁省志·报业志》记载：1907年2月奉天商会创办《东三省日报》，1911年8月停刊。
④ 原名赵荣甲。
⑤ 一说为1908年创刊，从赵锄非的个人经历看，此报创办应晚于1908年，也有同名报纸的可能，待查。

(续表)

名 称	主义系统	持有人或社长	主笔与重要记者	备 考
醒时报（中文）	无党派关系	社长 张子岐 持排日思想	张少岐	1909年2月创刊①，日报，四页（另有半折四页），发行量约两千份。不参与政治问题，对于其进步发展并不出谋划策。只不过是奉天唯一的白话报纸，在下层民间拥有读者，在一般知识阶层中少有人购买
奉天市报（中文）		奉天市政公所	张耀 江苏人，《东报》社长张煊之弟	1923年10月创刊，日刊报纸，半折四页，发行量一千份。其内容除公告事项以外，也登载时事问题，与《东报》记者关系密切
奉天公报（中文）	官报	奉天省长公署政务厅		1924年1月1日已发行至第四千二百四十五号，日报，发行量一千五百份
奉天新闻（日文）	立足地方，以"满蒙"开发、日中亲善为主义。看不到有党派关系	社长 佐藤善雄 1906年毕业于同文书院，同年任《盛京时报》记者兼《大阪朝日新闻》通讯员，后专职于《盛京时报》，1920年9月创办本社任社长	主笔 内山石松 1912年7月任《内外通信》社员，后转至本报	1920年9月1日创刊②，日报，四页，发行量约四千份。创刊当时有负债，后逐渐发展，现在在奉天拥有最多读者。报道比较精确，经济上的报道丰富，因而在各阶层有信誉，销路良好
奉天每日新闻（日文）	祖国主义，主张开发"满蒙"，报道稳健	社长 松宫干树 毕业于庆应义塾，是《福井新闻》《滋贺日报》《大阪朝日新闻》等的记者，兼任《内外通信》社长	主编 桥本松道	继承1907年5月创刊的《内外通信》③，1920年2月改名④，日报，四页，发行量三千五百份。1922年8月购入转轮印刷机，期待大规模发展，但因财界不景气而受挫。在报道方面只不过简明地报道地方时事
大陆日日新闻（日文）	无党派关系	社长 吉野直治 金泽师范学校毕业后，任小学教师，《辽东新报》创办之际作为会计监督入社，任董事兼社长代理，后任经营部长，再转为现职	主笔 难波胜治 京都同志社大学毕业，在冈山县担任女学校教头，后前往美国，归国后来到东北，就职于大连美国领事馆，接着进《辽东新报》，现任审计、主笔。1923年作为本报记者来到奉天（主要记者） 矢部僊吉 毕业于金泽第二中学、金泽英学院，就职于满洲兴信所，1922年4月进入辽东新报社	1921年9月1日成立⑤，早报，日刊，发行量两千五百份。登载一般社会时事和广告等，与《辽东新报》关系密切，从社长到记者，不少人在该社兼职。创办时社长为石本锁太郎，专心致力于发展，发行量达到了三千五百份，但开销大，经营发生困难，最终陷于与破产无异的境遇。其嫡兄高桥忠二郎入社，裁减职工、佣人，对内部进行改革。1923年2月，吉野直治任社长直至今日。看不到报道特色，但作为吸收读者的策略，往往登载稍稍离奇的内容

---

① 一说为1908年创刊。
② 一说为1917年9月创刊。
③ 一说《内外通信》的创刊时间是1907年7月。
④ 一说为1918年改名现名。
⑤ 一说为1909年6月创刊。

(续表)

名　称	主义系统	持有人或社长	主笔与重要记者	备　考
满洲通信（日文通讯）	通讯报道	社长　武内忠次郎　毕业于京都同志社大学,在东京当报社记者,1907年任营口《满洲新报》主笔,1914年于现地址开始发布电讯,同年创办本社	主笔　藤曲政吉　1907年3月中学毕业,研究汉学两年,又在京城研修朝鲜语三年,1919年10月就任本社外交部长,现在兼任商况部监督	1914年8月31日创刊,分两次发行午前版和午后版,油印,每次发行页数不定,"半纸型"①,四页到八页,发行量两百五十份。创刊当时维持困难,接受企业、银行等的补助。由于通讯迅速,读者逐渐增加,现在以包月读者的订费维持。报道稳健,不非议时事,令读者有好感
东方通信（日文、中文通讯）	通讯报道	支社长　佐藤善雄（《奉天新闻》社长）	主笔　园田一龟　于1921年1月创办的同时入社	1921年1月20日创刊,午前午后发行两次,油印,"半纸半叶型"②,页数不定,六页到十页,发行量日文版为三百份,中文版为两百份。逐渐发展,现在经营上已不觉困难,未被禁止出售、分发或被扣押过
奉天电报通信（日文通讯）	以不偏不倚为方针,但背后有背叛此方针的行为,与《帝国通信》有关	社长　渡边义一　1918年毕业于早稻田大学,1919年3月任满洲通信社理事,此后任广岛《中国新闻》支局长,1921年7月与他人共同经营日华兴信所,1922年6月创设本社	同前	1922年6月14日创立,早报,页数不定,油印,册子,发行量每日一百三十份。创刊以来在经费不足、经营困难中前行。主要是原封不动地发布日本本土发来的电讯,也报道当地的重大事项,所报总是很迅速
东亚兴信所（日文）	毫无党派关系	社长　龟渊龙长　1904年毕业于同文书院,曾任长崎《东洋日ノ出新闻》编辑、盖平师范学堂总教习、满铁社员、关东厅特聘人员、东拓参事、东海林实业公司监事及理事,后成为满铁特聘人员,1921年12月创办本社	主笔（社长兼任）	1922年5月31日创刊,周刊,"半纸型",两页,此外还有中国法令译文的小册子作为附录,发行量每月一千六百份。发行以来会员不断增加,近来计划以中国东北一般官民为首,在外务省方面也募集会员。在报道特色方面,立足于开发"满蒙"的使命,对各种企业经营状况进行调查等,登载中国一般经济情况,以及翻译解释地方政府等发布的法令,已博得相当信誉
商业通信（日文通讯）	无党派关系	发行人　市川弘　1919年毕业于同文书院,后于芝加哥大学专攻商工经营科,来到中国东北后,由本石忠一郎转让本社的发行人名义	同前	1921年12月26日创刊,日报,每次发行一张一页,发行量七十份。从原发行人本石忠一郎处接手经营,现在由于股市不景气,经营困难。以股市时价通讯为目的,与东京、大阪方面有联络,报道迅速,在炒股者中相当有影响力

---

① 日语表示纸张尺寸的专用名词,约250×170毫米。下同。
② "半纸"与前注同义,"半叶"其意待定。

(续表)

名 称	主义系统	持有人或社长	主笔与重要记者	备 考
南满医学会杂志(日文杂志)	无党派关系	发行人 久保田晴光 南满医科大学教授、医学博士	椎野铎太郎 南满医科大学教授、医学博士	1923年①创刊,每月发行一次,六十页,发行量六百份。内容以医学研究资料为主,由大连满铁医院创刊,1917年1月以后移交奉天南满医学堂管理。此外,当初为一年出版四次,后变更为月刊
满蒙经济新报(日文)	无党派关系	发行人 大塚茂树	佐藤久吉	1923年3月26日创刊,每月发行两次,一份十五页,发行量一次三百份。报道"满蒙"一般经济状况及商况,当初每月发行三次,由于经营困难改为两次,现在更是逐渐变为每月发行一次

三、通讯员

姓 名	所属社名	备 考
特派员 持田贤士	大阪每日新闻	中学毕业,曾任《国民新闻》《东京日日新闻》记者,后进入《大阪每日新闻》,成为奉天特派员,在日、中名流中有声望
支局长 冈山源六	大阪朝日新闻	毕业于庆应后,曾任职于两三家日本报社,后进入本社
支局主任 菊地秋四郎	辽东新报	毕业于东大,后由《大阪朝日新闻》转入
分社主任 萩原明伦	泰东日报	东京外国语学校毕业后,来到中国东北,成为邮局书记员候补,其后进入本社
东三省分局主任 凌印清	上海国民日报	曾任《泰东日报》通讯员,后进入本社
支局长 高桥勇八	大连新闻	毕业于福岛县师范学校,曾任小学教员,后进入本社
支社长 山王丸丰治	满洲日日新闻	毕业于早稻田大学,放浪于各地,1923年1月作为支社长来到奉天
支社长 皆川秀孝	满洲报	毕业于东京外国语学校,曾任中国学堂教师、陆军口译,接着任《读卖新闻》《满洲日日新闻》《经济日报》支局长,后进入本社
支局长 新田新太郎	京城日报	中学毕业,由总社安东支局转来
支局长 畦森喜久太郎	关门日日新闻	中学毕业进入保险公司,此后曾任职于东京会报社、《静冈国民报》《东京每日新闻》《满洲通信》,后进入本社
支局长 市川弘	东亚电报通信社(在大连)	东亚同文书院毕业后留学美国,来到中国东北进入本社
支局长 山下近平	京城商业通信	大阪高商毕业后,来到中国东北,进入《满蒙商业通信》,同时作为副业,向本社提供通讯
支局长 白崎喜之助	安东新报	奉天邮局通讯书记员候补,退职后在担任商业会议所评议员的同时,向本报提供通讯

---

① 1923年报告为"1913年"。

抚顺
一、报纸

名　称	主义系统	持有人或社长	主笔与重要记者	备　考
抚顺新报（日文、中文）	立足于地方特色，祖国主义，无党派关系	窪田利平　早稻田专门学校、"和佛法律学校"中途退学,曾受雇于台湾总督府	主笔（社长兼任）（重要记者）　土屋文藏（参照"通讯员"项《辽东新报》栏）、藤堂外代治（毕业于金泽商业学校,1921年12月任本社记者）	1921年4月1日创刊,日报,四页,发行量七百份。创刊当初起至1923年末与严重困难斗争,经营濒临危险,1924年初断然实行改革,目前稍趋巩固

二、通讯员

姓　名	所属报名	备　考
支社长　土屋文藏	辽东新报	
支社长　窪田利平	满洲日日新闻	
支社长　町野哲秀	大连新闻	
支社长　伴久雄	大陆日日新闻	
支社长　高田忠良	奉天新闻	
支社长　田村寿明	奉天每日新闻	
支社长　上村笃实	泰东日报	
支社长　池岛周藏	极东周报	

本溪湖
一、报纸

名　称	主义系统	持有人或社长	主笔与重要记者	备　考
安奉新闻（日文）	无固定主义	冈定起　毕业于东京高商,曾任芳谷炭坑会社、日本火灾会社、哈尔滨日隆洋行、本溪湖彩合公司社员,以及《实业通信》发行人,后任本社长	百田宪　曾任《中国民报》记者,1920年来到中国东北,为鞋商,后任《大连新闻》本溪湖支局主任,再入本社	1913年4月3日创刊,日报,四页,发行量四百七十份

二、通讯员

姓　名	所属报名	备　考
支局主任　西松广马	大陆日日新闻	
支局主任　伊藤唯熊	奉天每日新闻	
支局主任　野村一郎	满洲日日新闻	
支局主任　高取完一	满洲公论	

牛庄
一、概况
1. 报纸
(1) 在本领事馆负责的范围内发行的报纸有日文、中文两类。日文报纸有两种,一谓《满洲新报》,一谓《营口经济日报》。

前者为普通大小四页日报(周一休刊),由持有人、前议员冈部次郎,主持人、前牛庄居留民团行政委员会议长小川义和经营。1907年10月15日,该报前身《满洲日报》被勒令停止发行后,承袭其后于同年12月创办,直至今日。该报言论得到当地日侨中一般知识阶层的充分认同。后者为"四六版"小型四页日报(周日、节日休刊),创办时日尚浅,而且其报道局限于经济方面,因而读者仅限于一部分当地日侨,发行量四百份左右。

(2) 当地日侨间普遍购阅的其他地方的日文报纸有大连发行的《满洲日日新闻》《辽东新报》,销售量各四百份,各报在当地设有支局。接着是《大连新闻》《奉天新闻》《奉天每日新闻》等,但购阅数量仅约一百五十份。作为日本本土报纸,《大阪每日新闻》《大阪朝日新闻》居首,各约二百五十份,《东京新闻》仅有五六十份。

(3) 当地发行的中文报纸仅有营口总商会经营的《营商日报》,普通报纸大小,六页日刊。其系统、主义、目的、报道均具有身为经营者机关报的权威,资金为奉票两千五百元,以报纸购阅费和广告费充当维持费。

除以上之外,当地中国人购阅的其他地方发行的中文报纸概略如下:

报纸名称	发刊地	分馆或代销店	经理人	购阅份数	每月订报费
泰东日报(日)	大连	营口大平康里	吕汇川	四百份	奉票 一元二角
盛京时报(日)	奉天	营口老爷庙西街	郭心农	四百份	同上 一元五角
醒时报(回)	同上	营口元神庙街	张志泰	四百份	同上 一元三角
东报(中)	同上	营口大平康里	傅荣杉	三百三十份	同上 同上
东三省公报(中)	同上	营口老爷庙	彭宪章	三百份	同上 同上
满洲报(日)	大连	营口二道街	孙富山	一百份	同上 一元
关东报(中)	同上	营口马市街	由子良	一百份	同上 一元三角
东三省民报(中)	奉天	营口永世街	王干臣	八十份	同上 同上
申报(中)	上海	营口永世街亚洲报社	郑兰圃	八十份	同上 一元一角
益世报(中)	天津	同上	同上	五十份	同上 同上
上海新闻报(中)	上海	营口永世街亚洲报社	郑兰圃	四十份	奉票 一元一角
上海国民日报(中)	同上	同上	同上	三十份	同上 同上
新申报(中)	同上	同上	同上	三十份	同上 同上
上海商报(中)	同上	同上	同上	三十份	同上 同上
朝鲜日报(朝)	京城	营口元神庙街	刘龙起	二十份	金票 九十五钱
大北报(日)	哈尔滨	营口永世街亚洲报社	郑兰圃	三份	大洋 一元一角

备考:第一栏中的(中)表示中国人经营,(日)为日本人经营,(回)为回教徒经营,(朝)为朝鲜人经营。

2. 通讯

目前生活在当地称得上日文报纸通讯员者有九名,其中除两三名以外,都既缺乏知识又缺乏文才,仅不时撰写桃色新闻或社会杂讯报道作为通讯。

3. 记者团体

1923年5月记者协会创办。该协会由当地日本方面的报社记者、通讯员及报纸贩卖员组成,每月由轮值干事开会一次,以交流报纸方面的知识为目的,顾问为《满洲新报》主持人小川义和、《营口经济日报》社长落合丑彦。

二、报纸

名 称	主义系统	持有人或社长	主笔与重要记者	备 考
满洲新报（日文）	满蒙开发，无政党政派关系	前议员 冈部次郎	主笔 小川义和 曾任牛庄居留民团行政委员会议长	1907年12月创刊①，日报，四页，发行量两千份，社址：营口新市街南本街
营商日报（中文）	振兴、发展商业。本报是营口总商会的机关报，故主要在华商方面有影响	营口总商会	主笔 高景房（六十岁） 1889年县武试及第，被举为廪生，1904年移居营口，受雇于我方陆军，任军政署中文书记员约三年，后任营口商务会文牍员，四年前担任主笔。性格温厚朴实，所论极其稳健	1907年10月1日创刊②，日报，平均六页，发行量一千份，社址：营口旧市街西大街。本报资本金为奉票两千五百元，去年一月其发行量为一千三百份，但最近发行量仅一千份。作为报道，其价值未被充分认可，但市场行情栏是各行业的指南，价值很大
营口经济日报（日文）	介绍一般经济状况	社长 落合丑彦 现为营口证券信托会社专务董事	主笔 国政时四郎 毕业于明治大学	1922年3月创立，同年5月13日发刊，"四六版"，日报，四页，发行量三百份，社址：营口旧市街永世街。本报自称资本为两万五千圆，但至今无印刷所，处于委托个人经营者的状态，颇为不振。仅报道经济情况

三、通讯员

姓 名	所属报名	备 考
小川义和	大阪每日新闻	当地《满洲新报》主笔，曾任牛庄居留民团行政委员会议长
东登一郎	满洲日日新闻	1908年3月31日任关东都督府警部兼外务省警部，1919年2月3日为中国政府聘用，1923年3月31日任关东厅警视，同日退任，聘用协议同时期满，尔后继续被聘用为警察顾问
淡路政太郎	大阪朝日新闻	《满洲新报》事务员，仅撰写有关当地社会报道的通讯
田中次雄	奉天每日新闻	1905年曾被任命为关东都督府巡查部长
吉住鹤八	大连新闻	
酒井健二	辽东新闻	
堀井政次郎	奉天新闻	
北原兼治	满洲日日新闻	
刘龙起	朝鲜日报	当地朝鲜人会会长
陈锡箴	上海新闻报	
杨憾吾	关东报	

---

① 一说为1908年2月创刊。
② 一说1908年创刊。

安东

一、概况

在本领事馆负责的范围内发行的报纸有《安东新报》《满鲜时报》及《东边时报》(中国报纸)三种。《安东新报》为日刊报纸,仅为时事的报道机关,无任何政治性主义,1906年夏由市民中的两三名有志者协议,计划成立股份制(一股二十五圆)报社,以当时的军政署口译官小滨为五郎为社长,柳原蛟为主笔。同年9月起着手募集资金,得到资金约一万圆,因而于同年10月15日发行首刊。1908年9月小滨社长向各持股人请求转让股权,继续发行。1911年8月因登载有碍治安的报道,曾一度被勒令停止发行。

该报于1912年9月与《安东每夕新闻》合并,1913年10月小滨社长就任当地民团理事,南部重远任社长。但南部于1916年3月死亡,小滨为五郎再次成为社长,1919年12月小滨社长死亡后,当时的主笔川俣笃就任社长。

再说《东边时报》,这是当地唯一的中国报纸,在前安东道尹王顺存的张罗费心下,1923年12月21日创刊。自此每日六页,发行量一千五百份,是中国方面唯一的言论机关,登载政治、经济及其他有关时事的报道。但另一方面屡屡登载当地的日中交涉案件,致力于中国方面的宣传,宛如道尹公署的机关报。

主笔庚荫叔为奉天师范学堂出身,曾于海城高等小学校执教,其后担任前安东王道尹的家庭教师。本报在该道尹的首倡下创办,因而被举为主笔。

二、报纸及杂志

名　称	主义系统	持有人或社长	主笔与重要记者	备　考
安东新报(日文)	作为当地的机关报,登载政治、经济、社会报道	社长　川俣笃	同前	创刊于1906年10月15日[①],日报,发行量两千三百份
满鲜时报(日文)	主要为经济报道	社长　中村英	同前	创刊于1922年7月4日,目前停刊中
东边时报(中文)	中国方面的机关报,登载政治、经济、社会报道	社长　庚荫叔	同前	1923年12月21日创刊,日报,发行量一千五百份
满鲜纵横评论(日文杂志)	主要为经济报道	社长　上田务	杉山宗作	1921年2月14日创刊,发行量八百份,目前停刊中(月刊)

三、通讯员

姓　名	所属社名	备　考
吉永成一	奉天每日新闻社安东支局(兼《大阪每日新闻》通讯员)	均无显著经历,作为支局,仅就商业及其他时事向总社发送通讯,没有特色
佐藤一三	辽东新报社安东支局	
清水治一	大陆日日新闻社安东支局	
森井国雄	满洲日日新闻社安东支局	
堀山宗逸	大连日日新闻社安东支局	
伊藤大辅	京城日报社安东支局	
平川洁	鸭江日报社安东支局	

铁岭

一、概况(含开原)

在本领事馆负责的范围内有《铁岭公报》(中文)、《铁岭时报》(日文)、《铁岭每日新闻》(日文、中文)、《开原新报》(日文)、《开原实业新报》(日文)五种报纸,但均非进行有关内外政治、外交、财政的评论的大型报纸,仅为报道地方时事或经济状况的小报,购阅者亦仅限于当地,到了其他地方毫无权威。

---

① 1923年报告为"17日"。

二、报纸

名称	主义系统	持有人或社长	主笔与重要记者	备考
铁岭时报（日文）	以时事报道为主，与日本政党政派无关系	持有人 西尾信 1905年来中国东北，在各地经营运输业，1911年创立本社，同时经营印刷业	主笔 西尾信 记者 本多正 1919年进入满铁，其后任《大连经济日报》《营口经济日报》社员，直至今日	1911年8月1日创刊，"大判"①，四页，日报。为登载铁岭领事馆及居留民会②公告的报纸，发行量约五六百份
铁岭每日新闻（中文及日文）	以时事报道为主	持有人 迫田采之助 1907年来到铁岭，经营运输业，后成为各报通讯员，兼营印刷业，1917年创办本社，1922年使停刊中的《开原新闻》复刊，主要以记者身份活动 社长 罗率真 现在六十五岁，长期身处教育界，1917年本报创刊的同时作为社长兼主笔入社	主笔 罗率真 记者 井上悦次 由股份制店员转为本报记者	1917年11月创刊，中版，四页，日报。第一页为中文，其余为日文，发行量三四百份，经营困难
铁岭公报（中文）	官民沟通，以及登载官厅、团体公告的机关报	社长 张晏平 《泰东日报》支局长	主笔 丁妙乙	1923年7月创刊，日报，"小判"③，八页，发行量六七百份。发行时日尚浅，但逐渐改良，同时多少接受中国官厅、团体的补助

三、通讯员

姓名	所属报名	备考
末广荣二	辽东新报、大陆日日新闻	铁岭证券信托股份有限公司董事
西尾信	大阪朝日新闻	
森本小太郎	满洲日日新闻、奉天新闻、奉天每日新闻、满洲新报、大阪每日新闻	
藤野兵治郎	大连新闻	
石川五郎	满洲经济新报	

开原
报纸

名称	主义系统	持有人或社长	主笔与重要记者	备考
开原新报（日文）	以时事报道为主	持有人 迫田采之助	主笔 山田民五郎 记者 城了	本新报于1919年2月创刊。现持有人迫田采之助从前持有人处接手，1922年6月1日起发行，日报，中版，四页，发行量约两百份
开原实业新报（日文）	以报道经济状况为主	社长 篠田仙十郎	主笔 同前	1923年1月1日创刊，发行量约两百份，一份两页，油印，规模小

---

① 日语表示纸张尺寸的专用名词，约285×400毫米。下同。
② 在华日侨组织。下同。
③ 日语表示纸张尺寸的专用名词，约235×315毫米。下同。

海龙

概况

本领事馆负责的范围(奉天省海龙、柳河、辉南三县)与东山地区一带,曾经都是清朝的皇家狩猎场而被封闭,得以开放到现在不过三四十年,文化程度极低,因而没有任何报纸、杂志等的发行,此外,其所需份数之低如同下面的报纸调查表所示,本馆负责的三县合计购阅份数仅九百六十九份。至于杂志,只有一两种基督教方面的杂志出于义务被极少量购阅,几乎看不到上海和其他地方发行的一般报刊的影响。在我国人方面,居住于本地区的日本人和朝鲜人所组织的东山启发协会发行其月报,朝鲜人民会也同样发行其月报,仅此而已。此外,作为日文报纸,有人购阅大阪、东京、大连、奉天、铁岭、开原等地发行的报纸,但都是几十份。作为朝鲜文报纸,有人购阅《每日申报》《东亚日报》《朝鲜日报》,但也仅有三十至五十份。至于日文报纸通讯员,最近仅有一居住于海龙县城者,兼任《奉天新闻》《辽鞍日日新闻》两报通讯员。即使有中文报纸通讯员,但在地方上也不受重视,据观察将来亦是如此。

附录:报纸调查表

报纸名称	海龙	海龙县朝阳镇	同前北山城子	辉南城	柳河城	柳河县样子哨	合 计
泰东日报	八十份	十一份	五十份	—	—	—	一百四十一份
东三省民报	四十五份	—	—	—	一百二十份	二十份	一百八十五份
盛京时报	三十份	二十八份	四十五份	二十份	一百五十份	—	二百七十三份
东三省公报	六十份	—	五十份	三十份	八十份	二十份	二百四十份
东报	—	—	三十份	—	—	二十五份	五十五份
关东报	—	—	—	二十份	—	二十五份	四十五份
醒时报	—	—	—	十份	—	—	十份
民国日报	—	—	—	—	—	二十份	二十份
合计	二百十五份	三十九份	一百四十五份	一百十份	三百五十份	一百十份	九百六十九份

长春

一、概况(含四平街、公主岭)

在本领事馆负责的范围内发行的日文报纸数量为四种(长春三种、四平街一种)、中文报纸三种(长春三种)。日文报纸全部由日本人、中文报纸全部由中国人经营。下列报纸中,长春的日文报纸《北满日报》《实业新闻》及中文报纸《大东日报》稍具报纸形态,《北满日报》《实业新闻》两报近来致力于革新版面,稍有值得一看之处,但其发行量和内容都尚未脱离地方小报的范围。中文报纸《大东日报》只是徒然地登载排日报道,迎合中国人当时的喜好,急于增加销量,但内容贫乏,发行量勉强达到五百份,其他日文、中文报纸毫无值得特别介绍之处。日文杂志的数量为五种(长春三种、四平街两种),下列表中的《长春本邦人商业会议所汇报》致力于介绍经济情况,多少有值得一看之处,其他均为文艺、宗教杂志,力量微弱。

日本通讯员的人数有二十二名[①](长春十三名、公主岭三名、四平街五名),其中长春通讯员所属报社数量为十三社、杂志社两社、通讯社四社,公主岭通讯员所属报社数量四社,四平街通讯员所属报社数量五社。中国通讯员的人数有十三名(长春十一名、公主岭、四平街各一名),其中长春通讯员所属中文报社数量二十四社,公主岭、四平街通讯员所属中文报社数量各一社。日本通讯员中《辽东新报》《满洲日日新闻》及《大连新闻》等的通讯员每天都为发布当地通讯而积极活动,其他通讯员仅偶尔撰写通讯,毫无值得特别介绍之处。此外,中国东北的中文报纸大部分都设有地方通讯栏,致力于登载各地通讯,但中国通讯员在此之外另有主业,将其作为副业看待,写不出有影响力的通讯,他们的信用和影响力等都未得到社会承认(附表中列出了两三名主要者)。总而

---

① 根据三地通讯员一栏的报告,日本通讯员的数量应为二十一名。

言之,当地的新闻通讯界大体尚未脱离幼稚的领域,特别是当地的中国新闻从业者自身对报纸也几乎没有理解,不过是一时为了糊口或者沽名而经营此业或担任记者,社会上的地位又极低,依然看不到报界的发展。

二、报纸

名　称	主义系统	持有人或社长	主笔与重要记者	备　考
大东日报（中文）	时事报道。无政党政派关系。在学生界多少有影响力,总是登载排日报道,显示出反对日本利益的态度	社长　霍占一　吉林省双阳县人,1921年毕业于东京明治大学,曾为陆军部咨议、哈尔滨教育会员,1923年1月任本社社长。霍占一出资	主笔　沈荣泉（号润圃）北京人,在北京读过私塾,1916年起任奉省铁路护路军司令部书记员、吉林国民学校教师,1921年12月进入本社	1915年9月创刊①,日报,六页,发行量五百二十份,社址:长春商埠大马路。创刊当时发行量一千余份,逐渐衰退,但在长春尚占据首位。在各地设置通讯员,登载地方报道,译载我国报纸报道,是地方小报,无值得一看的特色,但教育界消息灵通。致力于排日宣传和排斥外省人
正俗日报（中文）	时事报道。无政党政派关系,在政党政派之外看不到相关势力	社长　王文金　直隶省乐亭县人,商家出身,曾任长春城内商务会干部,毫无社会信誉。王文金出资	主笔　沈攻孝　直隶省乐亭县人,前清时代为书店店员,后曾任长春警察厅行政科员	1917年②10月创刊,日报,四页,发行量二百五十份,社址:长春城内西二道街。创刊以来逐渐衰微,印刷需要依靠其他印刷店,无值得一看的报道
醒民报（中文）	时事报道。无政党政派关系,在政党政派之外看不到相关势力	社长　侯炳章（号文英）山东省平度县人,毕业于山东法政学堂,曾任长春审判厅书记员、奉天两等小学校长、长春私立小学校长及上述学校观学所员,后创办本社,现为绥宁镇守使署咨议。侯炳章出资	主笔　张松桥　原为书店店员,进入本社后,社长侯主笔解除兼任,成为主笔	1917年1月③创刊,日报,小型四页,发行量两百份,社址:长春商埠西五马路。创刊以来没有起伏,平凡地维持存在,印刷委托其他印刷业者完成,无值得一看的报道
北满日报（日文）	时事报道。无政党政派关系,在政党政派之外无特殊关系或影响	社长　箱田琢磨　福冈县人,1867年生,1892年毕业于东京早稻田专门学校,入福冈玄洋社,在台湾、东京等地从事实业,1906年作为东京府中国东北物资调查员来中国考察东北、蒙古各地,1908年来长春,1909年创办《长春日报》,1917年改名《北满日报》。曾任居留民会会长,现为长春商业会议所议员。箱田琢磨出资	主笔　泉廉治　北海道人,1883年生,1905年上海东亚同文书院毕业,曾任奉天法政学堂讲师、昌图中国官方顾问,1907年来长春任《满洲新报》通讯员,1913年入长春日报社,在改名《北满日报》后依旧留任直至今日。1922年在吉林发行中文报纸《东省日报》	1909年1月创刊,日报,四页,发行量两千三百份,社址:满铁附属地内。1909年以《长春日报》为名创刊,当时处于难以维持的状态,1917年改名《北满日报》,革新版面,经营终于顺利,来来作为登载长春领事馆公告的机关报直至今日。报道稳健,无值得特别介绍之处
长春实业新闻（日文）	时事报道。无政党政派关系,在政党政派之外无特殊关系或影响力	发行人　十河荣忠　长野县人,1885年生,东京府立中学校毕业,在邮局工作,1906年来中国东北,作为关东都督府特聘人员调查东北南部沿线矿产,先后任私立医院会计、大连中外通讯社支局职员、关东州劳动保护会员、《泰东日报》记者,1917年来长春,任中国商家东发栈顾问,1920年实业新闻社创办时入社,直至今日。主要出资者　染谷保藏、柏原孝久	主笔　老木近信　大阪府人,1897年生,1918年来中国东北,成为大连辽东新报社长春支局职员,发行经济杂志《北满商势调查辑录》,1920年实业新闻社创办时入社,1921年任编辑,1923年任东方通信社通讯员,直至今日	1920年12月创刊,日报,四页,发行量一千八百份,社址:长春满铁附属地内。本报由奉天《盛京时报》现副社长染谷保藏、辽东新报社长春支局长柏原孝久等创办。现在柏原任同社监事,事实上是同社中心人物,支撑着该社。近来呈逐渐发展之势,重点在于经济报道,此外无值得特别介绍之处

---

① 一说1917年创刊。
② 1923年报告为"1919年"。
③ 1923年报告为"1918年4月"。

三、通讯员

姓　名	所属报社名称	备　考
柏原孝久	大连辽东新报社、大阪每日新闻社	简历:东京人,生于1878年,就职于日本通信社、电报通信社、二六新闻社等社,1902年与志同道合者创办东亚通信社,将总社设在大连,自任通讯员。被关东都督府特聘,同年11月来到长春,1907年任辽东新报社长春支局长,兼任《大阪每日新闻》通讯员,直至今日。《辽东新报》和《满洲日日新闻》《大连新闻》等报一样每日有地方版,登载满洲各地信息,其长春通讯相当受重视
得丸助太郎	大连满洲日日新闻社	简历:毕业于早稻田大学,1920年长春实业新闻社创办时入社,现在为同报记者,1923年7月从原《满洲日日新闻》长春支局员田中直记处接手本支局工作任支局长,同时辞去《奉天新闻》及《大连经济日报》通讯员,直至今日。特色等:《满洲日日新闻》与《辽东新报》都是中国东北日文报纸中最优秀的报纸,其地方通讯相当受重视
稻垣兵治	大阪朝日新闻社、京城朝鲜新闻社	简历:京都簿记学校出身,日俄战争时作为御用商人来中国东北,1909年成为大阪朝日新闻社长春通讯员,主业为经营当铺和放债,还兼任《朝鲜新闻》通讯员
高桥胜藏	东京时事新闻社、大连新闻社	简历:1917年由朝鲜义州来到长春,入北满日报社,现为同报记者,是《京城日报》通讯员,1921年10月辞任,目前兼任《东京时事新闻》及《大连新闻》的通讯员
松原铿司	哈尔滨日日新闻社、大连满洲公论社	简历:1908年毕业于和歌山新宫中学校,1922年3月入长春实业新闻社,现为同报记者,1923年3月接替满洲公论社通讯员木村茂,同年8月接替哈尔滨日日新闻社通讯员松原权藏之职,兼任两社的通讯员
杉浦义一	营口满洲新报社、奉天满洲通信社	简历:1909年毕业于京都法政大学,1910年任大连《泰东日报》记者,1919年9月进入营口满洲新报社,成为长春支局通讯员,现在兼任奉天满洲通信社通讯员
上野由人	奉天大陆日日新闻社	简历:1912年毕业于长崎县立中学校,1916年进入铁道院教习所,1917年开始在九州铁道管理局工作,1922年4月来到长春成为木材商,1923年3月任《大陆日日新闻》长春支局长、通讯员
芳野五郎	奉天每日新闻社	简历:1899年毕业于东京日本中学,1903年外国语学校别科中文科学习,1911年进入东亚烟草会社,于营口工作,1917年4月被外务省录用为口译生,在奉天、芝罘、海龙等地工作,1922年4月任长春商业会议所书记员,1923年6月辞职,同年8月成为本社长春通讯员,也是长春兴信所经营者之一
末松正实	福冈日日新闻社	简历:1898年8月毕业于东京明治会中学校,1906年任宫崎中学及同师范学校特聘人员,1908年在台湾厅学务课工作,任柔道教师,1910年任旅顺工科学堂及中学校特聘人员,1920年进入满洲制油会社,1923年10月成为本社支局通讯员
池田盘根	京城日日新闻社、大连大陆产业社	简历:曾任熊本县天草菅原神社"社司",1907年来到哈尔滨经营药业,一度归国,1914年来到长春经营药业,同时成为两社通讯员
老木近信	东方通信社	简历:《长春实业新闻》编辑(简历见该报),1923年起兼任本报通讯员
田中直记	大连日满通信社	简历:1907年3月赴朝鲜,迩来历任朝鲜语教师、宪兵队口译、东洋拓殖会社员等,1915年成为《满洲通信》大连支局员,1916年成为同社奉天支局员,1917年11月任《奉天新闻》长春支局主任,1920年任《满洲日日新闻》长春支局主任,1921年任日满通信社长春通讯员,1923年7月《满洲日日新闻》支局主任一职被解除
福岛洁	满洲商业通信社	简历:1914年毕业于福井中学,1919年毕业于上海东亚同文书院,同年7月进入三井物产会社青岛支店,1921年4月进入日本商业社,1923年9月任长春支局主任。特色等:为发布商况、经济、时事问题、政治、军事、外交、社会等报纸用一般电讯,于1923年12月26日创办本支局,但通讯工作至今尚未开始
孙桂海	奉天盛京时报社、哈尔滨大北日报社	简历:号筱来,山东省莱州人,前清拔贡,据说日俄战争后曾为长春日本领事馆雇员,多年兼任《盛京时报》的"北满版"和哈尔滨《大北日报》的通讯员,精通当地情况

(续表)

姓　名	所属报社名称	备　考
柳冠乡	大连泰东日报社	简历：山东省莱州人，从前清时代起从事文笔工作，多年任《泰东日报》通讯员，相当了解情况
马乾德	吉林东省日报社	简历：号献国，回教徒，长春回教清真寺干部，前清时代为本溪湖巡警局巡官、黑龙江催地委员，进入民国后曾任长春县警察分所长，数年来为我方宪兵队雇员，今日仍在其职，1923年任长春《北满日报》编辑，与泉廉治等人于吉林创办东省日报社，同时成为同社长春通讯员
马东湖	上海时事新报、时报、中华新报、民国日报、新闻报、申报、北京顺天时报、罕报、益州报、北京日报、北京大中华商报、哈尔滨国际协报、松江日报社	号云龙，奉天人，曾于长春经营袜子厂，现于长春经营东三省总派报社，代理销售前记各报纸，只是偶尔兼为各报撰写通讯

四平街
一、报纸

名　称	主义系统	持有人或社长	主笔与重要记者	备　考
四洮新闻（日文）	时事报道。无政党派关系，在政党政派之外无特殊关系或影响力	社长　泉水幸太郎　在原籍地被推举担任村会议员、郡会议员等公职，1910年后居住于四平街，担任地方民会长等公职，1920年创办本社。主要出资人　泉水幸太郎、樱井教辅	主笔兼记者　渡边智功　毕业于原籍地中学，新潟县蚕业讲习所毕业后任蚕业官，1914年来中国东北，进入满铁会社，1917年辞职，任熊岳城殖产会社负责人，1919年进入四平街交易所信托会社，1922年退职。1920年任《大连新闻》四平街支局特聘主任，1922年7月进入本社，直至今日	1920年10月创刊，日报，小型，四页，发行量三百五十份，社址：四平街满铁附属地。创刊当时名为《四洮时事新闻》，1921年改名《四洮新闻》。创办当时的发行量有六七百份，一时趋于盛况，但由于财界不景气而衰退，经营困难。地方小报，无值得特别介绍之处

二、通讯员

姓　名	所属报社名称	备　考
吉田善信	奉天每日新闻社	简历：于原籍香川县私立中学完成三年学业，当过第十一师团辎重兵，于真宗本山专门学校修学，任善通寺真宗本山派驻所主任，1917年8月任公主岭同教宗派驻所主任、四平街布教所主任，直至今日
渡边智功	大连新闻社	简历：毕业于原籍新潟县私立中学，进入同县立蚕业讲习所，任同县蚕业管理官，1914年来中国东北，进入满铁，1917年任熊岳城殖产会社负责人，1919年9月进入四平街交易所信托会社，1920年5月任大连新闻社四平街支局通讯员，1922年7月兼任《四洮新闻》记者
平田茂	辽东新报社	简历：原籍新潟县私立中学校毕业，东京邮电学校毕业，任通讯官，1910年5月进入辽东新报社，1914年5月起于大连四平街等地从事商业，1923年6月成为本报通讯员、四平街支局主任
大岛久男	京城日日新闻社	简历：于原籍熊本县中学学习两年，曾从事商业但陷入失败，来中国东北直至今日
奈良一雄	满洲日日新闻社	简历：毕业于上海东亚同文书院，进入北京《顺天时报》，1910年辞职，临时留居该地，1917年进入王子制纸会社，转任吉林富宁造纸公司社员，1922年辞职，1923年7月来到满洲日日新闻社在本地的支局任通讯员
王斋亭	泰东日报社	简历：毕业于奉天甲种工业学校，任该校教员，1923年2月进入本报社，来四平街支局任通讯员

公主岭
通讯员

姓 名	所属报社名称	备 考
三村高次郎	辽东新报社、长春北满日报社	简历:毕业于上田蚕业学校,1901年于天津学习中文,日俄战争时作为口译从军,归国后曾任《大阪朝日新闻》通讯员,1908年来中国东北,1910年以来从事《辽东新报》通讯及代理销售,生活逐渐安定,1918年开始印刷业,现在是两社通讯员,并兼任《大阪每日》《朝日》两报的代理销售,任满铁四平街地方委员
大口靖太	大连新闻社	简历:毕业于冈山县私立中学,任小学教员,1903年应征入伍,在日俄战争中从军,后任冈山县仓敷小学校教员,1911年7月来中国东北,在经营药业的同时兼任本报通讯员
中村治三郎	奉天每日新闻社	简历:任辎重兵军曹,在日俄战争中从军,1906年来中国东北,在公主岭经营特产直至今日,在代销本社报纸的同时,只是偶尔撰写通讯
李国臣	大连关东报社	简历:私塾学习后,1919年作为钟表修缮及镶牙师来到公主岭居住,从事本报通讯及代销工作

农安
通讯员

姓 名	所属报社名称	备 考
刘杰忠	盛京时报社、大北新报社、吉长日报社	毕业于吉林警察教练所,多年历任警察官,辞职后,农安地方自治研究所毕业,从事现职
鲁应祐	泰东报社	毕业于小学校后,多年历任各地税捐局员
王忠涛	关东报社	毕业于吉林警察教练所,多年历任各地警察,后辞官从事现职
王尊三	东三省民报社、奉天东报社	曾任私塾讲师,数年间担任税捐局员,后辞职从事现职
张乐山	上海民国日报社	吉林道立师范学校毕业,现任职于农安国民小学校,任教习多年,同时负责本报代销和通讯工作

吉林
一、概况

本地作为吉林省省城,在政治、经济和一般社会状况及其他各方面报道材料相当丰富,报界及通讯界理应有相当的余地展开活动,但优秀的记者较少,加上省城购阅者稀少,省城以外配送区域亦狭小,因而此界微弱不振。至1923年为止,中国方面的报纸有《新共和报》《通俗报》《吉长日报》《民实报》等,但大多收不抵支,创刊后不久就停刊或废刊,目前发行中的只有《吉长日报》和《通俗报》两种。此外,日本人方面经营的有,中文报纸《东省日报》、同报日文版《松江新闻》、日文报纸《吉林时报》(周刊)共三种,发行量均不大。这不仅是因为内地交通不便,不便送往各地,还因为作为购阅者的知识阶层较少,报纸的销售区域不广。因此,当地也很少有人购阅其他地方发行的报纸。另外,其他地方的著名大报,例如上海的《申报》《新闻报》均在当地省内秘密设有其特约通讯员,不时有电讯及通讯登载在其报上。

二、报纸

名 称	主义系统	持有人或社长	主笔与重要记者	备 考
吉长日报(中文)	吉林省政府机关报,总是致力于赞美、拥护省政府的施政方针。无政党政派及其他关系	社长 顾品一 前清举人出身,现任吉林省长公署第三科长。每月接受吉林省政府银四百元的补助	主笔 魏劭卿 前清秀才出身,现任吉林省长公署第三科课长	1909年创刊,日报,每份六页,发行量约七百份,社址在吉林省城粮米行。1912年本社烧毁时曾停刊四个月,此外没有什么挫折。1915年、1916年左右的发行量约为四千份,但现在仅有七百份。特色是官界消息灵通

(续表)

名　称	主义系统	持有人或社长	主笔与重要记者	备　考
东省日报（中文）	以日中亲善、共荣为主义，致力于辩驳错误的排日宣传及说明我方对中国政策、态度之公正。无政党政派及其他关系。日本人经营	持有人兼社长　三桥政明　外国语学校中文科毕业生，曾任《北满日报》副社长及各报本地通讯员等。重要出资者　三桥政明及其他吉林有影响的日本人	主笔　张子彬　曾任当地《民实报》主笔。此外还有日本记者一名及中国记者四五名	1922年7月创刊，日报，六页，发行量两千份，社址在吉林省城商埠地。创刊后自1923年3月起停刊六个月，9月起面目一新再次发行。还未达到称得上报道丰富、正确的程度，但评论中往往有值得一看之处，各地特别是日本方面的消息稍微迅速
松江新闻（日文）	本报为《东省日报》的日文版，主义系统等与《东省日报》相同	与《东省日报》相同	主笔　三桥政明　此外有辅助记者一名	1923年9月创刊，两页，发行量四百份。据说为了在长春及其他地方增加本日文版的读者，计划要改为四页。详细报道木材行情等
吉林时报（日文）	无可特别留意的主义、主张，无政党政派及其他关系。日本人经营	持有人兼社长　儿玉多一　《大阪时事新闻》及《满洲日日新闻》等的吉林通讯员	除儿玉社长外无其他记者	1911年2月创刊①，每周三发行一次，"小判"，四页，发行量四百份，社址在吉林省城商埠地。《东省日报》发行前为当地唯一的日文报纸，相当有影响力。报道无特色
通俗报（中文白话）	目的完全在于使普通人周知报纸内容，加以教导，以简单易懂的口语体来记载。无政党政派关系。稍有排日色彩	持有人　吉林教育厅　出资者　吉林教育厅每月提供两百元补助	主笔　孙壁波　目前为吉林教育厅教育馆主任，据说相当有学力	1919年1月创刊，每周发行三次，"小判"，四页，发行量三百份，社址在吉林省城河南街。创刊当初起即作为社会教育的一项事业而出现的，经营似乎总是收不抵支
吉林公报（中文）	没有评论及一般报道等，因而也无主义、主张等	吉林省长公署政务厅第一科	薛陵熙　吉林省长公署政务厅第一科长	1916年1月创刊，日报，"美浓判"②大小，平均二十页，发行量约两千份，社址在吉林省长公署，省官报。专门记载指令、训令及一般公共事项

三、通讯员

姓　名	所属报社名称	备　考
郭文普	《泰东日报》通讯主任、《满洲日报》探访员、《新文化报》探访员	多少有些文采，据说在探访各方面消息上有一定手腕，但没有各方面的关系和影响
王恩波	《天津益世报》通讯员，上海《申报》及《北京日报》《顺天时报》《晨报》《东三省公报》各报通讯员	当地消息的通讯员，同时兼任代理销售
张从周	奉天《东报》吉林主任	当过通讯员，有时会撰写政治方面的通讯
秦凤山	《盛京时报》通讯员	撰写当地情况的通讯
稻村峰一	《辽东新闻》支局长、《长春实业新闻》支局长	吉林当地消息的通讯员，并无阅历
藤井喜作	《哈尔滨日日新闻》支局长	同上
儿玉多一	《大阪时事新闻》通讯员、《满洲日日新闻》支局长	当地《吉林时报》社长，同时兼任前记报纸通讯员
三桥政明	《北满日报》支局长、《满洲新闻》支局长、《大阪朝日新闻》通讯员	当地《东省日报》社长，同时为前记各报纸撰写通讯

---

① 一说1912年创刊。
② 日语表示纸张尺寸的专用名词，约273×394毫米。下同。

哈尔滨

一、概况

当地称得上报纸发行物者,有俄文十种、中文八种、日文一种、英文一种。权衡言论的轻重不一定由数量来决定,但概而论之,可以推知俄文报纸是第一位的。

1. 俄文报纸

大概俄文报纸才是当地言论界的先驱,创业以来为时已久,不仅在经营上经验丰富,而且在沙皇时代便以俄国经略东方的指南为己任,今日仍以拥护俄国事业为主张,其所论所说处处不忘俄国人的权利、义务这一观念。劳农俄国国内言论自由被控制,说到报纸杂志都是御用的,在此现状下难以正确判断劳农政府的施政等国内状况。毋庸置疑,通过反对党和中立系的言论机关来洞察社会人心的需求和舆论趋势,是其对内关系和对外政策上同样极其紧要的。而过去触及沙皇俄国政治核心的旧政治家,代表财界、工商界的资产阶级,以及在增进俄国国民的启蒙运动、社会福利方面将俄国民主化作为理想的所谓知识阶层,有不少都在本地避难,因而通过报纸表达的关于政治、经济、外交、社会等各方面问题的言论,可以看作是上述各方面人士意见的反映。从此观点出发,当地俄文报纸可分为"布尔什维克系"和"反布尔什维克系"两大类,属于前者的有第三国际支部及全俄工会总同盟的宣传机关报 *Трибуна*、莫斯科政府—赤塔革命委员会在本地的御用报纸 *Новости жизни*,属于后者的主要有提倡帝制再兴运动的 *Свет* 和立宪民主党系的 *Русский голос*,其余的报纸标榜的均是民主主义,自称为反过激派,但其本质均为埋头吸收读者的纯盈利本位报纸,不可避免地属于左顾右盼、在主义主张上朝三暮四一类,差别不大。

当然,当地俄国报纸较多还另有原因。也就是,共产党化席卷俄国全境,反过激派分子因此争相亡命国外,国外到处可见避难的俄国人,而中东铁路地带特别是哈尔滨这个由俄国人创建的都市里俄国人群体最多,至今尚且带有俄罗斯生活的色彩,因而他们依旧把哈尔滨视作母国的殖民地。另一方面,该地与其他发达国家相比政治、经济压力较小,虽然处于中国的行政管辖之下,但对于舍名求实、决心隐忍持久的俄国人来说不失为绝好的避难地,因而市区聚满知识阶层,即非体力劳动者,由于就业难,只得以文笔来赚钱糊口。因此可以看到 1922 年以来叫卖式报纸更是不断出现。这种晚报争相以煽动性夸张的方式报道现在发生的市井之事,似乎自动与带有政治色彩的报纸划分界线,因而未设评论栏。

在这样杂乱的俄国言论界中,公认为代表性报纸的为右派的 *Русский голос* 和左派的 *Новости жизни*。前者创刊于 1920 年,但看作是霍尔瓦特时代中东铁路厅御用报纸 *Вестник Маньчжурии* 的延续也完全无妨,其订阅量现在仍在中东铁路厅职员和中流以上家庭中占有牢固的地位。作为立宪民主系的机关报,高调宣传以民主为基础的国民统一运动的理想,论调稳健,不失正鹄,坚持操守。还有,该报的政见不仅是坚决为打倒共产政治而战,而且为保全俄国事业在东方的权利而反抗中国官方的压迫,展开论战时意志坚定。左派的报纸是乘隙而入,时而曲意迎合中国,时而痛骂怒号,显示出歇斯底里的倾向,与此相比,该报更有气概,对于治外法权废除问题、俄国人的法权问题、土地课税问题等俄国的既得权,只要被侵害,便真正表现出作为俄国人与此休戚相关的态度。

再看 *Новост жизни*,在沙皇时代就已经是攻击官方的急先锋,对当局的施政发难,几次触及忌讳被禁止发行,报纸改名为 *Новая жизнь*,自始至终鼓吹社会主义,1918 年、1919 年左右起对谢苗诺夫及对日本的攻击态度变得更加强烈,此后随着劳农政权的确立,成为远东共和国的御用报纸,现在完全公然表明其共产党色彩。但另一方面,该报一向接受犹太实业家物质方面的恩惠,因而在拥护工商业利益的名义下,论及有关犹太实业家(主要是资产阶级)的利害关系时,往往与共产党本来的主义相矛盾。在这一点上与始终拥护劳农政府的 *Трибуна* 主旨完全不同,甚至可以认为不属于依据"新经济政策"讴歌劳农政治这一类。本报经营此业已久,在财力方面也远远优于其他报纸,而且有时还登载社会民主党或社会革命党即被视为反对共产政治论客人士的评论,应该视为与右派绝妙配合的报纸。

此外,自行标榜中立的 *Заря* 最近的活动颇值得关注。该报当初是晚报的先驱,曾经以具有煽动性的报道来吸引眼球,并以此为重点进行经营,但去年以来改为早报(此外也发行晚报),设置评论栏,对各种问题加以短评,所论简洁,旨趣清新,因而获得欢迎。顺带一提,据说该评论执笔者为中东铁路经济调查局米哈伊洛夫为首的鄂木斯克派中的少壮政治家,但并无特别的政治、财政方面的后援团体。

还有,周报 Коммерческий телеграф 的评论不仅有中东铁路拥护论,而且也较多登载俄国人从所谓俄国大局论出发提倡的与现代劳农政治妥协的观点。这些文章似乎主要由居住于当地的少壮经济学者执笔投稿,不容忽视。

总之,1923年俄文报界有关红白政争的论战暂且不论,值得注意的是,各报对于日本的经济侵蚀都感到有威胁,常常登载恶意宣传性质的推测报道。对外方面最显示出紧张关系的是土地课税问题和俄国人死刑恢复问题——对于中国巡警殴打俄国人致死事件,忘记了仇敌之感,认为这侮辱了俄国人的权利,向中国方面施压,他们还不禁对中文报纸仗官方之势言论粗暴、登载捏造报道感到嫌恶。令人感到东省特别区总警察监理处对言论自由控制过严,使得他们日常所思不能得到彻底释放。

因此,从1923年10月日本人发行、经营的俄文报纸 Речь 可以窥知其中消息,即该报本来就没有牢固基础,每日可销售一千份以上。报社与各报 "reporter" 乃至不满分子约定,购入原稿,在第一面登载对中国官方及中东铁路干部的攻击性言论,但必须说这只不过是巧妙捕捉了读者心理的唯利是图的经营方式。

2. 中文报纸

1923年,中文报纸的数量增加了两种,一是张学良出资的《松江日报》,报道比较正确,但创刊时日尚浅,以其言论,尚不足以窥知其抱负、经纶,但将来可能会与《国际协报》《东三省日报》鼎立,成为哈尔滨中文舆论界的一颗巨星。二是《哈尔滨晨光》,排日笔锋犀利,但在中国言论界毫无权威。总而言之,中国报纸从色彩上来说是在迎合期盼收回权益的中国人士之意,并且没有超出地方利害这一界线。从1923年全年来看,当地中国商人遇到俄国领土封锁时,便期待渴望开始通商的加拉罕来到北京,提倡俄中迅速举行会议。看到过激派的暴政使得中国人痛苦,就假借振作国民外交之名义,叫嚣俄中经济断交。至于土地课税问题,由于中国人在活动上力量不足,便一心挑起官方的名誉心以挫败俄国人竞争之势。这些从当时中国报纸的论调可以轻易推知。趁着伸张权利,对贡多齐个人攻击的毒舌近乎疯狂,不过在张作霖的威压之下,看不到对中国自身悄然反省、警示之言论。在别人看来,有些怀疑报纸本身的权威性。从政治上看有题材上的价值的,可推《国际协报》。即使是这一报纸,也与中东铁路督办公所及官方多少有联系。从这一角度而言,只可当做推测当局意向的资料。

在此还必须提一句,朱行政长官估计到当地的言论界会因为种种原因不能代表社会的正当舆论,为了防止荒诞的恶意宣传流布,创办了行政长官府专属的"宣承处"(宣传部),对于俄国人方面,负责缓和及辩明对中国官方施政的批评与责难,对于中国报纸方面,则将俄国报纸的论调翻译后予以提供,留下了操纵报纸的痕迹。中国报纸对俄国人进行论战时总是采取共同一致的行动,除了信息来源之外,这也让人想到在对策上接受了指示。

针对中国方面的共同一致,最近俄国言论界也设立了由各报代表组成的记者团体,在 Новости жизни 富博斯库斯基会长的领导下时常集会。为了应对中国方面的挑战,超越政治斗争一致行动,这一倾向值得特别指出。

二、报纸、通讯及杂志

名 称	主义系统	持有人或社长	主笔与重要记者	备 考
Свет(俄文)	帝政主义。与拥戴巴黎基里尔大公殿下的帝制复兴运动有关,在正教徒和军人中有后援。亲日派,但并不积极。俄国籍	格里高利·萨特夫斯基·卢杰夫斯基 中东铁路总社事务局次长,反过激派的骁将,有辩论雄才,帝制派凋落之际投入个人财产,为了主义维持报纸经营	主笔 同前 (重要记者) 社长之子两人	1919年4月创刊,日(早)报,发行量三千五百份,社址:新市街。起初以从谢苗诺夫将军处获得的资金创办,但有人认为萨特夫斯基的高风亮节有违时代,因而人心逐渐背离。投入从中东铁路获得的俸禄,独自一人以独立不羁的立场孤军奋战,但经营不振。主笔萨特夫斯基每天执笔"记者日记",对各类问题进行富有哲理又含蓄的批判,因此在高级读者间得到热心阅读。承接报纸 Русский голос 的印刷,以其收入经营报纸

定期调查报告　　（秘)1924年5月6日　　有关中国（附香港）报纸及通讯的调查

(续表)

名　称	主义系统	持有人或社长	主笔与重要记者	备　考
Русский голос（俄文）	以俄罗斯国民统一为理想,反过激派。立宪民主党机关报,在上述党派、学者、文人等知识阶层有影响力。对日本比较有好感,但认为日本在中国的经济发展对俄国远东事业有威胁而进行毒骂。俄国籍	艾斯·武维·瓦斯特罗琴　兽医出身,第三、四国会议员,立宪民主党员,原与利齐金矿事业及奥比尼塞汽船公司有关,与西伯利亚诸报纸有关,霍尔瓦特内阁成立之际曾参与帷幄。来过日本	主笔社长兼任 (重要记者)　亚·伊·克罗波夫　放弃医师学习法律学,拥有律师资格,立宪民主党员,萨马拉出身。其关于经济问题的论文受到重视,有关苏维埃政府财政的统计推论值得倾听 格鲁齐亚科夫　原为伊尔库茨克的立宪民主党报纸的主笔,此外还与两三份报纸有关,是反过激派中的辩论斗士,目前担任社论和政治报道。亚·艾姆·斯巴斯基　立宪民主党右派特别投稿家。金斯博士、米露波夫博士　在巴黎。雅布隆斯基	1920年7月创刊,日(早)报,平日四页,发行量一千三百份,社址:哈尔滨新市街。高调宣传民主的反过激派报纸的代表。创办以来有影响力,但始终苦于经营困难,拥有十余名社员进行活动。除了接受中东铁路公司无偿借用活字印刷机、房屋等物之便外,每年还接受俄罗斯银行四百圆补助。在中流及以上的家庭中拥有购阅者
Заря（俄文）	自称严正中立,在政治上看不出党派关系。俄国籍	艾姆·莱姆毕齐与戴维尤里希普科夫两人共有 (主要出资人)　科瓦兰斯基　中国东北北部木材王。米契柯夫　房东。米哈伊洛夫　中东铁路经济调查局长	莱姆毕齐　曾任欧洲、俄国各报的外勤记者,经验丰富,足智多谋,报纸报道中有煽动性 晚报主笔　希普科夫　商界出身,有作为外勤记者的经验。 (重要记者)　奥亚诺夫(号马拉克林)　商人,负责经济报道。阿鲁诺里多夫 (主编)　文艺批评家　涅齐金·米哈伊洛维茨齐洛格多夫　负责中东铁道外交方面。特约员　米哈伊洛夫　中东铁路经济调查局长,与莱姆毕齐主笔轮流撰写评论,简明扼要,显示其俊敏,但也有过分玩弄策略之嫌	1920年创办,日报(早报和晚报均),四页,发行量早报四千份、晚报一千三百份,社址:哈尔滨埠头区。发行以来以旭日升天之势发展,1923年末从晚报变为早报,另外发行晚报。在报道排列方面很有要领,版面跟随美国式时代潮流,一定会以大标题登载一次煽动性的报道,有时也会出现荒唐的内容,但报道敏捷,不乏予人启示之处,因而各方面爱读的人很多。被认为广告最有效果
Рупор（俄文）	标榜民主主义。政党色彩弱,接受锡安主义团体的后援,以犹太系俄国人为中心,因而对日本抱有好感。俄国籍	社长　米鲁莱卢　犹太人,原本在哈巴罗夫斯克拥有印刷所,发行 Приморский край 报 (主要出资人)　多格特卢卡夫曼　犹太人,犹太锡安主义团当地首领	主笔　社长兼任 (重要记者)司伟德　曾经多年在海参崴担任报纸记者	1921年9月创刊,晚报,四页,发行量两千五百份,社址:哈尔滨埠头区

(续表)

名　称	主义系统	持有人或社长	主笔与重要记者	备　考
Газета для всех(俄文)	民主主义。据说属于民主党，但不鲜明，反过激派。俄国籍	社长　琪利金　探访记者出身，对报纸事业大有兴趣，据说与奥斯特罗莫夫长官私交已久，经营周刊 Коммерческий телеграф	同前 (重要记者)泽夫伊洛夫　犹太人，曾任鄂木斯克政府粮食部大臣，经济学者，1921年逃出劳农俄国以来宣传改善劳农政治的方法，可视为妥协派。在中东铁路经济局工作的同时专心于本报主笔，负责评论栏。卡沙德金　鄂木斯克政府执政时任军需大臣，逃至当地落魄之时，正逢大河原厚仁的 Мир 发刊，进入该社负责评论栏，后进入东支经济调查局，负责资料统计，十分勤勉，但作为记者没有突出才能。司思林　杂讯记者，原工作于满洲里特务机关	1922年2月创刊，日(晚)报，发行量一千三百份，社址：哈尔滨埠头区。发行当时为了吸引读者，以廉价报纸为看点，重点为市井报道。泽夫伊洛夫入社以来开设评论栏，对各报主要报道加上短评，稍稍变得高级，同时拥护中东铁路的色彩变得浓厚
Речь(俄文)	严正中立(日本籍)	社长　矶部检三《哈尔滨日日新闻》社长	主笔　下野哲四郎　原亚普达电报通信社长，学历、阅历无值得一看之处。(重要记者)尤格雷诺维茨齐　原 Заря 记者，会一些英语，通俗记者	1923年10月创刊，日(晚)报，四页，发行量两千三百份，社址：哈尔滨埠头区。Мир、Утро 停刊后诞生的报纸，在资金方面无特别的后援，由于经营困难，有攻击俄、中行政官厅以煽动读者情绪之嫌。用正版连载上述攻击性报道，因而受到不满分子欢迎
Копейка(俄文)	民主主义。据说属于民主党。过激派方面为发挥缓冲作用而发行，是 Новости жизни 的别动队。排日报纸。俄国籍	普罗库米由雷卢、切鲁尼夫斯基、克里奥林三者共有	主笔和记者均与 Новости жизни 社相同	1922年创刊，日(晚)报，四页，发行量两千五百份。起初由元山避难民中数人相聚创刊本报，倡导反过激派主义，但陷入经营困难，最终被 Новости жизни 收购。表面上带有右派色彩，采取通过逐渐宣传策动与劳农政治妥协的策略，是 Новости жизни 实施赤化策略的机关，但几乎没有影响
Новости жизни① (俄文)	急进社会主义。致力于讴歌劳农政治，代表共产党及左派社会民主党，致力于拥护犹太裔俄国人的利益。从此方面获得资金支持，针对新市街中东铁路俱乐部，建立商业俱乐部社交团的核心。排日态度鲜明。俄国籍	普罗库米由雷卢、切鲁尼夫斯基、克里奥林三者共有	主笔　切鲁尼夫斯基医师　主业为医师，从创业起即与报纸有关，有资历的记者，有恶毒之评。(重要记者)克里奥林　能文善书，近来较少执笔，但撰写辛辣长文，可视为排日元凶。斯科维鲁斯基　多年参加革命运动，近来作为共产党特约人员就政治社会问题撰写以革命者日记为题的论评。伍斯特里亚福博士　原国家主义者，但为了树立俄国国家生活，试图通过改善劳农政治来贯彻自己的主张，是妥协政治的推崇者。其论文值得细读	1909年创刊，日(早)报，四页，最近变为六页，另发行周日附录，发行量两千三百份，社址：哈尔滨埠头区。Новая жизнь 发行以来作为当地舆论界一雄，鼓吹急进社会主义，因触及当局忌讳而数次改名，但未放弃拥护犹太系的立足点。财方面十分稳定，左派色彩强烈，日本出兵以来过激化，远东共和国时代发挥其御用功能，每年接受劳农政府三千五百圆补助。最近采用了新铅字，变为六页，革新版面，精选报道，一时获得美中银行金三万圆

---

① 亦译《新生活报》，1917年报告为《新生涯》，1920年译为《时事新报》。

(续表)

名　称	主义系统	持有人或社长	主笔与重要记者	备　考
Трибуна（俄文）	共产主义。职业同盟会、第三劳动同盟的机关报,在中东铁路底层工人中有影响。极端的排日报纸。苏维埃俄国籍	哈尔滨职业同盟会总部出资、经营	主笔　隆巴赫（犹太人）共产党员,当地赤化运动指挥者,执工会牛耳（重要记者）东布罗斯基（犹太人）评论记者,无学识,但笔调泼辣。阿鲁伊莫夫（犹太人）主编,原 *Дальневосточное время* 主笔	1922年7月创刊,日（早）报,四页,发行量两千三百份,社址:哈尔滨埠头区。自"司派利尤德"①时代起即为过激派正统系的御用报纸,俄罗斯时代也再三被禁止发行。变为 Трибуна 后改良了版面,不再像以往那样登载空乏的评论,变得认真踏实,极力鼓吹共产主义。加入职业同盟者有义务必须购阅一份（莫斯科报纸为五人一份）。攻击日本政策,攻击中东铁路,但对于中国不少时候显示朝三暮四的态度。社会新闻版满载职业同盟的报道,报道均由工人同盟会员投稿
Коммерческий（俄文）	拥护俄国的工商业利益。无政党关系,努力拥护中东铁路、俄罗斯银行方面的利益,似乎由此获得财政援助。从经济视角提倡排日。俄国籍	琪利金　参照 *Газета для всех*	主笔　同前（重要记者）卡沙德金、泽夫伊洛夫　以上三名参照 *Газета для всех*	周刊,周一发行（1924年度起理应成为经济杂志,扩张版面）,每期四页,发行量六百份,社址:哈尔滨。创刊以来围绕中国东北部的经济设施价值及中东铁路经营业绩发表有益材料,最近的评论总是反过激派,但在俄国国权恢复方面主张避免内争,抵抗外国势力侵入。在此意义上也有提倡对劳农政府采取妥协主义之处。经济调查材料值得阅读
Russian Daily News（英文）	中立,无政党关系。不懂俄语,向外国人提供俄文报纸的论调和新闻。对日本不即不离。美国籍	亨利·维希（美国人）	主笔　同前	1918年创刊,日（早）报,小型,四页,发行量三百份,社址:哈尔滨。创刊以来对当地舆论界说不上有正面贡献,因出入于外国人社交团,不时从相当广的方面获得资金援助,1923年以来经营更加困难。无任何特色,仅登载俄国报纸论调和电讯,以及有关英美人士来往的报道、文艺表演的介绍
国际协报（The International）（中文）	开发社会。无政党关系。在商务总会方面有影响力。以前为臭名远扬的排日报纸,但近来相当温和	主笔　张复生	主笔　吴士元	1918年8月创刊②,日（早）报,八页,发行量八百份,社址哈尔滨傅家甸。中国报纸均经营困难,但本报接受东省铁路督办公所的补助,所以与其他报纸相比步调坚实。关于中东铁路的报道,在传递官方消息方面也很迅速。是中国报纸中最吸引外国人注意的

① 原文为"スペリヨード",此处为音译。
② 一说该报1918年7月1日在吉林省长春市创刊,1919年10月迁到哈尔滨。

(续表)

名　称	主义系统	持有人或社长	主笔与重要记者	备　考
东三省商报	增进商业利益。无政党关系，在中国总商会方面相当有影响力。温和排日	持有人　叶元章	主笔　同前	1921年12月创刊，日(早)报，八页，发行量五百份，社址：哈尔滨傅家甸。与《国际协报》相辅相成，中国方面言论机关的味道相当浓。报道内容逐渐丰富。有南洋烟草商会总经理简照南的后援
滨江时报（中文）	开发社会，中立	持有人　范介卿①	主笔　赵逸民	1921年4月创刊②，日(早)报，八页，发行量五百份，社址在哈尔滨傅家甸，近来似乎经营不如人意
东陲商报（中文）	开发社会，温和排日	尹捷卿	主笔　殷仙峰	1918年4月创刊③，日(早)报，八页，发行量三百份，社址：哈尔滨傅家甸。当地相当早的报纸，但在读者间无影响，与《滨江时报》一样，感到有名无实
松江日报（中文）	启发社会。张学良的机关报，拥护奉天军阀。温和排日	郭大鸣	杨星宣	1923年11月创刊④，日(早)报，八页，发行量一千份，社址：哈尔滨傅家甸。发行时日尚浅，但报道正确，有人气。张学良出资八万元
哈尔滨晨光（中文）	恢复国权，善导社会，鼓吹排外。基督教青年会机关报，据说与美国系统有关。极端的排日报纸，其辛辣程度连中国人也抗拒	韩庆常	袁世安	1923年创立，日(早)报，八页，发行量五百份，社址：哈尔滨傅家甸。最近从滨江商会获得融资，而且一直与基督教青年会保持关系，活动相当活跃。报道采用白话体，自任新进派，欢迎青少年投稿。哈尔滨中国报纸中有特色的报纸之一
午报（中文）	开发民智，排日	赵郁卿	冯妙峰	1921年6月创刊，日(早)报，四页，另附插图画报，发行量一千五百份，社址：哈尔滨傅家甸。由于是巧妙捕捉低级心理、价格低廉的白话报，下层社会购阅居多，发行量在中国报纸中居首，但似乎财政困难。总是登载附有插画的卑俗报道，但有时也会论及时事问题，完全得不到有识人士认同。一般认为在以下层民众为对象的宣传方面最为有效
大北日报（中文）	日中亲善，满蒙开发。奉天《盛京时报》的别动队，正依靠新报道开拓地盘	社长　中岛真雄	主笔　王冷佛	1922年10月1日创刊，日(早)报，四页，发行量两千五百份，社址：哈尔滨傅家甸。报道丰富，详细传递东三省各地消息，正在发展途中

① 1923年报告为"范聘卿"。据载，范聘卿、范介卿为兄弟。
② 一说1921年3月创刊。
③ 一说1917年5月创刊。
④ 一说1923年9月创刊。

定期调查报告　　（秘）1924 年 5 月 6 日　　有关中国（附香港）报纸及通讯的调查

(续表)

名　称	主义系统	持有人或社长	主笔与重要记者	备　考
哈尔滨日日新闻（日文）	介绍中国东北北部、远东、俄国的情况	股份制 社长　儿玉右二　前山口县议员 副社长　矶部检三　医生出身,本报的实际经营者	主笔　矶部检三 主编　长濑金平　毕业于早稻田大学文科	该社收购《北满洲》①《哈尔滨日报》②《西比利新闻》③合并而成,当地唯一的日文报纸。由于财政困难,数次淘汰社员,编辑局人员仅有三四人,版面不少地方不如发行当初
哈尔滨无线电通讯（俄文通讯）	中立			以中国军方用哈尔滨无线电截收到的信息作为材料,印刷成俄文散发。发行量五十份。报道缺乏准确,但十分迅速,而有关欧洲方面的消息,除此之外没有获得电讯的方法,所以各报社均利用本电讯
费达③远东电报通讯（俄文通讯）	不偏不倚。在过激派和左派分子中多有购阅者。排日色彩浓厚,中国籍	伦诺克斯·辛普森（据说是北京大总统顾问之弟）　原 Новости жизни 特约人员。远东共和国时代致力于充当其走卒,目前据说领导朱行政长官公署的秘密侦探部,真伪不详	主笔　社长兼任还有被俄国俘房的某原奥地利军人负责俄文翻译	1923 年 6 月创刊,每天发行,打字机印刷物,五六页,约六十份,社址：哈尔滨新市街。创刊以来除报社外无购阅者。目的在于排日、攻击奉天军阀,收集并发布这类通讯报道。当初左派报纸喜好转载该通讯,但奇思妙想的材料太多,逐渐有凋落的倾向
华东通讯（中文通讯）	接受当地特别区行政长官公署的融通,因此与中国官方关系密切	主任　瞿绍伊	编辑　陈韬 发行人　陈纪扬	1921 年创刊,油印通讯,随时发布,一周四次以上,发行量三百份,位于哈尔滨埠头区。与上海、北京、天津有联络,当地中国各报社发布其接收的电讯及书面通讯,同时也将本地消息作为通讯,以电报及书面形式发出。信誉及业绩在本地通讯社中位列第一
哈尔滨通讯（中文通讯）		主任　韩迭声	编辑　骆森、吴子尚	1922 年开业,油印通讯,随时散发,发行量一百份,位于哈尔滨埠头区。重点在于报道当地消息,为当地中文报纸提供材料,同时向各地发布书面通讯。韩迭声和骆森是当地有影响的记者,两人过去都与《国际协报》有关,但由于经济原因离开该报,正在为本通讯尽力,可以断定将来有发展余地
中东通讯（中文通讯）		主任　刘纪五		1923 年 10 月开业,油印,随时散发,发行量二十份,位于哈尔滨傅家甸。开业以来时日尚浅,其业绩和将来发展还是未知数。从当地状况来看,当地已有两家通讯社存在,可以推测在此之外发展的余地较少

---

① ③　1918 年 12 月创刊。
② 　1914 年 7 月创刊。
③ 　此处采取的是音译,原文是"フエータ"。

(续表)

名　称	主义系统	持有人或社长	主笔与重要记者	备　考
哈尔滨通信（日文通讯）	大亚细亚民族中心主义，无党派关系	社长　大川周三	主笔　同前	无值得一看之处
东方通信（日文、俄文通讯）		支局长　折桥庆治		电报通讯，活版印刷，每天散发俄文版五十份、日文版一百份，1922年创办支局。开设当初，对俄方面推销通讯时，预订者很少，但由于其他通讯社资金匮乏，杜撰通讯材料，本社的信誉渐增，目前各报社都采用本通讯，特别是莫斯科特派员电报是经过本通讯发布，值得特别指出。日文通讯在当地限于日文报纸乃至中国官方，而俄、中方面希望，同社的通讯不仅限于远东方面，也可传递欧美方面的新闻。在此方面，当缺乏值得信任的电讯材料时，应该会更加有效
大陆通信（日文通讯）		支局长　铃木斯郎		油印，八页，发行量一百份，1923年创刊。本通讯和朝鲜京城的总社版不同，单独发行支局版，介绍中国东北部情况，以善导朝鲜人为主义。记者更迭无常，报道亦只是当地俄文报纸的翻译，以及朝鲜、中国东北南部报纸的摘录组成的通讯
哈尔滨时报（日文杂志）	研究中国东北北部及俄国的经济情况	社长　大河原厚仁原《辽东新报》《大阪朝日新闻》《时事新报》的当地通讯员	主笔　同前	1923年4月创刊，小型，八页到十页，发行量六百份。本报由1923年1月停刊的通讯《哈尔滨内外通信》改名而来，重点在于介绍财政经济方面的情况，有不少有益的资料，但可惜始终为财政烦恼，经营困难

三、通讯员

姓　　名	所属报社名称	备　考
伦诺克斯·辛普森	*Far Eastern Advertising*	北京的辛普森之弟，向其经营的通讯社发送当地的新闻，似乎多少与左派的报社有所联系
近藤义晴	大阪每日新闻	
大河原厚仁	时事新报	
牛木宽三郎	大阪朝日新闻	
大塚良吉	满洲日日新闻	

齐齐哈尔

一、概况(含黑河)

1. 报纸

在本领事馆负责的范围，地域广大，但与其他领事馆负责的地域相比人口稀薄，人文程度极低，因而本地区的报纸仅有四种，即齐齐哈尔的《黑龙江公报》(官报)与《黑龙江报》《通俗教育报》三种，黑河的《黑河日报》一种。

除了《黑河日报》，其他均为本省官方的机关报，普通购阅者一般极少，因而，只是依靠接受官方的补助及被官方强迫订阅的读者，逐渐摆脱经营困境。而《黑河日报》当然是受当地官方掣肘，仰其鼻息。据说该报经常出现排日报道，是本地道尹公署的投稿。但该报未从官方直接接受任何物质性补助，因而陷入经营困境，仅仅依靠印刷业及贩卖纸类、文具等副业勉强维持经营，处于不知何时就会倒闭的苦境。

销路狭窄，经营困难，虽说起因于上述省内人口稀薄，人文程度低，普通商民缺乏购阅报纸的习惯，而记者中也没有具备学识素养的人物，诸如报道内容，报道栏内除了数行与本省有关的事项之外，剩下的都是其他报纸的转载或每天的金银市价表。他们满足于此，并不为启发民心或博得人气等而努力。内容极其贫乏，作为报纸的价值甚低，这才是其主要原因。

2. 通讯员

齐齐哈尔有通讯员七名，黑河有三名，总计达到十名，但说是通讯员，只是名义上的，实际上向所属通讯社发送通讯的只有一两名，其他均在领事馆分馆负责的地域内设置赌博场赚取场地费，或贩卖鸦片烟土，以此为生，由此不难推测通讯员素质之低劣。

二、报纸

名 称	主义系统	持有人或社长	主笔与重要记者	备 考
黑龙江公报（中文）	登载法令、公文、布告等，本省的官报	黑龙江省长公署	没什么称得上社长、主笔、记者之人。由政务厅长派遣第一科三等科员张荣棋处理报纸发行事务。张荣棋，号守澄，奉天省抚顺县人，两年前为本省公署学习员，其后晋升至现在的地位	1914年3月1日创刊①，日报，普通报纸的四分之一大小，约十四页，发行量约六百五十份，社址：黑龙江省政务厅（齐齐哈尔省城木城里）。购阅者有逐年增加的倾向，但大半购阅者只是受省长公署强迫，主要是各机关的官吏。据说1922年有大洋两千五百余元的纯利润
黑龙江报（中文）	扩张国权。因本省政府的提案获得补助而创刊。本省政府的机关报纸。不排日	社长 魏毓兰（字馨钥）山东省人，该省法政学校毕业生，曾任该省公署科员。作为中国人，文笔好，但多病，无法在报道上下功夫。每月接受财政厅汇兑大洋五十元、省长公署五十元、警务处五十元的补助	同前	1916年1月1日创刊②，日报，普通报纸大小，四页，发行量约一千两百份，社址：黑龙江齐齐哈尔省城万胡同路北。购阅者有逐年减少的倾向，登载的报道中有大半不过是采纳各学校学生和各机关书记员的投稿，因此没有值得一看的报道
通俗教育报（中文）	启发民智及普及教育。本省教育会的机关报。不排日	社长 苍明顺（号和中）本省出身，现在兼任本省教育会会长和本省教育厅第三科长。每月接受通俗教育社汇兑大洋一百三十元的补助	主笔 薛殿冀（号尧阶）本省木兰县人，毕业于本省师范学校，后任当地小学教员和省视学直至今日	1914年12月1日创刊③，日报，普通报纸半页大小，四页，发行量约七百四十份，社址：黑龙江省通俗教育社（齐齐哈尔省城公园后）。购阅者有逐年减少的倾向，和《黑龙江报》同样，内容不过是以学生及书记员等的投稿为主，因而没有值得一看的报道

---

① 一说1913年5月创刊。
② 一说1916年2月创刊。
③ 一说1914年12月8日创刊。

黑河
报纸

名　称	主义系统	持有人或社长	主笔与重要记者	备　考
黑河日报（中文）	开启民智。黑河道尹公署的机关报，有时受命于道尹登载黑河官方公布或对外方面有利于道尹的报道。多少有排日亲美的倾向	黑河日报 社长　杨润如　直隶省人，年龄三十八岁，以前居住于营口，曾在日商田村商会担任店员，无学历，仅负责报社的会计，监管作为副业的印刷物，购买材料，与报道工作完全无关。 主要出资者　本地名流，即于大庆、周参谋长、中国银行支店长马延喜、中国银行车行长、制粉公司经理郭永济、制粉公司经理苑德昌	主笔　陈凤岐（号正明）　湖南省人，四十三岁，毕业于地方中学，曾留学日本，在早稻田大学学习，中途退学归国后创办《黑河日报》，以主笔身份入社，还是同地逢源金矿特聘人员，曾外出调查地形等，能力一般。 副主笔　聂典勖　江苏省人，毕业于高等师范，主要负责转载其他报纸	1920年9月10日创刊，日报，普通报纸大小，六页，发行量约四百份，报社在黑河镇南大街路南。创办以来业绩不佳，1923年中从交通银行临时贷款大洋三千元，扩张副业文具及印刷业，仍经营困难。社内所订报纸共二十三种有余，多为转载用，无值得一看的报道

满洲里
一、概况

本领事馆负责的范围内人口稀薄，没有大市街，当地也缺少成为政治及文化中心的要素，因此在经营上，报纸和其他定期发行物几乎不可能存在。满洲里地处俄、中国境，俄国内乱以来，因为便于设立彼此宣传机关，至1922年末为止有拥护苏维埃政权的报纸和另一方白军的机关报。俄国的政治基本安定下来，出现了统一的苏维埃政权，白军团体的运动归于失败。对于苏维埃方面来说，没有必要消耗大量经费在这样的偏远之地特设宣传机关，而白派缺乏运动资金，因而两者均已停刊。

现存的一份俄文报纸是本地人士为拥护白派主张而发行的报纸，是极其狭义的地方报纸。

二、报纸及通讯

名　称	主义系统	持有人或社长	主笔与重要记者	备　考
Живое слово（俄文）	市公共团体机关报，无政党政派关系。求得中国方面的欢心，拥护少数民族，对苏维埃政权有好感。对日本也有好感。俄国籍	持有人　维阿明·撒贝尤鲁金（现满洲里市长）	卡道西尼科夫	1923年创刊，日报，小型，四页，发行量三百五十份，社址在满洲里。本报是维护撒贝尤鲁金自身地位的机关报，经营困难。开始主要登载我方的东方通信，社论则由哈尔滨左派发送过来。每月亏损达三百圆。因而今年夏天向俄国代表示好，以获取补助，未果，又对中东铁路厅活动，使其购买七十五份（每月约一百圆）。报道的特色在于介绍市政府工作
国境通信（日文通讯）	以向日本人报道满洲里消息为目的	八重樫圭太郎　《哈尔滨日日新闻》贩售人员，原谢苗诺夫军队的义勇兵	同前	1923年11月创刊，周刊，油印，约十页，发行量五十份，社址在满洲里。报道等毫无值得一看之处

三、通讯员

姓　名	所属报社名称	备　考
亚历山大·托洛茨基	哈尔滨 Русский голос	主要就反对苏维埃政权发生的事发出通讯，毫无影响力

龙井村
一、报纸

名　　称	主义系统	持有人或社长	主笔与重要记者	备　　考
间岛新报（日文）	开发当地，宣传文化	社长　安东贞元　其人二十年来担任报社记者或类似工作，先后在台湾、大连、辽阳、奉天生活，1913年1月来间岛，任《大阪每日新闻》和其他报纸通员，后发行名为《东满通信》的油印出版物，1921年7月起创办《间岛新报》	主笔（社长兼任）（重要记者）栗原礼三没什么阅历。（朝鲜记者）鲜于日　约1919年担任《满洲里报》（朝鲜文）社长，约1920年任《满洲日报》（朝鲜文）主编	1921年7月创立，当时日文、朝鲜文均称《间岛新报》，日文为大型，朝鲜文为小型，均为日报。去年7月朝鲜文改名《东满申报》①，日文从去年末起改为小型。两报为姐妹报，关系、目的等完全相同，发行量日文一千两百份，朝鲜文八百份左右，社址在间岛龙井村。至今为止的发展概况是地处偏远，文化发展幼稚，而且当地日本人影响力小，所以购阅者数量少
东满新报（朝鲜文）				《间岛新报》的姐妹报（参照《间岛新报》备考）

二、通讯员

姓　名	所属报社名称	备　　考
安东贞元	大阪每日新闻	《间岛新报》社长，居留民会长
渡边熏太郎	大阪朝日新闻、京城日报、北鲜日报（清津）	满蒙语学者，永新中学校教师
是永秀孝	北鲜日日新闻（罗南）	主业是电按摩
安容镐	东亚日报（京城）	朝鲜文通讯员
朴章焕	朝鲜日报（京城）	同上
白奎宪	京城每日申报（京城）	该报支局长，朝鲜文通讯员

局子街
一、概况

过去为了对抗《间岛时报》，中国方面在陶延吉道尹的主持下发行《延边实报》。随着陶转任吉长道尹，该报停刊。随着陶道尹再次到任，当地有识之士之间恢复机关报之议抬头。正好当时受到《间岛新报》创刊的刺激，1922年8月27日机关报《延边时报》创刊。该报先发行小型中文报纸，据称等待印刷机、铅字等到位后，将中文报纸改为大型，另外还发行朝鲜文报纸。每日发行量四百份。作为中国方面的代表性舆论机关，在官民的巨大援助下，打着维持国权的旗帜，进行种种活动。因购阅费过高，加上没有通讯机关，报道缺乏新意，当地民众文化程度又很低，购阅者甚少，招致经营困难，意外停刊。由于极力反对的天图铁路问题的解决等当地情势变化，1923年1月以后只是在六七月之交一度再刊。当初计划的发展也未能实现，最终停刊。随着当地中国方面机关报的消失，发行的报刊等也就不存在了，该界因此更加衰落。

---

① 这里的《东满申报》与"名称"栏的《东满新报》不一致。另外，本年局子街和百草沟"通讯员"栏出现的名称均为《东满申报》，正确名称待考。

二、通讯员

姓　名	所属报社名称	备　考
李喆	东亚日报（朝鲜文）	私立学校的教员，1924年10月成为《东亚日报》分局长。该报在当地的购阅量约为一百份
金祥镐	朝鲜日报（日文、朝鲜文）	专心学习汉学，担任书堂教师，1924年11月来到当地经营名为文化书院的小书店，同时从事通讯。本报的购阅量不满五十份
孙定龙	东满申报（朝鲜文）	于朝鲜学习汉学，从事商业，1917年移居间岛，数年前起与当地朝鲜人民会有联系，担任同会主事。《东满申报》与其姐妹报《间岛新报》的购阅量均约一百份
张仙洲	东报（中文）	据称1919年奉天省立师范学校毕业后，就职于驻京奉天军司令部。1923年奉天军方创刊《东报》，在当地设置分局，作为经理来到此地，与当地军方有些联系。《东报》在当地的购阅量有一百余份
刘彭禄	泰东日报（中文）	开原人，1921年毕业于吉林省立第一师范学校，后于延吉县劝学所工作约一年半，1922年8月发起成立《延边时报》，直至同报停刊，不久转为《泰东日报》分社长。此人在商界有相当的联系，因而总是激烈攻击官僚，遭到官僚特别是军警的怨恨，最后于1924年末以当地各界都公开进行的吸鸦片及赌博的罪名将其投入狱中。《泰东日报》在当地的购阅量约有一百份

珲春
通讯员

姓　名	所属报社名称	备　考
富樫保	龙井村间岛新报社	

百草沟
通讯员

姓　名	所属报社名称	备　考
金河清（朝鲜人）	龙井村东满申报社、间岛新报社	曾任朝鲜公立普通学校训导，当地朝鲜人会长，但在影响力、特色方面均无值得特别介绍之处
韩一（朝鲜人）	京城东亚日报社	曾任私塾教师，现任当地民会书记员，但与分散在俄、中的意图不轨的朝鲜人有联络，有鼓吹排日思想的嫌疑
吴江秋（中国人）	奉天东报社	曾任陆军排长，文化程度低，无任何特色及影响力

赤峰
一、概况

当地在地形上被夹在一处一方，交通、通信甚为不便，官民普遍文化程度低，政治、经济也还无法和外界相提并论，在当地设立报社及通讯社，目前想要在经营上盈利是困难之事。例如，此前奉天《盛京时报》在当地设支社谋求发展，但购阅者少，不久便关闭了。因此，以下记载的在热河发刊的《新闻简报》在内容和外观上都很贫弱，仅靠笃志者的捐助维持。

二、报纸

名　称	主义系统	持有人或社长	主笔与重要记者	备　考
新闻简报（中文）	无主义、主张。无政党政派关系。报道官吏的黜陟、调动、式礼、诉讼及简单的经济情况，无对外报道	持有人、代表者　谢景义（字松山）担任前戚道尹的门卫，没什么学识，河南人，通晓承德及各地方官衙情况。谢姓兄弟出资	编辑　谢吉庆　景义的兄弟，前清时代为"座省"，在省城里负责为外来宾客引路，没什么学识	1921年3月创刊，发行日不定，每月发行五次以上，每篇报道最多一页，发行量两百余份，社址在热河承德。这几年来无任何改良与发展，主要报道管内官吏的更迭及高官的婚丧嫁娶等

华北、西北等地区

北京

一、中文报纸及通讯

（一）概况

去年中文报纸计有七十二种，后有三十二种废刊或停刊，新增十八种，现在共有五十八种。此外，官报类有五种。这一年报纸极不寻常的兴衰与伴随着大统领的更迭而发生的政权交替有关。因此，新兴的报纸大半属于直系。

去年有中文通讯二十八种，随后其中八种废刊或停刊。今年新增八种，抵消后数量没有变化（除了中美、华俄通讯，都属于中国人经营）。

（二）报纸

名　称	主义系统	持有人或社长	主笔及主要记者	备　考
政府公报	政府的公布机关	国务院印铸局		正式发表政府法令、公文等的机关报
陆海军公报	陆、海军的公布机关	魏宗潮	罗泽炜	政府每年补助一千五百元
教育公报	在各部处编辑处编辑发行			刊登《政府公报》发布的各部法律、命令，以及各部相关的一切公文、相关调查报告等。《交通月刊》自1917年1月起发行
农商公报				
交通月刊				
顺天时报（中文）	以日中亲善为主义	渡边哲信	金崎贤	1901年创刊，日刊，八页。为北京十六大报纸之一，发行量约一万份，社址在正阳门内化石桥
北京日报（中文）	标榜中立	朱淇	对权佐	1907年创刊，北京中文报纸的鼻祖。日刊，八页。接受财政部、交通部及盐务署相当数量的补助。由于经营宽裕，记者、探访等齐备，因此报面精彩。但只有编辑没有脱离旧态，而且铅字细，此点多少受到非难。发行量六千二百份，为十六大报纸之一。社址在东城镇江胡同
晨报（中文）	严正中立	刘崇佑	林仲易	1916年创刊，最初为研究系的机关报。自刘崇佑结束议员生涯以来，标榜严正中立，但似乎仍然同情研究系。经营良好，具有学识和经验的记者齐聚，报面活力洋溢，与《益世报》比肩，雄飞于报界。近来多少带有社会主义色彩。社址在北京丞相胡同，日刊，八页，此外还有两页附录。该报的经济栏很有特色。发行量七千份

(续表)

名　称	主义系统	持有人或社长	主笔及主要记者	备　考
京报(中文)	外交系	邵振青	邵振青	历届外交部每月补助三百弗,除此之外不时从财政部和银行公会等处得到相当多的补助。该报为八页日刊,报面完备,报道比较准确,尤其是关于中国外交有出色报道。附录经济栏发表银行公会的援助,以及有关当前问题的论文研究结果,颇受实业界好评。社址在小沙土园,发行量一千六百多份
星报(中文)	财政部机关报	黄谔声	林万里	一向与王宠惠、王郅隆等关系密切,但现几乎已成为财政部的机关报。该报关于财政和经济的报道毫无疑问是值得尊重的,但其特色不如说在于第一版连载的外国政治及财政、经济问题等的译报。日刊,四页,发行量一千二百份,社址在前门外李铁拐斜街
益世报(中文)	亲美主义	杜竹萱	潘蕴巢	创刊当时由美国基督教会维持,现依靠美国大使馆的补助经营,似乎从中国官方也多少得到补助。在中国方面来说,认为是美国的对华舆论机关,与天津《益世报》一样加以重视。论调总有攻击政府的倾向,特别是临城事件时发出了颇为强硬的主张。国内外电讯和地方通讯之丰富,北京第一。由于留美出身的记者居多,因此该报外国报纸的翻译也很多。外国商人的广告最多。是当地排日报纸的巨头。日刊,八页,发行量六千五百份,社址在前门外新华街
东方时报(英、中双语)	辛迪加组织,与总统府有关	辛普森	朱采亮	(参照外文报纸的部分)
卍字日日新闻(中文)	北京道院宣传机关	江宇澄	万灵易	1923年4月创刊,北京道院的机关报。日刊,八页,另有两页附录。本报与普通中文报纸并无不同之处,附录专门刊登有关道教和道院学说的宣传,以及其他宗教、哲学等。资金丰富,报面精彩。社址在宣武门内舍饭寺胡同世界红卍字会中华总会内。发行量一千五百份,有持续增加的倾向
铁道时报(中文)	交通部机关报	李警呼	李警呼	交通部的机关报,原为铁路及邮电等有关交通的专门报纸。近来资金丰富,而且交通总长在政治上的地位提高,有关政治方面的报道也自然增多,加上报道迅速、敏捷,逐渐进入大报之列。社址在椿树三条胡同。发行量五百份,日刊,四页
国民新闻(中文)	益友社	吴景濂	郑鸟皋	1922年10月创刊①,益友社每月补助二百弗。完全是对议员的宣传和通报机关。吴景濂去天津之后,似乎稍有不振。作为政治报纸而言,是保定系的一大对手。早报,四页,发行量三百五十份,社址在宣武门外魏染胡同
京津时报(中文)	安福系	汪立元	黄昆山	自从安福系蛰伏以来,颇有不振之态,但发行号数已累计达五千号,在荣枯盛衰极甚的北京,算得上老报之一。报面相当完备,并且知悉政界机微,在保定系报纸全盛的格局中,隐然有与其抗衡之势。社长汪立元人格高,任万国记者俱乐部会长。社址在廊坊头条,发行量三百五十份,日刊,四页

---

① 一说为1922年8月创刊。

定期调查报告 　（秘）1924年5月6日　　有关中国（附香港）报纸及通讯的调查

(续表)

名　　称	主义系统	持有人或社长	主笔及主要记者	备　　考
民国公报(中文)	中立	罗怡厂	罗怡厂	在张英华任盐务署长时期，收到同署相当多的补助，但目前已无。日刊，四页。报面相当完备。虽标榜严正中立，但不是没有见风使舵之才。社址在宣武门外永光寺西街，发行量四百份
黄报(中文)	保定系	薛大可	对少少	保定直系的报纸，曹锟就任大总统之后资金日益丰富，报面焕然一新。日刊，四页。大多为政治报道，总统府方面的消息尤为灵通。发行量七百份，社址在宣武门外大街
北京中华新报(中文)	政学会系	谷钟秀	张育临	政学系的机关报，每月虽得到一些补助，但仍萎靡不振。据议论说，该报最近会暂时停刊，进而改变组织，卷土重来。日刊，八页，发行量三百份，社址在棉花八条胡同
舆论(中文)	交通系	侯疑始	刘景山	1922年创刊，日刊，四页。发行量四百份。社址在宣武门外香炉胡同。该报第四版的"翰海"具有特色，受到文艺爱好者的欢迎
京津民报(中文)	王承斌机关报	邓梅荪	刘怡生	1923年10月创刊。作为天津系在京的宣传机关报，专门将主要力量放在国会及■直省议会方面。社址在宣武门外西草厂，发行量三百五十份
京保日报(中文)	总统府派	魏晋三	张毓灵	《京保日报》完全是保定系的宣传机关报，因在曹锟选举大总统中立下功劳，在其就任后从总统府获得创立资金，1923年11月在骡马市大街建社。此后更为积极地为保定系活动。日刊，八页，发行量六百份
中国新闻(中文)	胡景翼机关报	寇■	吴小齐	1923年12月创刊，日刊，四页。刚刚创刊，万事待兴。社址在前门内前红井西口，发行量四百份
京津日报(中文)	直系，国会议员的通报机关	刘省吾	李志本	曹锟当选总统之后，作为直系议员的联络机关，于1923年10月创刊。边守靖专司经营，似乎从总统府获得若干补助。日刊，八页，社址在宣武门外西草厂，发行量约四百五十份
新兴中报(中文)	钮传善系统	郭行源	郭行源	与财政部、盐务署方面有些关系，报道有明显的亲美倾向。日刊，四页，发行量三百份，社址在果子巷内贾家胡同
中报(中文)	天津系机关报	林天木	林天木	1923年曹锟就任大总统之后，天津系首领曹锐及边守靖等为了拥护和宣传总统而创立。日刊，四页。该报的特色在于总统府方面的消息灵通，且议会方面的报道精细。社址在宣武门外烂熳胡同，发行量三百五十份
新华日报(中文)	标榜中立	潘立之	潘立之	该报为日刊四页报纸，已达一千二百号，作为北京的二三流报纸，尽管已有足够的基础，但发行量未超过三百份。这是由于没有适当的支持者。社址在香炉营
北京报(中文)	以营利为本位	任昆山	任昆山	发行以来已达一千四百号，加上基础坚实，逐渐迫近大报之列。日刊，八页，发行量一千四百份，社址在前门外大安澜营

463

(续表)

名 称	主义系统	持有人或社长	主笔及主要记者	备 考
都报(中文)	政学系杨永泰	胡康彝	李耕石	发行以来已达一千四百余号，但缺乏坚实基础，看不到任何特色。日刊，四页，发行量四百份，社址在宣武门外储库营
时言报(中文)	民党系	庄仲泉	庄仲泉	广东派在北京唯一的机关报纸，经营困难，社务极为不振，但发刊以来累计已达一千七百号，不管怎么说仍是当地的大报。日刊，四页，发行量四百五十份，社址在前门外潘家河沿
时中日报(中文)	拥护总统府	金缄三	陈步东	1922年10月创刊，总统府每月补助二百元。曹总统就任之后，天津保定系的新机关报接连出现，该报看上去渐有不振。但有关总统府方面的消息确实很灵通。日刊，四页，发行量四百份，社址：宣武门外椿树下三条
社会日报(中文)	中立	汪有龄	林万里	安福系的机关报，现标榜中立。奉直战争时曾一度被勒令停刊，其后不久复活。资金充裕，报面完备。日刊，四页，政治报道丰富。发行量一千份，社址在棉花胡同
黎明报(中文)	全民社	刘鸢如	董穉	全民社的报道机关，报面几乎都被议会报道所占据，好像除了政客以外之事不太受欢迎。早报，四页，发行量三百份，社址在宣武门外延旺庙街
二十世纪新闻(中文)	新民社	汤用彬	杨小鹤	湖北系张伯烈等的机关报，主要用于对同党系议员等的宣传和通报等。1922年创刊，日刊，四页。发行量四百份，社址在宣武门外西草厂
复报(中文)	中立	林泉难	林泉难	停刊中的《复报》，随着孙宝琦的出山而复刊。自称中立，但以拥护孙内阁为主要目的，有时攻击总统府方面。日刊，四页，报面完备，海内外的电报等丰富。作为内阁的机关报，据说每月得到三百弗的补助。发行量五百份左右
民声(中文)	张英华机关报	周培根	周培根	1923年7月创刊，在财政问题上反对王克敏，文笔甚为锐利。尤其是"金法郎问题"，要求通过大众投票表示赞否等，极力煽动反对风潮。总而言之，是具有特色的报纸之一。日刊，四页，发行量三百五十份，社址在宣武门外前青厂
正议日报(中文)	保定系	何勇	王惠如	属于保定系，曹锟大总统就任后从总统府得到若干补助。经营方法极为少见。由宪政党组织发行，发挥该党机关报的作用，恰似该党的御用报纸。1922年创刊，日刊，六页，此外还有两页附录。发行量三百五十份，社址在宣武门外西草厂
潮报(中文)	何海鸣机关报	管翼贤	管翼贤	社址：宣武门内头发胡同。1923年11月创刊，日刊，四页，发行量一千四百份。倾全力于国会方面，虽有活力，但动辄评论过激。副刊《小潮报》欢迎投稿，受到好评
飞报(白话)	福建省议员的机关报	李耘非	李耘非	为福建省选举产生的参、众两院议员利用的机关报。1923年11月创刊，日刊，四页，发行量五百份。政治问题占据了大部分版面，据说从研究系得到若干补助

(续表)

名　称	主义系统	持有人或社长	主笔及主要记者	备　考
蒙边日报(中文)	启发蒙古	滕祖周	滕祖周	以启发蒙古和振兴产业为主要目的，关于蒙古的报道很多，因此在关注边境情况的读者中颇受欢迎。回顾创刊以来的历史，该报微弱的影响力也从一方面表明蒙古方面的研究者很少。日刊，四页，发行量三百份，社址在宣武门外兵马司后街
京兆时报(中文)	全民社系统	恒钧	冯樟庄	兼有全民社系统议员宣传、通报职能的机关报。发行量极少，不到三百份。1923年1月创刊，四页，社址在西城石驸马大街
日知报(中文)	旧交通系	王博谦	王量午	1913年10月创刊①，一度大为活跃。自从交通系蛰伏以来，报面立刻变得萎靡不振，不过与三四流报纸为伍。日刊，四页，发行量约四百份，社址在宣武门外西草厂
北京晚报(中文)	高凌霨	刘煌	刘煌	该报为北京晚报之鼻祖，最初与曹汝霖、陆宗舆等有关，后由孙润宇继承，现属于高凌霨。在拥护自己的同时，为保定系进行宣传。"四六型"，四页的小型报，但知晓政界之机微，而且报道迅速、正确，因此近来声望渐渐高涨。社址在北新华街中街，发行量五千二百余份
大陆晚报(中文)	与张绍曾有关	张鹏	张鹏	本报在张内阁时期每月获得国务院二百弗补助，但现在已无。最近多少与王正廷有关。创刊时为早报，后改成晚报。四页的小型报，发行量七百五十份，社址在前门外大外郎营
群言报(中文)	以营利为本位	顾华甫	余志新	发行量三百份
燕都报(中文)	以营利为本位	吴熙宝	李乐天	小说、文艺类的专门报纸。发行量四百份，社址在宣武门外南柳巷
爱国早报(中文)	以营利为本位	苟无恶	周子因	社址：宣武门外海北寺街，发行量二百份。无任何特长
五点钟晚报(中文)	保定派	郑知非	郑知非	是完整大报纸的缩小版，刊登各方面的报道。因此创刊以来得到逐步发展。社址在北新华街北头。发行量一千三百份
北洋晚报(中文)	边守靖	李志齐	李志齐	曹锟大总统就任后，作为天津派的在京机关报而创立，边守靖出资，亲自操纵。小型四页的小报，但报面完备，受到好评。社址在宣武门外香炉营。发行量一千二百份
新华晚报(中文)	总统府机关报	姚守先	姚守先	曹大总统就任后主要作为总统府机关报而创刊，每月得到三百弗的补助。经营状况极好。小型报，四页。发行量一千五百份。社址在北新华街
小民声(中文)	张英华	周培根	周培根	《民声》的晚报，发行量九百五十份，发行处位于《民声》社内。小型报，四页
茶余录(中文)	以营利为本位	林醉陶②	林醉陶	梨园、烟花巷的报纸，四页。社址在宣武门外虎坊桥，发行量八百份

① 一说1913年9月创刊。
② 又作"林醉酶"。

(续表)

名　称	主义系统	持有人或社长	主笔及主要记者	备　考
亚东余录（中文）	以营利为本位	舒鹤青	舒鹤青	专登梨园消息。社址在宣武门外赶驴市,发行量约五百份
国强报（中文）	立宪派	杨润润	杨润润	《国强报》为白话报的鼻祖,受到中流以下阶层的欢迎。创刊时得到江朝宗的补助,江隐退后虽没有官方保护,但广告收入多,经营状况极好。社址在前门外延寿寺街,发行量似乎超过五千五百份
实事白话日报（白话文）	中立	戴兰生	戴兰生	1918年9月创刊,发行量一万四千份。标榜中立,但研究系的色彩浓厚。读者多为中流以下阶层,但在学生中也受欢迎。社址在宣武门外铁老鹳庙
群强报（白话文）	以营利为本位	陆哀	王丹忱	社址在樱桃斜街。1912年创刊,发行量四千份,剧界、烟花巷读者居多。以有关此界的消息为特色
北京白话报（白话文）	任昆山	何敏之	何敏之	创刊时得到陈光远的补助,陈失势后完全成为自营。其后读者日益增多,据说现发行量有一千三百份,社址在前门外大安澜营
小公报（中文）	以营利为本位	董方仲	董方仲	以营利为本位,满载小说类内容,受到剧界、烟花巷的欢迎。发行量二千五百份,社址在宣武门外老鹳庙
北京晓报（中文）	以营利为本位	方梦超	吴天真	无任何特色。发行量四百份,社址在城内南池子飞龙桥
平报（中文）	以营利为本位	陆秀岩	陆秀岩	该报由已故赵秉钧创立,当时为军警界之木铎,但数年来萎靡不振。有关北京的报道丰富为其特色。发行量一千五百份,社址在宣武门外南柳巷
商业日报（中文）	北京商会	任崇高	任崇高	北京商务总会的机关报,小型四页的小报,不过以地方自治、社会报道、小说等填满版面。商会每月补助一百元,且广告收入多,因此据说经营状况良好。发行量六百五十份,社址在宣武门外方壶斋
日知小报（中文）	以艺术营利为本位	王博谦	李田文	被视为《日知报》的附录,有关戏剧界、电影以及其他艺术的报道丰富,趣味多样,因而销量远远凌驾于主报之上。有评论称,《日知小报》的名声必将压倒其他多数小报

（三）通讯

名　称	主义系统	持有人或社长	主笔及主要记者	备　考
中美通讯				参考外文通讯社部分
华俄通讯				同上
新闻编译	外交部机关通讯	邵振青	邵振青	该社为北京最早的通讯社,1916年创刊,与《京报》属于同心异体的关系。关于外交方面的宣传和政府方面的通讯居多,而且比较准确,是所谓外交系的支持机关,对孙宝琦内阁没有恶意,最近致力于拥护王克敏内阁。社址在小沙土园

(续表)

名　称	主义系统	持有人或社长	主笔及主要记者	备　考
神州通讯	直系机关通讯	陈定远	徐瀛从	1921年创刊,是北京具有影响力的通讯之一。报道多为参众两院相关内容和对日本报纸的翻译,迅速准确。从前致力于排日,但现在已非如此。社址:南横街
国闻通讯	浙江卢永祥的机关通讯	胡霖	吴如芝	上海国闻通讯的支社,1922年开办。报道较为准确,亦接近外交部,外交方面的通讯报道也相当丰富。上海、北京之间的电讯受到中国各报社的欢迎。社址:梁家园后街
联合通讯	吴景濂派	成舍我	成舍我	总社位于上海,1923年创刊。关于国会方面的通讯非常迅速而有价值。据说非常受上海报界的欢迎
醒民通讯	孙内阁派	廖鸣章	廖鸣章	该通讯社一直是政府方面的机关,以前对张内阁抱有好感。关于国务院方面的报道居多,另有政府发往各省的来往电报等,报道比较准确。过去接受江苏督军的补助,但现在已无。1919年创办
大同通讯	天津派	林质生	林质生	1917年创刊,最初属于安福系。该系没落后标榜中立,但经营不振,及至最近变成直系的天下,又向天津系靠拢。报道总体而言不可确信,社址:校场三条
世界通讯	反直系	孙剑秋	孙剑秋	1923年创立,创办时日尚浅,并无信誉,且报道欠准确
北京通讯	旧为曹汝霖派,现宣称无所属,但与程克接近	王丹忱	赵松琴	外交部方面的报道居多,但多为不实内容。由于接近程克,内阁方面的报道稍有增加
京津通讯	王承斌派	于复生	于复生	1923年曹锟就任大总统后创办,目前从王承斌处得到大额补助,发布对曹锟和直系内阁成员有好感的通讯,但还未得到广泛的一般信任
民本通讯	奉系	瞿孟池	瞿孟池	社长为吉林出身,且该社为奉系的在京通讯,关于东三省的报道自然居多。1922年创立,当时多刊载排日报道,但现在已非如此,报道没有任何特色。社址在顺治门内安福胡同
统一通讯	吴景濂派	王董午	王董午	1923年创立,关于议会方面的报道居多。为拥护本派而宣传,没有任何价值
维民通讯	反直系	余维之	余维之	1923年创立,虽标榜为反直系,但内容贫弱,没有任何价值,且报道不实
中国通讯	直系	王昆山	王昆山	1923年创立,虽宣称是直系,但几乎是有名无实
捷闻通讯	唐继尧派	张瑞萱	张瑞萱	虽然不时为唐继尧宣传,但在当地报界其存在几乎不被承认
亚洲通讯	王承斌派	林超然	林超然	1922年创立,当时为林长民所有,大肆进行排日报道。最近归王承斌所有,为直系进行宣传,对孙内阁似乎不抱好感。社址:南妞妞房
大陆通讯	反直系	陆少游	陆少游	该通讯为湖北系张伯烈等人所创办,专门进行议会方面的报道。最近脱离了张伯烈之手,反直系的色彩浓厚,但对孙内阁多少抱有好感。社址:白芦营头条

(续表)

名 称	主义系统	持有人或社长	主笔及主要记者	备 考
中一通讯	无所属	李国华	李国华	该通讯于1920年由李文权创办。黎大总统退位后,李大多不在北京。其影响虽不能维持之前的信誉,但毕竟曾经是官府派的机关通讯,因此有关官府方面的报道虽不迅速敏捷,但仍准确。以全年不停刊为特色
五洲通讯		张万超	张万超	1923年创办,没有任何影响力,其存在几乎不被承认
中央通讯	中立派	罗怡历	罗怡历	报道普通、迟缓,没有特色
民国通讯	小孙派	黄樗樵	黄樗樵	该通讯从前为保定系首领高凌霨所有,其后脱离高而成为孙洪伊派的宣传机关。对现总统抱有好感,但总是表现出攻击内阁的态度。报道比较准确迅速
民聪通讯		何小连	何小连	没有任何影响力,其存在几乎不被承认
环球通讯	保定派	林象可	林象可	社长为《晨报》记者,报道也多从《晨报》而来。似乎对王克敏特别有好感
中华政闻	总统府系	邵某	邵某	为总统府方面进行宣传,但无任何信誉和影响力
明民通讯	唐在礼派	曹善庆	曹善庆	无值得特别记载之处
太平洋通讯	冯玉祥派	欧阳致中	欧阳致中	同上
益智通讯	无所属	叶我心	叶我心	同上
公民通讯	西南派	不明	不明	同上
正谊通讯	王正廷派	张维民	张维民	1923年创立,有关外交方面的通讯居多,国会方面的报道也迅敏而准确

二、外文报纸、杂志、通讯及通讯员
(一)报纸、杂志及通讯

名 称	主义系统	持有人或社长	主笔及主要记者	备 考
Peking Daily News [北京日报] (英文)		夏廷献	主笔 Randall Gonld、邝熙堃	1917年创刊①,早报,八页,发行量四五百份。原由北京日报社社长朱淇经营,1917年3月盘给美国留学出身的汪觉迟。其后不久又被转卖给徐树铮,但汪仍作为主笔掌握全权。此后由英国籍香港人吴来熙担任专职主笔。1920年安福派没落后成为旧交通系的机关报,一度由英国人 W. Sheldon Riage② 掌握编辑全权。此人退社后,吴再任主笔。1924年5月 Gonld 作为主笔入社。从1921年七八月间到1923年末,从劳农俄国驻北京代表那里获得财政补助,大肆刊载该代表的军事顾问 B. Roustam Bek,以及该政府机关 Rosta 通讯社北京支局长 Hodoroff 等人撰写的排日来稿。但1923年末,随着财政补助被终止,与劳农俄国代表的关系破裂,目前处于经营困难境地。报道的特色在于中国政府发布的消息和其他政府方面的消息居多

---

① 一说1910年创刊。
② 1922年报告为"Ridge"。

(续表)

名　称	主义系统	持有人或社长	主笔及主要记者	备　考
Peking Leader[北京导报](英文)	中国籍报纸,但亲美,疑似与公使馆方面有什么关系	为研究会所有,据说梁启超、林长民等为大股东,梁秋水任总理	Grover Clark(美国人)	1917年12月创刊①,早报,八页,发行量四五百份。1917年12月作为梁启超的机关报创刊。一向被视为北京外文报纸中的佼佼者。刁敏谦(广东人,英国Cambridge大学 L. L. D.)任主笔时,由于其兄刁作谦任外交部秘书,以外交方面消息灵通而为人所知。1919年11月刁辞任主笔,接着,美国人 Buch、美国人 Josef W. Hall、美国留学出身的余天休、美国人 Grover Clark、原上海《申报》及 Peking Daily News 记者黄国钧、英国人 Chrifford L. Fox 等依次担任过主笔。1922年11月以来,美国人 Grover Clark 再度入社任主笔,总理为梁秋水,依旧为进步党的机关报。曾频繁刊登总统府英国顾问 B. L. Simpson(Putman Weale)撰写的排日评论来稿,但最近两三年来已不复如此,特别是 Grover Clark 任主笔以来,评论比较稳健,但报纸整体的论调跟过去一样依然带有亲美的色彩
Far Eastern Times[东方时报](英文、中文)		B. L. Simpson(Chairman of the Far Eastern Times Syndicate)	W. S. Ridge(Chief Editor) Philip Kerby(News Editor) 中文主任　朱采亮	1923年2月创刊,早报,英文十页,中文六页,发行量约二千份。本报由总统府的英国顾问 B. L. Simpson(Putman Weale)从张作霖、安福系、劳农俄国北京代表、总统府等各方面募集资金,于1923年2月24日创刊。劳农政府代表曾给予北京、天津的英文及中文各报纸一些补助,煞费苦心想对报纸进行操纵,但近来认识到其效果很小,因此已与其他报纸断绝关系,独独决意补助该报,是因为该报除刊登劳农政府机关 Rosta 通讯之外,还刊载有利于劳农俄国的社论或杂闻,致力于大肆鼓吹亲劳农俄国热。最近,该报假借俄国义勇舰队的广告费之名,接受劳农代表年额六千弗补助的事已经暴露。本报为英、中双语的报纸
North China Standard[华北正报](英文)		社长　鹫泽与四二	编辑主任　F. Newel	1919年12月1日创刊,早报,八页。该报由鹫泽与四二担任社长,原 Japan Times 及 Kobe Herald 等报的记者、英国人 J. S. Willes 担任 News Editor,原国际通信社编辑佐藤显理担任主笔,于1919年12月1日创刊。但1920年3月佐藤显理辞职,1922年3月 Willes 被解任。此后主要由德国人 F. Newel 和鹫泽与四二专门负责编辑。报面外观酷似 Japan Advertiser。报道稳妥,印刷鲜明,用纸优良。一看便知报面比其他的外文报纸整齐有序
Journal de Pekin(法文)			主笔　Albert Naehbaur(French Jew) 副主笔　Iwanoff	1911年7月创刊,早报,八页。曾接受俄国公使馆的补助,俄国政变以来受法国公使馆的保护,1918年5月成为法国公使馆的机关报,据说通过中法实业银行得到补助,但随着该银行的破产,补助中断。主笔法国人 Nachbaur 为 Franch Jew,副主笔 Iwanoff 是过激派俄国人,不时刊载过激主义内容。Nachbaur 屡屡舞弄排日毒笔

---

① 一说1920年创刊。

(续表)

名　　称	主义系统	持有人或社长	主笔及主要记者	备　　考
Politique de Pekin[北京政闻报](法文杂志)			Monastir	1914年创刊，周刊，约三十页。主笔是在北京居住了二十余年的法国人Monastir。所论稳健，完全是外交部的机关报
Reuters News Agency[路透社电报](英文)		英国Reuter通讯社北京支局	支局长　Major A. H. Wearne 助手　A. Ramsay	将北京的报道通过电报发给伦敦、上海、天津的Reuter通讯社及东京的国际通信社，同时，将来自世界各地的Reuter电讯分发给北京和天津的各外文及中文报社
Chun Mei News Agency[中美通讯社](英文)		社长　Brewster 副社长　Wolfrey、宋发祥	主笔　John Andrew Goette	欧洲大战后由美、中共同出资创立。1919年3月，曾任美国公使馆副领事的B. A. Burr担任中美通讯社北京主任，中国方面以国务院情报部主任宋发祥为代表，任理事。1922年2月中旬，Burr由于背负了大量债务而前往莫斯科，社长由美国传教士Brewster、副社长由美国人经营的燕京大学教授Wolfrey担任，中国方面以宋发祥为代表，与编辑有关的一切实务都在宋发祥监督下，由其管理。向北京、天津、上海等地的各外文报纸分发北京的报道。曾频繁进行排日Propaganda，但近来其态度似乎渐有缓和。名义上表面仍任用美国人，但实权渐渐转移到中国方面。不过，英国人以Reuter通讯社作为其发表机关，与此相对，美国人则以中美通讯社为其发表机关，两相对峙的状态依旧
Asiatic News Agency[亚细亚通讯](英文)		张敏之	张敏之	欧洲战争后，由原Peking Gazette的记者张敏之(Michie C. L. Chang)创办，以王某为主笔。从中国各地的中文报纸中，将适合外文报纸的报道巧妙地翻译出来，并将其作为本社的特别通讯分发给北京、天津等地各外文报纸，并与交通部签有合同，每日将从德国发出的无线电讯提供给上述各外文报纸
Rosta News Agency	劳农政府的机关通讯，由劳农俄国驻北京代表下属情报部长U. J. Lebedoff监督		Slepaek	1920年8月创刊。1920年，远东共和国政府将尤林作为代表派遣到北京，在此前则以向海外宣传俄国情况为目的，在北京开设支局，任命A. Hodoroff为支局长。1922年11月，远东共和国合并入劳农俄国，同时废除Dalta News Agency这一名称(最初有Dalta News Agency和Rosta News Agency，前者是远东共和国政府的机关通讯，后者是劳农俄国的机关通讯)，仅Rosta News Agency得以存在下来。A. Hodoroff于1922年末受命转任莫斯科外交部，目前处于劳农俄国驻北京代表下属情报部长U. J. Lebedoff的监督之下，由Slepaek处理北京支局的工作。办事处位于劳农俄国代表宅邸内，除了地方上的通讯之外，每天将来自莫斯科、赤塔、哈尔滨、海参崴等各地的电讯分发给北京、天津的各外文及中文报纸。是劳农俄国政府在远东的新闻政策总司令部

（二）通讯员

姓　名	所属社名	备　考
S. David Fraser	*London Times* 特派员	英国人，1871 年生。1904—1905 年日俄战争中，担任 *London Times* 特派从军记者跟随日军。接着，在 1906—1910 年期间，作为 *London Times* 的特派员，被派遣至土耳其、美索不达米亚、波斯及其他各地。曾任 Dr. Morrison 的助手。Dr. Morrison 担任中国政府顾问后，接任其职，任北京特派员。在北京外国通讯员中其为声望高者之一，态度公平稳健
Major A. H. Wearne	Reuter 通讯社	英国人，1871 年生。曾任上海、北京各外文报纸记者。欧洲大战间从军，1918 年秋再度来华，任北京通讯员，尽可能对日采取友好态度，但随后态度转变，一度似乎加入了排日论者阵营。最近其态度大为缓和，再次对我方采取友好态度。在北京就职十余年，是外国通讯员中的元老之一
W. R. Giles	*Chicago Daily News* 通讯员、*Peking & Tientsin Times* 通讯员	英国人，1878 年生。*Chicago Daily News* 的通讯员，同时兼任天津 *Peking & Tientsin Times* 通讯员。在当年日中交涉时被中国方面利用，全力攻击日本，因此引起世人注意。但因其操守不坚定，未能得到上流外国人的尊敬。近来对日态度大为改善，在 *Peking & Tientsin Times* 的通讯中，也极少攻击日本。1921 年末，North Cliffe 前来远东游玩时，接受了伦敦 *Daily Mail* 通讯员一职
W. H. Donald	*Manchester Guardian* 北京通讯员	英国人。曾任 *New York Herald* 的特派通讯员。1914 年其支局关闭后，作为上海 *The Far Eastern Review* 的主笔，全力扑在该报上，发表对日不利文章。但此后该报的态度彻底转变，社长 Bronson Rea 极力刊载亲日评论。因此，Donald 在 1920 年 2 月以自己作为主笔很难对这些报道负责为由辞职。此后来京任职，与旧交通系保持着密切的关系，使财政部设立经济情报局（The Bureau of Economic Information），任局长
R. L. Simpson		英国人，1877 年生。中国大总统顾问，*The Far Eastern Times* 社长。在 Brighton College 受教育后，赴瑞士、法国、德国、意大利等地学习，擅长五国语言。1896 年加入中国海关工作，1900 年团匪事件时在北京。1902 年起游历远东各地，用 Putman Weale 的 pen name 写了许多有关远东政治状况等方面的著述。1911—1914 年中国革命期间，任 *The London Daily Telegraph* 特派员。1916 年 9 月被任命为大总统黎元洪的政治顾问。华盛顿会议之前受到中国政府暗中命令，游历欧美各地，为破坏英日同盟而进行排日宣传，已是广为人知之事。1922 年 7 月，随着黎元洪复任大总统，任大总统顾问。1923 年 2 月，创办 *The Far Eastern Times*，任社长。作为关于远东的作家早已赢得名声，虽然其文才大有可圈可点之处，但由于品行不高，在上流外国人中没有信用。总是频繁发表对日本不利的通讯及文章，但近来态度似乎稍有改观
W. E. Whiffen	Associated Press	美国人，美国联合通讯社（Associated Press）北京支局长。1904—1909 年任美国联合通讯社 Assistant News Editor。接着在墨西哥、意大利、瑞士、法国、俄国等任该社通讯员。1918 年 1 月任该社北京支局长。前任社长 Smith 对日不抱好感，但 Whiffen 的态度极为稳健，人格温厚笃实，是北京外国通讯员中的元老之一
Rodney Gilbert		美国人，1889 年末任上海 *North China Daily News* 北京通讯员，对日不抱好感，屡屡发表排日通讯。不过，在中国生活多年，因此通晓中国的情况
R. G. Marshall		美国人，美国合众国际社（United Press）的北京通讯员，曾任中美通讯社的总编，外国通讯员中的活动家
B. G. Kline		美国人。美国 *Philadephia Public Ledger* 及东京 *Japan Advertiser* 的通讯员。到 1923 年 1 月为止，任 *Japan Advertiser* 的 News Editor，1923 年 2 月来到北京，继 Frank H. Hedges 之后，任上述两社的通讯员

(续表)

姓　名	所属社名	备　考
Charles Dailey		美国人,作为 Chicago Tribune 的特派员,于1922年来京
Gilbert Reid		美国人,1857年生。International Journal 的总理。在中国居住二十年有余,有数种关于中国的著述。国际协调论者,创办了 International Institute of China,自己任理事,并发行月刊 International Journal
Grover Clark		美国人,Peking Leader 主笔,兼任 Christian Science Monitor 的通讯员,国立北京大学的英文系教授。对日抱有好感,态度公平稳健
Chifford L. Fox		美国人,Shanghai Times 北京通讯员,San Francisco Journal of Commerce 远东通讯员,W. R. Giles 的助手
John Andrew Goette		美国人,中美通讯社主笔兼负责人,最近兼任美国 International News 的通讯员
Erichvon Salzmann		德国人,Kolnischen Zeitung(Koln)及 Vossishe Zeitung(Berlin)特派员。在北京居住二十余年,欧洲大战中随德军赴战场,建有战功,随着战争结束又回到北京
F. Newel		德国人,North China Standard 的编辑主任,欧洲大战前曾在汉口经营英文报纸。1921年进入该社
Slepaek		俄罗斯人,劳农俄国政府机关 Rosta 通讯社的北京支局主任。1922年末,受莫斯科政府派遣,接替 A. Hodoroff 而任现职
Junius B. Wood		The Chicago Daily News 的通讯员

三、日文报纸、杂志、通讯及通讯员

（一）报纸、杂志及通讯

名　称	主义系统	持有人或社长	主笔或主要记者	备　考
新支那（日文）	日中亲善,与政党派系无关	社长　安藤万吉		1913年9月创刊,日刊,六页,发行量一千份,社址在北京内城大甜井。1912年兵变动乱之际,发行油印周刊,1913年9月发行日刊至今。靠广告费勉强维持经营而已
北京新闻（日文）	日中亲善,与政党派系无关	社长　森川照太 高等商业学校出身,久居天津	主持人　波多野乾一 上海同文书院出身,曾任《大阪每日新闻》记者。至今年6月为止,在本地任该社北京特派员,后以从事中国情况研究为目的辞任	1923年8月创刊,日刊,四页,发行量一千份,社址在北京崇文门内船板胡同第三十五号。该报是总社位于天津的《京津日日新闻》北京版,于去年8月21日发行创刊号至今。该报完全以政治方面的报道为主,《京津日日新闻》刊登经济方面的报道,属于姐妹报关系。经营十分困难。除了波多野之外,还有一名同文书院出身的记者。该报的特色在于将前一月的报道题名以字母顺序编成索引刊载出来。报道格调高,不刊登社会性杂报
支那问题（日文杂志）	研究中国情况	主持人　长谷川贤 外语学校出身,《顺天时报》记者,曾是共同通信、电报通信社通讯员		1921年9月创刊,月刊杂志(约三百页),发行量三百份,社址在北京崇文门内豆腐巷十七号。本杂志原在东京市发行,1921年5月左右,在本杂志相关者波多野乾一等人来京的同时,由已故的松本清司继续发行。松本死后,由现任主持人长谷川继承。收集时事问题

(续表)

名称	主义系统	持有人或社长	主笔或主要记者	备考
极东新信（日文杂志）	介绍日中情况	支持人 藤原镰兄 中学中途退学后，毕业于东京私立政治学校，曾在各地任新闻记者。1911年12月，随松本君平来京，曾长期任新支那社主笔		1922年1月创刊，周刊杂志，三十页，发行量一千份，社址在北京东单牌楼东裱褙胡同五十三号。该杂志原称亚细亚通讯社，从经营者野满四郎手中盘下改名并经营至今。该杂志的特色在于简单地报道时事问题
东方通信			北京支社长	1918年5月开设北京支社，发布日中之间的时事通讯，社址在北京东城西观音寺胡同七号，发行中文和日文通讯
共同通信①		社长 野满四郎 上海同文书院出身，目前在奉天盛京时报社任职	支持人 小口五郎 上海同文书院出身，曾任《顺天时报》《山东日报》记者	1916年1月创设，将中国的时事发布至日本及中国各地，发行量四十份，社址在北京东单牌楼新开路
电报通信		社长 光永星郎	北京支社长 竹内克已 中学毕业后成为商事会社员，曾任大正日日新闻社经理	1923年5月创设，发布日中之间的时事通讯，发行量三十份，社址在北京东单牌楼三条胡同第十号，发行中文和英文通讯

（二）通讯员

姓名	所属社名	备考
大西齐	大阪朝日新闻社、东京朝日新闻社	上海东亚同文书院出身，为该社记者。1919年8月被特派至本地通讯部
上西半三郎	大阪每日新闻社、东京日日新闻社	帝国大学法律系出身，已任该社记者多年。1923年6月在本地开设支局，特派任支局长
小山清次	时事新报社、大阪时事新报社	庆应义塾出身，曾任《顺天时报》记者。今年2月从上海被特派至本地
松村太郎	国民新闻社	从帝国大学理科中途退学，任女子学校教师，1903年7月来到上海，次年8月转任本地，任《顺天时报》《新支那》记者，还曾任陆军武官室办事员。1920年10月任国民新闻社通讯员
古野伊之助	国际通信社	中学中途退学后任通讯员，学历不高，目前处于归国期间
末次政太郎	福冈日日新闻社	中学毕业后任台湾总督府地方厅雇员。1913年5月作为已故山座公使的随员来到北京
金田一良三	天津日报社	日本大学出身，曾任东京读卖新闻社记者。1904年9月来到天津，成为该社记者。目前任该社理事
里见甫	京津日日新闻社	上海同文书院出身，1923年9月被特派至本地。同时兼任《北京新闻》记者
岳村专一	辽东新报社	拓殖大学出身，私费留学期间，于1923年8月起任该社通讯员
小口五郎	青岛新报、上海日报	在经营《共同通信》的同时，受委托担任通讯员
竹内克已	满洲日日新闻社	电报通信社的北京支社长，受委托担任通讯员
渡岛英夫	泰东日报	《顺天时报》记者，受委托担任通讯员

---

① 即共同通信社支社。

天津

一、概说

天津中文报纸的基础相对而言较为牢固,《天津日日新闻》《大公报》《时闻报》《益世报》《汉文泰晤士报》《河北日报》《大中华商报》《新民意报》《白话午报》《白话晨晚报》等十种报纸数年来没有大的变化,一直在发行。除此之外,虽有借种种名目发行的各种报纸,其持续性都十分欠缺。至于销售渠道,则仅限于在戏馆、烟花巷等处兜售。

虽然如此,上述各报中只有《益世报》《泰晤士报》《大公报》等在北京设有特约通讯员,刊载其通讯,其他各报几乎都没有凭各自努力获得的独家报道,其大多内容不是转载自北京发行的报纸、通讯,就是上海报纸的摘录。

就评论而言,虽有《益世报》不即不离的政论、《泰晤士报》一以贯之的孙文派拥护论等,但都无法动摇地方舆论。

由于前述状况,天津报界的权威极小。在1923年排日运动之际,尽管报界公会加入了团体代表会,但没有举行任何活动,是因为干部消极回避。由于引起了报界公会和团体代表会的冲突,导致代表会的机关报《新民意报》脱离报界公会。上述报界公会,《益世报》《天津日日新闻》等并未加入,结果该公会变得徒有虚名。

《天津日日新闻》和《泰晤士报》位于外国租界,总是侃侃谔谔而论。其他报纸都位于中国街,不时遭到直隶省官方的强硬打压,处于不得不采取比较温和态势的立场,因此以报纸作为机关进行活动的团体,仅有《大中华商报》方面的急赈会(以杨以德为主宰)、《新民意报》方面的团体代表会等。

英文报纸中,应该视为在华英国人舆论代表的 P. T. Times 和宣传亲美主义的 Star 两报,不可动摇地拥有相当坚实的地盘。但近年来,与前者急于谴责中国的态度相对,后者致力于为中国方面进行辩护,两报相争之势十分明显。

日文报纸一向未受到日本人以外者关注,但最近稍稍为中国人所注目,尤其是在野政客等试图利用立场自由的日本报纸进行宣传。此种倾向正在加大。

二、报纸、通讯及杂志

名　称	主义系统	持有人或社长	主笔及主要记者	备　考
直隶公报(中文)	直隶省的公布机关	直隶省		1896年创刊①,由《官报》②改名而来。日刊,发行量约二千份,社址在河北狮子林
天津日日新闻③ (The Tientsin Daily News)(中文)	以亲日主义一以贯之	方若　在日本租界的中国商人中有名望	郭养田　等段派政客时期曾捉笔	1901年8月创刊④,日刊,十页,发行量约八百份,社址在日租界旭街。最初称《国闻报》,此后无大影响,但近来销路稍有扩张的趋势。在天津刊载烟花巷记事的大型报纸只有该报
大公报(L. Impartial)(中文)	安福系。没有明确的主义、主张,因与段派的关系以往亲日,但从1923年春前后变得中立,且稍带排日色彩。目前不刊登对我方有利的报道和评论	翁湛之(以王郅隆家的出资为主)	朱起飞	1902年创刊,日刊,八页,发行量约一千三百份,社址在日租界旭街。至段派没落前,作为倪嗣冲的机关报,报道大为活跃,影响力凌驾于《益世报》之上。但随着段派没落,曾一度停刊,优秀记者亦离开。1920年虽复刊,但已失去昔日的地位,且报道乏味
时闻报(中文)	亲日。与政派无关,影响力亦不大	李大义	王实甫	1904年创刊⑤,日刊,十二页,发行量约八百份,社址在南市营吉里。创刊以来并无特别可记之处,介绍外国情况的报道为其特色

---

① 一说1902年12月25日创刊。
② 即指《北洋官报》。
③ 又名《日日新闻》。
④ 应为1900年冬出版。
⑤ 一说1909年创刊。

定期调查报告　　（秘）1924年5月6日　　有关中国（附香港）报纸及通讯的调查

(续表)

名　称	主义系统	持有人或社长	主笔及主要记者	备　考
益世报（Social Welfare Tientsin）（中文）	亲美排日。与政党的关系，近来虽变得中立，但事实上依然接近直系，其影响力非常普遍。对日仍持排日态度。国籍为中国，但事变时曾挂美国国旗	刘俊卿　曹锐的手下，1923年2月被任命为天津电报局长	樊子镕　原《大公报》主笔，原来并非排日主义者	1915年创刊，日刊，十六页，发行量约八千份，社址在东门外洋货街。最初由天主教徒出资，后受到直系及美国的支持，销路大为扩大，收支状况良好且有盈利。目前未接受任何人出资。段派全盛时期曾满载猛烈的排日报道和评论，但近来对内对外的态度都渐渐变得稳健中立。以报道迅速和印刷鲜明为特长，在中国北方拥有转轮机的中文报纸仅有该报和《顺天时报》，其影响亦为中国北方第一。虽与北京《益世报》同系统，但目前不存在财务方面的关系，仅交换社论而已
益世晚报（中文白话）	亲美排日。比《益世报》更排日，但影响不大	同上	同上	《益世报》旁系，1922年末创刊。普通报纸单面对折大小，四页，晚报
汉文泰晤士报①（The Chinese Peking & Tientsin Times）（中文）	民党系的民主主义。与黎元洪派有关，排日态度一以贯之，国籍为英国	熊少豪（英国籍香港人）	胡稼秋、涂培源、黄能文	1917年创刊，日刊，十二页，发行量约六百份，社址在法租界巴黎路。最初名为P. T. Times中文部，1921年左右与英文Times断绝关系，最近改称为《汉文泰晤士报》。1923年黎派与直系发生政治纷争之际，极力攻击直系，被直系官宪禁止销售和运送，将发行处从中国街转移至法租界
河北日报（He Pei Daily News Tientsin）（中文）	虽无明确主张，但致力于拥护直系。通过前省长曹锐及省议会议长边守靖等的关系，在直隶省内各县都有影响。对日态度方面，原为排日主义，但以直系的态度为准绳	边守靖　早稻田大学出身，直隶省议会议长	米逢吉（前直隶省议会副议长）、许阔民	1919年创刊，日刊，十二页，发行量约一千二百份，社址在南市广兴大街。由于是边守靖的机关报，以省内各县消息及与省议会有关的宣传性报道为特色
大中华商报（The Commercial Advocate Tientsin）（中文）	没有明确主张。得到天津警察厅长杨以德的援助。报道、评论多为排日性内容	萧润波　原经营《懿言报》	韩笑臣	1920年创刊，日刊，一份二十页，发行量约二千份，社址在南市平安大街。作为普通的报纸而言颇为平庸，但不惜纸张使用大型铅字和刊登各市场的行情表，这些方面有特色
新民意报（The New People's Opinion）（中文）	民主性新文化主义。当初标榜宣传吴佩孚提倡的国民大会而创刊，但如今吴似乎已不援助。亦可称为旧排日团体各界联合会领袖的"梁山泊"。现为团体代表会的机关报，对日态度以排日一以贯之	刘铁庵　天津报界的元老	马千里　兼任达仁女学校长，著名的排日宣传家。近来评论稍显公正。此外，当地名流刘孟扬有时执笔	1920年创刊，日刊，一份八页，附有一张一面大小的附录，发行量一千五百份，社址在南市东兴大街。最初标榜白话，但目前仅有部分社会报道和评论使用白话，内容和印刷上逐渐得到改良。至于副刊等，似乎模仿《北京晨报》。以破坏旧道德和攻击官僚、军阀为特色

---

① 亦名《京津泰晤士报》。

(续表)

名　称	主义系统	持有人或社长	主笔及主要记者	备　考
启明报（The Venus）（中文）	主义、主张虽不固定，但排日方面不变。最初拥护研究系，猛烈煽动排日。约从1922年起，资金断绝，影响低迷	社长　尹小隐 据说近来获得靳云鹏出资	同前	1920年创刊，最初称《启明日报》，日刊，八页，发行量约三百份，社址在南马路南善堂。创刊时盲目鼓吹排日，1922年的排日骚动中宣称提倡国货，使用粗糙的稿纸作为新闻纸，沽名钓誉，但影响力渐失。目前只刊载一些乏味无聊的报道
华北新闻（North China Gazette）（中文）	主义、主张不固定。奉直战争时是旧交通系的机关报，目前与政派无关，稍有排日倾向	社长　周拂尘 原经营新闻翻译社，执天津报界公会之牛耳	主笔　何懒云	1921年创刊，日刊，八页，发行量约八百份，社址在南市广兴大街。最初由上海《新申报》记者孙东吴经营，在得到旧交通系及奉系的援助期间较为活跃，曾有与《益世报》抗衡之力。但奉天军败退后资金断绝，孙亦离开，由周接手，影响力渐渐式微。目前该报乏味无聊，无特色
醒钟报（中文）	没有明确的主义、主张，创刊时日尚浅，无大影响。据称得到张绍曾的援助	郝绍庚	刘辑五	1923年8月创刊，日刊，四页，发行量二千份，社址在河北金家窑
旭日报（中文）	主义不明	周琴舫	朱子久	1912年创刊，日刊，四页，发行量四百五十份，社址在南市广兴大街。刊登烟花巷消息等的休闲性小报
白话午报（中文）	主义不固定，有排日色彩。在少年和平民社会得到广泛阅读，影响力不容小觑	高子受	高子受	1916年9月创刊，日刊，小型四页，发行量七千份，社址在南市广兴大街。以社会报道为主
白话晨晚报（中文）	主义、态度和影响力等与《白话午报》相同	刘少云　得到刘铁庵的出资	王筱云	1916年10月创刊①，晨报早晨发行，晚报傍晚发行，小型四页，发行量各约二千份。以娱乐性和社会性报道为主
新中华报（中文）	主义不定，据称得到黎元洪的援助，还未形成影响	金仲祖	金仲祖	1923年8月创刊，日刊，四页，发行量三百份，社址在河北黄纬路
益群报（中文）	宣传自治。天津自治协会的机关报，影响力并不大	李仲培	董秋圃	1923年8月创刊，日刊，四页，发行量六百份，社址在河北黄纬路
白话评报（中文）	主义不明。与政派无关，影响低迷	刘霁岚	李一鸣	1922年创刊，日刊，小型四页，发行量一千份，社址在南市升平大街。似乎模仿《白话晨报》，但无法与其比肩
天津画报　消遣报（中文）	无主义。以供民众娱乐为目的，此外无大价值和影响	刘敬臣	张笔侠	约1921年创刊，日刊，一份一张。以绘画表现社会时事，并附上说明
天津日报（日文）	拥护日本	社长　西村博 由西村及金田一良三、真藤弃生、武田守信合资	同前	由《北清时报》《北支那每日新闻》合并而来，1910年创刊，早报、晚报各为四页。发行量约一千份，社址在日租界寿街
京津日日新闻（日文）	拥护日本	森川照太	森川照太	1918年创刊，早、晚发行两次，各为四页，发行量约一千份，社址在日租界旭街

---

① 一说两报在1912年创刊。

(续表)

名　称	主义系统	持有人或社长	主笔及主要记者	备　考
天津经济新报（日文）	经济情况报道	小宫山繁（原《京津日日新闻》记者）	同前	1920年创刊，周刊，发行量约二百份。每日发行号外，报道重大事件。社址在日租界宏济里
津津（日文杂志）	定位为家庭读物	武田守信（东和印刷局长）	不定	1919年创刊，不时停刊，最近再次发行。月刊，发行量约二百份，社址在日租界花园街
Peking & Tientsin Times［京津泰晤士报］（英文）	拥护和宣传英国权益。对日态度以在华英国人为准而变化。英国国籍	Tientsin Press Co., Ltd.	H. G. Woodhead 在华英国人中的少壮中国通，作为共同监政提倡者，是著名的评论家、记者	1894年作为周刊创刊，1904年改为日刊①。每份十八页，发行量约一千份，社址在英租界中街
China Illustrated Review［中华星期画报］（英文杂志）	同上。阅读范围并不广，英国国籍	同上	同上	1920年9月创刊，周刊，发行处位于 P. T. Times 社内。以杂报为主
North China Daily Mail［华北日报］（英文）	主义不明，对我方抱有好感，影响不大	T. G. Fisher	T. Comen	1914年3月创刊②，晚报，八页，发行量约五百份，社址在法租界中街
North China Sunday Times［华北星期报］（英文）	同上	同上	同上	每周日发行，周刊，六页，发行量约三百份，社址同上
North China Star［华北明星］（英文）	亲美主义。在美国留学出身者、学生及其他懂英语的中国人中有影响。作为英文报纸，在中国北方的销量第一。一贯煽动排日。国籍为美国	由英、美、法、中等国人合资，实权掌握在美国人手中	C. J. Fox 有名的排日美国记者，在中国青年中拥有名望	1918年创刊，日刊，十四页，发行量三千份，社址在法租界 10. Rue Dillon
China Advertiser［公闻报］（英文）	拥护日本，国籍为日本	松村利男	松村利男	1919年创刊，日刊，八页，发行量约二千份，大部分为免费赠送。社址在日租界山口街
华北通讯（中文通讯）	主义不定。似乎与政派无关。天津各中文报纸的地方报道大部分来自该通讯	周拂尘还经营《华北新闻》	同前	1921年创设，新闻翻译社的后身。除每天发行两次之外，还提供北京专电，发行量约四十份，社址在河北东兴里
东方通信（日、中、英文通讯）		天津支社长　藤泽豹三	同前	每天发行二三次，发行量约五十份
日本电报通信（天津版）（日文通讯）	主要报道市场行情	天津支局长　山内令三郎		每天发行数十次，每次发行量约三十份
Reuter's Agency［路透社］（英文）		Reuter 通讯社	天津代理人 P. D. Evans	处理路透社电报

---

① 一说1902年改为日刊。
② 一说1915年1月创刊。

三、通讯员

姓　　名	所属报名	备　　考
西村博	大阪每日新闻	其中,《满洲日日新闻》《顺天时报》《新支那》三报通讯员主要从事通讯与之相关的业务。其他通讯员均有其他工作,只是抽时间就必要的事项发布通讯,因此并无值得特别记录之处 作为天津的通讯员,中国人和外国人中均无值得列出者
森川照太	时事新报	
小仓知正	大阪朝日新闻	
上田良有	满洲日日新闻	
野田顺次	马关每日新闻	
樱井宇宙治	大连新闻	
由冈七藏	京城日报	
金泽新之助	新支那(天津支局长)	
津田清之助	顺天时报(天津支局长)	

芝罘

一、概况

芝罘自开港以来已经走过六十余年的岁月,但地处山东半岛东隅,交通不便,距离文化中心甚远,而且山东省一带民众文化程度远低于他省,因此,说到报业,仅前清光绪末年一无名日本人经营过名为《山东日报》的小报,不久就停刊。但该报实际上是本地报纸之嚆矢。其后有过一两种泡沫报纸,但欧洲大战开始以前,作为报纸,只有日本人桑名贞治郎独自发行的《芝罘日报》和中国人经营的《钟声报》两种报纸。1919年山东问题出现以来,每次舆论的高潮总是带来报社增设的机会,1922年间新创刊有《大民报》《新报》《通俗白话报》(停刊)及《平民日报》(停刊)四家报社,1923年更有《强国报》《共和民报》《醒民画报》的创刊,现在总数达十家,与当地大约九万余人的人口相比,似乎稍有过剩。

上记报纸中,可以视作一流的有《钟声报》《爱国报》,以及受到排日风潮不良影响陷入经营困难而由桑名转让给王宗儒经营的《芝罘日报》三份报纸。《芝罘商报》《新胶东报》《大民报》《新报》次之,至于《强国报》《共和民报》《醒民画报》并无值得一看的报道,完全不受一般社会重视,发行量亦极少。通观当地报纸,试论其优缺点的话,缺点是交通不便,小报社没有财力设置电讯栏,报道欠迅速就在所难免。可以视作优点的是,完全不受任何政党政派掣肘,总是立足于自由的境地,评论相对公平。一言以蔽之,当地的报纸和民风一样称得上淳朴。

当地还于1922年12月10日举行了新闻记者联欢社的成立仪式。该社由报社持有人、社长、主笔乃至主要记者所组织,目的在于谋求交流思想、交换知识,同时也减少外部的压迫。现在加入的报社有《钟声报》《爱国报》《芝罘日报》《芝罘商报》《新胶东报》及《大民报》六社,有社员十三名。该联欢社实施委员制度,不设会长,由社员互选出干事八名,分为总务、文牍、会计、调查四部分,各有两名干事,每月分别交替。每月一次的例会由总务部的首席干事任议长。联欢社发布的决议中,很多未加入该社的报社也须遵守。当地无报纸联合会之类的团体,该社宛然要代表此界,大家也都承认该社。

二、报纸、通讯及杂志

名　　称	主义系统	持有人或社长	主笔与重要记者	备　　考
芝罘日报 (中文)	发扬民权。无政党关系。社长王宗儒是报社记者联欢社的首席干事,因而在言论界相当有影响力。对日本怀有好感	王宗儒　毕业于芝罘毓材中学校,1914年3月受雇为日本领事馆文书,直至今日。天性刚直,富有气概,将来前程有望,兼任胶东道尹公署咨议及东海关监督咨议。王宗儒独自经营	李伯泉　毕业于北京国立法政专门学校,好酒能文,目前归乡中	1907年8月创刊,日报,八页,发行量约三百四十份,社址在芝罘老广仁堂街。当初为日本人和中国人合办,不久变为桑名贞治郎个人经营,一时间销量相当好,但排日风潮发生以来,经营陷入困难,1922年5月转让给王宗儒及张心初(后退社)两人。当地最早的报纸,已发行至五千号

定期调查报告　　（秘）1924年5月6日　　有关中国（附香港）报纸及通讯的调查

(续表)

名　称	主义系统	持有人或社长	主笔与重要记者	备　考
钟声报（中文）	提倡民治。社长丁训初属于旧国民党，对孙文、张作霖有好感，在商界曾相当有影响，但今非昔比。1919年以来利用山东问题和二十一条问题极力鼓吹排日，1923年来大为缓和	丁训初　前清秀才，清末来到当地任《渤海日报》（停刊）编辑，革命之际成为芝罘革命政府参议，后经营《钟声报》。天性沉着寡言，甚好鸦片 于岷山（汽船政记公司经理）	主笔（社长兼任）（重要记者）郭燧卿　前清拔贡生，精通古学，但缺乏新知识	1913年秋创刊①，日报，十二页，发行量约六百份，社址在芝罘三多街。创刊当时不过是一份小报，山东问题出现时极力提倡排日，其经营逐日隆盛，但奉直战争之际援助奉系，因而声誉稍有下降。1920年起发行晚报《明星报》，半折四页，发行量约四百份
芝罘商报（中文）	拥护商民，对日态度颇为稳健	社长　李循芳　普通商人（主要出资者）　张润暄（电灯公司经理）、李麟绂（资本家）	主笔　王端友	1915年5月创刊②，日报，十页，发行量约三百份，社址在芝罘安仁街
新胶东报（中文）	扩张民权。社长郑千里是国民党员，对直系抱有反感。1919年左右频频登载排日报道，近来改变其作风	社长　郑千里　年轻时起就投身舆论界成为艰苦求生的报社记者，为人聪明，但没有恒心 郑千里个人经营	同前	1917年6月创刊，日报，四页，附有副刊《小胶东》（两页），发行量约两百份，社址在芝罘轿子街。当初名为《新芝罘报》，后改名《胶东新报》。由于经营不振，1922年12月与芝罘 Daily News 社合并，但依旧持续亏损，因而于1923年11月分离，改名《新胶东报》。万事直言，毫无忌惮，好载应时的报道
爱国报（中文）	拥护共和，提倡民治。社长褚宗周律师在职，交际极广，在商界颇有影响。对日态度相当公平	社长　褚宗周　毕业于北京朝阳大学法律专科，1917年来烟台任律师，兼任政记公司、电灯公司等法律顾问（主要出资人）　褚宗周、于岷山	主笔　牟又尼　北京中国大学预科学习，从小学教员转为记者，擅长诗文，天性正直，洛阳第三师士兵教官（挂名）	1919年秋创刊，日报，八页，附有副刊《爱国特刊》（两页），发行量八百余份，位于芝罘塘子街。发刊以来经营不振，奉直战争之际，附和当地人心，极力拥护吴佩孚，因而声誉一跃而起，最终凌驾于《钟声报》之上。编辑方法崭新
大民报（中文）	鼓吹自治，提倡实业。排日报道相对较少	社长　张宗濂　商人该人个人经营	主笔　颜竹轩	1922年6月创刊，日报，八页，发行量约三百份，社址在芝罘同乐街。创刊至今仅仅两年，因亏损已三次变更持有人
新报（中文）	发扬民治，教育社会。创刊当时得到国货团巨大援助，但该团中止排日以来，无特殊影响力。对日感情不良	娄子周　当初任《芝罘日报》编辑，后成为《钟声报》主笔，山东问题发生时，极力挥舞毒笔，主张排日，得到一部分人支持。1922年夏亲自创办《新报》，但经营不振，声誉亦完全丧失（主要出资者）　姜子勋（发网商）	同前	1922年7月创刊③，日报，八页，发行量两百余份，社址在芝罘刘公祠街。发刊当初因国货团的保护，销量超过五百份，但由于社长旁若无人的行为，同报逐渐失去信誉，现在经营困难，总是登载迎合人心的报道。发行晚报《小新报》，半折两页。发行量约五百份

---

① 一说1912年12月创刊。
② 一说1916年创刊。
③ 一说1919年创刊。

(续表)

名　称	主义系统	持有人或社长	主笔与重要记者	备　考
强国报 (中文)	普及教育,鼓吹自治	社长　王松云　商人（主要出资者）同上	蒋子珍　探访员出身	1923年10月创刊,日报,半折十二页,发行量约一百份,社址在芝罘奇山所西南关后街。社长及主笔社会地位均低,因此言论也完全不受一般人士重视(1924年4月1日停刊)
共和民报 (中文)	发展国力。至今未登载过排日报道	社长　张寅东　无学识,亦无任何社会地位（主要出资人）同上	主笔　于缉庭　曾任《芝罘日报》《大民》主笔,在报界多年,但思想陈腐	1923年12月创刊,日报,半折八页,发行量约五十份,社址在芝罘品子街,刚发刊就感到经营困难
醒民画报 (中文)	研究社会情况。该社由当地医药研究所创办,故与医药界大有关系	社长　柳子琴　医师（主要出资者）同上	仲桂蕃　探访员出身	1923年12月创刊,日报,半折四页,发行量约四十份,社址在芝罘北大街。石版印刷,小画报,评论极其不彻底,插画亦俗恶
Chefoo Daily News [烟台英文日报](英文)	英国籍	McMullan & Co.		1917年创刊,日报,发行量不明,社址在芝罘滋大路。当初由英商仁德洋行(James McMullan & Co.)发行,1917年末起转由Cornwell(美国人)独自经营,1922年11月起以副刊的形式发行中文报纸(半折两页)。本副刊于同年12月与《胶东新报》合并而停刊。本报为山东省最早的日刊英文报,但仅仅是转载上海、京津等英文报纸及*Japan Advertiser*的内容,没有特色,1924年以来陷入经营困难,因维持下去无望,决定以4月30日为限停刊。居住在本地的外国人众多,如果没有英文报纸颇为不便,因而本报的创办者仁德洋行再次接手经营本报,该社人员在从事主业的同时,全部投入发行工作,决定于6月1日起再次发行十页的日刊新闻
晨星报 (Morning Star)（中文杂志）	宣传基督教。当地奇山基督教会发行的宗教杂志,在信徒中相当有影响。似乎不曾有过鼓吹排日之事。英国籍	社长　Mrs. James McMullan　英国女性,进出口商仁德洋行(James McMullan & Co.)的代表（主要出资者）同人	袁润甫　烟台基督教联合会副会长,兼任中国青年会书记	1910年创刊,月刊,"美浓判",五十二页左右,发行量约一千七百份,社址在芝罘大马路。英国人Mrs. James McMullan创刊,当初以曲子元、袁文星为主笔,起初发行量仅几百份,以袁润甫为主笔后读者逐渐增加,发行至一千七百份,但据说每年还是损失约一千弗

三、通讯员

姓　名	所属报社名称	备　考
高见义男	大阪每日新闻社、辽东新报社	进出口及保险船舶代理商岩城商会支店主任,只是在工作之余,从事受委托的通讯之职,没有特色

济南

一、概况

济南的日刊报纸有中文二十四种(其中美国籍一种,日本一种)、日文两种。1923年间创刊的约十种报纸,已有半数停刊或无期限休刊,《民声日报》则转移至青岛。各社中拥有印刷机械的一共只有六七社,其他皆委托他人印刷,资金都不充沛。与购阅者不多相比,报社数量过多,因而广告费非常低廉,在经营上都颇费苦心,其中多数接受政党或官方补助,发行量达到一千份以上的只有《大民主报》。因对1923年5月临城事件负有责任,督军田中玉下台,拥护田的报纸一时陷入悲惨境遇。此外,7月大北通讯社创立,除中文外,一度也有日文通讯散发,但其后日文通讯中止。

此外,1923年间发行以后又停刊或休刊的有《新济南》《山东晚报》《斜阳报》及《醒报》等。

二、报纸、通讯及杂志

名　称	主义系统	持有人或社长	主笔与重要记者	备　考
山东公报(中文)	山东省长公署官报	山东省长公署	署长　吴瑞洪(字儒范)第二届省议员,胶澳督办公署秘书长,山东省长公署秘书,同时担任《商务日报》社长,很受熊省长信任	1913年2月创刊,日报,"菊判"①,约十二页,发行量约一千两百份,社址在济南城内山东省长公署二门外路东
大东日报(中文)	前共和、进步两党出资,至最近为止是诚社的机关报,1923年末诚社瓦解,成为张介礼个人所有	持有人　张介礼(字公制)　前清时毕业于山东师范学堂,山东咨议局议员,1913年任省议会议长,为山东进步党重镇,第二届省议会副议长,诚社领袖。性情容易激动,日德战争时组织了东亚和平维持会,日中交涉后执救国贮金团牛耳,极力鼓吹排日	主笔　邢洪武	1912年6月创刊②,日报(早报),六页,发行量约九百份,社址在济南后宰门街
大民主报(The Great Democrat)(中文)	美中亲善。1921年来与民治社有关,发刊当时由美中两方资本构成,现在表面上称没有美国资本,不过通过青年会与美国发生关系。屡次宣传排日。美国籍	社长　周东曜(字朗山)　山东潍县人,毕业于山东法政学堂,1920年6月律师开业,曾为《青岛新报》记者,现在是青岛胶澳督办公署实业科长	主笔　董筱齐(字郁青)北京人,前清贡生,约二十年前曾留学日本一年,毕业于北京大学,前天津《益世报》记者,当地报界中擅长写文章者	1919年11月创刊③,日报(早报),十页,发行量约一千一百份,位于济南商埠纬五路公祥路,登记于美国内华达州。1921年以后与民治社一派关系密切
山东法报(中文)	拥护前督军田中玉的报纸,田下台后据说和郑督理有关。排日派,接受司法官方的补助	社长　张思纬(字星五)　山东滕县人,毕业于山东公立法政学堂,1917年4月律师开业,第二届省议员,曾为济南律师会长、众议院议员	主笔　赵甫唐	1919年5月创刊④,日报(早报),四页,发行量约六百份,社址在济南魏家庄。除一般时事外,还登载法庭的告示
山东商务日报(中文)	商务总会的机关报,最近成为熊省长的御用报纸	社长　吴瑞洪　(参照《山东公报》栏)	主笔　郝蕴珊	1916年9月创刊,日报(正午出版),四页,发行量七百份,社址在济南城内富官街。经济报道方面有特色

---

① 日语表示纸张尺寸的专用名词,约152×218毫米。下同。
② 一说1912年8月创刊。
③ 一说1919年10月创刊。
④ 一说1918年创刊。

(续表)

名　称	主义系统	持有人或社长	主笔与重要记者	备　考
益智报(中文)	曾由民治社出资,最近成为熊省长机关报	社长　郝凤城　山东济宁人,毕业于山东公立法政学校,1918年10月成为律师,第二届以来历任省议员,现为济南律师会长、山东烟酒公会会长,不仅与熊省长是同乡,而且关系密切,在政界有影响	主笔　丁惠夫	1920年9月创刊,日报(早报),四页,发行量约四百份,社址在济南城内高都司巷。官界消息迅速而正确
平民日报(中文)	正谊俱乐部的机关报	持有人　王寀廷(字贡忱)　山东桓台县人,前督军、现参谋总长张怀芝的旧友,1916年创办《新山东日报》,1922年4月发行本报,省议员正谊俱乐部的首领,1923年12月创立山东政治协会,反对熊省长的急先锋。在排日问题上屡屡态度激昂 社长　陈平孚　父亲为前清道台,除此以外未听说有任何特色	主笔　吴拳璞	1922年4月创刊,日报(早报),十二页,发行量约八百份,位于济南商埠二马路纬一路。前社长崔藩(明治大学出身,现为山东全省路政局坐办)经营时报道有异彩,但现在毫无特色。版面数在当地位居第一,设有文艺栏
山东时报(The Shantung Times)(中文)	属于国民党,电灯、电话公司出资	社长　庄铨(字式如)　山东莒县人,资本家,济南电灯公司总理	主笔　庄善昶(字仲舒)社长的次子,毕业于东京明治大学,济南记者中年轻气盛的新人,论评大致稳健	1921年8月创刊,日报(早报),六页,发行量约七百份,社址在济南城内院后。曾拥护前督军田中玉
大鲁日报(The Talow Pao)(中文)	无政党关系,接受过前督军田中玉的补助	社长　罗振骓(字腾霄)　山东历城县人,山东法政学校及山东师范学校毕业,从事教育数年,曾为《青岛新报》记者,经营本报,民政部①统治时期曾从事谍报工作。性格温良但缺乏活力,1921年东京召开东亚新闻记者大会时,作为山东代表出席	主笔　钮伯衡	1916年4月创刊②,日报(早报),四页,发行量四百份,社址在济南城内门召公祠。发行以来由于缺乏资金,屡次停刊
通俗白话报(中文)	奖励通俗教育。无政党关系,接受过旧督军补助。属于排日派	社长　罗世超(字亚民)《大鲁日报》社长罗振骓嫡弟,无学历,但有活力,除经营本报外,还是通俗演讲会会长,是当地报界的活跃人物。1921年与哥哥以及鲁佛民共同作为代表出席在东京召开的东亚新闻大会	主笔　蒋绍唐	1918年创立③,日报(早报),小型四页,发行量五百份,社址在济南城内布政司小街
齐美报(中文)	无政党关系	社长　鲁岐亭(字香亭)	主笔　钱鼎臣	1916年4月创刊,日报(晚报),小型六页,发行量三百份,位于济南府后宰门街
简报(中文)	奖励实业,与诚社有关	社长　吴继鲁(字委汝)　据说曾担任知县。 合资组织	主笔　同前	1905年6月创刊④,日报(晚报),小型四页,石版印刷,发行量六百份,位于济南城内。当地最早的老报,但没有任何值得阅读之处,不过作为广告报纸,为商界爱读

① 日军占领山东时期的统治机构,下同。
② 一说1917年创刊。
③ 一说1917年5月创刊。
④ 一说1903年创刊。

定期调查报告　　（秘）1924年5月6日　　有关中国（附香港）报纸及通讯的调查

(续表)

名　称	主义系统	持有人或社长	主笔与重要记者	备　考
齐鲁日报（中文）	本报是前年国民党机关报（前教育厅长王讷经营的《新齐鲁公报》）的后身，现为民治社机关报	王际唐及张文英共同经营。王际唐　工业学校出身，各联合会的代表人物，致力于政治问题，屡次作为代表北上　张文英　山东省选出的参议院议员张鲁泉之子，作为山东学生联合会的会长执其牛耳，但1923年来该会内讧后影响减弱	主笔　黄铭九　兼任《大民主报》记者	1923年4月创刊，日报（晚报），四页，发行量四百份，社址在济南商埠纬二路
海右新闻（中文）	民治主义，与民治社有关	社长　李锡骥	主笔　汪少涵	1923年8月创刊，日报（早报），四页，发行量四百份，社址在济南城内鞭指巷
晨钟报（中文）	宣传社会主义，拥护劳动者。由济南马克思学术研究会（马克思社会主义）创刊，目前该会干部处于离散状态	社长　李荣甫　山东历城县人，省立第一中学校出身	主笔　王翔千　山东高密县人，前《新齐鲁公报》记者	1923年8月创刊，日报（早报），小型四页，发行量四百份，社址在济南商埠普利门外钟声里
山东民报（中文）	由民社出资，创刊时接受田督军补助，现为政治协会的机关报	社长　国进修（字普卿）　山东长山县人，省议员中有影响者，1923年12月因为排斥熊省长，与同志共同设立政治协会	主笔　薛惠庆（字性男）前《昌言报》《省宪日报》记者	1923年9月创刊①，日报（早报），四页，发行量五百份，社址在济南城内西公界
鲁春秋报（中文）	以拥护田督军为目的创刊，因田下台，最近与政治协会接近	社长　孙鸿宾（字寄云）　山东恩县人，省议员	主笔　帅集三	1923年10月创刊，日报（早报），四页，发行量四百份，社址在济南商埠三马路纬二路
民意日报（中文）	法政学校出身者出资，无政党色彩	社长　王子绰	主笔　赵甫唐　前《山东法报》记者	1923年11月创刊，日报（早报），四页，发行量三百份，社址在济南普利门里保安里，1924年1月26日停刊，尚不知是否会复刊
济南午报（中文）	警察方面购阅者居多	社长　路子明　前济南商埠第二区警察署巡官	主笔　张鸿声（字丽川）前济南商埠警察署巡长	1923年11月创刊②，日报（早报），小型四页，发行量约三百份，社址在济南魏家庄口路西
山东新报（中文）	无政党关系	社长　王鸾之　劳动者出身，洛口乡农会会长	主笔　王笑山	1923年8月创刊，日报（早报），小型四页，发行量两百份，社址在济南城内娘娘庙
鲁报（中文）	宪政党山东支部的机关报。据说与山东财政厅长王宗元及山东烟酒公卖局长周福岐等关系密切	社长　赵雨农　山东曹州府人，山东烟酒公卖局调查委员	主笔　王泽同（字鲁生）山东曹州府人，山东社会教育会经理员。朱薇生　曾负责《大民主报》本省特设专栏的报道，为本报同栏执笔，鼓吹排日者	1924年1月1日创刊③，日报（早报），八页，发行量四百份，社址在济南商埠二马路

---

① 一说1917年创刊。
② 一说1924年创刊。
③ 一说1923年创刊。

(续表)

名　称	主义系统	持有人或社长	主笔与重要记者	备　考
济报（中文）	济社机关报，1923年5月发行的《省宪日报》（同年11月停刊）的后身，致力于拥护熊省长	社长　丁惟坊（字春甫）　山东日照县人，省议员	主笔　张子佩	1924年1月7日创刊，日报（早报），四页，发行量五百份，社址在济南后宰门路北
山左日报（中文）	排斥熊省长的机关报，部分省议员出资	社长　刘炳忠（字怡庵）　山东福山县人，属于省议员济社，最近支持熊省长反对派	主笔　郝蕴珊	1924年1月21日创刊①，日报（早报），四页，发行量不明，社址在济南普利门内保安巷
济南日报（中文）	日中亲善，伸张日本人利益。日本籍	理事　立石登　东亚同文书院十三期（1914年）商务科毕业，滞留北京数年，就职于山东民政署调查科后，任本报编辑主任，1923年1月社长中西正树死亡后成为本社主持人	编辑主任　董小斋　山东法政学校出身，曾于省内某县为官，任本报记者已数年，目前负责政治报道
杨立范　日本广岛高等师范学校出身，执教中学、女子师范学校，同时担任编辑	1916年8月创刊，日报（早报），六页，不过周一为小型四页，发行量一千份，社址在济南普利门外。1922年6月起在青岛发行青岛版
山东新闻（日文）		社长　川村伦道　早稻田专门学校出身，在中国东北及山东沿线活动，曾于当地经营兴信所，1919年从前社长长井实处接手，直至今日。现居住于青岛	主笔　冈林菅鹿（皖六）高松中学中途退学，曾任《德岛日日新闻》记者、《大阪每日新闻》通讯员，还发行了《阿波周报》及《新抚养》，1922年末来到济南入社	1916年6月创刊，日报（早报），四页，发行量一千份，社址在济南商埠二马路纬二路
胶济时事新报（日文）	1923年7月由《济南经济报》改名	社长　冈伊太郎　于中国东北从事报社记者工作多年，后经营本社。现居住于青岛，管理该地支社	主笔　户塚易　就读过早稻田中学，曾任东京某报经济记者，其后在天津及本地从事日文报纸的编辑工作	1918年10月创刊②，日报（早报），四页，发行量八百份，社址在济南商埠望平街
山东商报（日文杂志）	1923年6月由《山东通信》（日报）改名而来，旬刊，主要登载经济报道，采录铁路输入输出货物表	社长　永井一吉　高等小学校毕业后，在朝鲜和中国任陆军方面事务员和口译等数年，1922年末从前社长小口五郎处接手山东通信社，直至今日	主笔　同前	1923年6月创刊，旬刊，小型，十几页，发行量约三百份，社址在济南商埠纬六路。由《山东通信》油印日刊改名而来，改为旬刊，石版印刷
山东事情（日文杂志）	以研究山东省内情况为目的	社长　高桥源太郎　原民政部调查科人员，曾为东方通信社当地通讯员，但1923年关停后，创办"山东事情社"，发行本杂志	社长　兼任编辑	1923年6月创刊，月刊，约一百页，发行量约一百份，社址在济南商埠纬二路。由于发行量少，经营困难，1923年11月发行第五号后处于停刊中
大北通讯（中文通讯）		社长　吴鸿远（字笑吾）　与原《济南日报》有关，在日本人中有些知己		1923年7月创立，每天油印当地及北京等地通讯，散发给订阅者。社址在济南商埠小纬二路

---

① 一说1923年创刊。
② 一说1916年7月创刊。

(续表)

名　称	主义系统	持有人或社长	主笔与重要记者	备　考
中和通讯（中文通讯）		社长　刘寰洲　为上海《申报》《时报》、北京《晨报》《益世报》等提供通讯，与当地中国官方有联络		1923年创刊，向北京、上海等发送通讯，社址在济南商埠三马路济安里
还有青岛的下列两种日文报纸在本地开设了支社				
青岛新报支社		支局长　秋吉满策（参照通讯员栏）		位于济南商埠纬二路，散发份数二百六十份
青岛日日新闻支社		支局长　福岛义澄　同志社中学出身，《京城日报》经营部人员。从本报前身的《山东公论》时就是当地支局长，目前为青岛总社经营部主任	支局员　青木清登　前关东厅通信书记员候补，1915年来到济南	社址在济南商埠三马路
此外，还有官方的发行物如下：				
山东实业公报	山东省公署内山东实业公报处发行		最近发行之物为1923年10月号第一一〇期	
山东教育月刊	山东教育厅发行		1921年末发行	
市政公报	山东省会市政厅发行		1923年8月发行（月刊）	
以上刊行物与一般杂志性质不同。此外，为了宣传排日，1923年《国货月刊》发刊，但只出了一期				

三、通讯员

姓　名	所属报社名称	备　考
丰田神尚	大阪朝日新闻社	东洋大学专门部毕业，多年担任山东高等师范学校教习，1916年在济南创办东文学校，1922年从民政部获得高额补助，新建了校舍，改名东文中学校。在山东约二十年，在中国方面有很多知己
大间知芳之助	大阪每日新闻社	东亚同文书院第一期毕业生，曾任汉口日本居留民团书记长，于山东从事实业方面的活动已有多年，现为同文商务公所主任、济南日本实业协会会长
川村伦道	时事新报社	《山东新闻》社长，但居住于青岛
冈伊太郎	大连《辽东新报》	《胶济时事新报》社长，但居住于青岛
秋吉满策	福冈日日新闻社	在朝鲜任日本小学校教员数年，来中国东北从事实业，后任《青岛新报》当地支局长，在任数年，每天通过电报和书信发送通讯
田中逸平	国民新闻社	目前不在本地，但与《国民新闻》有老关系，因此有时撰写本地时事通讯

青岛

一、概况

当地日文报纸总数为六种，此外济南的《山东新闻》和《胶济时事新报》两报在当地设有支局，社长等一直居住于此，以青岛为主要目的地加以经营，但由于普遍不景气和居住者的减少，上述报纸均不免遭遇经营困难，因此有了合并之议，但为之所需的经费无处落实，终于未能实现。对于读者方面来说，报纸过多也会苦于负担沉重，但《青岛新报》及《青岛日日新闻》等的言论也得到了中国方面的相当重视，在外交上不是没有一些效果的。

中文报纸中,日本人经营的有两种,但编辑均为中国人,故而实际上未能充分发挥日本人经营的报纸的作用。现在中国人经营的中文报纸有六种,与1922年相比增加五种,但除了《胶澳日报》和《中国青岛报》外均不值阅读。当地除了商务会及自治筹备会外,暂无有影响力的团体机关,也无以团体为背景的报社。

英文报纸 Tsingtao Leader 的读者主要为外国人,上海及其他地方的英文报纸也多转载其报道,想必将来会有更大的活动余地。

二、报纸、通讯及杂志

名　称	主义系统	持有人或社长	主笔与重要记者	备　考
青岛新报（日文）		楠正秋　东京人,1901年7月毕业于东大政治科,任台湾总督府事务官（敕任二等）,1920年9月7日被停职,1920年末,由于是前社长鬼头的内弟而成为社长。性格温厚笃实	关野直次　大阪人,曾为大阪朝日新闻社、满洲日日新闻社社员,1915年1月《青岛新报》创办时入社,1923年春成为主编	1915年1月15日发刊①,日报,六页,发行量五千份,发行地为青岛山东路南段一四八号
青岛日日新闻（日文）		小川雄藏　爱媛人,在朝鲜担任报社记者二十余年,1915年2月来到青岛,经营《青岛通信》《山东公论》,1922年10月创办《青岛日日新闻》	山田春三　爱媛人	1922年10月31日创刊,日报,四页,发行量约两千五百份,社址在青岛热河路三六号。财政困难,处于严重的困境之中
青岛商况日报（日文）		楠正秋（参照《青岛新报》）	神野良隆	1920年9月24日创刊,日报,小型,四页,发行量约五百份,社址在青岛新报社。主要内容为在青岛交易所挂牌的重要物产、证券、钱钞的市价,报道与之相应的各种经济情况。目前停刊
青岛实业日报（日文）		渡边文治　福冈人,东京私立海城中学毕业,在桦太经营渔场,1915年9月来青岛,1918年8月出征西伯利亚,同年末回到青岛,任《山东经济时报》记者,1919年末经营《青岛实业日报》	同前	1919年10月创刊,晚报,小型,六页,发行量约四百份,社址在青岛冠县路二四号。报道重要物产的交易情况
山东经济时报（日文）		榎米吉　东京人,号素乡,关大经济科、中央大学出身,1902年1月入大阪"评论之评论"社,后来成为《法律日日》、帝国兴信所及其他三四家杂志的记者,1918年7月创办《山东经济时报》	同前	1918年7月15日创刊,每月发行两次,小型,八页,发行量约一千份,社址在青岛湖北路一三号。主要内容为山东经济状况,也尝试评论日中问题、市政事项
いなづま（日文）		荒木菊松　长崎人,1920年9月来青岛,任《济南经济报》青岛事务所记者,1921年经营《山东之妇人》（后改名《いなづま》）	同前	1921年5月1日创刊《山东之妇人》,1922年7月29日改名《いなづま》,每月1日、15日发行两次,小型,十页,发行量一百份以下,社址在青岛聊城路九号。报道涉及家政、经济、烹饪、小说、趣味、文艺、医学、卫生

---

① 一说1914年创刊。

定期调查报告　　　（秘）1924 年 5 月 6 日　　　有关中国（附香港）报纸及通讯的调查

(续表)

名　称	主义系统	持有人或社长	主笔与重要记者	备　考
青岛兴信所内报（日文）		水野天英	同前	1919 年 3 月 7 日创刊，社址在青岛东阿路。每月发行一次，调查一般经济情况及个人信用状况
山东兴信所报（日文）		吉村荣三	同前	1922 年 1 月 26 日创刊，每月发行一次，社址在青岛桓台路二十六号。调查一般经济情况及个人信用状况
青岛实业兴信所内报（日文）		渡边文治	同前	1921 年 7 月创刊，每月发行一次，社址在陵县路。调查一般经济情况及个人信用状况
Tsingtao Leader[青岛导报]（英文）		星野米藏　东京人，先后在夏特尔市 Rugby Grammar School 及其他加州沿岸各种学校学习，1911 年作为旧金山市《新世界新闻》奥克兰支社主任入社，同年末退社。1912 年毕业于纽约斯伦飞行学校，后成为同校副教授，1913 年 3 月 19 日在万国飞行考试中合格，1913 年 7 月归国进入"所泽气球队"，1916 年 6 月前来担任潍县革命军飞行员顾问，同军解散的同时辞职，1920 年 5 月成为《青岛实业日报》的特聘人员，1922 年 6 月经营 Tsingtao Leader	S. R. de C. Jose　葡萄牙人，Scranton International Correspondence School 出身，会英语、西班牙语、葡萄牙语、俄语、广东话和日语，1917 年左右担任位于横滨、东京的冯瑞·理查德森公司速记员，野泽组通讯员，后成为 Japan Herald 和 Japan Gazette 记者，1923 年末来青岛任 Tsingtao Leade 主笔，兼任 North China Daily News 和 North China Star 通讯员	1922 年 6 月创刊，每周发行两次（周日、周四），小型，十页，发行量约一千份，社址在青岛新泰路一号。登载政治、经济、教育、社会报道，论调稳健。青岛唯一的英文报纸，因而相当受外国人认可
日本电报通信（日文通讯）		支局长　中岛喜一　1922 年 12 月 11 日从东京电通总社调动于此		1922 年 12 月 11 日创刊，日刊，小型，四十页，发行量五十份，社址在青岛禹城路三号。努力迅速报道时事及经济问题，特别是行市
青岛公报（日文，类似官报）		吉见正任	同前	1923 年 3 月 15 日创刊，每月逢 5 日发行三次，小型，十四页，发行量两百份，社址在青岛吴淞路二号。登载官方公所公文和诸团体的规约等
中国青岛报（中文）		伊筱农　中国东北人，日本管理时期曾经营白话报纸，原守备军①的奏任待遇特聘人员	胡信之　曾任《济南日报》记者	1920 年冬创刊，日报，六页，发行量三百份，社址在青岛保定路十九号。与商务总会的刘子山有关
胶澳日报（中文）		郑吟谢　山东安邱人，济南高等商业学校出身（郑是名义上的社长，实权属于官立青岛职业学校长王静一）	姜丽月　山东安邱人	1923 年 1 月创刊，日报，六页，发行量四百份，社址在青岛直隶路。与原济南省议会副议长张公制有关，以政治报道为主，鼓吹平民主义

①　指侵占山东的日军。

(续表)

名　称	主义系统	持有人或社长	主笔与重要记者	备　考
青岛晚报(中文)		叶芸湘　安徽人	同前	1923年10月创刊,晚报,小型,四页,发行量一百份,社址在青岛肥城路。资本少,全无影响力
民声日刊(中文)		淳于树铭　山东人	邵绰然	1923年秋创刊,日报,四页,发行量一百份,社址在青岛广西路二十二号。无资本无影响力,在大东印刷局印刷发行
东海日报(中文)		徐圣甫　山东即墨县人,曾任《济南日报》记者	同前	1923年11月创刊,日报,四页,发行量不满一百份,社址在青岛胶州街三十七号。具有排日倾向,但毫无影响力,与丁敬臣有关
青岛晨报(中文)		牟绍周　山东人,济南法政学校出身,律师	王云樵　山东人,济南法政学校经济科出身,律师	1923年10月创刊,日报,六页,发行量两百份,社址在青岛保定路二十六号。据说是隋石乡警察厅的机关报
大青岛报(中文)		楠正秋(参照《青岛新报》)	鄧洗元　山东优级师范学校毕业,就读于日本东京高等警察学校,毕业后归国,曾任海右法政学校校长、胶莱中学校长、《济南日报》主编、陕西实业厅秘书,1921年12月任《大青岛报》主编,现在是青岛中国青年会长,信誉很高	1915年6月15日创刊①,日报,四页,发行量八百份,社址在青岛新报社
济南日报青岛版(中文)		中岛勇一　佐贺人,在中国二十余年,1915年1月进入《济南日报》,现在兼任《济南日报》青岛支社长	张海鳌　生于福建省福州,1912年毕业于明治大学商科,1922年6月22日青岛版创刊时来青岛,1923年1月任主编,现任公民会评议员,在日本八年,精通日语	1922年6月22日创刊②,日报,四页,发行量五百五十份,社址在青岛山东路一六〇号济南日报青岛支社
胶澳公报(中文)				胶澳督办公署官报,社址在督办公署,每月发行八次
胶济铁路管理局公报(中文)				记载关于胶济铁路的事项,社址在铁路管理局,每月发行三次(旬报)

附:报社支社

名　称	总社所在地	社长	支社长	支社所在地
山东新闻	济南	川村伦通	浦上叔雄	青岛商河路二号
胶济时事新报	同上	冈伊太郎	同前	青岛福建路
济南日报	同上	立石登	中岛勇一	青岛山东路一六〇号

---

① 另有两种说法:一说为1914年创刊,一说为1915年1月创刊。
② 一说1922年7月创刊。

三、通讯员

姓　　名	所属报社名称	备　　考
空闲驾鹅治	大阪每日新闻	守备军统治时任铁道部秘书主任,辞职后任山东兴业股份有限公司专务理事,同时是《大阪每日新闻》通讯员
小岛平八	东京、大阪朝日新闻	《青岛日日新闻》记者
榎米吉	东京、大阪时事新报	《山东经济时报》社长(参照该时报)
坂下繁太郎	报知新闻	《青岛新报》记者
前田七郎	辽东新报	毕业于岩仓铁道学校,明治大学中途退学
浦上叔雄	奉天新闻	《山东新闻》支局主任
星野米藏	大连新闻	*Tsingtao Leader* 社长(参照 *Tsingtao Leader*)

华东、华中等地区

上海
第一 中文报纸、通讯及杂志
一、概况

(一)上海中文报界现状纵览

1923年末,上海中文报纸为《申报》《新闻报》《时事新报》《神州日报》《时报》(以上为前清时代创立)以及《民国日报》《中华新报》《新申报》《商报》《中国晚报》(晚刊)、《中外大事汇报》(以上为民国以后创立)十一种。《申报》和《新闻报》历史悠久,基础牢固,在当地众多中文报纸中可称为翘楚。《中国晚报》和《中外大事汇报》基础薄弱,内容上亦没有值得可看之处。其他大同小异,但作为该国的中文报纸,属于优秀之列。

就报社经营方针而言,相互表面上回避攻击、排挤、竞争,主要通过充实内容、改善外观等竞争,此种倾向十分明显。它们或新设、扩充文艺栏、经济栏等,或注重社会问题、劳动问题,或鼓吹文化主义、教育主义,或购入新式印刷机,将照相版作为附录发行,诸如此类便是例证。

当地所有中文报纸均在租界内印刷发行,而且主要中文报纸基本上在外国领事馆注册,因此与在内地发行的中文报纸相比,各方面都享受方便和益处,此可视为当地中文报界特色之一。

而且,当地各种中文报纸——在该国其他地方也不例外,只是浓淡程度、外在表现有差别——不直接或间接与某政党政派有关系者实属罕见。有关这一点,对于准备通过报纸观察时局推移以及其他政治问题等的人而言,是必须一直牢记在心的。

(二)中文报纸对日本之态度

华盛顿会议以后,尤其是山东悬案解决以来,当地中文报纸对日本的态度立刻改善,进入1923年3月,以所谓的取消二十一条、收回旅大问题为发端,引起排日风潮,对日态度因此再次恢复旧态,激烈的排日论调十分普遍,而进入排日风潮落潮期的9月1日,偶遇日本大地震,该国朝野上下对日本灾难同情之心油然而生。其结果是中文报纸表面上的对日态度出现不少缓和,但排日余烬尚未全部熄灭,各中文报纸均仍旧不刊登与日本人有关的广告。

排日色彩最为浓厚的是《新闻报》和《商报》二报,特别是前者为当地两大中文报纸之一,虽说排日态度正在普遍化的影响不可轻视,但这种态度并非基于任何坚定的主义,只不过具有策略上的意义。使当地大部分知识阶层对笼统的评论留有余地,与对下层民众产生的影响一样,是我国官民必须考虑的问题。就是说,注意不要不恰当地夸大中国报纸的排日论,是消灭排日论势力的所在。

(三)上海日报公会现状

1. 沿革

1906年,当时当地各主要中文报纸以维持、增进共同利益这一目的而创立。

2. 总部

上海汉口路兆福里内。

3. 会员

《新闻报》《时报》《神州日报》《民国日报》《新申报》《中华新报》《商报》(《申报》1918年,《时事新报》1919年均退出公会)。

4. 经费

各会员入会费五十元,每月会费二十元。

5. 事务

日常事务是,每日印刷北京电报发来的北京政府公布的命令、公电等发给各报。还有,根据需要,得到会员同意后,临时召开会议,讨论重要事情。

今年11月21日以本会之名义主办路透社社长欢迎会。

6. 现状

本公会目前无任何实际势力,而且会员之间无论怎样意见都不一致。现在处于有名无实之状态。作为办事员,雇用书记员三名、勤杂工二名。

(四) 上海中文通讯界之现状纵览

当地中文通讯界,历史极新,尚未脱离草创阶段。在当地首次看到中文通讯社设立仅为五年前之事,现阶段提供给各报社的材料主要仅限于与上海有关的报纸,而且倾向于偏重政界方面的材料。很遗憾有关重要的社会事件等材料甚为匮乏,不得不有待于未来发展。

目前,除了国闻通讯社、联合通讯社两社之外,其他几乎处于有名无实之状态。

二、报纸、通讯及杂志

名　称	主义系统	持有人或社长	主笔及重要记者	备　考
申报（中文）("Shun Pao")	标榜中立派,但带有进步党色彩。目前接近直系,与张謇一派的实业派、江苏教育会也有较深关系。似乎倡导教育主义、和平主义、实业主义。对日本有善意。在法国领事馆注册	史量才（号家修）张謇的手下,无值得特别提及的学历,商界出身,缺乏政治上的见识,无作为报社记者的资格,但是适合经营报纸的人才。才士气质,会算计,处事伶俐。在报界和实业界具有影响力。经理　张竹平	总主笔　陈景韩（号冷）江苏人,日本留学出身　次席　康通一　兼任通讯员的陈冷为人干练,文笔锐利	1872年创刊。作为中国最老的报纸,基础牢固,信誉笃厚。1912年现社长史家修经营此报,一度在德国领事馆注册,1916年以冈田有民的名义在日本领事馆注册。其后因排日风潮,受到周围压力,取消在我方的注册,在法国领事馆注册。一向对我方有善意,虽在排日风潮甚为激烈之际,也保持冷静态度。论调亦为公正稳健。社址位于上海汉口路。为十六页至二十页的日刊,有周日副刊、汽车副刊、其他适应时势的各种副刊。在官场、实业界、绅士界其他上层社会中购阅者居多。处于与《新闻报》激烈竞争状态之中,最近有被前者的影响力压倒的倾向。发行量声称一日二万多份。其报道内容、外观各方面与日本内地主要报纸相比未必逊色
新闻报（中文）("Hsin Wan Pao")	标榜不偏不党的实业派,但最近大为接近直系,致力于为北京政府辩护,所以在其他政派特别是民党中极为不受欢迎。上海中文报纸中排日倾向最为明显。依据美国法律,在特拉华州注册。由于理事长Ferguson兼任北京政府顾问,因而可窥该报特色	汪龙标（号汉溪）官吏出身,执日报公会之牛耳。与北京政府有密切关系。心思细密,为人稳健	总主笔　李伯虞（号浩然）陕西人　次席　严独鹤（号子才）浙江人	1893年创刊,股份制,为美国系统报纸。股东以理事长Ferguson为首,中国实业界有力人士居多。在报道电报丰富这点上不亚于《申报》,但其态度有稍微轻薄、不认真之嫌,尤其是其排日报道、社论,有些让人怀疑该报之真实价值的内容。以上海为中心,苏州、杭州、南京一带也有不少购阅者。为十六页至二十页之日刊,发行量达二万五千份,居上海中文报纸之首位。基础牢固,营业状态良好。在实业界购阅者较多,影响力较大。其经济栏有值得一看的内容。社址位于上海汉口路

定期调查报告　　（秘）1924年5月6日　　有关中国（附香港）报纸及通讯的调查

(续表)

名　称	主义系统	持有人或社长	主笔及重要记者	备　考
时报（中文）("Eastern Times")	标榜中立派，但其实与安福系、浙江派、奉系多少有关。对日本的态度一般，但由于经理接近英美人，有时刊登对日本不利的报道、社论	总理　狄楚青 经理　沈能毅	主笔　陈景韩（号冷）兼《申报》总主笔（同上）。戈公振　扬州人①，精通文学	1904年创刊，康有为出资，现社长狄楚青（康之门人）最初担任经营。1907年以宗方小太郎之名在日本总领事馆注册，1919年排日运动激烈之际，仿效《申报》在法国总领事馆注册。报道极为稳健。为十四页至十六页的日刊。一日发行量达到一万份，每周作为副刊发行《世界周刊》《图书周刊》《妇女周刊》等。报道并没有什么特色。社址位于上海山东路
神州日报（中文）("National Herald")	中立派　在日本领事馆注册，致力于为日本立场辩护。目前与政党完全无关系。中国人将其与《中华新报》一起视为上海的亲日报纸	余洵（号谷民）留日出身。相当干练	吴瑞书（号麟）江苏人，留日出身。次席有孙曜暖	1906年创刊②。当初为《民立报》社长于右任经营，其后成为安福系机关报，一时带有革命党色彩。鼓吹排日，但逐渐陷入经营困难。1916年由北京政府收购，1921年③归旧《大共和报》经营者钱芥尘经营，不久又转至现持有人余洵经营，同时以神崎正助之名在日本总领事馆注册。自此即使在排日风潮激烈之际，也始终致力于为日本立场辩护。该报完全无政党派色彩，在上海一带拥有读者。一日发行量约六千份，在教育界有影响力。十二页日刊，发行文艺副刊《晶报》(Crystal)。社址位于山东路
时事新报（中文）("China Times")	研究系唯一的机关报，目前的社论完全呈现出政府御用报纸之观。有时有同情工农主义之类的言论。对日本态度一般，不能说良好。在法国总领事馆注册	张烈	主笔　张东荪　浙江人，留日出身，抱有新思想　次席　周孝庵	致力于刊登白话文体的评论，宣传新思想，在政界、教育界读者众多。1908年创刊。曾与《舆论报》和《时事报》合并，当时称为《舆论时事报》，后来改称为现名。革命后归共和党员及进步党员陈敬第和孟森经营。1914年被德国人收购，在德国领事馆注册，1916年转为前社长黄群（进步党党员）经营，接着断绝与德国的关系，以我国人波多博之名义在日本领事馆注册，1916年秋起完全成为梁启超一派的机关报。排日风潮兴起之际，取消在我方的注册，在法国领事馆注册。日刊，十二页至十六页，发行量六千份。发行《学灯》副刊，专门宣传新思想。社址位于上海山东路
民国日报（中文）("Republicans Daily News")	国民党机关报，拥护广东政府的立场，评论激进，有时发表同情工农主义之类的言论。当地仅次于《新闻报》《商报》的排日报纸。最近理应收到广东孙文十万元补助。目前正计划扩大业务，改良报面	邵仲辉（号力子）兼主笔，好论政治	叶楚伧　江苏人　次席　邵仲辉　叶精通旧文学	1916年创刊④，由于总是将北京政府当作非法政府不懈攻击，曾经因为以过激言论攻击北京政府，被交通部禁止邮寄，1921初起才以解禁。在西南诸省及本地学生界读者居多。发行副刊《觉悟》，致力于宣传新思想。一直痛骂日本军阀，有唆使排日风潮的倾向。十二页至十四页之日刊，发行量约四千份。社址位于上海山东路

---

① 应为江苏东台人。
② 应为1907年4月2日创刊。
③ 应为1916年10月。
④ 1916年1月创刊。

(续表)

名称	主义系统	持有人或社长	主笔及重要记者	备考
中华新报（中文）	政学会派的机关报。对日本的态度公正，中国人将其与《神州日报》一同视为上海的亲日报纸。由于黎下台，政学会没落，湖南赵恒惕倒台等，财源匮乏，陷入营业困难。近期理应果断缩小规模	殷汝骊 留日出身，为人稳健	张炽章（号季鸾）陕西人，留日出身，政治上头脑极为明晰，眼光亦甚为锐利	1915年10月反对袁世凯帝政而创刊，由旧国民党议员、前农商总会长谷钟秀主持。一时声价高涨，但随着袁死南北统一，谷等奔赴北京政界之后，由旧国民党员吴敬恒等人主持，接着又转归谷钟秀等政学会派经营。后来，为该报创刊尽过力，担任营业部主任的欧阳振声成为名义上的社长，与汪复炎等人共同负责经营，其后吴应图担任经理，现在则由殷汝丽担任经理，张耀曾、谷钟秀等七人为股东，负有无限责任。该报作为政学会机关报，带有准国党色彩，曾经攻击北京政府为非法政府，与《民国日报》一样被交通部禁止发行，1921年前后获解禁。主笔张季鸾（用一韦之号）从大局出发总是公平、堂堂正正发表外交言论。评论之出色，在上海中文报纸中很罕见。该报的社论实际上在上海中文报纸中不失为独放异彩。对于政治为主的主要报纸自不待言，对于日本外交方面的杂志，张总是密切注意，毫不懈怠，十分了解日本。十二页至十四页，日刊，发行量约六千份。社址位于上海山东路
新申报（中文）（"Shanghai Tribune"）	为安福系及浙江卢永祥之机关报。对日本并不怎么有厌恶感，但因持有人的个人原因等，倾向于发表迎合英美的言论	许建屏 美国留学出身，兼China Press记者，英文娴熟，但不谙中文和中国政治、社会实态	孙叔子（号东吴）	1913年创刊①，由上海总商会会长朱葆三等人与英国人共同出资创办，前《申报》经营者席子佩负责经营。欧洲大战爆发后，英方不准备将该报维持下去，1918年7月脱离关系。此后归席子佩单独经营，因财源匮乏，向日本人方面求援，未果。接着与法国人之间发生诉讼，向日、英、美领事馆申请注册，均被拒绝，于是成为葡萄牙的保护民，在该国总领事馆注册。其后经前主笔钱尘之手，成为安福系机关报，1920年10月钱辞职，与安福派的关系断绝，成为新交通系陆宗舆一派机关报，但此后其关系亦中止。1922年7月间对报社进行整顿，同时取消在葡萄牙方面的注册，以冈田有民的名义在日本总领事馆注册，1923年7月间获得浙江卢永祥五万元补助，再次成为其机关报。取消日本方面的注册，表面上变更为新申公司之名义，实权归于现经理人许建屏。日刊，十六页，发行量约五千份。社址位于上海山东路

---

① 应为1916年11月20日创刊。

定期调查报告　　（秘）1924年5月6日　　有关中国（附香港）报纸及通讯的调查

(续表)

名　称	主义系统	持有人或社长	主笔及重要记者	备　考
商报（中文）("Shanghai Journal of Commerce")	如其名所示，表面上标榜振兴实业，而其实与奉系有相当深的关系，另外，最近与招商局（傅筱庵）方面有关系，亦与孙文派有些关系。与《新闻报》同为当地排日报纸	李征五　在宁波同乡会具有很高声望，精通经济界情况	潘公展	1921年1月创刊，由广东人汤节之及宁波人虞洽卿等有实力的实业家出资经营。广东方面以广肇公所，宁波方面以上海证券物品交易所为后援，社内分为两派，彼此争斗颇多，广东方面居优势。汤节之在经理位置上进行运筹，充实内容，改善编辑与版面，想以此对抗《申报》《新闻报》等。1922年间偶逢女办事员在席上自杀这一罕见事件，汤与此相关而被问罪，社内部分人员产生动摇，例如自创立时就参与的美国犹太人Sokolsky退出，现在完全归宁波人经营。日刊，十六页，发行量四千份。以激烈的笔锋痛骂北京政府为常事，排日言论亦犀利，可以看到其中有些评论义正词严，十分彻底。社址位于上海山东路
中国晚报（中文）	无特别主义系统，但与国民党多少有点关系。持有人沈卓吾因为与英美人接近，总是带有排日色彩，但近来其色彩变淡	沈卓吾　商人出身，作为记者无足轻重，但有才干，在商界相当有影响，今后被寄予希望。热心提倡国货，一向接近英美人，但近来出于某种动机接近日本方面。兼营中国新闻社（通讯社）	张冥飞　排日人物	1921年创刊①的当地唯一的中文晚报。将来如何暂且不论，目前阶段内容匮乏，不值一看。发行量声称五千份。社址位于上海南京路
中外大事汇报（中文）	无特别主义			我国人荒卷某等与中国人共同经营的八页日刊报纸，内容极为贫乏。刊登日本商社和部分西方商社的广告，仅可继续营业
国闻通讯（中文通讯）（电报翻译通讯）("Kuo Wen News Agency")	与国民党及浙江卢永祥派有关系。对日本有相当善意	胡霖　留日出身，精通日语及日本情况，通晓政界情形，为人亦干练，属于安福系人物。作为中国记者还去过巴黎和会，对中国政治具有见识。对日本有善意，立论公正，对英美持反感	同前	1921年末创办②。社长胡霖曾经担任天津《大公报》（安福系机关报）的主笔，直皖战争后任北京《新社会报》主笔，1921年来上海创办本社。通讯以电讯及翻译稿提供给各中文报纸，并且让《字林西报》记者陈汉明翻译成英文，提供给各英文报纸。通讯材料可靠。总社在上海，北京有支社，各地设通讯员，经费充分，设备整齐，将来值得瞩目。除了通讯业外，该社与中国及各国报纸杂志之间有特约关系，代理广告。社址位于上海山东路
联合通讯（中文通讯）	吴景濂派	李次山	同前	1919年1月当时的湖南督军张敬尧出资创办。发布书面通讯，其后与唐绍仪、伍廷芳等产生关系。最近则与吴景濂一派有关系。除了上海有总社之外，未设分社，通讯也限于一部分。社址位于上海贵州路

---

① 1921年5月9日创刊。

② 1921年9月1日创办。

(续表)

名　称	主义系统	持有人或社长	主笔及重要记者	备　考
公平通讯(中文通讯)	与驻广东云南军和何丰林多少有些关系	李晓南	郑青士	1922年12月创办,原为赵恒惕、刘湘等的机关报,现已断绝关系。如上述,经费不足,无分社。社址位于上海爱多亚路
东南通讯(中文通讯)	与国民党及唐继尧有相当深的关系	陈冰伯	同前	1923年中创办,弱小
苏苏通讯(中文通讯)	江苏省议会的机关	吴觉我	同前	1923年中创办,社址位于新重庆路
中国通讯①(中文通讯)	与国民党多少有些关系	沈卓吾(上述)	米石	1923年创办,附设于中国晚报馆。社址位于上海南京路
大同通讯(中文通讯)	安福会中徐树铮派的机关	马芹甫	同前	1918年秋徐树铮等创立的中孚通讯社,在1920年直皖争斗后改为大同通讯社。上海有总社,北京有分社。社址位于上海成都路
中华通讯(中文通讯)	江苏省政府的机关			1923年创办,社址位于上海贵州路
世界通讯(中文通讯)	外国报纸的翻译通讯			1921年中创办,专门在上海从事外国报纸的翻译通讯,内情不详。有一种说法为外国人经营的通讯社,另一种说法是与华俄(Delta)通讯社有关系

杂志(中文)

名　称	类　别	发行期	发行人	备　考
东方杂志	政治	半月刊	商务印书馆	创刊二十年,与政党、政派完全无关系
妇女杂志	妇女问题	月刊	同上	创刊九年,约自1920年起有倡导妇女解放运动之倾向
教育杂志	教育	月刊	同上	创刊十一年
太平洋杂志	政治	月刊	同上	创刊四年②,1月和6月休刊
民锋杂志	教育	月刊	同上	创刊四年,专门介绍世界最新学术
新教育	教育	月刊	同上	创刊五年
英文杂志	英文	月刊	同上	创刊九年
农业丛刊	农业	不定期	同上	
上海总商会月报	商业	月刊	总商会	1921年7月创刊
中国工业杂志	工业	月刊	江西路贸易印刷公司	创刊十二年

---

① 以后几年称"中国新闻社"。
② 1917年3月1日创刊。

(续表)

名 称	类 别	发行期	发行人	备 考
道路月刊	路政	月刊	中华全国道路建设协会	创刊四年①
银行周报	金融	周刊	上海银行公会	1917年创刊,附刊发行经济统计、经济类纂
史地学报	历史地理	每年八次	商务印刷馆	创刊二年多②
学艺杂志	学艺	月刊	中华学艺社	创刊四年,作为学艺杂志为一大权威③
体育季刊	体育	三月刊	商务印书馆	创刊一年④
科学杂志	科学	月刊	同上	创刊七年⑤
革新杂志	教育	二月刊	同上	1923年创刊
女国民月刊	女子参政运动	月刊	劝业女子师范学校	1923年创刊,女子参政协进会机构杂志
钱业月报	金融	月刊	钱业公会	非卖品
上海银行公会报	金融	年刊	上海银行公会	非卖品
孤军	政治	月刊	闸北宝通路顺泰里十六号	1923年创刊,提倡革新运动,评论激进

第二 日文报纸、通讯及杂志

名 称	主义系统	持有人或社长	主笔即重要记者	备 考
上海日报(日文)	拥护日本人利益	井手三郎	岛田数雄(号太堂)	1903年创刊⑥,上海最老的日文报纸,基础牢靠,相当有信誉。1899年创刊的周刊《上海周报》为本报之前身。日刊,十页,发行量约二千份。社址位于上海白保罗路
上海日日新闻(日文)	同上	宫地贯道	同前	1914年创刊⑦,日刊,十页,发行量约二千份。信誉低于上述报纸。社址位于上海梧州路
上海经济日报(日文)	介绍上海及中国其他地区一般经济情况,维护上海证券交易所利益	深町作次郎	同前	1918年11月创刊,日刊,八页,发行量约一千多份。创立时日尚浅,但在经营与编辑方面十分精心,正在博得社会信誉,其经济栏尤其受到社会欢迎,不仅上海,在长江一带销售也很多。社址位于上海唐恩路

---

① 1922年3月创刊。
② 1921年11月创刊。
③ 1917年4月创刊。
④ 1922年创刊。
⑤ 1915年1月创刊。
⑥ 1903年12月26日创刊。
⑦ 1914年10月1日创刊。

（续表）

名　称	主义系统	持有人或社长	主笔即重要记者	备　考
上海（日文杂志）	拥护日本人，介绍中国情况	西本省三（号白川）	同前	1913年创刊。创刊当初佐原笃介任社长，后来西本省三继任社长。周刊，小型杂志，发行量约一千份。还与外文和中文两张报纸的日刊翻译通讯一并发行。社址位于上海海宁路
东方通信（日文、中文、英文通讯）	介绍日本情况，发布中国情况、问题通讯	主持人　伊达源一郎	上海支社长　波多博	曾在上海设总社，但1921年将总社迁往东京，在上海、北京、奉天、天津、广东设支社。在上海，向日文、中文各报以及上海 *Times*、上海 *Mercury*、《字林西报》、*China Press* 等英文报纸提供电讯。社址位于上海密勒路
日本电报通信（电报通讯）	以经济电报为主	上海支社长　儿玉璋一	同前	总社在东京，上海支社为1920年11月设立，主要发布日本内地经济方面的电讯，提供给日本方面的主要公司及部分中国公司。此外也发布一般电讯。最近开始代理在中文报纸上刊登日本方面的广告。社址位于上海四马路
上海公论（日文杂志）（"Shanghai Review"）	主要刊登关于中国的政治、经济、文化、社会的评论、报道，附录登载小说	社长　渡边天洋	同前	1919年创刊，月刊，发行量不多。东京设有支社。社址位于上海密勒路
上海卜日本人（日文杂志）	主要就上海与日本人之关系登载评论、报道	社长　堀清	同前	1917年创刊，并无什么特色，月刊。社址位于上海密勒路

附录：其他杂志、定期刊物

（一）上海妇人（大和妇人会发行，田添幸枝经营）
（二）支那风俗（支那风俗研究会发行，不定期）
（三）队友（上海义勇队日本队发行）
（四）上海青年（上海日本基督教青年会发行，月刊）
（五）周报 {上海港贸易月表 / 上海港贸易年表 / 年报}（上海日本商业会议所发行）
（六）支那通商报告（驻上海商务官①发行）

第三　外文报纸、通讯及杂志

一、上海外文报界的现状概况

上海的外文报纸中，作为日刊，英文报纸有五种，晨报有 *North China Daily News*、*Shanghai Times*、*China Press*，晚报有 *Shanghai Mercury*、*Evening News*。另外，法文报有 *L'Echo de Chine*，俄文报有 *Новое*、*Шанхайская Жизнь* 等，而英文报纸以外的报纸读者范围有限，因此影响力亦不大。

North China Daily News、*Shanghai Times* 及 *Shanghai Mercury* 三者为英国系统报纸，*China Press* 属于美国系统报纸，*Evening News* 属于广东孙文系统。在外文报纸中，*North China Daily News* 最有影响力，而且在东方各地广泛拥有读者。其历史及内容也远胜于其他各种报纸，不仅仅刊登来自英、法、美及英属各地的书面通讯，提供有益材料，还能看到来自北京的电讯和通讯以及中国各地的通讯。并且，有关地方上的新闻，报道正确，

---

① 指日本外务省派驻上海总领事馆的商务官。

时而综合译载中文报纸的论调,称其社论为上海舆论界之中枢亦不过言。当发生重大时事问题之际,中文报纸大多翻译其社论的全文或摘要,似乎具有指导当地舆论的知见和信誉。

China Press 在美国人和中国人中间拥有比较多的读者。该报与普通美国报纸一样,以夸张的标题来吸引读者注意,特别是其排日通讯,一向不管真伪如何,便在夸张的标题下面刊登出来,有迎合人心之嫌。然而,排日性报道、电讯均是通讯员所发或投稿,由该报社记者执笔者几乎没有。尤其是近来随着形势变化,排日报道有逐渐减少的倾向。该报的社论多为引用他人之说,止于敷衍,作为报社,能显示其主义者很少。对于该报的报道,比较相信者大致很少。总之,该报在上海具有仅次于 *North China Daily News* 的影响力,尤其是作为美国方面的报纸,在中国人中具有不可小觑的影响。

Shanghai Times 及 *Shanghai Mercury* 两报在主张在东方日英协调这点上相似,但其发行量远少于上述两报。这两家报社均拥有 Job-Publishing 作为副业,以此取得相当的营业成绩。*Shanghai Times* 逐渐改良报面,从北京及东京订购书面通讯,还发行周日号,插入许多照相版,具有全年无休发行的特色。*Shanghai Mercury* 则作为晚报具有历史特色,因此在英国人和日本人中间拥有相当多的读者。

Evening News 在英文报纸中最为贫弱,在中国人及部分外国人之间拥有读者,没有刊登过可特别引起注意的社论。在 *China Press* 社印刷,而且有共同记者,因此刊登同一报道的情况不少。该报与 *China Press* 均没有 Job-Publishing,又因读者不多,营业状况似乎不好。

至于俄、法文报纸,不如英文报纸那样拥有普通读者,不值得特别报告,但俄文报纸、杂志这三四年来陆续创刊,其中宣传激进主义的也不少,这与大量俄国人流入当地情况相对应,可谓是一个值得注意的现象。

二、报纸、通讯及杂志

名称	主义系统	持有人或社长	主笔及重要记者	备考
North China Daily News [字林西报] (英文)	拥护英国政策及英国人利益,对日本的态度比较公正 英国报纸	董事 H. E. Morriss、G. Morriss、H. G. Simms 总经理 R. W. Davis	O. M. Green	东方最老的报纸,1854年创刊①。股东有皮克伍德家族的亲戚即亨利·马立斯一家,乐迪·坎贝尔的遗属,以及其他主要侨居上海的英国人。英国总领事馆的公布机关,在上海俱乐部、工部局、China Association等中有影响力。是英国人在中国的代表性报纸,经营状态良好,日刊,发行量约五千份。该社另外发行周刊 *North China Herald*(《字林星期周刊》)。社址位于上海外滩第十七号(最近新建落成,理应在1924年2月15日举行落成典礼)
The Shanghai Mercury [文汇报] (英文)	拥护英国政策,对日本特别有好感 英国报纸	董事 H. P. King、T. Sahara、W. T. Duvey 总经理 W. T. Davey②	W. T. Davey、W. A. Donaldson、G. M. Conway	仅次于《字林西报》的老报,晚报。日本、英国人股东占大多数。对日本的评论公正、稳健、同情,具有老报的态度与面貌,最近改良版面。日刊,发行量约一千份。发行周刊 *Celestial Empire*(《华洋通闻》)。社址位于上海香港路第五号
The Shanghai Times [泰晤士报] (英文)	拥护英国政策,对日本特别有好感 英国报纸	社长 E. A. Nottingham(英国人)	G. B. Sayer	老社长 John O. Shea 死后,转为现任社长诺丁汉姆经营。1915年7月进行活字改良,1917年再购入整行排铸机,改善报面,逐渐改良。1921年末开始发行周日号(*Shanghai Sunday Times*)(插入照相版),具有全年无休发行的特色,日刊,发行量约二千九百份,周日号三千五百份。社址位于上海博物院路第二十一号(1923年间搬迁)

---

① 《字林西报》由1850年8月3日创刊的《北华捷报》演化而来。正式出版《字林西报》是在1864年7月1日。
② 1923年报告为"W. J. Davey"。

(续表)

名　称	主义系统	持有人或社长	主笔及重要记者	备　考
The China Press［大陆报］（英文）	拥护美国政策，排日色彩显著	董事　Sopher 兄弟（犹太人）为 Ezra Estate 的代表，已故 Edward Ezra 夫人的弟弟。 总经理　Norman（英国人）	C. H. Webb（记者均美国人）	1910 年创刊①，当初日本 *Japan Advertiser* 的 Fleischer 及著名的 Thomas Millard、中国人 Wu Ting-Shu 与犹太人 Israel 等合资创办之报纸。其后 Israel 将同社股票全部弄到手，Millard 成为主笔，欧洲战争期间刊登对协约国颇为不利的评论、报道。其后 Shanghai Hotels, Ltd. 及 China Motors, Ltd. 的大股东、侨居上海的犹太人 Edward Ezra 挪用上述两家公司的资金盘下该报，而编辑部完全为美国记者控制。由于刊登对英国不利的报道，甚至在上述 Shanghai Hotels, Ltd. 股东大会成为问题。后来 Ezra 病死，其所持股票转至其遗孀即 Ezra Estate 手中。表面上以美国人及中国人之名义，董事也由美国人及中国人（美国律师 Fessenden②、上海数一数二的中国实业家朱葆三等成为董事）担任，但其后以失败告终，成为现在的状态。如前所述，该报从开始起为英籍犹太人所有并经营，但英国人对该报一直没有好感。日刊，发行量声称五千份，但实际上应该是四千份左右。该报在中国人中间有较多购阅者，在中国人中的影响力不可小觑，此点值得注意。社址在上海九江路十四号（1923 年间搬迁）
Evening News［大晚报］（英文）	拥护民党，排日色彩浓厚	民党所属的中国人所有（中国人） R. Llewellgn③ Jones	C. H. Lee、C. J. Laval（记者大部分为美国人）	该报作为 China Press 的晚报，由 1921 年末创刊的 *Evening Star*（《星报》）与 1918 年 5 月创刊的 *Shanghai Gazette*（《英文沪报》）两晚刊于 1922 年 11 月合并后改名而成。*Shanghai Gazette* 由前北京 *Gazette* 主持人陈友仁（Eugen Chen）被勒令停止发行其报（因在该报泄露"日中军事协定"）后来当地创刊。与以往两报相比，纸面外观也稍微改变。为国民党机关报，经陈友仁之手常常发表孙文方面的意见。资金不充裕，经营困难。最近连路透社电讯的电报费也难以支付，到了被拒绝提供电报的地步。晚报，发行量仅为五六百份。社址位于上海北京路四十三号至四十七号
L'Echo de Chine［中法新汇报］（法文）	拥护法国政策、利益，有排日倾向	法国天主教会 总经理　A. Vandelet	A. Vandelet	上海法国官方及天主教的机关报。由于是法文，所以不像英文报纸那样拥有众多读者，但在有关中国情况研究与法国文学方面有特色。经营状态尚可，发行周刊。日刊，发行量约四百份。社址位于上海法租界 23 Rue du Consulat

---

① 应为 1911 年 8 月 24 日创刊。
② 即 Stirling Fessenden，中文名费信淳。
③ 1923 年为"R. Llewellyn"。

定期调查报告　　（秘）1924年5月6日　　有关中国（附香港）报纸及通讯的调查

(续表)

名　称	主义系统	持有人或社长	主笔及重要记者	备　考
Шанхайская Жизнь［上海生活日报］（俄文）	宣传Bolshevism	总经理　M. L. Goorman	同前	1919年6月由G. F. Semeskko创刊，最初为周刊，后来变更为日刊报纸。从创刊当初起，就接受西伯利亚购买消费合作社补助，刊登社会主义性评论，逐渐接近激进派。1920年11月通过驻北京赤塔远东政府代表尤林，得到该政府资助以来，成为纯激进主义机关报。赤塔政府通过该报，致力于向居住在东方尤其是中国、日本的俄罗斯人宣传激进主义。赤塔政府与莫斯科政府合并以来，成为劳农政府的机关报。1922年10月改为现名，但内容上好像没有任何变化，论旨比较稳健。日刊，发行量一千五百份
Новое Время①（俄文）	君主主义	S. Ts. Gidroitz	事实上的主笔为Gidroitz之妻Mane Zvedich	反激进派日刊，晚报。无固定订阅者，大半免费发放。据称接受信奉君主主义俄国人的补助。1921年创刊，基础薄弱。发行量约四百份
Зарубежная Россця（俄文）	标榜Anti Monarchist，但可称为中立派		无固定主笔	日刊，晨报，1923年创刊
China Weekly Review［密勒氏评论报］（英文）	拥护美国政策，排日色彩显著	Millard Publishing Co., Inc.（Delaware）发行人兼主笔　J. B. Powell（上海美国商业会议所书记长）	J. B. Powell	1917年5月创刊②。以远东，尤其是中国政治、经济研究为主的周刊杂志。对于日本总是持反对态度。主笔Thomas Millard辞任以后，居住于北京的中国人Hollington Tong（董显光）与Powell一起，每期登载排日报道，但华盛顿会议以来，其论调显缓和。原称为Millard's Review，但1921年起断绝与Millard的关系，改称Weekly Review of Far East，1923年又改为现名。作为美国系统的机关杂志具有相当影响。发行量约四千份（主要发送美国，据说两千份是免费赠阅）。据闻该社资金实际上由中国方面提供
Lloyd's Weekly［劳合周报］（英文）	政治报道较少，往往有时事评论，但无代表性意见	G. T. Lloyd	同前	主要刊登有关上海地方的社会报道，周刊，发行量五百份
New Russia（英文杂志）	为Russian "Third International"机关杂志，总社作为其宣传总部而活动	H. Bourier（名义人）	H. Bourier（法国籍）	1922年11月创刊的周刊，政治、经济杂志，致力于激进主义宣传。投稿者主要为居住在莫斯科的俄国人，对于教师、学生、学校、图书馆等订阅费打折。当初中国政府禁止将该杂志作为邮递品处理，目前已解禁。发行量不详
Сцбирь-Папестина（俄文）		Alexander Yevsereff	同前	一周发行两次

---

① 1923年报告为"Shanghai New Times"，报名不同，其他内容基本一样。
② 应为1917年6月9日创刊。

(续表)

名　称	主义系统	持有人或社长	主笔及重要记者	备　考
Russian Free Thought(英语)		A. M. Kotenev	同前	周刊
Theatrical News(英语)		A. Krukoff	同前	周刊
路透通讯社(Reuters)(英文通讯)	报纸通讯、商业通讯	路透社电报公司	W. Turner(远东总经理)	将路透社来自欧美各国的通讯分发到中国各地及日本之中心枢纽,并且称作 Pacific Service,除了将来自日本及中国各地的消息发送至中国及日本之外,也发送法国及美国通过无线电讯发出的通讯及来各地的书面通讯,而且还提供给希望获得商业通讯的商店。1921年秋左右国际通信社关闭其上海分社,将其事务全部委托路透社。上海支局迁移至大北电信公司楼上
United Press(英文通讯)		United Press 社	China Press 社	向美国发送有关中国各种报道的通讯,又将来自美国的该社电讯刊登在 China Press 上
Far Eastern Review [远东时报](英文杂志)	以东亚财政方面的工业报道为主,拥护美国利益。对日本有好感	发行者兼主笔 George Bronson Rea	同前	东方月刊英文杂志之巨擘。在矿山、铁路报道上有特长,亦刊登有关产业、贸易的政论,一向对我方舞弄种种毒笔,但和平会议后其态度一变,不如说对日本示好,而尝试攻击美国对东方及日本的政策。发行量约四千份
China & Far EastFinance & Commerce [中国远东商业金融报](英文)	与 Far Eastern Geographical Establish-ment 有关系,对日本怀有善意	E. J. Dingle	F. L. Pratt	1920年1月创刊,以帮助中国通商发展为目的,刊登涉及各个方面的有益的经济报道。周刊,发行量一千份
Shipping and Engineering(英文杂志)	为有关船舶和造船业的杂志	Edward Evans & Sons	C. W. Hampson	在船舶业者中间拥有相当信誉,周刊,发行量约六百份
Chinese Economic Monthly(英文杂志)	经济状况	Bureau of Economic Information(驻北京)由 W. H. Donald 主管	Ges Sokolsky	Sokolsky 曾任 China Bureau of Public Information 主任,但巴黎和会一结束就将上述通讯停刊,同时新创立该通讯社。上海分社为每月九百弗的承包工作。杂志社财政一直很不如意,但最近稍微好转

其他杂志、定期刊物

名　称	摘　要
Chinese Recorder(执务杂志)(英文)	月刊,美国系统,主笔 Rev. Rawlinson
Chinese Churchmen(英语)	月刊,主笔 Rev. J. W. Nichols
Asiatic Motor(英语)	月刊,主笔 William Carter Rea(美国人)
China Sunday School Journal	月刊,China Sunday School Union 总务部创刊,主笔不详

(续表)

名　称	摘　要
Monthly Bulletin of the Education of China(英语)	主笔 Rev. J. A. Silsby
Columbian(英语)	月刊,主笔 Miss Helen Ware
British Chamber of Commerce Journal(英语)	月刊,主笔 E. M. Gull
Bolletino Camera Commercio Italian(意文)	月刊,主笔 De Barbieri
Восток(俄文)	月刊,主笔 M. P. Tsetsegoff①
Crescent Magazine(英文)	月刊,主笔 E. A. Little
Shanghai News Review(英文)	月刊,主笔 F. G. Raven
Life in The East(英语)	月刊,主笔 Geo. T. Lloyd
Asiatic Division Outlook(英文)	月二次,主笔 Mrs. C. C. Crisler
Pearl of the Orient(英文)	月二次,主笔 F. M. Benedicts
Blue Lantern(英文)	月刊,主笔 Chine
Chinese Christian Intelligencer(英文)	周刊,主笔 Rev. D. S. I. Woodleridge

(注) 俄国的 Dalta 及 Rosta 通讯社均将其办事处关闭。

第四　通讯员
一、日本通讯员

姓　名	所属社名
特派员　高村经真	时事新报
特派员　智识真治	东京朝日新闻、大阪朝日新闻
特派员　村田纹郎	东京日日新闻、大阪每日新闻
特派员　龙冈登	长崎日日新闻
通讯员　佐原笃介	国际通信社

二、外国通讯员

姓　名	所属社名	备　考
O. M. Green	*London Times*, *Manchester Guardian*	*North China Daily News* 主笔
J. B. Powell	*Chicago Tribune*, *Manila Daily Bulletin*	*China Weekly Review* 主笔
Geo. E. Sokolsky	*Trans-Pacific Japan Advertiser*, *Philadelphia Public Ledger*, *North China Daily News*	

---

① 此行很多字母十分模糊,抄录可能有误。

(续表)

姓 名	所属社名	备 考
C. J. Laval	*Associated Press*，*South China Morning Post*	*Evening News* 的 Staff Editor
James Butts	*Chicago Daily News*	*China Press* 记者
Larry Lehrbas	*International News Service*（*Hearst paper*），*Manila Trade*	*China Press* 记者
Harold M. Fleming	*American Business Papers*	*Shanghai Times* 记者
A. P. Finch	*Christian Science Monitor*	*Shanghai Times* 记者
A. Weat	*New York Times*	*China Press* 记者
W. H. Chen	*Australian Press Association*	*North China Daily News* 记者
Kuhn	*Honolulu Star*	*China Press* 记者
J. W. Fraser	*Morning Post*	

苏州
报纸

名 称	主义系统	持有人或社长	主笔及重要记者	备 考
苏州日报（中文）	无固定主义、主张	石雨声	洪野航　1912年入社任主笔，兼任吴声报社长	1912年创刊，日刊，四页，发行量三百二十份。社址位于阊门内都亭桥
苏醒日报（中文）	同上	陈寿霖	陶铸禹　前清秀才，国民学校国文教授	1913年9月创刊①，日刊，四页，发行量二百九十份。社址位于阊门内都亭桥
吴县市乡公报（中文）	鼓吹自治	颜心介　苏州总商会会长，警察厅咨议	颜心介、郭随庵　前清秀才	1916年2月创刊，日刊，四页，发行量四百七十份。官厅及各团体机关报。社址位于宫巷
吴语（中文）	鼓吹文艺	马飞黄	胡绣龙、金南屏	1916年10月创刊，日刊，小型，四页，发行量一千六百份。在高师巷
平江日报（中文）	教育改良	梅雨时	柳济安	1919年4月创刊，日刊，四页，发行量三百八十份。社址位于阊门内都亭桥
吴声报（中文）	鼓吹文艺	洪野航	沈情虎　任编辑的经验丰富	1919年5月创刊，日刊，小型，四页，发行量四百份。在阊门外都亭桥
苏州商报（中文）	开发工商	方益荪	周星北	1919年9月创刊，日刊，四页，发行量二百份。社址位于胥门内养育巷
民苏日报（中文）	未见特别主义	李惕庵　苏州法政专修科毕业，成为官吏	高小帆　原吴江县吏	1920年11月创刊，日刊，四页，发行量三百八十份。社址位于阊门外丁家巷
晨报（中文）	同上	汪遣恨	黄震亚②	1921年4月创刊，日刊，小型，四页，发行量三百六十份。社址位于宋仙洲巷

---

① 一说为1912年创刊。
② 1923年报告为"黄振亚"。

名　称	主义系统	持有人或社长	主笔及重要记者	备　考
独一报(中文)	同上	张一沣　律师、原县知事	同前	1922年6月创刊,日刊,小型,四页,发行量八十份。社址位于西白塔子巷
中报(中文)	改良社会	宋兆元	同前	1923年6月创刊①,日刊,小型,四页,发行量一千二百份。社址位于阊门内都亭桥
益苏报(中文)	促进自治	冯世德	庞独笑　前清秀才,苏州法政学校毕业,曾创刊《新江苏日报》	1923年8月创刊,日刊,四页,发行量九百二十份。社址位于阊门外大马路

无锡
报纸

名　称	主义系统	持有人或社长	主笔及重要记者	备　考
锡报(中文)	国民党派	蒋哲卿	祝湘澄、吴千里	1912年11月创刊②,日刊,发行量一千份,资本金三千元。社址位于无锡城内书院街
新无锡报(中文)	中立派	杨少云	杨少云、周含如	1913年11月创刊,日刊,发行量六百份,资本金二千元,在官场最有信誉。社址位于无锡城内书院街
无锡新报(中文)	商业振兴	李伯森	同前	1922年9月创刊③,日刊,发行量三百份,资本金二千元,在商界订阅者较多。社址位于城内仓桥
苏民报(中文)	财阀派	薛毓津	江红蕉、范烟桥	1923年10月创刊④,日刊,发行量六百份,资本金六千元,普通市民之中爱读者较多。社址位于无锡公园路
轰报(中文)	无固定主义、主张	吴骥德	吴千里	1923年创刊⑤,隔日出版,发行量二百份,资本金三百元。社址位于沙坟井

杭州
一、报纸

名　称	主义系统	持有人或社长	主笔及主要记者	备　考
全浙公报(中文)	社会开发,收回利权。最初属于研究系机关报,后来转归进步党,为省当局御用报。一般而言无特别影响力,对日本也不刊登特别出格的报道	社长　徐伟人　(浙江杭县人)浙江高中出身	主笔　陈光甫　浙江杭县人,浙江两级师范学校出身,现兼任中学教员	1909年5月创刊,日刊,十页。一千一百份。杭州城内保佑坊⑥。创刊时称《白话报》,1909年5月改为《全浙公报》

---

① 又名《苏州中报》,一说1921年创刊。
② 应为1912年10月1日创刊。前身是《锡金日报》。
③ 1922年9月1日创刊。
④ 1923年10月10日创刊。
⑤ 1923年8月5日创刊。
⑥ 本年度杭州、海宁、宁波、温州、平湖的报告,"备考"栏中只出现了报纸的份数和地名,应该是"发行量"和"社址",报告人省略了。

(续表)

名　称	主义系统	持有人或社长	主笔及主要记者	备　考
之江日报（中文）	开发国民知识，培育社会道德。与政党政派无关系。对日本持比较公正的态度	社长兼主笔　陈宜慈　字让庼，浙江海盐县人，前清附贡生，留日出身。1912年任浙江都督府临时参议员，1914年任浙江图书馆帮办，1915年当选浙江参议会议员。当选第二届浙江省议会议员，至1921年7月在职	主笔　严祖荣　字伯华，浙江海盐县人，浙江高中毕业后为中学教员，1918年入该社	1913年4月创刊，日刊，九页。一千三百份。杭州城内保佑坊。创刊时是时任都督朱瑞的机关报，但其去世后无党无派，最近可见竭力宣传佛教之内容
浙江民报（中文）	扩大民权，为浙江省议会星期会议员机关报	社长　李开福　字乾荪，浙江海盐县人，原为上海《时事新报》职员，回省后任《之江日报》社长。1916年8月从该社辞职，自己创刊《浙江民报》，任社长。当选第三届省议会议员，现任海盐县商会长	主笔兼记者　祝静远　浙江海盐县人，浙江两级师范学校出身，现为省教育会职员	1916年8月创刊①，日刊。一千六百份。杭州城内羊坝头
浙江商报（中文）	开发商业，杭州总商会机关报。并不觉得有特别排斥日本的态度	社长　陆启　字佑之，浙江杭县人，前清附贡生，现为县议会议员（重要出资者）　王锡荣，字湘泉，浙江杭县人，原杭州总商会会长，任浙江垦放局局长之要职；王祖耀，字竹斋，浙江绍县人，现杭州总商会副会长；张旭人，浙江吴兴县人，浙江储丰银行副经理和众议院议员；金溶熙，字溶仲，浙江杭县人，绸业合作所董事	主笔兼记者　叶荆公　浙江杭县人，为前清举人	1921年10月10日创刊，日刊，十页。一千三百多份。杭州城内太平坊
杭州报（中文）	民主主义，旧国民党省议会良社议员机关报。据称在军政方面有关系，为当地最激烈的排日报纸	社长　许祖谦　字行彬，浙江海宁县人，浙江高中出身。前清时代创刊过《白话报》及杭州《良言报》等。自第一届起任省议会议员，为当地有势力者	主笔兼记者　张万石　浙江海宁县人，前清举人，现为浙江教育厅秘书	1921年11月24日创刊，日刊，八页。一千四百份。杭州城内太平坊。据称熟知军政方面的事情
新浙江报（中文）	促进法治，提倡文化。与政党政派无关系	社长兼主笔　查人伟　字仲坚，浙江海宁县人，浙江法政学校出身，律师，现为浙江省议会议员	主笔兼记者　朱采真　浙江杭县人，浙江法政学校出身	1922年9月25日创刊，日刊，八页。六百份。杭州城内三元坊。据说目前陷于经营困难
浙民日报（中文）	发扬民治精神，促进地方自治。省议会平社议员机关报，在浙东方面有影响力	社长　胡芷香　浙江建德县人，现为省长公署咨议。重要出资者为现省议会议员陈邦达、庐旌贤、毛犟、毛云鹄、朱章宝等	主笔　朱章宝　浙江建德县人，现为省议会议员，同社出资者（重要记者）许汉章　浙江省建德县人，浙江两级师范学校出身，现为省教育会干事	1923年12月10日创刊②，日刊，八页。七百份。杭州城内筹安坊巷
浙江公报（中文）	公布法令、规定	省长公署	主笔　陈简文　浙江绍兴人，前清附贡生	1913年创刊，日刊，一千五百份
浙报（中文）	开通文治	许国桢（号文甫）　浙江诸暨县人，现省议会议员，地方有力人士。为合资组织。重要出资者为许国桢、骆瀛两人		1924年4月1日创刊，日刊，八页，发行量一千七百份。社址位于杭州城内兴武路羊血街

---

① 一说1913年4月15日创刊。
② 一说为1922年10月10日创刊。

二、通讯员

氏　名	所属社名	备　考
周起予(号商甫)	新闻报、时事新报、新申报	浙江绍兴县人,钱业出身,原为省议会速记员
倪慕侠	申报	浙江杭县人,前清附贡生
孙炳如	新闻报	浙江杭县人,杭州总商会书记

绍兴
报纸

名　称	主义系统	持有人或社长	主笔及重要记者	备　考
越铎日报(中文)	开通民智,监督社会	张心斋		1912年5月创刊①,日刊,发行量一千五百份,在绍兴城内,资本五千弗

诸暨
报纸

名　称	主义系统	持有人或社长	主笔及重要记者	备　考
诸暨民报(中文)	开发民智	金如月		1920年9月创刊②,隔日发行,在诸暨县公署内,资本金三千弗

乍浦
报纸

名　称	主义系统	持有人或社长	主笔及重要记者	备　考
平民报(中文)	提倡自治	张秋翁		1922年10月创刊,每月发行四次,发行量四百份,发行所为乍浦荷花池
激钟(中文)	兴趣主义	朱益谦		1922年7月创刊,不定期,每次五百份,在乍浦电报局内,仅向会员发放

海宁
报纸

名　称	主义系统	持有人或社长	主笔及重要记者	备　考
海宁日报(中文)	普及教育,提倡自治	朱宇仓		1922年6月创刊,日刊,六百份,海宁县城内

宁波
报纸

名　称	主义系统	持有人或社长	主笔及重要记者	备　考
时事公报(中文)	提倡商业	汪兆平		1920年6月创刊③,日刊,二千二百份,发行所为江北岸同兴街
四明日报(中文)	社会开通	叶莞		1910年创刊,日刊,一千五百份,宁波县城大街

---

① 应为1912年1月3日创刊。
② 应为1919年9月创刊。
③ 6月1日创刊。

温州
报纸

名　称	主义系统	持有人或社长	主笔及重要记者	备　考
瓯海公报(中文)	收回利权			1921年7月创刊①,日刊,一千份,温州城内
温处公报(中文)	扩大民权			1907年创刊,日刊,一千五百份,温州城内

平湖
报纸

名　称	主义系统	持有人或社长	主笔及重要记者	备　考
民声报(中文)	民主主义	陆允中		1920年6月创刊,日刊,六百份,平湖城内大街
平湖日报(中文)	改造社会	徐尚彼		1918年8月创刊②,日刊,三百份,平湖城内汉水桥
鹉湖公报(中文)	开发民智	顾某		1920年1月创刊,日刊,三百份,平湖城外万安桥
新民日报(中文)	传达民意	王某		1923年2月创刊,日刊,五百份,平湖城内

南京

一、概况

南京的报社及通讯社不乏其数,但皆为小规模,发行量多者不超过二千,处于依靠督军署等其他官厅补助勉强维持营业之现状。而且,除了重要的二三家报纸之外,一些称为日报的也是一周发行一次,更有甚者一个月仅发行一二次。

南京尽管官员、教员、学生等知识阶层人数比较多,但报业不发达,一个原因是当地处于上海报纸势力圈内,上海《申报》《新闻报》《时事新报》等对于国外及国内其他地方自不待言,即使有关当地的报道也比当地报纸正确且迅速,普通人士也以阅读上海报纸为便。

1923年6月间,法政专门学校校长王伯秋等发起创刊《新江苏日报》这一教育界的机关报(日刊),设学生栏(模仿北京《晨报》附录),在学生中间博得好评,但最近因经费原因以至于不得已停刊。

其次,作为唯一的英文定期刊物有 Nanking Bulletin,传教士 Price 执笔,金陵神学院发行,八页至十页的小册子,仅刊登有关南京的外国人活动、聚会的报道。一般英文报纸,上海 North China Daily News 及 China Press 等未被购阅。

二、报纸、杂志及通讯

名　称	主义系统	持有人或社长	主笔及重要记者	备　考
江苏省公报(中文)	江苏省长公署公布机关	江苏省公署		1912年创刊,江苏省长公署官报。刊登省长公署的命令、告示、公文、指令。发行量约六百份
江苏省议会汇刊(中文)	刊登江苏省议会议案及议事录	江苏省议会		仅在议会开会期间发行
大江南日报(中文)	督军机关报	王润身	同前	1913年③3月创刊,发行量约二千份。接受督军署每月四十元、省会警察厅每月二十元补助

---

① 1917年1月《瓯括日报》创刊,同年6月改本名。
② 应为1919年9月24日创刊。
③ 1922年报告为"1914年"。

(续表)

名　称	主义系统	持有人或社长	主笔及重要记者	备　考
南方日报(中文)	开发民智,代表舆论	王春生	同前	1915年7月创刊,当时称《南方话报》,1917年5月改称为《南方日报》。发行量约二千五百份,接受督军署每月若干补助
大中华报(中文)	不偏不党,改造社会	陈晴辉	同前	1916年9月创刊,发行量约八百份,从督军署和省会警察厅有若干补助
立言报(中文)	社会教育,扩大民权	吴善之	同前	1917年10月①创刊,督军公署每月提供若干补助,发行量约六百份
新政闻报(中文)	改良文化,尊重民意	方灏	同前	1918年创刊,督军每月提供若干补助,发行量约六百份
新中华报(中文)	改良政治,尊重民论	于纬文	同前	1913年创刊,最初称《金陵话报》,1916年9月改为现名。接受督军补助,发行量约一千份
社报(中文)	尊重舆论,鼓吹民治	王家福	同前	1918年创刊,发行量约六百份
江苏日报(中文)		庄玉书②	同前	1921年5月1日创刊,发行量约二百三十份
谏蒬报(中文)		吴学仁	同前	1921年10月1日创刊,发行量约二百份,报面四页
宁报(中文)		达剑峰	同前	1920年7月创刊,发行量约一百八十份,报面四页
市民报(中文)		章柬甫	同前	周刊
舆论报(中文)		陈耀	同前	周刊
共和报(中文)		吴善之	同前	周刊,在发行名为《立言报》的日报的同时,发行该刊物
庸言报(中文)		贾济川	同前	周刊
国闻报(中文)		杨义	同前	周刊
民报(中文)		李炎	同前	周刊
东南(中文)		江金海	同前	周刊
Nanking Bulletin(英文)			Price	周刊,登载南京外国人的活动、聚会等相关报道
学衡(中文杂志)	学术研究	东南大学		杂志,东南大学教员、学生发表学术研究的机关杂志。有关中国古籍的研究居多,有反对北京大学胡适等研究的倾向。不定期发行
金陵光(英文、中文杂志)	学术研究	金陵大学		杂志,金陵大学教员、学生发表学术研究的机关杂志。以英文及中文两种语言发表,有关思想问题等研究居多。为不定期发行
南京新闻(中文通讯)		王荫卿	同前	
南洋新闻(中文通讯)		施少文	同前	

① 1922年报告为"1921年6月"。
② 1922年报告为"蒋玉书"。

(续表)

名　称	主义系统	持有人或社长	主笔及重要记者	备　考
建业新闻（中文通讯）		吴仲仁	同前	
模范通讯（中文通讯）		于纬文	同前	经营《新中华报》，另兼任通讯员
时事通讯（中文通讯）		陈伯言	同前	
神州通讯（中文通讯）		吕练白	同前	
震宇通讯（中文通讯）		符一亚	同前	
大中（中文通讯）		沈筱斋	同前	
壬戌（中文通讯）		达剑峰	同前	

镇江

报纸

名　称	主义系统	持有人或社长	主笔及重要记者	备　考
自强报（中文）		张逸珊	同前	1918年8月创刊，镇江及近郊有人购阅

芜湖

一、概况（含安庆）

1. 报界沿革

安徽省长期处于民气闭塞状态，足以代表舆论、提倡文化的报纸，没有值得认可的。时至前清末叶，赴欧留学生归国后分散在各省，宣传报纸实力，该省也因此逐渐认识到其价值，终于二三种有影响的报纸创刊。1912年伴随着民权的发展，报界呈现出更为急速的活力。仅在省城安庆，一时出现的报纸合计多达二十几种。但1913年遭袁世凯舆论压迫，停刊倒灭者亦屡见不鲜。当时仅能继续经营者仅为安庆《民岩报》、芜湖《皖江日报》两报。连这两报也是避开直言政治是非，仅仅刊登市井琐事，对外则是附和北京、天津、上海等发行的大报论调。1920年伴随着民论的振兴，报界再次呈现活力，《皖铎》《国民》《民生》《社刊》等各种报纸接踵创办，同时称为报界公会的机构在省城被组织起来，加入者达二十家报纸。据认为1921、1922年这两年实际上是安徽报界最为鼎盛的时代，但是，一省城容不下如此众多的报纸长期存在，各报皆因资金薄弱、经营不振等，需要官方组织提供补助，无法获得者则陆续停刊。另一方面，新出现《通俗》《民治》《安庆》《民声》《舆论》《先声》《长江》等报纸。各报在压力、竞争等中前途混沌，面临兴亡起伏。这样，到1923年末，安徽省发行的报纸存留下来的有，安庆发行的《民岩报》《商报》《新皖铎》以及芜湖发行的《皖江日报》《工商日报》五报。它们仍显示出相当大的影响力。

2. 补助金状况

1920年许省长大为提拔学界中怀才不遇者，以利于宣传对政府的拥护政策。当时依靠此等人物发行的报纸并不少见。由于这一原因，同省长每年以一万二千元预算分配给各报，补助其经济，各社由此得以持续营业。1922年至吕省长时，全部削除这方面预算，因此立刻遭到该业界猛烈反对，相持不下。其后通过调停，将过去的预算削减至半额，即六千元，继续补助，风波由此告一段落。至今春为止，尚见十余种报纸发行。小资本经营的报纸自此逐渐维持困难，陆续停刊。时至11月下旬，马督理兼任省长，发表关于财政整理意见之同时，对于无足轻重的无影响报纸的补助金，大刀阔斧，完全废除。自1924年1月起限定如下表补助分配额。补助金问题对安徽报界的消长至关紧要，是否发放会影响到其舆论动向。

名　称	发行地	补助额	支付官署	备　考
民岩报	安庆	每月　二百元	省长公署	
新皖铎	同	同　一百五十元	同	
国民通讯社	同	同　五十元	同	
自治通讯社	同	同　五十元	同	
皖江日报	芜湖	同　八百元	督理公署	
工商日报	同	同　二百元	同	

3. 论调及经营状况

民智程度普遍尚低，读者极为少数，购阅者仅仅为各官署、学校、团体等，以及部分官员、商人及绅士。其至在省内第一商港芜湖，现在购阅省城发行报纸者也寥若晨星，由此可类推其他。这样，各报的营业状态极为不振，被认为根基坚固一些的报纸，或接受官署、团体一定的补助金，或靠其社长、主笔等担任官署的咨议、顾问等，由此获得补助性报酬。并且大部分报纸属于此类报纸。因而，这种报纸的论调往往有失公允，偶尔发出刚正不阿的言论，也会立刻遭到官方厌恶。现在关于最近11月发生的安徽学潮问题，《民治报》只是对官方稍加讥讽评论，就立刻被下令停刊，而且社长身处危险之中，这是众所周知的事实。并且，发行一种报纸，被官方视为如同增加了一个敌人，而从业者亦多将报纸利用为勒索之器。总之，对于内政，其论调虽然本身不一致，但大都因上述金钱原因噤若寒蝉，几乎没有报纸能基于自己的主义纲领，堂堂正正加以论断。由于经营不振，总体上都很短命。安徽报界尚未脱离萌芽时代，无法说已经进入健全发达之路。对外方面，各报均使用一种排日语调，有快且傲之倾向。当然，各报平时单独特地发表排日论调之事十分罕见，而是发生什么问题时，总会不约而同持一致态度。

4. 报纸相关团体

目前作为安徽省的报纸相关团体，有1920年4月在省城组织起来的安徽报界公会。该会由新皖铎社长张振铎发起，公会内有会议室、图书室、报纸阅览室等设施，以联络感情及发展业务为宗旨。采取评议制，在对内对外发生紧急事件时，直接召开会议，讨论决定。其会则如下：

安徽报界公会规约

第一章　总　　则

第一条　本会由安徽报纸同业者组织，称作为安徽报纸同业公会。
第二条　本会以联络感情、发展业务为宗旨。

第二章　会　　员

第三条　本会会员现限于发行中的报社或通讯社。
第四条　本会会员推举报社中有一定职务的职员为代表。
　　　　本条之代表，若脱离与该社关系时则立刻取消其代表资格。
第五条　本会会员需缴纳入会金贰元，每月会费贰元。
第六条　本会会员，碰到下述事项之一者，经评议会决议可以除名。
　　一、有借本会之名义在外面从事不正言行之事实者。
　　二、三个月不缴纳会费者。

第三章　组　　织

第七条　在本会设评议会，评议员数不受限制，从现入会的各报社、通讯社中选出各一名。
第八条　在本会设干事部，干事员数不受限制，从现入会的各报社、通讯社中选出各一名。
第九条　为进行本会工作，干事部划分如下：
　　一、事务科
　　二、业务科
前条的干事员按事务繁简配置于各科。

第十条　前条各科由各科干事中互选主任一名。

第十一条　第七条、第八条规定的评议员、干事员任期为一年,委以重任,但该员若脱离与该社关系时,可由该社另外选出。

第十二条　本会职员若有不得体行为,有伤害本会名誉的事实时,本会根据评议会决议加以解职,并且让该社另外选出。

第四章　会议及会期

第十三条　本会会议分为如下四种:

　一、通常会

　二、特别会

　三、评议会

　四、职员总会

第十四条　本会通常会每年召开一次,但有必要时,可以召开特别会。

第十五条　本会评议会每月召开一次,但根据评议员、干事五人以上的提议可以召集。

第十六条　本会在发生紧要事件的情况下,经评议会通过或两部门主任的联合提议,可以召集职员总会。

第十七条　本会各项会议主席临时推举。

第十八条　本会各项会议各员半数以上出席,以出席人员过半数同意来决议一切事项。

第五章　会　计

第十九条　本会收入如下:

　一、会员入会金

　二、会员会费

　三、特别捐赠

　四、补助金

第二十条　本会支出由事务科干事制作预算决算书,评议会对此检查。

第六章　附　则

第二十一条　本会会场由职员总会方面决定。

第二十二条　本会规约从通常会通过日起实行。

第二十三条　本会规约若有不备之点或有可修改之处,以会员三分之一以上连署提议或经职员总会通过提议,交付通常会或特别会修改。

第二十四条　本会评议会细则、干事细则另行规定。

二、报纸

名　称	主义系统	持有人或社长	主笔及重要记者	备　考
皖江日报(中文)(Wan Kiang Daily News)	促进国内统一,普及国民教育,标榜中立。目前接受马理理补助,作为其机关报,处于拥护直系之立场。在各县知事、税局局长阶层官僚中有关系及影响力。发行当初一直迎合段派,对日本有善意,但同派垮台后其态度一变。目前与北京、上海发行的排日报纸论调相同	社长　谭明卿　安徽省太平县人,49岁,为前清秀才出身。至该报发行前为止当过私塾教师,性格温厚。(重要出资者)谭明卿、崔祥鸿、潘伯知、陈某	主笔　社长兼任(重要记者)舒鸿贻　太平县人,芜湖第五中学毕业后,历任徽州公学堂教习及芜湖县公署书记员等,后入该社	1909年11月创刊①,日刊,八页,发行量一千份。以鼓吹革命、推翻清朝为目的,与民党结合而创办,其后被袁世凯收买②,接着与段派联合,马联甲当上安徽督理后,又一时加以反对,其后通过调停接受该督理的补助。现今则与直系联络上。创刊当初发行量只不过三百份,1912年激增至一千七百份,而第二次革命时,由于印刷机器等全部被反对党破坏,休刊数月后,再次继续发行至今日。此外,接受海关监督公署每月补助二百元

---

① 应为1910年12月2日创刊。

② 日语原文是"買収"。"買収"有"收买""收购""盘下"等意。因背景不明,此处难以判断实际语义,暂且翻译成"收买"。

(续表)

名　称	主义系统	持有人或社长	主笔及重要记者	备　考
工商日报(中文)	带有工商保护、民党色彩。与学界、商界有关系。1923年夏也与商界巨头共同组织工商储蓄会,在该社内设事务所等扶植势力。排日主义	社长　张九皋　安徽省南陵县人,40岁。芜湖第五中学毕业,南京大学肄业后,最初进入《皖江日报》,与该社长意见欠一致而辞职,自己创办本报。重要出资者　姜少亭、陆廷桢、汤玉泉等巨商占大半	主笔　社长兼任(重要记者)张香谷　安徽省人,26岁,芜湖第五中学毕业	1917年1月创刊①,日刊,八页,发行量八百份。最初和民党遥相呼应,呼吁维护民权,另一方面高唱保护工商业的必要性,顿时受到此界欢迎。张勋复辟时,其反对论调颇具异彩,与经营相呼应,报社发展比较顺利。商业报道内容详细这一点是其特色。每月接受总商会一百元补助

安庆

一、报纸

名　称	主义系统	持有人或社长	主笔及重要记者	备　考
民岩报(中文)	提倡自治,促进文化。民党系。主要在省议会有影响,尤其是与民党系议员结成秘密关系。创刊当初按照党的方针绝无排日态度,但目前与北京、天津、上海、汉口发行报纸一样登载排日评论	社长　吴霭航　安徽省宣城县人,56岁,前清举人出身。历任江苏省州县长,1909年弃官返乡参加革命运动。加入报界,性格刚强,富于文才,被称为有能之士。吴社长独资经营	主笔　社长兼任(重要记者)吴天鹤　吴社长之族弟,北京大学毕业,被视为纯粹亲美派。荣春　天津人,前清秀才出身,自吴社长任州县长时,就历任其秘书等职,目前也迎合吴之主义	1911年4月创刊②,日刊,八页,发行量一千二百份。创刊当初发行量只不过三百份左右。虽营业不振,经营困难,但竭力鼓吹革命,与孙文、黄兴、柏文蔚等相结合,报社稍稍取得发展,1913年的发行量超过一千八百份,但袁世凯时代被以数万元收购,论调一度剧变。袁死后再度提倡自治,直至今日。刊登内外电讯、各省通讯等,但多为转载或译载,只是在皖国月旦、国事春秋的时评上,以极为洗练的笔调对时弊直言不讳,不畏权势。此为其他报纸不可企及的特色,受到欢迎
新皖铎③(中文)	高唱正义。与政党政派无关系,但目前为省政府机关报,处于拥护直系之立场,主要在省议会方面有影响。该报对日本没有固定主义,与北京、上海发行报纸持一致态度	社长　张振铎　安徽省人,47岁,为前清拔贡出身。曾在民党首领柏文蔚任安徽都督时代担任其秘书,后落魄,一时以卖文为生,1922年春发生安徽省长民选问题时,得到议员方面出资而创办本报重要出资者为省议员刘于飞等议员	主笔　社长兼任(重要记者)孙小初　安徽省怀宁县人,高等师范学校毕业,被视为亲美派。李鸣亚　与孙为同县人,南京金陵大学法科毕业,亲美派	1922年2月创刊,日刊,八页,发行量八百五十份。创刊当初发行量仅为三百份,言论率直,特别是在揭发官方纰政,促使警醒这点上立刻赢得了民心所求,读者亦有增加。但接受省政府补助后,趋于平凡。当然,在资本充实这一点上可谓是第一大报。报道大多从其他报纸转载、译载。与《民岩报》无大差异,其时评栏偶尔以讥讽的笔调与恶毒者应酬之处被认为有价值
商报④(中文)	保护商业,促进文化。无党派关系,与商界方面关系密切,这在各团体中间有影响力。持排斥日货,提倡国货之态度	社长　苏绍泉　安徽省桐城县人,41岁,高等师范学校毕业后,历任中学、高等小学校等教员,进入舆论界。性格比较正直,且为雄辩家,在商界信誉深声望高重要出资者为安庆总商会长蔡正及商界巨头王占魁	主笔　社长兼任(重要记者)赵嘉谟　高等商业专科毕业后进入该社。无固定主义,仅迎合时代舆论	1923年7月创刊,日刊,八页,发行量五百份。没有什么特殊经历,发行以来顺利发展,其论调在商界尤其受欢迎。也接受省政府补助,基础比较巩固。商业报道是其特色,其他无异于普通报纸

---

① 应为1915年10月20日创刊。
② 应为1912年6月1日创刊。
③ 一说由《皖铎报》改名而来。
④ 一称《安徽商报》。一说社长为杨绍泉,一说为苏绍贤。一说1919年创刊,1923年4月备案。

二、通讯及通讯员

本领事馆管辖地区没有内外通讯社的特派通讯员,负责对于国内主要城市发行的报纸提供安徽当地通讯的是芜湖《皖江》和《工商》两报的记者,以及安庆的自治、国民两通讯社。省内各县的通讯主要由地方上的学校教员负责,这些通讯在芜湖、安庆两地汇总后向各地报社发送。这样,重大事项再辗转为内外报道。上述通讯社虽是通讯社的一种,但不处理电报,无定期刊物,只是受委托不定期给北京、天津、上海、汉口发行的各报邮寄通讯。为参考起见,将经营者的主义等记载如下:

名　称	主义系统	持有人或社长	主笔及重要记者	备　考
国民通讯（中文通讯）	不偏不党。无特殊关系、影响力,附和其他报纸的论调	社长　王治平　安徽桐城县人,51岁,前清儒学出身。独资经营	（誊写员一人）	1920年7月创立,不定期,页数不定(油印)。向北京、天津、上海、汉口、青岛等十五家报社发通讯。没有什么特殊经历,创办以来接受省公署补助,总算得以维持收支平衡,直至今日。所论稳健,报道详细
自治通讯（中文通讯）	提倡自治。带有民党色彩,无特殊关系、影响力,附和其他报纸的论调	社长　刘泰和　安庆师范学校毕业后曾任《自治报》主笔。独资经营	（誊写员一人）	1923年6月创刊,不定期,页数不定(油印)。向北京、天津、上海、汉口、山东等二十多家报纸提供通讯。前身为《自治报》,该报因经营不振而于1923年5月停刊,在缩小规模之后重新开设本通讯社。以攻击军阀为特色,近来在上海《申报》上看到的攻击马都督的报道即为明证

九江

一、概况（含南昌）

本领事馆管辖区内发行的中文报纸有十数种,数量上并不少,但均没有设置评论栏目等。其报道内容也基本上大同小异,均未能超越地方报纸的水平。还有,因没有新闻通讯机关,各报均与北京、上海以及汉口等主要报社取得联络,一直仰仗其提供特别通讯。

另外,江西内地的外国传教士中,有人将发布通讯作为副业。

二、报纸及杂志

名　称	主义系统	持有人或社长	主笔与重要记者	备　考
江声日报(中文)	曾有民党系色彩,现因周围形势而改变其主义,追随潮流。对日抱有好感	饶汝庸（号翼儒）曾为省议会议员,现为省长公署咨议,富有谋略,与民党有联络	蔡敏公　在南昌各报担任记者十余年,为该业界老手	1920年于南昌创刊①,1921年11月停刊,转移至九江,1922年2月复刊。日刊,八页,还有附录《江声小报》。创刊以来亏损不断,但因《九江时报》的停刊,情况稍有好转。从督军公署获得补助。发行量约一千份
九江潮(中文杂志)	研究教育	郑天收	同前	1923年5月创刊,周刊小杂志,发行量一百份

三、通讯员

姓　名	所属报名	备　考
俞镜湖	上海《新申报》《汉口新闻报》	前清优贡生,任九江商务总会书记员数年,在商界有影响力(《新申报》在九江的销售数量为二百份)
熊天民	上海《新闻报》	前清秀才,1912年任九江地方检察厅检察官,1917年进入《九江时报》,曾任编辑主任(《新闻报》在九江的销售数量为五百份)
廖栗丞	上海《申报》	曾为广东地方审判厅民庭长,一直接近省军宪(《申报》在九江的销售数量为六百份)

---

① 一说1919年创办,1922年由南昌迁九江。

南昌

一、报纸及杂志

名 称	主义系统	持有人或社长	主笔与重要记者	备 考
新民报（中文）	原为国民党的机关报，但目前是省政府的半机关报	姜凯（号岂几①）在父亲姜旭②死后继承事业。有传言与主笔同为直系的傀儡	主笔 余小虎 师范学校毕业，在该报做记者十余年，出入督军公署，参与出谋划策	1912年创刊，原名为《自治日报》，1912年③改名为《江西民报》，1920年被督军陈光远勒令停刊，1921年10月又改名为《新民报》。日刊，八页。发行量三千五百份
和平日报（中文）	伸张民力。在政界和商界有影响力，登载过排日报道	持有人 周九龄 曾为参议院议员，现为众议院议员	主笔 邓载民④（号德全）曾任《大江报》记者，且曾为省议会议员	1921年10月创刊，因言论过激曾一度被命令停刊。日刊，八页，发行量二千份
中庸报（中文）	普及教育，启发民智。无党派关系，在学界及官方拥有读者	熊历曦	同前	1917年11月创刊，报道稳健。日刊，八页，发行量三百份
正义报（中文）	国民党系，在老政客中有影响力	涂孟颁（号聘候）毕业于江西法政学校，现为督军公署咨议	郭峻亭 毕业于江西法政学校，曾任《中庸报》主笔，兼任上海《新申报》通讯员	1918年5月创刊，多次更换经营者，从督军公署处领取补助。日刊，八页，发行量二百五十份
章贡湖报（中文）	省议会交通系机关报	杨绳武（号幼农）曾为南昌《民铎报》及《九江时报》的持有人	杨治农（持有人之弟）	1922年9月创刊，从官厅领取补助。日刊，八页，发行量二百份
新世界（中文）	与省议会研究系有关系	曹公度 前清附生	姚朗如 任《正义报》及《中庸报》记者数年，是南昌报界的老手	1915年《新世界小报》这一花边小杂志创刊，1922年7月改名为此报名。日刊，八页，发行量二百份
正商报（中文）	振兴工商	熊旬青	同前	1920年11月创刊。曾是以工商报道为主的小报，但1923年11月被官厅勒令停刊，近来会再刊
教育月刊（中文杂志）	振兴教育	南昌 基督青年会	同前	1915年创刊，曾一度休刊，1920年续刊。月刊，约百余页，发行量二百份

二、通讯员

姓 名	所属报名	备 考
吴少葭	上海《申报》和《时报》	江苏人，曾任江西省德安县承审员，身为督军公署咨议受到器重
郭峻亭	上海《新申报》	兼任《正义报》主笔
胡樊乡	上海《新闻报》	曾任南昌《中庸报》及《和平报》记者数年之久

---

① ② 应为"岂凡"，其父应为"姜颢"。
③ 原名《自治日报》，1910年创刊，1911年10月24日改名《江西民报》。
④ 1923年报告为"邓戴民"。

汉口（含武昌、汉阳）

一、概况

武汉当地由中国人经营的中文报纸，第一次革命①后在政党政派纷争的时代获得了异常发展，曾一度有十数种之多，但1914、1915年袁世凯实施专制暴政，除了几家基础稍微坚固的报社以外，其他均受到压制，遭到查封停刊的厄运。但自袁死后的1917、1918年前后起，省政自治的舆论高涨，中央政府的政令逐渐被疏隔，地方官宪的威严也渐渐受到轻视，当地言论界才得以再次看见复活兴起的曙光。1921年末督军王占元离开湖北，现任督军萧耀南来到汉口，因该督军出身于湖北的缘故，以往失势蛰伏的军人政客等因此借机寻找借口，暗中策动，异常活跃，使新任督军为难。由此萧督军看出了省政的不易，便将怀柔这些不满分子和操纵舆论机关作为施政的要义，一改从前禁止压制的政策，采取缓和的方针。此后武汉当地的报纸言论界呈现出一种欣欣向荣的复兴势头，日新月异。根据1923年年末的调查，大大小小的报纸合起来有四十余家，通讯社也有二十余家。但是，其中的大部分报纸本来都是上述失势军人政客等作为他们临时性生活机关而创办的，没有任何启发社会的方针、主义，目的仅仅在于拥护各自相关者的势力。它们以广告费或官方的津贴勉强维持着经营，并不专心于专电、评论等，很多报纸只是转载从北京、天津、上海等地邮寄来的电报或者其他报纸报道的摘要，敷衍填满纸面而已。诸如稍微称得上有信用的《新闻报》《国民新报》《中西报》和《武汉商报》，其内容大体相同，不足为信。至于发行量，超过三千份的也不过只有二三种，几乎都没有权威性。不过因多年位于南北政治斗争的中间位置，圆滑世故的武汉当地民众喜欢声东击西的投机言论，偶尔抓住了像排日问题之类的好议题，便马上人云亦云，各报纸也有利用这种诀窍的倾向，极具危险性。另外作为最近的一种倾向，应当特别留意的是白话报的发展。它们多数为"八切"②大小的小型报纸，但因报道简易，价钱低廉，受到下层社会的欢迎，正逐渐流行开来。

总而言之，武汉当地中国人经营的报纸、通讯业，大部分是作为失势军人或政客的机关而组织创办的，并不具有所谓社会木铎的资格，处于最为按部就班的发展状态下，其内容和运用如何，理应都会给大多数民众的心理造成可怕的坏影响，特别是像白话报这类面向下层社会的简易报纸，其发展最值得关注。另外，通讯社几乎没有具备资本的，都是从督军公署、省长公署等处，以咨议的名义领取百元左右的津贴来生活，兼而发行通讯，多数为油印，有价值的通讯很少。还有，杂志界有二三份刊物发行，但基本没有左右思想界之类的刊物，与经济相关的则有《会报》一类的刊物，但其权威性并没有得到承认。

二、报纸、通讯及杂志

名　称	主义系统	持有人或社长	主笔与重要记者	备　考
汉口新闻报（中文）	在当地实业界有信誉，对日态度虽不积极表示亲善，但也并不怀有恶感	社长　张云渊　江苏省无锡人	主笔　凤竹荪　江苏人（重要记者）叶聘三、王子衡、曾华如	1913年10月创刊③，日刊（早），十六页，发行量三千五六百份，社址在汉口英租界。资本银三万元，创刊时曾一度停刊，1915年复刊。由张云渊和凤竹荪等人合资，有印刷厂
正义报（中文）	与西南国民党有关联，为湖北平社俱乐部的机关报，干涉外交、政治，笔锋总是极其辛辣。对日态度颇差，为排日最先锋	社长　马宙伯　湖北黄陂人，曾为宜昌关监督兼沙宜交涉员	主笔　蔡寄鸥　湖北黄梅县人（记者）马静生、李蔚观　留日出身	1919年5月创刊④，日刊（早），十二页，发行量约三千五六百份，资本银四万五千元，据说由社长出资，报道夸张，别有用心，有印刷厂
国民新报（中文）	为进步党系，一心拥护省政府，现为萧督军的机关报。对日态度平时一般，但有时会人云亦云，煽动排日运动	社长　李振　湖北人，曾任湖北烟酒公卖局长。目前为湖北奖券局长兼督军署咨议	主笔　尹筠玉（记者）刘辅之、刘挫尘	1912年4月创刊，日刊（早），十二页，发行量约二千份，社址位于汉口笃安里，有印刷厂。资本约二万五千元，据说由李振出资

---

① 即辛亥革命。下同。
② 日语表示纸张尺寸的术语，约272×394毫米。
③ 应为1914年5月28日创刊。
④ 一说1918年4月创刊。

定期调查报告　　（秘）1924年5月6日　　有关中国（附香港）报纸及通讯的调查

（续表）

名　称	主义系统	持有人或社长	主笔与重要记者	备　考
汉口中西报（中文）	一部分实业家的机关报。对日态度比较稳健	社长　王华轩　湖北黄冈人	主笔　喻的痴　湖北黄冈人（记者）曾存斋、王立生	1910年创刊①，早报、晚报，共十二页，发行量二千五百份，社址在汉口张美之巷。有印刷厂，资本一万五千元，由社长出资
大汉报（中文）	鼓吹民权主义，接近国民党。对日态度良好，日本籍	社长　胡石庵　湖北人，曾为国民党员	主笔　蔡寄鸥（记者）朱钝根、丁愚庵、向荣言	1912年1月创刊②，日刊（早），十四页，发行量二千份，社址位于汉口日本租界。有印刷机，资本银五千元，由社长出资
公论日报（中文）	接近研究系。作为商业机关报发展。为武汉各团联合会机关报。对日态度曾经相当过激，最近稍有缓和	社长　王民仆　湖北武昌人	主笔　同前　记者　邓素秋、殷弼丞、余怡庵③	1919年2月创刊，日刊（早），十二页，发行量一千五百份，地址为汉口后街方正里。有印刷机，资本一万元，由王民仆等人合资
汉口大陆报（中文）	虽无称得上主义、主张的东西，但和教育界有联系，与一般商业界也有关系，另外还跟萧督军有联络。对日态度普通	社长　王道济（子林）湖北人	主笔　萧怀先④（记者）王价人、黄■声	1919年5月创刊，日刊（早），十二页，发行量一千份，地址为汉口生成里。无印刷机，资本五千元，由王社长出资
武汉商报（中文）	属于旧交通系，希望实业界发展。与南洋烟公司有联络。对日态度不友好	社长　王春轩　安徽人	主笔　盛了庵（记者）邹碧痕、王定郊	1920年2月创刊⑤，日刊（早），十二页，发行量一千份，地址在汉口慎源里。有印刷机，资本五千元，据说由沈养源等人出资
江声报（中文）	属于研究系，以提倡新思想作为主义。有时对日本进行恶意宣传	社长　欧阳惠周　湖南人	主笔　罗普公（记者）黄晋生、余毓麟、柳官监	1921年12月创刊⑥，日刊（早），十二页，发行量一千份，地址在汉口后街。无印刷机，资本三千元，由现任社长出资
汉江日报（中文）	无主义、主张。因与日本人有交往，有时虽进行恶意宣传，不过相对比较温和	社长　邓博文　生于江苏	主笔　聂醉仁（记者）黄韵涛	1920年4月创刊⑦，日刊（早），六页，发行量约七百份，社址位于汉口小董家巷。无印刷机，资本一千元，由邓社长出资
汉口晚报（中文）	无主义、主张。有时进行恶意宣传	社长　王华轩	主笔　喻可公	1913年8月创刊⑧，日刊（晚），四页，发行量八百份，社址在汉口后花楼街。有印刷机，资本五千元，由王华轩出资

---

① 应为1906年创刊。
② 应为1911年10月15日创刊。
③ 1923年报告为"段弼臣、余逸庵"。
④ 一说"萧怀善"，1919年5月21日创刊。
⑤ 一说1916年10月创刊。
⑥ 此报似与1920年6月创刊的《江声报》不是一个报纸，全名应为《江声日报》。
⑦ 1923年报告说"1920年2月创刊"。
⑧ 应为1912年创刊。

(续表)

名　称	主义系统	持有人或社长	主笔与重要记者	备　考
时事白话报(中文)①	无系统。一味提倡劳工主义,有进行恶意宣传的倾向	社长　马逐尘	主笔　李福安	1922年3月创刊②,日刊(早),小型报纸,四页,发行量二千五百份,社址位于汉口洪春里。无印刷机,资本一千元,由马逐尘出资
捷报(中文)	无主义、主张。被视为官僚派,进行恶意宣传	社长　李春萱　曾任湖南财政厅长	主笔　李秉衡 (记者)殷芝云	1922年2月创刊③,日刊(早),四页,发行量八百份,社址位于汉口桃源坊。无印刷机,资本五千元,由李社长出资
午报(中文)	无主义、主张。一味接近官界和商界。对日态度不友好	社长　童宾秋　武昌人,曾为《正义报》记者	主笔　濮智诠　前麻城县知事。(记者)杨铃	1922年3月创刊④,日刊(正午发行),四页,发行量约六百份,社址位于汉口生成里。无印刷机,资本二千元,由童社长出资
民德报(中文)	属于直隶武人系统,鼓吹武力统一主义。为前省长刘承恩的机关报。对日态度不友好	社长　鄢从龙　湖北人	主笔　黄蠡生 (记者)史昌廷、刘绝生	1921年,八月创刊,日刊(早),八页,发行量五百份,社址位于汉口生成里。有印刷机,资本五千元,由社长出资
汉口时报(中文)	有民党色彩。有时进行恶意宣传	社长　汤盘　湖北人	主笔　祝润湘 (记者)朱伯功、向时	1922年2月创刊⑤,日刊(早),六页,发行量三百份,社址位于汉口三元里。无印刷机,资本二千元,由汤社长出资
黄报(中文)	无主义系统。有人云亦云的倾向	社长　陈殿川　湖北人	主笔　同前 (记者)胡卓公	1923年3月创刊⑥,日刊(早),八页,发行量三百份,社址位于汉口五常里。无印刷机,资本三千元,由陈殿川等人合资
鄂报(中文)	无主义系统。稳健。对日态度良好	社长　李锦公　湖北人	主笔　邓云阶 (记者)左直斋	1922年11月创刊⑦,日刊(早),六页,发行量四百份,社址位于汉口瑞庆里。无印刷机,资本三千元,由李社长出资
三楚日报(中文)	无主义系统。有时人云亦云	社长　李康成　湖北人	主笔　同前 (记者)张马良	1922年12月创刊⑧,日刊(早),四页,发行量三百份,社址位于汉口通业里。无印刷机,资本三千元,由李社长出资
国民白话报(中文)	与地方自治团联合,专门向底层民众宣传时事	社长　李安之　湖北人	(记者)唐寄闻	1923年4月创刊,日刊(早),小型,四页,发行量约三百份,社址位于汉口笃安里。无印刷机,资本一千元,由社长李安之出资

---

① 一说名为《武汉时事白话报》。
② 1923年报告为"1921年9月",一说1919年11月创刊。
③ 应为1922年1月创刊。
④ 一说1920年创刊。
⑤ 一说1921年创刊。
⑥ 一说4月20日出版。
⑦ 1923年报告说"1922年12月创刊",一说1920年创刊。
⑧ 一说1923年5月1日创刊。

(续表)

名　称	主义系统	持有人或社长	主笔与重要记者	备　考
一报(中文)	接近教育界、官界	社长　艾祖瑞	主笔　胡坦如 (记者)黄既明	1922年1月创刊,日刊(早),四页,发行量三百份,社址位于汉口精华里。无印刷机,资本三千元,由艾社长出资
大中报(中文)	无主义。与退役军人有联系,宣传其活动。对日本有好感	社长　陈少南　广东人	主笔　同前 (记者)胡载明	1923年创刊①,日刊(早),四页,发行量四百份,社址位于汉口泰康里。资本三千元,无印刷机
时事新报(中文)	无主义系统。人云亦云	社长　黄伯纯　湖北人	主笔　同前 (记者)周静涵	1923年1月创刊②,日刊(早),六页,发行量三百份,资本三千元,由黄社长出资。无印刷机,社址位于汉口笃安里
楚报(中文)	被视为心怀不满的退职军人的机关报	社长　周病佛　湖北人	主笔　同前	1923年创刊,日刊(早),四页,发行量三百份,资本二千元,无印刷机,社址位于汉口生成里
觉报(中文)	人云亦云	社长　程稚侯	主笔　程梅苏 (记者)包芳甫	1923年6月创刊,日刊(早),四页,发行量三百份,资本二千元,由程社长出资。无印刷机,社址位于汉口厚德里
晨报(中文)	与商业界有联络。人云亦云	社长　曾紫暾	主笔　陈企佛 (记者)邱导峰	1923年6月创刊,日刊(早),四页,发行量三百份,资本一千元,由曾社长出资。无印刷机,社址位于汉口桃源坊
新晚报(中文)	人云亦云,以学生界为中心	社长　孙鄂痴	主笔　胡锡生 (记者)齐宗堂	1923年5月创刊③,日刊(早),四页,发行量五百份,资本一千元,由孙社长出资。无印刷机,社址位于汉口清芬二马路
鹤报(中文)	属于研究系。人云亦云	社长　哈竹书	主笔　哈东方	1923年6月创刊,日刊(早),四页,发行量二百份,资本金二千元,由哈社长出资。无印刷机,社址位于汉口
工商白话报(中文)	人云亦云	社长　邓博文	主笔　同前	1923年5月创刊④,日刊(早),小型报纸,四页,发行量三百份,资本五百元,由邓社长出资。无印刷机,社址位于汉口小董家巷
汉报(中文)	人云亦云	社长　陈殿川	主笔　胡卓公	1916年8月创刊,日刊(早),四页,发行量四百份,资本银二千元,由陈出资。无印刷机,社址位于汉口五常里
武汉晚报(中文)	带有研究系色彩。竭力专注于提倡教育。人云亦云	社长　李冷公　湖北人	主笔　马韵鸾	1922年5月创刊,日刊(早),四页,发行量一千三百份,资本三千元,由李社长出资,无印刷机

---

① 一说1921年出版。
② 一说1921年出刊。
③ 一说6月1日创刊。
④ 一说1918年创刊。

(续表)

名　称	主义系统	持有人或社长	主笔与重要记者	备　考
大江新报(中文)	提倡教育,比较稳健	社长　卢复　湖北人	主笔　同上	1923年创刊①,日刊(早),四页,发行量五百份,资本二千元,由社长出资。无印刷机,社址位于武昌
武汉通报(中文)	带有民党色彩,尽力拥护本党。人云亦云,有时进行恶意宣传	社长　熊辑五②　湖北公报局长	主笔　李圣安(记者)谢锦公、戴垂	1923年2月创刊,日刊(早),十二页,发行量五百份,资本五千元,由熊社长出资。无印刷机,社址位于武昌
警钟报(中文)	有外交委员会作后援,以宣传排日为目的	社长　罗竹生　湖北人	主笔　同前	1923年6月创刊,日刊(早),小型报纸,四页,发行量四百份,资本一千元,由排日团体外交委员会后援出资。无印刷机,社址位于武昌
政法日报(中文)	以促进司法改良为主义,律师公会的机关报	社长　孔子才　武昌人	主笔　黄■公(记者)李国椒	1923年7月创刊,日刊(早),四页,发行量四百份,资本金二千元,由孔社长出资,无印刷机
警报(中文)	以革新警政为主义,对日态度一般。日本籍	社长　傅作楣　湖北人　原省议员	主笔　傅文峰(记者)杜季书	1923年9月创刊,日刊(早),四页,发行量一千份,资本二千元,由熊祥生等人合资。无印刷机,社址位于汉口日本租界
新国民报(中文)	接近民党,以鼓吹新思想为主义。对日态度一般	社长　胡瑛　湖南人	主笔　常寄存(记者)朱春驹、卢定文	1923年12月创刊③,日刊(早),十二页,发行量三百份,资本五千元,由胡出资。无印刷机,社址位于汉口清芬二马路
汉口神州报(中文)	虽无主义系统,但专门与商业界联络	社长　毛楚材	主笔　戴少卿	1923年10月创刊,日刊(早),四页,发行量二百份,资本一千元,由毛社长出资,无印刷机,社址位于汉口通业里
大江晚报(中文)	与我国人小高寅藏有关,据称旨在扑灭排日团体,但基础还未稳固	社长　陈道真	主笔　孙鄂痴	1924年正月创刊,日刊(晚),四页,发行量三百份,资本一千元,由孙主笔出资。无印刷机,社址位于汉口宁波里
共进日报(中文)		社长　吴达仪	主笔　朱绍章(记者)严弼予	1924年1月创刊,日刊(早),四页,发行量二百份,资本一千元,由吴社长出资。无印刷机,社址位于汉口泰康里
人权报(中文)	以促进司法改良为主义	社长　严山谦	主笔　同前(记者)严履初	1923年12月创刊,日刊(早),四页,发行量二百份,资本一千元,由严社长出资。无印刷机,社址位于汉口
The Independent News[自由西报](英文)	以青年会为中心,得到中美通讯社及美国领事的后援。曾经采取排日言行,但最近对日本怀有好感。美国籍	社长(主持人)Bruno Schwartz	主笔　周培德(P. S. Jowe)	1923年4月创刊,日刊(早),小型,十页,发行量六百份,资本一万八千两,由美中合办。有印刷机,社址位于汉口法租界

---

① 4月1日创刊。
② 一说"熊辑武"。
③ 一说1923年10月10日创刊。

名　称	主义系统	持有人或社长	主笔与重要记者	备　考
Central China Post [汉口楚报]（英文）	英国籍	社长 J.Archibold	主笔　同前（记者）G.Highfield	1912年创刊,日刊(早),小型,十四页,发行量八百份。有印刷机械,社址位于汉口俄租界
汉口日报（日文）	稳健,一心谋求我国人的向上发展	社长　冈幸七郎	主笔　同前 另有编辑四人	1907年8月创刊①,日刊(早),六页,发行量八百五十份。资本不明,原为合资组织,目前基本都归冈社长所有。有印刷机,社址位于汉口日本租界
汉口日日新闻（日文）	期望当地日侨的向上发展	社长　宇都宫五郎	主笔　同前 另有编辑四人	1918年1月创刊②,日刊(早),六页,发行量五百份左右,资本不明,由商人上西某出资。有印刷机,社址位于汉口日本租界
汉口公论（日文）		社长　田岛利三郎	主笔　同前	1913年创刊,原名《鹤唳》③,1922年3月改为现名,周刊,八页,发行量约三百份,无印刷机。内容平凡,被视为无用之长物。社址位于汉口日本租界
国闻通讯（中文通讯）	属于民党系	社长　喻的痴		1923年3月创立,日刊,社址位于汉口洪春里
扬子通讯（中文通讯）	属于研究系	社长　喻血轮		1922年10月创立,日刊,社址位于汉口慈德里
民彝通讯（中文通讯）		社长　程稚侯		1923年4月创立,日刊,社址位于汉口厚德里
民权通讯（中文通讯）		社长　卢本权		1923年5月创立,日刊,社址位于汉口义成里
鄂州新闻编译社（中文通讯）		社长　刘天民		1921年10月创刊,日刊,社址位于汉口德润里
一德通讯（中文通讯）	（日本籍）	社长　叶春廷		1923年3月创刊,日刊,社址位于汉口日本租界
一二通讯（中文通讯）		社长　谢楚衡		1923年11月创刊,日刊,社址位于汉口德润里
汉口大公通讯（中文通讯）	军界	社长　周病佛		1923年创刊,日刊,社址位于汉口生成里
江汉通讯（中文通讯）	官界	社长　李敬候		1922年创刊,日刊,社址位于武昌棋盘街
大中国新闻通讯（中文通讯）	学生界	社长　李　某		1923年创刊,社址位于武昌商家巷

① 一说1908年8月1日创刊。
② 1月1日创刊。
③ 一说1911年底创刊。

(续表)

名　称	主义系统	持有人或社长	主笔与重要记者	备　考
亚声新闻通讯（中文通讯）		社长　唐亚声		1922年创刊
华洋通讯（中文通讯）		社长　袁相		1923年创刊，社址位于汉口德润里
万国通讯（中文通讯）		社长　刘雨尘		1923年创刊，社址位于汉口通业里
海洋通讯（中文通讯）	军界	社长　颜某		1923年创刊，社址位于武昌常平仓
汉口中一通讯（中文通讯）		社长　黄良平		1923年创立，社址位于汉口张美之巷
裕闻通讯（中文通讯）		社长　沈文钦		1923年创立，社址位于汉口三元南里
大中华通讯（中文通讯）		社长　刘卓甫		1922年创立，社址位于武昌三道街
震旦通讯（中文通讯）		社长　吴庶生		1923年创立，社址位于汉口清芬一马路
华国通讯（中文通讯）		社长　易雪泥		1923年创立，社址位于汉口桃源坊
鼓昕通讯（中文通讯）		社长　张子霖		1923年创刊，社址位于汉口太和桥屏藩里
文化宣传社（中文通讯）		社长　殷啸天		1923年创刊，社址位于汉口生成里
湖北神州新闻通讯（中文通讯）	政学系			1922年创刊，社址位于汉口大蔡家巷
楚声新闻通讯（中文通讯）		社长　刘仲藩		1922年8月创立，社址位于汉口宝善里
鄂州崇正通讯（中文通讯）		社长　万某		1923年创立，社址位于武昌棋盘街

三、通讯员

姓　名	所属社名	备　考
宇都宫五郎	东京时事新闻、万朝报、报知新闻、大阪每日新闻	最近成为汉口日日新闻社的社长，作为报纸通讯员在汉口多年
冈幸七郎	东方通信社、大阪每日新闻	在汉口多年，经营《汉口日报》至今，与中国人的交际广
白仓清一郎	日本电报通信社汉口支局	过去作为《汉口日报》记者建立有关系

开封
报纸

名　称	主义系统	持有人或社长	主笔与重要记者	备　考
两河新闻（中文）	省议会及军政机关报	社长　鲍增沅	主笔　熊绪端（记者）五人	1918年5月创刊，日刊（早），五页，发行量约九百份
大中国报（中文）	同上	社长　石麟阁	主笔　刘山亭（记者）四人	1922年7月创刊，日刊（早），四页，发行量约九百份
新中州报（中文）	中原煤矿公司、商界的机关报	社长　马和赓	主笔　杜荫南（记者）四人	1918年8月创刊，日刊（早），六页，发行量约一千二百份
大同日报（中文）	军、政界机关报	社长　张干丞	主笔　郭仁甫（记者）五人	1920年11月创刊，日刊（早），四页，发行量约一千一百份
汴①尘报（中文）	由军界及私人补助经营，鼓吹军人主义	社长　李俊峰	主笔　郭益三（记者）三人	1923年11月创刊，日刊（早），二页，发行量三四百份

长沙
一、概况

当地的报纸全为中文报纸，完全无外文报纸。现在数量已达十数种之多，但多数都只有一页甚至半页大的版面，在政治上、经济上都没有阅读的价值。当地发行的报纸中，能称得上一流的为《大公报》《湖南商报》《民国日报》《湖南日报》四报，《湘报》《大湖商报》次之。有关当地的业界状况，各报基本上不关心营利，而是专门充当政界各党派的宣传机关，以扩大其势力为主要目标。在其他地区容易发生的争夺业务上的地盘等事情，在这里完全看不到。它们大多从相关党派那里获得补助，因此，当省政府以及省内经济界普遍陷入不景气时，均受到波及，除《大公报》以外，其他报纸均收不抵支，经营陷入困难。

有关报纸的内容，如果与上海及汉口的报纸相比，当然在各方面都要格外逊色，仅仅作为乡下报纸，存在着其价值，而且如前所述，它们大体上都带有浓厚的执政党色彩，受操纵情况特别严重。反省政府系统的报纸会随政变立即发生变动，这种情况加上湖南省民众文化程度高于其他省份，连较底层的民众也会阅读报纸，因此，决不能忽视报纸的影响力，特别是其煽动的力量。

关于对日态度，根据以往的历史来看，属于民党系的报纸一般致力于煽动排日气氛，1923年上半年，在各地排日气势高涨的时候，曾尝试登载相当激烈的评论，但9月政变过后，省长赵恒惕要求谨言慎行，便都保持沉默。

当地发行的杂志类刊物，均不带有任何政治或思想上的色彩，主要为实业方面的专业性杂志，或是由政府发行的登载公文的杂志。它们的内容也都不足以论。

二、报纸及杂志

名　称	主义系统	持有人或社长	主笔与重要记者	备　考
大公报（中文）	属于民党系统。在地方报纸界，其发行量、通讯、报道和其他一般报道之准确丰富，均居首位。内容稳健，专以公正为其主义，所以完全避免登载对排日报道的评论，仅登载集会等其他报道，或是转载省外各地对该运动的报道	经理　米矫 湖南醴陵人，目前为该省省议员	总编　李抱一 湖南省新化县人，为前清拔贡 编辑　张平子 湖南省湘潭县人，岳麓书院毕业。朱凤蔚　浙江省海盐县人，从未涉足过政界，专司文笔工作	1916年2月创刊②，日刊，一份有八页，有时会添加四分之一页大的附录。满载文学或卫生方面的报道，以求开发民智。一天的发行量估计约二千五百份，社址位于长沙皇仓街。创刊以来停刊过两次，第一次是因为反对袁世凯称帝，第二次是因在1922年痛骂现政府各官在选举时收取贿赂，每次都被停刊五六个月。在当地发行的各报纸中报道最为全面、丰富，省外各方面的消息也比较正确，而且报道迅速

---

① 原文不清，疑似"汴"。
② 应为1915年9月1日创刊。

(续表)

名　称	主义系统	持有人或社长	主笔与重要记者	备　考
湖南商报（中文）	无任何党派色彩。为当地唯一的商界通讯机关报，因此其主旨也在于振兴湖南省的商业，这样其报道自然稳健。在排日报道上也大体和《大公报》持相同态度	经理　戴荣阶　湖南省常德人，目前为该省省议员	编辑　陈严华、陈谒谛　两人均为湖南省湘西人，以前没有涉足过政界	1921年11月创刊①，日刊，一份有八页，据说一天的发行量约二千份。其报面插有幼稚但讽刺时事问题的漫画，这一点比其他报纸独特。社址位于长沙城内大平街。创刊以来没有被勒令停刊过，由此可以窥知其报道之一斑
湖南日报（中文）	最初属于政学会系，但近来偏向赵派，成为其机关报，因此对于排日报道，因目前赵恒惕的复归以及大势所趋而保持缄默，但1923年上半年登载过相当激烈的煽动性报道	经理　伍芋农	编辑　伍若农、赵闲云	1918年6月创刊②，日刊，一份有八页，一天的发行量估计约一千份左右。位于长沙城内府正街。报道比较正确，因此虽相比《大公报》略逊一筹，但仍受各方面的欢迎。1923年9月发生政变时，因谭军进省一度停刊过，但随着赵的归湘又复业
民国日报（中文）	民党系机关报纸，与前第一师长宋鹤庚、前第二师长鲁涤平有关，其报道、论调也因此带有浓厚的党派色彩。去年上半年，在排日气氛蔓延的时候，满载最激烈的煽动报道	经理　包道平　湖南湘乡人，目前为该省省议员	编辑　谭燮楼　湖南省湘乡人，从前似与政界无关　朱凤蔚　浙江人，与政界无关	日刊，一份有八页，一天的发行量约一千份。1917年前后创刊③，社址位于长沙城内储备仓。因上所述原因，发布民党系的报道速度敏捷，1923年9月因政变，宋、鲁两师长离开湖南，目前处于停业中
湘报（中文）	属于湖南政党，由第四师长刘铏和财政司长唐巇之出资，专为扶植该党的影响力出力。其起初属于政学会系，但随着前述刘、唐的加入目前变为湖南政党的报纸。带有几分排日色彩	总理　萧堃　湖南省宝庆人，现矿务局总管　经理　陈菊秋　湖南宝庆人	编辑　刘范猷　湖南宝庆人，第四师书记官　陈宗海　湖南宝庆人，矿务局书记员	1923年省宪法通过时创刊，日刊，一份有八页，一天的发行量估计为八百份左右。社址位于省城内万福街。报道稳健，还未被停过刊
大湖商报（中文）	直属赵恒惕的机关报，由赵亲自出资，专门用于扶植其势力	持有人　梅蔚南　现任军资处长	编辑　陶考宗、许笑阴	1923年9月创刊，日刊，一份有八页，一天的发行量几乎和《湘报》相差无几。社址位于城内定王台，报道并无特色
民权周报（中文）	最近颇为接近民党，以提倡新学为主义，因此接近所谓的新人同志，与之关系多。在有关1923年9月政变发生的直接原因湘西问题上，极力诋毁赵，结果被勒令停刊，目前仍停业	罗宗海　现任长沙县议会会长　总理　陈天金　现省议员　经理　凌天鹄	编辑　凌天一	周刊，一份有四页，一天的发行量为七八百份左右。报道并没有什么特色，社址位于省城内奎星楼
甲子日刊（中文）	以促进社会和发扬民意为主旨。湖南学生联合会负责经营，因此是关于排日运动最需要关注的报纸		编辑　陈笙	1924年正月创刊，一份有四页。发行以来时日尚浅，发行量不详，读者量似乎极少，由学生联合会发行
实业杂志（中文杂志）				湖南实业杂志社

---

① 一说1922年创刊。
② 一说1918年9月创刊。
③ 一说1916年创刊。

(续表)

名 称	主义系统	持有人或社长	主笔与重要记者	备 考
湖南教育杂志（中文杂志）				省教育会
湖南工学会工业杂志（中文杂志）				湖南工学会
矿业杂志（中文杂志）				矿业杂志社
商业杂志（中文杂志）				长沙总商会
湖南财政月刊（中文杂志）				湖南财政司庶务所
湖南政报	目前停刊中			省务厅

三、通讯员

姓 名	所属社名	备 考
陈步周		雅礼医院医师，向上海方面发通讯
陈用宾		向汉口方面发通讯
Warren		英国人，当地循道会牧师，华洋筹赈理事，向伦敦和汉口方面发通讯
古川与八	大阪每日、大阪朝日、东京时事新闻社	当地戴生昌汽船局主任，同时经营泰隆洋行，经营贸易

沙市

一、概况

沙市的刊行物只有《长江商务报》一报。此外，还有作为外交后援会的机关报于1923年11月出现的《爱国报》（周刊二页）。可以认为在排日气势完全熄灭之后，该报便会落入自然停刊的命运。《爱国报》在创刊之际苦于难以物色主笔，最终拜托《商务报》的主笔侯伯章，侯同时兼任两份报纸的主笔。从这一事实可知，当地缺乏有能力的报纸记者。另一方面，在普通中国人中有能力阅读或是理解其中趣味者甚为有限，因此报纸对于民众的影响极其薄弱。例如，排日报道登出来后，就算凭此足以知道煽动者一方的意图，但实际情况是，普通民众几乎不会为该报道所动（多数情况下，是与报纸报道的同时采用其他种类的宣传方法，才能把气势鼓动起来）。不过在当地知识阶层构成中坚力量的学校教师等喜爱阅读报纸，并且被其蛊惑的倾向似乎相当强烈，因此其影响亦不小。这些知识阶层人士也经常涉猎上海、汉口方面的报纸。

附录：报纸创刊费用及收支概算

沙市《长江商务报》1922年7月时变为股份制，在准备开始自行印刷时，发表了计划书，以此为基准，将当地报纸创刊费及每月收支概算记载如下，以供参考。

（1）准备创刊所需费用：银四千零五十四弗

账目明细表

印刷机一台	银 一千一百五十弗
铸字炉一台	银 二百二十弗
铅字及其他附属品一套	银 二千四百零四弗
以上运费	银 六十弗
家具、房租等	银 一百二十弗
开业杂费	银 一百弗

备考：上记印刷机、铅字等的价格为上海商务印刷馆的定价，据说实际价格为九五折。

（2）每月收入：钱三千一百二十串文
账目明细表

购读费（平均每日二千份，一份三十文）	一千八百串文
广告费（平均每月四百弗）	七百二十串文
印刷部收入（兼营印刷业每日收入二十串文）	六百串文

（3）每月支出：钱一千六百九十四串八百文
账目明细表

工资（经理以下记者、职工、勤杂人员等二十六人份）	二百四十三串文
用纸	一千零八串文
用于印刷原稿的油墨等	四十七串二百文
通讯费、电报费、旅费	九十六串六百文
房租及其他杂用	三百串文

每月收支差额

盈利额	一千四百二十五串二百文

备考：上记计算中银一弗相当于钱一串八百文，但银、串的汇兑总是在变动，1923年末一弗相当于二串二百文。

二、报纸

报纸名称	主义系统	持有人或社长	主笔与重要记者	备 考
长江商务报（中文）	以振兴商务、提倡实业为主义。与政党政派无关系。虽不认为与任何方面有特别关系或有影响力，但可看到其与当地商界总是保持联系。对日本的态度以往相当友好，但1923年春天排日运动发生之后也动辄发表谴责性论调	经理（经理人）侯仲涛 主要出资人为主笔侯伯章（侯仲涛之兄）以及马星伯二人	主笔 侯伯章 沙市人，曾任北京女子高等师范教师，其后历经宜昌关监督公署在安徽、南京的税局员、学校教师等职，在汉口开始报业工作，1921年独自创办本报。性格稳健，对日本相当理解，一向对日本人表示好意	1921年7月14日创刊，日刊，六页，发行量二千，社址位于沙市三府街。原由主笔侯伯章自营，但1922年7月改为资本金五千弗的有限股份公司，同时开始在自己公司印刷，经营印刷业。根据以往情况，业务工作由侯伯章独断处理。除评论和当地报道以外，基本为上海、汉口报纸的精华转载

(续表)

报纸名称	主义系统	持有人或社长	主笔与重要记者	备考
爱国报(中文)	以鼓吹爱国心为主。与政党政派无关系。与沙市三育社(知识阶层的修养团体)有密切关系。今年春天因排日运动而发行,对日本总是采取攻击性态度		主笔由上述《长江商务报》的主笔侯伯章兼任	1923年11月25日创刊,周刊(每周日发行),两页(免费发放),发行量七百份左右,社址位于沙市商会内外交后援会。作为外交后援会的机关报出版,印刷目前由长江商务报社负责。不仅是排日,连威海卫问题等也进行评论。可以预料排日热潮过后便会停刊。

宜昌
报纸及通讯

名称	主义系统	持有人或社长	主笔与重要记者	备考
宜昌日报(中文)	四川第二军长杨森一派的机关报	范啸野	张遗珠	1922年1月5日创刊①。持有人范啸野为杨森的秘书,仅是名义上的总理,实际上由张遗珠经营。仍采用石版印刷,目前发行量一千多份。1923年极力鼓吹排日
宜昌新闻报(中文)	属荆南通讯社系统,为排日主义	侯述轩	同前	1923年12月创刊。1923年10月《宜昌商报》因社长张清夫参加排日运动,有暴力行为,被宜昌县知事勒令禁止发行。一个多月后,以现持有人的名义获准以《宜昌新闻报》之名发行,直至今日。石版印刷,发行量五百份
鄂西通讯(中文通讯)		罗笑佛	同前	1922年8月创立。持有人兼主笔罗笑佛为佛教信徒,在该教上造诣深厚,受当地上流社会信任,其通讯也有比较正确稳健之评价。发行量不明
荆南通讯(中文通讯)	与《宜昌新闻报》同系,为排日主义	张清夫	同前	1923年3月创立。张清夫是最偏激的排日主义者,有关1923年的排日暴动,他从最初就尽力鼓吹,因此其经营的《宜昌商报》被勒令停刊。让侯述轩经营《商报》的后身《新闻报》,他自己一直提供材料

备考:上述两家通讯社都还没有达到向当地或其他地方发送电讯的阶段,对地方上发生事件进行报道,一周发布二三回采访稿,送至签约方。是极无影响的通讯社。

重庆
报纸

名称	主义系统	持有人或社长	主笔与重要记者	备考
商务日报(中文)	提倡实业	社长 周文钦	李时甫	日刊,发行量六百份。重庆商人的机关报,与政权无关,财政上根底雄厚。重点提倡实业,但常常登载过激的排日报道
民苏报(中文)	四川第二军系	社长 袁蕍生	郑汉勋	日刊,发行量二百份。原为四川第一军的机关报,但重庆被第二军占领,第一军失势,被第二军收买成为其御用报纸,对我国无好感

---

① 1923年报告说,1922年11月5日创刊。

(续表)

名称	主义系统	持有人或社长	主笔与重要记者	备考
新蜀报(中文)	四川第二军系	社长 沈与伯	宋燏轩	第二军机关报,影响力仅次于《商务日报》,但似乎喜好登载排日报道。日刊,发行量三百五十份
四川日报(中文)①	第二军系	社长 周骥	范仲纯	由第二军系的留日学生等经营,主张平民政治,对日本有好感。日刊,发行量一百五十份
江声日报(中文)	四川第三、七师系	社长 李克岐	同前	对我国持有好感。四川第三、七师的机关报,标榜提倡实业。日刊,发行量一百五十份

成都

一、概况

当地不仅交通不便,遥远偏僻,而且因为常年战乱,通讯机关受到破坏,使报纸事业的发展受到阻碍,关于省外和海外的电讯和其他报道几乎均从别的报纸处转载而来,仅有二三份与党派政派有关联的中文报纸,勉强维持发行,除了致力于本派的宣传外,作为报纸,价值都不大,也没有值得一提的影响力。目前没有报纸受到外国资金的补助或援助,而且也没有看到有亲英亲美等色彩的报纸。

二、报纸

报纸名称	主义系统	持有人或社长	主笔与重要记者	备考
国民公报(中文)	以南北统一和打破阶级制度为主义。与共和党、刘存厚一派有关系。在商界和学界中有影响力。以前对我国以猜疑的目光看待,但现在不如说对日本持有好感	社长 李澄波 四川省双流县人,为前清廪生,毕业于成都高等师范学校,目前兼任成都志城学堂教师。由李澄波一人经营,无其他出资人	主笔 同前 (重要记者)郑文生 四川省新津县人,年龄30岁,毕业于四川法政学校,曾为新津劝学员。胡志杰 四川省华阳县人,年龄28岁,毕业于四川国学院,曾为华阳中学国文教师	1912年创刊②,日(早)刊,八页,发行量二千三百份,社址位于成都总府街。1912年李澄波以股份制创办,1918年因与股东意见不合,多数股东退社,其后独自经营。报道、论调均稳健正确,在成都最具信誉。经营资本约银三千弗
川报(中文)③	提倡新文化主义,主张打破阶级,社会主义色彩浓厚。属孙文系,与政学会、国民党有关系。在商业方面最有影响力。对我国现在仍持猜疑态度	社长 宋师度 毕业于北京大学文科,曾任四川高等师范教授,目前为熊克武的顾问。(出资人)成都总商会	主笔 同前 (重要记者)蒋孟常 成都人,前清举人,1912年为四川都督府秘书,目前兼任成都县中学国文教师	1914年创刊,日(早)刊,八页,发行量一千五百份,位于成都总府街。1914年由成都商会会长樊孔周创办,基本资金完全由商会出资,1916年改名为《川报》,1923年因四川总司令刘成勋被查封过。论调过激,报道欠缺正确,经营资本金约三千弗
十二新闻(中文)	孙文三民主义,国民党的机关报纸。与石青阳派关系密切,与熊克武也有关系。在政党以外无影响力。排日	社长 曾吉芝 四川巴县人,毕业于早稻田大学,曾任视学,目前为四川省议会议员。(重要出资人)石青阳、吕超及 四川省议会至诚俱乐部议员	主笔 同前 (重要记者)陈宣三 四川法政学校毕业生,目前为石青阳的咨议	1922年11月创刊④,日(早)刊,四页,发行量八百份,位于成都岳府街。1922年创办以来无重大发展,但也勉强持续发刊,报道不准确,论调也无任何见地。除政党政派以外读者少,无信誉。经营资金约银二千弗

---

① 1923年8月申请立案,约于年底前创刊。
② 1912年4月22日创刊。
③ 和1918年7月1日李劼人等创刊的《川报》不是同一张报。
④ 一说约于1923年6月4日创刊,一说1923年5月26日创刊。

(续表)

报纸名称	主义系统	持有人或社长	主笔与重要记者	备　考
民视日报（中文）	提倡促进南北统一以及黄种人的觉醒向上。与进步党关系密切，属刘湘系。报道虽少，但比较正确，因此普遍有信誉。对日本有好感	社长　丁少斋　四川省华阳县人，年龄30岁，毕业于上海震旦大学，目前为杨森的咨议官。（重要出资人）由杨森师长、唐子晋师长出资	主笔　萧达因　成都高等工业学校毕业生，目前为甲种工业学校教师。（重要记者）李承三前清秀才，毕业于四川法政学校，目前为成都地方检察厅推事	1921年创刊①，日（早）刊，二页，发行量一千二百份，位于成都总府街悦来商场。1921年由丁少斋出资创办，1922年得到杨森补助，又成为刘湘的机关报纸。目前杨森为主要出资人。报道虽慢，但多登载海外信息，谴责白人对黄种人的压迫。经营资金约银一千弗

三、通讯员

姓　名	所属社名	备　考
A. Silcok（英国人）	路透社	1923年3月来成都，是华西大学教授，成都市政公所的土木顾问（无报酬）。上任时日尚浅，对成都的情况还不熟悉，也没有大的影响力
A. J. Brace（加拿大人）	North China Daily News	为成都基督教青年会总干事，多年居住在成都，相当有影响力

华南等地区

福州

一、概况

福州报纸虽多达十余种，但大部分十分贫弱，发行量不超过一二百份者居多。除《闽报》《建报》《公道报》及《华同日报》等四家报社外，其他报社没有印刷机，都是将原稿送至印刷所，委托印刷。并且，各家报社大致只有一二名记者，新闻材料当然也是由当地通讯员提供，都仅仅停留在报道省内的事件上，至于省外及外国的消息，则原封不动转载《申报》《时报》等上海报纸的报道。而由台湾善邻协会经营的《闽报》则无论是发行量还是在读者中的信誉，都要比其他报纸高出一个档次。不仅如此，随着最近排日风潮的缓和，中国人在此报上刊登广告者也逐渐增多，因此，现有的四页版面明显有狭隘之感，目前正计划扩张至六页或八页。目前，当地报界大致分为报界同志会和报界合众会两派，中国官方每月给予前者五百元、后者三百元的补助金。《公道报》《建报》《福建日报》《求是报》《民生报》及《公民报》六社属于同志会，《政治日报》《超然报》《华同日报》《正报》及《正言报》五社属于报界合众会。

二、报纸

名　称	主义系统	持有人或社长	主笔及重要记者	备　考
闽报（中文）	谋求中日亲善，致力于缓和历来横亘于两国间的误解及反感，尤其是谋求中国官民广泛理解日本在东亚的立场以及日本公正的真意	社长　山中宽太郎　持有人　善邻协会	主笔　山中宽太郎　大分县人，1886年熊本济济校毕业，1888年来到中国，游历汉口、北京等地，1892年回国后任新闻记者，在《丰州新报》《中津新报》当记者，1908年前往中国东北，成为《奉天公报》《满洲日日新闻》职员，1911年转至《台湾日日新闻》，1917年任《闽报》社长。性格直爽，擅长演说，通晓北京话及中国情况，曾任大分县议会议员（记者）林希谦　早稻田大学毕业。郭振华　早稻田大学毕业	1897年12月创刊②，日刊，发行量约四千五百份，社址位于福州南台泛船浦。1897年12月我国人前岛密受台湾总督府援助，收购福建国民党领袖黄乃裳所经营的《福报》，创办《闽报》，后转手予赤石定诚，1917年被善邻协会收购后直至今日。创刊以来屡次受到排日的影响，陷入苦境，但依靠当事人献身性努力，招聘优秀记者，改良印刷机等，购阅者逐年增加，成为福州排名第一的报纸。报道公平正确，通讯、电讯也很丰富

---

① 1921年10月10日创刊。
② 一说1898年1月创刊（中国近代报刊名录、中国新闻事业编年史），似无本报告详细。

(续表)

名　称	主义系统	持有人或社长	主笔及重要记者	备　考
公道报（中文）	宣传基督教，亲美主义。在基督教徒及教会所属学校出身者中有很多订阅者，一向最为致力于鼓吹排日，近来稍转为稳健。美国籍	社长　弼履仁	主笔　李汝统　牧师（记者）郑公常　教师	1920年1月创刊，日刊，发行量约一千份，社址位于福州城内德政桥。发展顺利，一部分版面一直用来刊登有关基督教的报道
健报（中文）	进步党系。在工商界中有影响力，对日感情不理想	社长　郑作枢　福建省议会议员，私立法政学校庶务长，律师 持有人　福州电气公司	主笔　何琇先	1916年8月创刊①，日刊，发行量三百份，社址位于福州城内泉井，报道正确
福建日报（中文）	重视教育，安福系。在教育界有影响，顺应社会风潮	社长　刘笙藩　闽侯县教育局主任	主笔　姚谱韶　实业厅秘书	1918年8月创刊，日刊，发行量约三百份，社址位于福州城内南营
求是报（中文）	在各界均无影响力，排日急先锋	社长　李承绶　曾为医师	主笔　郭赞唐　教员	1913年创刊，日刊，发行量约五百份，社址位于福州南台大庙前。创刊后不久即遭警察厅勒令停刊，1916年9月复刊
民生日报（中文）	对日感情不确定	社长　陈冠鸿　律师	主笔　同前	1914年8月创刊，日刊，发行量一百余份，社址位于福州城内天皇岭
公民报（中文）	安福系，对日态度冷静	社长　陈建权　曾为医师	主笔　同前	1922年11月创刊②，隔日发行，发行量一百余份，社址位于福州城内南营
超报（中文）	主张地方自治，对日态度不激烈	社长　王耐　律师	主笔　林玷　福建自治筹备处编辑员	1923年11月创刊
实报（中文）	对日态度普通	社长　邱书园	主笔　同前	1918年12月创刊③，日刊，发行量约一百份，社址位于福州城内侯官县前
政治日报（中文）	对日感情不理想	社长　陈奋侯	主笔　同前	1920年1月创刊④，日刊，发行量约一百份，社址位于福州城内高节里。创刊后不久即遭警察厅勒令停刊，1922年10月复刊
超然报（中文）	对日感情不坏	社长　梁超伦	主笔　陈廷扬	1921年1月创刊，日刊，发行量二百份，社址位于福州城内旗汛口
华同日报（中文）	创刊当初属于进步党，后成为安福系。对日感情平凡	社长　施节宇　福建女子职业学校校长	主笔　黄莲孙	1916年8月创刊，日刊，发行量约二百份，社址位于福州城内丽文坊

---

① 一说7月创刊。
② 应为1919年2月创刊。
③ 一说1919年创刊，一说1918年2月创刊。
④ 一说1917年9月创刊。

(续表)

名　称	主义系统	持有人或社长	主笔及重要记者	备　考
正报(中文)	本报与排日学生有联络,中伤日本的报道很多	社长　林平	主笔　同前	1922年12月创刊,日刊,发行量约三百份,社址位于福州城内鳌峰坊
正言报(中文)	对日感情极为平稳	社长　李旭人 律师	主笔　同前	1918年3月创刊,隔日发行,发行量约二百份,社址位于福州城内安民里
闽光报(中文)	与军方关系很深,对日感情差	社长　赵德明	主笔　赵更生	1922年12月创刊,隔日发行,发行量约一百份,社址位于福州城内府巷
自由报(中文)	自由平等。原为国民党机关报,激烈的排日报纸	社长　王啸波　曾为菲律宾华侨学校教员	主笔　同前	1923年1月创刊,周报,发行量约一百份,社址位于福州城内大中寺
福州时报(日文)	援助当地日侨的发展,刊登中日两国的信息	社长　山中宽太郎	主笔　同前	1918年4月创刊①,一周发行二次,发行量四百五十份,社址位于福州泛船浦
福建公报(中文)	福建政府的公布机关	福建省长公署		1912年1月创刊,日刊
福建警政旬报(非卖品)	刊登福建全省警务处之命令、公牍等	福建警务处		1923年9月创刊,旬报

三、通讯员

姓　名	所属社名	备　考
薛聿龙	福州通讯社	福州的通讯社因资力薄弱,与外地无电讯往来,仅向各报社邮寄省内发生的事件
姚公达	全闽通讯社	

厦门

一、概况

厦门现有七种中文报纸,其中除《全闽新日报》(日本国籍)和杂货商行会的机关报《厦门商报》之外,其余报纸几乎都无固定主义、方针,大多是由以新知识阶层自居的少壮派执笔,因而无一具有坚实的思想,只是一味刊登奇异的评论。每逢事件发生就叫嚣加以肃清,而一般少壮者也迎合这种论调,尤其是在学校教员唆使下,男女学生到处附和。这令有心者暗自为之担忧。例如,1922年余日章来到当地,莅临集美大学及其他学校的欢迎会时,极力说明应该慎重对待这种轻佻浅薄的行为,其他正经学校的负责人也总是对此加以关注,致力于改善,但是没有效果。从另一方面看,这只是时代思潮的表现,是过渡期难以避免的弊端。

1922年4月在香港突发海员联合大罢工事件后,本地运动甚为激烈,有小学教员的联合罢工,非宗教同盟与自由婚姻等的同盟运动,排英运动(该运动自1921年起持续至今),以及船夫、印刷工、搬运工、店员、外国人的雇员等的联合罢工,此外,集美学校(从幼儿园到大学)、同文书院(美国系统)、英华书院(英国系统)等各学校学生联合罢课等。其主要诱因虽然不同,但无非是深受大家团结起来、齐心协力就能成功的思潮影响。

报纸总是成为这些运动的先驱,在事后也不追究这些主张是否恰当、合理,只一味倡导、煽动自由、平等,打破旧俗等,仿佛是以此为己任,频繁发表心得与感悟。另一方面,因为多数报纸被官方收买,报纸给予一般有识之士阶层的影响非常微弱,而属于这一阶层者(从事舆论或教育行业者以及学生等)又有相当大的影响力,官方

---

① 一说5月创刊。

也无法完全取缔之。

不过,值得注意的是当这种笔锋转向排日时,会得到普遍、迅速的迎合,因此影响十分巨大,最终形成舆论。上述诸运动大多不会持续很久,随时会烟消云散。与此相反,1923年5月9日国耻纪念日时,报纸高调煽动收回旅大,排日气氛不易平息,最终由于当地与台湾有秘密接触关系,有关台湾的报道、评论刊登得不少。

另外,由于1922年5月印刷工人的联合罢工,各报社都尝到了一些苦头。利用此机会,以将来避免这种情况再次发生为表面上的理由,在我方《全闽新日报》主笔宫川次郎的倡导下,建立起新闻联合会,网罗了当地全部报社,但时至今日已名存实亡。

再说通讯系统,除我方《全闽新日报》是从台湾接收电讯外,当地的中国报纸均从上海接收电讯。此外,转载各地的报纸报道,与各地都一样。唯一值得注意的是,当地各报纸都热衷于关注与我帝国内政或外交有关的秘密以及重要问题,在日本内地报纸上出现的,以及在日本内地被禁止刊登的内容,不少都会被当地报纸详细报道。此外,各报社都号称向各地派遣了通讯员,但实际上是一种承包制,几乎都以通讯的件数来给予报酬。其中也有一些报社连这种联络方式都没有,完全依靠转载其他报纸,因此若要对抗当地中国报纸,胜出它们一筹,充实电报栏是最佳的捷径。在这一点上,《全闽新日报》要略胜过其他报纸,但由于经费原因,这种优势还不明显。该报社目前计划停止从台湾接收通讯,改为从上海接收通讯。

二、报纸

名　称	主义系统	持有人或社长	主笔及重要记者	备　考
全闽新日报(中文)	其主义在于介绍日本文明,指导、启发中国民族,促进中日民族间的融和,积极拥护日本人尤其是台湾籍人。日本国籍	名誉社长　林景仁　台湾人	主笔　宫川次郎　原为《台湾日日新闻》记者,后为《台湾新闻》主编,1921年5月漫游欧洲,约七个月后返回,1922年3月作为本报主笔入社,为本社主持人,经营实权几乎掌握在此人手中 (重要记者)江保生　台湾人 其他中国记者及通讯员共八名	1907年8月创刊,当初由台湾人和中国人共同经营,1920年7月得到台湾善邻协会的后援,以林景仁为名誉社长,聘用日本人,谋求改良。此外,与台湾日日新闻社有联络。通过电讯接收中日两国之间的紧急事件,因此报道比当地的其他中国报纸迅速。在这一点上即使是本报的反对者也十分重视。日刊,八页,发行量约六百份(其中约半数为免费发放)。善邻协会每年提供约一万圆左右的补助,此外派遣三名特聘员(宫川及会计主任长谷川佐右卫门、翻译员林德荣(台湾人))
江声日报(中文)(Kiangsingpo)	表面上以奖励产业、改善教育为主义。为国民党之机关报。一直被认为有排外色彩,排日气氛颇为浓厚,似乎尤其敌视我方台湾人	总理　周彬川　原思明县公署书记员	主笔　黄悟生　前清时代的秀才,泉州人 (重要记者)陈沙仑　学历为中学毕业程度,厦门人 另有记者、探访员数名	1918年11月创刊,依靠当地出身赴南洋工作者中成功人士的捐助经营,曾一度借用英国人的名义,1921年6月后为纯粹的中国报纸。现在号称资本银八千弗,日刊,八页,发行量约八百(其中半数发送给南洋方面的订阅者),在省城以外地区设有若干通讯员,经营稍顺利
思明日报(中文)(The Soo Beng Times)	以开发民智、提倡产业、鼓吹新文化为主义。属于当地中国基督教徒派,在论调上大致倾向于拥护国民党,并带有排日色彩	总理　张学习　基督教徒,厦门人	主笔　吴纯民 (重要记者)林仲馥　学历为中学毕业程度,任学校教员多年,现为当地中华中学校长,属于国民党派	1920年9月创办①,日刊,八页,发行量约六百份,中国官方的消息,报道较正确。此外,为鼓吹新文化而特设"鹭江潮"一栏,但近来突然陷入经营困难
厦声日报(中文)	表面目的为提倡商业、报道时事。福建自治军系,排日色彩浓厚,原为菲律宾人经营,声称为美国籍,现在是纯中国籍	总理　黄子镇　福建自治军系	主笔　李瑞星　国民党系的文人,福州人 (重要记者)苏眇公　以前一直任主笔。赵邦杰中学毕业程度	1921年4月创办②,日刊,八页,发行量约八百份,其中半数供应给泉州、安海方面。本报由福建国民党系的自治军首领张贞、许卓然等援助黄子镇,共同出资经营,号称资本银八千弗

---

① 一说7月21日创刊。
② 一说1920年创刊。

(续表)

名 称	主义系统	持有人或社长	主笔及重要记者	备 考
厦门商报（中文）	目的在于提倡振兴商业，报道商业情况，也提倡一般实业。为当地杂货商行会之机关报，因有利害关系排日色彩十分稀薄。收回旅大运动时，因不刊登排日报道，受到同行攻击，不得已才刊登过这种报道及评论。但杂货商行会会长陈学海是台湾人，经营日本货物的进口及批发。中国籍	总理 江保生 台湾人，旧式中国文学者，前述《全闽新日报》之创立者及经营者，现仍作为该报社记者	主笔 许年垣 龙溪县人，原为厦门会审公堂书记员（重要记者）无值得特别注意之人	1921年10月由现总理江保生创办，日刊，八页，发行量达到约六百份左右，资本银八千元，股份制。股东大多为市内各营业行会会员，报社中的人事安排亦由董事会议决定。现股东中以豪商吴蕴甫为首，有很多台湾人
民钟日报（中文）	表面上以鼓吹爱国观念、培育民主思想、振兴工业为主义，被视为孙文的机关报，现以普及新文化思想为名，宣传社会主义，论调远比其他报纸过激。排日倾向浓厚	经理人 梁冰贤 厦门大学讲师，倡导社会主义，广东人	主笔 陈三郎 湖北人，属于国民党系的老新闻记者，曾为《广州新报》主笔 另有记者四名，但无值得特别注意之处	赴南洋工作者中成功人士于1918年共同出资创办①。闽粤兵变时发表的评论触及福建省当局的忌惮，被勒令停业，1922年6月得到鼓浪屿（公共租界）工部局的许可重新营业。日刊，八页，号称发行量约一千五百份，订阅者多为赴南洋工作者。经营中曾陷入困难，依靠闽南自治促进会的后援，经营稍显起色，直至今日。如前所述，其论调正是由于偏激，往往有失偏颇，但报道、内容均居当地中国报纸之首
时潮日报（中文）	以鼓吹自治思想为主义。属于国民党系，接受福建民军领袖庄文泉一派的补助	总理 叶挺生 福州师范学校毕业，安南人，国民党员	主笔 同前 记者及探访员中无值得特别注意之人	1923年3月由现总理创立，日刊，八页，号称发行量五百份。因基础薄弱，经营颇为困难，一旦停止补助，停刊在所难免
南支那（日文）(South China)	目的在于向居住在厦门的日侨提供各种报道，由全闽新日报社兼营	社长 宫川次郎	主笔 同前 （记者）长谷川佐右卫门（参照《全闽新日报》一栏）	1922年7月创立，周报，半版四页，发行量约二百份

备考：除了同学会或协会的汇报以外，没有杂志。

汕头

一、概况

在记述当地言论界现状之前，先记述一下来龙去脉。当地言论界之沿革大致可分为清朝时代与革命后两个时期。前清时代，1902年康有为一派发行其机关报《岭东日报》，其主笔沈友士为清朝知府，光复后成为与革命派争夺势力的一派首领，曾在潮汕地方酿成骚乱。1909年，沈与奄埠人登藉香等另发行《晓钟日报》。此外，在革命后大多成为国民党员的梁少慎、蔡竹铭、曾杏村、吴子寿等相继发行了《中华新报》《汕头公报》《双日画报》《图画新报》等。以第一次革命②为界，这些报纸全部停刊。

革命后政党热逐渐兴盛，可以看到协进会、急进会、演说会、同盟会等作为其舆论机关，于1912年发行《民权报》《汉潮日报》《图画报》《图画新报》复刊）、《共和日报》《大东报》等，但其中大多不久就停刊了。1913年可以看到新发行有《大风日报》及《公言报》，《公言报》后改名为《公言日报》，持续至今；《大风日报》因难以为继，屡次更换经营者，曾一度停刊，1920年大埔人钱热储接手后改名为《平报》，持续至今。此外，1918年，原《图画报》主笔吴子寿创办《大岭东日报》，持续至今。此外，国民党陈少豪等于1920年发行《民声日报》，但因1922年关于汕头风灾的报道而被官方勒令停刊。1921年，国民党员等新创刊《汕头晨报》《潮商公报》及《新潮日报》等，随着孙文失势，《晨报》

---
① 一说1916年10月1日创刊。
② 即辛亥革命。

及《新潮日报》不久也停刊了。1923年,小报《潮声日报》发刊,大肆宣传旅大问题,不久后停刊,又有《天声日报》新刊。现在辖区内有《天声日报》《公言日报》《平报》《大岭东日报》《潮商公报》及《汕头周刊》,加上潮州的《民治日报》,共有日报六种和周报一种。最近,会有《汕头时报》新刊,《汕头周刊》会改名为日报《汕头商报》。

不论这些报纸原本是否为国民党系,自孙文与陈炯明对立以来,为免受压迫,旗帜都不鲜明,只一味迎合官方。即,与其以党派来区分,不如说潮州系对客家人的关系更加鲜明,《公言日报》与《平报》从一开始就是客家人系,即由大埔或梅县人经营,一贯拥护嘉应州人的利益。与此相对,《大岭东日报》是纯粹的潮州系,拥护潮汕人的利益。《潮商公报》是纯国民党系,但持有人是普宁县出身,因此也代表普宁县人的利益。《天声日报》可说是《潮声日报》的后身,由潮阳出身的青年人经营,代表青年学界,是鼓吹新文学的机关报,也被用作排日宣传,财源并不宽裕,大多与南洋华侨有关,依靠其出资。

《公言》《平报》及《大岭东日报》发行后经时已久,读者也多,相当有根基。其他报纸根基尚不稳固,何时停刊都难以预料。

再说印刷设备,有自家专用的报社甚少,大多是外包给印刷所印刷。

关于报道,也没有值得一读的评论,仅有一些短评。至于社会新闻、省城以外地区的报道,各报的出处似乎都一样,文字也相同。对日感情并不能说很差,各报社与一部分日本人之间彼此有相当理解,只是排日问题一发生,而不刊登排日报道的话,以后就会遭到排斥,也影响到经营。因此,从对同行的关系出发,均大量刊登排日报道。1919年"抵货运动"以来,协商一致拒绝刊登日本人所委托的广告,因此不刊登此类广告。近来排日风潮缓和后,又都开始刊登日本人的广告,但对于地震①后杀害华人的问题等则毫不忌惮地刊登评论,此外,对我方"满蒙"经营等总是带着偏见而曲解。

有关通讯机关,曾有岭东通讯社,主要将战时的通讯发布给各报社,但最近似乎已经关闭。没有外国通讯员,有的中国报社与东京留学生保持联络,接收日本的通讯,有的在上海设通讯员,关于外国的报道大多从香港或上海的报纸转载,尤其是几乎每天都有从香港来的邮船入港,因此可以相对较快地发表。

二、报纸

名　称	主义系统	持有人或社长	主笔及重要记者	备　考
公言日报(中文)(Kung Yen-YihPao)	创刊时为进步党之机关报,现在无政党关系,无固定主义、主张。为嘉应州人之机关报,在内地有许多读者,与陈炯明派关系不佳,屡屡被勒令停刊。对日态度一贯恶劣,排日报道多	社长　张仲琪(号逸珊)前清增生,大埔县人,其他经历不详	主笔　丘星吾(号顽公,又号三摩呵)　大埔县人,今年47岁,前清优增生,惠潮嘉师范学校毕业后在各地中小学当教员,十年后进入报界,1916年成为本报主笔,此外曾任中国同盟会汕头支部秘书长。有过政、学、军及通讯各界的经历,相当有文采,现以顽公及三摩呵等别名在本报写短评,但并无主张、抱负,是个好好先生。其他本报记者中稍知名者有普宁县人顾伯陶,曾为本报主笔,现为汕头义学校长,以时时涛的别号在本报发表短评	1913年10月以《公言报》之名创刊,1916年改名为《公言日报》,日刊,八页,其中三页充斥着广告栏,毫无特色。现有报纸中最老,报道也比较正确,读者多。办事处位于汕头育善街五十六号,今年1月1日发行第2879号,现在发行量约一千五百份
大岭东日报(中文)(The Great Lintung Journal)	1909年创刊《图画新报》的国民党员吴子寿经营,被视为国民党系,但现在色彩不明显。由潮州出身者及南洋华侨出资,与《公言日报》相对,为潮州人之机关报,被认为与官方亦有相当默契。对日态度不太友好,尤其是抵货运动盛行时援助学生,与反对派的《平报》针锋相对。近来似乎与日本商人方面取得理解,抱有好感	社长　吴子寿(号壮新)原非本省人,从其父一代起居住于汕头,入籍潮阳县。1909年与党员林子肩发行《图画新报》,革命后成为演说会的会长,又组织自治会,设立国民党支部后任临时理事长,其后成为副部长等,始终在政界活动,1918年发行《大岭东日报》直至今日。今年49岁,前清秀才,曾为汕头市参事会员,为潮州系中有实力的人物之一	主笔　许唯心(号无畏)　36岁(重要记者)　李昆生(别名山头)、曾晦之(别名晦之)　潮州金山中学毕业。上述皆为潮安县人,另有以宋万里(本名不详)之别号写短评者	1918年11月创刊,日刊,十二页,其中六页为广告专用,无特色,政治报道丰富,多外国报纸杂志转译,主要在潮汕地区有读者。社址位于汕头顺昌街十一号,今年1月1日发行第1404号,现在发行量约一千份。与《公言日报》一样最具影响力

---

① 指1923年9月日本的"关东大地震"。

定期调查报告 （秘）1924年5月6日 有关中国(附香港)报纸及通讯的调查

(续表)

名 称	主义系统	持有人或社长	主笔及重要记者	备 考
平报 (中文)	可称为平民自由主义,历来鼓吹马克思一派之社会主义,提倡社会改造,近来致力于培养平民常识,刊登关于科学、卫生、家庭等的常识报道。无政党、政派关系,敢于以过激评论攻击军阀,唯一支持平民劳动阶级者。与《公言日报》同为嘉应州系,对日感情不佳	社长 蓝逸川 大埔县人,其经历不详	主笔 钱热储 大埔县人,号冷公,其他经历不详	1920年10月继承《大风日报》创刊,日刊,八页,其中四页为广告。特点在于努力使用简单易懂的文字便于底层劳动者阅读,因而在此方面有影响力。社址位于汕头万安横街六号,今年1月1日发行第967号,现在发行量约二千份
潮商公报 (中文) (The Swatow Press)	国民党系统,着重报道实业,标榜奖励实业,但由于记者为普宁县出身,按地域分可算是普宁系。去年陈炯明在潮汕恢复势力后,因属国民党系而受到一些压迫。依靠记者的优秀评论维持至今。对日感情虽非不良,但近来攻击日本的报道受到瞩目	社长 杜宝珊(号闲人)普宁县出身,国民党员,1920年《平报》创刊时任其主笔,1921年亲自发行本报,成为社长,曾为汕头公学校长。以竹头之名发表评论,其侃侃谔谔之论与其他报纸的见地略有不同,能强化人心,外交问题发生时,具有亲自造访相关者探究真相的热情与气概。与上海春申社社长西本省三为旧识,因此对日本人比较理解	主笔 杜石珊 宝珊之弟,今年28岁,国民党员 此外,原《大东报》之主笔、潮州人陈觉是作为上海通讯员时常向本报投稿	1921年创刊,曾一度停刊,今年1月1日发行第479号,日刊,八页,其中三页专为广告栏,第一页用于广东高等审判厅潮州登记局布告。原本着重于报道实业,但近来几乎看不到其特征。现在发行量约五百份
天声日报 (中文)	标榜提倡实业、鼓吹新思想、贯彻民主主义,因此有关新文学的报道很多,有青年教育界机关报之感。无政党、政派关系,潮阳派,或多或少被商会会长等利用	社长 詹金源(号天眼)潮阳县人,今年28岁,曾为《潮声日报》主笔,潮阳东山中学毕业生	社长兼任	1923年8月创刊,《潮声日报》之后身,其中二页为广告专用,第八页由晨光文学社、彩光文学社等编辑,刊登文学投稿,以研究新文学为目的。创刊时日尚浅,根基薄弱,社址位于汕头德里街三十三号,今年1月1日发行第122号,目前发行量约六百份
汕头周刊 (中文)	以联络商业情报、提倡实业为目的,刊登一周的重要新闻及关于贸易、经济的报道,此外以建设为题转载与经济发展有关的意见等,似乎与政党、政派无关	社长 张公量 潮汕铁道总理代理	主笔 由《平报》主笔钱热储兼任	社址位于汕头至安街,1923年9月创刊,周报,今年1月7日发行第19号,近来变为股份制,改名为日刊《汕头商报》。现在发行量约五百份

潮州
报纸

名称	主义系统	持有人或社长	主笔及重要记者	备 考
民治日报（中文）	报道大部分转载自汕头发行的报纸，不值阅读。有廖仲恺题字"民治精神"，与民党有一些关系，但具体不详。1923年旅大问题时发生排日运动，提供一页给学生作宣传用	社长　陈宪民　经历不详	主笔　丁映藜、卢心雄　经历均不详	1922年4月左右创刊，曾因战乱印刷厂被掠夺而暂时停刊，1923年1月3日复刊，1924年1月1日发行第415号，日刊，四页，小报，其中一页为广告专用，一页刊登各地投稿，社址位于潮州铺巷，发行量约三百份

广东

一、概况

当地报纸受当时政府的严厉打压，失去言论自由，以迎合其意向为常态。即1922年6月陈炯明进入广东以来，大部分的报纸都带有陈派的色彩，1923年2月孙文回到广东再次掌握政权后，锐意努力严查反孙派报纸，如若刊登不利于民党的报道，则直接勒令其停刊，结果报纸都带有孙派的色彩。有关当地报纸特别值得注意的是，许多报社基础薄弱，其出现、消失也很频繁，并且尽管报纸杂多，除一二家报纸外，其他几乎都刊登同样的报道，完全不发表自家的评论。至于记者，也不进行什么政治活动或社会活动，与单纯的通讯员无异，处于尚未充分发展的状态。

与广东报社关系密切者，活动最为显著的有两个，即报界公会及派报人。

1. 报界公会

前清时代称粤省报界公会，为弱小报社的组织，进入民国时代后，公开征收公积金，购买土地，将名称改为广东报界公会，1913年建设会馆，其后制定会规，向会员征收一百五十元作为基本金，向会员配发原稿，保护会员的商权，如今已成为对抗印刷职工团的强大力量。现在有实力的十余家报社参加本会。

2. 派报人

派报人即报纸销售代理商，与各报社特约，确定每日份数，配送及当场销售。《七十二行商报》之类货真价实的报纸，价格高者，订阅者固定，因而利润很少，不受派报人欢迎，而其他报纸的利润大多在每份一分八厘（铜仙三枚），所以大受欢迎。基于此事实，这些派报人靠团结左右报社盛衰之事屡屡发生。例如派报人要求报纸批发降价，如果报社不同意，就联合起来减少购买这家报纸。这种情况下，该报社就不得不答应降价要求，或是解散。1921年派公会成立以来愈发专横，1922年6月，各报社准备涨价三毫，派报公会极力反对，事情闹得很大。各报社雇用专属的送报员，但无法从习惯上对抗派报人，报界公会至今仍在煞费苦心研究善后方案。

二、报纸、通讯及杂志

名称	主义系统	持有人或社长	主笔及重要记者	备 考
七十二行商报（中文）	稳健，无所属	合资组织（商界出资）社长　罗啸璈	主笔　陈宝尊　广东法政学校毕业，原为述善学校教师，现为省长公署咨议（重要记者） 国闻部　苏啸泉 省闻部　邝赞泉 著述部　刘楚善、陈荣荪	1906年7月创刊①。在收购粤汉铁道的热潮中，七十二商行将其作为机关报创办，目前几乎完全属于罗啸璈个人所有。一直刊登中立、稳健的报道，以广东、香港为主，在各地知识阶层中拥有读者，也受到一般世人的尊重。在经济栏、广告栏上远胜其他报纸。在页数上，其他报纸为八页，本报为十二页。资本七千元，每月经费约一千六百元，发行量约七千份（早报），雇用职工三十人

---

① 应为1906年9月15日创刊。

名　称	主义系统	持有人或社长	主笔及重要记者	备　考
羊城报（中文）	无固定主义	绅商的合作组织 社长 赵秀石 江门商团团长,历任省长公署咨议及财政厅特务委员等,广东海南县人	主笔 何杰三 北京陆军学校毕业 （重要记者） 国闻部 梁燕廷 省闻部 何杰三 著述部 何习之	1886年6月①创刊,广东最早的报纸。最初由广东旧绅中革新派创刊,在清末的学制改革中名声大噪,其后经营不振,日渐衰落。本报最初名为《羊城报》,进入民国时代后一度改名为《羊城日报》,其后又改回原名《羊城报》。缺乏政治色彩,动辄刊登煽动排日的报道。1921年以来遭受两次火灾,印刷机及铅字等均烧毁或破损,艰难维持发行。本报由赵秀石掌握全权,表面上使用钟勉的名义。钟勉为广东番禺县人。资本约四千元,职工十六人,每月经费九百元,发行量二千五百份左右,日刊
南越报（中文）	不固定	合资公司 社长 李竹多 广东南海县人,同时兼任《国华时报》及《人权报》总理	主笔 王志仁 （重要记者） 新闻部 王志仁 著述部 孔量存 原为《人权报》记者,广东南海县人	1909年3月创刊②。清末时致力于鼓吹革命,曾获得袁世凯奖励,进入民国时期后屡次更换经营者,经营甚为不振。1923年1月《国华报》被查封,发行名为《国华时报》的报纸,本报作为其附属业务而经营。每月接受前商会联合会会长刘焕的补助,近来稍带有反对现政府的色彩,经营似乎不振。资本约二千元,印刷机一台与《国华报》共用,两台本社专用,每月经费约一千五百元,发行量约八百份,日刊报纸
商权报（中文）	粤商团机关报	持有人 刘少平	主笔 同前	1918年③1月创刊。最初为广东省商团机关报,由公安会副会长刘仲平创办,仲平死后由其子刘少平与张镜藜合办经营。曾接受总商会会长陈廉伯的补助,张离开后经营不理想,陈廉伯也与之断绝关系。与《新报》共同经营,并且接受南洋烟草公司的补助,勉强维持发行。资本二千元,印刷机一台,每月经费约六百元,日刊,发行量仅五十份
人权报（中文）	无所属	股份制 社长 李竹多（前述）	主笔 陈柱廷 原《七十二行商报》及《国华报》记者 （重要记者） 新闻部 陈柱廷 新闻部、著述部 黄鲁逸、李孟哲	1911年3月创刊。由民党系人创办,致力于鼓吹革命,在华侨中拥有读者,受学生界欢迎,但没什么影响力。另外,其主义也随利益而改变,现在无所属。职工二十一人,印刷机两台,经费一千元,发行量四千份,日刊
广州共和报（中文）	不固定	合资公司 社长 宋季辑 曾任元帅府咨议	主笔 潘宝真 原《国华报》记者 （重要记者） 新闻部 徐文甫 著述部 徐文甫、杨桂芬	1912年2月创刊④。因淫猥内容居多而受下层社会欢迎,1919年7月因刊登煽动排日的报道而被勒令停刊三个月。表面上是合资公司,实际上属宋季辑个人经营。宋曾一度因引发诉讼问题而潜逃香港,并以徐文甫的假名进行出版。资本三千元,印刷机两台,职工二十五人,每月经费约一千元,发行量五千五百份,日刊

---

① 应为1903年2月12日创刊。
② 一说1909年6月22日创刊。
③ 应为1912年创刊。
④ 应为1912年8月创刊。

(续表)

名　称	主义系统	持有人或社长	主笔及重要记者	备　考
广东报 (中文)	无所属	合资公司 社长　李抗希　最初由英美烟草公司及江孔殷出资,现在由葡萄牙商远东公司补助。李抗希号铭志,律师,有葡萄牙国籍	主笔　社长兼任	1920年3月创刊。最初为英美烟草公司及省议会大同系的机关报,专注致力于实业方面。与英美烟草公司断绝关系,由《真共和报》的李抗希接手,目前无特别色彩,专注于营利
新民国报 (中文)	原为民党系,政变后无固定主义	刘栽甫①　台山县人,现任国会议员及台山县民选县知事	主笔　邝筱侣　广东法政学校出身,原《中华新报》记者,台山县人 (重要记者) 国闻部　陈如公 省闻部　黎佩诗 著述部　邝汝女	1918年创刊,最初由吴景濂从众议院经费中支出二万元创办,以李怀霜为主笔,岑春煊军政府时期每月接受五百元补助。此后资本跟不上,李退出,国会议员汤漪取而代之,成为益友系机关报,但汤亦因政见不合而离开,田达人、甄冈公等相继经营,成绩亦不佳,民党派的刘栽甫接下经营,直至今日,无任何色彩,不受社会瞩目。资本一万五千元,印刷机一台,职工十四人,发行量一千份,日刊
新报(中文)	民党系	合资组织 代表者　李抗希(前述) 有葡萄牙远东公司的援助	主笔　同前 (重要记者) 国文部　余梦魂 省闻部　李启芬 著述部　苏泽民、李大醒	1915年6月创刊②,由在美华侨出资,纯民党系报纸。在排日风潮高涨之际,因致力于煽动学生,报社被当时的警察厅长魏邦平查封。莫荣新统治时期因报道石龙大火亦被勒令停刊三个月③。最积极刊登排日性评论。资本约五千元,印刷机六台,职工七十一人(六家报社合计),发行量三千五百份
国华报 (中文)	原交通系,近来稍倾向陈炯明派	合资公司 社长　王泽民　香港医学校出身,番禺县人	主笔　黄天山　兼任《七十二行商报》小说记者 (重要记者) 新闻部　谢泽樊 著述部　陈柱廷	1913年10月创刊④,初称《国报》,由康有为、梁启超等出资创办的进步党机关报。1920年因登载有关广西军事方面的报道而被勒令停刊,尔后改称《国华报》发行。孙文回粤时,因登载北京政府照片,被当时的军政府司法部长徐谦下令停刊,1923年1月16日,又因歌颂梁士诒内阁而遭孙派停刊。6月16日发生政变,7月在陈炯明监督之下复刊。资本一万一千元,印刷机五台,每月经费约一千二百元,发行量八百份,日刊
现象报 (中文)	无主义,无中心系统	合资组织 廖球　南海县人	主笔　郭唯灭　番禺县人,民党革命时曾为民军首领 (重要记者) 国闻部　郭唯灭 省闻部　杨景枚 著述部　董鲁逸、林真甫	1921年6月创刊,由商界联合会会长刘焕出资两千元创办,是劳动者的机关报。因揭人缺点,加上属于民党系而猛烈攻击他派,屡屡被勒令停刊。是排外性报纸,主张排日尤其激烈,诸如二十一条问题,评论最为猛烈,但近来似乎稍有缓和。资本八千元,每月由大本营补助,发行量约一万份,日刊

---

① 一说"刘栽甫"。
② 应为1914年3月6日创刊。
③ 1923年报告为"二个月"。
④ 应为1915年创刊。

定期调查报告　　（秘）1924年5月6日　　有关中国（附香港）报纸及通讯的调查

(续表)

名　称	主义系统	持有人或社长	主笔及重要记者	备　考
粤商公报（中文）	粤商团及粤商公安会之机关报，无党派关系	陈卿云　新会县人，曾任方便医院总理、粤商团军第八分团长，兼《七十二行商报》会计科长	主笔　甘六持　原《羊城报》主笔，三水县人（重要记者）新闻部　唐璞园　著述部　关楚朴	1920年9月创刊①，商团团员、商团军维持公安会员等组织创办，谋求商团的发展。模仿《七十二行商报》，在部分商界有影响。日刊，发行量一千五百份，资本八千元，有印刷机两台
大公报（中文）	天主教之宣传机关报，与法国领事馆有关联	天主教会出资陈铁魂	主笔　王荣	1915年5月创刊②，天主教之宣传及法国的机关报，每月接受当地天主教会的补助。周生曾任社长，更换经营者后业绩不佳。日刊，有印刷机两台，发行量三百份，资本约三千元
真共和报（中文）	无党派关系，主义稳健	葡萄牙商远东公司持股最多社长　李抗希（前述）	主笔　卢博郎（重要记者）新闻部　余梦魂　台山县人。著述部　李大醒、苏泽民	1919年8月创刊。最初《新报》创刊本报是为夺取《广州共和报》的市场，因而加上一个"真"字。无特殊色彩，有时刊登排日论调。日刊，发行量六千份
振东报（中文）	无党派关系，主义稳健	最初为合资组织，现由广西军总司令刘震寰③出资社长　邝鸣相　桂军总司令刘震寰之部下，团长	主笔　梁伯华　台山县人	1918年3月创刊，最初由刘庸尚④创办。张锦芳任省长时每月提供补助，继而成为政学会杨永泰的机关报。邝鸣相接手后无党派关系，无影响力。未加入报界公会。资本一千元，日刊，发行量一百份，每月经费一百五十元左右
国华时报（中文）	无党派关系，无主义	李竹多　南海县人	主笔　卢博郎　兼《新国华报》记者（前述）	1922年7月创刊，《南越报》部分资本持有人等兼营。起初是因《国华报》被勒令停刊时，添加"时"字而想争夺其营业地盘。尚未加入报界公会。主义大致稳健，间或刊登排日论调。日刊，发行量四千份
新国华报（中文）	葡萄牙商远东公司为后援，李抗希为大股东，属于民党系	李抗希（前述）	主笔　卢博郎（前述）（重要记者）省闻部　卢博郎　国闻部　余梦魂　著述部　黄鲁逸、卢博郎（兼）	1922年创刊⑤。因与《国华报》的资本家等打官司，加上"新"字，想以此承袭下来。1923年10月因反对陈席儒借款而被起诉。尚未加入报界公会。日刊，发行量七千五百份左右
广州民国日报（中文）	由广州市长孙科出资，属于民党中的资本派	社长　孙仲瑛　民党中资本派人物，现为公安局秘书	主笔　李孟哲　民党党员，现为市政厅秘书	1923年5月创刊⑥。原名《群报》，留粤学生传播新文化的机关报，与劳农俄国有密切关系。1922年孙文前往上海、陈炯明进入广东时成为陈的机关报，称《星报》。孙文回归广东后，孙科要求卫戍司令查封本报，创办《广州民国日报》。最初任命张启荣为总理，张为民党中性格最为暴烈者，因批评责难叶恭绰，后聘孙仲瑛为总理。孙仲瑛完全听从孙科的命令，与资本派关系很深。发行量七百份，日刊

① 一说1921年创刊。
② 一说1912年创刊。
③ 1923年报告为"刘镇寰"。
④ 1923年报告为"刘镛尚"。
⑤ 一说1921年5月创刊，一说3月创刊。
⑥ 应为6月创刊。

(续表)

名　称	主义系统	持有人或社长	主笔及重要记者	备　考
司法日刊 (中文)	由高等审判厅、高等检察厅、地方审判厅、地方检察厅创办，上述四厅之发布机关	总理　高等审判厅长	主笔　不固定	1922年1月创刊①，刊登高等审判厅、高等检察厅、地方审判厅、地方检察厅及登记局的文件及布告等，不报道时事。每周由上述四厅任命四名科员轮流负责编辑刊发，纯司法机关报。资本三千元，印刷机一台，职工十五人，发行量约五百份
广东正报 (中文)	由原财政厅长邹鲁出资，属于国民党中元老派系统	总理　谢小昌　国民党员	主笔　陈雁声	1923年1月创刊，国民党中元老派的机关报，未加入报界公会，影响力不大，发行量七百份
广东民报 (中文)	合资组织	总理　茹东海　国民党员	主笔　黄钊生(学生)	1923年1月创刊。茹东海为民党中的激烈分子，曾接近工界，莫荣新任广东督军时期，借发生排日风潮之机在学生中开展运动，借排日之美名，实则反对莫荣新任张锦芳为省长，组织国民大会，请愿伍廷芳任省长，因此被拘禁二年，出狱后创办本报。尚未加入报界公会，影响力不大。日刊，发行量三百份左右
天游报 (中文)	无主义	邓啸庵　个人经营，南海县人	邓叔裕	1911年创刊，专门登载烟花巷的淫猥之事，在下层社会中有销路。未加入报界公会，非重要报纸，发行量五百份
光华报 (中文)	由商人出资，无党派关系	总理　李汉卿	主笔　陈柱廷	1922年5月创刊，影响力不大，晚报，发行量约八百份
时事报 (中文)	合资组织	总理　陈新吾　国民党员，曾任元帅府秘书	主笔　欧博明　原《国华报》记者 (重要记者) 国闻部　欧博明 省闻部　陈家声 著述部　黎应熊	1922年创办②。最初由《新报》总理李抗希兼营，后因经费不足由陈新吾出资接手，据传最近接受云南军总司令杨希闵的补助。尚未加入报界公会，发行量七百份，日刊
广东公报 (中文)	省长公署之官报	广东省省长公署政务厅内		在广东省城内新丰街官印刷局发行，日刊
广州市市政公报(中文)	市政厅之公报	广州市市政厅总务科编辑局内		在广州惠福西安艺印务公司印刷，每周发行一次
国民党周刊	由孙文出资一万元创刊，纯国民党机关报	总理　温善庵　中国国民党临时中央执行委员	主笔　徐苏中　中国国民党临时中央执行委员 (重要记者) 著述部　冯自由、谢英伯、林黄庵、林沛亭、朱晦生	1923年12月创办，国民党党务宣传总机关报，国民党员都有推销的义务，在各地有代售报处

---

① 应为1922年2月7日创刊。
② 一说1923年创刊。

(续表)

名 称	主义系统	持有人或社长	主笔及重要记者	备 考
广东日报（日文）	无主义	平井真澄	下田清之助	1923年6月由广东居留民会创立
Canton Gazette［广东日报］（英文）	民党机关报			1923年12月创刊①
杨实公（中文通讯）	稳健	杨实公	（书记员两人）	1912年创办，纯个人组织。各官厅的公文等消息详细且正确，受到以广东为首，香港方面各报社的欢迎。位于广州市状元桥天成
骆中兴（中文通讯）	稳健，无党派关系	骆中兴	（书记员两人）	位于广州市四牌楼回龙里第三十三号，1912年创办。无党派关系，受广东、香港各报社欢迎，各种消息灵通
公民社（中文通讯）	无党派关系	陈公民	（书记员一人）	位于广州市社仁坊第四十一号，1915年创办。无党派关系，以各官厅的通讯为主，个人经营
时事社（中文通讯）	合资组织。市政厅之机关通讯	崔少平、李少白	（探访员两人）（书记员两人）	位于广州市禺山市侧学源里第十八号，1915年开业。各种消息灵通，销路甚广，为市政厅及公安、财政、工务、卫生、教育、公用各局之机关通讯。每月接受孙科的二百元补助
南方社（中文通讯）	无所属	孔仲南	（书记员两人）	位于广州市大新街内联聚街，1920年开设，专于营利，销路不大，个人组织
太平洋社（中文通讯）	合资组织。民党元老派之机关通讯	谢小吕、容春勉	（探访员一人）（书记员两人）	位于广州市惠福马路温良里，1920年开设。民党中元老派之机关通讯，1922年孙文逃往上海后一度停业，孙文回归广东后复业，每月接受胡汉民的补助。在广东、香港、上海等地有销路，主要用户为民党系报社
执中社（中文通讯）	无党派关系	王石棠	（探访员一人）（书记员一人）	位于广州市马鞍街，1920年开设，以社会消息为主，无党派关系，销路不广
岭峤社②（中文通讯）	无固定主义	陈公鼎	（探访员两人）（书记员两人）	位于广州市财政厅前第二百零九号，1920年开设，云南军张开儒、广西军刘玉山之机关通讯。此外，据传徐绍桢任省长时每月给予补助，销量不大
世界新闻社（中文通讯）	无所属	陈如公	（探访员一人）（书记员一人）	位于广州市昌兴马路第十八号，个人经营，1920年开设，财政厅长梅光培每月提供补助。通讯业绩不振，无任何影响力
觉悟社（中文通讯）	桂军刘震寰、粤军许崇智等之机关通讯	陈宗汉、邝啸侣	（探访员两人）（书记员两人）	位于广州市昌兴马路第十八号，合资组织，1922年开办。现为桂军刘震寰、粤军许崇智、财政厅长梅光培等之机关通讯，每月接受刘、许、梅三人的补助，在广东、香港、上海等地销路很广，受民党系报社欢迎

---

① 应为1924年8月1日创刊。
② 1923年报告"岭桥通讯社"。

(续表)

名　称	主义系统	持有人或社长	主笔及重要记者	备　考
博知社（中文通讯）	无所属	陈文赫	（探访员一人）（书记员一人）	位于广州市四牌楼超云里永和坊第四号，1922年复业。时开时停，不稳定，无党派关系，其通讯多为社会消息，且不正确，销路也窄
广州社（中文通讯）	有反现政府的倾向		（探访员五人）（书记员两人）	位于广州市德政街第一百号，1923年开业。由学生界组织，因此以学界通讯为主。不时刊登对现政府不满的通讯，销路延伸至香港、上海方面。无社长、主笔等名义
新潮社（中文通讯）	工界及国民党之机关通讯	谢英伯	（探访员两人）（书记员一人）	位于广州市广大路第三十五号，1923年开业。工界及国民党之机关通讯，但销路不广
珠江社（中文通讯）	无所属	潘抱真	（探访员两人）（书记员一人）	位于广州市光孝街乐安里第七号，1923年开业。通讯精确，广东各报社多购买本通讯
学问社（中文通讯）	属于女界	吕管清	（探访员两人）（书记员一人）	位于广州市财政厅前，1923年开业。由女界公会会员组织，合资公司，通讯不灵通。每月接受孙科的补助
民国社（中文通讯）	无所属	郭子昭	（书记员一人）	位于广州市仁济街第一号，1923年开业。无党派关系，通讯既不迅速也不正确，销路也窄
五州社（中文通讯）	陈树人之机关通讯	丁莲池	（探访员一人）（书记员一人）	1923年开业，省长公署政务厅长陈树人之机关通讯，每月接受陈的补助。影响力不大，销路也不广
东方通信（中、日文通讯）	日本人经营	支社长　樱井重义		1918年6月开设

除了以上所列以外，还有广州岭南大学生发行的《学生季报》（一年四次）、《青年周刊》（周报）、《南风月刊》（月报），广州东山神学校的《神道月刊》（月刊）等，均着眼于宣传基督教。此外，在文化运动方面有青年会的《珠江评论》（周日报），在劳动运动方面有爱群通讯社发行的《爱群周刊》等，在艺术方面，更有明珠戏院发行的《明珠》半周刊，专门刊登电影方面的报道。

云南

一、概况

云南省共有中国报纸八种、杂志两种，无外文及日文报纸。中国报纸中最有实力的是御用报纸《民治日报》，本报完全是供云南省政府用来宣传的机关，其他报纸无政党、政派关系。省政府严格监视其言论，市政公所（市政府）则每月以补助金之名支付若干金钱（市政公所称之为侦探费，带有怀柔的意思），因此各报纸的报道都追随、迎合省政府，丝毫不能刊登反对的报道。而且，因地势偏远，交通机关不发达，本省没有任何与海外的通讯联络。《民治日报》借助省政府提供的方便，能够较快速地获得广东方面的电报。除此以外，其他报社都是上海、北京、日本等地邮递过来的通讯，或是从报纸上转载的，将其称为电讯而登载。在此现状下，其报道基本上满载着属于旧闻的内容。加之省内发生的事件若发表出来大多会被视为对省政府不利，因此也没有即时报道其真相的自由，大多不会直接刊登而不了了之，所以通过云南的报纸连省城内的事件都无法知晓。因此，经营报纸只是供一部分人生活、荣达，或宣传之用，属于极其低级、幼稚的状态。至于发行量，大多不过三四百份左右，从订阅者数量上来推算，本省的报纸影响力都十分微弱，几乎没有评价其影响的价值。

1923年云南报界的论调是，《民治日报》积极宣传唐继尧的政策，攻击北京政府，提倡联省自治，极力说明出兵援助四川的必要性等，其余报纸的论调则颇为平凡，无特别值得记录之处。在排日报道方面，今年年中，排日报纸的急先锋《复旦报》就收回旅大问题，刊登了来自我国留学生或国内学生团的通讯，虽稍掀起一些波澜，但激烈程度不能与往年相比。今年9月初我国发生关东大地震的凶讯传来,有报纸充分发挥种种臆想,评论说是大自然的力量为中华民国报了仇,我们应与全国人民一同额手庆贺,然而一旦受到省政府有关亲日要人的警告,态度立刻转变,发表极为同情的言论,为了详细报道震灾情况,不仅不惜腾出版面,而且自此各报不再留有排日报道的痕迹。另外,本地有报界公会,既是报社之团体,又是省内各报纸的统一通讯机关,属于各社的联合组织,由《民治日报》的惠我春担任会长,但其业绩并无特别值得记录之处,只是把省政府方所提供的零碎且平凡的内、外新闻材料发布给各报社而已。

还有,云南省似乎有两三个中国通讯员,但因省政府监管严厉,均为工作之余暗中向上海等地的报社发布通讯,其人姓名等不详。

二、报纸及杂志

名　称	主义系统	持有人或社长	主笔及重要记者	备　考
云南公报(中文官报)	云南省政府公布机关,与日本官报的性质相同	云南省长公署		1913年创刊,日刊,"菊判",十二三页,发行量六百份,社址位于五华山省长公署枢要处第四科
云南实业公报(中文杂志)	奖励及指导实业	云南实业司		1920年11月创刊,月报,"大判",一百四五十页,发行量三百份,社址位于商埠地公园内云南实业司。本杂志刊登实业司的公文及业绩,以及各种实业的调查、评论等,价值不大
市政月刊(中文杂志)	报告市政状况	昆明市政公所		1923年1月创刊,月报,"大判",四五十页,发行量三百余份,社址位于龙王庙街。刊登市政公所的公文,公布业绩,以及翻译、介绍东西各国市政的研究资料等,无特别价值
教育月刊(中文杂志)	发表教育成绩,发挥教育要义	云南教育司		1915年创刊,月报,"大判",四五十页,发行量三百余份,社址位于城隍庙街云南教育司。本杂志介绍教育司的公文、业绩等,无特别值得一提的报道
民治日报(中文)	宣传云南省政府政策、主义的机关报。无政党、政派关系,对日态度若即若离	惠我春(号云岑)　前清秀才出身,曾任云南陆军讲武学堂教官,民国时代以后任唐继尧机关报《义声报》主笔,1921年随唐居香港,1922年与唐一同再回云南,创办《民治日报》,努力为政府宣传,并兼任官印局长及报界公会会长。出资者不明,唐继尧为其中之一	主笔同前	1922年6月创刊,日刊,八页,发行量五百份,社址位于文庙东街第廿九号。1916年以《义声报》之名发刊,为唐继尧政府之机关报,1922年在唐失势同时停刊,1923年在唐再起同时改名为《民治日报》,直至今日。作为报道特色,是全面拥护、宣传唐继尧政府之政策,攻击反对派等。因本报为政府的御用报纸,每月接受该政府六百圆的补助
义声报(中文)	革新政治,促进自治。无政党、政派关系,论调上拥护民党,对日态度较稳健	李巨裁(号祥云)　云南实业养成所的毕业生,此外无特别值得记录之经历。此人出资五千元	主笔　孙向旭(号小楼)　前清秀才出身,曾任小学教员,惠我春组织《义声报》后在其下作为记者活动,《民治日报》创刊后专任《义声报》主笔	社址位于二■街,1916年作为唐继尧的御用报纸活动,1921年在唐失势的同时改名为《民声报》,维持经营,1922年唐回归后再次改回旧名,脱离御用报纸的关系,另立旗帜。每月接受市政公所银二十元的补助

(续表)

名　称	主义系统	持有人或社长	主笔及重要记者	备　考
复旦报(中文)	提倡改良政治、发展实业。实际上无政党关系,刊登对民党示好的报道。由1918年排日时于上海成立的上海救国团之分派创办,目前其关系不如从前,但对日态度依然激烈,近来排日报道稍有缓和,少有报道	邓绍先(号孝思)　日本京都帝国大学法科出身,1915年回国后任中学师范学校教师,1922年成为《复旦报》主笔,现在兼任其经营者,除报纸外还任云南法政学校校长。出资者,除上述邓绍先外,还有留学生数名共同出资,资金三千元	同前	1922年11月创刊①,日刊八页,发行量三百余份。本报的前身为1918年10月创刊的《云南救国》,由愤慨于1918年中日军事协定而回国的留日学生组织创办,曾积极宣传排日,1922年11月改名为《复旦报》直至今日。本报以排日报道为特色,现在稍有收敛。每月接受市政公所银二十元的补助
均报(中文)	维持风化及民论。无政党关系,稍有拥护民党的色彩,对日态度无值得特别记录之处	段慎(号奇僧)　前清秀才,历任湖南省的小官,民国初年回云南,1917年经营本报,直至今日,资本额三千元	同前	1919年创刊②,日刊,八页,发行量三百份,社址位于一区十段诱衣街九十一号。本报一度受到民党系李宗黄的支持,成为民党系的报纸,目前与其脱离关系,以营利为本位。每月接受市政公所银二十元的补助
云南商报(中文)	发展商业权,培养商人知识。无政党关系,为提倡国货,对日态度是时常歪曲报道	云南总商会 总商会出资,资本金约三千元		1914年创刊,日刊,八页,发行量二百余份,社址位于福照街总商会内。1914年创刊时名为《实业日报》,曾一度停止发行,近年又以《商报》之名出现③。报道关于本省实业的调查很少,除日常物价表之外无值得阅读之处。每月接受市政公所银二十元的补助
云南社会新报(中文)	重视社会生活,提倡道德。无党派关系,对日态度无值得特别说明之处	王苏　上海商业学校毕业,中华书局店员,1917年来云南支局工作,1923年经营本报,目前其出资金二千元	同前	1921年创刊④,日刊,八页,发行量二百余份,社址位于土主庙街。最初名为《晚报》,1921年由发起人之一的王苏经营,改称《社会新报》。本报每月接受市政公所银二十元的补助
微言报(中文)	批判时事,改良社会。无政党关系,有拥护民党的色彩。对日方面由于自家营业上的原因,时常制造抵制日货的气势,迎合时流	黄禅侠(号微尘)　广东商业学校毕业后进入南洋兄弟烟草公司,1918年以来作为本省支店经理,居住在省城,表面上由其出资,实则由上述烟草公司出资,资金二千元	同前	1921年10月创刊⑤,三天发行一次,八页,发行量三百余份,社址位于三牌坊大道。本报为南洋烟草公司宣传用报纸,多为对本公司有利的广告,报道无值得阅读之处。每月接受市政公所银二十元的补助
金碧日报(中文)	奖励美术及新文化。无党派关系,对日方面时常歪曲报道	黄中(号无畏)　云南师范学校毕业生,做过小学教员,1923年经营本报。除此人外还有数人出资。资金二千元	同前	1922年1月创刊⑥,日刊,八页,发行量二百份,社址位于诱衣下街二号,报道并无特色。本报每月接受市政公所银二十元的补助

---

① 一说12月创刊。
② 一说1920年5月24日创刊。
③ 一说1923年5月创刊。
④ 一说1923年9月11日创刊。
⑤ 一说12月创刊。
⑥ 一说1919年12月创刊。

(附)香港
一、概况
1. 英文报纸

当地英文报纸有四种,均为股份制,属于英国籍,即 *Hongkong Daily Press*、*South China Morning Post*、*Hongkong Telegraph* 和 *China Mail*。其中 *Mail* 的存在几乎不被承认,*Post* 和 *Telegraph* 属于同一经营者,都拥有比较多的读者。*Press* 与前二者相比发行量少,但它实际上是英国上流社会的机关报。在这意义上它最为重要。在香港(在英国其他直属殖民地恐怕也一样),政厅和英国大商馆的权力极大,因此对于直接与英国有关的外交问题,在英国政府或香港政厅表态以前,*Press* 报通常持不明朗的态度。*Post* 报和 *Telegraph* 报因不是御用报纸,所以发表比较独立的意见,但一旦英国官方表明了态度,它们的拥护态度便与 *Press* 无异。

关于日中两国之间的问题,各报纸都使用极其委婉的措辞,鼓动日本让步。

附录:香港接收的英文通讯及其发布对象

A. 路透社一般通讯

从伦敦总社直接发送给当地四报和 *Daily Bulletin*。

B. 路透社太平洋通讯

由上海路透社发送的有关中国北方地区、日本和菲律宾的报道,在香港将上述通讯的一半分发给四报和 *Daily Bulletin*,另一半专归 *Daily Bulletin*。

C. 路透社商业通讯

在当地设有经理 M. J. Cox,向申请人提供他们各自所需的报道。据说作为盈利事业还未获得成功,在 *Daily Bulletin* 上登载该通讯。

D. *Post* 和 *Telegraph* 在上海和新加坡设有共同的通讯员,随时发来特电

2. 中文报纸

当地中文报纸有六种,即《循环日报》《华字日报》《大光报》《香江晨报》《香港华商总会报》和《香江晚报》,其中《循环日报》和《华字日报》二报在香港中文报纸中历史最悠久,而且内容最丰富,在拥有众多读者这一点上是最有影响力的。尤其是前者,不仅在当地各阶级中有广泛读者,而且在中国各地和南洋等国家都有相当多的读者,属当地中文报纸中的巨擘。

前述两报都对孙派持反对态度,对陈派寄予同情,因此目前广东当局禁止其进入和发行。在废除二十一条问题发生时,两报均极力高唱加以贯彻,即使在 1923 年关东大地震后,也对我方使用极为冷漠的笔调,对香港政厅总是持谄媚的态度。

而《大光报》和《香江晨报》二报均为孙派机关报,为孙派积极做宣传。二报均在海外同好中拥有众多读者,是当地中文报纸中影响力仅次于《循环日报》《华字日报》二报的报纸。

《香港华商总会报》原为纯商业报纸,但最近也开始带有与《循环日报》《华字日报》二报略微相同的政治色彩,特别是出于商业上的算计,令人感到因为反对孙政府的政策,似乎对陈派有好感。《香江晚报》是当地中文报纸中最为贫弱的,影响力微弱。

二、报纸及通讯

名　称	主义系统	持有人或社长	主笔及重要记者	备　考
循环日报 (Tsun Wan Yat-Po) (中文)	中立	股份制　经理　温丽波①	主笔　何冰甫 (记者)何雅选、郑子援、陈信庭	社址位于香港歌赋街五十一号,早报,十二页,创立已有五十年。论旨稳健,报道比较正确,但近来有材料贫弱之嫌,使其声价略降。发行量曾一度超过一万份,但目前降为八千份(香港、澳门七千四百份,其他地方九百五十份)。在各阶级中广有读者,仍不失为当地中文报纸之巨擘。财政十分宽裕,据说积蓄有十万弗。对日本感情一般

---

① 一作"温荔坡"。

(续表)

名　称	主义系统	持有人或社长	主笔及重要记者	备　考
华字日报 (Chinese Mail) (中文)	反对官僚	合资组织 Lawe Bingham、陈文言遗属 经理　何汝明	主笔　藩惠畴 (记者)劳伟民	社址位于香港威灵屯街五号,早报,十二页,创立已有五十余年。报道丰富,最致力于广东的时事问题,总是毫不留情地反对当局,曾一度财政告急,声价下降,但最近渐渐恢复。在当地中国知识阶层中相当有影响力。发行量四千份
香港华商总会报 (中文)	华商总会机关报	华商总会 经理　叶兰泉	谭荔恒	社址位于香港苏杭街五十三号,早报,十二页,1919年4月1日创刊,为华商总会的机关报。以经济报道为生命,但因没有调查机关,所以没有特别的材料。不太有政派色彩,但在类似广东消息上常会同时登载两个极端的报道,似乎毫无主见,特别是有报道不够迅速之嫌。对日感情不友好。发行量二千份
大光报 (The Great Light) (中文)	耶稣教主义	股份制 经理　黎纪南	黄太藻	社址位于香港善庆街五号,早报,十二页,1913年3月创刊①。股东主要为耶稣教徒,购阅者也多属于此类,在广东和南洋华侨方面有销路。全力拥护孙派,试图获得重大发展,是当地有影响的报纸之一。报道迅速,但内容不免夸张。发行量七千份
香江晨报 (The Hongkong Shum-Po) (中文)	国民党机关报	经理　周梓骥	陈慕那	社址位于香港苏杭街一百零三号,早报,十二页,1919年2月创刊。为国民党的机关报,购阅者也都属于此类。明显标榜孙派,评论、报道与《大光报》步调相同,笔锋极为辛辣,对北方以及陈派的非议有走极端之嫌。报道比较敏捷,在香港报纸中政治报道最为丰富,社论主要由主笔负责,民党党员的投稿居多。财政似乎依然困难。发行量二千份
香江晚报 (Hongkong Man-Po) (中文)	无一定主义	经理　梁国英	王燕清	社址位于香港荷李活道六十号,晚报,六页,1921年11月21日创刊。内容贫弱,报道、评论都不值一看。发行量六百份

---

① 一说2月8日创刊。

定期调查报告　　（秘）1924年5月6日　　有关中国(附香港)报纸及通讯的调查

(续表)

名　称	主义系统	持有人或社长	主笔及重要记者	备　考
香港日报（日文）	拥护日本人	持有人　松岛宗卫　社长　井手元一	主笔　社长兼任	社址位于香港摩里信山路五十六号,晚报,六页,1909年9月1日创刊,发行量五百份
Hongkong Daily Press［孖刺报］（英文）	以拥护英帝国的利益为主要目标,但对任何国家都不持反对态度。从香港政厅接受补助,因兼香港立法会议的议事录,故而被视为半机关报,特别是官方视之为自己的机关报,在当地官民一般上层社会,即实力人士中有影响力	股份制,实际持有人为居住在伦敦的 Murrow 一家。社长 H. A. Cartwright 是名义上持股,接受报纸经营的全权委任,是事实上的雇员。持有人一家很久以前在香港居住过,但现在在香港已无存在感。Cartwright 1914 年来香港,后来任该报社长,年龄 50 岁,在当地上流社会中人缘好,是报纸的经营者,而不是报社记者	社长 Cartwright　名义上兼任主笔,但实际上的主笔是 B. A. Hale。Hale 1897 年以前一直住在远东地区,据说精通远东的情况	社址位于 1 A. Chater. Road, 1877 年创刊①,早报,十二页,发行量约一千二百份。该报近年来有提倡废除蓄婢制度获得成功的经历。报道特色之一,是针对时事问题频频发表社论。但在英国政府和香港政厅对相关问题表态之前,总是避免说明自己的立场。拥护英国的政策。另发行周报 Hongkong Weekly Press and China Overland Trade Report,并且每年出版 Directory and Chronicle for China Japan etc
South China Morning Post［南华早报］（英文）	无特别主义,在国际问题上当然将英国利益放在首位。对日本感情良好	股份制,总经理 B. Wylie。主要股东有律师 J. Scott Harston、T. W. Noble（美国人、牙医）、Father Z. Robert（法国人,代表法国传教团体）。总经理 Wylie 受理事会领导。此人为石版工出身,不是记者,而是经营者	主笔 T. Petric　1900 年到当地任 China Mail 记者,以此为出发点,在曼谷的 Siam Observer 和横滨的 Japan Herald 任职后,于 1904 年进入了本地 Post 社。1912 年以来任其主笔,年龄约 50 岁,各方面的口碑好,且富有见识。据说不久将从 Post 社引退回苏格兰。该人与 Press 报的 Hale 一样无法自由裁量,据说重要政策上的问题都由理事会指挥。其后任还未决定,有传言称可能会让 Telegraph 的主笔 Alfred Hicks 转任 Post 的主笔。东京通讯员 Alfred B. Pieres 每次都邮寄长篇通讯	社址位于 3 Wyndham Street, 1906 年创刊②,早报,十六页,发行量约二千份。创办以来事业极度不振,但努力挽回,结果最近呈现颇为良好的状况。当地中流社会中不购阅 Press 的人会购阅此报。至今为止的社论发表的见解都比较独立公正,但在现任主笔引退之后会如何呢? 另外,该报在日本设有通讯员
Hongkong Telegraph［士蔑报］（英文）	无特别的主义,当然将英国利益置于首位,同时也努力增进英、美间的友好关系。对日本多少缺乏同情。毫无顾忌地批判孙逸仙政府的政策。与 Post、Telegraph 一样,在英国知识阶层及葡萄牙人中拥有很多读者	股份制,与 South China Morning Post 属同一公司	主笔 Alfred Hicks　1908 年来香港任 China Mail 记者,1911 年进入 Telegraph 社,1918 年起任该报主笔,年龄约 40 岁,在当地多少受到认可	社址位于 11 Lce House Street, 1891 年创立③,晚报,十二页,发行量一千八百份。最初为中国人的合资组织,1903 年被美国牙科医生诺贝尔以一万弗收购,逐渐积累了影响力。1915 年又移由 South China Morning Post 社经营,但编辑干部与该社完全不同。报道迅速而且丰富,喜爱评论地方性问题。另在中国数地设有通讯员

---

① 应为 1857 年 10 月 1 日。
② 一说 1903 年 11 月 7 日创刊。
③ 一说 1881 年 6 月 15 日创刊。

(续表)

名　称	主义系统	持有人或社长	主笔及重要记者	备　考
China Mail [德臣报] (英文)	无特别主义，影响不大，据说七百名读者只是根据习惯一直购阅	股份制。主要出资人为C. W. C. Burnett，自己担任经理。1912、1913年左右受聘于香港 Telegraph 的持有人 T. W. Noble，担任该社理事兼主笔，1918年与 Telegraph 社断绝关系，与 W. M. Humphreys 共同承借 China Mail，目前是主笔兼社长，年龄约50岁。在当地其存在几乎不被承认	据称社长 B. W. C. Burentt 亲自兼任主笔，但实际编辑由副主笔澳大利亚人 C. M. Macdonald 担任。另有采访记者 J. S. Willes。据说 Kobe Herald 在任中因不敬事件受到处罚	社址位于 5 Wyndham Street，1840年创刊①，晚报，十页，发行量七百份。论旨、报道均散漫，与其他报纸相比颇为逊色，比较富有文学趣味。另发行周报 Overland China Mail。China Mail 在财政上亏损，依靠副业印刷业的收入维持生存
Daily Bulletin (英文)	Publicity Bureau for South China 的信息发布机关。该团体以发展英国在中国南方地区的商业为目的	该团体主要人物为 Union Insurance Society of Canton 的总经理 C. Montagne Ede	编辑　William Jackson	每日正午发行，四页，只是登载电讯，不登载广告、评论

三、通讯员

姓　名	所属社名	备　考
J. P. Braga	Reuters Ltd.	长期经营印刷业，1916年开始兼任路透社通讯员。此人在当地的存在几乎不受认可。(Braga 的权限)其管辖区域为香港和中国南方地区，能够专门将有关香港的报道直接发往伦敦，其他报道需经由上海的路透社经理，但能直接向澳大利亚发送通讯。另外，Braga 还兼任 Associated Press 通讯员

中国(附香港)的报纸、通讯统计表

地　名	中　文	日　文	英　文	俄　文	法　文	杂	合　计	通　讯
大　连	3	5	1	—	—	—	9	2
辽　阳	—	1	—	—	—	—	1	
奉　天	6	3	—	—	—	—	9	4
抚　顺	—	—	—	—	—	日、中文1	1	
本溪湖	—	1	—	—	—	—	1	
牛　庄	1	2	—	—	—	—	3	
安　东	1	2	—	—	—	—	3	
铁　岭	1	1	—	—	—	日、中文1	3	
开　原	—	2	—	—	—	—	2	
长　春	3	2	—	—	—	—	5	
四平街	—	1	—	—	—	—	1	

---

① 应为1845年2月20日创刊。

(续表)

地 名	中文	日文	英文	俄文	法文	杂	合 计	通 讯
吉 林	3	2	—	—	—	—	5	—
哈尔滨	8	1	1	10	—	—	20	8
齐齐哈尔	2	—	—	—	—	—	2	—
黑 河	1	—	—	—	—	—	1	—
满洲里	—	—	—	1	—	—	1	1
龙井村	—	1	—	—	—	朝鲜文1	2	—
赤 峰	1	—	—	—	—	—	1	—
北 京	57	2	3	—	1	英、中文1	64	35
天 津	19	3	5	—	—	—	27	4
芝 罘	10	—	1	—	—	—	11	—
济 南	23	2	—	—	—	—	25	2
青 岛	8	5	1	—	—	—	14	1
上 海	11	3	5	3	1	—	23	13
苏 州	12	—	—	—	—	—	12	—
无 锡	5	—	—	—	—	—	5	—
杭 州	8	—	—	—	—	—	8	—
绍 兴	1	—	—	—	—	—	1	—
诸 暨	1	—	—	—	—	—	1	—
乍 浦	2	—	—	—	—	—	2	—
海 宁	1	—	—	—	—	—	1	—
宁 波	2	—	—	—	—	—	2	—
温 州	2	—	—	—	—	—	2	—
平 湖	4	—	—	—	—	—	4	—
南 京	17	—	1	—	—	—	18	9
镇 江	1	—	—	—	—	—	1	—
芜 湖	2	—	—	—	—	—	2	—
安 庆	3	—	—	—	—	—	3	2
九 江	1	—	—	—	—	—	1	—
南 昌	7	—	—	—	—	—	7	—

(续表)

地 名	中 文	日 文	英 文	俄 文	法 文	杂	合 计	通 讯
汉 口	41	2	2	—	—	—	45	24
开 封	5	—	—	—	—	—	5	—
长 沙	8	—	—	—	—	—	8	—
沙 市	2	—	—	—	—	—	2	—
宜 昌	2	—	—	—	—	—	2	2
重 庆	5	—	—	—	—	—	5	—
成 都	4	—	—	—	—	—	4	—
福 州	17	—	—	—	—	—	17	—
厦 门	7	1	—	—	—	—	8	—
汕 头	6	—	—	—	—	—	6	—
潮 州	1	—	—	—	—	—	1	—
广 东	24	1	1	—	—	—	26	18
云 南	8	—	—	—	—	—	8	—
合 计	357	43	21	14	2	4	441	125
(附)香港	6	1	4	—	—	—	11	1

(秘)1925年7月

中国(附香港)的报纸及通讯的调查

外务省情报部

凡　例

1. 本调查根据各公馆报告编纂，显示的是以1924年末为时点的调查内容，但此后至本书付梓为止，对于新刊、停刊的报刊等及其他变化之处进行了订正。

2. 本调查书每年重复加以印刷订正，因而尽量以简洁为要旨。

3. 鉴于北京、上海、奉天、天津、汉口及广东在报纸、通讯方面为重要地区，将其归总特别置于本调查书的前部，并且，就像调查的那样，尽量详细介绍。

4. 其他各地按照字母表的顺序排列，仅为概况和简单表格（报名、党派关系、持有人或主笔等）。

5. 最后的统计表显示的仅仅是纯粹的报纸、通讯，对于官报类杂志等进行了省略。

中国(附香港)的报纸及通讯的调查
目 录

北京 …… 554	海宁 …… 609
上海 …… 562	海龙 …… 609
奉天 …… 575	嘉兴 …… 610
天津 …… 579	琼州 …… 610
汉口 …… 583	吉林 …… 610
广东 …… 590	黑河 …… 610
(以下按照字母表的顺序)①	珲春 …… 610
厦门 …… 597	杭州 …… 610
安庆 …… 598	公主岭 …… 611
安东 …… 599	局子街 …… 611
抚顺 …… 599	九江 …… 612
芜湖 …… 599	满洲里 …… 612
齐齐哈尔 …… 599	无锡 …… 612
芝罘 …… 600	南京 …… 613
镇江 …… 601	南昌 …… 614
张家口 …… 601	宁波 …… 615
长沙 …… 601	牛庄 …… 615
长春 …… 602	农安 …… 615
大连 …… 603	温州 …… 615
福州 …… 604	辽阳 …… 615
宜昌 …… 606	龙井村 …… 616
哈尔滨 …… 606	济南 …… 616
本溪湖 …… 608	青岛 …… 618
百草沟 …… 608	成都 …… 620
常德 …… 608	赤峰 …… 620
重庆 …… 609	沙市 …… 620
开原 …… 609	四平街 …… 620
开封 …… 609	新民府 …… 621

① 以下地名是根据当时的发音顺序排列的。这一排列增加了阅者查找的困难,同一省内的城市都分散各处。

绍兴	621	通化	623
苏州	621	云南	623
汕头	622	（附）	625
郑家屯	622	香港	625
铁岭	623		
掏鹿	623	中国(附香港)报纸、通讯统计表	626

中国(附香港)的报纸及通讯的调查

北京

一、概况

目前在当地有中文报纸三十六种、日文报纸二种、外文报纸五种。中文报纸随政权更替而兴亡无常,今年比去年减少了二十二种。在这些中文报纸中能称得上第一流的有《顺天时报》《北京日报》《晨报》《京报》《益世报》,以上各报的发行量都达到了七八千乃至二万份。还有,最近由陈友仁创办的《民报》,作为当地国民党的机关报,其内容和外观都有凌驾于以上各报的趋势,该报今后的活动值得注意。

至于通讯,有中文十一种、日文三种、外文四种,共计十八种。另有官报、杂志等若干。

二、中文报纸及通讯

(甲) 报纸

名　称	主义系统	持有人或社长	主笔及主要记者	备　考
政府公报	政府的公布机关	国务院印铸局		发表法令、公文书等的政府正式发布机关
陆海军公报	陆、海军的公布机关	魏宗潮	罗泽炜	政府每年补助一千五百元
教育公报	在各部处编辑处编辑发行			刊登《政府公报》发布的各部的法律、命令,以及各部相关的一切公文、相关调查报告等。《交通月刊》自1917年1月起发行
农商公报				
交通月刊				
顺天时报(中文)	日中亲善	渡边哲信	金崎贤	1901年创刊,日刊,八页,北京大报纸之一,发行量约二万份。社址在正阳门内化石桥
北京日报(中文)	标榜中立	朱淇	对权佐	1907年创刊①,北京中文报纸的鼻祖,日刊,八页。接受财政部、交通部及盐务署相当数量的补助。经营宽裕,因此报面精彩,只是编辑没有脱离旧态。发行量六千五百份,北京大报纸之一。社址在东城镇江胡同
晨报(中文)	严正中立	刘崇佑	林仲易	1916年创刊,最初为研究系的机关报。自刘崇佑结束议员生涯以来,虽标榜严正中立,但似乎仍然同情研究系。经营良好,具有学识和经验的记者齐聚,报面充满活力,与《益世报》比肩,活跃于报界。近来有些许社会主义的色彩。社址在北京丞相胡同,日刊,八页,此外还有两页附录。该报的"经济界"②很有特色。发行量约七千八百份
京报(中文)	外交系	邵振青	邵振青	历届外交部每月补助三百弗,除此之外不时从财政部和银行公会等处得到相当数量的补助。该报为八页日刊,报面完备,报道比较准确,有关于中国外交的出色报道,与国民党和北京大学等有关系。刊登反对执政府和前清皇室的报道、评论,并且带有排日色彩。附录经济栏发表银行公会的援助,以及有关当前问题的论文研究结果,颇受实业界好评。社址在小沙土园,发行量五千三百份

---

① 《北京报》于1904年8月创刊,1905年8月更名为《北京日报》继续出版。
② 1924年报告为"经济栏"。

(续表)

名　　称	主义系统	持有人或社长	主笔及主要记者	备　　考
星报(中文)	财政部机关报	黄谔声	林万里	一向与王宠惠、王郅隆等关系密切,但现完全成为财政部的机关报。该报关于财政和经济的报道毫无疑问是值得尊重的,但其特色不如说在于第一版连载的外国政治及财政、经济问题等的译报。日刊,四页,发行量三千份。社址在前门外李铁拐斜街
益世报(中文)	亲美主义	杜竹萱	潘蕴巢	创刊当时由美国基督教会维持,现依靠美国大使馆的补助经营,似乎从中国官方也多少得到补助。在中国方面来说,认为是美国的对华舆论机关,与天津《益世报》一样加以重视。论调总有攻击政府的倾向,国内外电讯和地方通讯之丰富,北京第一。外国报纸译载居多,是由于留美出身的记者很多。外国商人的广告最多。是当地排日报纸的巨头。日刊,八页,发行量八千份。社址在前门外新华街
卍字日日新闻(中文)	北京道院宣传机关报	江宇澄	万灵易	1923年4月创刊,北京道院的机关报。日刊,八页,另有两页附录。本报与普通中文报纸相比并无不同之处,但附录主要刊登有关道教和道院学说宣传,以及其他宗教、哲学等内容。资金丰富,报面精彩。社址在宣武门内舍饭寺胡同世界红卍字会中华总会内。发行量二千五百份,并有持续增加的倾向
铁道时报(中文)	交通部机关报	李警呼	李警呼	交通部的机关报,原为铁路及邮电等有关交通的专门报纸。近来资金丰富,而且交通总长在政治上的地位提高,有关政治方面的报道也自然增多,加上报道迅敏,逐渐进入大报之列。社址在椿树三条胡同。发行量五百份,日刊,四页
京津时报(中文)	安福系	汪立元	黄昙山	自从安福系蛰伏以来,颇有不振之态,但发行号数已累计达五千号,在荣枯盛衰极其的北京,算得上老报之一。报面相当完备,并且知悉政界机微,在保定系报纸全盛的格局中,隐然有与其抗衡之势。社长汪立元人格高,任万国记者俱乐部会长。社址在廊坊头条,发行量三百五十份,日刊,四页
舆论(中文)	交通系	侯疑始	刘景山	1922年创刊,日刊,四页,发行量四百份,社址在宣武门外香炉胡同。该报第四页的"翰海"具有特色,受到文艺爱好者的欢迎
中国新闻(中文)	胡景翼机关报	寇■	吴小齐	1923年12月创刊,日刊,四页,社址在前门内前红井西口,发行量四百份
中报(中文)	天津系机关报	林天木	林天木	1923年曹锟就任大总统之后,天津系首领曹锐及边守靖等为了援护和宣传总统而创立该报。日刊,四页,社址在宣武门外烂熳胡同,发行量三百五十份
新华日报(中文)	标榜中立	潘立之	潘立之	该报为日刊四页报纸,发行号数已达一千二百号,在北京作为二三流报纸已有足够的基础,但发行量并未超过三百份。这是由于没有适当的支持者。社址在香炉营

(续表)

名　　称	主义系统	持有人或社长	主笔及主要记者	备　　考
北京报(中文)	以营利为本位	任昆山	任昆山	发行以来号数已达一千四百号,加上基础坚实,渐有迫近大报纸阵列之势。日刊,八页,发行量一千四百份。社址在前门外大安澜营
时言报(中文)	民党系	庄仲泉	庄中高	广东派在北京唯一的机关报,但经营困难,社务极为不振。尽管如此,该报发刊以来号数累计已达一千七百号,不管怎么说仍是当地的大报。日刊,四页,发行量四百五十份。社址在前门外潘家河沿
社会日报(中文)	中立	汪有龄	林万里	曾是安福系的机关报,现标榜中立。奉直战争时曾一时被命令停刊,其后不久复活。资金充裕,报面完备。日刊,四页,政治报道丰富,发行量一千份。社址在棉花胡同
日知报(中文)	旧交通系	王博谦	王量午	1913年10月创刊①,一度大为活跃。自从交通系蛰伏以来,报面立刻变得萎靡不振,不过与三四流报纸为伍。日刊,四页,发行量约四百份。社址在宣武门外西草厂
北京晚报(中文)	高凌霨、刘煌	刘煌	刘煌	该报为北京晚报之鼻祖,最初与曹汝霖、陆宗舆等有关,后归孙润宇、高凌霨所有。现在为"四六型"四页的小报,但知晓政界之机微,而且报道迅速、正确,因此近来声望渐渐高涨。社址在北新华街中街。发行量五千二百余份
大陆晚报(中文)	与张绍曾有关	张鹏	张鹏	本报在张内阁时期每月获得国务院二百弗补助,但现在已无。最近多少与王正廷有关。创刊时为早报,后改成晚报。四页的小型报纸,发行量七百五十份。社址在前门外大外郎营
燕都报(中文)	以营利为本位	吴熙宝	李乐天	小说、文艺的专门报纸,发行量四百份,社址在宣武门外南柳巷
五点钟晚报(中文)	保定派	郑知非	郑知非	是完整大报纸的缩小版,刊满各方面的报道,因此创刊以来得到逐步发展。社址在北新华街北头。发行量一千三百份
茶余录(中文)	以营利为本位	林醉陶	林醉陶	梨园、烟花巷的报纸,四页。社址在宣武门外虎坊桥,发行量八百份
亚东余录(中文)	以营利为本位	舒鹤青	舒鹤青	主要刊登梨园的消息。社址在宣武门外赶驴市。发行量约五百份
国强报(中文)	立宪派	杨润润	杨润润	《国强报》为白话报的鼻祖,受到中流以下阶级的欢迎。创刊时得到江朝宗的补助,江隐退后虽没有官方保护,但广告收入多,经营状况极好。社址在前门外延寿寺街。发行量五千五百份

① 一说为1913年9月创刊。

(续表)

名　称	主义系统	持有人或社长	主笔及主要记者	备　考
实事白话日报(白话文)	中立	戴兰生	戴兰生	1918年9月创刊,发行量一万四千份。标榜中立,研究系的色彩浓厚。读者多为中流以下阶层,但在学生中也受欢迎。社址在宣武门外铁老鹳庙
群强报(白话文)	以营利为本位	陆哀	王丹忱	社址在樱桃斜街。1912年创刊,发行量四千份。读者多见于剧界、烟花巷
北京白话报(白话文)	任昆山	何敏之	何敏之	创刊时得到陈光远的补助,陈失势后完全自营。读者日益增多,据说目前发行量有一千三百份,社址在前门外大安澜营
小公报(中文)	以营利为本位	董方仲	董方仲	以营利为本位,满载小说类内容,受到剧界、烟花巷的欢迎。发行量二千五百份,社址在宣武门外铁老鹳庙
北京晓报(中文)	以营利为本位	方梦超	吴天真	无任何特色。发行量四百份,社址在城内南池子飞龙桥
平报(中文)	以营利为本位	陆秀岩	陆秀岩	该报由已故赵秉钧创立,当时是军警界之木铎,但数年来萎靡不振。有关北京的报道丰富为其特色。发行量一千五百份,社址在宣武门外南柳巷
商业日报(中文)	北京商会	任崇高	任崇高	北京商务总会的机关报,小型四页的小报。不过以地方自治、社会报道、小说等填满版面。商会每月补助一百元,且广告收入多,因此据说经营状况良好。发行量六百五十份。社址在宣武门外方壶斋
日知小报(中文)	以艺术营利为本位	王博谦	李田文	虽被视为《日知报》的副刊,有关戏剧界、电影以及其他艺术的报道丰富,趣味多样,因而销量远远凌驾于主报之上。
世界晚报(中文)	中立	成平①	龚德柏	该报于1924年创刊②,累计发行虽未达到三百号,但新进气锐,报道迅速,对日本抱有好感。发行量六千份,社址在石驸马大街九十号。计划从1925年起发行日刊报纸
国风日报(中文)	共产党、民党系。宣传无政府主义,与胡景翼有关	景定成	索非	社长为山西省人,号牧九,民党当中共产派的骨干,在党内拥有和张继、于右任等人比肩的影响力,在山西省和陕西省内门人很多。曾在日本留学,毕业于某法律学校,据说现任河南督办胡景翼是其门下学生。主笔为共产党员,陕西省人,懂俄语,曾赴莫斯科。 本报在前年被曹锟政府禁止发行,冯玉祥政变后,凭借胡景翼的援助得以再刊。是无政府主义秘密结社北京安社的机关报,同时作为胡景翼的机关报,一直致力于对国民军方面的宣传。由于段执政府严厉取缔左倾运动及其他否认政府的出版物,加上胡景翼的死亡,该报于1925年4月16日被禁止发行

---

① 即成舍我。
② 1924年4月16日创刊。

(续表)

名　称	主义系统	持有人或社长	主笔及主要记者	备　考
中华（中文）	文化、重农、屯垦。由私人创办。与国民军方面接近	社长　米迪刚 副社长　吴天澈	主笔　尹仲材 曾长年活跃于上海报界，报道、评论稳健	1924年5月发刊，发行量一千份以上。社长为直隶省人，年龄四十余，毕业于早稻田大学。回国后致力于农村开发，曾建设出模范村。副社长为贵州人，北京农科大学毕业，曾在张家口外从事屯垦事业
民　报（The Min Pao）（英文、中文）	标榜民党主义。冯玉祥的御用报纸。致力于日中亲善，刊载排英报道	陈友仁　曾任孙文的秘书长	中文主任　王解生　日本大学毕业，由冯玉祥推荐入社	1925年6月创刊，日刊，十二页。作为当地国民党的机关报，曾有汪兆铭等国民党一派的《北京国民日报》，但创刊后不到一个月就遭停刊，这次以陈友仁为主持人创办本报。其外观和内容都凌驾于现在刊行的各大报纸之上，主要由冯玉祥提供资金，似乎成了冯的御用报纸

（乙）通讯

名　称	主义系统	持有人或社长	主笔及主要记者	备　考
中美通讯				参考外文通讯社部分
华俄通讯				同上
新闻编译	外交部机关通讯	邵振青	邵振青	该社为北京最早的通讯社，1916年创刊，与《京报》属于同心异体的关系。通讯中对外交部的宣传和政府方面的通讯较多，而且比较准确，是所谓外交系的拥护机关。社址在小沙土园
神州通讯	直系机关通讯	陈定远	徐瀛从	1921年创刊，是北京具有影响力的通讯之一。报道多为对日本报纸的翻译，迅速可信。从前致力于排日，但现在已非如此。社址在南横街
国闻通讯	卢永祥的机关通讯	胡　霖	吴如芝	上海国闻通讯的支社，1922年创刊。报道较为可信，亦接近外交部，外交方面的通讯报道也相当丰富。上海、北京之间的电讯受到中国各报社的欢迎。社址在梁家园后街
醒民通讯		廖鸣章	廖鸣章	该通讯社一直是内阁的机关，以前对张内阁抱有好感。关于国务院方面的报道居多，另有政府发往各省的来往电报等，报道比较准确。1919年创刊
民本通讯	奉系	瞿孟池	瞿孟池	社长为吉林出身，且为奉系在京通讯记者，关于东三省的报道自然居多。1922年创刊，当时多刊载排日报道，但现在已非如此。报道没有任何特色。社址在顺治门内安福胡同
维民通讯	反直系	余维之	余维之	1923年设立，虽标榜为反直系，但影响力贫弱，没有任何价值，且报道不实
捷闻通讯	唐继尧派	张瑞萱	张瑞萱	虽然不时为唐继尧宣传，但在当地报界其存在几乎不被承认
大陆通讯	反直系	陆少游	陆少游	该通讯为湖北系的张伯烈等人所创立，主要进行议会方面的报道。最近脱离了张伯烈之手，反直系的色彩浓厚，但对孙内阁多少抱有好感。社址在白芦营头条
中一通讯	无所属	李国华	李国华	该通讯于1920年由李文权创刊。黎大总统退位后，李文权大多不在北京，其影响虽不能再维持之前的信誉，但毕竟从前是官府派的机关通讯，因此有关官府方面的报道虽不迅敏，但仍真实可信。以全年无休刊为特色
益智通讯	无所属	叶我心	叶我心	不足为记
正谊通讯	王正廷派	张维民	张维民	1923年创刊，有关外交方面的通讯很多，报道迅敏准确

三、外文报纸、通讯及杂志

名　　称	主义系统	持有人或社长	主笔及主要记者	备　　考
Peking Daily News [北京日报] (英文)	交通系	夏廷献　据称背后有顾维钧一派的外交系势力	评论记者 Ramsay News Editor 吴来熙	1917年创刊,早报,八页,发行量四五百份。原由北京日报社社长朱淇经营,1917年3月盘给美国留学出身的汪觉迟。其后不久又被转卖给徐树铮,但汪仍作为主笔掌握全权。此后由英国籍香港人吴来熙担任专职主笔。1920年安福派没落后成为旧交通系的机关报,一度由英国人 W.Sheldon Riage 掌握编辑全权。此人退社后,吴再度任主笔。1924年5月 Gonld 作为主笔入社,但同年年末,Gonld 退社,吴来熙和 Ramsay 入社。从1921年七八月间到1923年末,从劳农俄国驻北京代表那里获得财政补助,大肆刊载该代表的军事顾问 B.Roustam Bek,以及该政府机关 Rosta 通讯社北京支局长 Hodoroff 等人撰写的排日来稿。但1923年末,随着财政补助被终止,该报同劳农俄国代表的关系破裂。目前处于经营困难境地,最近有传言说将从交通系转给外交系。报道的特色在于中国政府发布的消息和其他政府方面的消息居多
Peking Leader [北京导报] (英文)	进步党的机关报。虽为中国报纸,但有亲美倾向,疑其与公使馆方面有关系	总理　梁秋水 1924年末,通过英美资本将该报盘下	Grover Clark (美国人)	1917年12月创刊①,早报,八页,发行量四五百份。1917年12月作为梁启超的机关报创刊。一向被视为北京外文报纸中的佼佼者。刁敏谦(广东人,英国 Cambridge 大学 L.L.D.)任主笔时,由于其兄刁作谦任外交部秘书,以外交方面消息灵通而为人所知。1919年1月②刁辞任主笔,接着,美国人 Bach③、美国人 Josef W.Hall、美国留学出身的余天休、美国人 Grover Clark、原上海《申报》及 Peking Daily News 记者黄国钧、英国人 Chrifford L.Fox 等依次担任过主笔。1922年11月以来,美国人 Grover Clark 再度入社任主笔,总理为梁秋水,依旧为进步党的机关报。曾频繁刊登总统府英国顾问 B.L.Simpson(Putman Weale)撰写的排日评论来稿,但最近两三年来已不复如此,特别是 Grover Clark 任主笔以来,评论比较稳健,但报纸整体的论调跟过去一样依然带有亲美的色彩。1924年末,英美资本将该报盘下。在该报刊登的转让委员名单中,有美国洛克菲勒财团关系者和燕京大学关系者等的名字。由此令人怀疑是否计划使之成为对华文化事业者的机关

---

① 一说为1920年创刊。
② 1924年报告为"11月"。
③ 1924年报告为"Buch"。

(续表)

名　称	主义系统	持有人或社长	主笔及主要记者	备　考
Far Eastern Times [东方时报]（英文、中文）		张煊 1925年7月17日接替前社长B. L. Simpson就任。浙江人，北京大学出身，曾任《申报》北京通讯员，后与当时的司法总长董康意见冲突，转投奉系，据说与张学良的关系最为密切	总编　屠君孝　北京大学教授，与张社长同时就任，总管英文和中文两部分	1923年2月创刊，早报，英文10页，中文6页，发行量约二千份。本报由总统府的英国顾问B. L. Simpson(Putman Weale)从张作霖、安福系、劳农俄国北京代表、总统府等各方面募集资金，于1923年2月24日创刊。该报假借俄国义勇舰队的广告费之名，接受劳农代表年额六千弗补助的事已经暴露，最近似乎没有接受劳农俄国政府的补助。本报的特征在于毫无一定的主义，或从奉天，或从劳农俄国，或从其他方面乘机获取补助，论调不断变化。为英中双语的报纸。社长Simpson在今年7月上海事件发生以来，由于与中国股东意见不合而辞职，张继任
North China Standard [华北正报]（英文）			编辑主任　F. Newel	1919年12月1日创刊，早报，八页。该报由鹫泽与四二担任社长，原Japan Times及Kobe Herald等报的记者J. S. Willes担任News Editor，原国际通信社编辑佐藤显理担任主笔，于1919年12月1日创刊。但1920年3月佐藤显理辞职，1922年3月Willes被解任。此后主要由德国人F. Newel和鹫泽与四二负责编辑。1924年3月，鹫泽社长辞职后，F. Newel专门负责编辑
Journal de Pékin （法文）			主笔　Albert Nachbaur (French Jew) 副主笔　Iwanoff	1911年7月创刊，早报，八页。曾接受俄国公使馆的补助，俄国政变以来受法国公使馆的保护，1918年5月成为法国公使馆的机关报，据说通过中法实业银行得到补助，但随着该银行的破产，补助中断。主笔法国人Nachbaur为Franch Jew，副主笔Iwanoff是过激派俄国人，不时刊载过激主义内容。Nachbaur屡屡舞弄排日毒笔
Politique de Pékin [北京政闻报]（法文杂志）			Monastir	1914年创刊，周刊，约三十页。主笔是在北京居住了二十余年的法国人Monastir。所论稳健，完全是外交部的机关报
Reuters News Agency [路透社电报]（英文）		英国Reuter通讯社北京支局	支局长　Major A. H Wearne	将北京的报道通过电报发给伦敦、上海、天津的Reuter通讯社及东京的国际通信社，同时，将来自世界各地的Reuter电讯分发给北京和天津的各外文及中文报社
Chun Mei News Agency [中美通讯社]（英文）		社长　Brewster 副社长　Wolfrey、宋发祥	主笔　John Andrew Croette	欧洲大战后由美、中共同出资创办。1919年3月，曾任美国公使馆副领事的Burr担任中美通讯社北京分社主任，中国方面以国务院情报部主任宋发祥为代表，任理事。1922年2月中旬，Burr由于背负了大量债务而前往莫斯科，社长由美国传教士Brewster，副社长由美国人经营的燕京大学教授Wolfrey担任，中国方面以宋发祥为代表，与编辑有关的一切实务都在宋发祥监督下，由其管理。向北京、天津、上海等地的各外文报纸发布北京的报道。原本频繁进行排日Propaganda，但近来其态度似乎渐有缓和。名义上表面仍任用美国人，但实权渐渐转移到中国方面。不过，英国人以Reuter通讯社作为其发表机关，与此相对，美国人则以中美通讯社为其发表机关，两相对峙的状态依旧

(续表)

名　称	主义系统	持有人或社长	主笔及主要记者	备　考
Asiatic News Agency［英文亚细亚通讯］（英文）		张敏之	张敏之	欧洲战争后,由原 Peking Gazette 的记者张敏之（Michie C. L. Chang）创办,以王某为主笔。从中国各地的中文报纸中,将适合外文报纸的报道巧妙地翻译出来,并将其作为本社的特别通讯分发给北京、天津等地各外文报纸,并与交通部签合同,每日将从德国发出的无线电讯提供给上述各外文报纸
Rosta News Agency（俄文）	劳农政府的机关通讯,由劳农俄国驻北京代表下属情报部长 U. J. Lebedoff 监督		Slepaek	1920 年 8 月创刊。1920 年,远东共和国政府将尤林作为代表派遣至北京,在此前则以向海外宣传俄国情况为目的,在北京开设支局,任命 A. Hodoroff 为支局长。1922 年 11 月,远东共和国合并入劳农俄国,同时废除 Dalta News Agency 这一名称（最初有 Dalta News Agency 和 Rosta News Agency,前者是远东共和国政府的机关通讯,后者是劳农俄国的机关通讯）,仅 Rosta News Agency 得以存在下来。A. Hodoroff 于 1922 年末受命转任莫斯科外交部,目前处于劳农俄国驻北京代表下属情报部长 U. J. Lebedoff 的监督之下。办事处位于劳农俄国大使馆内,除了地方通讯之外,每天将莫斯科、赤塔、哈尔滨、浦盐斯德等各地来的电报分给北京、天津的各外文及中文报纸,但登载出来的并不多。是劳农政府在远东的新闻政策总司令部

四、日文报纸、通讯及杂志

名　称	主义系统	持有人或社长	主笔及主要记者	备　考
新支那（日文）	日中亲善,与政党派系无关	社长　安藤万吉		1913 年 9 月创刊,日刊,六页,发行量一千份,社址在北京内城大甜井。1912 年兵变动乱之际,发行油印周刊,1913 年 9 月发行日刊至今。凭广告费勉强维持经营而已
北京新闻（日文）	日中亲善,与政党派系无关	社长　森川照太　高等商业学校出身,在天津居住已久	波多野乾一　上海东亚同文书院出身,曾任大阪每日新闻社特派员	1923 年 8 月创刊,日刊,四页,发行量一千份。社址在北京崇文门内船板胡同第三十五号。该报是总社位于天津的《京津日日新闻》北京版,以政治方面的报道为主。经营颇为困难。该报的特色在于将前一月的报道题名以字母顺序编成索引刊载出来。报道格调高,不刊登社会性杂报
支那问题（日文杂志）	研究中日情况	主持人　长谷川贤　外国语学校出身,《顺天时报》记者,曾是共同通信、电报通信社通讯员		1921 年 9 月创刊,月刊杂志（约三百页）,发行量约三百份,社址在北京崇文门内豆腐巷十七号。本杂志原在东京市发行,1921 年 5 月左右,在该杂志相关者波多野乾一等人来京的同时,由松本清司继续发行。松本死后,由现任主持人长谷川继承。收集时事问题
极东新信（日文杂志）	介绍日中事业	主持人　藤原镰兄　东京私立政治学校毕业后,曾在各地任新闻记者。1911 年 12 月,随松本君平来京,曾长期担任新支那社主笔		1922 年 1 月创刊,周刊杂志,三十页,发行量一千份。社址在北京东单牌楼东裱褙胡同五十三号。该杂志原名亚细亚通信社,从经营者野满四郎手中盘下后改名并经营至今。该杂志的特色在于简单地报道时事问题

(续表)

名　称	主义系统	持有人或社长	主笔及主要记者	备　考
东方通信			北京支社长　德光衣城	1918年5月开设北京支社,发布日中之间的时事通讯。社址在北京东城西观音寺胡同七号。发行中文和日文通讯
共同通信①		社长　野满四郎　上海东亚同文书院出身,目前在奉天盛京时报社任职	主持人　小口五郎 上海东亚同文书院出身,曾任《顺天时报》《山东日报》记者	1916年1月创设,将中国的时事发布至日本及中国各地,发行量四十份,社址在北京东单牌楼新开路
电报通信		社长　光永星郎	北京支社长　竹内克巳 曾任大正日日新闻社经理	1923年5月创设,发布日中之间的时事通讯,发行量三十份,社址在北京东单牌楼三条胡同第十号。发行中文和英文通讯

上海

第一　中文报纸、通讯及杂志

一、概况

(一)上海中文报界的现状概观

上海1924年末中文报纸有《申报》《新闻报》《时报》《时事新报》《神州日报》(以上为前清时代创立)及《民国日报》《中华新报》《新申报》《商报》《中国晚报》(晚刊)与《中外大事汇报》(以上为民国以后创立),以及《东南晚报》《上海夜报》(二报均为晚刊,本年创刊)十三种。其中《申报》和《新闻报》历史悠久,基础牢固,所以社会信誉深厚,其报道内容亦相应丰富,为当地中文报界之翘楚。《中外大事汇报》和《中国晚报》以下三种晚刊不仅基础薄弱,而且内容亦没有可观之处。至于其他报纸,只是规模有大小,但作为该国中文报纸,毋宁说属于优秀之列。

当地所有中文报纸均在租界内印刷发行,而且主要中文报纸基本上在外国领事馆注册,因此与在内地发行的中文报纸相比,各方面都享受方便和益处,此可视为当地中文报界特色之一。

就报社经营方针而言,相互表面上回避攻击、排挤、竞争,主要通过充实内容、改善外观等竞争,此种倾向十分明显。但本年8月以后战乱给各社营业带来极大影响,随着相关方面交通几乎断绝,销售份数急剧减少。另一方面,因战争引起的商界萧条带来广告利用者剧减。各报社经营状况均不理想,有的报社的经营甚至完全陷入困难之中。有的报社根据以往的营业方针根本无法支撑,因而减少页数,或者节约经费,同时果断下调广告费,勉强维持。

如《时报》《中华新报》《神州日报》等将以往的十二页减少至八页。再如《申报》亦将日日刊登的常识及自由谈两个栏目改为隔日刊登,试图缩减版面。又如以《申报》《新闻报》为首,各报果断将广告费至少下降二三成。

当地的中文报纸,在该国其他地方也不例外,不直接或间接与某政党政派有关系者实属罕见。有关这一点,对于准备通过报纸观察时局推移以及其他政治问题等的人而言,是必须一直牢记在心的。因此,相关党派的盛衰对于其经营状态的影响颇大。一直作为安福派系而攻击曹锟政府,特别是今秋江浙战争以来站在卢永祥一派,显著加重反直系色彩而致力于宣传的《商报》《新申报》及《中华新报》三报,在卢流亡日本后,随着当地实权归于直系之手,最终归于直系,在有形无形的压力下几乎陷入经营困难,甚至一时风闻要停刊。由于吴佩孚败退,局势骤变,幸而得以逃脱其危境,这便是显著例证。

(二)1924年中文报纸、杂志界之兴废

本年所见创刊的报纸有《东南晚报》《上海夜报》及《江南夜报》三报,均为小规模晚报,江浙战争发生后作为卢永祥或齐燮元之机关报,以宣传为唯一目的,报道内容均无可看之物。各报经营等伴随时局推移难免受到影响,例如现在继续经营的《东南晚报》《上海夜报》二报,处于收支不平衡的状态,迟早停刊也是迫不得已的。

另外,《国闻周报》《宁波周报》二报亦为今年出现,《国闻周报》由国闻通讯社社长胡霖创刊。该报对于政治的评论,不仅公正,而且内容相当充实,因而受到普通知识阶层的欢迎。

(三)中文报纸对日本之态度

在当地的中文报纸中,一向被视为排日报纸的是《新闻报》《商报》二报。两报均非立足于坚定的主义、方针,

---

① 即共同通信社支社。

而是从营业的角度政策性地利用此,似乎是在讨民众欢心。

进入本年,排日风潮基本隐潜其踪影,而另一方面反对曹锟贿选之气势大为高涨,接着8月以后北方和南方爆发战争,几乎举国遭受战争之灾,确实是民国以来遭遇到了国事多端之秋。各报均无暇顾虑对外问题,以往的排日论调看上去几乎一扫而光。加之,该国内乱发生以来,我国声明采取绝对不干涉主义,以公正态度贯彻始终。这对消除普通中国人以往的疑惑好像发挥了作用,其公正态度亦为当地中文报纸普遍认可。

然而,各报均不登载日本方面的广告仍然在继续。

(四)上海日报公会之现状

(1)沿革

1906年,当时当地各主要中文报纸以维持、增进共同利益这一目的而创立。

(2)总部

上海汉口路兆福里。

(3)会员

《新闻报》《时报》《神州日报》《民国日报》《新申报》《中华新报》《商报》(《申报》1918年、《时事新报》1919年均退出公会)。

(4)经费

会员每次入会费五十元,每月会费二十元。

(5)事务

日常事务是,每日印刷北京电报发来的北京政府公布的命令、公电等发给各报。还有,根据需要,得到会员同意后,临时召开会议,讨论重要事情。

(6)现状

本公会目前无任何实际势力,而且会员之间无论怎样意见都不一致,现在处于有名无实之状态。雇用书记员三名、勤杂工二名。据闻由于会费多有滞纳,经济上甚为困难。

(五)上海中文通讯界之现状概观

当地中文通讯界,其历史极短,尚未脱离草创阶段。在当地首次看到中文通讯社设立仅为五年前之事,现阶段提供给各报社的材料主要仅限于与上海地区有关的新闻,而且倾向于偏重政界方面的资料。很遗憾有关社会上发生的重要事件等材料甚为匮乏,不得不有待于未来发展。通讯社总计十一社中,国闻通讯社、联合通讯社二社最为活跃,其他几乎处于有名无实之状态,但今秋中国发生大动乱后,因相关党派利用来宣传,通讯社争相发布各种消息,各社的通讯使得报纸每天都很热闹。

二、报纸、通讯及杂志

名 称	主义系统	持有人或社长	主笔及重要记者	备 考
申报 (中文) ("Shun Pao")	标榜中立派,但带有进步党色彩。一向接近直系,与张謇一派的实业派、江苏教育会也有较深关系。似乎鼓吹教育主义、和平主义、实业主义。对日本有善意。在法国领事馆注册	社长 史量才(号家修) 江苏省松江人,张謇的手下,无值得特别提及的学历。商界出身,缺乏政治上的见识,也无作为报社记者资格,但是适合经营报纸之人才。才士气质,会算计,处事伶俐。在报界和实业界具有影响力。今春浙江问题发生时作为当地绅商代表之一奔走于和平运动。 经理 张竹平	总主笔 陈景韩以"冷"为号,江苏人,留日出身。为人干练,文笔锐利。次席 康通一 兼任通讯员	1872年创刊。作为中国最老的报纸,基础牢固,信誉笃厚。1912年现社长史家修经营此报,一度在德国领事馆注册,1916年以冈田有民的名义在日本领事馆注册。其后因排日风潮,受周围压力,取消在我方的注册,在法国领事馆注册。对我方一向有善意,虽在排日风潮甚为激烈之际,也保持冷静态度。论调亦为公正稳健。社址位于上海汉口路。二十页之日刊。一向有周日副刊、汽车副刊,其他适应时势的各种副刊,现因营业萧条而废止。在官场、实业界、绅士界其他上层社会中订阅者较多。处于与《新闻报》激烈竞争状态之中,有被前者的影响力压倒的倾向。发行量据称一日二万多份。其报道内容、外观均未必逊色于日本内地主要报纸

(续表)

名　称	主义系统	持有人或社长	主笔及主要记者	备　考
新闻报 (中文) ("Hsin wom① Pao")	标榜不偏不党的实业派,但最近大为接近直系,由于致力于为曹锟政府辩护,所以在其他政派,特别是民党中极为不受欢迎。上海中文报纸中排日倾向最为明显,但本年几乎未见其吐毒舌。依据美国法律,在特拉华州注册。理事长Fergusson兼任北京政府的顾问,因而可窥该报特色	社长　汪伯奇　前社长汪龙标之子,本年11月因其死亡而继任	总主笔　李伯虞(号浩然)　陕西人 次席　严独鹤(号子才)　浙江人	1893年创刊,股份制,为美国系统报纸。股东以理事长Fergusson为首,中国实业界有力人士居多。在报道电报丰富这点上不亚于《申报》,但其态度稍微有轻薄、不认真之嫌,尤其是其往年的排日报道、社论,有让人怀疑该报之真实价值的内容。以上海为中心,苏州、杭州、南京一带也有不少购阅者。十六页至二十页,日刊,发行量达二万五千份,居上海中文报纸之首位。基础牢固,营业状态良好。在实业界购阅者较多,影响力较大。其经济栏有值得一看的内容。社址位于上海汉口路
时报 (中文) ("Eastern Times")	标榜中立派,但其实与安福系、奉系多少有关。对日本的态度一般,但由于经理人接近英美人,有时刊登对日本不利的报道、社论	社长　狄楚青 经理　沈能毅　为人敏练,擅长英文	陈景韩(号冷)兼《申报》总主笔(同上) 戈公振　扬州人②,精通文学,但缺乏政治头脑	1904年创刊,康有为出资,现社长狄楚青(康之门人)最初担任经营。1907年以宗方小太郎之名义在日本总领事馆注册,1919年排日运动激烈之际,仿效《申报》在法国总领事馆注册。报道极为稳健。本年后半期经营萧条,结果节减经费,现在勉强维持经营,但甚至有传言说会转让他人。为八页至十页之日刊,一日发行量未达一万份
神州日报 (中文) ("National Herald")	中立派。在日本领事馆注册,致力于为日本立场辩护。目前与政党完全无关系。中国人将其与《中华新报》一起视为上海的亲日报纸	社长　余洵(号谷民)　留日出身,相当理解日本,为人亦干练,但政治上的观察有些肤浅	吴瑞书(号麟) 江苏人,留日出身 次席　孙臛蝯	1906年创刊③。当初为《民立报》社长于右任经营,其后成为安福派机关报,一时带有革命党色彩。鼓吹排日,但逐渐陷入经营困难。1916年由北京政府收购,1921年④归旧《大共和报》经营者钱芥尘经营,不久又转至现社长余洵手中,同时以神崎正助之名义在日本领事馆注册。自此即使在排日风潮激烈之际,也始终致力于为日本立场辩护。该报完全无政党派色彩,在上海一带拥有读者。一日发行量约六千份,在教育界有影响力。十二页日刊,发行文艺副刊《晶报》(Crystal)。副刊为单独销售,发行量达一万三千份。社址位于山东路

---

① 1924年报告为"wan"。
② 应为江苏东台人。
③ 应为1907年4月2日创刊。
④ 应为1916年10月。

(续表)

名 称	主义系统	持有人或社长	主笔及主要记者	备 考
时事新报 （中文） ("China Times")	研究系唯一的机关报，现在反对安福派，有时好像发表同情工农主义之言论。对日本态度一般，但无法说良好。在法国总领事馆注册	经理 黄溯初	张东荪 浙江人，留日出身。抱有新思想，缺乏政治头脑，身体亦虚弱 次席 周孝庵	致力于刊登白话文体的评论，宣传新思想，在政界、教育界读者众多。1908年创刊。曾与《舆论报》和《时事报》合并，当时称为《舆论时事报》，后来改称为现名。革命后归共和党及进步党员陈敬第和孟森经营。1914年被德国人收购，在德国领事馆注册，1916年转为前社长黄群（进步党党员）经营，接着断绝与德国的关系，以我国人波多博之名义在日本领事馆注册，1916年秋起完全成为梁启超一派的机关报。排日风潮兴起之际，取消我方的注册，在法国领事馆注册。日刊，十二页到十六页，发行量六千份。发行《学灯》附录，专门宣传新思想。社址位于上海山东路
民国日报 （中文） ("Republicans Daily News")	国民党机关报，拥护广东政府的立场，评论激进，有时发表同情工农主义之类的言论。当地仅次于《新闻报》《商报》的排日报纸。今春改良活字、报面等，使面目焕然一新，但据说这是接受孙文三万元补助的结果	邵仲辉（号力子）兼主笔，好论政治，但政治方面的思想不够充分。任上海大学代理校长，该校为当地唯一的共产主义学校	叶楚伧 江苏人，精通旧文学，政治上所论偏于极端。反共产主义者，与邵仲辉有思想上的冲突，本年9月退职，但11月又复任 次席 邵仲辉；沈剑侯 沈氏为浙江人，留日出身，曾任省议会议长，37岁	1916年创刊，曾因以过激言论攻击北京政府而被交通部禁止邮寄，但1921年初起解禁。在西南诸省及本地学生界读者居多。发行副刊《觉悟》，致力于宣传新思想。总是痛骂资本主义、帝国主义。十页至十二页之日刊，发行量约四千份。目前经营不令人满意。社址位于上海山东路
中华新报 （中文）	政学会机关报。对日本态度公正，中国人将其与《神州日报》一同视为上海的亲日报纸。由于黎下台，政学会没落等，财源匮乏，今秋江浙战后经营日益陷入困难。现接受司法总长章士钊援助，得以继续经营	经理 殷汝骊 浙江温州人，留日出身，为人稳健，但无作为记者之资格。在这次政变中，可能进入中央，正在活动。12月为胡景翼所聘赴河南	张炽章（号季鸾）陕西人，留日出身，政治上头脑极为明晰，眼光亦甚为锐利。此次政变以来，与殷汝骊一起行动，投赴河南胡景翼麾下	1915年10月反对袁世凯帝政而创刊，由旧国民党议员、前农商总会长谷钟秀主持。一时声价高涨，但随着袁死南北统一，谷等干部奔赴北京政界之后，由旧国民党员吴敬恒等人主持，接着又转归谷钟秀等政学会派经营。后来，为该报创刊尽过力，担任营业部主任的欧阳振声成为名义上的社长，与汪复炎等人共同负责经营，其后吴应图担任经理，现在则由殷汝骊担任经理，张耀曾、谷钟秀等七人为股东，负有无限责任。该报作为政学会机关报，带有准民党色彩，曾经攻击北京政府为非法政府，与《民国日报》一样被交通部禁止发送，1921年前后获解禁。主笔张季鸾（用一韦之号）从大局出发总是公平、堂堂正正地发表外交言论。评论之出色，在上海中文报纸中很罕见。该报的社论实际上在上海中文报纸中不失为独放异彩。对于政治为主的主要报纸自不待言，对于日本外交方面的杂志，张总是密切注意，毫不懈怠，十分了解日本。最近因节约经费，缩减报面，现在为八页之日刊。发行量约六千份，社址位于上海山东路

(续表)

名　　称	主义系统	持有人或社长	主笔及主要记者	备　考
新申报（中文）（"Shanghai Tribune"）	安福系机关报。对日本并非有特别厌恶感	关芸农　安徽人，曾任前护军使何丰林之咨议	孙叔子（号东吴）江苏苏州人，前清举人，曾任天津《华北新闻》总主笔，徐世昌政府时的顾问，缺乏政治上之见识	1913年创刊①，由上海总商会会长朱葆三等人与英国人共同出资创办，前《申报》经营者席子佩负责经营。欧洲大战爆发后，英方不准备将该报维持下去，1918年7月脱离关系。此后归席子佩单独经营，因财源匮乏，向日本人方面求援，未果。接着与法国人之间发生诉讼，向日、英、美领事馆申请注册，均被拒绝，于是席成为葡萄牙的保护民，在该国总领事馆注册。其后经前主笔钱芥尘之手，成为安福系机关报，1920年10月钱辞职，与安福派的关系断绝，成为新交通系陆宗舆一派机关报，但此后其关系亦中止。1922年7月间对报社进行整顿，同时取消在葡萄牙方面的注册，以冈田有民的名义在日本总领事馆注册，1923年7月间获得浙江卢永祥五万元补助，再次成为其机关报。取消日本方面的注册，表面上变更为新申公司之名义。日刊，十六页，发行量约五千份，经营状况不良。社址位于上海山东路
商报（中文）（"Shanghai Journal of Commerce"）	如其名所示，表面上标榜振兴实业，而其实与奉系有相当深的关系。另外，最近与招商局（傅筱庵）方面有关系，亦与孙文派有些关系。与《新闻报》同为当地排日报纸	李征五　在宁波同乡会负有声望。精通经济界状况，但不谙政治情况	潘公展	1921年1月创刊，由广东人汤节之及宁波人虞洽卿等有实力的实业家出资经营。广东方面以广肇公所，宁波方面以上海证券物品交易所为后援，社内分为两派，彼此争斗颇多，广东方面居优势，因而汤节之在经理位置上进行运筹，充实内容，改善编辑与版面，想以此对抗《申报》《新闻报》等。1922年间偶遇女办事员于席上自杀这一罕见事件，汤与此相关而被问罪，社内部分人员产生动摇，例如自创立时就参与的美国犹太人Sokolsky退出，现在完全归宁波人经营。今年后半期经营甚为不振，陷于经营困难，依靠奉天方面的援助勉强维持经营。现为十二页日刊，发行量四千份。社址位于上海山东路
中国晚报（中文）	无特别主义系统，但与国民党多少有点关系。持有人沈卓吾因为与英美人接近，总是带有排日色彩，但近来其色彩变淡	沈卓吾　商人出身，作为记者无足轻重，但有才干，在商界相当有影响，今后被寄予希望。热心提倡国货，一向接近英美人，但近来出于某种动机接近日本方面。兼营中国新闻社（通讯社）	张冥飞　为排日人物	1921年创刊的中文晚报。将来如何暂且不论，目前阶段内容匮乏，不值一看。发行量声称五千份。社址位于上海南京路

---

① 应为1916年11月20日创刊。

(续表)

名　称	主义系统	持有人或社长	主笔及主要记者	备　考
中外大事汇报 (中文)	无特别主义			我国人荒卷某等与中国人共同经营的八页日刊报纸，内容极为贫乏。刊登日本商社和部分西方商社的广告，仅可维持营业
东南晚报 (中文)	卢永祥的机关报	章佩二	同前	1924年江浙战争期间创刊的晚刊①，发行量三千五百份，社址位于上海山东路新申报馆内
上海夜报 (中文)	齐燮元的机关报	毕倚虹	同前	1924年江浙战争期间创刊的晚刊②，发行量二千份，社址位于上海福州路
国闻通讯社 (中文) (电报翻译通讯) ("Kuo Wen News Agency")	与国民党及卢永祥派有关系，对日本有相当善意	社长　胡霖　留日出身，精通日语及日本情况，通晓政界情形。为人亦干练，为安福系人物。作为中国记者还去过巴黎和会，对中国政治具有见识。对日本有善意，立论公正，对英美抱有反感	同前	1921年末创立。社长胡霖曾经担任天津《大公报》(安福派机关报)的主笔，直皖战争后任北京《新社会报》主笔，接着来上海创办本社。通过电讯及翻译，不仅向中文报纸提供通讯，而且让《字林西报》记者陈汉民将其翻译后提供给英文报纸。材料可靠。上海有总社，北京有分社，还在各地置通讯员。经费充裕，设备齐全，未来会引人注目。总社除了通讯之外，与分社及各国报纸、杂志之间有特约关系，代理广告。另外，本年发行周刊《国闻周报》。社址位于上海山东路
联合通讯社 (中文)	吴景濂派	李次山	同前	1919年1月湖南督军张敬尧出资创立。以书面方式发通讯，其后与唐绍仪、伍廷芳等产生关系，最近则与吴景濂一派接上关系。只在上海设总社，未设分社，通讯也限于一部分。社址位于上海贵州路
公平通讯社 (中文)	与卢永祥多少有关	李晓南	郑青士	1922年12月创立，原为赵恒惕、刘湘等的机关报，现已断绝关系。如前所述，经费不足，无分社。社址位于上海爱多亚路
东南通讯社 (中文)	与国民党及唐继尧有相当深的关系	陈冰伯	同前	1923年创立，弱小
远东通讯社 (中文)	陈炯明一派机关报	莫克明　广东惠州人，南京暨南学堂毕业，27岁	同前	1924年4月创立
苏苏通讯社 (中文)	江苏省议会机关	吴觉我	李味青	1923年创立，地址为新重庆路
中国新闻社 (中文)	与国民党多少有关	沈卓吾(同上述)	同前	1923年创立，附设于中国晚报馆，社址位于上海南京路

① 1924年9月8日创刊。
② 1924年12月1日创刊。

(续表)

名　　称	主义系统	持有人或社长	主笔及主要记者	备　考
大同通讯社（中文）	安福系徐树铮派机关	马芹甫	同前	1918年秋徐树铮等创立的中孚通讯社，在1920年直皖争斗后改称大同通讯社。上海设总社，北京置分社。社址位于上海成都路
中外通讯社（中文）	与研究会派多少有关	周孝庵　《时事新报》主笔	同前	1924年2月创立，社址位于上海爱多亚路
世界通讯社（中文）	外国报纸的翻译通讯	陈无我		1921年间创立，专门在上海从事外国报纸的翻译通讯，内情不详。有一种说法为外国人经营的通讯社，另一种说法是与华俄（Delta）通讯社有关系
中南通讯社（中文）		郁慕侠	同前	与政治无关系，仅以外国商人等为对象，靠广告获得收入

杂志（中文）

名　　称	类　　别	发行期	发行人	备　考
东方杂志	政治	半月刊	商务印书馆	二十几年前创刊，与政党政派完全无关系
妇女杂志	妇女问题	月刊	同上	十年前创刊，1920年左右起有倡导妇女解放运动之倾向
教育杂志	教育	月刊	同上	十二年前创刊
太平洋杂志	政治	月刊	同上	五年前创刊①，1月和6月休刊
民锋杂志	教育	月刊	同上	五年前创刊，专门介绍世界最新学术
新教育	教育	月刊	同上	六年前创刊
英文杂志	英文	月刊	同上	十年前创刊
农业丛刊	农业	不定期	同上	
上海总商会月报	商业	月刊	总商会	1921年7月创刊
中国工业杂志	工业	月刊	江西路贸易印刷公司	十三年前创刊
道路月刊	路政	月刊	中华全国道路建设协会	五年前创刊
银行周报	金融	周刊	上海银行公会	1917年创刊，有经济统计、经济类副刊
史地学报	历史地理	每年八次	商务印刷馆	三年多前创刊
学艺杂志	学艺	月刊	中华学艺社	五年前创刊，作为学艺杂志为一大权威
体育季刊	体育	三月刊	商务印书馆	两年前创刊
科学杂志	科学	月刊	同上	八年前创刊

---

① 1917年3月1日创刊。

定期调查报告　　（秘）1925年7月　　中国(附香港)的报纸及通讯的调查

(续表)

名　称	类　别	发行期	发行人	备　考
革新杂志	教育	二月刊	同上	1923年创刊
女国民月刊	女子参政运动	月刊	劝业女子师范学校	1923年创刊,女子参政协进会机关杂志
钱业月报	金融	月刊	钱业公会	非卖品
上海银行公会报	金融	年刊	上海银行公会	非卖品
孤军	政治	月刊	闸北宝通路顺泰里十六号	1923年创刊,提倡革新运动,评论激进
国闻周报	反直系	胡霖(号政之)	同前	1924年8月创刊①,国闻通讯社社长胡霖主办。是当地以政治评论为主的唯一周刊,知识阶层中读者居多。发行量三千份,地址为上海山东路
宁波周报	宁波同乡会机关报	张静庐	同前	社址位于上海西藏路,宁波同乡会馆内

第二　日文报纸、通讯及杂志

名　称	主义系统	持有人或社长	主笔及重要记者	备　考
上海日报(日文)	拥护日本人利益	社主　井手三郎 社长　井手友喜	岛田数雄	1903年创刊,上海最老的日文报纸,基础牢靠,相当有信誉。1899年创刊的周刊《上海周报》为本报之前身。日刊,十页,发行量约二千份。社址位于上海白保罗路
上海日日新闻(日文)	同上	宫地贯道	同前	1914年创刊,日刊,十页,发行量约二千份。信誉差于前者。社址位于上海梧州路
上海每日新闻(日文)	介绍上海及中国一般经济情况,维护上海证券交易所利益	深町作次郎	同前	1918年11月创刊,今年11月由《上海经济日报》改名而成。日刊,八页,发行量约一千多份。创立时日尚浅,经营和编辑上十分精心,正在博得社会信誉。其经济栏特别受社会欢迎。不仅在上海,在长江一带销路也较多。社址位于上海汤恩路
上海(日文)	拥护日本人,介绍中国情况	西本省三(号白川)	同前	1913年创刊。创刊当初佐原笃介任社长,后来西本省三继任社长。周刊,小型报纸,发行量约一千份。还与外文和中文两报纸的日刊翻译通讯一并发行。社址位于上海海宁路
东方通信(日文)	介绍日本情况,发布有关中国情况、问题的通讯	主持人　伊达源一郎	上海支社主任　波多博	1914起在上海设总社,1920年将总社迁往东京,在上海、北京、奉天、天津、广东设支社。在上海,以日文、中文向各家报纸和上海 Times、上海 Mercury、《字林西报》、China Press 等英文报纸提供电讯。社址位于上海闵行路

---

① 1924年8月3日创刊。1926年迁天津,1936年又迁回上海。

(续表)

名　　称	主义系统	持有人或社长	主笔及主要记者	备　考
日本电报通信（电报通讯）	以经济电报为主	上海支社长 儿玉璋一	同前	总社在东京，上海支社于1920年11月设立，以电报主要发布日本内地的经济消息，提供给日本方面的主要公司及部分中国公司。此外也发布一般电讯。社址位于上海四马路
上海公论（日文杂志）（"Shanghai Review"）	主要刊登关于中国政治、经济、文化、社会的社论、报道，作为附录登载小说	社长　渡边天洋	同前	1919年创刊，发行量不多。月刊，但跨数月发行较多。东京设支社，社址位于上海密勒路
上海卜日本人（日文杂志）	主要就上海与日本人关系登载评论、报道	社长　堀清	同前	1917年创刊，并没有什么特色。月刊，社址位于上海密勒路

(附录)其他杂志、定期刊物
(一) 上海妇人（大和妇人会发行，田添幸枝经营）
(二) 支那风俗（支那风俗研究会发行，不定期）
(三) 队友（上海义勇队日本队发行）
(四) 上海青年（上海日本基督教青年会发行，月刊）
(五) 周　报
　　上海港贸易月表
　　上海港贸易年表　（上海日本商业会议所发行）
　　年报
(六) 支那通商报告（驻上海商务官①发行）

第三　外文报纸、通讯及杂志

一、上海外文报界的现状概况

上海的外文报纸中，日刊英文报纸有五种，晨报有 North China Daily News、Shanghai Times、China Press，晚报有 Shanghai Mercury、Evening News。另外，法文报有 L'Echo de Chine，俄文报有 Новая Шанхайская Жизнь 等，而英文报纸以外的报纸读者范围有限，因此影响力亦不大。North China Daily News，Shanghai Times 及 Shanghai Mercury 三者为英国系统报纸，China Press 属于美国系统报纸。在当地外文报纸中 North China Daily News 最有影响力，而且在东方各地广泛拥有读者。其历史及内容也远胜于其他各种报纸，不仅仅刊登来自英、法、美及英属各地的书面通讯，提供有益材料，还能看到来自北京的电讯和通讯以及中国各地的通讯。并且，有关地方上的新闻，报道正确，时而综合译载中文报纸的论调，称其社论为上海舆论界之中枢亦不过分。当发生重大时事问题之际，中文报纸中大多翻译其社论的全文或摘要，似乎具有指导当地舆论的知见和信誉。但是1924年直奉战争之际采取援助直系之态度，轻视东方通信，但直系立刻以惨败告终，暴露丑态。还有，1925年1月齐燮元东山再起之际，也刊登援助齐之社论，受到 China Press 及上海 Times 的反驳。

China Press 在美国人和中国人中间拥有比较多的读者。该报与普通美国报纸一样，以夸张的标题来吸引读者注意。该报一向在夸张的标题下登载排日报道，有迎合人心之嫌。近来随着形势变化，排日报道有逐渐减少的倾向。与过去相比，该报似乎逐渐重视社论和报道。该报在上海具有仅次于 North China Daily News 的影响力，尤其是作为美国方面的报纸，在中国人中具有不可小觑的影响。

Shanghai Times 与 Shanghai Mercury 主张日英在东方协调，其发行量远少于上述两报。这两家报社均拥有 Job-Publishing 作为副业，以此取得相当的营业成绩。Shanghai Times 逐渐改良报面，从北京及东京订购书面通讯，还发行周日号，插入许多照相版，具有全年无休发行的特色。

Shanghai Mercury 作为晚刊具有历史特色，在英国人和日本人中间拥有相当多的读者。

Evening News 在英文报纸中最为贫弱，在中国人及部分外国人之间拥有读者。该报以前是在 China Press 社印刷的，因无法付印刷费而被拒绝印刷。另外，还被其他债权人提起诉讼至会审衙门。1924年11月间会审

---
① 指日本外务省派驻上海总领事馆的商务官。

衙门发出拍卖该报的公告,但好像还没有买方。与 China Press 一样没有 Job-Publishing,又因读者也不多,营业状况甚为不振。

至于俄、法文报纸,不如英文报纸那样拥有普通读者,没有值得特别记载的价值。

二、报纸、通讯及杂志

名　　称	主义系统	持有人或社长	主笔及重要记者	备　考
North China Daily News [字林西报] (英文)	拥护英国政策及英国人利益。对日本的态度比较公正。英国报纸	董事　H. E. Morres①、G. Morres② 总经理　R. W. Davis	主笔　O. M. Green 副主笔　R. Wood	东方最老的报纸,1854 年创刊。股东有皮克伍德家族的亲戚即亨利·马立斯一家,乐迪·坎贝尔的遗属,以及其他主要侨居上海的英国人。英国总领事馆的公布机关,在上海俱乐部、工部局、China Association 等中有影响力。是英国人在中国的代表性报纸,经营状态良好,日刊,发行量约五千份。该社另外发行周刊 North China Herald (《字林星期周刊》)。社址位于上海外滩第十七号(位于 1924 年 2 月落成的 North China Building)
The Shanghai Mercury [文汇报] (英文)	拥护英国政策,对日本特别有好感。英国报纸	董事　W. J. Davey、J. Sahara、A. J. Richardson 总经理　W. J. Davey	W. T. Davey、A. W. Sheriff	仅次于《字林西报》的老报,晚报。日本、英国人股东占大多数。对日本的评论公正、稳健、同情,具有老报的态度与面貌。日刊,发行量约一千份。发行周刊 Celestial Empire (《华洋通闻》)。社址位于上海香港路第五号
The Shanghai Times [泰晤士报] (英文)	拥护英国政策,对日本特别有好感。英国报纸	社长　E. A. Nottingham (英国人)	主笔　G. B. Sayer 副主笔　D. C. Boss	老社长 John O. Shea 死后,转为现任社长诺丁汉姆经营。1915 年 7 月进行活字改良,1917 年再购入整行排铸机,改善报面,逐渐改良。1921 年末开始发行周日号(Shanghai Sunday Times)(插入照相版),具有全年无休发行的特色。1924 年 3 月遭遇火灾,但仅停刊一日,继续发行。正致力于改良报面,充实设备。日刊,发行量约二千九百份,周日号三千五百份。社址位于上海爱多亚路三十二号
The China Press [大陆报] (英文)	拥护美国政策。带有排日色彩	董事　Sopher 兄弟(犹太人) 为 Ezra Estate 的代表,已故 Edward Ezra 夫人的弟弟 董事　S. Fessenden J. H. Dollar 总经理　A. Sopher (英国人)	主笔　J. B. Powell 副主笔　R. J. Hope (记者几乎都是美国人)	1910 年创刊③,当初日本 Japan Advertiser 的 Fleischer 及著名的 Thomas Millard、中国人 Wu Ting-Shu 与犹太人 Israel 等合资创办之报纸。其后 Israel 将同社股票全部弄到手,Millard 成为主笔,欧洲战争期间刊登对协约国颇为不利的评论、报道。其后 Shanghai Hotels, Ltd. 及 China Motors, Ltd. 的大股东、侨居上海的犹太系英国人 Edward Ezra 挪用上述两家公司的资金盘下该报,而编辑部完全为美国记者控制。由于刊登对英国不利的报道,甚至在上述 Shanghai Hotels, Ltd. 股东总会成为问题。后来 Ezra 病死,其所持股票转至其遗孀即 Ezra Estate 手中。表面上以美国人及中国人之名义,董事也由美国人及中国人(美国律师 Fessenden④、上海数一数二的中国实业家朱葆三等成为董事)担任,但其后以失败告终,成为现在的状态。如前所述,该报从开始起为英籍犹太人所有并经营,英国人对该报一直没有好感。日刊,发行量声称五千份,但实际上应该是四千份左右。该报在中国人中间有较多购阅者,在中国人中的影响力不可小觑。此点值得注意。社址在上海九江路十四号

---

① ②　1924 年报告为"Morris"。
③　应为 1911 年 8 月 24 日创刊。
④　即 Stirling Fessenden,中文名费信淳。

(续表)

名　称	主义系统	持有人或社长	主笔及重要记者	备　考
Evening News［大晚报］（英文）	（目前不明）	R. Llewell[①] Jones	主笔　C. J. Laval（记者大部分为美国人）	该报作为 China Press 的晚报，由 1921 年末创刊的 Evening Star（《星报》）与 1918 年 5 月创刊的 Shanghai Gazette（《英文沪报》）两晚刊于 1922 年 11 月合并后改名而成。Shanghai Gazette 由前北京 Gazette 主持人陈友仁（Eugen Chen）被勒令停止发行其报（因在该报泄露"日中军事协定"）后来当地创刊。与以往两报相比，纸面外观也稍微改变。为国民党机关报，经陈友仁之手常常发表孙文方面的意见。资金不充裕，经营困难。最近连路透社电讯的电报费也难以支付，到了被拒绝提供电报的地步。此后不刊登路透社电报。过去该报在 China Press 印刷，因没有支付印刷费而被拒绝其印刷，1924 年秋 China Press 及其他债权人向会审衙门提起诉讼。其结果是 11 月间会审衙门将该报付诸拍卖，但好像还没有买家。晚刊，发行量仅为五六百份。社址位于上海北京路四十三号至四十七号
L'Echo de Chine［中法新汇报］（法文）	拥护法国政策、利益。有排日倾向	法国天主教会总经理　A. Vandelet	A. Vandelet 中国记者 Syl. Gi	上海法国官方及天主教的机关报。由于是法文，所以不像英文报纸那样拥有众多读者，但在有关中国情况研究与法国文学方面有特色。营业状态尚可，发行周刊。日刊发行量约四百份。社址位于上海法租界 23 Rue du Consulat
Новая Шанхайская Жизнь（New Shanghai Life）［上海生活日报］（俄文）	宣传 Bolshevism	总经理　N. E. Doenin	V. S. Nesvaden、D. B. Borisoff	1919 年 6 月由 G. F. Semeskko 创刊，最初为周刊，后来变更为日刊报纸。从创刊当初起，就接受西伯利亚购买消费合作社补助，刊登社会主义性评论，逐渐接近激进派。1920 年 11 月通过驻北京赤塔远东政府代表尤林，得到该政府资助以来，成为纯激进主义机关报。赤塔政府通过该报，致力于向居住在东方尤其是中国、日本的俄罗斯人宣传激进主义。赤塔政府与莫斯科政府合并以来，成为劳农政府的机关报。1922 年 10 月改为现名，但内容上好像没有任何变化，论旨比较稳健。日刊，发行量一千五百份
China Weekly Review［密勒氏评论报］（英文）	拥护美国政策，排日色彩显著	Millard Publishing Co. Inc.（Delaware）发行人兼主笔 J. B. Powell 上海美国商业会议所书记长	主笔　J. B. Powell 副主笔兼总经理 R. B. Libby 驻北京副主笔　H. K. Tong C. A. Daily	1917 年 5 月创刊。以远东，尤其是中国政治、经济研究为主的周刊杂志。对于日本总是持反对态度。主笔 Thomas Millard 辞任以后，居住在北京的中国人 Hollington Tong（董显光）与 Powell 一起，每期登载排日报道，但华盛顿会议以来，其论调显著缓和。原称为 Millard's Review，但 1921 年起断绝与 Millard 的关系，改称 Weekly Review of Far East，1923 年又改为现名。作为美国系统的机关杂志具有相当影响。发行量约四千份（主要发送美国，据说两份是免费赠阅）。据闻该社资金实际上由中国方面提供。社址位于上海 Telegraph Building

---

① 1924 年报告为"Llewellgn"。

(续表)

名　称	主义系统	持有人或社长	主笔及重要记者	备　考
Lloyd's Weekly [劳合周报] (英文)	政治性报道少，往往有时事评论，但无代表性意见	Geo. T. Lloyd	同前	主要刊登有关上海地方的社会报道。周刊，发行量五百份，社址位于上海南京路二十七号
Сцбирь-Ласесмцна (俄文)		Alexander Yevsereff	同前	一周发行二次
Russian Free Thought (英语)		A. M. Kotenev	同前	周刊
Theatrical News (英语)		A. Krukoff	同前	周刊
Reuters [路透通讯社] (英文)	报纸通讯、商业通讯	路透社电报公司	W. Turner（远东总经理）	将路透社来自欧美各国的通讯分发到中国各地及日本之中心枢纽，并且称作Pacific Service，除了将来自日本及中国各地的消息发送至中国及日本之外，也发送法国及美国通过无线电讯发出的通讯及来自各地的书面通讯，而且还提供给希望获得商业通讯的商店。1921年秋左右国际通信社关闭其上海分社，将其事务全部委托路透社。上海支局迁移至大北电信公司楼上
United Press (英文)		United Press社	China Press社	向美国发送有关中国各种报道的通讯，又将来自美国的该社电讯刊登在 China Press 上
Far Eastern Review [远东时报] (英文)	以东亚财政、工业报道为主，拥护美国利益。对日本有好感	发行人兼主笔 George Bronson Rea	同前	东方月刊英文杂志之巨擘。在矿山、铁路报道上有特长，亦刊登有关产业、贸易的政论。一向对我方舞弄种种毒笔，但和平会议后其态度一变，不如说对日本示好，而尝试攻击美国对东方及日本的政策。发行量约四千份。社址位于上海仁记路十六号
China & Far East Finance & Commerce [中国远东商业金融报] (英文)	Far Eastern Publications Ltd.	E. J. Dingle	F. L. Pratt	1920年1月创刊，以帮助中国通商发展为目的，刊登涉及各个方面、有益的经济报道。发行量一千份，周刊，社址位于上海九江路六号
Shipping & Engineering (英文)	有关船舶和造船业的杂志	Edward Evans & Sons	C. W. Hampson	在船舶业者中间拥有相当信誉，周刊，发行量约六百份
Chinese Economic Monthly (英文)	经济情况	Bureau of Economic Information 驻北京 W. H. Donald 主管	H. Nichols	犹太裔美国人 Sokolsky 曾任 China Bureau of Public Information 主任，但巴黎和会一结束就将上述通讯停刊，同时新创立该通讯社。据说上海分社为每月九百弗的承包工作。1924年间 Sokolsky 离去，一时由 Elliston 负责，目前 Nicols 任总经理。社址位于上海博物院路二十号

其他杂志、定期刊物

名　　称	摘　　要
China Journal of Science & Arts(中国科学美术杂志)(英文)	月刊,科学记者 Arthur de C.Sowerby、文学美术记者 John C. Ferguson
Chinese Recorder(执务杂志)(英文)	月刊,美国系统,主笔　Rev. Rawlinson
Chinese Churchmen(英语)	月刊,主笔　Rev. J. W. Nichols
Asiatic Motor(英语)	月刊,主笔　W. M. Carter Rea(美国人)
China Sunday School Journal	月刊,China Sunday School Union 总务部创刊,主笔不详
Monthly Bulletin of the Education of China(英语)	主笔　Rev. J. A. Silsby
Columbian(英语)	月刊,主笔不详
British Chamber of Commerce Journal(英语)	月刊,主笔　E. M. Gull,英国商业会议所机关杂志
Bolletino Camera Commercio Italian(意大利文)	月刊,主笔　De Barbieri
Bocmok(俄文)	月刊,主笔　M. P. Tsetsegoff①
Crescent Magazine(英文)	月刊,主笔　E. A. Little
Shanghai News Review(英文)	月刊,主笔　F. G. Raven
Life in the East(英语)	月刊,主笔　Geo. T. Lloyd
Asiatic Division Outlook(英文)	月二次,主笔　Mrs. C. C. Crisler
Pearl of the Orient(英文)	月二次,主笔　F. M. Benedicts
Blue Lantern(英文)	月刊,主笔　China②
Chinese Christian Intelligencer(英文)	周刊,主笔　Rev. D. S. I. Woodleridge
备考:1925 年 2 月初起发行下述杂志:*Shanghai Mirror and Morning Picture News*(英文)周刊,主笔兼发行人 A. Rau	

三、通讯员
(一)日本通讯员(主要人员)

姓　　名	所属社名
特派员长永义正	时事新报
特派员中村桃太郎	东京朝日新闻、大阪朝日新闻
特派员村田孜郎③	大阪每日新闻、东京日日新闻
特派员龙冈登	长崎日日新闻

---

① 原文模糊不清,疑有误。
② 1924 年报告为 Chine。
③ 1924 年报告为"村田纹郎"。

(二) 外国通讯员

姓　　名	所属社名	备　　考
O. M. Green	London Times Manchester Guardian	*North China Daily News* 主笔
J. B. Powell	Chicago Tribune Manila Daily Bulletin	*China Weekly Review* 主笔
C. J. Laval	Associated PressSouth China Morning Post	*Evening News* 的 Staff Editor
James Butts	Chicago Daily News	*China Press* 记者
Larry Lehrbas	International News Service(Hearst paper)Manila Trade	*China Press* 记者
Harold M. Fleming	American Business Papers	*Shanghai Times* 记者
A. P. Finch	Christian Science Monitor	*Shanghai Times* 记者
A. Wesl①	New York Times	*China Press* 记者
W. H. Chen	Australian Press Association	*North China Daily News* 记者
Kuhn	Honolulu Star	*China Press* 记者
J. W. Fraser	Morning Post	

奉天

一、概况

奉天的报纸中,中文报纸主要有《盛京时报》《东三省公报》《东三省民报》等,日文报纸主要有《奉天新闻》《大陆日日新闻》及《奉天每日新闻》等。

(1)《盛京时报》由日本人经营,所以以日中亲善及"满蒙"开发为主义,是东三省最早的中文报纸,总是持正确言论,报道事实真相,因而在日、中官民间,本报是唯一的指南,在读者信誉和影响力方面,具有其他报纸难以企及的独特地位。其销路逐年增加,目前其发行量达到了每日一万九千份之多。

(2)《东三省日报》十余年来是奉天中国报纸的权威,并且处于官方监督之下,因而稍具机关报的色彩,但并非完全是机关报。其信誉和影响力次于《盛京时报》,所论相对公正且稳健,但有时也有采取御用报纸式宣传之嫌,但相当认真,少有登载排日报道之事,财政状况也最为宽裕。

(3)《东三省民报》属于中国国民党系,是东北最猛烈的排日报纸,对日本没有好感,常登载过激的排日报道,谴责日本对东北地区的政策。其创刊时日尚浅,经营相当困难,尚缺乏作为报纸的权威和信誉,但与奉天王省长有相当的关系,并且社长赵锄非现为奉天省议会副议长。

(4)《奉天新闻》一直以日中亲善为主义,与其他报纸相比,特色为与中国情况相关的报道及一般经济上的报道丰富,并且报道相对正确,因而拥有相当数量的读者。

(5)《大陆日日新闻》在当地日文报纸中拥有最悠久的历史,前年大连辽东新闻社②将之收购,尔后采取的策略是,刊载受普通人欢迎为本位的报道,致力于吸收读者,但尚未达到一改旧面目的地步。

(6)《奉天每日新闻》是奉天日文报纸中唯一使用转轮机印刷的,但只不过是平易地报道地方时事。

(7) 通讯有《东方通信》《满洲通信》《奉天电报通信》《商业通信》等。《东方通信》总社设在东京,在奉天也拥有较多读者,报道迅速且正确,因此普遍有信用。《满洲通信》《奉天电报通信》均为个人经营,《满洲通信》从

---

① 1924年报告为"Weat"。

② 据同年大连报告等,应为"辽东新报社"。

日本电报通信社、《奉天电报通信》从帝国通信社,各自购买东京电讯,提供给报社及普通客户,同时报道地方消息。

二、报纸、通讯及杂志
（甲）中文报纸

名　　称	主义系统	持有人或社长	主笔与重要记者	备　　考
盛京时报 （中文）	不偏不倚、是非分明主义	社长　中岛真雄　于东京学习国、汉学，1897年来中国，在上海创办同文书院，1899年于福建发行中文报纸《闽报》，同年赴北京创办《顺天时报》，1906年于营口创办《满洲日报》，同年10月创办本社 副社长　染谷保藏　毕业于同文书院，于本社创办同时入职，1910年入满铁，1923年任本社副社长	主笔　菊池贞二　毕业于同文书院，进入盛京时报社任主编，现任主笔 主编　大石智郎　1914年毕业于同文书院，1916年入社 重要记者　穆六田　吉林省出身，户籍在北京，毕业于早稻田大学，1914年入社	1906年10月1日创刊①，日报，早报，八页，发行量一万九千份。总是标榜不偏不倚，发展至今，因而现在在中国人中博得了稳固的名声
东三省公报 （中文）	无党派关系	社长　王希哲　奉天人，毕业于北京大学，后成为本社经理，稳健，长于书法、篆刻	主笔（社长兼任） 重要记者　英钝生、王玉洗　均为奉天教育界出身。冯福林　毕业于早稻田大学。陈蕉影、王惠忧	1912年2月创刊②，日报，八页，发行量约五千份，在当地中国人经营的中文报纸中为第一位。本报由《东三省日报》③改名而来，现在每月接受奉天省长公署、奉天财政厅、东三省官银号等一千二百元的补助，财政状况与他相比最为宽裕。主要以普及教育和介绍科学知识为本职
东三省民报 （中文）	民治主义。似为国民党机关报	社长　赵锄非　奉天人，留日出身，东三省盐款整理处④监理，1924年当选奉天省议会副议长	副社长兼主笔　宋大章　奉天人，曾在北京《国风日报》工作 重要记者　陈丕显、安怀青、王仲芳、宋悦三	1922年10月2日创刊⑤，日报，八页，发行量六千七百份。详细迅速报道广东方面的消息。奉天省长王永江的机关报，因而对省长公署方面的报道较为丰富，有时登载排日报道
醒时报 （中文）	无党派关系	社长　张子岐　多有排日言论	张少岐	1909年2月创刊⑥，日报，八页，发行量约四千份。几乎不涉及政治问题。不过是奉天唯一的白话报纸，在下层民众中拥有读者
奉天市报 （中文）		奉天市政公所 主任　盛桂珊	张耀　江苏人，已废刊的《东报》社长张煊之弟	1923年10月创刊，日报，四页（半折），发行量约三千九百份。其内容除公告事项以外，也简单登载时事问题
奉天公报 （中文）	官报	奉天省长公署政务厅		日报，发行量一千五百份

---

① 一说1906年9月1日创刊，一说1906年10月18日创刊。
② 据《辽宁省志·报业志》记载：奉天字务处1905年12月创办《东三省公报》，主办人谢荫昌；1912年2月创办的《东三省公报》由奉天省议会主办。
③ 据《辽宁省志·报业志》记载：1907年2月奉天商务办创办《东三省日报》，该报1911年8月停刊。
④ 1924年报告为"东三省盐款监理处"。
⑤ 一说1908年创刊，从赵锄非的个人经历看，此报创办应晚于1908年。也有同名报纸的可能，待查。
⑥ 一说1908年创刊。

(乙)日文报纸、通讯及杂志

名　称	主义系统	持有人或社长	主笔与重要记者	备　考
奉天新闻（日文）	不偏不倚,立足地方。以"满蒙"开发、日中亲善为主义	社长　佐藤善雄　1906年毕业于东亚同文书院,同年入盛京时报社,兼任《大阪朝日新闻》通讯员,1917年9月创办本社	主笔　内山石松　1912年7月成为《内外通信》社员,后入盛京时报社,1919年2月成为本社记者	1917年9月1日创刊,发行量约五千份。报道比较正确,经济上的报道丰富,因而在各阶层有信誉
大陆日日新闻（日文）	无党派关系	社长　吉野直治　毕业于金泽师范学校,曾任《辽东新报》营业部长	主笔　难波胜治　毕业于京都同志社大学,任《辽东新报》审计、主笔,1924年任本报发行人。虽有主笔之名,但一直在大连,未承担任何实务 主编　菊地秋四郎　表面上为《辽东新报》奉天支社长,但掌握了编辑实权	1921年9月1日创刊①（由1908年12月创刊的《奉天日日新闻》改名而来）,晚报,发行量两千五百份,与《辽东新报》关系密切。《奉天日日新闻》创办时的社长为石本锝太郎,因经营困难,1923年2月为辽东新报社收购,同社营业部长吉野直治兼任社长,直至今日
奉天每日新闻（日文）	主张开发满蒙	社长　松宫干树　原为《大阪每日新闻》奉天特派员,1919年接手内外通信社,改名《奉天每日新闻》	主编　桥本松道	继承1907年5月创刊的《内外通信》②,1920年2月改名③,日报,四页,发行量三千五百份
东方通信（日文、中文通讯）	通讯报道,无主义、主张	支社长　佐藤善雄（《奉天新闻》社长）	主笔　园田一龟　于1921年1月创办的同时入社	1921年1月20日创刊,午前午后发行两次,发行量日文版为三百份,中文版为两百份
满洲通信（日文）	通讯报道	社长　武内忠次郎　毕业于京都同志社大学,1907年任营口《满洲新报》主笔,1914年创办本社	理事兼主编　赤松纯平 理事　藤曲政吉	1914年8月31日创刊,分午前版和午后版两次发行,发行量每日三百份
奉天电报通信（日文）	不偏不倚。与《帝国通信》有关	社长　渡边义一　1919年3月任满洲通信社理事,后任广岛《中国新闻》支局长,1921年7月与他人共同经营日华兴信所,1922年6月起担任现职	主编　神山哲三	1922年6月14日创刊,早报,日报,发行量每日一百三十份
南满医学会杂志（日文）	无党派关系	发行人　久保田晴光　南满医科大学教授、医学博士	椎野锝太郎　南满医科大学教授、医学博士	1923年创刊,每月发行一次,六十页,发行量六百份。内容以医学研究资料为主,起初为大连满铁医院机关杂志,其后移交管理。此外,起初为一年发行四次,后变更为月刊

---

① 一说1909年6月创刊。
② 一说1907年7月创刊。
③ 一说1918年改名。

(续表)

名　称	主义系统	持有人或社长	主笔与重要记者	备　考
商业通信（日文）	无党派关系	发行人　市川弘　1919年毕业于同文书院	同前	1921年12月26日创刊，日报，发行量七十份。1923年3月从本石忠一郎处接手经营，以股市通讯为目的，与东京、大阪方面有联络，迅速报道股市市价，所以在炒股者中相当有信用
东亚兴信所周报（日文）	无党派关系	社长　龟渊龙长　1904年毕业于东亚同文书院，1921年12月创办本社	主笔　同前	1922年5月31日创刊，周刊，附有中国法令译文小册子作为附录，发行量每月一千六百份。登载各种企业经营调查等，以及中国一般经济情况，翻译解释地方政府等发布的法令，相当有信誉
奉天商工周报（日文）	无党派关系	清野寅藏	同前	1922年3月30日创立，周刊，每次发行量约三百份。以棉纱、布料行情、商况、广告等为主，增加了一般经济报道。本报由《满蒙绵丝布商况周报》改名而来
满蒙经济新报（日文）	无党派关系	发行人　大塚茂树	佐藤久吉	1923年3月26日创刊，每月发行两次，每次发行量三百份，报道满蒙一般经济状况及商况
奉天商业会议所月报（日文）	无党派关系	发行人　小笠原俊三	同前	1924年5月17日创刊，月刊，每次发行量七百五十份

三、通讯员

姓　名	所属报名	备　考
特派员持田贤士	大阪每日新闻	
特派员冈山源六①	大阪朝日新闻	毕业于鹿儿岛县师范学校②
支社长菊地秋四郎	辽东新报	毕业于早大③
分社主任萩原明伦	泰东日报	毕业于东京外国语学校
支局长高桥勇八	大连新闻	毕业于福岛县师范学校
支社长山王丸丰治	满洲日日新闻	
支局长新田新太郎	京城日报	
支局长畦森喜久太郎	关门日日新闻	
支局长市川弘	东亚电报通信社（在大连）	毕业于东亚同文书院
支局长山下近平	京城商业通信	毕业于大阪高商
支局长田原茂	北满日报	
支局长竹村武士	哈尔滨日日新闻	
支局长合田喜春	京城日日新闻	

---

① 1924年报告为"冈山源太"。
② 1924年报告为"庆应"。
③ 1924年报告为"东大"。

天津

一、概况

天津的中文报纸算起来约有二十种,但能长期存在的很少,持续数年仍在继续刊行的有《天津日日新闻》《大公报》《时闻报》《白话晨午晚报》《益世报》《泰晤士报》《大中华商报》等寥寥几种报纸。在这类报纸中,多数只是转载北京或上海报纸的报道。在评论方面,只有《天津日日新闻》《泰晤士报》两报位于外国租界,总是侃侃谔谔而论,其他报纸的言论十分温和,只是努力不触犯省政府的忌惮,全无权威。因此政客一般购买《顺天时报》等北京报纸,学生们则以各自校内发行的油印物来加以满足,至于其他普通商人民众,只会通过大商铺随时借阅以窥时事,购阅这类报纸者很少。报纸大多是在戏馆、烟花巷叫卖。

从1925年度主要中文报纸的消长来看,《益世报》一向作为直系的机关报,在中国北方影响力很大,发行量曾一时直逼一万份。但随着去年秋天11月奉军入津,一直被奉天方面怒视的总理刘俊卿随即称病,将职位让给协理杨少卿,隐匿自己的住所,还将报社转移到意大利租界。但此后奉军势力的压迫日益严重,该报发行量锐减,现财政也陷入了极为困难的境地,据传有卖出之意。排日团体机关报《新民意报》也失去资金来源,12月不得已停刊,其他中文报纸也普遍陷入了经营困难的状况。但与之相反的是《天津日日新闻》《泰晤士报》两报,从去年秋天"倒直战争"的爆发开始,中国街发行的中文报纸都被禁止刊登对直系不利的报道,但这两份报纸凭借刊登各地的战报而使得发行量大为增长。特别是《天津日日新闻》,由于靠近中国街,有发行所,据说仅当时门前的销量每天便有二千份之多,不过,战局一平息,再次逐渐减少。被称为当地中文报纸两"雄"之一的《泰晤士报》,社长熊少豪出任当地的交涉员,但实际上并没有断绝内部关系,该报代替从前的《益世报》,成为现在直隶官方的机关报,可以预见其今后的影响将会大为扩大。

英文报纸中,被视为在华英国人舆论代表的 *P.T.Times* 和宣传亲美主义的 *Star* 两报不可动摇地拥有相当坚实的地盘。但近年来,与前者急于谴责中国相对,后者致力于为中国辩护,形成了两报相争的势头。

日文报纸一向未受到日本人以外者关注,但最近稍微为中国人所注目,尤其是产生了中国政客等试图利用立场自由的日本报纸进行宣传的倾向。

二、报纸、通讯及杂志

名 称	主义系统	持有人或社长	主笔及主要记者	备 考
直隶公报(中文)		直隶省公署		1896年创刊①,由《官报》②改名而来。日刊,发行量约二千份,社址在河北狮子林
天津日日新闻③ (The Tientsin Daily News)(中文)	以亲日主义一以贯之	方若 在日租界的中国商人中拥有名望	郭养田	1901年8月创刊④,日刊,十页,发行量一千六百份,社址在日租界旭街。最初称为《国闻报》,以当地的浙江、江苏人为主要购阅者。前年以来,通过改善铅字、严选记者而改变报面形象,并因社长方若的缘故,与段派、奉系、交通系均保持着良好的关系,因此随着政局的变化,近来该报的发行量有增加的趋势
大公报(L. Impartial)(中文)	安福系	翁湛之	朱起飞	1902年创刊,日刊,八页,发行量六百份,社址在日租界旭街。作为安福系的机关报,到安直战争前为止都是华北、西北地区的大报纸。随着安福系的没落,曾一时陷入停刊的悲惨境地。1920年虽再刊,但已经难以恢复昔日的势力。出资者王祝山死后,经营愈发困难

---

① 一说1902年12月25日创刊。
② 即《北洋官报》。
③ 又名《日日新闻》。
④ 应为1900年冬出版。

(续表)

名　称	主义系统	持有人或社长	主笔及主要记者	备　考
时闻报(中文)	与政派无关,影响力亦不大	李大义	郭究竟	1904年创刊①,日刊,十二页,发行量七百份,社址在南市营吉里。以介绍外国情况的报道为特色
益世报(Social Welfare, Tientsin)(中文)	亲美排日。一向作为直系的机关报,在华北一带影响范围很广,最近随着直系的没落而影响陡降	杨少卿	樊子鎗　原《大公报》主笔,本人并非排日主义者	1915年创刊,日刊,十六页,发行量三千份,社址在意租界大马路。由天主教司铎等合资创立,曾一时得到美国方面的支持。虽为当地唯一拥有轮转机的中文报纸,但最近陷入了财政困难的境地。与北京《益世报》同系,但不存在财务方面的关系,仅交换社论而已
汉文泰晤士报(The Chinese Peking & Tientsin Times)②(中文)	黎元洪系(国籍英国)	胡稼秋　前任社长熊少豪于1924年12月就任直隶交涉员,此人从主笔继任成为社长	涂培源、黄能文	1917年创刊,日刊,十二页,发行量一千份,社址在法租界巴黎路。最初称为北京天津泰晤士报中文部,从1921年起与英文Times断绝关系,改称为《汉文泰晤士报》。创刊以来以排日态度贯穿始终,与《益世报》同为两大势力。1923年黎派与直系政治纷争之际,该报极力攻击直系,被直隶官宪禁止销售和运送,将发行所从中国街转移至法租界,继续进行反直系的宣传。1924年苏浙开战以来,在奉直战争中尤为尽力
河北日报(He Pei Daily News, Tientsin)(中文)	直隶省议会议长边守靖的机关报	许润民　直隶省议会议员	张仰珍	1919年创刊,日刊,十二页,发行量四百份,社址在南市广兴大街
大中华商报(The Commercial Advocate, Tientsin)(中文)	杨以德的机关报	萧润波	韩笑臣	1920年创刊,日刊,二十页,发行量一千份,社址在南市平安大街。特色为不惜纸张使用四号铅字和刊登市场行情表
新民意报(The New People's Opinion)(中文)	标榜民主的新文化主义	刘铁庵	李仲吟	1920年创刊,社址在南市东兴大街。排日团体天津团体代表会的机关报,完全是为排日而生的报纸。由于财政困难,从12月起处于停刊状态中
启明报(The Venus)(中文)	主义、主张不固定	苏明甫	谭锡田	1920年创刊,最初称为《启明日报》,日刊,八页,发行量二百份,社址在南市广兴大街
华北新闻(North China Gazette)(中文)	主义、主张不固定	周拂尘　经营华北通讯社和广告社,执天津报界公会之牛耳	夏琴西、胡维宪	1921年创刊,日刊,八页,发行量二百份,社址在东马路
醒钟报(中文)	没有明确的主义、主张。据称得到张绍曾的援助	郝绍庚	夏忠考	1923年8月创刊,日刊,四页,发行量二百份,社址在南市广兴大街

---

① 一说1909年创刊。
② 亦名《京津泰晤士报》。

名　称	主义系统	持有人或社长	主笔及主要记者	备　考
旭日报（中文）		周琴舫	杨晓林	1912年创刊，刊登烟花巷消息等的日刊小报，发行量二百份，社址在南市广兴大街
白话晨午晚报（中文）	主义不定。少年学徒、工人中读者居多，影响不可小觑。排日运动发生时宣传很积极。以娱乐性和社会报道为主	白幼卿、刘铁庵	董秋圃	晚报于1911年，早报于1912年①，午报于1916年创刊②，都是小型四页报纸。发行量总计三千份，社址在南市广兴大街
白话评报（中文）	与政治无关	刘霁岚　中西制药公司经理	黄山客	1922年创刊，日刊，小型，四页，发行量一百份，社址在南市大舞台东
实闻报（中文）		范玉廷	杜润生	1918年创刊，日刊，发行量二百份，社址在南市荣业大街
国光报（中文）		董湘泉	乔彦忠	1924年11月创刊，日刊，发行量二百份，社址在南市大舞台东
国强报（中文）		杨荣廷	杨小林	1918年3月创刊③，日刊，发行量一百份，社址在南市平安大街西头
新天津报（中文）	据称为靳云鹏的机关报	刘中儒	薛月楼	1924年9月创刊，日刊，发行量二百份，社址在法租界海大道
天津日报（日文）	拥护日本	社长　西村博 由西村及金田一良三、真藤弃生、武田守信合资	西村博	由《北清时报》《北支那每日新闻》合并而来，1910年创刊，早报、晚报各一份，四页，发行量一千一百份，社址在日本租界寿街
京津日日新闻（日文）	拥护日本	社长　森川照太	森川照太	1918年创刊，早报、晚报各一份，四页，发行量一千二百份，社址在日本租界旭街
天津经济新报（日文）	报道经济信息	小宫山繁	小宫山繁	1920年创刊，周刊，每日发行号外，发行量二百五十份，社址在日本租界旭街
津津（日文杂志）	定位为家庭读物	武田守信（东和印刷局经营者）	不定	1919年创刊，月刊，发行量二百份，社址在日本租界花园街
若人の群（日文）	天津日本青年会会报		井口勇	1922年10月创刊，月刊，发行量二百份，社址在日本租界芙蓉街
共存（日文杂志）	天津本愿寺传教机关		早川了祐	1924年3月创刊，月刊，发行量五百份，社址在日本租界本愿寺
Peking & Tientsin Times［京津泰晤士报］（英文）	拥护和宣传英国权益。对日态度以在华英国人为准而转变。国籍为英国	Tientsin Press Co., Ltd.	H. G. Woodhead *China Year Book* 的作者，在华英国人中的少壮中国通，作为共同监政提倡者而闻名	1894年作为周刊创刊，1904年改为日刊④。每份十八页，发行量一千份，社址在英租界中街

---

① 一说晨报、晚报皆创刊于1912年，1924年报告中晨报、晚报创刊于1916年10月。
② 1924年报告为1916年9月创刊。
③ 一说1918年2月创刊。
④ 一说1902年改为日刊。

(续表)

名 称	主义系统	持有人或社长	主笔及主要记者	备 考
North China Daily Mail［华北日报］（英文）	对日抱有好感。国籍英国	T. G. Fisher	T. Cowen	1914年3月创刊①，晚报，八页，发行量五百份。社址在法租界中街
North China Sunday Times［华北星期报］（英文）	同上	同上	同上	周刊，六页，发行量三百份，社址同上
North China Star［华北明星］（英文）	亲美主义。在留美出身者、学生及其他懂英语的中国人中有影响。一贯煽动排日。国籍美国	由英、美、法、中等国人合资，实权掌握在美国人手中	C. J. Fox 有名的美国排日记者，在中国青年中拥有名望	1918年创刊，日刊，十四页，发行量三千份，社址在法租界
Sino Japanese News（英文通讯）		松村利男	松村利男	1924年7月创立，目前只供给 P.T. Times 和 Star 两社，社址在日本租界山口街
华北通讯（中文通讯）	似乎与政党无关系。天津各中文报纸的地方报道大多来自该通讯	周拂尘 亦经营《华北新闻》	周拂尘	1921年创立，新闻翻译社的后身。除每天发行约两次之外，还发行北京专电。发行量约四十份，社址在河北东兴里
东方通信（日、中文）		天津支社长 藤泽豹三	藤泽豹三	每天发行二三次，发行量约五十份，社址在日本租界旭街
日本电报通信（日、中文）		天津支局长 山内金②三郎		每天发行数次，发行量约三十份，社址在日本租界松岛街
Reuter's Agency［路透社］（英文）		路透通讯社	天津代理人 P. D. Evans	
北方通讯（中文）		郑育才	郑育才	发行量二十份，社址在南市广兴里
捷闻通讯（中文）		王仲英	王仲英	1924年创立，发行量十份，社址在河北三马路

三、通讯员

姓 名	所属社名	备 考
西村博	大阪每日新闻社	
森川照太	时事新报社	
小仓知正	大阪朝日新闻社	
由冈七藏	京城日报社	
上田良有	满洲日新闻社	作为天津的通讯员，中国人和外国人中均无值得列出者
野田顺次	马关每日新闻社	
山西建吉	中外商业新报社	
津田清之助	顺天时报社	
金泽新之助	新支那	

① 一说1915年1月创刊。
② 1924年报告为"令"。

汉口

一、概况

1. 报纸

往年王占元任鄂督期间,武汉的中文报纸只有十二三种,到1921年末萧耀南来鄂任湖北督军后,为了满足湖北人标榜的鄂人治鄂的政治主张,对舆论界采取自由放任主义,加上汉口那种小报的经营,不是报社自己去探访或收集报道材料,而是靠武汉五六十名以上被称为访员但非报社人员的社外探访员散发来的原稿加以随意取舍编辑,交给特约的印刷厂印出来就行。在这种实际状况下,资本金之类的仅需数百元便足矣。因此其内容敷衍马虎。目前有日报名称的报社辈出,大大小小大约超过四十家,但其中多数基础贫弱,发行数月后便倒闭也并不稀奇。

武汉的中文报社中稍稍具有组织性的,分为总务部、编辑部、发行部、会计部、印刷部等,但都很薄弱,拥有印刷机械的报社很少。从这些报纸的编辑状态来看,比较大的报纸,除总编以外还有二三名记者,也有在各地设有特约通讯员的,但多数报社只是登载武汉大小十多家通讯社或众多社外探访员散发的原稿,或者转载京津、上海各地报纸报道的摘录,各报纸大多登载同样的报道。但是最近因同行间的竞争,各报社与各官衙、团体和机关联络,竞相登载特种报道的趋势加深。例如电讯,以前屡见不鲜的情况是,随意编制电文充当"本社特电"或"专电",或是将特快邮寄来的消息扼要概括后登载,但是最近有关特别重大问题,是向京津和上海方面特约而登载其来电。不过纸面的大部分内容还是旧态依然,这些报纸没有像样的评论,只是有时在重要的问题上尝试简单的评论。

武汉报纸中称得上稍有基础的有《新闻报》《大汉报》《正义报》《中西报》《商报》《国民新报》和《公论日报》等,发行量最多的也不过三千份左右,只有《时事白话报》凭借报道的简易和廉价,迎合了下层社会的需求,一天的发行量就突破了约八千份。

所有这些报纸,其记者都是低级记者,往往用伤感不实的笔调进行人身攻击,或是攻击当局,以谋取疏通费,增加报纸的销量。当遇到1923年碰巧排日问题之类的好材料时,便一味人云亦云。因此说到底还不是社会人心之木铎,购阅者也几乎都局限在武汉三镇之内。

除上述报纸外,还有日文报纸三种,英文报纸二种,但都少有购阅者,经营萎靡不振。

2. 通讯社

中文报纸的报道,仅限于登载新闻通讯员和社外探访员的特约稿,或是共同发布的新闻原稿,对于重要报道有时进行时评或简短评论。目前,多达十几家通讯社以向这些报纸提供报道材料为业,其中几家通讯社拥有数名探访人,与各官公衙和各种团体联络,广泛收集报道材料,将其油印,编写成通讯稿。除特约通讯以外,多数通讯稿是先送至称为中国街派报处的报纸代理处,被采用登报的每月计算收费。因从事通讯宣传业便捷,与报社不同,收入高,在报业上有能力的人,便离开报社内的记者生活而从事通讯业。

二、报纸、通讯及杂志

名　　称	主义系统	持有人或社长	主笔与重要记者	备　　考
汉口中西报（中文）	无	社长　王华轩　湖北省黄冈县人,曾在湖北签捐局任官,性格稳健	主笔　喻任民（号的痴）湖北省黄州人,毕业于黄州府中学（参照国闻通讯社） 记者　王丽生　湖北人,毕业于汉口辅德中学 喻血钟　黄州人,毕业于黄州府中学	1901年3月创刊①,社址在汉口张美之巷后巷口,日刊,十二页,发行量约三千份。1901年王华轩以资本金五千元创办了股份制的维新印字馆,开始经营印刷业,作为附带的事业创办了该报。1924年该印字馆遭受火灾,保险金六千元退还给了股东,之后由王个人经营,无印刷器械

---

① 应为1906年创刊。

(续表)

名 称	主义系统	持有人或社长	主笔与重要记者	备 考
大汉报(中文)	主张三民主义,与国民党有关	社长 胡石庵 精心书院毕业生,前清时代的秀才,曾任警察,擅长诗文。为老国民党党员,在湖北民党方面有影响,但没有实力。据闻去年9月从"加拉罕"那里获得二千元宣传费。前年11月以《石庵痛言》为题连续几日攻击湖北督军萧耀南,其后萧为了怀柔胡,每月提供银五百元补助	主笔 朱伯厘 记者 丁愚庵	1911年8月武昌起义之际在武昌创刊①,社址在汉口日本租界同德里,日刊,十二页,发行量二千份。该报由社长独自经营,为国民党系,攻击历届省当局者,虽有左倾色彩,但对日感情良好。有印刷器械二台
正义报(中文)(Chung-I-pau)	研究系,曾与民党有关系。无主义主张	社长 马宙伯 湖北省黄陂县人,毕业于贵州测绘学堂,曾为进步党干事,1918年担任过宜昌海关监督。在王占元任湖北督军时期,获得一次性补贴银一万元。性格阴险,冥顽不灵,无一定主义、主张,为钱不择手段。1921年在我方设立汉口交易所之时极力反对,强行索要大量金钱。此后一直致力于外交问题的报道,像去年排日时期,成为急先锋,之后没有一天不登载排日报道	主笔 蔡寄鸥 擅长小说和评论,在武昌起义时期曾创办过名为《震旦》的报纸,是武汉著名的报纸记者。 记者 李蔚观 毕业于湖北私立法政学校。刘菊坡 总是撰写排日报道	1918年创刊,社址在汉口正街周家巷下首,日刊十二页,发行量二千五百份。该报由社长个人经营,最初报社在中国街,1921年之交,与民党联手,积极攻击省当局,其后担心官宪的压迫而迁至法租界。我方设立汉口交易所时,曾猛烈反对,对其他一般的交涉问题也是言辞激烈,最终被法国租界当局以妨碍治安的名义,命令其退出租界外。前年秋天武汉的排日运动结束后,其他报纸都在节制登载排日报道,只有该报至今仍在登载荒唐无稽的煽动排日的报道,笔调辛辣,给武汉一般中国民众心中留下不少深刻的排日印象。作为排日报纸十分著名,是武汉有影响的报纸之一。资本金二万元,有印刷器械
国民新报(中文)(National Gazette, Hankow)	无主义、主张,与研究系、安福系、直系等有关系	社主 李萃堂 湖北省应山县人,在王占元任鄂督军时期担任督军署咨议,每月领取银八百元,目前为湖北督军办公署咨议,每月有津贴银八百元。他虽为社主,但本职在于接近政界大人物,榨取活动经费。现作为彩票局总办每月有数千元的收入。与现有望当选湖北省长的候选人陈官是姻亲,是拥戴陈的强大幕后活动者,武汉舆论界首屈一指的大富豪 社长 李木天 李萃堂的儿子,现任湖北省议会议员	主笔 刘云集 记者 尹玉廷、王仲祥	1912年秋创刊②,社址在汉口歆生路老圃,日刊,十二页,发行量一千份。该报由李萃堂个人经营,创刊时有资本金四千元,在王占元任湖北督军时期从王处领取补助金一万元,资本增加至一万五千元。李在1919年就任汉口大智门货捐局局长,同时让其子李木天任社长。言论虽比较稳健,但有一味附和、雷同的倾向。有印刷器械

① 1911年10月15日创刊。
② 1912年4月20日创刊。

名　称	主义系统	持有人或社长	主笔与重要记者	备　考
商报(中文)	提倡商业,与交通系关系密切	社主　曾务初　交通系的人物	主笔　邹碧痕　有多年做报纸记者的经验,擅长小说 记者　王定郊　毕业于武昌商科大学	1919年创刊①,社址在汉口后城马路总商会左首,日刊,十二页,发行量约二千份。该报由交通系陈磊存经营,1924年秋,将《武汉商报》改名为《商报》,专门登载经济报道,有人云亦云的倾向。资本金一万元,有印刷器械
汉江日报(中文)	无	社主兼社长　邓博文　毕业于武昌方言学校	主笔兼记者　黄静涛	1919年创刊②,社址在汉口小董家巷,日刊,八页,发行量约八百份,资本金一千元。由社长个人经营,无印刷器械
大陆报(中文)	提倡文化主义,与政党、政派无关系	经理　张云渊　曾任前清末繁萃日报社的主任 社长　王子林　毕业于武昌私立法政学校 合资组织 重要出资人　王子林、张云渊	主笔　萧怀先③ 中华大学毕业生 记者　黄笃生	1917年夏创刊④,社址在汉口生成里十五号,日刊,十二页,发行量约一千二三百份,资本金约八千元,无印刷器械
汉口新闻报(中文)	经济报道,不偏不党。江苏帮的机关报,在普通人中有信誉。对日态度良好	社主　张云渊 社长　凤竹荪　江苏人,在报纸界多年,本性温厚 合资组织 出资人　张云渊、凤竹荪	主笔　曾华如　毕业于湖北私立法政学校 记者　叶聘三、王子衡	1913年创刊⑤,社址在汉口英租界一码头致祥里。日刊,十六页,发行量二千四百份。该报的广告收入巨大,在武汉报纸中绝无仅有。评论相对稳健,在往年武汉的排日运动中没有积极登载排日报道的仅《大汉报》和该报。资本金二万元,无印刷器械
午报(中文)	直系	社主兼社长　童宾秋　在直奉战争时期积极地进行有利于直系的宣传,任鹅公颈征收局局长	主笔兼记者　彭珏历	1922年创刊⑥,社址在汉口生成里九十七号,日刊,四页,发行量约一千份,资本金一千元,无印刷器械
武汉晚报(中文)	直系及研究系	社主兼社长　李振斋	主笔　同前	1922年正月创刊⑦,社址在武昌大朝街中街第三十五号,日刊,发行量一千份,资本金五百元,无印刷器械
鄂报(中文)	日中亲善,与政党政派无关系	社主兼社长　李锦公　毕业于日本中央大学	主笔　杨鼎臣 记者　刘余青	1922年创刊⑧,社址在汉口清芬二马路庆瑞里十二号,日刊,八页,发行量约八百份。该报发行由律师林某投入五百元进行经营,后转让给现任社长李氏。资本金一千,是武汉中文报纸中对我方比较有好感的报纸之一,影响虽小,但不断为日中亲善努力。无印刷器械

① 一说1916年10月创刊。
② 1923年报告说1920年2月创刊,1924年报告说1920年4月创刊,一说本名《汉江白话日报》,1921年创刊。
③ 一说"萧怀善"。
④ 一说1919年5月21日创刊。
⑤ 应为1914年5月28日创刊。
⑥ 一说1920年创刊。
⑦ 一说1920年创刊。
⑧ 一说1923年5月创刊。

(续表)

名称	主义系统	持有人或社长	主笔与重要记者	备考
时事白话报（中文）①	宣传民主主义。北京大学系统，与湖北劳动公会有关系	持有人兼社长　马逐尘　1914、1915年左右经营过《湖北日报》，又曾任《鄂报》编辑，是北京大学系统的过激分子	主笔兼记者　李锡光	1921年秋创刊②，社址在汉口清芬一马路街面，日刊，四页，发行量八千份，资本金五千元，有印刷器械。该报为武汉白话报的开端，文章平易近人，价格低廉，因此在普通下层社会中读者居多。在1922、1923年武汉劳动争议时期支持劳动公会，攻击资本家，此后在劳动者阶级中购阅者增加，销售行情甚好，在武汉报纸中居首。1923年排日时期积极煽动排日，给武汉劳动阶级留下了深刻的排日印象
晨报（中文）	提倡民主主义	持有人　曾尚武　毕业于湖北大学 社长　陈吉甫　毕业于武昌公立法律专门学校	主笔兼编辑　江善一　毕业于武昌商科大学	1923年夏创刊，社址在汉口桃源坊第三十四号，日刊，四页，发行量一千份，资本金约三千元，由持有人曾氏和社长陈氏合资，无印刷器械
三楚日报（中文）	无主义主张，与政党政派无关系	持有人兼社长　李康成	主笔兼记者　严暨春　前清时代做过报纸记者	1922年秋创刊③，始称《好报》。社址在汉口歆生路通业里三十号，日刊，四页，发行量约二百份，资本金一千元，无印刷器械
新晚报（中文）	湖北省议会平社的机关报，每年接受二百元补助	持有人　郭璜　湖北省议会议员 社长　佩龙　湖北省议会议员	主笔兼记者　丁友龙　原为我方《湖北新报》的编辑	1923年7月创刊④，社址在汉口清芬二马路俊杰里第八号，日刊，四页，发行量约六百份，资本金约二千元，无印刷器械
捷报（中文）	黎元洪的机关报，与研究系有关系	持有人兼社长　李春轩⑤　与黎元洪关系密切	主笔兼记者　李冰痕	1921年夏创刊⑥，社址在汉口后城马路桃源坊四十七号，日刊，四页，发行量约八百份，资本金二千元，无印刷器械
鹤报（中文）	直系	社主　哈竹虚⑦　目前任宜昌征收局局长 社长　王敏芝　湖北教育厅科员	主笔兼记者　费汉清　过去做过报纸记者	1923年夏创刊，社址在汉口歆生路通业里二十一号，日刊，四页，发行量约八百份，资本金约五千元，无印刷器械
武汉通报（中文）	无主义、主张。接近湖北督军公署	社主兼社长　熊辑五⑧　日本早稻田大学法科毕业，现任湖北印刷局局长	主笔兼记者　李慎安　武昌大学文科毕业 记者　谢楚珩　毕业于北京中国大学和湖北军官大学	1922年冬创刊⑨，社址在汉口后城马路兴业里口德记公司楼上，日刊，十二页，发行量三千份，资本金一万元，有印刷器械

---

① 一说名《武汉时事白话报》。
② 一说1919年11月创刊。
③ 一说1920年创刊。
④ 一说6月1日创刊。
⑤ 1924年报告为"李春萱"。
⑥ 应为1922年1月创刊。
⑦ 1924年报告为"哈竹书"。
⑧ 一说"熊辑武"。
⑨ 应为1923年2月创刊。

(续表)

名　称	主义系统	持有人或社长	主笔与重要记者	备　考
快报(中文)①	日中亲善,与政党政派无关系	持有人兼社长　刘天民　毕业于武昌公立法律专门学校,曾为我方《湖广新报》经理,目前经营鄂州通讯社		1924年冬创刊,社址在汉口德润里六十一号,日刊,小型,四页,发行量五千份,资本金三千元,由日本人吉福四郎与社长刘氏共同经营。无印刷器械,报道迅速,内容比较正确
大江晚报(中文)	日中亲善,与政党政派无关系	社主兼社长　小高寅藏　经理　陈道直	主笔兼记者　孙绍伯　前清时期做过通讯员	1924年春创刊,社址汉口歆生路宁波里■号,日刊,四页,发行量一千五百份,资本金三千元,由小高与陈氏共同出资,无印刷器械
民治日报(中文)	拥护湖北省政府。直系	持有人兼社长　张鹏飞　毕业于湖北军官学校	主笔兼记者　李小轩　毕业于师范学校	1924年夏创刊②,社址在汉口歆生路义成东里七十号,日刊,四页,发行量一千份,资本金约二千元,无印刷器械。该报在创刊时期从湖北省政府处得到五百元的补助,据说现在每月有二百元补助
中报(中文)	日中亲善	持有人兼社长　胡良焊　湖北省天门县人,毕业于我国东京高等师范学校,目前为武昌外国语学校教授	主笔　哈东方　曾任《大汉报》的编辑。记者　彭受虚	1924年2月创刊③,社址在汉口歆生路,日刊,十二页,发行量约六百份,有印刷器械
民报(中文)	提倡湖北省自治的改革。省议会平社的机关报	持有人　丁寅祥　湖北省议会平社社长,曾为汉口特别区市政管理局的翻译　出资人　省议会平社议员	主笔及记者　段耘存	1924年冬创刊④,社址在汉口义成里七十八号,日刊,二页,发行量一千份,资本金约一千元,无印刷器械
江声日报(中文)	民主主义。谭延闿的机关报	持有人兼社长　欧阳春飞	主笔兼记者　罗普公　毕业于武昌法律专门学校　记者　黄俊生	1922年春创刊⑤,社址在汉口后花楼皮业公所左巷,日刊,十二页,发行量一千二百份,资本金约一千元,每月从谭延闿处领取一千五百元补助,无印刷器械。该报的读者在武汉地区约占六成,湖南省内约占四成。专门为湖南国民党做宣传
政法日报(中文)		持有人兼社长　孔子才　律师,经常主办武汉各团体种种聚会	主笔　同前	1923年秋创刊⑥,社址在汉口生成里一百五十四号,日刊,十页,发行量五百份,资本金约一千元,无印刷器械
黄报(中文)	安福系	持有人兼社长　陈殿川	主笔兼记者　胡奏功　原为《公论日报》编辑	1923年春创刊,社址在汉口后城马路桃源坊内,日刊,八页,发行量三百份,资本金约五千元,无印刷器械
工商白话报(中文)		持有人兼社长　邓博文	主笔　同前	1923年5月创刊⑦,社址在汉口小薰家巷,日刊,小型,二页,发行量约三百份,资本金五百元,无印刷器械

① 似有另一《快报》,1922年10月创刊,经理姚元鼎,主编吴祺。
② 一说1924年10月创刊。
③ 1924年2月27日创刊。
④ 一说1924年3月1日创刊。
⑤ 一说1921年11月6日创刊。
⑥ 1924年报告为"1923年7月"。
⑦ 一说1918年创刊。

(续表)

名　称	主义系统	持有人或社长	主笔与重要记者	备　考
国民白话报（中文）		持有人兼社长　李安之	主笔兼记者　唐寄闻	1923年4月创刊,社址在汉口笃安里,日刊,小型,二页,发行量约三百份,资本金一千元,无印刷器械
汉口日报（日文）	当地日侨的向上发展	持有人兼社长　冈幸七郎	主笔　同前编辑四人	1907年8月创刊,社址在汉口日本租界,日刊,六页,发行量约八百份,有印刷器械。报道平凡,多转载自其他报纸,在中国方面也有少数读者
汉口日日新闻（日文）	当地日侨的向上发展	社长　宇都宫五郎　出资人　上西春松　水田漆店店员	主笔　同前编辑二人	1918年1月创刊,社址在汉口日本租界,日刊,六页,发行量约五百份,有印刷机。报道平凡,多转载自其他报纸
汉口公论（日文）	当地日侨的向上发展	持有人兼社长　田岛利三郎	主笔兼编辑　同前	1914年创刊,最初名为《鹤唳》,1922年3月改为现名,周刊,八页,发行量约三百份,无印刷器械,内容平凡
Central China Post［楚报］（英文）	拥护扬子江沿岸英国人的利益,使其进步发展。英国国籍	持有人　Central China Post, Ltd.　社长　John Archilbald,苏格兰人,大约五十年前作为传教士来到汉口,1912年创刊该报。股份制,汉口的英国人为股东	主笔　John Archibald　记者　John Archibald主笔的儿子。编辑员　G. Highfield	1912年发刊,社址在汉口英租界,日刊,十四页,发行量约一千份。该报最初由John Archibald单独经营,1923年春改为股份制。在第一次世界大战期间屡屡批评攻击日本的对华政策,近来逐渐理解日本,目前对日感情良好。有印刷器械,另还经营印刷业
The Independent Herald［自由西报］（英文）	拥护、发展在华美国人的利益。美国国籍	社长兼主持人　Bruno Sechwartz(美国人)	主笔　周培德(P.S. Jowe)　记者　A. Ceeit Taijlor, Mary Dieve, Hille 曾为天津 China Advertiser 记者	1923年4月创刊,社址在汉口法租界,日刊,中型,十页,发行量约六百份,有印刷器械,资本金一万八千两,由美、中出资。该报以青年会为中心,接受Chung Mei News Agency以及当地美国领事的援助。创刊当时动辄发表排日言论,但近来对日本有相当的理解
国闻通讯（中文）	民党系	社长　喻的痴　湖北省黄陂县人,《汉口中西报》的主笔,上海《新闻报》、天津《益世报》、北京《晨报》的通讯员。与上海、香港等各地的国闻通讯社有密切关系,总是接近湖北省当局。比如前任两湖巡阅使公署参谋长张国瑢对其十分信任,加以利用。文章虽不优秀,但消息准确。其通讯范围极广,在武汉报纸通讯界拥有影响。据称往年的排日宣传大部分出自喻的通讯宣传。目前担任湖北省督办公署咨议,每月领取八十元		1923年3月创刊,社址在汉口洪春里

(续表)

名　称	主义系统	持有人或社长	主笔与重要记者	备　考
扬子通讯(中文)	研究系	社长　喻血轮　湖北省黄梅县人,曾为《中西报》《正义报》《大陆报》等编辑,擅长作文,武汉舆论界中无人能出其右。目前为上海《申报》、上海《时事新报》的通讯员。该通讯仅就湖北一省的新闻报道发布通讯,散见于上海、北京等地报纸上有关湖北方面的军事、政治、财政等有条理的报道大多出自其手。功利心强,无主义、主张,目前担任湖北督办公署咨议,每月领取八十元		1922年10月创刊,社址在汉口慈德里
鄂州新闻编译社(中文通讯)		社长　刘天民　湖北省黄冈县人,毕业于湖北法政学校,为北京《京报》、天津《益世报》、上海《申报》的通讯员。在文学上并没有特别造诣,报道敏捷,富有机智,消息神速,但往往有与事实不相符的倾向。在对变化莫测的时局趋势等观察方面,恐怕应属武汉通讯界第一人。在王占元任湖北督军时期,督军署的谋士常常利用刘,目前担任督军公署招待处处员,每月领取二百五十元津贴		1921年10月创刊,社址在汉口德润里
一德通讯(中文)		社长　叶春霆　湖北省荆门县人,多年从事教育事业,曾为我方《湖广新报》编辑记者。是一名温厚的报纸通讯员,并没有什么特点,但对社会事业有兴趣。往往为了钱而宣传相反的报道。目前担任湖北督办公署咨议,每月领取八十元		1923年3月创刊,日刊,社址在汉口日本租界
民艺通讯(中文)		社长　程稚侯		1923年4月创刊,社址在汉口厚德里
民权通讯(中文)		社长　卢本权		1923年5月创刊,社址在汉口义成里
一二通讯(中文)		社长　谢芝衡		1924年11月创刊,社址在汉口德润里
汉口大公通讯(中文)		社长　周病佛		1923年创刊,社址在汉口生成里
江汉通讯(中文)		社长　李敬侯		1922年创刊,社址在武昌棋盘街

(续表)

名　称	主义系统	持有人或社长	主笔与重要记者	备　考
华洋通讯(中文)		社长　袁桐		1923年创刊,社址在汉口德润里
万国通讯(中文)		社长　刘两尘		1923年创刊,社址在汉口通业里
汉口中一通讯(中文)		社长　黄良平		1923年创刊,社址在汉口张美之巷
Reuter's News Agency[路透社通讯](英文)	英国国籍	汉口支局长　W. Mackinlay(英国人)		
Chung Mei News Agency[中美通讯](英文)	保护、发展美国利益。宣传排日美国国籍		通讯员　周培德 The Independent Herald 的主笔,上海 China Review 的通讯员	
日本电报通信(日文)	处理商业电报	汉口支局长　白仓清一郎曾为汉口日报社的编辑		

三、通讯员

姓　名	所属社名	备　考
冈幸七郎	东方通信社、大阪朝日新闻社	在汉口多年,目前为《汉口日报》的社长
宇都宫五郎	东京时事新闻社、万朝报社、报知新闻社、大阪每日新闻社	《汉口日日新闻》的社长,作为报纸通讯员在汉口已久

广东

一、概况

广东的中国报纸受到官方的压迫,言论自由被极度束缚,从业者总是努力迎合官方的意志。因此,各报纸都没有始终一贯的主义、主张,在陈炯明的治下,就装作陈派的御用报纸,孙文掌权后又转眼变成民党的御用报纸,完全不足以标新立异。尤其是现政府出现以来,对报纸的检查愈发严厉,刊登对民党不利的报道、评论的报纸会被立刻勒令停刊,而对自己有利的事件就极力夸大宣传。各报社大多基础薄弱,其兴亡也难免频繁(即便是现在的1924年度,创刊、停刊及变更组织者各有二社)。纵观各报社,有能力的记者很少,即使偶有一二名有卓见的记者,也因害怕官方的压迫而不敢发表自己的意见,选择做个普通的通讯员。因此报界的发展极其缓慢,如今仍未脱离幼稚状态,要通过报纸来了解社会的真相,无疑甚为困难。

广东报社相关团体中最活跃的是以下三者。

1. 报界公会

前清时代称粤省报界公会,为弱小报社的联合组织。进入民国时代后,积累资金,购买土地,改名为广东报界公会。1913年建办事处,其后制定会规,向会员征收每社一百五十元的基本金,给会员分发新闻原稿,并维护会员的权益。现在十余家有实力的报社参加本会。

2. 派报公会

即派报人所组织的团体。派报人即报纸销售代理商,与各报社特约,确定每日份数,投递及当场销售。《七十二行商报》之类货真价实的报纸,价格高者,订阅者固定,因而利润很少,不受派报人欢迎,而其他报纸的利润大多在每份一分八厘(铜仙三枚),所以大受欢迎。派报公会依靠其团体的影响力屡屡左右报社的盛衰,例如派报人要求报纸批发降价,如果报社不同意,该公会就让派报人停止购买其报纸,使得该报社要么被迫答应公会的要求,要么停业。目前该公会有会员约五百名。1921年本会成立以来,各报社雇用专属的送报员,但因极端专横的派报人的阻挠,难以达到目的。报界公会如今正煞费苦心对其加以改善。

3. 汉文排字工社

各报社排字工的团体,目前有会员约六百名,最近在廖仲恺、谢英伯等所谓劳动运动领袖的支持下,扩大其影响力,成为报界公会的一大威胁。今年9月对报界公会提出涨工资的要求,如不同意就举行联合罢工,相互斗争约二十日,最终达到目的。今后这些团体之间仍会争议频出。

二、报纸、通讯及杂志

(甲) 报纸及杂志

名　　称	主义系统	持有人或社长	主笔及重要记者	备　　考
七十二行商报(中文)	稳健,无所属	合资组织 社长　罗啸璈　1914年曾任都督府民政局内务科长,现任坤维女子师范学校理事、粤省商团公所评议员、上海及广东精武会干事等要职,广东南海县人,当地报界之元老	主笔　陈宝尊　广东法政学校出身,曾为述善学校教师,现为省长公署咨议 主要记者 国闻部　苏啸泉 省闻部　邝赞泉 著述部　刘楚善、陈荣荪	1906年7月创刊①,在收购粤汉铁路的热潮中,七十二行商将其作为机关报而创办,目前几乎完全属于罗啸璈个人所有,一直保持中立、稳健的态度,在广东、香港及各地的知识阶层中拥有读者,也受到一般世人的尊重,尤其是其经济栏、广告栏等远胜过其他报纸。至于页数,与其他报纸八页相比,本报为十二页。资本约七千元,每月经费约一千六百元,发行量约七千份(早报),职工三十人
羊城报(中文)	无固定主义	绅商的合作组织 社长　赵秀石　历任江门商团团长、省长公署咨议及财政厅特务委员等,广东南海县人	主笔　何杰三　北京陆军学校出身 主要记者 国闻部　梁燕廷 省闻部　何杰三(兼任) 著述部　何习之	1906年6月创刊②,广东最早的报纸,最初由前清绅商中的革新派创刊,在清末的学制改革中名声大噪,其后经营不振,逐渐衰退。创刊当时名为《羊城报》,进入民国时代后一度改名为《羊城日报》,其后又改回原名《羊城报》。缺乏政治色彩,无固定主张,但动辄刊登煽动排日的报道。1921年以来遭受两次火灾,印刷机及铅字等烧毁或破损,艰难维持发行。本报由赵秀石掌握全权,表面上使用钟勉的名义,钟勉为广东番禺县人。资本约四千元,职工十六人,每月经费约九百元,发行量二千五百份左右,日报
南越报(中文)	不固定	合资组织 社长　李竹多　广东南海县人,同时兼任《国华时报》及《人权报》总理	主笔　王志仁 主要记者 新闻部　王志仁(兼) 著述部　孔量存　原《人权报》记者,广东南海县人	1909年3月创刊③,清末致力于鼓吹革命,曾获得袁世凯的奖状。屡次更换经营者,仍不见起色,1923年1月《国华报》被查封,《国华时报》发行时,本报作为其附属业务而经营。每月接受前商界联合会会长刘焕的补助,近来稍带有反对广东现政府的色彩,因此受到严厉查处,有陷入衰败的迹象。资本约二千元,印刷机一台与《国华报》共用,两台本社专用,每月经费约一千五百元,发行量八百份左右,日报

---

① 应为1906年9月15日创刊。
② 应为1903年2月12日创刊。
③ 一说1909年6月22日创刊。

(续表)

名　称	主义系统	持有人或社长	主笔及重要记者	备　考
商权报（中文）	粤商团机关报	持有人　刘少平	主笔　刘少平	1912年1月创刊①，最初为广东省商团机关报，由公安会副会长刘仲平创办。仲平死后由其子刘少平与张镜藜合办经营，曾接受总商会会长陈廉伯的补助，张离开后经营不善，陈廉伯也与之断绝关系。与《新报》共同经营，并接受南洋烟草公司的补助，艰难维持发行。资本二千元，印刷机一台，每月经费约六百元，发行量仅不足五十份，日报
人权报（中文）	无所属	股份制 社长　李竹多（前述）	主笔　陈柱廷　原《七十二行商报》及《国华报》记者 主要记者 新闻部　陈柱廷（兼）、黄鲁逸、李孟哲 著述部　黄鲁逸（兼）、李孟哲（兼）	1911年3月创刊，由民党系人员组织，致力于鼓吹革命，在华侨中拥有读者，受学生界欢迎，但无影响力。其主义也随利益而改变，无固定主张，现在无党派关系。印刷机两台，职工二十一人，每月经费一千元，发行量四千份，日报
广州共和报（中文）	不固定	合资公司 社长　宋季辑　曾任元帅府咨议	主笔　潘宝真　原《国华报》记者 主要记者 新闻部　徐文甫 著述部　徐文甫（兼）、杨桂芬	1912年2月创刊，因淫猥内容多而受下层社会欢迎，1919年因刊登煽动排日的报道而被勒令停刊三个月。表面上是合资公司，实际为宋季辑个人所有。宋曾一度因惹上官司而潜逃香港，并以徐文甫的假名进行发行。资本三千元，印刷机两台，职工二十五人，每月经费约一千元，发行量五千五百份，日报
广东报（中文）	无所属	合资公司 社长　李抗希　最初由英美烟草公司及江孔殷（当地著名商人）出资，现在葡萄牙商远东公司提供补助。李抗希号铭志，律师，葡萄牙国籍	主笔　李抗希（兼）	1920年3月创刊，最初为英美烟草公司及省议会大同系的机关报，倾力于实业方面，但与英美烟草公司断绝关系。由《真共和报》的李抗希接手后，目前无特别色彩，专注于营利
新民国报（中文）	原为民党系，政变后无固定主义	刘裁甫　广东台山县人，现任国会议员及台山县民选县知事	主笔　邝筱侣　广东法政学校出身，原《中华新报》记者，广东台山县人 主要记者 国闻部　陈如公 省闻部　黎佩诗 著述部　邝汝女	1918年创刊，最初由吴景濂从众议院经费中支出二万元开业，以李怀霜为主笔。在岑春煊的军政府时期接受军政府每月五百元的补助，其后资金难以为继，李离职，国会议员汤漪取而代之，成为益友社系的机关报。汤漪也因政见不和而离开，田达人、甄冈公等相继经营，依然成绩不佳，后由民党派的刘裁甫接手，直至今日。无任何色彩，不受社会瞩目，资本一万五千元，印刷机一台，职工十四人，发行量一千份，日报

---

① 应为1912年8月创刊。

(续表)

名　称	主义系统	持有人或社长	主笔及重要记者	备　考
新报(中文)	民党系	合资组织 代表者　李抗希(前述)　接受葡萄牙远东公司援助	主笔　李抗希(兼) 主要记者 国闻部　余梦魂 省闻部　李启芬 著述部　苏泽民、李大醒	1915年6月创刊,由在美华侨出资,纯民党系报纸。在排日风潮中积极煽动学生,被当时的警察厅长魏邦平勒令查封。其后在莫荣新统治时期,因刊登石龙大火的报道而被勒令停刊两个月。最为积极刊登排日报道,最近随着当地对日感情向好,本报报道也逐渐稳健。资本约五千元,印刷机械六台,职工七十一人(六家报社合计),发行量三千五百份
国华报(中文)	原交通系,近来稍倾向陈炯明派	合资组织 社长　王泽民　香港医学校出身,广东番禺县人	主笔　黄天山　兼任《七十二行商报》小说记者 主要记者 新闻部　谢泽樊 著述部　陈柱廷(前述)	1913年10月创刊①,最初名为《国报》,由康有为、梁启超等出资,是进步党的机关报。1920年因刊登关于广西军事的报道而被勒令停止发行,此后改名为《国华报》发行,又因在孙文回归广东时刊登北京政府各重要人物的照片而被军政部司法部长徐谦再次勒令停刊。1923年1月16日又因歌颂梁士诒内阁被孙派勒令停刊。6月16日发生政变,7月起在陈炯明的监督下复刊,因此,原本应该有陈派色彩,但因孙文政府严厉检查,不能刊登不利于孙派的报道。资本一万一千元,印刷机五台,每月经费约一千二百元,发行量八百份,日报
现象报(中文)	劳动者机关报。因一直刊登夸张、煽动性的报道而被称为无赖报	合资组织 廖球　广东南海县人	主笔　郭唯灭　番禺县人,民党革命时曾为民军首领 主要记者 国闻部　郭唯灭(兼) 省闻部　杨景枚 著述部　黄鲁逸②(前述)、林真莆③	1921年6月创刊,由商会联合会会长刘焕(前述)出资二千元创办,劳动者的机关报,揭发各方缺点,属于民党系。猛烈攻击其他党派,因此每逢政变屡屡被停刊。排外报纸,尤其主张排日,最猛烈评论诸如二十一条问题,近来随着当地对日感情向好,稍有缓和,去年7月沙面中国人罢工时又大肆刊登激烈评论。资本八千元,每月由大本营补助若干,发行量约一万份,日报
粤商公报(中文)	粤商团及粤商公安会之机关报,无党派关系	陈卿云　新会县人曾为方便医院总理、粤商团军第八分队长,兼《七十二行商报》会计科长	主笔　甘六持　原《羊城报》主笔,广东三水县人 主要记者 新闻部　唐璞园 著述部　关楚璞	1920年9月创刊④,由粤商团、粤商维持公安会等组织,谋求商团的发展,模仿《七十二行商报》,在部分商界有影响。去年因商团军事变而被政府查封,由《民国日报》职员陈秋霖、陈枯木兄弟接手,创立《新现象报》,但仅过一个月就停刊,目前仍处于停刊中

---

① 应为1915年创刊。
② 1924年报告为"董鲁逸"。
③ 1924年报告为"林真甫"。
④ 一说1921年创刊。

(续表)

名称	主义系统	持有人或社长	主笔及重要记者	备考
大公新报(中文)	无固定主义,无党派关系	个人出资 持有人 陈铁魂 西医	主要记者 苏泽民、茹东海	本报前身为1915年5月作为天主教宣传机关及法国机关报,依靠天主教会补助而创刊的《大公报》。由同社社长陈铁魂盘下,规模小,报道无特长。只因陈是西医而满载卖药类广告,发行量约二百份
真共和报(中文)	无党派关系,主义稳健	葡萄牙商远东公司持股最多 社长 李抗希(前述)	主笔 卢博郎 主要记者 新闻部 余梦魂 台山县人(前述) 著述部 李大醒(前述)、苏泽民(前述)	1919年8月创刊,最初《新报》创刊本报是为夺取《广州共和报》的市场,因而加上一个"真"字。无特殊色彩,以前有时刊登排日论调,但近来其报道非常稳健,日报,发行量约六千份
振东报(中文)	无党派关系,主义稳健	最初为合资组织,现由广西军总司令刘震寰出资	主笔 梁伯华 台山县人	1918年3月创刊,最初由刘庸尚创办。张锦芳任省长时每月接受补助若干,继而成为政学会系杨永泰的机关报,邝鸣相接手后无党派关系,影响力微弱。未加入报界公会。资本一千元,日报,发行量约一百份,每月经费一百五十元左右
国华时报(中文)	无党派关系,无固定主义	李竹多(前述)	主笔 卢博郎(前述)	1922年7月创刊,由《南越报》的一部分资本持有人等兼营。《国华报》被勒令停刊时,加上一"时"字以夺取其市场。未加入报界公会,主义大致稳健,不时刊登排日论调,日报,发行量约四千份
新国华报(中文)	葡萄牙商远东公司为后援,李抗希为大股东。属于民党系	李抗希(前述)	主笔 卢博郎(前述) 主要记者 省闻部 卢博郎(兼) 国闻部 余梦魂(前述) 著述部 黄鲁逸(前述)、卢博郎(兼)	1922年创刊。因与《国华报》的资本家等打官司,故加上一"新"字欲继承之。1923年10月因反对陈启儒的借款而被起诉。尚未加入报界公会。日报,发行量约七千五百份
广州民国日报(中文)	纯民党系,属于共产派。每月接受苏联的补助若干	陈秋霖 香港《中国新闻报》主任,曾为陈炯明派,现为孙派(前述)	陈枯木(前述)	1923年5月创刊①,原名《群报》,与苏联有秘密接触。1922年孙文前往上海,陈炯明一进入广东便创办《星报》作为陈的机关报。孙文重归广东后,孙科要求卫戍司令查封本报,新创办《广州民国日报》,最初由张启荣任总理,后孙仲瑛取而代之,是民党中资本派的机关报。去年孙科辞去广州市长并离开广州后,陈秋霖任总理,成为胡汉民等元老派的机关报。是广东最新式的报纸,其政治报道及评论远胜其他报社,与商界的《七十二行商报》一样受到一般知识阶层的欢迎。日报,发行量约二千份

① 应为6月创刊。

(续表)

名　　称	主义系统	持有人或社长	主笔及重要记者	备　考
司法日刊（中文）	由广东高等审判厅、高等检察厅以及广东地方审判厅、地方检察厅创办。上述四厅之公布机关	总理　高等审判厅长	主笔不固定	1922年1月创刊，刊登高等审判厅、高等检察厅、地方审判厅、地方检察厅及登记局的文件及布告等，不报道时事。每周由上述四厅任命科员轮流负责编辑刊发。资本三千元，印刷机一台，职工十五人，发行量约五百份，日报
广州正报（中文）				由前财政厅长邹鲁出资，于1923年作为民党元老派的机关报创刊。邹鲁辞去财政厅长职务后停刊，目前依然处于停刊中
广东民报（中文）		合资组织 总理　茹东海　国民党员（前述）	主笔　黄刘生①	1923年1月创刊。茹东海为民党中的过激派，曾接近劳动界。莫荣新任广东督军时期，乘排日风潮之机煽动学生，借排日之名召开国民大会，反对莫荣新任命张锦芳为省长，请愿任命伍廷芳为省长，因此被拘禁两年，出狱后创办本报。尚未加入报界公会。影响力也微弱，日报，发行量约三百份
天游报（中文）	无主义	邓啸庵　个人经营，南海县人	邓叔裕	1911年创刊，专门报道烟花巷的淫猥之事，在下层社会销量大。未加入报界公会，非重要报纸，发行量约五百份
光华报（中文）	无党派关系	总理　李汉卿	主笔　陈柱亭	1922年5月创刊，影响力微小，晚报，发行量约八百份
时事报（中文）		合资组织 总理　陈新吾　国民党员，曾任元帅府秘书	主笔　欧博明　原《国华报》记者 主要记者 国闻部　欧博明（兼） 省闻部　陈家声 著述部　黎应熊	1922年创刊②，最初由《新报》总理李抗希兼营，后因经费不足由陈新吾出资接手。据传最近接受云南军总司令杨希闵的补助。尚未加入报界公会。日报，发行量七百份
广东公报（中文）	省长公署官报			由广东省长公署政务厅编纂，在广州市新丰街官印刷局发行。日报，一份五仙，每月大洋八十仙。刊登省长布告、训令等，杂志型
广州市市政公报（中文）	市政厅之公报			由广州市政厅总务科编辑局编纂，在广州市惠福西安艺印务公司印刷，周报，杂志型
公评报（中文）	无党派关系	股份制 总理　钟超群	主要记者　陈仲尧、陈桂廷	1924年创刊，创刊后时日尚浅，未加入报界公会。是不受一般社会注意的小报，发行量约八百份
广东日报（日文）	无主义	平井真澄	横田实	1923年6月创刊，由居留民会设立，日报

---

① 1924年报告为"黄钊生"。
② 一说1923年创刊。

(续表)

名　称	主义系统	持有人或社长	主笔及重要记者	备　考
Canton Gazette〔广东日报〕（英文）	民党机关报	持有人　陈友仁　前航空局长 总理　李才　北京大学出身，曾为北京英文报记者	李才（兼）	1919年广东政府外交部长伍廷芳出资创刊① Canton Daily News，路透社通讯员黄宪昭担任总理。其后每逢政变本报也随之变迁，1923年黄宪昭被逐出广东，陈友仁盘下本报，以李才为总理，创办了现在的 Canton Gazette。为民党之宣传机关报，每月接受苏联补助若干。广东唯一的英文报纸，发行量约一千份

除了以上所列以外，还有广东岭南大学生刊发的《学生季报》（一年四次）与《青年周刊》《南风月刊》，以及广东东山神学校的《神道月刊》等，均着眼于宣传基督教。

在文化运动方面有青年会的《珠江评论》（周日报），在劳动运动方面有爱群通讯社发行的《爱群周刊》等。

（乙）通讯社

名　称	主义系统	持有人或社长	社　员	备　考
中央通讯社	共产党	社长　温善庵　国民党临时中央执行委员	徐中　国民党中央执行委员	原为1923年12月创刊的国民党周刊，后经国民党中央执行委员会改组而成。创刊一年有余，已完全变成共产党之机关通讯，接受苏联的补助
觉悟社	民党少壮资本派之机关通讯	合资组织 陈宗汉、陈剑如	探访员二人，书记员二人	1922年创刊，位于广州市昌兴路第十八号三楼。由广西军总司令刘震寰、广东军总司令许崇智、前财政厅长梅光培等出资创立，每月接受以上三人的若干补助。现为民党资本派（孙科一派）之机关通讯，与元老派的中央通讯社、太平洋社对峙。在广东、香港乃至上海、天津等地都有订阅
杨实公	稳健	社长　杨星池	书记员二人	1912年创刊，位于广州市状元桥天成号内，个人组织。各官厅的公文等消息详细且正确，受以广东为主，香港方面各报社的欢迎
广州社	有反孙政府的倾向	社长　伦学普	探访员三人，书记员二人	1923年创刊，位于广州市德政街一百号。由学生界创办，因此以学界通讯为主，不时刊登对现广东政府不满的通讯。上海、香港等地亦有订阅
岭峤社	无固定主义	社长　陈述公	探访员二人，书记员二人	1920年创刊，位于广州市财政厅前二百零九号。云南军张开儒及广西军刘玉山之机关通讯，徐绍桢任省长时每月给予补助若干。现在销量不大
时事社	市政厅之机关通讯	合资组织 崔少平、李少白	探访员三人，书记员二人	1915年创刊，位于广州市禺山市侧学源里十八号。通晓各种消息，销路甚广。为市政厅及公安、财政、工务、卫生、教育、公用各局之机关通讯，每月接受市政厅的二百元补助

---

① 1924年8月1日创刊。

(续表)

名　　称	主义系统	持有人或社长	社　员	备　考
骆中兴	稳健,无党派关系	持有人　骆侠挺	书记员二人	1912年创刊,位于广州市四牌楼回龙里三十三号,一般社会消息详细。在广东、香港各报社有销路,接受各方面补助
公民社	无党派关系	持有人　杨公民	书记员一人	1915年创刊,位于广州市社仁坊四十一号,以各官厅的通讯为主
太平洋社	民党元老派之机关通讯	合资组织 谢小吕、容春勉	探访员一人,书记员二人	1920年创刊,位于广州市惠福马路温良里,民党元老派之机关通讯。1922年孙文逃往上海后一度停刊,孙文回归广东后复业,每月接受胡汉民的补助若干。在广东、香港、上海、北京、天津等地有销路。与中央通讯社一同对抗觉悟社,影响力最大
学问社	妇女界	合资组织 社长　吕管清	探访员二人,书记员一人	1923年创刊,位于广州市财政厅前,由女界联合会会员组织。通讯不灵通,每月接受市政厅的补助若干
世界新闻社	无所属	持有人　陈如公	探访员一人,书记员一人	1920年创刊,位于广州市昌兴马路十八号二楼,通讯甚为萎靡不振。梅光培任财政厅长以来,每月接受该厅补助,个人经营
南方社	无色彩	持有人　孔仲南	书记员二人	1920年创刊,位于广州市大新街内联聚街,个人组织,无任何特色,销路也不大
博知社	无党派关系	持有人　陈文赫	探访员一人,书记员一人	位于广州市旧南署前照壁巷,创刊以来不时停刊、复刊,1922年复业后持续发刊,无党派关系。其通讯多为社会消息,迟缓且不正确,销路亦窄,个人经营
执中社	无党派关系	持有人　王石棠	探访员一人,书记员一人	1920年创刊,位于广州市泰康路六十号,个人经营,以社会通讯为主,无党派关系,销路也小
东方通信广东支社(日本)		支社长　樱井重义	记者　大川幸之助	1918年6月开设支社
日本电报通信广东支局		临时支局长代理 横田实		
另外,有《广东日报》的平井真澄任大阪《每日新闻》的通讯员,有美国合同通讯社的通讯员凯利(W. F. Carry)				

厦门

一、概况

当地有日文报纸一种、中文报纸九种,共计十种报纸。中文报纸中《全闽新日报》是当地最早的报纸,财政基础稳固,内容也相当丰富,从台湾、上海接受电讯,受到一般民众欢迎。其余报纸创立时日尚浅,经营困难,时常停刊,诸如《时潮》《天南》两家报纸如今仍处于停刊中,并且其内容贫乏低级。这些报纸的发行量都极少,多的也不超过数百份,罕有超过一千份的。

现在当地没有通讯员,没有发行杂志。

二、报纸

名　称	主义系统	持有人或社长	主　笔	备　考
全闽新日报（中文）	使日中融和。接受台湾善邻协会的后援	名誉社长　林景仁　台湾人	宫川次郎	1907年8月创刊，日报，发行量约八百六十份
江声日报（中文）	国民党之机关报	总理　周彬川	黄悟生	1918年11月创刊，日报，发行量约八百份
思明日报（中文）	倾向于拥护国民党，排日报纸	总理　张学习	徐炳勋	1920年9月创刊①，日报，发行量约八百份
厦声日报（中文）	福建自治军之机关报。排日报纸	总理　黄子镇（字菊花）	苏眇公	1920年2月②创刊，日报，发行量约八百份
厦门商报（中文）	中国杂货商公会之机关报。无排日报道	总理　黄静仙	陈培瑺	1921年10月创刊，日报，发行量约三百份
民钟日报（中文）	国民党之机关报	总经理　李硕果	刘石心	1918年创刊，日报，发行量约一千五百份
南支那（日文）	由全闽新日报社兼营	持有人　宫川次郎	同前	1922年7月创刊，周报，发行量约二百份
中文报纸《时潮日报》及《天南日报》（1924年创刊）目前处于停刊中，没有复刊的希望					

安庆
报纸及通讯

名　称	主义系统	持有人或社长	主　笔	备　考
民岩报（中文）	民党系，但色彩淡薄。目前正在教育界增加影响	社长　吴霭航	同前	1909年③创刊，日刊，发行量约二千份
新皖铎（中文）	省议员刘于飞的机关报	社长　张振铎	同前	1923年④2月创刊，日刊，发行量约一千六百份
商报（中文）	接受安庆商会资助，且与安徽总商会有联系	社长　苏绍泉	同前	1923年7月创刊，日刊，发行量约一千二百份
国民通讯（中文）		社长　王持平⑤		1920年7月创立
自治通讯（中文）		社长　赵嘉谟		
醒民通讯（中文）		社长　魏小峰		1921年创立

---

① 一说7月21日创刊。
② 1924年报告为"1921年4月"。
③ 应为1912年6月1日创刊。
④ 一说1922年由《皖铎报》改名而来。
⑤ 1924年报告为"王治平"。

安东
报纸及杂志

名　称	主义系统	持有人或社长	主　笔	备　考
安东新报(日文)	有关政治、经济、社会的报道	社长　川俣笃	同前	1906年10月创刊,日报,发行量约两千三百份
满鲜时报(日文)	经济报道	社长　中村英	同前	1922年7月4日创刊,周刊,发行量约一千份
东边时报(中文)	中国方面的机关报	社长　康荫叔	王大鲁	1923年12月创刊①,日报,发行量一千份
满鲜纵横评论(日文杂志)	经济报道	社长　杉山宗作	上田务	1921年2月创刊,月刊,发行量约两千份

抚顺
报纸

名　称	主义系统	持有人或社长	主　笔	备　考
抚顺新报(日文、中文)		窪田利平	同前	1921年4月创刊,发行量约七百份

芜湖
一、概况(含安庆)

1924年无新发行的报纸。当地一度排日风潮高涨,而近来平静,报纸论调也大为缓和。报道、通讯均比较正确、丰富,尤其是有关内政问题的评论,虽遭到军政、民政两当局的严厉干涉,但仍言辞尖锐,值得关注。

二、报纸

名　称	主义系统	持有人或社长	主　笔	备　考
皖江日报(中文)	排日色彩淡薄	社长　谭明卿	同前	1909年11月创刊②,日刊,发行量约一千八百份
工商日报(中文)	芜湖商会机关报,稍有民党色彩	社长　张九皋	同前	1917年1月创刊③,日刊,发行量约一千二百份

齐齐哈尔
报纸

名　称	主义系统	持有人或社长	主　笔	备　考
黑龙江公报(中文)	黑龙江省官报	黑龙江省长公署	编辑　张守诚	1914年3月创刊④,日报,发行量约四百五十份
黑龙江报(中文)	省政府机关报	社长　魏毓兰	同前	1916年1月创刊⑤,一周发行四次,发行量约一百份
通俗教育报(中文)	省教育会机关报	持有人　省教育厅	唐鋆	1914年12月创刊⑥,日报,发行量约四百份

---

① 《东边时报》(日文)1908年9月在安东创刊。
② 应为1910年12月2日创刊。
③ 应为1915年10月20日创刊。
④ 一说1913年5月创刊。
⑤ 一说1916年2月创刊。
⑥ 一说1914年12月8日创刊。

芝罘

一、报纸及杂志

名　称	主义系统	持有人或社长	主　笔	备　考
芝罘日报(中文)	启发民智。对日态度良好	社长　王宗儒	颜竹轩	1908年①创刊,日报,发行量约三百八十份
钟声报(中文)	扩大民权,普及教育。排日报纸,但近来缓和	社长　丁训初	同前	1913年创刊②,日报,发行量约六百份
芝罘商报(中文)	拥护商业。对日态度稳健	社长　李循芳	王端友	1915年5月创刊③,日报,发行量约三百份
胶东报(中文)	改良政治,伸张民权。排日报纸,但近年缓和	社长　郑千里	同前	1917年6月创刊,日报,发行量约两百份
爱国报(中文)	拥护共和,提倡民治。对日态度公平	社长　褚宗周	仲绍文	1919年创刊,日报,发行量约一千份
大民报(中文)	鼓吹自治,提倡实业。对日态度无不良之处	社长　张宗濂	同前	1922年6月创刊,日报,发行量约两百五十份
新报(中文)	提倡扩大社会教育。对日态度不良	娄子周	同前	1922年7月创刊④,日报,发行量约三百五十份
共和民报(中文)	提倡发展国力民生。无排日报道	社长　张寅东	陶志振	1923年10月创刊⑤,日报,发行量约一百份
Chefoo Daily News〔烟台日报〕(英文)	英国籍	James McMullan & Co., Ltd.(英商仁德洋行)	D. F. R. McMullan	1917年创刊,日报,发行量约三百份
烟台青年(中文)	对日感情良好	烟台青年会	王震东	1918年创刊,月刊,发行量约两千八百份
平民千字报(中文)		烟台青年会平民教育部	曲子元	1924年3月创刊,月刊,发行量约三千份
晨星(中文杂志)	英国籍。宣传基督教	James McMullan & Co., Ltd.	袁润甫	1910年创刊,月刊,发行量约两千份

二、通讯员

姓　名	所属报社名称	备　考
高见义男	大阪每日新闻社、辽东新报社	
D. F. R. McMullan	Reuters电报社	*Chefoo Daily News* 主笔

---

① 1924年报告为"1907年"。
② 一说1912年12月创刊。
③ 一说1916年创刊。
④ 一说1919年创刊。
⑤ 1924年报告为"1923年12月"。

镇江
报纸

名　称	主义系统	持有人或社长	主　笔	备　考
自强报(中文)		张逸涧	同前	1918年8月创刊,发行量约五六百份

张家口
报纸

名　称	主义系统	持有人或社长	主笔及主要记者	备　考
察区公报(中文)	察哈尔的都统、道尹、警察各公署的公报机关			1925年3月创刊,日刊,发行量约二百份
察安日报(中、蒙文)	冯玉祥的机关报	持有人　赵希石	赵希石	1925年4月1日创刊,日刊,发行量约三百份

长沙

一、概况

当地的报纸一度有十数种,但因经营困难不断有报纸停刊,目前仍在发行的只有基础比较坚实的报纸,但也都依靠官宪、公共团体或是军人政客的补助。就该界的发展而言无值得一看之处,所有报纸都仍属于乡下报纸的范畴,报道大多只是转载了上海、汉口等大都市的报纸,仅在与地方相关的报道上采用省内各地通讯社的通讯,各报纸均登载同一材料,很少看到社论,在社会报道中常常使用煽动性的口吻。另外,欢迎青年学生的投稿,其文艺栏目和投稿栏目相当有活力。还有一些通讯和杂志,但均无价值。

二、报纸

名　称	主义系统	持有人或社长	主　笔	备　考
大公报(中文)	民党系,拥护省议会省政府。对日态度不佳	总理　贝允昕	总编　李抱一	1916年2月创刊[①],日刊,发行量三千六百份
湘报(中文)	湖南民党系。排日报纸,近来努力亲日	总理　陈强	总编　萧石朋	1923年创刊,日刊,发行量约三千份
湖南商报(中文)		总理　李达璋		1921年10月创刊[②],日刊,发行量二千五百份
大湖南日报(中文)	赵省长的机关报	总理　赵聚恒	总编　曹子桓	1923年9月创刊,日刊,发行量二千二百份
湖南日报(中文)	第三师长叶开鑫一派的机关报	总理　李延年		1918年6月创刊[③],日刊,发行量六百份
湖南通俗日报(中文)	对下层民众、劳动者普及通俗教育	总理　龚心印		1913年创刊,日刊,发行量五百份
湖南政报(中文)	省政府发表各种公文的机关报	湖南省务院		每隔五天发行一次

---

① 应为1915年9月1日创刊。
② 一说1922年创刊。
③ 一说1918年9月创刊。

(续表)

名　称	主义系统	持有人或社长	主　笔	备　考
湖南财政月刊	财政司发表各种公文的机关报	湖南财政司		月刊
湖南实业杂志(中文)	接受湖南实业司的援助	湖南省实业杂志社		月刊
湖南教育杂志(中文)	教育司和省教育会的机关报	湖南省教育会		月刊
湘雅月刊(The Hunan Yale Monthly)(中文)	美、中合办的湘雅医院的机关报	长沙湘雅医院		1923年3月创刊,日刊,发行量三千份
湖南商情日报				日刊,发行量二千份
大中通讯(又名大同通讯)		杜否予、杜兮侬		1913年创立,一天发行一次以上
大同通讯		刘洪		不定期发行
咸宜通讯		朱深		
亚陆通讯		李同西		
三余通讯		蔡禄存		
市民通讯		孔昭庆		
新闻通讯		张我华		
执中通讯		宋似我		
西字通讯		陈兰生		
长沙通讯		文麓尧		
以上均为中文通讯				

三、通讯员

姓　名	所属社名
古川与八	大阪朝日新闻社、大阪每日新闻社、东京时事新报社
Rev. G. G. Warren(英国人)(中文名:任修本)	*Hankow Central China Post*、伦敦方面的各报
曹子桓	上海《时报》和其他各报
徐栋臣	上海《申报》《新闻报》
刘磊	
陈步周	上海方面各报

长春
一、报纸、通讯及杂志

名　称	主义系统	持有人或社长	主　笔	备　考
北满日报(日文)		社长　箱田琢磨	泉廉治	1909年1月创刊,日报,发行量两千三百五十份
长春实业新闻(日文)		持有人兼发行人　十河荣忠	老木近信	1920年12月创刊,日报,发行量一千七百五十份

(续表)

名　称	主义系统	持有人或社长	主　笔	备　考
长春商业时报（日文）		持有人兼发行人　伊月利平	大森清腾	1915年1月创刊①，发行量七百三十份
商业通信（日文）		持有人兼发行人　市川弘	平手议一	1923年12月创刊，每日发行两次，发行量八十份
长春商业会议所调查汇报（日文杂志）		发行人　野添孝生	同前	1921年1月创刊，月刊，发行量六百份
长春兴信所内报（日文杂志）		持有人兼发行人　清水末一	同前	1921年6月创刊，每月发行两次，发行量七十份
大东日报（中文）	国民党系。多有排日报道	持有人兼社长　霍占一	刘少清	1915年5月创刊②，日报，发行量七百份
醒民报（中文）		持有人　侯炳章	赵珍廷	1916年1月创刊③，日报，发行量一百五十份
正俗日报（中文）		持有人　王文全	沈孝先	1917年5月创刊④，日报，发行量一百份
国民日报（中文）		持有人　吴亚泉	唐继先	1925年4月创刊，日报，发行量两百五十份
东三省时报（中文）	与长春警察厅有关	持有人　王恩普	李占元	1925年1月创刊，日报，发行量两百份

二、通讯员

有一些我国通讯员，为《大阪朝日新闻》《大阪每日新闻》《东京时事新报》及其他朝鲜、中国东北地区的各报社、通讯社工作，但他们均有一定的职业，只不过业余进行。派驻有数名中国通讯员。

大连
一、报纸、通讯及杂志

名　称	主义系统	持有人或社长	主　笔	备　考
辽东新报（日文）	不定	股份有限公司辽东新报社	难波胜治	1905年10月创刊⑤，发行量三万九千五百八十八份
满洲日日新闻（日文）	政友系	股份有限公司满洲日日新闻社	春名成章	1908年11月创刊⑥，发行量两万九千八百六十一份
大连新闻（日文）	不定	股份有限公司大连新闻社	宝性确成	1920年3月创刊，发行量一千两百份
关东新闻（日文）	政友系	下元幸治	石丸金尚	1920年5月创刊，发行量三千七百六十份

---

① 1920年报告为"1914年"。
② 1924年报告为"1915年9月"，一说1917年创刊。
③ 1923年报告为"1918年4月"，1924年报告为"1917年1月"。
④ 1923年报告为"1919年10月"，1924年报告为"1917年10月"。
⑤ 一说1905年11月25日创刊。
⑥ 1924年报告为"1907年10月"。

(续表)

名　　称	主义系统	持有人或社长	主　笔	备　考
满洲商业新报（日文）①	不定	山口忠三	木村庄十	1917年12月创刊,发行量五百二十份
泰东日报(中文)	不定	金子平吉	平山武靖	1908年10月创刊②,发行量一万一千四百九十八份
满洲报(中文)	不定	西片朝三	金念曾	1921年7月创刊③,发行量七千六百八十八份
Manchuria Daily News（英文）	不定	滨本善吉	同前	1912年8月创刊④,发行量一千两百十八份
国际通信(日文)		大久保保	川岛信太郎	1923年10月创刊,发行量四百五十份
商业通信(日文)		市川弘	有马隆一	1924年12月创刊,发行量五百一十份
日本电报(日文)	不定	内海安吉	稻叶武	1920年8月创刊,发行量八十七份
日满通信(日文)	不定	津上善七	斋藤善之助	1921年4月创办,发行量三百份
帝国通信(日文)	不定	石桥友三郎	名越正吉	1924年3月创刊,发行量三百五十份
关东报(中文)		大木猪太郎	王子衡	1919年11月创刊,发行量三千四百七十三份
周刊极东(日文)		森山守治	皆川秀孝	1924年6月创刊,发行量三千一百五十份

福州

一、概况

福州共有二十多种报纸,但大多财力贫弱,且不论聘用有能力的记者,就连充实版面外观、内容的余力都没有,尤其是没有设置专职通讯员的能力,因而,只能停留在报道省内事件方面,而且各报社都刊登同一通讯员的通讯,这样,各报相同的报道很多。至于外国消息及福建省外的事件,不过是悉数转载上海各报,其论调也大多套用上海各报,罕有堂堂正正发表自家主义、主张者,并且似乎都非常惧怕触犯当局的忌讳。关于对日问题,从一般论调来看,各报以往大肆舞弄曲笔,极力煽动排日思想,但最近其声音渐弱,有时还出现讴歌我方施政的情况,十分值得瞩目。唯有美国系统的《公道报》依然有排日倾向,与我方的《闽报》一同占据当地报界的优越地位,其近来之活跃不容《闽报》安于现状。

《闽报》于今年7月从四页扩展至六页,明年1月1日达到发行第五千号的盛况。因有《公道报》追赶之忧,目前扩大电报栏,试图依靠刊登路透社电讯而进一步提高。

当地报界原本分为报界同志会及报界合众会两派,今年又成立了报界进德会,形成了如下的三派分立的局势,财政厅每月补助三派一千元。

报界合众会:会长陈奋侯

《公论报》《华同日报》《实报》《超然报》《政治日报》《正言报》《正报》《三山时报》《海滨日报》《平报》。以上共十报。

报界同志会:会长姚谱诏

---

① 初名《大连经济日报》,1923年易名。
② 一说1908年11月创刊。
③ 1924年报告为"1922年7月"。
④ 1924年报告为"1914年8月"。

《建报》《日报》《求是报》《民生日报》《公民报》《公道报》《福建日报》。以上共七报。

报界进德会:会长徐醒轩

《实业日刊》《闽光报》《商报》《商务时报》《航报》。以上共五报。

二、报纸

名　　称	主义系统	持有人或社长	主　笔	备　考
闽报(中文)		社长　山中宽太郎 持有人　善邻协会	同前	1897年12月创刊,日报,发行量约五千份
公道报(中文)	美国国籍,宣传基督教。排日报纸	社长　弼履仁(Lyman Plimpton Peet)	李汝统	1920年1月创刊,日报,发行量七百五十份
求是报(中文)	安福系,接受海军补助。排日报纸	经理　李承绶	郭赞唐	1913年创刊,日报,发行量六百份
健报(中文)	进步党系,在工商界中有影响力。对日感情差	经理　郑作枢	陈鸣凤	1916年8月创刊①,日报,发行量三百份
福建日报(中文)	安福系,教育界之宣传机关报。有时刊登排日报道	经理　刘笙藩	姚谱韶②	1918年8月创刊,日报,发行量三百份
民生日报(中文)	对日态度不确定	经理　陈冠鸿	同前	1914年8月创刊,日报,发行量约一百份
公民报(中文)	安福系。对日态度冷静	经理　陈伯樵	姚大钟	1922年11月创刊③,隔日发行,发行量约一百份
实报(中文)	安福系。对日感情普通	社长　邱啸云	陈奋侯	1918年12月创刊④,日报,发行量三百份
政治日报(中文)	官方机关报。对日感情良好	经理　陈奋侯	同前	1920年1月创刊,日报,发行量三百五十份
超然报(中文)	民党系。对日感情普通	经理　梁超伦	陈廷扬	1921年1月创刊,日报,发行量三百五十份
华同日报(中文)	安福系。对日感情普通	社长　施节宇	陈徽章	1916年8月创刊,日报,发行量三百份
正报(中文)	与官方关系密切。对日感情激烈	经理　林平	同前	1922年12月创刊,日报,发行量三百五十份
正言报(中文)	安福系。对日感情极为平稳	社长　李旭人	同前	1918年3月创刊,一周二回,发行量约二百份
闽光报(中文)	民党系。对日感情极差	经理　张云樵	廖少颖	1922年创刊,日报,发行量三百份
航报(中文)	安福系	经理　董子良	祝传钹	1924年2月创刊,一周二回,发行量三百份
商报(中文)	民党系	经理　徐葆元	徐德枫	1924年4月创刊,日报,发行量三百五十份
实业日刊(中文)	商界之宣传机关报	经理　梁道钧	同前	1924年春刊,日报,发行量三百份

---

① 一说7月创刊。
② 上文概况中为"姚谱诏",侍考。
③ 1919年2月创刊。
④ 一说1919年创刊,一说1918年2月创刊。

(续表)

名　称	主义系统	持有人或社长	主　笔	备　考
商务时报(中文)	民党系	经理　陈建	同前	1924年4月创刊,日报,发行量三百份
公论报(中文)	民党系	经理　郑英勋	同前	1923年5月创刊,隔日发行,发行量三百五十份
三山时报(中文)	民党系	经理　陈璋	同前	1923年3月创刊,周报,发行量二百份
海滨日报(中文)	民党系	社长　唐慕石	同前	1923年2月创刊,隔日发行,发行量三百份
平报(中文)	民党系	社长　林平	同前	1918年5月创刊①,周报,发行量二百份
日报(中文)	安福系	社长　刘森藩	姚谱韶	1924年2月创刊,日报,发行量三百份
福建公报(中文)	福建省政府之公布机关	省长公署		1912年1月创刊,日报,发行量三百份
福州时报(日文)		社长　山中宽太郎	同前	1924年②4月创刊,一周二回,发行量二百份
有中国通讯员两名				

宜昌
报纸及通讯

名　称	主义系统	持有人或社长	主　笔	备　考
宜昌日报(中文)	中立	经理　范啸野	张遗珠	1922年1月创刊,发行量约一千份
宜昌新闻报(中文)	排日报	持有人　侯述轩	同前	1923年12月创刊,发行量约五百份
精益日报(中文)	亲美主义	社长　张清夫	冯守儒	1924年1月创刊,发行量约二百份
鄂西通讯(中文)		罗笑佛	同前	1922年8月创立,每周发行三次
荆南通讯(中文)	《宜昌新闻报》《精益日报》的分身	张清夫	同前	1923年3月创立,每周发行三次

哈尔滨
一、概况

当地报纸有俄文七种、中文九种、日文一种、英文一种。俄文报纸是当地舆论界的先驱,沙皇时代作为俄国远东经略的指南针而活跃,现在虽然各自主义、主张不同,但遇到拥护俄国权利与利益时,均有令人注目的活动。

当地各派报纸有关政治、经济、外交、社会等各方面问题的评论,应看作反映了由于革命来到当地避难的多数俄国知识阶层人士的主义、理想、意见。从此观点出发,将当地俄文报纸大致区分的话,可分为"反布尔什维克"派、"布尔什维克"派和中立三类。

"反布尔什维克"派的报纸,有当地俄国舆论界的代表报纸 *Русский голос*,"布尔什维克"派有与 *Русский голос* 同为当地舆论界两大报纸之一的 *Новости жизни* 及第三国际俄国共产党支部、全俄工会总同盟的宣传机关 *Трибуна*,中立派有 *Заря*。与以上诸报纸的主旨完全不同,还有作为经济言论机关而十分有影响力的 *Коммерческий телеграф*,亦有完全以营利为本位、没有特定主义、主张的 *Копейка* 和 *Рупор* 两报。再看1924年的当地俄文报界状况,"反布尔什维克"派报由于财政困难、中国官方及苏维埃方面的压迫,经营均极其困难,以至

---

① 一说1917年创刊。
② 1922年报告为"1918年"。

一直为帝政复兴运动而战的 Свет 和日本人经营的 Сибирь 停刊,右派的舆论机关受到重大打击。与之相反,左派方面在中东铁路赤化后,其发展、活跃程度十分显著,在共产赤化宣传、排日、攻击反对党方面不遗余力,取得了巨大发展。中文报界大体与上年度无变化。

二、报纸及通讯

名　　称	主义系统	持有人或社长	主　笔	备　考
Русский голос(俄文)	反共产,复兴帝政俄罗斯,立宪民主党机关报。对日感情良好,但反对经济力量进入	艾斯·武维·瓦斯特罗琴	同前	1920年7月创刊,日报,发行量一千三百份
Заря(俄文)	民主主义,严正中立。经济观点方面多少有些排日	艾姆·莱姆毕齐与希普科夫两人共有	莱姆毕齐	1920年创刊,发行量早报四千五百份、晚报一千两百份
Копейка(俄文)	民主主义。共产党系 Новости жизни 的姐妹报。排日报纸	米由雷露、切鲁尼夫斯基、克里奥林共有两报	米由雷露	1922年创刊,晚报,发行量一千两百份
Новости жизни① (俄文)	急进社会主义,讴歌苏维埃政治。共产党左派社会民主主义机关报,接受犹太裔俄国人实业家的援助。排日态度浓厚	切鲁尼夫斯基	同前	1909年创刊,日报,发行量两千四百份
Трибуна(俄文)	共产主义。职业同盟会、第三劳动同盟的机关报。排日报纸	当地职业同盟会总部出资经营	汉库克特	1922年7月创刊,日报,发行量两千两百份
Рупор(俄文)	民主社会主义。接受锡安主义团体的援助。排日报纸	米鲁莱卢	同前	1921年创刊,晚报,发行量一千五百份
Коммерческий телеграф (俄文)	接受中东铁路、苏维埃各银行的援助。排日报纸	琪利金	同前	1923年创刊,周刊,发行量六百份
Harbin Daily News(英文)	对日感情良好。美国籍	亨利·维希	同前	1918年创刊,日报,发行量五百份
费达② 远东电报通讯(俄文)	中国籍。排日系	辛普森	同前	1923年6月创立,日报,发行量三十五份
东方通信(日文、俄文)		支局长　折桥庆治	同前	1922年创立,日报,发行量日文版一百份、俄文版五十份
哈尔滨时报(日文)		大河原厚仁	同前	1923年4月创刊,周刊,发行量六百份
哈尔滨日日新闻(日文)		社长　儿玉右二	矶部检三	1922年1月创刊③,日报,发行量一千两百份
哈尔滨通信(日文)		大川周三	同前	1923年1月创刊,日报,发行量三百份
国际协报(中文)	排日报纸,但近来缓和	张复生	同前	1918年8月创刊④,日报,发行量一千份

---

① 亦译《新生活报》,1917年报告译为《新生涯》,1920年译为《时事新报》。
② 此处采取的是音译,原文是"フエータ"。
③ 一说1922年11月创刊。
④ 一说1918年7月1日在吉林省长春市创刊,1919年10月迁到哈尔滨。

(续表)

名　称	主义系统	持有人或社长	主　笔	备　考
东三省商报(中文)	稍有排日倾向	叶元宰	潘绍中	1921年12月创刊,日报,发行量五百份
滨江时报(中文)	中立	范介卿	赵逸民	1921年4月创刊①,发行量八百份
东陲商报(中文)	同上	尹捷卿	殷仙峰	1918年4月创刊②,日报,发行量三百份
松江日报(中文)	张学良的机关报。温和排日	郭大鸣	杨星宣	1923年11月创刊③,日报,发行量一千份
哈尔滨晨光(中文)	基督教青年会的机关报。极端的排日报纸	韩庆常	袁世安	1923年创刊,日报,发行量五百份
午报(中文)		赵郁卿	同前	1921年6月创刊,日报,发行量一千五百份
大北日报(中文)	奉天《盛京时报》的别动队	山本喜雨露	王丕承	1922年10月创刊,日报,发行量四千五百份
东三省新闻(中文)		韩鑫楼	同前	1924年7月创刊,日报

本溪湖
报纸

名　称	主义系统	持有人或社长	主　笔	备　考
安奉新闻(日文)		社长　冈定规④	发行人兼编辑　百田宪	1913年4月创刊,日报,发行量四百七十份

有东北地区各日文报纸的通讯员。

百草沟

有《间岛新报》《间岛日报》及《东亚日报》的通讯员。

常德

名　称	主义系统	持有人或社长	主　笔	备　考
群言报(中文)	省政府党	总理　杨练僧	李汉丞	1923年创刊,日刊,发行量一千二百份
大中日报(中文)	接近商会和教育会	总理　杨天奴	李汉丞	1923年创刊,日刊,发行量一千份
沅声日报(中文)	民党机关报	总理　李铭堃	罗泽阆	1924年创刊,日刊,发行量七百份

---

① 一说1921年3月创刊。
② 一说1917年5月创刊。
③ 一说1923年9月创刊。
④ 1924年报告为"冈定起"。

重庆
报纸

名　称	主义系统	持有人或社长	主　笔	备　考
商务日报(中文)		社长　周文钦	李时甫	日刊,发行量一千六百份
新蜀报(中文)	接受重庆外交后援会、反帝国主义者和学生团体的援助,有社会主义倾向。排日报道多	宋南轩	萧楚女	日刊,发行量一千五百份
四川日报(中文)		范天笃	刘荣仙	日刊,发行量一千份
国是报(中文)	四川第二军系	夏鸿儒		日刊,发行量七百份

开原
报纸

名　称	主义系统	持有人或社长	主　笔	备　考
开原新报(日文)		持有人　石川五郎	山田民五郎	1919年2月创刊,日报,发行量约一百五十份
开原实业新报(日文)		持有人　篠田仙十郎	同前	1923年1月创刊,日报,发行量约一百份
开原时事新报(中文)		持有人　山田民五郎	佟振欧	1924年11月创刊,发行量约一百五十份

开封
报纸

名　称	主义系统	持有人或社长	主　笔	备　考
新中州报(中文)		社长　马和赓	杜荫南	1922年创刊①,日刊,发行量约一千二百份
大同日报(中文)		社长　张韩丞	郭仁甫	1921年春创刊②
大中国报(中文)		社长　刘山亭		1922年7月创刊,日刊,发行量约九百份
两河新闻(中文)		社长　鲍增端	熊绪端	1918年5月创刊③,日刊,发行量约九百份

海宁
报纸

名　称	主义系统	持有人或社长	主　笔	备　考
海宁日报(中文)		社长　朱宇仓		1922年6月创刊,日报,发行量六百份

海龙
无报纸发行,有《泰东日报》及其他中文报纸的通讯员。

---

① 一说1917年1月创刊。
② 一说1918年创刊。
③ 一说1919年7月创刊。

嘉兴
报纸

名　称	主义系统	持有人或社长	主　笔	备　考
嘉兴日报(中文)		顾绍镛	同前	1924年1月创刊①,日刊,发行量约五六百份
嘉声报(中文)		吴仰峰	同前	1924年12月创刊,日刊,发行量约四百份

琼州
报纸

名　称	主义系统	持有人或社长	主　笔	备　考
南星报(中文)	反孙派	社长　黄伯群	总编　同前	1925年3月创刊,日报

吉林
报纸

名　称	主义系统	持有人或社长	主笔与重要记者	备　考
东省日报(中文)		三桥政明	刘家齐	1922年7月创刊,日报,发行量约两千份
吉长日报(中文)		顾品一	魏邵卿	1909年创刊,日报,发行量约一千份
松江新闻(日文)		三桥政明	同前	1923年9月创刊,日报,发行量约两千份
吉林时报(日文)		儿玉多一	同前	1911年2月创刊②,周刊,发行量约四百份

黑河
报纸

名　称	主义系统	持有人或社长	主　笔	备　考
黑河日报(中文)	黑河道尹的机关报,有排日亲美的倾向	发行部主任　杨润如	陈凤岐	1920年9月创刊,日报,发行量约五百份

有《申报》等中文报纸的通讯员数名。

珲春

无报纸发行,《间岛新报》及《北鲜日报》派驻有通讯员。

杭州
一、报纸

名　称	主义系统	持有人或社长	主　笔	备　考
全浙公报(中文)	进步党,省政府机关报	社长　徐伟人	程光甫	1909年5月创刊,日刊,发行量九百份

---

① 应为1924年3月1日创刊。
② 一说1912年创刊。

(续表)

名 称	主义系统	持有人或社长	主 笔	备 考
之江日报(中文)	对日本态度公平	社长兼主笔 陈宜慈(字让荪)	陈季英	1913年4月创刊,日刊,发行量九百份
浙江民报(中文)	浙江省议会星期会议员机关报	社长 李开福(字乾荪)	祝静远	1916年8月创刊①,日刊,发行量一千三百份
浙江商报(中文)	杭州总商会机关报	社长 屠子嘉	叶荆公	1921年10月创刊,日刊,发行量一千二百多份
杭州报(中文)	旧国民党省议会良社议员机关报,在军政方面有特别关系。激烈的排日报纸	社长 许祖谦	顾萍之	1921年11月创刊,日刊,发行量二千四百份
浙民日报(中文)	省议会平社议员机关报	社长 胡芷香	朱章宝	1923年12月创刊②,日刊,发行量九百份
大浙江报(中文)		社长 周起予	同前	1925年5月创刊③,日刊,发行量一千二百份
浙江日报(中文)	无排日报道	楼兆蠡	罗霞天	1925年5月创刊④,日刊,发行量三千份
浙江公报(中文)	官报	省长公署	任干卿	1913年创刊,日刊,一千六百份

二、通讯员

有《新闻报》《时事新报》《申报》《新闻报》等通讯员。

公主岭
报纸

名 称	主义系统	持有人或社长	主 笔	备 考
公主岭商报(日文)		持有人 三村高次郎	同前	1920年4月创刊,日报,发行量一百零七份

有《辽东日报》及东北地区各日文、中文报纸的通讯员。

局子街
报纸

名 称	主义系统	持有人或社长	主 笔	备 考
吉东日报(中文)	得到官方支持。对日态度不良	经理 奚秉初	奚国钧	1924年11月创刊,日报,发行量四百份

---

① 一说1913年4月15日创刊。
② 一说1922年10月10日创刊。
③ 一说1925年9月创刊。
④ 由《杭州晚报》改组,约1924年创刊。

九江
一、报纸及杂志

名　　称	主义系统	持有人或社长	主　笔	备　考
江声日报(中文)	民党系	总理　饶汝庸(号翼儒)	蔡逊(号敏公)	1920年11月创刊①,日刊,发行量约一千份
九江潮(中文杂志)		郑夫收	同前	1923年5月创刊,发行量约一百份

二、通讯员

虽有上海、汉口等各地报社的通讯员,但他们都有固定的职业,正业之余从事通讯工作,专职通讯员很少。另外,居住于赣州、吉安和南昌的外国传教士中,有人向上海、汉口的外文报纸发送通讯。

满洲里
一、报纸

名　　称	主义系统	持有人或社长	主　笔	备　考
Живое слово(俄文)	市公共团体机关报	维阿明·撒贝尤鲁金	卡多悉尼维夫	1923年创刊,日报,发行量约三百份

二、通讯员

姓　　名	所属报社名称
亚历山大·托洛茨基(俄国人)	Русский голос 社
米哈伊鲁·沃夫契科夫(犹太裔俄国人)	Заря 社

无锡
报纸

名　称	主义系统	持有人或社长	主　笔	备　考
锡报(中文)	国民党系	蒋哲卿	祝湘澄、吴千里	1912年11月创刊②,日刊,发行量八百份
新无锡报③(中文)	中立派	杨少云	杨少云、周含如	1913年11月创刊④,日刊,发行量六百份
无锡新报(中文)		李伯森	同前	1922年9月创刊⑤,日刊,发行量三百份
苏民报(中文)		薛毓津	江红蕉、范烟桥	1923年10月创刊⑥,日刊,发行量五百份
轰报(中文)		吴骥德	吴千里	1923年创刊⑦,隔日发行,发行量二百份

---

① 一说1919年创办。
② 一说1912年10月1日创刊。
③ 应为《新无锡》报。
④ 一说1913年9月11日创刊。
⑤ 9月1日创刊。
⑥ 10月10日创刊。
⑦ 8月5日创刊。

南京

一、概况

当地报界除了去年江浙战争前作为督军齐燮元机关报发行的《东南日报》随着齐的下台而停刊外,没有变化。各报均内容贫乏,年年受到上海报纸的挤压,显露出逐渐衰退之色,仅仅依靠官方或商会等援助而继续经营。目前,上海报纸在当地被购阅,诸如《申报》《新闻报》及《时报》,据说达到二千几百份。还有少量的 *North China Daily News* 及 *China Press* 等外文报纸为外国人购阅。

二、报纸、通讯及杂志

名　　称	主义系统	持有人或社长	主　笔	备　考
江苏省公报(中文)	江苏省长公署公布机关	江苏省公署		1912年创刊,发行量约六百份
江苏省议会汇刊(中文)		江苏省议会		
大江南日报(中文)	督军机关报	王锡三	同前	1913年3月创刊,发行量约二千份
南方日报(中文)		王春生	同前	1915年7月创刊,发行量约二千份
大中华报(中文)		陈晴辉	同前	1916年9月创刊,发行量约八百份
立言报(中文)		吴善之	同前	1917年10月创刊①,发行量约六百份
新政闻报(中文)		方灏	同前	1918年创刊,发行量约六百份
社报(中文)		王家福	同前	1918年创刊,发行量约六百份
新中华报(中文)		于纬文	同前	1913年创刊,发行量约八百份
江苏日报(中文)		庄玉书	同前	1921年5月创刊,发行量约四百份
宁报(中文)		达剑峰	同前	1920年7月创刊,发行量约二百份
谏皷报(中文)		曹燮南		1921年10月创刊,隔日发行,发行量二百份
国闻报(中文)		杨义	同前	周刊,发行量二百至三百份
市民报(中文)		章柬甫	同前	同②
晨钟报(中文)		吴龙骧	同前	同
共和报(中文)		吴善之	同前	同
庸言报(中文)		贾济川	同前	同
民碞报(中文)		李炎	同前	同
亚东报(中文)		陈绍西	同前	同
南京新闻(中文通讯)		王荫卿	同前	
南洋新闻(中文通讯)		施绍文③	同前	
建业通讯		吴仲仁	同前	

---

① 一说1916年创刊。
② 原文如此,疑为"同上"。
③ 1924年报告为"施少文"。

(续表)

名　称	主义系统	持有人或社长	主　笔	备　考
模范通讯		于汕周	同前	
时事通讯		陈耀	同前	
神州通讯		吕必钢	同前	
世界通讯		高伯翱	同前	
长江通讯		徐海岚	同前	
中亚通讯		邓芨轩	同前	
震宇通讯		符一亚	同前	
Nanking Bulletin(英文)	基督教宣传	金陵神学院	Price	周刊
学衡(中文杂志)	学术研究	东南大学		
金陵光(英文、中文杂志)	学术研究	金陵大学		

三、通讯员

姓　名	所　属　社　名
弓削极	大阪朝日新闻社、大阪每日新闻社、东京时事新报社、东京报知新闻社

南昌
报纸及杂志

名　称	主义系统	持有人或社长	主　笔	备　考
新民报(中文)	为民党系，但目前迎合方本仁	经理　姜凯(号岂凡)	余小虎	1903年创刊①，日刊，发行量约三千五百份
和平日报(中文)	虽为民党系，但党系色彩淡	经理　周九龄(号慰三)	邓载民(号清全)	1921年10月创刊，日刊，发行量约二千份
正义报(中文)	为民党系，但目前为方本仁的机关报	经理　涂孟频(号聘侯)	方其道	1918年5月创刊，日刊，发行量约二千五百份
中庸报(中文)		经理　熊历曦	郭超群(号俊亭)	1918年5月创刊，日刊，发行量约二百五十份
章贡湖(中文)	省议会交通系派的机关报	经理　杨绳武(号幼农)	杨慕龙(号春农)	1922年9月创刊，日刊，发行量约二百份
新世界报(中文)	与民党系和省议会研究系有关	经理　曾亢(号公度)	姚朗如	1915年创刊，日刊，发行量约一百二十份
教育月刊(中文杂志)		基督青年会	同前	1915年创刊，日刊，发行量约二百份

有北京、上海各报的通讯员数人。

---

① 前身为《自治日报》《江西民报》，1921年改本名。

宁波
报纸

名　称	主义系统	持有人或社长	主　笔	备　考
时事公报(中文)		汪洮平	同前	1920年6月创刊,日刊,发行量约二千二百份
四明日报(中文)		叶莞	同前	1910年创刊,日刊,发行量一千五百份

牛庄
一、报纸

名　称	主义系统	持有人或社长	主　笔	备　考
满洲新报(日文)		冈部次郎	小川义和	1908年2月①创刊,日报,发行量三千份
营口经济日报(日文)		落合丑彦		1922年5月创刊,1925年2月10日起休刊中,日报,发行量三百份
营商日报(中文)	营口总商会的机关报	营口总商会	高景彦	1915年10月创刊②,日报,发行量一千一百份

二、通讯员

有《大阪每日新闻》《大阪朝日新闻》及东北地区的日文报纸通讯员与中国报纸通讯员。

农安

有《盛京时报》《大北新报》《吉长日报》《泰东日报》、上海《民国日报》《东三省民报》等的通讯员,无报纸。

温州
报纸

名　称	主义系统	持有人或社长	主　笔	备　考
瓯海公报(中文)	回收利权			1921年7月创刊,日刊,发行量一千份
温处公报(中文)	扩大民权			1907年创刊,日刊,发行量一千五百份

辽阳
报纸

名　称	主义系统	持有人或社长	主　笔	备　考
辽鞍每日新闻(日文)③		社长　渡边德重	同前	1908年12月创刊④,日报,发行量九百八十份

没有称得上是通讯社派遣的通讯员,但东北地区各报在当地的支局员有时会发出有关当地消息的通讯。

---

① 1924年报告为"1907年12月"。
② 一说1908年创刊,1919年报告为"1909年10月1日"。
③ 旧名为《辽阳每日新闻》《辽阳新报》。
④ 一说1908年3月创刊。

龙井村
报纸

名　　称	主义系统	持有人或社长	主　笔	备　　考
间岛新报（日文）		社长　安东贞元	同前	1918年①7月创刊，发行量约八百份
间岛日报（朝鲜文）	对朝鲜人文化宣传	社长　鲜于日	同前	1924年12月创刊，日报，发行量五百份

有《大阪朝日新闻》《大阪每日新闻》及其他朝鲜报社的通讯员。

济南
一、概况

当地的日刊报纸，中文报纸有十九种（其中美国籍一种，日本籍一种），日文报纸有两种。由于田中玉下台，熊省长挂冠，或是资金缺乏等原因，中文报纸中发生变化而停刊的有两种，被查封的有三种，其他报纸也因报社众多，竞争激烈，均经营困难，大多接受政党或是官方的补助。此外1924年发行的有《实业新闻》。

二、报纸、通讯及杂志

名　　称	主义系统	持有人或社长	主　笔	备　　考
山东公报（中文）	省长公署官报	省长公署	社长吴瑞洪（字儒范）	1913年2月创刊，日报，发行量约一千两百份
大东日报（中文）		持有人　张介礼（字公制）	邢洪武	1912年6月创刊②，日报，发行量约九百份
大民主报（Great Democrat）（中文）	美中亲善。宣传排日。美国籍	社长　周东曜（字朗山）	董策汉（字郁青）	1919年11月创刊③，日报，发行量约两千七百份
山东法报（中文）	律师公会的机关报。排日报纸	社长　张思纬（字星五）	任凤山	1919年5月创刊④，日报，发行量约四百份
山东商务日报（中文）	商务总会的机关报。与龚省长有关	社长　吴瑞洪	张伯衡	1916年9月创刊，日报，发行量七百份
益智报（中文）	龚省长补助	社长　郝凤城（字云生）	丁惠夫	1920年9月创刊，日报，发行量约四百份
平民日报（中文）	正谊俱乐部的机关报	持有人　王寀廷（字贞忱）	王伯川	1922年4月创刊，日报，发行量约一千二百份
山东时报（The Shantung Times）（中文）	民党系	社长　庄铨（字式如）	庄善昶（字仲舒）	1921年8月创刊，日报，发行量约七百份
通俗白话报（中文）	排日系	社长　罗世超（字亚民）	同前	1918年创刊⑤，日报，发行量五百份

---

① 1924年报告为"1921年"。
② 一说1912年8月创刊。
③ 一说1919年10月创刊。
④ 一说1918年创刊。
⑤ 一说1917年5月创刊。

(续表)

名　　称	主义系统	持有人或社长	主　笔	备　考
济美报①(中文)		社长　鲁兆凤(字岐亭)	钱鼎臣	1916年4月创刊,日报(晚刊),发行量七百份
简报(中文)	与《大东报》有关	社长　吴继鲁(字委汝)	同前	1905年6月创刊②,日报(晚刊),发行量六百份
海右新闻(中文)	民治主义	社长　李锡骥	汪少涵	1923年8月创刊,日报,发行量四百份
晨钟报(中文)	济南马克思研究会设立	社长　李荣甫	同前	1923年8月创刊,日报,发行量四百份
山东民报(中文)	政治协会的机关报	社长　国进修(字晋卿)	薛惠庆(字性男)	1923年9月创刊③,日报,发行量五百份
山东新报(中文)		社长　王鸾之	王笑山	1923年8月创刊,日报,发行量两百份
鲁报(中文)	宪政党山东支部的机关报	赵雨农	王泽同(字鲁生)	1924年1月创刊④,日报,发行量四百份
济报(中文)	济社机关报。龚省长的反对派	持有人　杜尚(字友棠)	张子佩	1924年1月创刊,日报,发行量五百份
山左日报(中文)	进步党七股公司的机关报	贾乃宽(字子厚)	钮鸣钧	1924年1月创刊⑤,日报
实业新闻(中文)	中社的机关报。省议会议长宋传典设立	社长　孙允齐	李元一	1924年2月创刊,日报,发行量约七百份
济南日报(中文)	日本籍	社长　立石登	编辑主任　董小齐	1916年8月创刊,日报,发行量一千三百份
大北通讯(中文)		社长　吴鸿远(字笑吾)		1923年7月创刊
中和通讯(中文)		社长　刘寰洲		1923年创刊
民生通讯(中文)	稍民党系	社长　李驶云	朱羲堂	1924年10月创刊,发行量约一百二十份
山东新闻(日文)		社长　川村伦道	冈林菅鹿(皖六)	1916年6月创刊,日报,发行量约六百份
胶济时事新报(日文)		社长　冈伊太郎	户塚易	1918年10月创刊⑥,起初名为《济南经济报》,1923年7月改名。日报,发行量三百五十份
山东商报(日文)		社长　永井一吉	同前	1923年6月创刊,日报,发行量约一百份

还有下列两报的支社,即:

---

① 1924年报告为《齐美报》。
② 一说1903年创刊。
③ 一说1917年创刊。
④⑤ 一说1923年创刊。
⑥ 一说1916年7月创刊。

青岛新闻社	支局长　秋吉满策
青岛日日新闻社	支局长　青木清登

除以上之外，由官方发行之刊物如下：

山东实业公报	1916年发行①（月刊）
山东教育月刊	1921年末发行
市政公报	1923年8月发行（月刊）

三、通讯员

姓　　名	所属报社名称
丰田神尚	大阪每日新闻社
大间知芳之助	同上
川村伦道	时事新报社
冈伊太郎	辽东新报社
秋吉满策	福冈日日新闻社

青岛

一、概况

当地以往有日刊《青岛新闻》《青岛日日新闻》《青岛实业日报》，月刊《山东经济时报》及《いなづま》五种日文报纸，前年起屡次策划合并，此番在小谷节夫的热心奔走下，铃木格三郎等出资金三万圆，将上记五报收购合并，以这些报纸的经营者为股东，创办青岛新报株式会社，以日文《青岛新报》、中文《大青岛报》续刊。

其次，中国人经营的中文报纸有四社，与1923年的六社相比减少了两社，但上述四社中有两社是1924年中新办的，因而合计四社均经营困难，濒临停刊倒闭。

英文报纸 *Tsingtao Leader* 1924年间因经营困难盘给中国人，更名为英文 *Tsingtao Times*，以公司形式经营。

二、报纸、通讯及杂志

名　　称	主义系统	持有人或社长	主　笔	备　考
青岛新报（日文）		青岛新报株式会社 董事兼社长　小谷节夫 董事　榎米吉、久慈宽一 监察　神野良隆	主编　榎米吉	1925年6月创立②
大青岛报（中文）③				
中国青岛报（中文）	似为青岛商务总会机关报	伊筱农		1920年创刊，日报，发行量三百份
胶澳日报（中文）	与青岛市民公会有关	郑吟谢		1923年1月创刊，日报，发行量四百份
青岛公民报（中文）		张露元	胡信之	1924年9月创刊，日报，发行量两百份

---

① 一说1914年发行。
② 一说1914年创刊，1924年报告为"1915年1月15日"。
③ 一说1914年创刊，一说1915年1月创刊，1924年报告为1915年6月15日创刊。

(续表)

名 称	主义系统	持有人或社长	主 笔	备 考
胶东新报(中文)	日本籍	中岛勇一		1924年7月由《济南日报青岛版》改名而来①,日报,发行量五百五十份
青岛时报(中文) Tsingtao Times (英文)		凌道扬	高春如、凌道扬	1924年8月从星野米藏手中盘下 Tsingtao Leader 创刊,日报,英文发行量六百份,中文发行量九百份
胶澳通讯社(中文)		陈旡我		1924年创立
青岛日新通讯社(中文)		李福堂		1924年创立
日本电报通信社(日文)		支局长 中岛喜一		1922年12月创立,日报,发行量五十份
青岛兴信所内报(日文)		水野天英	同前	1919年3月创刊,日报
山东兴信所报(日文)		吉村荣三	同前	1922年1月创刊,日报
青岛实业兴信所内报(日文)		渡边文治	同前	1921年7月创刊,每月发行一次
胶澳公报(中文)	官报	胶澳商埠督办公署		每月发行八次
胶济铁路管理局公报(中文)				每月发行三次

此外还有下记三报的支社:

济南《山东新闻》	支社长 浦上叔雄
济南《胶济时事新报》	同上 冈伊太郎
《济南日报》	同上 立石登

三、通讯员

姓 名	所属报社名称
浦上叔雄	东方通信社、奉天新闻社
小岛平八	东京朝日新闻社、大阪朝日新闻社
榎米吉	东京时事新报社、大阪时事新报社
前田七郎	大阪每日新闻社、辽东新报社
空闲知鹫治	大阪每日新闻社

① 一说1922年7月创刊,1924年报告为"1922年6月22日"。

成都
一、报纸及通讯

名　称	主义系统	持有人或社长	主　笔	备　考
国民公报（Chengtu Kuo Ming Kon Pao）（中文）	与刘存厚派有关系。对日感情良好	社长　李澄波	同前	1912年创刊，日刊，发行量二千五百份
四川日报（中文）	杨森的机关报。对日感情良好	经营者　王治易 社长　周幼铭	刘灼齐	1924年7月创刊①，日刊，发行量一千五百份
西陲日报（中文）	刘成勋的机关报。对日感情良好	社长　陈光庭	刘晓青	1924年6月创刊②，日刊，发行量七百份
民视日报（Min Sze Newspaper of Chengtu）（中文）	刘湘系，与进步党关系密切。对日感情良好	社长　丁少齐	黄思睿	1921年创刊，日刊，发行量一千三百份
市政公报（中文）	杨森系。对日态度不算不好	社长　曾延年	鄢公辅	1924年9月创刊，日刊，发行量一千份
成都通讯社（中文）	杨森的宣传机关报。对日态度不佳	社长　余松生	同前	1924年8月创刊，不定期发刊，发行量二百份

二、通讯员

姓　名	所　属　社　名
A. Silock（英国人）	路透社
A. J. Brace（加拿大人）	*North China Daily News*

赤峰
报纸

名　称	主义系统	持有人或社长	主　笔	备　考
新闻简报（中文）		持有人　谢景义（字松山）	编辑　谢吉处	1921年3月创刊，不定期，每月发行五次，发行量约两百份

沙市
报纸

名　称	主义系统	持有人或社长	主　笔	备　考
长江商务报（中文）	对日态度公正，但有时显示排日气氛	经理　侯伯章	同前	1921年7月创刊，日刊，发行量三千份

四平街
报纸

名　称	主义系统	持有人或社长	主　笔	备　考
四洮新闻（日文）		发行人　樱井教辅	奈良一雄	1920年10月创刊，日报，附录为中文，发行量约五百份

---

① 一说1924年3月16日创刊。
② 6月1日创刊。

有中国东北地区各日文报纸及中文报纸通讯员数名。

新民府
有盛京时报社及奉天、大连各中文报社的中国通讯员数名。

绍兴
报纸

名　　称	主义系统	持有人或社长	主　笔	备　考
越州公报(中文)				1918年创刊①,日刊,发行量一千份
越铎日报(中文)		张心斋		1912年5月创刊②,日刊,发行量一千二百份

苏州
报纸

名　　称	主义系统	持有人或社长	主笔及重要记者	备　考
苏州日报(中文)		石雨声	洪野航、高东帆	1912年创刊,日刊,发行量三百五十份
苏醒日报(中文)		陈寿霖	黄士亮	1913年8月③创刊,日刊,发行量二百七十份
吴县市乡公报(中文)		颜心介	颜心介、郭随庵	1916年1月④创刊,日刊,发行量五百七十份
吴语报(中文)		马飞黄	胡绣龙、戚饭牛	1916年9月⑤创刊,日刊,发行量一千四百份
平江日报(中文)		梅雨时	柳济安	1919年3月创刊,日刊,发行量三百三十份
吴声报(中文)		洪野航	同前	1919年4月⑥创刊,日刊,发行量四百二十份
苏州商报(中文)		方益荪	高亦混	1919年9月创刊,日刊,发行量二百三十份
民苏报(中文)				1924年10月停版
益苏报(中文)				1924年6月停版
晨报(中文)		汪遣恨	邹子魂	1923年3月⑦创刊,日刊,发行量三百份
独一报(中文)				1924年9月停版
中报(中文)		梅晴初	沈情虎	1923年6月创刊,日刊,发行量一千份
三吴报(中文)		范公毅	陈羡月	1924年12月创刊,日刊,发行量四百份
明报(中文)		张叔良	洪鹿鸣	1924年3月创刊,日刊,发行量五百六十份

---

① 1918年9月创刊。
② 1912年1月3日创刊。
③ 1924年报告为"9月",一说为1912年创刊。
④ 1924年报告为"2月"。
⑤ 1924年报告为"10月"。
⑥ 1924年报告为"5月"。
⑦ 1924年报告为"1921年4月"。

汕头
一、报纸

名　称	主义系统	持有人或社长	主　笔	备　考
汕头时报(The Swatow Times)(中文)	主张联省自治,接近陈炯明派。对日态度好	社长　黄国梁	王鼎新	1924年6月创刊,日报,发行量一千二百份
平报(中文)	接受陈觉民的援助。对日态度差	社长　蓝逸川	钱热储(号冷公)	1920年10月创刊,日报,发行量一千八百份
大岭东日报(The Great Lintung Journal)(中文)	民党系。对日态度好	社长　吴子寿(号壮新)	许唯心(号无畏)	1918年11月创刊,日报,发行量一千六百份
潮商公报(The Swatow Press)(中文)	接近洪兆麟一方。对日态度普通	社长　杜宝珊(号闲人)	杜石珊	1921年创刊,日报,发行量一千二百份
民声日报(中文)	与南洋华侨有关联。对日态度差	社长　陈小豪	谢伊唐	1920年创刊,日报,发行量一千二百份
天声日报(中文)	与尹骥有关联,粤军之舆论机关。对日态度普通	社长　詹金源(号天眼)	同前	1923年8月创刊,日报,发行量八百份
公言日报(中文)	对日态度不佳	社长　张仲琪	丘星吾(号顽公,又号三摩①)	1913年10月创刊,日报,发行量八百份
汕头商报(The Swatow Commercial Daily News)(中文)	对日态度普通	社长　张公量	林百举	1923年9月创刊,日报,发行量九百份
真言日报(Chin Yun Daily News)(中文)	儒教及旧文学派之机关报。对日态度普通	社长　洪献臣	顾百陶	1924年9月创刊,日报,发行量九百份
汕头通讯(中文通讯)	潮商公报社长杜宝珊兼营	社长　杜宝珊	林丹九	1924年10月创立
南方通讯(中文通讯)	《天声日报》社长詹金源兼营	社长　詹金源	同前	1924年12月创立
庵埠通讯(中文通讯)		社长　方醒群	正编辑　陈树猷	1924年12月创立

二、通讯员

姓　名	所属社名
邝啸庵	香港《循环日报》《大光报》,上海国闻通讯
黄业初	上海《申报》《新闻报》,广东东方通信

郑家屯
有《东三省公报》《盛京时报》及其他东北地区各中文报纸的通讯员十余名。

---

① 1924年报告为"三摩呵"。

铁岭
一、报纸及通讯

名　　称	主义系统	持有人或社长	主　笔	备　考
铁岭时报(日文)		持有人　西尾信	同前	1911年8月创刊,日报,发行量约六百份
铁岭每日新闻(日文、中文)		持有人　迫田采之助 社长　罗率真	主笔　罗率真	1917年11月创刊,日报,发行量三四百份
劝农通讯(朝鲜文)		社长　张字根	同前	1924年2月创刊,周刊,发行量约两百份

二、通讯员
有《大阪朝日新闻》《大阪每日新闻》及东北地区各日文报纸的通讯员数名。

掏鹿
有《东三省公报》《盛京时报》及东北地区各中文报纸的通讯员十多名,在从事通讯的同时,代销报纸。

通化
无报纸发行,有《盛京时报》及其他中文报纸的通讯员数名,均拥有一定职业,工作之余发布通讯。

云南
报纸、通讯及杂志

名　　称	主义系统	持有人或社长	主　笔	备　考
云南公报(中文)	省政府官报	省长公署	许鸿举	1912年8月①创刊,日报,发行量约六百份
昆明市教育周报(中文)		昆明市政公所	蒋绍封、倪鹏	1923年1月创刊,周报,发行量约五百份
民治日报(中文)	提倡联省自治,省政府机关报。对日态度若即若离	惠我春(号云岑)	同前	1922年6月创刊,日报,发行量约七百份
义声报(中文)	有时有排日态度	李巨裁(号祥云)	孙向旭(号小楼)	1916年4月创刊②,日报,发行量约九百份
复旦报(中文)	多有排外性报道,有排日色彩	邓绍先(号孝思)	同前	1922年12月创刊,日报,发行量约五百份
均报(中文)		段全昌(号奇僧)	同前	1919年创刊③,日报,发行量约六百份
云南社会新报(中文)		王苏	龙子敏	1922年2月创刊④,日报,发行量约三百份
微言报(中文)		罗继春(号养儒)	同前	1922年3月⑤创刊,三天发行一次,发行量约三百份

---

① 1924年报告为"1913年"。
② 一说1916年1月10日创刊。
③ 一说1920年5月24日创刊。
④ 一说1923年9月11日创刊。
⑤ 一说1921年12月创刊。

(续表)

名　称	主义系统	持有人或社长	主　笔	备　考
云南周刊(中文)		周泽民	同前	1924年12月创刊,周报,发行量约三百份
澎湃(中文)		龚自知	刘尧民	1924年8月创刊,旬报,发行量五百份
工商周报(中文)		马卓勤	同前	1924年9月创刊,周报,发行量约五百份
新滇报(中文)		管侬痴	同前	1924年8月创刊,目前停刊中,日报,发行量约六百份
甲子新闻(中文)		黄怀古	袁仲华	1924年11月创刊[①],目前停刊中,日报,发行量约三百份
新云南通讯(中文)	云南政府之机关通讯,由《民治日报》兼营	惠我春	赵觉民、周忠国	1922年6月创刊
滇南通讯(中文)		沈硕夫	同前	1924年设立
云南教育公报(中文杂志)		云南教育司	邵润焘	1922年9月创刊,月报,发行量约三百份
云南教育杂志(中文杂志)		云南省教育会	张禄	1912年创刊,月报,发行量约三百份
云南乡村教育月刊(中文杂志)		云南省教育会	施俊霖	1924年10月创刊,月报,发行量约三百份
云南实业公报(中文杂志)		云南实业司	段居	1920年11月创刊,月报,发行量约三百份
农业浅说(中文杂志)		云南省农会	吴锡忠	1923年8月创刊,月报,发行量约二百五十份
军事杂志(中文杂志)		云南省公署军政司	刘永祚	1922年创刊,月刊,发行量约八百份
昆明市月刊(中文杂志)		昆明市政公所	孙模	1923年2月创刊,月刊,发行量约三百份
云南盐政公报(中文杂志)		云南盐运使署		1919年1月创刊,月刊,发行量约三百份
云南民治月刊(中文杂志)		云南民治实进会	邓绍先	1922年创刊,月刊,发行量约三百份
云南风俗改良会刊(中文杂志)		云南风俗改良会	徐嘉瑞	1924年2月创刊,月刊,发行量约五百份
天足会刊(中文杂志)		昆明市天足会	惠我春	1923年7月创刊,月刊,发行量约三百份
改造(中文杂志)		东陆大学	李耀商	1924年创刊,发行量约三百份
孟晋(中文杂志)	与《民治日报》有关联	黄天石(号剑珠)	同前	1924年10月创刊,月刊,发行量三千份

---

① 一说1924年10月31日创刊。

（附）
香港
一、概况

当地的英文报纸有四种，分别是 *Hongkong Daily News*①，*South China Morning Post*，*Hongkong Telegraph* 及 *China Mail*，均属于英国国籍，股份制。其中 *China Mail* 几乎没有存在感，*South China Morning Post* 和 *Hongkong Telegraph* 两报属同一公司经营，都拥有比较多的读者。*Hongkong Daily Press* 与前两种报纸相比发行量虽少，但实质上是上层英国人的机关报，从这一意义上来说，该报最为重要。就这些报纸对我国的态度而论，碰到仅限于日中两国之间的问题，都以极婉转的辞句劝说日本让步，但在美国制定排日移民法时，都为我国辩护，或刊登同情的评论。再看中文报纸，在1923年末时有六种，其后《中国新闻报》《香港时报》《香港小报》及《香港新国华报》四报创刊，目前有十种。其中《循环日报》《华字日报》最为优秀，《大光报》《香港晨报》次之。新发行的报纸中《中国新闻报》一枝独秀，其他则都很贫弱。

名　称	主义系统	持有人或社长	主　笔	备　考
循环日报（Tsun Wan Yat-Pao）（中文）	反孙文派。对日感情一般	股份制 经理　温丽波	何冰甫	五十年前创刊，早报，发行量八千余份
华字日报（Chinese Mail）（中文）	反孙文派	股份制 经理　何汝明	潘惠畴	五十余年前创刊，早报，发行量约一万份
香港华商总会报（中文）	华商总会机关报。对日感情不佳	经理　叶兰泉	谭荔桓	1919年4月创刊，发行量二千份
大光报（The Great Light）（中文）		股份制 经理　黎纪南	黄冷观	1913年3月创刊②，早报，发行量七千份
香江晨报（The Hongkong Shum-Po）（中文）	国民党机关报	经理　黎纪南	黎公次	1919年2月创刊，早报
香江晚报（Hongkong Man-Po）（中文）		经理　罗日煊	黄燕清	1921年11月创刊，晚报，发行量一千份
中国新闻报（The China News）（中文）	国民党机关报	社长　陈秋霖	陈仲云	1924年2月创刊③，早报，发行量四千份
香港时报（Hongkong Si-Po）（中文）	陈炯明派机关报	社长　陈云峰	陈智培	1925年1月创刊，早报，发行量数百份
香港小报（Hongkong Siu-Po）（中文）		持有人　钟少墀	梁少杰	1924年12月创刊，早报，发行量六百份
香港新国华报（Hongkong San Kwok Wa-Po）（中文）	中立	持有人　李抗希	邬一夏	1924年5月创刊，早报，发行量二千二百份
香港日报（Hongkong Nippo）（日文）		持有人兼社长 井手元一	同前	1909年9月创刊，晚报，发行量五百份
Hongkong Daily Press［孖刺报］（英文）	主旨在于拥护英帝国的利益，但不反对任何国家，接受香港政厅的补助金，由于其兼为香港立法会议的议事录而被视作为半机关报	股份制，实际持有人为伦敦的Murrow一家，经营者为主笔B. A. Hale	B. A. Hale	1877年创刊④，早报，发行量一千二百份

---

① 报名疑有误，应为"*Hongkong Daily Press*"。
② 一说2月8日创刊。
③ 一说1924年7月14日创刊。
④ 应为1857年10月1日创刊。

(续表)

名 称	主义系统	持有人或社长	主 笔	备 考
South China Morning Post [南华早报](英文)	对日感情良好	股份制 总经理 B.Wylle	H. Ching	1906年创刊①,早报,发行量约二千份
Hongkong Telegraph[士蔑报](英文)	致力于英美亲善,大肆批评孙文政府的施政	与 South China Morning Post 属于同一公司经营	Alfread Hicks	1891年创刊②,晚报,发行量一千八百份
China Mail[德臣报](英文)		股份制 经理 G. W. C. Burnett	同前	1804年创刊③,晚报,发行量七百份
Daily Bulletin(英文)	*Publicity Bureau for South China* 的消息发布机关		编辑 William Jackson	1919年创立

三、通讯员

姓 名	所 属 社 名
J. P. Braga	Reuter's Ltd.

中国(附香港)报纸、通讯统计表

地名	中文	日文	英文	俄文	法文	其他	合计	通讯合计
北京	36	2	3	—	1	英、中文2	44	18
上海	13	3	5	1	1	—	23	15
奉天	6	3	—	—	—	—	9	4
天津	18	3	4	—	—	—	25	7
汉口	28	3	2	—	—	—	33	15
广东	26	1	1	—	—	—	28	16
厦门	8	1	—	—	—	—	9	—
安庆	3	—	—	—	—	—	3	3
安东	1	2	—	—	—	—	3	—
抚顺	—	—	—	—	—	日、中文1	1	—
芜湖	2	—	—	—	—	—	2	—
齐齐哈尔	2	—	—	—	—	—	2	—
芝罘	8	—	1	—	—	—	9	—
镇江	1	—	—	—	—	—	1	—
张家口	—	—	—	—	—	中、蒙文1	1	—

---

① 一说1903年11月7日创刊。
② 一说1881年6月15日创刊。
③ 应为1845年2月20日创刊。

(续表)

地 名	中 文	日 文	英 文	俄 文	法 文	其 他	合 计	通讯合计
长 沙	6	—	—	—	—	—	6	11
长 春	5	3	—	—	—	—	8	1
大 连	3	5	1	—	—	—	9	5
福 州	23	1	—	—	—	—	24	—
宜 昌	3	—	—	—	—	—	3	2
哈尔滨	9	1	1	7	—	—	18	3
本溪湖	—	1	—	—	—	—	1	—
百草沟	—	—	—	—	—	—	—	—
常 德	3	—	—	—	—	—	3	—
重 庆	4	—	—	—	—	—	4	—
开 原	1	2	—	—	—	—	3	—
开 封	4	—	—	—	—	—	4	—
海 宁	1	—	—	—	—	—	1	—
海 龙	—	—	—	—	—	—	—	—
嘉 兴	2	—	—	—	—	—	2	—
黑 河	1	—	—	—	—	—	1	—
琼 州	1	—	—	—	—	—	1	—
珲 春	—	—	—	—	—	—	—	—
杭 州	8	—	—	—	—	—	8	—
公主岭	—	1	—	—	—	—	1	—
局子街	1	—	—	—	—	—	1	—
九 江	1	—	—	—	—	—	1	—
满洲里	—	—	—	1	—	—	1	—
无 锡	5	—	—	—	—	—	5	—
南 京	17	—	—	—	—	—	17	10
南 昌	6	—	—	—	—	—	6	—
宁 波	2	—	—	—	—	—	2	—
牛 庄	1	2	—	—	—	—	3	—
农 安	—	—	—	—	—	—	—	—
温 州	2	—	—	—	—	—	2	—
辽 阳	—	1	—	—	—	—	1	—

(续表)

地 名	中文	日文	英文	俄文	法文	其他	合计	通讯合计
龙井村	—	1	—	—	—	朝鲜文1	2	—
济 南	19	2	—	—	—	—	21	3
青 岛	7	1	1	—	—	—	12	3
成 都	5	—	—	—	—	—	5	1
赤 峰	1	—	—	—	—	—	1	—
沙 市	1	—	—	—	—	—	1	—
四平街	—	1	—	—	—	—	1	—
新民府	—	—	—	—	—	—	—	—
绍 兴	2	—	—	—	—	—	2	—
苏 州	14	—	—	—	—	—	14	—
汕 头	9	—	—	—	—	—	9	3
郑家屯	—	—	—	—	—	—	—	—
铁 岭	—	1	—	—	—	日、中文1	2	1
掏 鹿	—	—	—	—	—	—	—	1
通 化	—	—	—	—	—	—	—	—
云 南	8	—	—	—	—	—	8	2
合 计	326	41	19	9	2	6	403	123
(附)								
香 港	10	1	5	—	—	—	16	—

(秘)1926年7月

有关中国(附香港)报纸及通讯的调查

外务省情报部

定期调查报告　　（秘）1926年7月　　有关中国（附香港）报纸及通讯的调查

凡　　例

1. 本调查录根据各公馆的报告，以1925年末为时点而编辑。此后至本书付梓为止，又对新刊、停刊的报刊及其他变化之处进行了订正。

2. 本调查录每年重复加以订正、印刷，因而，尽量以简洁为要旨。

3. 鉴于北京、上海、奉天、天津、汉口及广东在报纸、通讯方面为重要地区，将其归总特别置于本调查书的前部，并且尽量详细记载。

4. 其他各地按照字母表的顺序排列，仅为概况和简单表格（报名、党派关系、持有人、主笔等）。

5. 最后的统计表显示的仅仅是纯粹的报纸、通讯，对于官报类杂志等进行了省略。

有关中国(附香港)报纸及通讯的调查
目 录

北京	634	重庆	696
上海	649	开原	696
奉天	663	开封	696
天津	665	海宁	697
汉口	671	海龙	697
广东	678	嘉兴	697

(以下按照字母表的顺序)①

厦门	682	琼州	697
安庆	683	吉林	697
安东	684	归化城	698
抚顺	684	衢县	698
芜湖	684	珲春	698
齐齐哈尔	684	杭州	698
芝罘	685	衡阳	699
镇江	685	黑河	699
张家口	686	公主岭	699
长沙	686	局子街	699
长春	688	九江	700
大连	688	满洲里	700
永州	689	无锡	700
福州	689	南京	700
宜昌	692	南昌	702
哈尔滨	692	宁波	702
平湖	695	牛庄	703
本溪湖	695	农安	703
包头镇	695	温州	703
百草沟	696	辽阳	703
常德	696	龙井村	703
		乍浦	704

---

① 以下地名是根据当时的发音顺序排列。这一排列增加了阅者查找的困难,同一省内的城市分散各处。

济南	704	汕头	709
青岛	705	郑家屯	710
成都	707	铁岭	710
赤峰	708	头道沟	711
沙市	708	掏鹿	711
四平街	708	洮南	711
新民府	708	通化	711
辰州	708	云南	711
诸暨	709	余姚	712
绍兴	709	(附)香港	712
湘潭	709		
苏州	709	中国(附香港)报纸及通讯统计表	714

有关中国(附香港)报纸及通讯的调查

北京

一、中文报纸、通讯及杂志

概况

中文报纸　北京的中文报纸随政权更替而兴亡无常,但近年其数量颇有增加,目前达到了九十余种之多。这些报纸中影响力较大者有《顺天时报》《晨报》《益世报》《京报》《北京日报》等,仅次于以上报纸的有《京津时报》《社会日报》《黄报》《世界日报》《中华》《兴论》等。其余报纸是发行量少或者读者为下层社会的小报,其中徒有其名而存在几乎不被认可的报纸不在少数。中文报纸的报道,政治问题占了多数,经济报道以《晨报》为主,仅仅在《益世报》《京报》等数种报上可以见到,普遍低迷不振。社会、文艺等报道也十分贫弱。在这些报纸中,政党、政派的机关报为数不少。还有,虽不被称为机关报,但从官厅、军阀、政治家、政党等各种团体处接受补助的报纸也很多。特别是最近国民军、国民党系的报纸居多,不时捏造出一些荒唐的报道,或者故意夸张事实,而将其用于宣传方面者不在少数,因此报道、评论等很难切中要点。类似于《顺天时报》这种与政党、政派无关的报纸则受到一般民众的重视。《晨报》标榜中立,相对而言比较公平,因此信用较好,发行量也日益增加。

北京以往称为晚报的报纸不过数种,一两年以来,其数量得到了显著增加,目前确已达到约二十种之多。晚报以小型报纸为主,不仅价格低廉,而且报道迅速,因此销量日益增多。其报道不仅被第二天早上的报纸转载,还被当作面向地方的通讯资料使用。因此在舆论的引导方面,今后有必要关心晚报的影响。在晚报中,《北京晚报》由于相对而言比较公平,因此信用较好。《大同晚报》虽创刊时日尚浅,但因为标榜反对共产主义且报道迅速,发展迅速。而像《中美晚报》《世界晚报》《民立晚报》及《国民晚报》之类,多宣传国民党派系,因此信誉低。

中文通讯　中国的通讯工作,只要有数名记者、探访员,具备油印机,就能立刻开业。因此最近各方面的机关,或者用于宣传的通讯社异常繁荣,其数量总计达到了九十余种之多,但其中有影响力的通讯社,仅可举国闻通讯、神州通讯、中美通讯等数种。通讯社多依靠政党、政派或个人的补助金经营,因此实际上每日发行通讯的不过二三十种,其他的一个月或一周发行几次,抑或仅仅利用通讯之名来进行宣传。

中国人经营的通讯社由于上述状况,普遍信誉低。因而,日本人经营的东方通信、电报通信最近发展迅速,各中文报纸中几乎没有不刊载以上两通讯社之通讯的。

中文杂志　杂志的种类颇多,在此仅仅记载政府方面的公报,以及可供参考的政治、经济方面的杂志,学术性的杂志就此省略。北京的杂志除数种之外都极为不振,发行量一般为数百份,量多的也不会超过数千份。

还有,如上所述北京国民军系的报纸很多,但自从 1926 年奉天军入城以来,其报道和评论论调出现了变化。国民系的新闻记者等害怕危及自身,或藏身东交民巷内,或逃亡至其他地方。因此,随着时局的变化,北京报界也不免会出现变动。

甲、报纸

名　称	主义系统	持有人或社长	主笔及主要记者	备　考
顺天时报	日中亲善	渡边哲信	金崎贤	1901 年创刊,日刊,八页,发行量一万五千份。不为政派所左右,因而信誉最高。社址在正阳门内化石桥
北京日报	标榜中立	朱淇	对权佐	1907 年创刊①,日刊,八页,发行量约五千份。北京中文报纸的鼻祖。接受财政部、交通部及盐务署相当数量的补助,经营宽裕。因此报面精彩,只是编辑没有脱离旧态。社址在东城镇江胡同

---

① 《北京报》于 1904 年 8 月创刊,1905 年 8 月更名为《北京日报》。

定期调查报告　（秘）1926年7月　有关中国（附香港）报纸及通讯的调查

(续表)

名　称	主义系统	持有人或社长	主笔及主要记者	备　考
晨报	严正中立	刘崇佑	林仲易 记者　陈溥贤、刘勉己	1916年创刊,日刊,八页,另有两页附录。发行量一万余份。最初为研究系的机关报。自刘崇佑结束议员生涯以来,虽标榜严正中立,但似乎仍同情研究系。经营良好,具有学识和经验的记者齐聚,有关关税会议等评论最为详细。经济报道具有特色,报面充满活力。与《益世报》比肩,活跃于报界。社址在北京丞相胡同
京报	外交系,国民军系			日刊,八页,发行量五六千份。一直以来接受外交部、财政部、银行公会等的补助,最近几年获得国民党、国民军方面巨额补助,据传还接受俄国人提供的资金。在为国民党、国民军辩护的同时,极力攻击张作霖,并且标榜反奉反日,声援民众运动,刊载宣传共产主义的报道和评论。1926年4月,随着国民军的败退,社长邵振青被奉天军枪杀
益世报	亲美主义	杜竹萱	潘蕴巢、颜旨微	日刊,八页,发行量八千份。创刊当时由美国基督教会维持,后受到美国公使馆的补助。带有国民军、国民党的色彩,但最近与吴佩孚方面有了联系。不时对日进行攻击,不过,最近总体上态度较为温和。由于留美出身的记者很多,国内外电讯和地方通讯丰富,外国报纸译载居多。社址在前门外新华街
卍字日日新闻	北京道院宣传机关报	江宇澄	万灵易	1923年4月创刊,日刊,八页,另有两页附录,发行量约二千份。红卍字会北京道院的机关报。本报与普通中文报纸相比并无不同之处,但附录主要刊登有关道教和道院的学说、宣传文章,以及其他宗教、哲学等内容。资金丰富,故报面精彩。社址在宣武门内舍饭寺胡同世界红卍字会中华总会内
铁道时报	交通部机关报	李警呼	魏心毂	日刊,四页,发行量五六百份。交通部的机关报,是铁路及邮电等交通方面的专门报纸,但最近关于政治方面的报道较多。社址在椿树三条胡同。
京津时报	安福系	汪立元	黄昙山	日刊,四页,发行量五百份。自从安福系蛰伏以来,颇有不振之态,但发行号数已累计达五千号,是北京老报之一。社长汪立元人格高,任万国记者俱乐部会长。社址在廊坊头条
舆论	交通系	侯疑始	刘景山	1922年创刊,日刊,四页,发行量约一千份。该报第四页的"翰海"具有特色,受到文艺爱好者的欢迎。社址在宣武门外香炉胡同
中国新闻	与田维勤有关	王效斌	吴小齐	1923年12月创刊,日刊,发行量一千余份。社址在前门内前红井西口
中报	天津系	林天木	林天木	1923年创刊,日刊,发行量约一千份。曹锟就任大总统之后,天津系首领曹锐及边守靖等为了支持和宣传总统而创立该报。目前受到烟花巷欢迎。社址在宣武门外烂熳胡同
北京报	以营利为本位	任昆山	梁赞廷	创刊以来已有五年①,日刊,发行量一千四百份,基础坚实。社址在前门外大安澜营

---

① 一说该报1919年创刊。

(续表)

名　称	主义系统	持有人或社长	主笔及主要记者	备　考
社会日报	中立		林鹏南	日刊,发行量三千份。曾是安福系的机关报,现标榜中立。奉直战争时曾一时被勒令停刊,其后不久复活。资金充裕,报面完备,政治报道丰富。前社长林万里于今年8月,由于与国民党暗中勾结而被奉军枪杀。社址在棉花胡同
日知报	旧交通系	王博谦	陈筠	1913年10月创刊①,日刊,发行量约一千份。一度大为活跃,自从交通系蛰伏以来,报面立刻变得萎靡不振。社址在宣武门外西草厂
日知小报	以营利为本位	王博谦	李田文	发行量约二千份。亦可称为《日知报》的副刊,有关戏剧界、电影和其他艺术的报道丰富
燕都报	以营利为本位	吴熙实	李乐天	发行量约一千份。小说、文艺的专业小报。烟花巷的读者居多。社址在砖塔胡同
亚东报	以营利为本位	谭云从	谭云从	发行量约五百份。专登梨园消息的小报。社址在宣武门外赶驴市
国强报	立宪派	刘铁庵	刘铁庵	发行量七千份。白话报的鼻祖,受到中流以下阶层的欢迎。广告收入多,经营状况极好。社址在前门外延寿寺街
实事白话日报	中立	戴兰生	戴兰生	1918年9月创刊,发行量约二万份。标榜中立,但研究系的色彩浓厚。读者多为中流以下阶层和学生。社址在宣武门外铁老鹳庙
群强报	以营利为本位	陆泽	王丹忱	1912年创刊,发行量约一万份,白话报。在戏剧界、烟花巷读者居多。社址在樱桃斜街
北京白话报	任昆山	何敏之	何敏之	发行量约一千三百份。创刊时得到陈光远的补助,陈失势后完全成为自营。社址在前门外大安澜营
平报	以营利为本位	孙德成	孙德成	发行量约三千份。由已故的赵秉钧创立,当时在军警界读者众多,但数年来萎靡不振。社址在宣武门外南柳巷
商业日报	北京商务会	任崇高	任崇高	发行量约三千份。北京商务总会的机关报,商会每月补助一百元,且广告收入多,因此据说经营状况良好。社址在宣武门外方壶斋
中华	文化、重农、屯垦。虽由私人创办,但与国民军方面接近	社长　米迪刚　副社长　吴天澈	尹仲材	1924年5月创刊,发行量约二千份。社长为直隶省人,早稻田大学毕业归国后,致力于农村开发,曾建设模范村。副社长毕业于北京农科大学,曾在张家口外从事屯垦事业
世界日报	与国民第二军有关	成平②		1925年创刊③,发行量约二千份。贺德霖出资最多,据说国民第二军也有补助。论调以国民党方面的意见为主,往往舞弄排日笔锋
中央时报	安福系	张学涛	周次野	1918年创刊,发行量极少,并无任何影响力
民国公报	安福系	罗怡庵		1918年创刊,发行量约三四百份,没有影响力

---

① 一说1913年9月创刊。
② 即成舍我。
③ 1925年2月10日创刊。

(续表)

名 称	主义系统	持有人或社长	主笔及主要记者	备 考
交通日报	旧交通系机关报	陈协全	周邦武	发行量约一千份,目前没有影响力
黄报	奉系	卢林初	薛大可	发行量约三千份,与旧直系有关,现在成了奉系的机关报。报面较为完备
京兆日报		恒叔达		发行量少,而且没有影响力
大中国日报		胡寿松		发行量少,而且没有影响力
光华日报		石翼宪		发行量少,只在商人中有一些读者
公论新报		薛觉民		发行量少,而且没有影响力
黎明报		赵叔敬	张经国	发行量少,与孙洪伊有关
中报	以营利为本位	林质生		发行量约一千份,小报,在下层社会拥有读者
北京报	以营利为本位	任朴生		发行量约三千份,小报,在下层社会读者众多
复言报		康栋臣		发行量少,而且没有影响力
道心报		颜雨林		1921年创刊,发行量少
新华日报		潘超然		发行量少
京都日报		何寰祺		发行量少
大亚细亚日报		李绍唐		发行量少
经世报	孔教会机关报	陈焕章		由孔教总会长兼孔教大学校长陈焕章发行,读者很少
日日新闻		尚世魁		发行量少
公报		周丹忱	戴瑞征	发行量少
三民报		刘庸民	许希尧	发行量约五百份,由张我华出资
中国统一报		王家齐		发行量少
大东报		陈小越		发行量少
宪报		林超然		发行量少
小小日报	以营利为本位	宋信生		发行量约三千份,小型报纸,在下层社会拥有读者
第一小报	以营利为本位	李辛白		发行量约三千份,小型报纸,在下层社会拥有读者 据说由张我华出资
建国日报		郭牖民		发行量约三百份。据说由龙济光之子出资
大公午报		王隐公		发行量约三百份
京都市报		韩寄宣		发行量约二千份。由北京市民商界的有地位者经营,致力于反对共产
黄舆日报		张伯洁		发行量少
京兆日报		恒钧		发行量少
都报		胡康彝	胡康彝	发行量少
新春秋日报		孔仁	孔仁	发行量少

(续表)

名称	主义系统	持有人或社长	主笔及主要记者	备考
新时报		蒋剑平	蒋剑平	发行量少
明报		孙伯琦		发行量少
北京晚报	中立	刘煌	刘煌	1921年创刊,发行量五六千份,为北京晚报之鼻祖。最初与曹汝霖、陆宗舆等有关,后归孙润宇、高凌霨所有。现为小报,但由于知晓政界之机微,而且报道迅速、正确,发行量越来越多。社址在北新华街
大陆晚报		张鹏	张汉举	发行量一千份左右。过去曾获得国务院的补助,但现在已无。据说与王正廷和皖系官僚有关。社址在前门外大外郎营
五点钟晚报	以营利为本位	郑知非	郑知非	发行量一千份左右。与普通晚报相同,为小报,刊载各方面的报道,最近显示有发展。社址在新华街北头
世界晚报	国民党系	成平	黄少谷	1924年创刊,发行量约四五份,影响力相当大。最初由陈策、吴景濂出资,与直系有关。现为国民党及国民军的机关报,与《世界日报》相同,与贺德霖有关。据说民国大学也给予补助。对日无好意。社址在石驸马大街
中美晚报	国民军系	李拂尘	李拂尘	1925年创刊,发行量约三千份。与中美通讯社同系,跟美国方面有关,但最近成为国民军和国民党的机关报。对日无好意。社址在北池子骑河楼妞妞房
大同晚报	中立	龚德柏	龚德柏	1925年创刊,发行量一万余份。本报由前《世界晚报》的记者龚德柏独立经营,报道机敏,评论雄健,标榜不偏不倚,攻击共产派,进而刊载对国民军不利的报道。主持人龚德柏曾数回被警察总监或警卫总司令拘捕。创刊以来时日尚浅,但发行量得到急速增加,已称得上是北京第一流的报纸。社址在宣武门外校场五条
民立晚报	国民军系	成济安	成济安	1926年3月创刊,发行量不到一千份。由《世界晚报》社长成平之兄成济安独立经营,据说接受国民第一军补助。社址在西城前百户庙寿逾百胡同
新闻晚报	华侨机关报	李锦铭	陈劭南	1916年2月创刊①,发行量约五百份。据说从华侨方面得到补助
国民晚报	国民党系	罗敦伟	黄雪甫	1925年创刊,发行量约一千份。据说由国民党易培基出资
大晚报		朱我农	朱我农	1925年创刊,发行量约三百份。与旧交通系有关
新华晚报		章惠夷	章惠夷	1925年创刊,发行量约五百份。章社长为江西人,资本也主要由江西人所出
明星晚报		费保彦	费保彦	1925年创刊,发行量约五六百份。许世英的机关报,费社长是财政善后委员会委员
华晚报	与财政部、交通部有关	卓博公	卓博公	1925年创刊,发行量约三四百份
心声晚报		高伯奇	夏铁汉	1925年创刊,发行量约三四百份
京国夕刊		林众可	林众可	1925年创刊,发行量约三百份

---

① 似有笔误,应为1926年2月创刊。

定期调查报告　　(秘)1926年7月　　有关中国(附香港)报纸及通讯的调查

(续表)

名　　称	主义系统	持有人或社长	主笔及主要记者	备　　考
新京晚报		倪寄尘	吴青山	1926年2月创刊,发行量约三四百份
都门晚报		方遁庵	方遁庵	1925年创刊,发行量约四五百份
京津晚报		王冷公	王冷公	1925年创刊①,发行量约三四百份
国际晚报		李鉴	李鉴	1925年创刊,发行量约五百份
劳工日刊	工团联合会的机关报	谌小岑	谌小岑	由上海工团联合会一派发行的北京唯一的劳动报纸。与共产派对抗,标榜工会主义。北京工团联合会、长辛店工会和民党右倾派与之有关。社址在顺治门内国会街
工报		张知竞		
自治晚报		丁雨臣		
华京日报		朱祖超		
民报		陈荫仁		
华报		卓博公		
时事评论		王世鼐		
爱国白话报	与警察有关	马半痴		
北京群言报		李曼霞		
德邮晚报	与国民第三军有关	王明善		
苏报		吴定邦		
畿辅日报		李效虞		
警钟晚报		张伯洁		
北洋日报		康洪章		
大义报		宋志公		
新北京日报		章弃材		
又新日报	社会主义	刘英		与民党和北京大学有关
北京时报		郭仲明		

乙、通讯

名　　称	主义系统	持有人或社长	主笔及主要记者	备　　考
中美通讯		宋发祥	王无为	与国民第一军有关,影响力最大。宋为华俄银行要员(参考外文通讯社部分)
华俄通讯		吴更始		

① 一说1924年12月创刊。

(续表)

名　　称	主义系统	持有人或社长	主笔及主要记者	备　　考
新闻编译	与外交部及国民党、国民军有关			1916年创办,是北京最早的通讯社,与《京报》同系。通讯中外交部的宣传和政府方面的消息居多,较为准确。最近与国民党、国民军有关。社址在小沙土园
神州通讯	国民军系	陈定远	徐瀛从	1921年创办,是北京具有影响力的通讯之一。日本报纸的译文等居多,迅速准确。过去与直系有关,现在与国民第一军接近。社址在南横街
国闻通讯（英、中文）	中立	胡霖	吴如芝	1922年创办,上海国闻通讯的支社。报道较为准确,亦接近外交部,外交方面的通讯报道相当丰富。上海、北京之间的电讯亦受到中国各报社的欢迎。社址在梁家园后街
醒民通讯	与交通系、安福系有关	廖鸣章	廖鸣章	1919年创办,通讯内容为国务院方面的消息或政府发往各省的来往电报等,比较准确
民本通讯	奉系	瞿孟池	瞿孟池	1922年创办,社长为奉系的在京通讯记者,因此有关东三省的内容自然很多。社址在顺治门内安福胡同
维民通讯	国民军系	余维之	余维之	1923年创办,与国民军高震龙有关
捷闻通讯		李亚光	李亚光	发行量少,其存在几乎不被承认
大陆通讯	反直系	陆少游	陆少游	由湖北系张伯烈等人所创立,主要进行议会方面的报道,但最近脱离张伯烈之手,反直系的色彩浓厚。社址在白芦营头条
中一通讯	无所属	李国华	李国华	1920年创办,虽由李文权创立,但黎大总统退位后,李文权多不在北京,经营不振。但毕竟以前是公府派的机关通讯,政府方面的报道比较准确。以全年不休刊为特色
益智通讯	无所属	叶我心	叶我心	与执政府、皖系有关
正谊通讯	王正廷派	张维城①	张维城②	1923年创立,有关外交方面的通讯很多,报道迅敏且准确
大同通讯		林质生		以往与部分安福系有关,但最近与国民第一军接近,与《中报》同系
统一通讯		王博谦		一向为警察厅的机关通讯,与《日知报》同系
北京通讯		王丹忱		与《群强报》同为一家
民生通讯		卓博公		与《华晚报》同为一家
民权通讯		解逸民		与许世英有关
亚洲通讯		林超然		以往与林长民有关
民国通讯		黄涂樵		与国民第三军有关
北方通讯		赵雨琴		与吴炳湘有关
明民通讯		曹善庆		

---

①② 1925年报告为"张维民"。

(续表)

名　　称	主义系统	持有人或社长	主笔及主要记者	备　　考
中国通讯		宋觉生		
求是通讯		郑濂	田锡禹	
中央通讯	旧交通系	罗怡庵		
中华通讯		刘清泉		
民听通讯	国民党系	何小廉	符九铭	符九铭为旧国会议员
今闻通讯		陈仲炯		
普及通讯		谢荫波		
民舆通讯		张伯杰		与国民第二军有关。二流通讯，信誉不高
新生通讯		徐志颖		
国民通讯		陈顾远		与国民第二军有关
五族通讯		陈觉予		
万国通讯		林众可		与段祺瑞之子段宏业有关，且据说与财政部也有关系
五洲通讯	交通系	张万超	田丹佛	
新闻通讯		宋晓我		宋是安徽人
复旦通讯		王霜凫	华觉民	与章士钊有关
震华通讯		钱达善	章惠夷	
华北通讯		吴伟业		
炎炎通讯		吴叔仁		
华东通讯		刘哲民		
太平洋通讯		管云轻		
中华新民通讯		蔡定远	蔡长庚	
华洋通讯		华士方	李效时	李毕业于法政大学
华夏通讯		方壶齐		
自治通讯		丁雨轩		
公民通讯		陈忧尘		
民众通讯		费觉天		总是反对政府，主张民权。费毕业于北京大学
每日通讯		赵蔚如		与山东省议会方面有关。赵为早稻田大学出身
亚陆通讯		周炳钟		与政府方面有关
世界新闻编译		陈劭南		华侨的机关通讯
国是通讯		林波那		
和平通讯		江绥华		

(续表)

名　称	主义系统	持有人或社长	主笔及主要记者	备　考
超然通讯		毕蔚真		与云南唐继尧及湖南赵恒惕有关
民治通讯		刘鸢如		虽被称为奉系的机关通讯,但实际情况不明,为二流通讯
世界通讯		孙鉴秋		
中外通讯		史俊民		奉天张学良的机关通讯
快闻通讯		江铁英		与政府方面有关
大中通讯		谢谷僧		
新新通讯		萧汉忱		
有闻通讯		江次鹰		
九洲通讯		林秉公		
国光通讯		王蔚三		与民党有关,王毕业于安徽大学
协和通讯	直系的机关通讯	陈向元		
五洲通讯		田丹佛		与国民第二军接近
唯心通讯		石改声	桂在苔	
寰宇通讯		包寰		
癸亥通讯		龙锡钺		
仁民通讯		陈天鹏		
实话通讯		陈天鹏		
四民通讯		狄秋山		
宪治通讯		郑知非		
合众通讯		林剑秋		
世界新闻通讯		吴伟业		
远东通讯		王冷公		
京津富强通讯		黄策成		
华欧通讯		石磊		
民铎通讯		黄慧根		
中外通讯		章弃材		
联合通讯		费公侠		
明明通讯		王伯安		
大东通讯		郭仲明		

(续表)

名　　称	主义系统	持有人或社长	主笔及主要记者	备　考
瀛洲通讯		柳太庸		
新中国通讯		刘如春		
昌言通讯		史畏三		
开明通讯		金震东		
政治通讯		陈小举		
外交通讯		何香名		
日下通讯		王一木		
导群通讯		郭竞尘		
华侨通讯		孔五濂		
宣和通讯		陈复		

丙、杂志及公报（政治、经济方面）

名　　称	主义系统	持有人或社长	主笔及主要记者	备　考
政府公报	政府的公布机关	国务院印铸局		日刊，类似于我国官报
外交公报	外交部的公布机关	外交部		月刊，刊载条约、公文、报告等。最近不定期发行
交通公报	交通部的公布机关			日刊，刊载交通部方面的一切法律、公文及调查报告
教育公报	教育部的公布机关	教育部		月刊，刊载法令、公文、报告等。最近不定期发行
农商公报	农商部的公布机关	农商部		月刊，刊载法令、公文、报告等。最近不定期发行
陆海军公报	陆、海军部的公布机关	陆军部		刊载陆、海军部的法令、公文等。不定期发行
商标公报	商标局的公布机关	农商部商标局		月刊，登载商标方面的法令、公文及注册完毕的商标
航空月刊	航空署的机关杂志	航空署		刊载航空相关事项
京兆财政月刊		京兆尹公署		月刊，刊载京兆尹公署的法令、公文等
银行月刊	银行业者的机关杂志	银行公会		不仅刊载银行、金融事项，还刊载财政、经济、商工业及关税问题方面的评论和调查报告。执笔者为官吏、实业家、学者等，内容甚为有益
经济周刊		经济讨论处		经济讨论处的机关杂志，内容类似于《银行月刊》，刊载经济、商工业等的相关内容
国际公报	尚贤堂的机关杂志	李佳白	李佳白	1922年创刊，周刊。由英国人Gilbert Reid（李佳白）发行。刊载政治、外交、实业、教育、宗教等相关的报道、评论
现代评论	北京大学的机关杂志			北京大学教授的周刊机关杂志，刊载关于政治、经济、社会问题的评论。发行量多，在舆论界的影响力很大

(续表)

名　称	主义系统	持有人或社长	主笔及主要记者	备　考
甲寅周刊		章士钊		由章士钊主持的杂志，章的评论很多
向导周报	共产党机关杂志		陈独秀一派	周刊，八页，中国共产党的机关杂志。装作好像在上海发行，但据说最近在北京发行
政治生活	共产派机关杂志		陈独秀一派	周刊，与《向导周报》同系，由陈独秀、李守常一派经营
北京学生周刊	学生联合会机关杂志			全国学生联合会的机关杂志，只分发给会员，一般不销售。最近过激的论调较多
北京工人	共产派			由共产党方面的劳动团体发行，是面向劳动者的通俗周刊杂志。为了宣传而免费分发，一般不销售。四页的简单印刷物
农民				旬刊，四页，简易的面向农民的杂志
醒狮	国家主义	曾琦		周刊，十二页，标榜国家主义。由日、法留学出身的曾琦一派经营。与共产派的《向导》相对抗
国魂	国家主义			旬刊，标榜国家主义。与共产派的《政治生活》相对抗
朔风	国家主义			旬刊，内容几乎与《国魂》相同
猛进	中立	李玄伺	李玄伺	周刊，由李石曾之侄、北京大学教授李玄伺一派经营的评论杂志
中外论坛	日中提携	程光铭	程光铭	1923年创刊，月刊，刊载政治、经济、法律等相关的评论。程早稻田大学出身，提倡日中亲善，独立经营本杂志。作为非卖品免费分发给各方

二、日文报纸、通讯及杂志

名　称	主义系统	持有人或社长	主笔及主要记者	备　考
新支那（日文）	日中亲善，与党派无关	社长　安藤万吉　日本大学出身	野口则清	1913年9月创刊，日刊，发行量五百份，以广告费勉强维持经营。社址在内城大甜井。
北京新闻（日文）	日中亲善，与党派无关	支社长　里见甫	坂本桢	1923年8月创刊，日刊，发行量五百份。天津《京津日日新闻》的北京版，以政治方面的报道为主，经营颇为困难。社址在崇文门内船板胡同第三十五号
支那问题（杂志）（日文）	研究中国情况	主持人　长谷川贤　外国语学校出身，《顺天时报》记者，曾是共同通信、电报通信的通讯员		1921年9月创刊，月刊，三百页，发行量三百份。原在东京发行，1921年5月左右，随着相关者波多野乾一等人来京，由松本清司继续发行。松本死后，由长谷川继承，主要收集时事问题。社址在崇文门内豆腐巷十七号
北京周报（杂志）（日文）	介绍日中事业	主持人　藤原镰兄　东京私立政治学校毕业后，曾在各地任新闻记者，1911年来京，曾长期担任《新支那》的主笔		1922年1月创刊，周刊，三十页，发行量一千份。原称亚细亚通信社，从经营者野满四郎手中盘下后改名并经营至今。特色在于简单地报道时事问题。社址在东单牌楼东裱褙胡同五十三号
东方通信（日文）			支社长　谷口源吾	1926年5月创办①，发行与日本和中国有关的日、中文时事通讯。社址在东城西观音寺胡同七号

---

① 1925年报告为"1918年5月开设北京支社"。

(续表)

名　称	主义系统	持有人或社长	主笔及主要记者	备　考
共同通信（日文）			主持人　小口五郎　上海东亚同文书院出身,曾任《顺天时报》《山东日报》记者	1916年1月创办,将中国的时事发布至日本及中国各地。社址在东城小土地庙七号
电报通信（日文）			支社长　滨野光太郎	1923年5月创办,发布与日中之间时事问题相关的英、中文通讯。社址在东单牌楼三条胡同十号
日本新闻联合通信（日文）			支社长　德光衣城	1926年5月创办,将中国相关的报道发送给日本。社址在东城西观音寺胡同七号

三、外文报纸、通讯及杂志

概况

外文报纸　北京的外文报纸数量极少,大多数都掺杂了外国利益,而且其销路大体上都是固定的。因此并不像中文报纸一样,随着政权的更替而浮沉,变节无常的报纸相对而言也较少。其所论都遵从其代表的利益,因而免不了会带上自身的色彩。由外国人经营的报纸,需要对有权势者阿谀奉承的比较少,因此它们的所论往往能够对中国人经营的中文报纸无法断言之处加以断言,无所忌惮。报道的形式似乎渐渐朝着美国式转变,与评论相比,不如说是将"News"作为初衷。至于评论,虽说北京 Leader 比较出色,但将其与欧美的报纸相比的话,到底是无法相提并论的,即使与天津的京津 Times 比较,也免不了有些逊色。在报道的内容方面,除了海外通讯以外,似乎都是将中文报纸登载的内容加以翻译后刊登,而有关国内的报道常常会比中文报纸迟一天乃至两天,但特别新闻当然不在此列。

外文通讯　在数量上到底不能与中文通讯相比,但基础牢固,可以说在质量方面远远凌驾于中文通讯之上。

甲、报纸

名　称	主义系统	持有人或社长	主笔及主要记者	备　考
Peking Daily News［北京日报］（英文）	原属交通系,但近来不如说变成了外交系和官僚系。最近反共产的色彩明显浓厚,似乎与天津的京津 Times 等保持着密切的联系,频频反对加拉罕和劳农政府在中国的宣传。疑从英国公使馆方面得到一些补助	夏廷献	评论记者　吴来熙	1917年创刊[1],早报,八页,发行量四五百份。原由北京日报社社长朱淇经营,1917年3月盘给美国留学出身的汪觉迟。其后不久又被转卖给徐树铮,但汪仍作为主笔掌握全权。此后由英国籍香港人吴来熙担任专职主笔。1920年安福系没落后成为旧交通系的机关报,一度由英国人 W. Sheldon Riage 掌握编辑权。此人退职后,吴再度任主笔。1924年5月 Gonld 作为主笔入社,但同年年末,Gonld 退社,吴来熙和 Ramsay 入社。从1921年七八月间到1923年末,从劳农俄国驻北京代表那里获得财政补助,大肆刊载该代表军事顾问 B. Roustam Bek,以及该政府机关 Rosta 通讯社北京支局长 Hodoroff 等人撰写的排日来稿。1923年末,随着财政补助被终止,该报同劳农俄国代表的关系破裂。其后经营变得困难,从交通系被转让至外交系,财政似乎因此变得稍显宽裕。报道以中国政府发布的消息和其他政府方面的消息居多。如同在"主义系统"一栏中所述,最近中东铁路问题发生以来,不断提高反对劳农之声。本报从1926年2月25日起由于财政状况不如意和国民军的压迫而一时停刊,但已于次月13日复刊

[1]　一说1910年创刊。

(续表)

名　称	主义系统	持有人或社长	主笔及主要记者	备　考
Peking Leader ［北京导报］ （英文）	以往是进步党的机关报，中国籍，但1925年起为Grover Clark等人所有，加入美国籍。虽然打着constructive independent liberal的旗号，但亲美色彩并未消失。对一般问题较为公正稳健，所论大体上进步，常常对新思想表现出特别的同情	理事长 Grover Clark（美国人）	理事长 Grover Clark（美国人）	1917年12月创刊①，早报，十二页乃至十四页，发行量约五百份。1917年12月作为梁启超的机关报创刊。一向被视为北京外文报纸中的佼佼者。刁敏谦（广东人，英国剑桥大学L.L.D.）任主笔时，由于其兄刁作谦任外交部秘书，以外交方面消息灵通而闻名。1919年1月，刁辞任主笔，接着，美国人Bach、美国人Josef W. Hall、美国留学出身的余天休、美国人Grover Clark、原上海《申报》及 Peking Daily News 记者黄国钧、英国人Chrifford L.Fox等依次担任过主笔。1922年11月以来，美国人Grover Clark再度入社任主笔，总理为梁秋水，依旧为进步党的机关报。曾频繁刊登总统府英国顾问B. L. Simpson（Putman Weale）撰写的排日评论来稿，但最近四五年来已不复如此，特别是Grover Clark任主笔以来，评论比较稳健，但报纸整体的论调依然带有亲美的色彩。1924年末，英美资本将该报盘下，国籍也变成了美国。1925年根据美国特拉华州法注册为社团法人，并由上述发起人团体（网罗上述以Grover Clark为首的洛克菲勒财团关系者和燕京大学关系者）组成最初的理事会，Grover Clark当选为理事长（现在冈部三郎是理事之一）。该报由Grover Clark掌握编辑和经营的全权。1926年2月起扩大报面，由八页版变成十二页乃至十四页版，借此积极办成独立自营的大报
Far Eastern Times ［东方时报］ （英文、中文）		吴晋　1926年4月接任前社长张煊就任	总编　屠孝宸 北京大学讲师，与张社长同时就任，总管英文和中文两部分	1923年2月创刊，英文六页，中文六页，发行量约一千余份。本报由总统府的英国顾问B. L. Simpson（Putman Weale）从张作霖、安福系、劳农俄国北京代表、总统府等各方面募集资金，于1923年2月24日创刊。该报假借俄国义勇舰队的广告费之名，接受劳农代表年额六千弗补助的事已经暴露，最近没有接受劳农俄国政府的补助。社长Simpson在1925年7月上海事件发生以来，由于与中国股东意见不合而辞职，张继任。最近与Simpson、奉天方面接近，逐渐带上了奉系色彩。随着张煊就任经理，更加露骨地宣传奉系，因此被国民军方面盯上，报社于11月10日搬至天津，一时停刊，但该24日起又在当地复活，一直进行反国民军援张的宣传。1926年4月15日，随着国民军从北京撤退，据说会再次迁回北京。1926年4月19日，张煊辞去社长一职，吴晋成为继任社长
North China Standard ［华北正报］ （英文）			编辑主任　孙瑞芹	1919年12月1日创刊，早报，八页，发行量五百份。该报创刊时由鹫泽与四二担任社长，原 Japan Times 及 Kobe Herald 等报的记者I.S.Wimes②担任News Editor，原国际通信社编辑佐藤显理担任主笔。但1920年3月佐藤显理辞职，1922年3月Willes被解任。此后德国人F.Newel和鹫泽与四二负责编辑。1924年3月，鹫泽社长辞职后，F.Newel专门负责编辑。1926年3月，Newel解约回国，目前由中国人孙瑞芹担任临时编辑

---

① 一说1920年创刊。
② 1925年报告为"J. S. Willes"。

(续表)

名　称	主义系统	持有人或社长	主笔及主要记者	备　考
Journal de Pékin（法文）			Albert Nachbaur	1911年7月创刊,早报,八页,发行量约二百份。曾接受俄国公使馆的补助,俄国政变以来受法国公使馆的保护,1918年5月成为法国公使馆的机关报,据说通过中法实业银行得到补助,但随着该银行的破产,补助中断。主笔法国人Nachbaur,为Franch Jew,副主笔为过激派俄国人Iwanoff,不时刊载过激主义的报道。最近Iwanoff辞职,似乎由中国人韦玉之担任该职。韦精通法文,经常以Wang Ji之署名为该报起草社论。其所论被疑大多反映了法国在华公使馆的意向,据传该人还同广东政府有关。Nachbaur曾屡屡舞弄排日毒笔
Peking Express［北京快报］（英文）		社长　宋采亮	宋采亮	1921年创刊,晚报,四页。学习英语用的小型报纸,单词上附有英译,完全是面向学生的,对不懂中文的外国人来说也很方便,所以购阅者相当多
Peoples' Tribune［国民新报］（英文）	国民党左派的机关报,特别是与国民第二军关系密切,被视为共产主义和劳农俄国的宣传机关,有关广东政府及俄国的报道较多。在反帝国主义,特别是反英的报道上稍显煽动性		编辑主任 Mrs. Wm. Prohme	1926年2月创刊,早报,四页,发行量二三百份,作为中文《国民新报》(1925年创刊,国民军的机关报。1926年4月,位于中央的国民军势力被扫除,因此于同月29日起停刊)的英文版发行,报道和评论大体上与被视为本报前身的《民报》英文部一致。随着上述《国民新报》的停刊,工作处被搬至Mrs.Prohme家中

乙、通讯及杂志

名　称	主义系统	持有人或社长	主笔及主要记者	备　考
Reuters News Agency［路透社电报］（英文）		英国Reuter通讯社北京支局	支局长 Major A. H. Wearne	将北京的报道通过电报发给伦敦、上海、天津的Reuter通讯社及东京的国际通信社,同时,将来自世界各地的Reuter电讯分发给北京和天津的各外文及中文报社
Chun Mei News Agency［中美通讯］（英文、中文）		社长 Brewster 副社长 Wolfrey、宋发祥	主笔 William Prohme	继承了欧洲大战中美国政府情报局的事业,战后由美、中共同出资创办。1919年3月,曾任美国公使馆副领事的Burr担任中美通讯社北京分社主任,中国方面以国务院情报部主任宋发祥为代表,任理事。1922年2月中旬,Burr由于背负了大量债务而前往莫斯科,社长由美国传教士Brewster、副社长由美国人经营的燕京大学教授Wolfrey担任,中国方面以宋发祥为代表。向北京、天津、上海等地的各外文报纸发布北京的报道。曾经频繁进行排日性宣传,但近来其态度似乎渐有缓和。虽然表面上利用美国人的名义,但实权似乎掌握在宋手中。不过与美国关系密切是显而易见的。英国人以Reuter通讯社作为其发布机关,与此相对,美国人则以中美通讯社为其发布机关,依旧处于互相对峙的状态

(续表)

名　　称	主义系统	持有人或社长	主笔及主要记者	备　　考
Asiatic News Agency [亚细亚通讯]（英文）		张敏之	张敏之	1915年发生所谓二十一条问题时，在袁世凯秘书顾维钧的援助下，由原 Peking Gazette 的记者张敏之创刊，发行量二十份。从中国各地的中文报纸中，将适合外文报纸的报道巧妙地翻译出来，并将其作为本社的特别通讯分发给北京、天津等地各外文报纸，并与交通部签有合同，每日将从德国发出的无线电讯提供给上述各外文报纸
Tass News Agency [塔斯社]（英文）	劳农政府的机关通讯。劳农俄国驻北京代表下属情报部长 U. J. Lebedoff 领导			1920年8月创办。1920年，远东共和国政府以尤林为代表派遣至北京，在此前则以向海外宣传俄国情况为目的，在北京开设支局，任命 A. Hodoroff 为支局长。1922年11月，远东共和国合并入劳农俄国，同时废除 Dalta News Agency 这一名称（最初有 Dalta News Agency 和 Rosta News Agency，前者是远东共和国政府的机关通讯，后者是劳农俄国的机关通讯），仅 Rosta News Agency 得以存在下来。A. Hodoroff 于1922年末受命转任莫斯科外交部，目前处于劳农俄国驻北京代表下属情报部长 U. J. Lebedoff 的监督之下，办事处位于劳农俄国大使馆内。1925年7月，劳农俄国将本国所有的新闻通讯合并，改名为苏维埃联邦通讯社，又将 Rosta 通讯的名字改为 Tass 通讯。除了地方通讯之外，每天将莫斯科、赤塔、哈尔滨、海参崴等各地来的电报分发给北京、天津的各外文及中文报纸，但登载出来的并不多。是劳农政府在远东的新闻政策总司令部
Kuo Wen News Agency [国闻通讯]（英文、中文）		胡霖　留日出身，有见识，在报界地位重要	主笔　胡霖 编辑主任　孙瑞芹	1921年在上海创办，1922年在北京和汉口设立支局。由于与安福系有关系，北京支局于1924年冬被关闭，但随着直系的没落而复活，同年10月起开始发布英文通讯，将中国方面的新闻翻译成英文分发给外文报纸。是由中国人经营的具有影响力的通讯
Agence Radio Télégraghique Francaise（英文、法文）		Albert Nachbaur	Albert Nachbaur	1925年创办，利用法国无线电简单发布世界新闻的通讯，并且似乎有窃取日本的无线电广播为己用以发布通讯的些微迹象。不时刊载煽动性的通讯，时而表现出排日的态度
Politique de Pékin [北京政闻报]（法文杂志）	外交部机关报		Monastir	1914年创刊，周刊，约三十页，发行量二百份。主笔法国人 Monastir 在北京居住已有二十余年
China Digest [中国评报]（英文杂志）			Carroll Lunt　美国人，著述家，新闻记者，与《极东时报》的编辑相关。1921年3月至12月曾任《辽东时报》主笔。The China Who's Who 的主持人	1925年11月创刊，周刊，约四十页。不过是收录、摘抄各报纸、杂志等的报道、评论而成

(续表)

名　称	主义系统	持有人或社长	主笔及主要记者	备　考
International Journal [国际公报]（英文杂志）	世界和平主义。尚贤堂（International Institute of China）的机关杂志	经理　Gilbert Reid 美国人，原传教士。在华已有四十年，通晓中国情况。目前专注于尚贤堂的事业，有不少英、中文著作。 副经理　赵士骏	赵受恒、John Gilbert Reid、张健庵	1921年创刊
China Economic Monthly（英文杂志）			主持人　刁敏谦	由经济讨论处（Chinese Government Bureau of Economic Information）发行，是研究中国经济状况的好资料

四、外国人通讯员

姓　名	所　属　社　名
James L. Butts	*Chicago Daily News*
Glover Clark	*Peking Leader*
C. A. Dailey	*Chicago Tribune*
Herbert B. Elliston	*Manchester Guardian*
David S. Fraser	*The Times*, London
William R. Giles	*Peking & Tientsin Times*
John A. Goette	*Chung Mei News Agency*
Randall Gonld	*United Press of America*
Mrs. Randall Gonld	*Philadelphia Public Ledger*
William Prohme	*Peking Leader*
John G. Reid	*International Journal*
E. von Saltsmann	*Kolnische Zeitung*
A. Cecil Taylor	*North China Standard*
H. J. Timperley	*Reuter's Limited*
A. E. Wearne, Major	*Reuter's Limited*
Walter C. Whiffen	*Associated Press of America*

上海
一、中文报纸、通讯及杂志
概况

中文报界的现状概观：上海1925年末，作为中文报纸可举出的有《申报》《新闻报》《时事新报》《神州日报》《时报》（以上为前清时代创刊），与《民国日报》《商报》《中华新报》《新申报》《中国晚报》十种，尤其是《申报》和《新闻报》由于其历史悠久，报道内容丰富，为当地中文报界之翘楚。全国各地自不待言，甚至海外也拥有订阅者。再说其他各报，虽然规模大小各异，但作为该国中文报纸，可归入优秀之列。当地中文报纸均在租界内印刷发行。而且，由于主要中文报纸多在外国领事馆注册，拥有外国国籍，所以不仅不会直接受中国官方的压迫，而且有时还获得外国方面的保护等等，其处境远比其他地方的报纸有利。

考察各社经营方针，通过充实报道内容、改善外观等以求发展之倾向明显，但去年战乱的结果，使得各社遭受重大打击，以至于经营吃紧。进入本年，只不过是逐渐恢复原样。

而且，当地中文报纸与其他地方报纸一样，几乎皆与某个政党或政派有直接或间接的关系，故而相关党派之盛衰直接影响到报纸的经营状况。本年后半期该国政界的动乱经常直接影响到各报，尤其是孙传芳进军南京后，像《商报》那样因为与张宗昌关系而被视为奉系之列，各报对于逮捕、监禁等非常手段，唯恐避之不及。

中文报纸对日本之态度：当地中文报纸中，一向被视为排日报纸的为《新闻报》《商报》二报，看上去都是从经营的立场出发而欲讨得民众之欢心。今年2月以后，只要日本人经营的纺织厂一发生骚乱事件，就指责厂方，支持劳工，散布煽动性言论，其中《民国日报》最为积极。这是因为该报的特色就是总是持反抗态度，以及据说当时的编辑邵力子与俄国的关系匪浅。然而，5月30日所谓南京路事件发生后，尤其是8月日本纺织厂罢工问题得到解决，迎来一大转机，该报对我方的感情明显变得良好。虽说各中文报纸还不至于显示出露骨的亲日论调，但其编辑态度是顺着民众感情自然起落。不过，各报对于11月我方出兵中国东北，表现出几分谴责，但同时屡屡报道我方的言论等，显示公平态度。

英美烟草公司的广告问题与日本人相关广告：学生团体干涉英美烟草公司刊登广告，此例显示出报社对于民众的胁迫无能为力。即南京路事件后的反英气势终于驱使学生等要求禁止报纸刊登该公司广告。而各社协议后发表声明说，鉴于对营业影响甚大，至12月为止因为与该公司有合同而无法禁载，但1926年新春过后可以加以考虑，采取等待民情缓和的方针。及至年末，学生联合会打听到《时事新报》与该公司之间新签广告合同后，立即群起指责，使得上述合同被取消。各报因此当前只能放弃刊登英美烟草公司的广告，不得不忍受收入的减少——至今从该公司获得的巨额广告费（以《申报》二千三百弗为最高，最低三百三十弗）。

1919年以来各报一直拒绝登载日本方面的广告。上述状况似乎给此问题带来一大转机。各报中已经有一二家刊登我方广告，但主要各报现在尚害怕外界压力，只是相互观望着形势，没有想积极打破此项禁例者。

上海日报公会：

沿革　1906年当地各主要中文报纸以维持、增进共同利益为目的而创立。

会员　《新闻报》《时报》《神州日报》《民国日报》《新申报》《中华新报》《商报》（《申报》1918年，《时事新报》1919年退出公会）。

经费　入会费五十弗，每月会费二十弗。

事务　日常工作为向各报提供官、公电报，另外，根据需要临时召开会议，讨论重要事情。

现状　平时状态虽然接近有名无实，但在发生共同利害问题时，作为意见统一的捷径，似乎具有其存在意义。

中文通讯界之现状概观：当地中文通讯界，其历史极短，首次看到中文通讯社设立仅为五年前。主要依靠书面通讯，几乎不利用电报，但这些通讯社正年年发展提高，上海当地发生的事自不待言，还提供来自全国各地的通讯。其通讯材料，不仅在政治方面，也正在涉及一般社会方面。现在通讯社总计十四社，其中国闻、远东、联合三社最为活跃。还有，各通讯社与中文报纸一样，与国内各政党政派之间多少有关系，因而其通讯也难免反映各自利益。尽管如此，不可忽视的是，最近各社都倾向于采取公平采用各方面意见或信息的方针。

甲、报纸、通讯

名　称	主义系统	持有人或社长	主笔及重要记者	备　考
申报 "Shun Pao"	标榜为中立派，但带有进步党色彩。以往接近直系，与张謇一派的实业派、江苏教育会也有较深关系。似乎鼓吹教育主义、和平主义、实业主义。对日本态度良好。在法国领事馆注册	社长　史量才　江苏省松江人，张謇的手下，无值得特别提及的学历。缺乏政治见识，无作为记者的资格，但是适合经营报纸之人才。才士气质，在报界和实业界具有影响力	总主笔　陈景韩　江苏人，留日出身，为人干练，文笔锐利。次席　张蕴和、康通一	1872年创刊，日刊，二十页，发行量二万多份。作为中国最老的报纸，基础巩固，信誉笃厚。1912年现社长史家修经营此报，曾一度在德国领事馆注册，1916年又以冈田有民的名义在日本领事馆注册。其后因排日风潮，受到周围压力，取消在我方的注册，在法国领事馆注册。一向对我方有善意，即使在排日风潮甚为激烈之际，也保持冷静态度，论调亦公正稳健。其报道内容、外观均未必逊色于日本内地主要报纸。目前处于与《新闻报》激烈竞争的状态。社址位于上海汉口路

定期调查报告　　（秘）1926年7月　　有关中国(附香港)报纸及通讯的调查

(续表)

名　　称	主义系统	持有人或社长	主笔及重要记者	备　　考
新闻报 "Sin Wan Pao①"	标榜不偏不党,但接近直系。因努力为曹锟政府辩护,所以不受其他政派特别是民党欢迎。在上海中文报纸中排日倾向一向最为明显,本年我国出兵中国东北,也时常发表指责日本的言论。依据美国法律,在特拉华州注册。理事长Fergusson兼任北京政府的顾问,由此可窥见该报特色	社长　汪伯奇　前社长汪龙标之子,正孜孜不倦致力于维持其父遗业	总主笔　李伯虞　陕西人,留日出身,曾任《时报》《神州日报》记者。为人严谨　次席　张铁民　Fergusson的旧友	1893年创刊,日刊,十六页至二十页,发行量达二万五千份,占上海中文报纸之首位。股份制,美国系统报纸。股东以理事长Fergusson(据说最近欲在故国度余生而有意卖出其股份)为主,中国实业界有力人士较多。在电讯丰富这点上不亚于《申报》,而且经济栏也值得一看。但其态度有稍微轻薄、不认真之嫌,尤其是往年的排日报道、社论,让人怀疑该报的真实价值。以上海为中心,苏州、杭州、南京地方也有不少订阅者。基础巩固,经营状态良好。实业界订阅者居多。社址位于汉口路
时报 "Eastern Times"	标榜中立派,十年前在教育界有影响力,而其后因编辑更迭,以至于名声不振。未见特别的主义、主张	社主兼总理　黄伯惠　江苏人,访问过英美,通英语。在上海有地产,号称财产百万	总主笔　金剑花　安福派国会议员　顾问　陈景韩　兼《申报》总主笔,得到黄社主的信任	1904年创刊,日刊,八页至十页。康有为出资,最初由狄楚青(康之门人)负责经营。1907年以宗方小太郎之名义在日本总领事馆注册,1919年排日运动激烈之际,仿效《申报》在法国总领事馆注册。报道极为稳健。本年正月狄楚青以八万弗转让给现社主黄伯惠。曾以一万弗购入铜版机器等,据说至9月为止亏空达三万弗
神州日报 "National Herald"	中立派,与党派无关系。在日本领事馆注册,致力于为日本立场辩护。目前阶段与政党完全无关系。与《中华新报》同被视为上海的亲日报纸	社长　余洵　留日出身,相当理解日本,为人亦干练	吴瑞书　江苏人,留日出身　次席　孙瞿媛	1906年创刊②,日刊,十二页。发行量六千份。当初为《民立报》社于右任经营,但其后成为安福派机关报,曾一度带有革命党色彩,鼓吹排日,但逐渐陷入经营困难。1916年由北京政府收购,1921年③归旧《大共和报》经营者钱芥尘经营,不久又转至现持有人余洵经营,同时以神崎正助之名义在日本总领事馆注册。尔后即使在排日风潮激烈之际也始终为日本立场辩护。完全无党派色彩。在上海一带拥有读者,在教育界有影响力。该报还发行名为《晶报》(Crystal)的文艺副刊,单独发行,发行量达到约一万三千份。社址位于山东路

---

① 1925年报名拼写为"Hsin wom pao"。
② 应为1907年4月2日创刊。
③ 应为1916年10月。

(续表)

名　称	主义系统	持有人或社长	主笔及重要记者	备　考
时事新报 "China Times"	为研究系唯一的机关报,有迎合学生思想之倾向。很难说对日本态度良好。在法国总领事馆注册	经理　林炎夫　温州人,曾在俄国经营杂货店。一年前成为该报经理,正在极力策划报社业务发展	总主笔　张东荪　浙江人,留日出身,曾为参议院秘书。在哲学方面有兴趣,不负责事务 主笔　潘口弼　江苏人,留日出身	1908年创刊,日刊,十二页至十六页,发行量一万多份。曾与《舆论报》和《时事报》合并,当时称《舆论时事报》,但后来改为现名。革命后归共和党员及进步党员陈敬第和孟森经营。1914年被德国人收购,在德国领事馆注册,1916年移至前社长黄群(进步党员)经营,接着断绝与德国的关系,以日本人波多博之名义在日本领事馆注册。1916年秋起,成为梁启超一派的机关报。在排日风潮之际,取消在我方的注册,在法国领事馆注册。林经理就任后大大改变其报面,现在在各报中,正显示出最活泼的编辑风格,刊登白话文体的评论,发行名为《学灯》的副刊,专门鼓吹新思想。在政界、教育界读者众多。社址位于上海山东路
民国日报 "Republicans Daily News"	国民党机关报,积极发表激进言论。被视为当地仅次于《新闻报》《商报》的排日报纸。去年春改良活字、报面等,使面目焕然一新,但以上据说是接受孙文补助金三万元支付之结果	邵仲辉　浙江人,前清举人,兼主笔,喜欢谈论政治,但政治上的见识不够充分。为当地唯一的共产主义学校上海大学代理校长。南京路事件发生后唯恐租界警察的忌讳而退居广东	主笔　叶楚伧　江苏人,旧文学造诣深,政治上所论偏于极端。为反共产主义者,与邵仲辉有思想上的冲突。去年9月1日一度离职,12月又复任 次席　邵仲辉;沈剑侯　浙江人,留日出身,曾为省议会议长	1916年创刊,日刊,十页至十二页,发行量四千份。曾因以过激言论攻击北京政府而被交通部禁止邮寄,1921年初起获解禁。在西南诸省及本地学生界拥有较多读者。发行副刊《觉悟》,致力于鼓吹新思想,总是痛骂资本主义、帝国主义。目前经营不尽人意。还有,本年对于国民党内的倾轧,因为叶楚伧系统的原因,作为反共产派机关报,采取全然反对广东中央委员会之立场
中华新报 "Chung Hua Times"	政学会机关报。对日态度公正,与《神州日报》同被视为上海亲日报纸。由于黎下台,政学会没落等,财源匮乏	经理　殷汝骊　浙江温州人,留日出身,为人稳健,但不宜做记者	张炽章(号季鸾)　陕西人,留日出身,政治上头脑极为明晰,眼光又甚为锐利。此次政变以来,与殷汝骊一起行动,赴河南胡景翼之处,胡死后在岳维峻手下,作为陇海铁路会办驻北京	1915年10月创刊,日刊,发行量约六千份。为反对袁世凯帝政运动而创办。由旧国会议员、前农商总长谷钟秀主管,一时声价提高。而随着袁死,南北统一完成,谷等干部随之进入北京政界,该报由旧国民党党员吴敬恒等人主管,后又移至谷钟秀等政学会派经营。接着为该报创刊尽力,担任营业部主任的欧阳振声成为名义上的社长,与汪复炎等人共同负责经营,继而转归吴应图经理。现在殷汝骊任经理,张耀曾、谷钟秀等七人为股东,负有无限责任。作为政学会机关报,带有准民党色彩。曾因将北京政府当作非法政府而加以攻击,因此与《民国日报》一样被交通部定为禁止邮寄的报纸,1921年左右获解禁。主笔张季鸾从大局出发总是发表公正的外交评论,作为上海中文报纸罕见的出色言论,在上海中文报纸中独放异彩。最近因节约经费,报面缩减至八页,近来还有停刊的传闻。社址位于山东路

(续表)

名　　　称	主义系统	持有人或社长	主笔及重要记者	备　考
新申报 "Shanghai Tribune"	曾为安福系机关报，但据说最近与孙传芳方面产生关系。对日态度一般	关芸农　安徽人，曾为前护军使何丰林之咨议	孙叔子　江苏苏州人，前清举人，曾任天津《华北新闻》总主笔、徐世昌政府顾问，缺乏政治上之见识	1913年创刊①，日刊，十六页，发行量约五千份。前上海总商会会长朱葆三等人与英国人共同出资创办，由前《申报》经营者席子佩负责经营。欧洲战争开始后英国人不希望维持该报，1918年7月断绝其关系，此后归席子佩单独经营，在葡萄牙领事馆注册。1922年7月对报社进行整顿，同时取消在葡国的注册，以冈田有民之名义在日本领事馆注册。今年来或接受李恩浩或接受张学良的补助，最近又与孙传芳产生关系。经营业绩不理想，社址位于山东路
商报 "Shanghai Journal of Commerce"	表面上标榜振兴实业，而其实与奉系有相当深的关系，最近又与招商局（傅筱庵）方面多少也有关。与《新闻报》一样为当地排日报纸	李征五　在宁波同乡会负有重望。精通经济界情况，但对政界状况不熟悉	陈布雷　宁波人，善于健笔长论，临事显示冷静的研究态度，但对日本有时大发谬论	1921年1月创刊，日刊，十二页，发行量四千份。广东人汤节之、宁波人虞洽卿等有力实业家出资成就其经营。后来参与创刊的美籍犹太人Sokolsky亦退出，目前由宁波帮经营。经营上虽不宽裕，但在编辑工作上显示出相当的弹性。社址位于山东路
中国晚报（中文）	无特别的主义系统，但与国民党多少有关。持有人沈卓吾因为与英美人接近，故一向带有排日色彩，但近来其色彩渐显淡薄	沈卓吾　商人出身，作为记者无足轻重，但有才干。在商界有相当影响力，热衷于提倡国货。以往接近英美人，近来出某动机终于接近日本方面。兼营中国新闻社（通讯社）	张冥飞　排日分子	1921年创刊，晚刊，发行量约两千份。将来暂且不论，目前阶段内容匮乏，不值得一看。社址位于南京路
中国报	对抗反基督教运动，与英美烟草公司有关系			1926年2月创刊②
国闻通讯 "Kuo Wen News Agency"（以下为通讯）	与国民党及国民军有关系，对日本有相当善意	社长　胡霖　留日出身，精通日语及日本情况，通晓政界情形。为人亦干练，为安福系人物。作为中国记者还去过巴黎和会，对中国政治具有眼光。对日本有善意，立论公正，对英美抱有反感	同前	1921年末创办。社长胡霖曾在天津任《大公报》（安福系机关报）主笔，直皖战争后任北京《新社会报》主笔，接着来上海创办本社。不仅提供中文通讯，而且将其英译后提供给英文报纸，通讯可靠。上海有总社，北京设分社，还在各地指派通讯员。经费充裕，设备齐全，将来值得瞩目。总社除了通讯之外，还与中国及各国报纸、杂志之间有特约关系，代理广告，去年以来又发行月刊《国闻周报》。社址位于山东路

---

① 应为1916年11月20日创刊。
② 1926年2月20日创刊。

(续表)

名　称	主义系统	持有人或社长	主笔及重要记者	备　考
联合通讯	吴景濂派	李次山	同前	1919年1月创办，湖南督军张敬尧出资创立，以书面方式发布通讯。其后与唐绍仪、伍廷芳等产生关系，最近则与吴景濂一派有关系。仅在上海设总社，不设分社，通讯也限于部分。社址位于贵州路
公平通讯	当初与卢永祥、何丰林多少有关系，但现在不详	李晓南　安徽人	郑青士	1922年12月创办，原为赵恒惕、刘湘等的机关通讯，现今无此关系。经费不足，无分社。社址位于爱多亚路五福里
东南通讯	与国民党右倾派及唐继尧有相当深的关系	陈冰伯	同前	1923年创刊，薄弱
远东通讯	陈炯明一派机关通讯，但1925年江浙战争期间与齐燮元有关系	莫克明　广东惠州人，南京暨南学堂毕业，十分活跃	同前	1924年4月创办，发布大量通讯，近来将其英译提供给各家外文报纸
苏苏通讯	江苏省议会机关通讯	吴觉我	李味青	1923年创办，社址位于新重庆路
国民通讯	似乎得到工人及学生等支持，此方面通讯居多			1925年5月30日南京路事件后创办
中国新闻	与国民党多少有关系	沈卓吾（上述）	同前	1923年创办，附属于中国晚报馆，近来萧条。社址位于南京路
大同通讯	安福系	马芹甫	同前	1918年秋创刊，徐树铮等创立的中孚通讯在1920年直皖争斗后改称的通讯社。上海设总社，北京有分社。社址位于成都路
中外通讯	与研究会派多少有关系	周孝庵	同前	1924年2月创办，社址位于爱多亚路
世界通讯		陈无我		1921年中创刊，专门从事外国报纸的翻译通讯。内情不详，据说是外国人经营的通讯社，还有一种说法是与华俄（Delta）通讯社有关系
中南通讯		郁慕侠	同前	与政治无关系，目的仅在于获取以外国商人等为对象的广告费
上海通讯	与党派无关系			1925年夏创办，社址位于宁波路
中世通讯	与党派无关系			1925年夏创办，社址位于劳合路

乙、杂志

名　称	类　别	发行周期	发行人	备　考
东方杂志	政治、文艺	半月刊	商务印书馆	二十几年前创刊,发行量八千份。与党派无关系,有新文化派的倾向
妇女杂志	妇女问题	月刊	同上	十一年前创刊,1920年左右起倡导妇女解放运动
教育杂志	教育	月刊	同上	十三年前创刊
太平洋杂志	政治	月刊	同上	六年前创刊,1月和6月的两个月停刊
民锋杂志	教育	月刊	同上	六年前创刊,专门介绍世界最新学术
新教育	教育	月刊	同上	七年前创刊
英文杂志	英文	月刊	同上	十一年前创刊
农业丛刊	农业	不定期	同上	
上海总商会月报	商业	月刊	总商会	1921年7月创刊,商业调查及商业相关文件的发布机关
中国工业杂志	工业	月刊	江西路贸易印刷公司	十四年前创刊
道路月刊	路政	月刊	中华全国道路建设协会	六年前创刊
银行周报	金融	周刊	上海银行公会	1917年创刊,附属发行经济统计等
史地学报	历史地理	每年八次	商务印刷馆	四年多前创刊
学艺杂志	学艺	月刊	中华学艺社	六年前创刊,具有权威
体育季刊	体育	三月刊	商务印书馆	三年前创刊
科学杂志	科学	月刊	同上	九年前创刊
革新杂志	教育	二月刊	同上	1923年创刊
女国民月刊	女子参政运动	月刊	劝业女子师范学校	1923年创刊,女子参政协进会机关杂志
钱业月报	金融	月刊	钱业公会	非卖品
上海银行公会报	金融	年刊	上海银行公会	非卖品
孤军	政治	月刊	闸北宝通路顺泰里十六号	1923年创刊,提倡革新运动,言论激进
国闻周报	政治、经济、文艺	周刊	胡霖	1924年8月创刊,发行量三千份。国闻通讯社社长胡霖为主持人,是当地以政治评论为主的唯一周刊,知识阶层中读者较多。社址位于山东路
宁波周报	宁波同乡会机关杂志	创造社	张静庐	社址位于西藏路宁波同乡馆内
创造	文艺	三月刊①	创造社	系留日学生郭沫若、田汉等编辑

---

① 应为月刊。1926年3月16日创刊。

(续表)

名称	类别	发行周期	发行人	备考
文学周报	文艺	周刊	文学周报社	原附属于《时事新报》，现在单独发行，倡导革新文艺
革命导报	政治	周刊	孙文主义学会	1925年冬创刊，邵元冲、孙科等执笔
独立评论	政治	半月刊	独立青年社	1926年创刊，有支持劳工及学生的倾向
太平导报	政治	周刊	太平导报社	1926年创刊①，孙传芳信任的同人顾问赵厚生任主持人
新女性②	妇女问题	月刊	新女性社	章锡琛为主持人，主张女子解放

二、日文报纸、通讯及杂志

名称	主义系统	持有人或社长	主笔及重要记者	备考
上海日报（日文）	拥护日本人利益	社主　井手三郎	岛田数雄	1903年创刊，日刊，十页，发行量约三千份。为上海最老的日文报纸。基础巩固，相当有信誉。1899年创刊的周刊《上海周报》为本报之前身。社址位于白保罗路
上海日日新闻（日文）	同上	宫地贯道	同前	1914年创刊，日刊，十页，发行量约二千份。社址位于梧州路
上海每日新闻（日文）	介绍上海及中国一般经济情况	深町作次郎	同前	1918年11月创刊，日刊，八页，发行量约三千份。1924年11月由《上海经济日报》改名而来。创立时日尚浅，正严密注意经营和编辑工作。其经济栏广受欢迎，不仅在上海，而且在长江一带销路较好。社址位于汤恩路
上海（日文）	拥护日本人，介绍中国情况	西本省三	同前	1913年创刊，周刊，发行量约一千份。创刊当初佐原笃介为社长，后来西本省三任社长。小型周刊，还并行发行外文和中文两种报纸的日刊翻译通讯。社址位于海宁路
日本新闻联合通信（日文）			支社长　波多博	1926年5月创办，向我国发送通讯，报道中国消息。社址位于闵行路
东方通信（日文）			支社长　龙岗登	1926年5月创办，发行有关日本及中国的日、英、中文时事通讯
日本电报通信	以经济方面的电讯为主，代理报纸广告		支局长　儿玉璋一	1920年11月创办。除了将日本内地有关经济通讯提供给我方主要公司及部分中国公司之外，还发送一般消息方面的电讯。社址位于四马路
上海公论（日文杂志）	主要刊登关于中国政治、经济、文化、社会的评论、报道	社长　渡边天洋	同前	1919年创刊，月刊杂志，但有时数月不发行。发行量不多，在东京设支社。社址位于密勒路

---

① 1926年1月2日创刊。
② 1926年1月1日创刊。

(续表)

名　称	主义系统	持有人或社长	主笔及重要记者	备　考
上海ト日本人	主要刊登有关上海与日本人关系的社论、报道	社长　堀清	同前	1917年创刊,月刊杂志,并无特色。社址位于密勒路

三、外文报纸、通讯及杂志

概况

上海外文报纸,作为日刊英文报纸有五种,即晨刊 *North China Daily News*,*Shanghai Times*,*China Press*,晚刊 *Shanghai Mercury*,*Evening News*。另外,日刊法文报有一种,日刊俄文报有三种。英文报纸以外的报纸读者范围有限,因此影响力亦不大。以上报纸中 *North China Daily News* 最有影响力,称其社论为上海舆界之中枢也并不为过。每当重大时事问题发生时,中文报纸大多译载其社论的全部或摘要,似乎具有指导当地舆论的知见和信誉。仅次于该报而具有影响的,是标榜美国系统的 *China Press*。该报大发同情所谓青年中国的言论,以 *Daily News* 的竞争者为己任,但近来销售量下降,以至于被 *Shanghai Times* 超过。其次,通讯社中最有信誉的是路透社,上海的报纸全部刊登其通讯。仅次于路透社、有影响力的为东方通信社。除了法文报纸以外,所有英文报纸以及中文报纸均刊登之。其报道迅速,屡屡领先路透社,与准确性相伴随,正逐渐建立信誉。现今,上海报纸若无视东方通信社,就处于无法编辑之状态。其他通讯社则不值得特别言及。

报纸、通讯及杂志

名　称	主义系统	持有人或社长	主笔及重要记者	备　考
North China Daily News [字林西报](英文)	拥护英国政策及英国人利益,对日本的态度比较公正。以"Impartial Not Neutral"为标语(英国籍)	董事　H. E. Morris、G. A. Johnson、Gordon Morris 秘书兼常务董事 R. W. Davis	主笔　O. M. Green 兼任伦敦《泰晤士报》及《曼彻斯特卫报》通讯员。副主笔　R. Wood	1854年创刊,晨刊十六至十八页,发行量约六千份,东方最老的报纸。为英国总领事馆、驻华英国高等法院公布用报纸,在上海俱乐部、工部局、China Association 等中具有影响力。是中国代表性的英文报纸,以 The old Lady on the Bund 的谐谑别名而闻名。经营状态良好。另发行周刊 *North China Herald*(字林星期周刊),发行量一千二百份。还有,本社除了每年发行 Hong List(类似于以上海为主,中国各地的工商人名录)之外,还发行上海地图及各种英文"手册"。社址位于上海外滩十七号 North China Building 内
The Shanghai Mercury [文汇报](英文)	拥护英国政策,对日本有好感(英国籍)	董事　W. J. Davey	主笔　L. H. Haynes	1880年创刊,晚刊,发行量八百份,为仅次于《字林西报》的老报。日本人、英国人股东占多数。另外发行周刊 *Celestial Empire*(《华洋通闻》),发行量三百至五百份。社址位于江西路四十号 A
The Shanghai Times [泰晤士报](英文)	拥护英国政策,对日本有好感(英国籍)	社长　E. A. Nottingham	主笔　G. B. Sayer 副主笔　R. Sweetland 费城 *Public Ledger* 通讯员	1889年创刊,晨刊十六页,发行量约三千三百份。老社长 John O' Shea 死后,归现任社长经营,通过改善报面,年年增加销售量,已经超过 *China Press*。从1921年末起发行周日号(*Shanghai Sunday Times*),插入照相版,有四十页。是上海外文报纸中唯一全年无休刊之报纸。此外,专有伦敦泰晤士报的中国代理权。论调稳健。1924年3月遭遇火灾,但仅停刊一日,继续发行。社址位于爱多亚路三十二号

(续表)

名　称	主义系统	持有人或社长	主笔及重要记者	备　考
The China Press [大陆报](英文)	拥护美国政策，献媚于所谓"年轻中国"，带有排日色彩（美国籍）	S. Fessenden (Chairman) Major P. Holcomb (Treasurer)、Arthur Sopher (Managing Director)	主笔　J. B. Powell	1910 年创刊①，晨刊十六页，周日版四十页。发行量三千四百份。系美国法人发行，但事实是英国人控制之。然而，英国人对该报没有好感，在美国人中间也不受欢迎，但在中国人中有相当多的读者。经营由法国保护民、犹太人 Arthur Sopher，以及 Theodore Sopher 兄弟掌控，其姊为已故 Edward Ezra（犹太裔英国人）之妻。编辑部美国人居多，致力于博取人气的政策。还有，主笔 Powell 在 1926 年 3 月的报纸上发公告称，与该报断绝关系，将担任 China Weekly Review 的发行人，而据说后任为《大晚报》主笔 C. J. Laval。该报当初为日本 Japan Advertiser 的 Fleischer 及 Thomas Millard、中国人 Wu Ting-Shu 与犹太人 Israel 等合资创办。其后 Israel 将该社股份全部弄到手，Millard 任主笔。欧洲战争期间登载对协约国颇为不利的报道、评论。其后 Shanghai Hotels, Ltd. 及 China Motors, Ltd. 的大股东、侨居上海的犹太人 Edward Ezra 挪用上述两家公司的资金盘下该报，而编辑部完全为美国记者控制。由于刊登对英国不利的报道，在上述 Shanghai Hotels, Ltd. 股东总会上成为问题。其后 Ezra 病死，其所持股票转至其遗孀即 Ezra Estate 手中。由上述的 Sopher 兄弟为其代表。董事 Fessenden 为美国律师，现为公共租界市参事会主席。社址在九江路十四号
Evening News [大晚报](英文)	不刊登评论，最近移交给中国人经营	总经理　史俊民	主笔　C. J. Laval	晚刊，八页，发行量约八百份。该报作为 China Press 的晚报，由 1921 年末创刊的 Evening Star（《星报》）与 1918 年 5 月创刊的 Shanghai Gazette（《英文沪报》）两晚刊于 1922 年 11 月合并后改名而成。Shanghai Gazette 由前北京 Gazette 主持人陈友仁（Eugen Chen）被勒令停止发行其报（因在该报泄露"日中军事协定"）后来当地创刊。与以往两报相比，纸面外观也稍微改变。此后作为国民党机关报，经陈友仁之手发表孙文方面的意见。1924 年因付不起路透社电讯费，而被拒绝提供电讯。再有，在 China Press 社进行的印刷，因未支付印刷费而遭拒绝。1924 年秋 China Press 及其他债权人向会审衙门提起诉讼。其结果是该报社 11 月被拍卖，暂时没有买家。最近移至奉系之手，经营困难。社址位于北京路四十三号、四十七号

---

① 应为 1911 年 8 月 24 日创刊。

(续表)

名　　称	主义系统	持有人或社长	主笔及重要记者	备　考
L'Echo de Chine [中法新汇报] （法文）	拥护法国政策	法国天主教会	主笔兼经理　A. Vandelet 中国记者　Syl. Zi①	1896年创刊,晨刊,八页,发行量约四百份,天主教机关报。由于为法文,所以读者有限。论调明显保守,最近未见排日态度表露。报道与英文报纸相比迟缓。每隔十日刊登署名长山子爵的日本通讯 Lettre du Japon。该通讯刊登在头版,排美、俄色彩显著。社址位于法租界 23 Rue du Consulat
Ноьал Шанхайскае Жизнь (New Shanghai Life) [上海生活日报] （俄文）	宣传 Bolshevism （出资者为劳农俄国领事馆）	总经理　N. E. Doenin	主笔　V. T.② Nesvaden	1919年6月 G. F. Semeskko 创刊,日刊,发行量二千份。最初为周刊,而后来变更为日刊。从创刊当初起,接受西伯利亚购买消费合作社补助,刊登社会主义言论,逐渐接近激进派。至1920年11月通过驻北京赤塔远东政府代表尤林,得到该政府资助,此后成为纯激进主义机关报。赤塔政府通过该报,致力于向居住在远东尤其是中国、日本的俄罗斯人宣传激进主义。赤塔政府与莫斯科政府合并以来,成为劳农政府机关报。1922年10月改为现名,但内容上似乎无任何变化
Россцл [俄罗斯报] （俄文）	白军系	K. V. Kolesnikoff	同前	日刊,发行量二千份,系沙俄时代俄国陆军大佐持有、经营,目前有财政困难的迹象。社址位于北四川路四十号
Шанхайскае Зарл （俄文）	中立系	M. S. Lembich	主笔　L. Annoldoff 经理　S. Takshin	1925年11月创刊,晨刊,发行量约八百份。系哈尔滨 Zaria 的持有人 Lembich 经营
China National Daily News [中国日报]（英文）			T. T. Kott	1926年3月创刊,晨刊,小型八页,还未见特别论调。通讯好像复制其他报纸。英文拙劣,报纸不规范
Lloyd's Weekly [劳合周报] （英文）	政治评论较少,有时事评论,但无代表性意见。英国人经营	持有人　G. T. Lloyd	同前	周刊,发行量五百份。主要刊登有关上海地区的社会报道。社址位于南京路二十七号
Finance and Commerce [金融商业报] （英语）	非政治性,对日本有好感,英国人经营	Far Eastern Publications, Ltd. 董事　A.W.Pennel 执行董事兼秘书　F.L.Pratt 经理　A.C.Davis	F. L. Pratt	1920年1月创刊,周刊,十二页,发行量五百份。还有,该社每年发行 Handbook of Finance and Commerce。社址位于九江路九号
路透社通讯 (Reuters) （英文通讯）	报纸商业通讯	路透电报社	远东总经理　W. Turner	是将来自欧美各国的路透社通讯分发到中国各地及日本的中心。来自日本及中国各地的通讯称为 Reuters Pacific Service,提供给日、英、法、中文各种报纸。社址位于爱多亚路四号

---

① 1925年报告为"Gi"。
② 1925年报告为"V.S"。

(续表)

名　　　称	主义系统	持有人或社长	主笔及重要记者	备　　考
United Press（英文通讯）		United Press 社	China Press 社	该通讯仅刊登在 China Press 及 Evening News 上，似乎以向美国发送有关中国的通讯为本职工作
China Weekly Review［密勒氏评论报］（英文）	拥护美国政策，排日色彩显著，向中国学生献媚的美国报纸	发行人兼主笔 J. B. Powell Millard Publishing Co. Inc. (Delaware)	主笔　J. B. Powell 副主笔兼总经理 R. B. Libby 驻北京副主笔　H. K. Tong、C. A. Daily	1917年5月创刊，周刊，发行量声称约四千份。以远东尤其是中国政治、经济、社会研究为主，对日本总是采取反对态度。最初称为 Millard Review，但1921年间断绝与创刊人 Millard 的关系以后改名为 Weekly Review of Far East，1923年再改为现名。内容极为匮乏，将其他报纸、杂志的报道照原样刊登的情况较多，但在中国人中有相当影响。主要向美国寄送，据说约二千份免费发放。也有该社资金实际上由中国方面提供之说。社址位于上海爱多亚路四号
Far Eastern Capital & Trade（英文）	不刊登政治评论，英国人所有	持有人　David Arakie	同前	1925年创刊，周刊，发行量约五百份
The Weekly（英文）	普通趣味杂志，英国人经营	与 Finance & Commerce 的持有人有关	L. F. Part	1926年创刊，周刊
The China Tribune（英、中文）	声称为促进中外之间的谅解而创办	持有人　谢福生 (François Zia)	同前	1926年3月创刊，诸如《字林西报》在该报创刊之际致贺道喜
Shipping and Engineering（英文）	刊登东亚船舶与工程方面的事项。英国人所有	Edward Evans & Sons	C. W. Hampson	1909年创刊，周刊，发行量约六百份。在船舶业者中间有相当信誉
Far Eastern Review［远东时报］（英文）	以东亚财政、工业、矿业报道为主。拥护美国利益，对日本有好感。美国人所有	发行人　George Bronson Rea	同前	月刊，发行量约一千五百份。为东方的英文杂志之巨擘。在矿山、铁路报道上有特长，也刊登有关产业、贸易的政论。以往对我方舞弄种种毒笔，但和平会议后态度一变，毋宁说是对日本表示善意，尝试对美国的东方及日本政策加以严正批评。经常介绍我方在朝鲜、"满洲"的政绩。社址位于仁记路十六号
Asiatic Motor［东亚汽车月刊］（英文）	刊登有关汽车、飞机等报道。美国人所有	发行人　W. C. Rea	同前	发行量六七百份
Henderson's Magazine（英文）	普通趣味杂志，英国人所有	持有人　F. Wells Henderson	同前	1911年创刊，月刊，发行量三千份。据夸耀在中国的英文杂志中销售量最多，内容丰富
Blue Lantern Magazine［蓝灯时报］（英文）	文艺、普通趣味内容	持有人　Harry Chrimes	同前	月刊
China Journal of Science and Art［中国科学美术杂志］（英文）	有关中国美术研究、考古、狩猎等内容		Asthur de Sowerby F. Z. S. John C. Ferguson, ph. D.	1924年创刊，月刊，编辑、投稿人中知名人士居多

(续表)

名　　称	主义系统	持有人或社长	主笔及重要记者	备　　考
British Chamber of Commerce Journal（英文）	英国系统	上海英国人商业会议所	E. M. Gull	月刊,上海英国人商业会议所机关杂志,亦为 Associated Chamber of Commerce in China and Hongkong 的机关杂志,充分摘录中国相关条约、公文等,适合作为记录加以保存
Chinese Recorder（英文）	基督教杂志（长老教会）,美国系统		Rev. F. Lawlinson	
Chinese Churchmen（英文）	基督教		Rev. J. W. Nichols	
China Sunday School Journal（英文）	基督教	China Sunday School Union		
Monthly Bulletin of the Education of China（英文）	教育		Rev. J. A. Sibby①	
Columbian（英文）		不详		
Chinese Christian Intelligencer（英文）	驻华长老教会机关杂志		Rev. Dr. S. I. Woodleridge	
The Asiatic Review［大亚杂志］（英、中文）	亚细亚民族团结,日、中、缅、印观点交流	亚洲民族协会	吴山、H. P. Shastri、蔡晓白、陈杰奇、许贯南	何东夫人（Sir Robert Hotung 夫人）、Mr. Jee Vadu、Mrs. S. A. Hardoon、Prince Rattan Singh、Major General at Ruadiri（Bagdad）等提供资助,不定期发行,其影响未显现
Israels Messenger	上海犹太复国主义协会机关报,拥护远东犹太人及犹太教之利益	上海犹太复国主义协会	N. E. B. Ezra	1904 年创刊,月刊。1910 年 2 月停刊,1918 年续刊
China Economic Bulletin（英文）			经理　T. H. Chen（中国人）	周刊,经济讨论处（Chinese Government Bureau of Economic Information）发行的刊物,是研究中国经济情况的好资料。总社位于北京
Chinese Economic Monthly（英文）				月刊,与上述周刊经营者相同,但此刊物的内容带有学究性
The Shanghai Market Price Report［上海货价季刊］（英、中文）		财政部驻沪调查货价处		1920 年创刊,季刊,非卖品。向中国及外国的官方、团体、学校等免费赠阅。调查发布上海进出口货物的批发价格及其指数。内容并不完整,但由于其他方面没有此种调查,所以一般只能以此为依据。另外发行日刊及周刊进行分发,季刊最为详细
Shanghai Customs Daily Returns（英文）		海关统计局		1866 年创刊,日刊。刊登出入港船名及货物目录、上海海关告示等。社址位于 34 Hart Road

---

① 1925 年报告为"Silsby"。

(续表)

名　称	主义系统	持有人或社长	主笔及重要记者	备　考
Quarterly Trade Returns（英、中文）		同上		1869年创刊，季刊，按各港口记载
Report on the Foreign Trade of China & Abstract of Statistics(英、中文)		同上		1864年创刊，年报，为中国全国 *Annual Report on Trade* 第一卷
Analysis of the Foreign Trade of China(英、中文)		同上		同上，分为进口和出口
Annual Trade Reports & Returns(英、中文)		同上		同上，为各港口报告
Decennial Reports（英、中文）		同上		发行于1893年、1904年、1913年、1924年，记述按各港口类别十年间之变迁
The Municipal Gazette（英文）		上海公共租界工部局		1907年创刊，周刊，为工部局公报，报告规定、其他公示事业等，夹在 *North China Daily News* 之中，免费赠阅该报读者
Annual Reports		同上		工部局市参事会对作为选举人纳税人的施政年报。记述、统计均极为详细，对上海情况研究而言为不可或缺之资料。第一、二卷为报告，第三卷为预算及决算，均为非卖品
法租界行政年报及预算（法文）		上海法租界工部局		年报，记载参事会的议事录，以及警察、卫生工作部等的报告与预算、决算

四、通讯员

甲、日本通讯员（主要者）

姓　名	所属社名	备　考
特派员　长永义正	时事新报	
特派员　中村桃太郎	东京、大阪朝日新闻	
特派员　村田孜郎	大阪每日新闻、东京日日新闻	
通讯员　龙冈登	长崎日日新闻	

乙、外国通讯员

姓　名	所属社名	备　考
O. M. Green	*The Times*, London; *Manchester Guardian*	*North China Daily News* 主笔
J. B. Powell	*Chicago Tribune*, *Manila Daily Bulletin*	*China Weekly Review* 主笔
C. J. Laval	*Associated Press*, *South China Morning Post*	*Evening News* 主笔，据说近来可能担任 *China Press* 主笔
A. P. Finch	*Chicago Daily News*, *London Daily Mail*	*Shanghai Times* 记者
R. Sweetland	*Philadelphia Public Ledger*	*Shanghai Times* 副主笔
E. A. Norttingham	*London Daily Express*	*Shanghai Times* 持有人
W. H. Chen	*Australian Press Association*	*North China Daily News* 记者
J. W. Fraser	*Morning Post*	

定期调查报告　　（秘）1926年7月　　有关中国(附香港)报纸及通讯的调查

奉天
一、报纸、通讯及杂志
概况

奉天的报纸中,中文报纸主要有《盛京时报》《东三省公报》《东三省民报》等,日文报纸主要有《奉天新闻》《大陆日日新闻》及《奉天每日新闻》等。

(1)《盛京时报》由日本人经营,是东三省最早的中文报纸,总是持正确言论,报道事实真相,因而在日中官民间,本报是唯一的指南,在信誉和影响力方面,占据了其他报纸难以企及的地位,销路逐年增加,目前每日发行量达到两万三千份之多。最近由个人经营改为股份有限公司。

(2)《东三省公报》十余年来,是奉天中国报纸中的权威,处于官方监督之下,因而代表所谓文治派,稍具机关报的色彩,有时有御用报纸式宣传之嫌,但所论相对公正稳健,少有登载排日报道之事,信誉和影响力次于《盛京时报》,财政状况最为宽裕。

(3)《东三省民报》属于中国国民党系,是"满洲"最为猛烈的排日报纸,谴责我方对东北地区的政策,总是登载过激的排日报道,并且是奉天军阀的机关报,每逢遇事就露骨地大肆宣传。创刊时日尚浅,现在还缺乏作为报纸的权威和信誉,经营似乎依旧困难。

(4)《奉天新闻》的特色是,有关中国情况的报道及一般经济报道很丰富。由于报道比较准确,拥有相当多的读者。

(5)《大陆日日新闻》在当地日文报纸中拥有最悠久的历史,但立足点在于仅登载迎合一般人的报道。此外,《奉天每日新闻》也只不过是简单报道地方时事。

(6)通讯有《东方通信》《日本新闻联合通信》《满洲通信》《奉天电报通信》《日本电报通信》《商业通信》等。其中《东方通信》报道迅速且正确,因而最有信誉。《满洲通信》《奉天电报通信》均为个人经营,《满洲通信》从《日本电报通信》处、《奉天电报通信》从《帝国通信》处各自购买东京电讯,提供给报社及普通人,同时报道当地消息。

甲、中文报纸

名　　称	主义系统	持有人或社长	主笔及重要记者	备　　考
盛京时报	日中亲善,开发满蒙	社长　佐原笃介　接替前任社长中岛真雄,1926年5月就任社长 副社长　染谷保藏　东亚同文书院毕业	主笔　菊池贞二　毕业于东亚同文书院 主编　大石智郎　毕业于东亚同文书院 重要记者　穆六田　吉林人,毕业于早稻田大学	1906年10月创刊①,早报,八页,发行量一万三千份②。总是标榜不偏不倚,现在在中国人之间拥有根深蒂固的信誉
东三省公报	无党派关系	社长　王希哲　奉天人,北京大学毕业后,担任本社经理,为人稳健	主笔(社长兼任) 英钝生、王玉洗　均为奉天教育界出身。冯福林毕业于早稻田大学。陈蕉影、王惠忱	1912年2月创刊③,日报,八页,发行量约八千五百份,由《东三省日报》④改名而来。现在每月接受奉天省长公署、奉天财政厅、东三省官银号等一千两百元的补助,与他社相比财政最为宽裕。以普及教育和介绍科学知识为本职
东三省民报	民治主义,有国民党机关报色彩	社长　罗廷栋	副社长兼主笔　宋大章　奉天人,曾为北京《国风日报》记者 陈丕显、安怀青、王仲芳、宋悦三	1922年10月创刊⑤,日报,八页,发行量一万两千份。详细迅速地报道广东方面的情况,还不时登载排日报道

---

① 一说1906年9月1日创刊,一说1906年10月18日创刊。
② "概况"一栏中为"两万三千份"。
③ 据《辽宁省志·报业志》记载,1905年12月奉天学务处创办《东三省公报》,主办人谢荫昌;1912年2月创刊的《东三省公报》由奉天省议会主办。
④ 据《辽宁省志·报业志》记载,1907年2月奉天商务会创办《东三省日报》,1911年8月停刊。
⑤ 一说1908年创刊,从赵锄非的经历看,此报创办应晚于1908年,也有同名报纸的可能,待查。

(续表)

名　称	主义系统	持有人或社长	主笔及重要记者	备　考
醒时报	无党派关系	社长　张子岐　多有排日言论	张少岐	1909年2月创刊①，日报，八页，发行量约四千份。不涉及政治问题，是奉天唯一的白话报纸，因而在下层民间拥有读者，在奉天回教民间也有牢固的影响力
奉天市报		奉天市政公所	主任　盛桂珊	1923年10月创刊，日报，四页，发行量约三千九百份，除公告事项以外，也简单登载时事问题
奉天公报	官报	奉天省长公署政务厅		日报，发行量一千五百份

乙、日文报纸、通讯及杂志

名　称	主义系统	持有人或社长	主笔与重要记者	备　考
奉天新闻（日文）	不偏不倚，满蒙开发，日中亲善	社长　佐藤善雄　东亚同文书院毕业后，进入盛京时报社，1917年创办本社	主笔　内山石松	1917年9月创刊，发行量五千份，报道比较准确，经济上的报道丰富，因而得到各界信誉
大陆日日新闻（日文）	无党派关系	社长　吉野直治　毕业于金泽师范学校，曾任《辽东新报》营业部长	主笔　难波胜治　毕业于京都同志社大学，《辽东新报》审计、主笔，但一直身处大连，不担任任何实务	1921年9月②由《奉天日日新闻》改名而来，晚报，发行量两千五百份，与《辽东新报》关系密切
奉天每日新闻（日文）	满蒙开发	社长　松宫干雄　正在奉天中学学习，前社长松宫干树之子	桥本松道	1920年2月由《内外通信》改名而来③，日报，发行量五千份
东方通信（日文）			支社长　荒基	1926年5月④创办，分午前、午后发行两次，发行量日文版三百份，中文版两百份
满洲通信（日文）		社长　武内忠次郎　毕业于京都同志社大学，1914年创办本社，曾任《满洲新报》主笔	理事兼主编　赤松纯平	1914年8月创办，分午前、午后发行两次，发行量三百份
日本新闻联合通信（日文）			支社长　樱井重义　东洋协会大学出身，至1926年5月为止为前东方通信社奉天支社长	1926年5月创办，向我国发送中国东北地区的时事通讯
奉天电报通信（日文）	与《帝国通信》有关	社长　渡边义一　1919年3月就任本通信社理事⑤，后任广岛《中国新闻》支局长，1922年6月起担任现职	主编　神山哲三	1922年6月创办，晨刊，发行量四十份

---

① 一说1908年创刊。
② 一说1918年改名。
③ 1924年报告中为1907年5月创刊，一说《内外通讯》的创刊时间是1907年7月。
④ 1925年报告为"1921年1月20日"。
⑤ 1925年报告为"满洲通信社理事"。

(续表)

名　　称	主义系统	持有人或社长	主笔与重要记者	备　　考
日本电报通信（日文）			支局长　吉川义章	1925年3月创办，日刊，发行量六十份
商业通信（日文）		发行人　市川弘　毕业于东亚同文书院	同前	1921年12月创办，日刊，发行量七十份，以股市通讯为目的，与东京、大阪方面有联络，报道迅速，相当有信誉
东亚兴信所周报（日文）		社长　龟渊龙长　毕业于东亚同文书院，1921年创办本社	同前	1922年5月创办，周刊，发行量每月一千七百份，附有中国法令的译文作为附录，登载中国一般经济情况，以及翻译解释地方政府等发布的法令，相当有信誉
奉天商工周报（日文）		清野寅藏	同前	1922年3月创刊，周刊，发行量约三百份，登载棉线、布料市价、商况以及一般经济消息，由《满蒙绵丝布商况周报》改名而来
满蒙经济新报（日文）		发行人　大冢茂树	佐藤久吉	1923年3月创刊，半月刊，发行量三百份，报道满蒙一般经济状况及商况
奉天商业会议所月报（日文）		发行人　小笠原俊三	同前	1924年5月创刊，月刊，发行量七百五十份

二、通讯员

姓　　　名	所属报社名称
特派员　长冈克晓	大阪每日新闻
特派员　冈山源六	大阪朝日新闻
支局主任　小林五十城	辽东新闻
支社主持人　进藤与吉	大连新闻
支社长　山王丸丰治	满洲日日新闻
支局长　新田新太郎	京城日报
支局长　畦森喜久太郎	关门日日新闻
支局长　山下近平	京城商业通信
支局长　田原茂	北满日报
支局长　合田喜春	京城日新闻
特派员　福山哲四郎	满洲报

天津
一、概说
　　天津的中文报纸数量虽然多达约二十种，但只有《天津日日新闻》《益世报》《泰晤士报》《大中华商报》《华北新闻》等寥寥数报,能长久持续发行,而且发行量多,具备所谓作为报纸的价值与外观,其他报纸或是为了一党一派的利益,或主要以广告费为目的而发行,并无值得一看的主义、主张。当然,即使是在市井报道上也没有任何特色。中文报纸虽然不时在评论和时评栏中发表意见,但是不用说电讯,就连政治、经济、市井报道都来自同一家通讯社的原稿,抑或是对北京、上海各报报道的原样转载,因此都避免不了外观和内容单一之诟病。最近有一两家报纸号称"专电",刊载中央政治电讯,这些其实都是以来自北京的电话消息为基础,并不是所谓特派员的特电。这样,当地有影响力的报纸少,应该是因为临近北京,购阅《顺天时报》《晨报》《益世报》《京报》的读者很多,而本地一般购阅者的程度低下。不过,最近需要特别注意的是所谓小报,即白话体小型日刊报纸的销售情况,《白话晨午晚报》《新天津报》之类的发行量相当多,在经营上也获得了实际利益。尤其是最近随着时局的转变,此类小报在街头的叫卖与普通报纸一样有了显著的增加。

毋庸置疑,政变和时局的纷争对中文报纸的消长直接产生了巨大影响。1925年战乱在中国南方爆发,并且波及华北、西北等地区,各派展开声势浩大的宣传,各报似乎都成为了某一方面的御用报纸。特别是当奉、国两军的战斗以本地为中心展开时,各报的宣传达到了顶峰。《北洋商报》《天津晚报》等奉系与李景林派的御用报纸出现,最终国民军系《华北新闻》因为李景林派而被逐出中国街,搬迁至租界,奉系的《东方时报》也因为国民军而被逐出北京迁至本地。接着,1925年末国民军占领天津,使得猖獗一时的奉系各报变得悄无声息,这也是理所当然的,其中有些报纸因为资金的原因不得已而停刊,诸如《大公报》《河北日报》这种历史比较悠久的报纸也在其中,实为可惜。

英文报纸,与前一年一样,英国系的 *P. T. Times* 依然是北方地区英文报纸的权威,美国系的 *North China Star* 发挥着美国系报纸的特色,积极进行美国主义的宣传。*Star* 由于订阅费低廉,在中国的有识之士和青年人中间拥有大量的读者,值得注意。

至于日文报纸,《天津日报》《京津日日新闻》两相对立,都发行早报和晚报。最近两报关于时事问题的报道,不少被译载于中文报纸上,还得到懂日语的中国人广泛购阅,实为可喜的现象。

通讯社方面,东方通信、日本电报通信两大日本通讯社停止了在本地发行通讯(包括日文和中文),仅仅转发北京发行的中文通讯(有关电讯,仅在当地发行日文商情通讯)。中文报纸的原稿完全由中文通讯社供给,而这类中国通讯社和各报纸大多是从北京获得原稿,因此并没有得到很大的发展。

二、报纸、通讯及杂志

名　　称	主义系统	持有人或社长	主笔及主要记者	备　　考
直隶公报(中文)	发布省政府命令及其他事项的机关	直隶省公署		1896年创刊①,由《官报》②改名而来。日刊,发行量约二千份,社址在河北狮子林
天津日日新闻③ The Tientsin Daily News(中文)	亲日主义	方若　在中国商人中有名望	郭养田	1901年8月创刊④,日刊,八页,发行量二千份。最初称为《国闻报》,前年以来,通过改善铅字、精选报道而改变版面形象。因为社长方若的缘故,与段派、奉系、交通系均保持着良好的关系,因此随着政局的变化,近来该报的发行量有增加的趋势。以当地的浙江、江苏人为主要购阅者。社址在日租界旭街
大公报 L'Impartial (中文)(停刊中)	安福系	翁湛之	朱起飞	1902年创刊,日刊,八页,发行量五百份(停刊前)。作为安福系的机关报,到直皖战争前为止都是北方地区的大报。随着安福系的没落,曾一度陷入停刊的悲惨境地。1920年虽再刊,但已经难以恢复昔日的地盘。出资者王祝山死后,经营愈发困难,1925年再次停刊。社址在日租界旭街

---

① 一说1902年12月25日创刊。
② 即《北洋官报》。
③ 又名《日日新闻》。
④ 1900年冬以该名出版。

定期调查报告　　（秘）1926年7月　　有关中国(附香港)报纸及通讯的调查

(续表)

名　　称	主义系统	持有人或社长	主笔及主要记者	备　　考
时闻报(中文)	与党派无关	李大义	王硕甫	1904年创刊①，日刊，十二页，发行量七百份，以介绍外国情况为特色。社址在南市营吉里
天津益世报 Social Welfare, Tientsin(中文)	亲美排日。一向作为直系的机关报，在华北一带有影响，但随着直系的没落影响陡降。目前似乎与省政府方面有着相当的联系，依然执当地中文报界之牛耳	杨增益	何艺圃	1915年创刊，日刊，十六页，发行量三千五百份。由天主教司铎等合资创立，曾一时得到美国方面的支持。与北京《益世报》同系，但不存在财务方面的关系，仅交换社论而已。社址在意租界大马路
汉文泰晤士报② The Chinese Peking & Tientsin Times(中文)	黎元洪系(英国籍)	胡稼秋	杨壮飞	1917年创刊，日刊，十二页，发行量一千二百份。最初称为北京天津泰晤士中文部，从1921年起与英文 Times 断绝关系，改称为《汉文泰晤士报》。创刊以来以排日态度贯穿始终，与《益世报》同为两大势力。1923年黎派与直系政治纷争之际，该报极力攻击直系，被直隶官宪禁止销售和运送，将发行所从中国街转移至法租界，继续进行反直系的宣传。1924年苏浙开战以来尤为尽力。前社长熊少豪1924年2月就任直隶交涉员后，该报通过其接近现省政府。但1925年末，随着熊少豪的辞职，关系疏远。社址在法租界巴黎路
河北日报 He Pei Daily News, Tientsin(中文)(停刊中)	直隶省议会议长边守靖的机关报，现省政府的机关报	许润民　直隶省议会议员		1919年创刊，日刊，十二页，发行量六百份(停刊前)。从1925年国奉战争爆发前后起，有援助李景林的倾向，1925年末随着李的没落而停刊。社址在南市广兴大街
大中华商报 The Commercial Advocate, Tientsin(中文)	前直隶省长杨以德的机关报	萧润波	韩笑臣	1920年创刊，日刊，二十页，发行量一千份。以刊登市场状况与行情为特色，因此在工商业者中得到广泛购阅。社址在南市平安大街
启明报 The Venus(中文)	没有一定的主义、主张	叶笑吾	谭锡田	1920年创刊，最初称为《启明日报》，日刊，八页，发行量三百份，社址在南市广兴大街
华北新闻 North China Gazette(中文)	国民党系，带有排日排外色彩。是劳动问题等最近各种运动风潮的先驱，论调有时过激	周拂尘　经营华北通讯社和广告社，执天津报界公会之牛耳	夏琴西、胡维宪	1921年创刊，日刊，十二页，发行量八百份。1925年国奉战争之际，由于明确表示反对李景林的态度，位于东马路的发行所被封锁，转移至法租界，极力进行反李景林的宣传。社址在法租界四号路

---

① 一说1909年创刊。
② 亦名《京津泰晤士报》。

(续表)

名 称	主义系统	持有人或社长	主笔及主要记者	备 考
醒钟报(中文)	没有明确的主义、主张。据称得到张绍曾的援助	郝绍庚	夏忠考	1923年8月创刊,日刊,四页,发行量二百份,社址在南市广兴大街
津声报(中文)		杨敬一	王硕农	1925年6月创刊,日刊,四页,发行量五百份,社址在法租界忠恕里口
北洋商报(中文)	李景林派的机关报。与天津新闻社(通讯)有密切关系	刘素儒	张芥尘	1925年11月创刊,日刊,八页,发行量五百份,社址在日租界兴张里
天津晚报(中文)		宋觉生	陈翰飞	1925年11月创刊,日刊,四页,发行量六百份,社址在日租界兴张里
救国日报(中文)	国民党天津支部的机关报	黄琴文		1925年创刊,日刊,八页,发行量五百份
导报(中文)(停刊中)		张庆开	邢有森	1925年4月创刊,日刊,八页,发行量一千份,社址在日租界扶桑街
白话晨午晚报(中文)	主义不定。少年学徒、工人中读者居多,影响不可小觑。排日运动时宣传很积极。以娱乐和社会报道为主	白幼卿、刘铁庵	董秋圃	晚报于1911年,晨报于1912年①,午报于1916年创刊②,都是小型四页报纸。发行量晨报、晚报各二千份,午报三千份,是小报之翘楚。不受政变影响,拥有众多读者,似乎经营上很得利。社址在南市广兴大街
消闲报(中文)	烟花巷、演艺消息	白幼卿、刘铁庵	董秋圃	作为以上白话报的副刊单独发行,发行量五百份
天津画报(中文)	以绘画为主	白幼卿、刘铁庵	董秋圃	1922年创刊,日刊,发行量八百份
旭日报(中文)	(以下各报都是小报,没有特定的主义、主张,以市井报道为主,即使有特种报道也不过是为了宣传,并无任何重要内容)	周琴舫	杨晓林	1912年创刊,日刊,发行量二百份,登载烟花巷内容
白话评报(中文)		刘霁岚 中西制药公司经理	黄山客	1922年创刊,日刊,发行量二百份
天津时报(中文)		同上	同上	与以上白话属于同一经营者,发行量三百份
实闻报(中文)		范玉廷	杜润生	1918年创刊,日刊,发行量二百份
国光报(中文)		董湘泉	乔彦忠	1924年11月创刊,日刊,发行量二百份
国强报(中文)		杨荣廷	杨小林	1918年3月创刊③,日刊,发行量三百份

---

① 一说晨报、晚报均创刊于1912年,1924年报告中说晨报、晚报创刊于1916年10月。
② 1924年报告为1916年9月。
③ 一说1918年2月创刊。

(续表)

名　称	主义系统	持有人或社长	主笔及主要记者	备　考
新天津报(中文)	据称为靳云鹏的机关报,政治和时事报道居多	刘中儒	薛月楼	1924年9月创刊,日刊,发行量三千份。1925年国奉战争之际,支持旧直系,凭借特种报道使得读者顿时增加。社址在法租界海大道
天津中报(中文)		蔡丹荣		1923年创刊,日刊,发行量四百份
花报(中文)	娱乐、烟花巷消息	杨星槎		1924年创刊,日刊,发行量三百份
平民教育白话报(中文)	与平民教育、社会教育、劳动问题等相关的评论	时子周	刘铁庵	1925年创刊,日刊,发行量二千份
报报(中文)	吴景濂派国会议员的机关报,政治报道和时事评论有特色	刘熙昕(吴景濂等国会议员出资)	吴啸琴	
天津日报(日文)	拥护日本,《大阪每日新闻》系统	社长　西村博　由西村及金田一良三、真藤弃生、武田守信合资	同前	1910年创刊,日刊,发行量一千一百份。由《北清时报》《北支那每日新闻》合并而来,社址在日租界寿街
京津日日新闻(日文)	与《天津日报》为竞争关系。前者保守,本报被认为较为急进	社长　森川照太	森川照太	1918年创刊,日刊,发行量一千二百份,社址在日租界旭街
天津经济新报(日文)	报道经济情况	小宫山繁	小宫山繁	1920年创刊,周刊,发行量二百五十份,社址在日租界旭街
津津(日文杂志)	家庭读物	武田守信(东和印刷局经营者)		1919年创刊,月刊,发行量二百份
若人の群(日文)	天津日本青年会会报		井口勇	1922年10月创刊,月刊,发行量二百份
共存(日文杂志)	天津本愿寺传教机关		早川了佑	1924年3月创刊,月刊,发行量五百份
Peking & Tientsin Times [京津日报][1] (英文)	拥护和宣传英国权益。对日态度以在华英国人为准而转变。已有两三年没有刊载任何排日性报道(英国籍)	Tientsin Press Co., Ltd.	主笔　H. G. Woodhead 记者　W. U. Pennell、E. A. Kennard	1894年创刊[2],日刊,十八页。北方地区最有影响力的英文报纸。其评论代表在华英国人主张而受到重视。除天津以外,在各地也拥有读者。社址在英租界中街
North China Daily Mail [华北日报](英文)	对日抱有好感(英国籍)	T. G. Fisher	John Cowen 伦敦 Times 通讯员	1914年创刊[3],晚报,八页,发行量五百份。社址在法租界中街
North China Sunday Times [华北星期报](英文)	上述报纸的周日版	同上	同上	周刊,六页,发行量三百份,社址同上

---

① 亦即《京津泰晤士报》。
② 一说1902年改为日刊,1925年报告说是1904年改为日刊。
③ 一说1915年1月创刊。

(续表)

名　称	主义系统	持有人或社长	主笔及主要记者	备　考
North China Star [华北明星] (英文)	一般认为是美国的机关报。曾煽动排日，但最近态度改变(美国籍)	社长兼总编　Charles J. Fox	主笔　Clifford L. Fox 记者　A.B. Hayman	1918年创刊，日刊，十二页，发行量三千一百份。编辑方式发挥美国报纸的特色，有煽动性。由于定价低廉，在英美人以外的各国人中，特别是中国有识之士中有很多购阅者。社址在法租界
China Advertiser [公闻报] (英文)	日本人发行的英文报纸	松村利雄	松村利雄	1918年创刊①，周刊，小型十二页，发行量三百份。发行之初为日刊，由于财政困难而改成周刊，勉强继续发行。与通讯 Sino-Japanese News 属于同一经营者，社址在日租界花园街
L'Echo de Tientsin [津郡法界权务报] (法文)	当地法国侨民的机关报	经费由当地法国侨民筹集		1905年创刊，日刊，八页，发行量二百份，仅在法国人中有销路，社址在英租界马场路
Far Eastern Times [东方时报] (英、中文)	奉系机关报(由奉系方面出资)	张煊　北京大学出身，原上海申报社北京通讯员	王小隐、H. V. Millington	1923年2月在北京创刊，日刊，八页，发行量一千份。受到国民军的压迫，1925年末从北京迁至天津。1925年国奉战争之际为奉派大力宣传。最初依靠总统府的英国人顾问 Simpson，从张作霖、安福系、驻北京劳农俄国代表、总统府方面集资经营。1925年7月与 Simpson 脱离关系后完全归于奉系之手。社址在日租界荣街
华北通讯(中文)	似乎一向与政党无关，但最近与《华北新闻》一样带有国民党色彩	周拂尘　经营《华北新闻》		1921年创刊，新闻编译社的后身。每天发行两次，发行量约一百份。天津各中文报纸的电讯栏和大部分的地方报道都源自本通讯。社址在法租界四号路
捷闻通讯(中文)	提供中央政治报道和地方报道	王仲英	王仲英	1924年创刊，发行量五十份
世界通讯(中文)		萧润波		发行量三十份
河北通讯(中文)		刘素儒　经营《北洋商报》		1925年创刊，发行量四十份
北洋新闻 (中文通讯)		姚静轩	姚静轩	发行量约三十份
益智通讯(中文)	似乎与《醒钟报》同人有关	涂培源、朱晓笑	涂培源、朱晓笑	发行量约三十份
墨林通讯(中文)		王墨林	王墨林	发行量三十份
天津新闻 (中文通讯)	由张弧之子张同礼支持	宋觉生	张恨天	1925年11月创刊，一天发行一次，发行量五十份
日本电报通信 (日文、中文)	日本的商情、行情消息，也从当地发出通讯	山内令三郎	山内令三郎	1922年6月开设支局，每日发行数次日本的商情通讯(日文)，发行量约五十份。在与政局和时事相关的内容上，接受和分发在北京发行的通讯(中文)，其发行量约十份。社址在日租界松岛街

---

① 1924年报告为1919年创刊。

(续表)

名　　称	主义系统	持有人或社长	主笔及主要记者	备　　考
东方通信(日文)		支社长　岩本一吉	岩本一吉	1926年5月创办
日本新闻联合通信(日文)		同上	同上	同上
Reuters News 路透社(英文)	英国系	英国路透通讯社办事处	J. E. Henry	每日发行,但发行量不多。来自北京的转发相当多,社址在英租界中街
French Wireless(英、法文)	法国系			通过法国军队的无线电接收世界时事,将其善意地分发给各报
Sino-Japanese News(英文)		松村利男	松村利男	每月向各报社发送通讯,但发行量极少。社址在日租界花园街

除此之外,作为英文通讯,北京的中美通讯、亚细亚通讯、国闻通讯等也刊载在本地的英文报纸上。

三、通讯员

姓　　名	所属社名	备　　考
西村博、西村聪	大阪每日新闻	
森川照太	时事新报	经营《京津日日新闻》
小仓知正	大阪朝日新闻	经营天津兴信所
上田良有	满洲日日新闻	天津日报社社员
野田顺次	马关每日新闻	
山西建吉	报知新闻、中外商业新报	
津田清之助	顺天时报	
金泽新之助	北京新支那	

至于中国通讯员,通讯社社长或社员担任其他地方的报纸特派员而发布通讯,没有专门作为某报通讯员而单独派驻的。

汉口

概况

武汉的中文报纸,五六年前其数量仅有十二三种,但在1921年末萧耀南作为湖北督军来鄂,其后不久又兼任省长之后,在庶政各方面中都采取了自由放任的主义,对舆论界也极其开放,凡是有意愿申请经营报纸的都能无限制获得许可,又总是对有影响的报纸记者或通讯员每月发放若干元补助,努力加以怀柔。另一方面,从武汉中文报纸的经营方法来看,报社并不亲自进行探访及收集报道材料,而是依靠通讯员或被称为访员的社外探访员每日散发来的原稿加以随意取舍编辑,交给特约的印刷厂印出来就行。在这种实际状况下,不需要任何设备,资本金仅需数百元便足矣。因此武汉的报纸内容敷衍马虎。目前有日报名称的报社大大小小大约超过了四十家,但其中多数基础薄弱,发刊数月后便倒闭也并不稀奇。

中文报社中略有组织性的报社,内部分为总务部、编辑部、发行部、会计部、印刷部等,但却很薄弱,拥有印刷机械的报社屈五指可数。从这些报纸的编辑状态来看,规模比较大的报社,除总编以外还有二三名记者,其中也有在各地设有特约通讯员的,但多数报社只是登载通讯社或社外探访员散发的原稿,或者转载京津沪各地报纸报道的摘录。例如电讯,称作"本社特电"或"专电"的,是将他社的电讯加以改译,或是随意想象编造电文,或是将各地特快邮寄来的消息扼要概括后登载。因此,东方通信和"Reuter"的电讯向来在这些中国的报纸电讯栏中占据重要地位。这样,武汉的中文报纸,各社极少登载内容独特的报道,几乎都登载同样的报道。但是,最近因同行增加,竞争逐渐激烈,各报社与各官衙和各方面的机关联络,竞相登载特种报道。

武汉报纸中称得上稍有基础的,有《新闻报》《大汉报》《正义报》《中西报》《国民新报》《武汉商报》和《江声》等,但发行量最多的也不过三千份左右。报纸中没有社论,只是有时对重要问题以时评或评论的形式尝试简评而已。

总而言之,武汉中文报纸的规模如上所述,在编辑等方面则毫不用心,报面的大部分内容还是旧态依然。记者一般都很低级,往往用感伤曲笔一味进行人身攻击,或攻击当局,以此谋取封口费,或增加报纸的销量。以去年秋天吴佩孚来汉之时为例,各报均从吴处收取了若干的疏通费,没有不欢迎吴出现的。一旦遇到排日排外运动等这类好材料时,一味人云亦云的倾向便特别明显。而购阅者几乎都局限在武汉三镇之内。另外,目前在武汉报界有两个团体,一个是以《新闻报》《大陆报》《中西报》《公论日报》《武汉商报》《江声》等六家页数八页以上的报社为首组织的新闻界俱乐部,另一个是以《时事白话报》《鄂报》《工商白话报》《警报》《通报》《大江晚报》《民德报》《汉江日报》等为主,页数为四页的报纸结成的武汉报界同志会。

除上述报纸外,还有日文报纸三种,英文报纸两种,但购阅者均很少,经营甚为萎靡不振。

如上所述,武汉中文报纸的报道,其大部分来自报纸通讯社和社外探访员的特约,或是共同发布的原稿。因此以提供这种报道材料为营生的报纸通讯社约有三十家,其中数家通讯社拥有多名探访员,他们与各官衙和各种机关取得联络,广泛收集材料,并将这些材料进行油印,制作成通讯原稿。除特约通讯以外,多数通讯稿是先送至称为当地中国街派报处的报纸代理处,使用月末结算的方式,对被采用登报的稿件进行收费。从事通讯宣传业便捷,与报社不同,需要经费少,而且收入相对较多。因此有从事报业经验、有能力的人便脱离收入微薄窘迫的报社记者生活而从事通讯业,自由潇洒。在萧督办在世期间,只要是稍有影响力的通讯社经营者,便会获得顾问或咨议的名誉职称,每月获取若干补助。

一、中文报纸、通讯和杂志

名　　称	主义系统	持有人或社长	主笔与重要记者	备　　考
汉口中西报	报道稳健公平,无党派关系	社长　王华轩 湖北省黄冈人,曾在湖北签捐局任官,是稳健的旧式学者	主笔　喻的痴 通晓新学及时务,擅长短评 记者　王丽生 留美出身	1901年3月创刊①,日刊,页数十六页,发行量约二千六百份。社长王华轩与《新闻报》的张云渊、凤竹荪同为武汉报界的耆宿。其经营方式也酷似《新闻报》,相对于《新闻报》的亲日主义,该报有亲英主义的色彩,但对日本似乎未加以攻击。资本金六万元
大汉报	属民党系,为孙文主义的宣传机关报	社长　胡石庵 为前清时代的秀才,是老国民党党员	主笔　朱伯厘 记者　丁愚庵、蔡寄鸥　是极端的排日主义者,作为《正义报》的主笔,该报的排日报道不少出自蔡的手笔	1911年8月在武昌起义时期在武昌创刊②,日刊,页数十二页,发行量一千五百份。社长胡石庵以下的记者均为国民党党员,特别是胡作为湖北国民党党员重要分子,却喜好吸食鸦片,没有活力,与北京方面的赤化宣传机关也有联络。目前有传言称二三年前他便从"加拉罕"那里得到宣传费。平常虽不会在社论短评等之中加入排日主义的色彩,但数年来常常能看到他采用的对日本不利的文稿、通讯。发行量只属于二流,但因在武昌革命时作为国民党系的机关报,在武昌政府的补助之下创刊,因此《大汉报》的名字在华中等地区是最广为人知的,具有相当的影响力。大前年曾经攻击过萧耀南,自此每月从湖北省政府获得五百元补助。资本金一万元

---

① 应为1906年创刊。

② 应为1911年10月15日创刊。

定期调查报告　　（秘）1926年7月　　有关中国（附香港）报纸及通讯的调查

(续表)

名　　称	主义系统	持有人或社长	主笔与重要记者	备　考
正义报	在王占元任督军时期，从湖北省政府得到一万元。其后接近黎元洪，得到数万元补助。主义似乎是反对军阀。是武汉有名的排日报纸	社长　马宙伯　湖北省黄陂人，是前清的举人，有任职宜昌关监督兼交涉员的经历，目前为黄陂同乡会会长。性格颇为顽固，不喜与人交友，无一定的主义、主张，是个为了金钱可以不择手段的人物，拥有巨额财富。是武汉排日派中的急先锋	主笔　蔡寄鸥（上述）记者　雷鹏九前清举人。马登融　毕业于日本东京高工	1918年创刊①，日刊，页数十二页，发行量二千五百份。该报由社长个人经营，最初报社在中国街，1921年前后，与国民党联手，积极攻击省当局，其后担心官宪的压迫而迁至法租界。我方设立汉口交易所时，曾猛烈反对，对其他一般的交涉问题也是言辞激烈，最终被法国租界当局以妨碍治安为名，责令退出租界。是最激烈的排日报纸，不仅将京津沪粤各地中文报纸中登载的排日报道和其他排日通讯原封不动地悉数采录，还会自己捏造子虚乌有的排日报道。虽然其中也有登载排英的报道，但几乎是专门鼓吹排日主义，过去数年没有一天不登载排日报道。令人感到排日是该报的生命，是一种商业策略。该报与《新闻报》《汉口中西报》并列为武汉发行量最大的报纸。不用说湖北省内，就连四川、河南、湖南都有购阅者。因其排日报道十分夸张巧妙，地方上的报纸都竞相转载。就因为一份《正义报》，可以大致想象，日本和日本人的形象在华中等地区是如何被误传的。资本金三万元
国民新报 National Gazette Hankow	无一定主义、主张	社长　李木天　继承父亲李振的事业担任社长，留日出身	主笔　尹玉廷　记者　刘云集、王锽祥	1912年秋创刊②，日刊，页数十二页，发行量一千一百份。对日态度一般。前任社长李振为武汉报界之耆宿，与武汉政界的大人物接近，执报界之牛耳，总是从湖北省政府处收到巨额的补助，还利用社长的地位，历任湖北彩票局局长、厘金局长等，1925年曾一度担任湖北财政厅长，拥有巨额财富
商报	旧交通系，由叶恭绰、梁士诒等人出资。为该派的机关报	社长　王春轩　政商出身	主笔　邹碧痕　记者　王定郊　毕业于武昌商科大学	1919年创刊③，日刊，页数十四页，发行量约一千六百份。该报是交通系的叶恭绰、梁士诒等人，着眼于武汉的将来，希望日后能在实业上有所发展，主要以有助于振兴工商业为目的而发行。对日态度一般，资本金一万元
汉江日报		社长　邓博文	同前	1919年创刊④，日刊，页数八页，发行量约八百份，资本金一千元
大陆报		社长　王子林　毕业于湖北法政学校	主笔　萧怀先　中华大学毕业生　记者　黄笃生	1917年夏创刊⑤，日刊，页数十二页，发行量约九百份，资本金一万元

① 1918年4月创刊。
② 1912年4月20日创刊。
③ 一说1916年10月创刊。
④ 这已是第四个创刊日期，与1923年、1924年报告均不同。
⑤ 一说1919年5月21日创刊。

(续表)

名　　称	主义系统	持有人或社长	主笔与重要记者	备　　考
汉口新闻报	正统的营业主义，与党派无关系	社长　张云渊　江苏人，长年居住于汉口，在派报处以及关系到《大汉报》经营的募集广告方面特别有手腕。1914年创刊了该报，为人寡默温厚	主笔　凤竹荪　记者　叶聘三、曾华加、王子衡	1913年创刊①，日刊，页数十六页，发行量二千四百份。是在武汉报纸中对日本最为温和、抱有谅解态度的报纸。主笔和记者均稳健，是一群学究型的人，因此不会写类似于排日报道这样哗众取宠的报道。作为最着实稳健的报纸，在武汉各界，特别是工商界有信誉。诸如广告收入，每月有二千六百元以上，在武汉报界中属于特别的收入。该报有从上海来的特电，在开封等其他地方设有通讯员。资本金两万元
午报	已故萧耀南的机关报	社长　童宾秋　曾任厘金局局长	主笔　彭班历	1922年创刊②，日刊，页数四页，发行量五百份
武汉晚报	接近汤芗铭，鼓吹省自治	社主兼社长　李振青	主笔　陈镜澄	1922年1月创刊③，日刊，页数四页，发行量一千份。从湖北省政府和汤芗铭处获取维持费
鄂报		社长　李锦公　毕业于日本中央大学，曾为我方《湖广新报》的记者		1922年创刊④，日刊，页数四页，发行量约八百份。从日本人处每月收到广告费银一百一十元。去年吴佩孚来汉以后，每月从吴处获取补助银一百元。总是接近日本
时事白话报⑤	国民党系，拥护劳动者	社长　马逐尘　毕业于武昌法政专门学校，年轻时便成为国民党员	主笔　李锡光	1921年秋创刊，日刊，页数两页，发行量一万一千份。因为是白话报，普通下层民众购阅者居多。1923年、1924年左右曾积极鼓吹排日，但其后态度逐渐缓和。虽是仅有两页的小报纸，却在武汉报纸中发行量最多。随着马社长敏锐的活动能力，该报会更加发展，影响力不容小觑
晨报	提倡民主主义，反对吴佩孚	社长　陈吉甫　毕业于湖北法政大学	主笔　江善一　毕业于武昌商科大学	1923年夏创刊，日刊，页数四页，发行量四百份。每月从前湖北财政厅厅长黄永熙处获取补助银二百元
群治报	拥护湖北省政府	社长　郭瑛　湖北省议会议员	主笔　罗月侨	1923年7月创刊，日刊，页数十二页，发行量七百份，资本金约三千元
武汉通报	吴佩孚的机关报	社长　张伯烈　众议院副议长，日本早稻田大学出身	主笔　李慎安　武昌文华大学毕业　记者　谢楚珩　北京中国大学毕业	1922年冬创刊⑥，日刊，页数十二页，发行量一千三百份。在去年秋天吴佩孚来汉以前曾一度积极登载排日报道，但最近态度变好。从吴佩孚处每月获取补助三千元
快报	无一定主义，但最近接近吴佩孚	社长　刘天民　有多年报纸经验，目前经营鄂州通信社。吴佩孚来汉以后接受直系庞大的资金，用于收买武汉诸报	同前	1924年冬创刊，晚报，页数两页，发行量四千份。因报道迅速简洁，多有购阅者。每月从湖北省政府获得银一百元补助
大晚报		社长　孙绍白	同前	1925年5月由《大江晚报》改名，日刊，页数四页，发行量四百份

① 一说1914年5月28日创刊。
②③④ 一说1920年创刊。
⑤ 一名《武汉时事白话报》。
⑥ 应为1923年2月创刊。

(续表)

名　称	主义系统	持有人或社长	主笔与重要记者	备　考
民治日报		社长　张鹏飞　毕业于湖北军官学校	主笔　吴醒里	1924年夏创刊①，日刊，页数四页，发行量四百份。每月从湖北省政府获得三百元补助
中报		社长　胡良焯　湖北省人，毕业于日本东京高等师范学校	同前	1924年2月创刊，日刊，页数四页，发行量约五百份，为亲日报纸
江声	湖南国民党的机关报	持有人兼社长　欧阳凤翥	主笔　罗普存　毕业于武昌法律专门学校　记者　陈子乡	1922年春创刊，1925年由《江声日报》改名，日刊，页数十二页，发行量一千份。编辑和报道的内容可认为是武汉报纸中最为先进的。倾力鼓吹民党主义，关于湖南的报道居多，常常登载排日和排外的报道。资本金一万元
政法日报		社长　孔子才　律师，是武汉有影响的民间人士	主笔　刘仲平	1923年秋创刊，日刊，页数四页，发行量五百份
黄报	拥护段祺瑞	社长　陈殿川　安福系政客	主笔　胡卓公	1923年春创刊，日刊，页数八页，发行量五百份，从段祺瑞处获取补助金
工商白话报	拥护劳动者的利益	社长　邓博文	同前	1923年5月创刊②，日刊，小型报纸，页数两页，发行量一千六百份
公论日报	接近省政府	社长　王民仆	殷弼臣	1918年创刊，日刊，页数十二页，发行量一千三百份，资本金四万元，对日态度一般
民德报	拥护湖北省政府	社长　鄢云斋	同前	1922年创刊，日刊，发行量五百份，每月从省政府获取三百元补助
时事新报	拥护汤芗铭	黄白纯	同前	1921年创刊，日刊，发行量四百份，每月从汤乡铭处获取五百元补助
时报③	标榜民党主义	社长　祝润湘《大汉报》经理	陈兰由	1920年创刊，日刊，发行量四百份
华中日报	以营业为本位	社长　卢本权　曾任沙市交涉员	同前	1925年1月创刊④，日刊，发行量二千份，鼓吹亲日
爱国白话报		社长　孙鄂痴	同前	1924年创刊，日刊，发行量七百份。与民间的外交团体有联络，给人一种排外派机关报的感觉，在排日时期曾大肆攻击日本
警报	吴佩孚的机关报	社长　郑江灏		1924年创刊⑤，日刊，页数八页，发行量八百份，对日态度一般。每月从吴佩孚处获取五百元补助
汉江晚报	吴佩孚的机关报	范叔衡	同前	1924年创刊，日刊，发行量二千六百份。每月从吴佩孚处获取五百元补助，自吴来汉以来购阅者激增。对日态度一般

① 一说1924年10月创刊。
② 一说1918年创刊。
③ 似与《汉口时报》不是同一种。
④ 一说1926年2月创刊。
⑤ 1924年12月8日创刊。

(续表)

名称	主义系统	持有人或社长	主笔与重要记者	备考
正心报		社长　杨昆山	盛良庵　前《商报》主笔	1926年2月创刊,日刊
银行杂志	汉口中国银行公会机关杂志	主持人　周浣刚		1923年创刊,半月刊
国闻通讯	民党系	社长　喻耕屑　与中国各地的《国闻通讯》有密切的关系。一直接近湖北当局,消息准确,通讯范围颇广,在武汉报纸通讯界拥有特别大的影响力。作为湖北督办公署咨议,每月从省政府获取八十元补助。是《天津益世报》和上海《国闻通讯》的通讯员		1923年3月创刊,社址在汉口洪春里
扬子通讯	研究系	社长　喻血轮　湖北人,曾任《中西报》《正义报》《大陆报》等编辑,善文,武汉舆论界无人能出其右。目前是上海《新闻报》通讯员,又任湖北督办公署咨议,每月获取八十元。最近接近吴佩孚		1922年10月创刊,社址在汉口慈德里
鄂州新闻编译		社长　刘天民　湖北人,毕业于湖北法政学校。虽然往往有与事实不相符的倾向,但消息神速,在对变化莫测的时局趋势等观察方面,恐怕应属武汉通讯界第一人。兼任《英文楚报》和《汉口日报》的谍报员。作为督军公署招待处人员每月获取二百五十元的津贴。另外在吴佩孚来汉后,据说完全担任直系宣传员,每月获取巨额的资金		1921年10月创刊,社址在汉口德润里

定期调查报告　　（秘）1926年7月　　有关中国（附香港）报纸及通讯的调查

(续表)

名　　称	主义系统	持有人或社长	主笔与重要记者	备　　考
一德通讯		社长　叶春霆　湖北人，多年从事教育事业。曾任我《湖广新报》编辑记者。担任湖北督办公署咨议，每月获取八十元津贴		1923年3月创刊，日刊，社址在汉口日租界
民彝通讯		社长　程稚侯　接近省长杜锡钧		1923年4月创刊
民艺通讯		社长　程稚侯		1923年4月创刊
一二通讯		社长　谢楚衡①		1924年11月创刊
汉口大公通讯		社长　周病佛		1923年创刊
万国通讯		社长　阎暨春		1923年创刊
唯心通讯	吴佩孚系	帅和甫		
信实通讯		唐继贤		
鄂州政闻宣传	吴佩孚系	喻可公		
平民通讯	吴佩孚系	毛楚材		
民国通讯	接近建国豫军樊钟秀	万国钧		
鄂湘通讯		万克哉		
大湖广通讯		李治公		
大支那通讯		陈敬亭		
天铎通讯	吴佩孚系	江双花		
民国编译		傅啸衫		
两湖联合通讯		何伯愚		

二、日文报纸与外文报纸

名　　称	主义系统	持有人或社长	主笔与重要记者	备　　考
汉口日报（日文）		社长　冈幸七郎	同前	1907年8月创刊，日刊，页数六页，发行量约八百份，报道一般
汉口日日新闻（日文）		社长　宇都宫五郎	同前	1918年1月创刊，日刊，发行量约五百份，报道一般
中支那（日文）		社长兼主笔　吉福四郎		1925年7月创刊，周刊，发行量四百五十份

---

① 1925年的报告中为"谢芝衡"。

(续表)

名　称	主义系统	持有人或社长	主笔与重要记者	备　考
Central China Post[楚报]（英文）	拥护、提高、发展英国人在扬子江沿岸的利益（英国籍）	社长兼主笔 John Archibald 苏格兰人，约五十四年前作为传教士来汉，1912年发行该报	记者 G. Higfield John Archibald 主笔之子	1912年创刊，日刊，页数十四页，发行量约一千五百份。最初由John Archibald独自经营，但1923年春变更为股份制。对于中国的现状常加以极端的攻击，但对于日本总是持以亲密的态度。资本金三十万元，有印刷器械七台，兼营印刷业。社址在汉口日租界
The Hankow Herald[自由西报]（英文）	拥护美国的利益（美国籍）	社长 Brunno Achwartze①（美国人）	记者 周培德、林悦芳	1923年4月创刊，由 The Independent Herald 改名，日刊，页数十二页，发行量约五百份。采录由美国海军供给的"博尔顿"无线电电讯、中美通讯社和国闻通讯社的原稿通讯，报道迅速。登载在中国的美国人和中国方面的排日报道，对日本有时使用攻击的笔调。资本金五万元，由美中合资。有印刷器械两台，社址在汉口法租界

三、通讯员

姓　名	所属社名	备　考
聂醉仁	上海《申报》、北京《晨报》、上海《时事新报》	湖北督办公署咨议
喻可公	上海《新闻报》	
喻耕屑	《天津益世报》、上海《国闻通讯》	（前述）
丁愚庵	北京《顺天时报》	曾任我《湖广新报》和《大汉报》的记者
邹碧痕	北京《京报》	
朱伯厘	上海《民国日报》	
冈幸七郎	日本新闻联合通信、东方通信、《大阪朝日新闻》	《汉口日报》社长
宇都宫五郎	《东京时事新报》《万朝报》《报知新闻》《大阪每日新闻》	《汉口日日新闻》社长
周培德	上海 China Review	

广东

概况

广东的中国报纸受到官方的干涉和压迫，言论自由受到极度束缚，从业者总是努力迎合官方的意志。各报纸都没有一贯的主义、主张，在陈炯明的治下就装作是陈派的御用报纸，国民党掌权后又豹变成国民党的御用报纸，不敢发出异声。尤其是现政府出现以来，对报纸的检查愈发严重，刊登对国民党不利报道、评论的报纸会立刻被勒令停刊，而对自己有利的事件就极力夸大宣传。因此，各报社大多基础薄弱，创刊、停刊频繁也就在所难免（1925年度创刊一种、停刊七种、休刊三种）。纵观各报社极少有有能力的记者，即使偶有一二名有卓见的记者，也因害怕官方的压迫而不敢发表自己的意见，与普通的通讯员无异。因此报界的发展极其缓慢，如今仍十分幼稚，很难通过报纸来了解社会的真相。现在广东与报社相关团体中，最活跃的是以下三者。

一、报界公会

前清时代称粤省报界公会，为弱小报社的联合组织，进入民国时代后，积累资金，购买土地，改名为广东报

---

① 1925年的报告中为"Bruno Sechwartz"。

界公会,1913年建办事处,其后进一步制定会规,向会员征收每社一百五十元的基本金,给会员分发新闻原稿,并维护会员的权益。现在十余家有实力的报社参加本会。

二、派报公会

即派报人所组织的团体。派报人即报纸销售代理商,与各报社特约,确定每日份数,投递及当场销售。派报工会屡屡依靠其团体的影响力左右报社的盛衰,例如派报人要求报纸批发降价,如果报社不同意,该工会就让各派报人停止购买其报纸,使得该报社要么被迫答应工会的要求,要么停业。目前该工会有会员约五百名,1921年本会成立以来,各报社雇佣专属的送报员,但因极端专横的派报人的阻挠,难以达到目的。报界公会如今正煞费苦心对其加以改善。

三、汉文排字工社

各报社排字工所组织的团体,目前有会员约六百名。得到国民党中廖仲恺(已故)、谭平山乃至谢英伯等所谓劳工运动领袖的后援,增加了其影响力,成为报界公会的一大威胁。1924年9月前后对报界公会提出涨工资的要求,未获同意便断然举行联合罢工,相互斗争约二十日,最终达到目的。将来这些团体之间的争议会频繁发生,给报界的发展带来不少阻碍。

一、报纸、通讯及杂志

甲、报纸及杂志

名　　称	主义系统	持有人或社长	主笔及重要记者	备　　考
七十二行商报(中文)	稳健,无所属	合资组织,由商人出资 社长　罗啸璈　广东南海人,1914年曾任都督府民政司内务部长,当地报界之元老	主笔　陈宝尊　广东法政学校出身,曾为省长公署咨议。 主要记者　苏啸泉、邝赞泉、刘楚善、陈荣荪	1906年7月创刊①,日报,发行量约七千份。在收购粤汉铁路的热潮中,七十二行将其作为机关报而创办,目前几乎完全属于罗啸璈个人所有。一直保持中立、稳健的态度,在广东、香港为首的各地知识阶层中拥有读者,也受到一般世人的尊重,尤其在经济栏、广告栏上远胜过其他报纸。但1925年6月排英罢工以来,页数减少,内容质量也显著下降
广州民国日报(中文)	纯粹的国民党及国民政府机关报,据传每月接受苏联的若干补助	陈孚木　其兄秋霖于1925年8月与廖仲恺一同被暗杀后,继承本报的经营,是国民党左派中的实力人物	同前	1923年5月创刊②,日报,发行量约两千份。原名《群报》,与苏联有秘密接触,1922年孙文前往上海、陈炯明进入广东时成为陈的机关报而名《星报》创刊。孙文再回广东后,其子孙科要求卫戍司令查封本报,新创办《广州民国日报》,最初由张启荣任总理,后孙仲英取而代之,成为国民党资本派的机关报。孙科辞任广州市长并离开广州后,任陈秋霖为总理,成为胡汉民等元老派的机关报。1925年8月陈秋霖被暗杀后,其弟孚木接替。是广东最新式的报纸,其政治报道及评论远胜其他报社,与商界的《七十二行商报》一样受到一般知识阶层的欢迎
羊城报(中文)	无固定主义	绅商的合作组织 社长　赵秀石　广东南海人,历任江门商团团长、省长公署咨议及财政长③特务委员等	何杰三　北京陆军学校出身	1906年6月创刊④,日报,发行量约两千五百份。由前清绅商中的革新派创刊,是广东最早的报纸。在清末的学制改革中名声大噪,其后逐渐衰退,缺乏政治色彩,无固定主张,但动辄刊登煽动排日的报道

---

① 应为1906年9月15日创刊。
② 应为6月创刊。
③ 疑为"财政厅"。
④ 应为1903年2月12日创刊。

(续表)

名　称	主义系统	持有人或社长	主笔及重要记者	备　考
人权报(中文)	无所属	股份制 社长　李竹多　广东南海人	主笔　陈柱廷 原《七十二行商报》及《国华报》记者	1911年3月创刊,日报,发行量四百份。由国民党系人物创办,致力于鼓吹革命,在华侨中拥有读者,受学生界欢迎,但无特别影响力,其主义也随利益而改变,无固定主张
广州共和报(中文)	不固定	合资会长 社长　宋季辑　曾任元帅府咨议	主笔　潘抱真 原《国华报》记者	1912年2月创刊,日报,发行量五千五百份。因淫猥内容多而受下层社会欢迎,1919年因刊登煽动排日的报道而被勒令停刊三个月。表面上是合资组织,实际为宋季辑个人所有
新民国报(中文)	原为国民党系,但无固定主义	刘裁甫　广东台山人,曾任国会议员及台山县民选知事	主笔　邝筱侣 广东法政学校出身,原《中华新报》记者	1918年创刊,日报,发行量一千份。最初由吴景濂从众议院经费中支出两万元创办,任李怀霜为主笔。在岑春煊的军政府时期接受军政府每月五百元的补助,其后资金难以为继,李离职,国会议员汤漪取而代之,成为益友社系统的机关报,后来汤漪也因政见不和而离开,田达人、甄冈公等相继经营,依然业绩不佳,后由国民党派的刘裁甫接手,直至今日。无任何影响力、色彩,不受社会瞩目
新报(中文)	国民党系	合资企业 代表者　李抗希	同前	1915年6月创刊,日报,由在美华侨出资,纯国民党系报纸,在排日风潮中因煽动学生,被警察厅长魏邦平勒令查封。一直刊登排日报道,最近随着当地对日感情向好,本报报道也逐渐稳健,1925年6月排外罢工以来处于休刊中
国华报(中文)	原交通系,后接近陈炯明派,近来成为民党系	合资企业 社长　王泽民　香港医学校出身	黄天山	1913年10月创刊①,日报,发行量八百份,最初名为《国报》,由康有为、梁启超等出资创刊,1920年因刊登关于广西军事的报道而被勒令停止发行,改名为《国华报》继续发行,但因在孙文回归广东时刊登当时北京政府各重要人物的照片而被军政司法部长徐谦勒令停刊。其后在1923年1月又因歌颂梁士诒内阁而被孙派勒令停刊,6月政变后,在陈炯明的监督下复刊。原本属于陈派,国民党掌权后变为国民党系
现象报(中文)	因一直刊登夸张的报道而被称为无赖。无主义、主张、党派关系	合资组织 廖球	主笔　郭唯灭 国民党革命时曾为国民军首领	1921年6月创刊,日报,发行量一万份,由商会联合会会长刘焕创办,劳动者的机关报。揭发各方缺点,属于国民党系,猛烈攻击其他党派,因此每逢政变屡屡被勒令停刊。排外,尤其主张排日,曾经最猛烈攻击"二十一条"问题,近来随着当地对日感情向好,稍有缓和
大公新报(中文)	无固定主义,无党派关系	持有人　陈铁魂		1915年5月创刊,日报,发行量三百份。初为《大公报》,是天主教之宣传机关及法国的机关报,后为同社社长陈铁魂接手。规模小,报道无特色
真共和报(中文)	无党派关系,主义稳健	社长　李抗希(与《新报》的代表为同一人)	卢博郎	1919年8月创刊,日报,发行量约六千份。最初《新报》创刊本报是为夺取《广州共和报》的市场,因而加上一个"真"字,无特殊色彩。以前刊登排日言论,近来其报道非常稳健,但1925年6月排外罢工以来因经费不足休刊

---

① 1915年创刊。

定期调查报告　　（秘）1926年7月　　有关中国（附香港）报纸及通讯的调查

(续表)

名　　称	主义系统	持有人或社长	主笔及重要记者	备　考
新国华报（中文）	国民党系。以葡萄牙商远东公司为后援，李抗希为大股东	同上	同上	1922年创刊，日报，发行量七千五百份。与《国华报》的资本家等打官司，因此加上一个"新"字，欲以继承之。1923年10月因反对陈席儒的借款而被起诉
广州正报（中文）				1923年创刊，由前财政厅长邹鲁出资，作为国民党元老派的机关报创刊。邹鲁辞去财政厅长职务后停刊，目前依然处于停刊中
国民新闻（中文）	纯国民党机关报	甘乃光		1925年8月创刊。原商团军机关报《粤商公报》停刊时，胡汉民让赵士觐乘机经营，后因与廖仲恺暗杀事件牵连，胡汉民、赵士觐等离广，政府让陈孚木经营，之后由甘乃光接手。创刊时日虽浅，但在国民政府与国民党支持下，影响力非常大，可与《民国日报》比肩
天游报（中文）	无主义	持有人　邓啸庵	邓叔裕	1911年创刊，日报，发行量约五百份
光华报（中文）	无党派关系	总理　李汉卿	陈柱廷	1922年5月创刊，日报，发行量约八百份
时事报（中文）		合资组织 总理　陈新吾　国民党员，曾任元帅府秘书	欧博明	1922年创刊①，日报，发行量约七百份，曾接受前云南军总司令杨希闵的补助
广东公报（中文）	省长公署官报			由广东省长公署政务厅编纂，日报
司法日刊（中文）	广东高等审判厅、高等检察厅以及广东地方审判厅、地方检察厅之公布机关	总理　高等审判厅长		1922年1月创刊，日报，发行量约五百份
广州市政公报②（中文）	市政厅之公报			由广州市政厅总务科编辑局编纂，周报
公评报（中文）	无党派关系	股份制 总理　钟超群		1924年创刊，日报，发行量约八百份
广东日报（日文）	日本居留民会之机关报	社长　山田纯三郎	平井真澄	1923年6月创刊，日报，发行量约五百份
广东日报 Canton Gazette（英文）	国民党机关报	出资者　陈友仁　前航空局长 总理　李才　北京大学出身	李才（兼）	1919年创刊③，日报，发行量约五百份。最初由广东政府外交部长伍廷芳出资创刊 Canton Daily News，路透通讯员黄宪昭担任总理，1923年黄宪昭被逐出广东，陈友仁收购本报，任李才为总理，创办本报。为国民党之宣传机关报，每月接受苏联的若干补助，广东唯一的英文报纸

---

① 一说1923年创刊。
② 1925年报告为《广州市市政公报》。
③ 一说1924年8月1日创刊。

乙、通讯社

名　称	主义系统	持有人或社长	主笔及重要记者	备　考
中央通讯	共产党	社长　温善庵　曾任国民党临时中央执行委员	徐中　国民党中央执行委员	1923年12月创刊，由国民党周刊改组而成，纯共产党机关通讯，据传接受苏联的补助
觉悟通讯	国民党少壮资本派之机关通讯	合资组织 陈宗汉、陈剑如		1922年创刊，由前广西军总司令刘震寰、广东军总司令许崇智、前财政厅长梅光培等出资创办。上述三人失势离广后，作为国民党资本派之机关通讯，仍有相当的影响。在广东、香港，乃至上海、天津亦有订阅
杨实公通讯	稳健	社长　杨星池		1912年创刊，各官厅的公文等消息详细且准确，受到广东、香港方面各报社的欢迎
时事通讯	广东市政厅之机关通讯	合资组织 崔少平、李少白		1915年创刊，每月接受市政厅二百元补助
骆中兴通讯	稳健，无党派关系	持有人　骆侠挺		1912年创刊
公民通讯	无党派关系	持有人　杨公民		1915年创刊，以各官厅的通讯为主
世界新闻	无所属	持有人　陈如公		1920年创刊，通讯甚为萎靡不振
南方通讯	无色彩	持有人　孔仲南		1920年创刊，无任何特色
博知通讯	无党派关系	持有人　陈文赫		1922年复业
执中通讯	无党派关系	持有人　王石棠		1920年创刊，销路小

二、通讯员

姓　名	所　属　社　名
田野边英寿	日本电报通信
德富雪夫	大阪每日新闻
W. F. Cary	美国联合通讯

厦门

概况

厦门有九种中文报纸，其中《全闽新日报》是当地最早的报纸，财政基础稳固，内容也相当丰富，从台湾、上海接收电讯，受到普遍欢迎。此外，除《民钟日报》的经营状况相对较良好外，其余报纸都创立时日尚浅，经营困难，时常休刊，《时潮日报》《天南日报》如今仍处于休刊中，且没有复刊的希望。由于当地这样的小城市有大量报社并存，因此发行量多者仅仅数百份。除上述《全闽》《民钟》两家报纸外，其他报纸的内容都难免贫乏、低级。

一、报纸

名　称	主义系统	持有人或社长	主　笔	备　考
全闽新日报(中文)	使得中国、日本人融和,接受台湾善邻协会的后援	名誉社长　林景仁(台湾籍民)	谢龙阔(台湾籍民)	1907年8月创刊,日报,发行量约一千两百份
江声日报(中文)	国民党之机关报,有排外色彩,最近排日报道逐渐减少	总理　周彬川	陈廷潮	1917年①11月创刊,日报,发行量约五百五十份
思明日报(中文)	隶属于中国基督教徒派,一直倾向于拥护国民党,最近对日态度尤其恶劣	总理　张学习	张圣才	1920年9月创刊②,日报,发行量约六百六十份
厦声日报(中文)	福建民军之机关报,排日色彩颇为浓厚	总理　黄子镇	苏眇公	1920年2月创刊,日报,发行量约八百份
厦门商报(中文)	中国杂货商公会之机关报,几乎无排外色彩	总理　黄静仙	孙忏绮	1921年10月创刊,日报,发行量约三百份
民钟日报(中文)	国民党之机关报,有社会主义色彩,论调过激	总经理　李硕果	刘石心	1918年创刊③,日报,发行量约一千份。因触犯官方忌讳而暂时停刊,1922年6月在公共租界中复刊

二、通讯员

姓　名	所属社名	备　考
李汉青	上海新闻报	与《民钟日报》有关,具有排日思想

安庆
报纸及通讯

名　称	主义系统	持有人或社长	主　笔	备　考
民岩报(中文)	国民党系,对日感情不佳	社长　吴霭航	同前	1909年创刊④,日刊,发行量约二千份
新皖铎(中文)	被视为官僚系	社长　张振铎	同前	1922年2月创刊,日刊,发行量约二千份
商报(中文)	改良、发展工商业。接受安庆商会支持,与安徽总商会有联系	社长　苏绍泉	同前	1923年7月创刊,日刊,发行量约一千二百份
政治报(中文)	革新政治,救护民生	社长　蒋永我	同前	1926年3月创刊,日刊,发行量约八百份
社刊(中文)	振兴实业	社长　胡祝如	同前	1925年创刊,日刊,发行量约五百份
全皖新闻(中文)	不偏不党	社长　翁醉亭	同前	1925年4月创刊,日刊,发行量约四百份
醒民通讯(中文)		社长　魏小峰		1921年创刊
国民通讯(中文)		社长　王治平		1920年7月创刊
自由通讯⑤(中文)		社长　赵嘉谟		
正谊通讯(中文)				1925年4月创刊

---

① 应为1918年创刊。
② 一说7月21日创刊。
③ 一说1916年10月1日创刊。
④ 一说1912年6月1日创刊。
⑤ 1925年报告为"自治通讯",社长相同。

安东
报纸及杂志

名称	主义系统	持有人或社长	主笔	备考
安东新报(日文)	政治、经济、社会报道	社长 川俣笃	小林矶藏	1906年10月创刊,日报,发行量约一千九百份
东边时报(中文)	中国方面的机关报	社长 吕子厚	王大鲁	1923年12月创刊①,日报,发行量一千五百份

有《大阪每日新闻》《盛京时报》《东三省公报》及其他中国东北地区日文、中文报纸的通讯员十几名。

抚顺
报纸

名称	主义系统	持有人或社长	主笔	备考
抚顺新报(日文)		窪田利平	同前	1921年4月创刊,日报,发行量约七百份

芜湖
报纸

名称	主义系统	持有人或社长	主笔	备考
皖江日报(中文)	启发民智,普及教育。不偏不党,排外色彩淡薄	社长 谭明卿	同前	1909年11月创刊②,日刊,发行量约二千份
工商日报(中文)	有芜湖商务会资助,最近对日态度良好	社长 张九皋	同前	1917年1月创刊③,日刊,发行量约一千八百份

齐齐哈尔
报纸

名称	主义系统	持有人或社长	主笔	备考
黑龙江公报(中文)	黑龙江省官报	黑龙江省长公署	编辑 张守诚	1914年3月创刊④,日报,发行量约四百五十份
黑龙江报(中文)	省政府机关报	社长 魏毓兰	同前	1916年1月创刊⑤,一周发行四次,发行量约两百份
龙江益时报(中文)	启发民智,拥护国权	持有人 肃德顺	王泽普	1926年6月创刊,日报,接受官方若干补助
通俗教育报(中文)	省教育会机关报	持有人 省教育厅	唐鋆	1914年12月创刊⑥,日报,发行量约四百份

---

① 有记载,《东边时报》(日文)1908年9月在安东创刊。
② 应为1910年12月2日创刊。
③ 一说1915年10月20日创刊。
④ 一说1913年5月创刊。
⑤ 一说1916年2月创刊。
⑥ 一说1914年12月8日创刊。

有北京《晨报》《天津益世报》《申报》《盛京时报》《东三省公报》及其他中文报纸的通讯员十几名。

芝罘
报纸及杂志

名　　称	主义系统	持有人或社长	主　笔	备　考
芝罘日报(中文)	启发民智,对日态度良好	社长　王宗儒	颜竹轩	1908年创刊①,日报,发行量约四百份
钟声报(中文)	扩张民权,普及教育。为排日报纸,但近来缓和	社长　丁训初	郭隧乡	1913年创刊②,日报,发行量约七百份
芝罘商报(中文)	拥护商业,对日态度稳健	社长　李循芳	牟又尼	1915年5月创刊③,日报,发行量约四百份
烟台大东报(中文)	发展民治,近来对日态度颇为良好	社长　郑侯东	郑千里	1917年6月创刊,起初名为《胶东报》,1925年3月改名为《烟台大东报》,日报,发行量约三百份
爱国报(中文)	提倡法治,对日态度颇为良好	社长　褚宗周	仲绍文	1919年创刊,日报,发行量八百份
大民报(中文)		社长　张宗濂	同前	1922年6月创刊,日报,发行量约三百份
新报(中文)	对日态度不太好	娄子周	同前	1922年7月创刊④,日报,发行量约三百五十份
Chefoo Daily News[烟台日报](英文)	英国籍	James McMullan & Co., Ltd.(英商仁德洋行)	D. F. R. McMullan	1917年创刊,日报,发行量约三百份
晨星(中文杂志)	宣传基督教	袁润甫	同前	1910年创刊,月刊,发行量约两千份
烟台通信(中文)			主任　林竹冈	1925年4月创办
访员联合会	由六七名记者组织的联合会,选择报纸报道,提供给各社	会长　丁柴枫		1925年8月创立

有路透社、大阪每日新闻社、东方通信社等的通讯员。

镇江
报纸

名　　称	主义系统	持有人或社长	主　笔	备　考
自强报(中文)		张逸涧	同前	1918年8月创刊,发行量约五百份

---

① 一说1907年创刊。
② 一说1912年12月创刊。
③ 一说1916年创刊。
④ 一说1919年创刊。

张家口
报纸

名　　称	主义系统	持有人或社长	主　笔	备　考
察区公报(中文)	察哈尔的都统、道尹、警察各公署的公布机关		赵希石	1925年3月创刊,三天发行一次,发行量约三百五十份
察安日报(中文)	冯玉祥的机关报	社长　赵希石	赵希石	1925年4月创刊,日刊,发行量八百份
西北汇刊(中文)	冯玉祥的机关报	社长　罗正纬	罗正纬	1925年9月创刊,周刊,发行量约四百份
西北通讯(中文)		持有人　刘培鑫		1925年8月创办,日刊,发行量三十份
大西北通信(日文)		里见甫	杉谷善藏	1925年8月创办,一周发行两次或三次,发行量五十份

长沙
概况

长沙的报纸全部为中文报纸,1924年间共有六种,但因为一般市况不景气,加上经营上的困难,1925年年初终于有一家报社停刊,余下的五家报纸也均为政府的御用报纸。除《大湖南日报》以外,发行量均少于去年。与以往一样,各报均从官宪、公共团体或者军人、政客等处得到补助金,才得以继续发行。此后只有一家小报创刊,但毫无发展的迹象。所有报纸都仍属于乡下报纸的范畴,国内的重要报道转载自上海、汉口等各地大报的内容,省内的相关报道则是原封不动地刊登各通讯社提供的材料,因此各报的报面几乎都采用同一样式,除了对时事问题尝试短评之外,极少登载社论,只是在社会报道中往往发表煽动性的言论,其宣传不容小觑。另外,由于当地青年学生教育程度的进步,该地各报的文艺栏、投稿栏等都得到异常发展。

至于通讯和杂志,没有任何值得一看之处。众多的通讯社只是以向各报提供材料为目的,没有单独发布通讯的。

一、报纸杂志和通讯

名　　称	主义系统	持有人或社长	主　笔	备　考
大公报(中文)	属于国民党旧派,拥护省议会、省政府。有时会登载排日报道	总理　贝允昕	总编　李抱一	1916年2月创刊①,日刊,发行量二千八百份
湖南商报(中文)	与长沙商务总会有关。有时登载排日报道	总理　王尹衡湖南总商会副会长		1921年10月创刊②,日刊,发行量二千份,每月从商务总会获取一千二百元补助
大湖南日报(中文)	赵省长的机关报,鼓吹联省自治。略有亲美的倾向	总理　赵聚恒	总编　曹子桓 与省长公署、省议会和其他各种团体有关	1923年9月创刊,日刊,发行量三千六百份
湖南日报(中文)	第三师长叶开鑫的机关报	总理　张推与毕业于早稻田大学,第三师参谋长		1918年6月创刊③,日刊,发行量五百份
湖南通俗日报(中文)	对下层民众劳动者普及通俗教育	总理　龚心印	编辑　蒋兆骧	1913年创刊,日刊小报,发行量七百份

---

① 应为1915年9月1日创刊。
② 一说1922年创刊。
③ 一说1918年9月创刊。

(续表)

名　称	主义系统	持有人或社长	主　笔	备　考
小小报(中文)	教育妓女,改良艺人	经理　伍菊农		1925年9月创刊,日刊,发行量一千份
湖南商情日报(中文)	报知物价及铜币行情			日刊,发行量二千份
湖南政报(中文)	省政府发表各种公文的机关报	湖南省长公署		每五天发行一次
湖南财政月刊(中文)	财政司发表各种公文的机关报	湖南财政司		月刊
湘雅月刊 The Hunan Yale Monthly (中文)	美中合办,湘雅医院的机关报	长沙湘雅医院		1923年3月创刊,月刊,发行量一千份
大中通讯(别名大同通讯)(以下全部为中文通讯)		杜否予、杜兮依均为共产主义者		1913年创刊。每日一次以上向长沙、北京、上海、汉口、常德等地的报纸提供地方上的时事报道,又将各地的通讯提供给长沙、常德的报纸。是当地最大的通讯,但最近经营不振
大同通讯		刘其		每日一次,主要将省内发生的事提供给长沙、常德的各报纸。取代《大中通讯》成为有影响的通讯
咸宜通讯		朱深		
亚陆通讯	军事、外交方面的通讯	李同西		
三余通讯	金融及商业事项	蔡禄存		
西字通讯	商务会和省议会方面的消息	陈兰生		
长沙通讯	省议会、教育会方面的消息	文麓尧		
国光通讯	教育、警察、实业方面的消息	龚克明		1925年5月创刊,每日一次

二、通讯员

姓　名	所属社名	备　考
古川与八	《大阪朝日新闻》《大阪每日新闻》《东京时事新报》	
Rev. G. G. Warren(英国人,中文名任修本)	*Hankow Central China Post*、伦敦方面各报	与Reuter似乎也有关系
曹子桓	上海《时报》和汉口各报	《大湖南日报》总编
徐栋臣	上海《申报》和上海《新闻报》	
刘磊		
陈步周	上海方面各报	留美出身

此外,很多中国报社的社员及通讯员兼任各地报纸通讯员。

长春
一、报纸、通讯及杂志

名　　称	主义系统	持有人或社长	主　笔	备　考
北满日报（日文）	时事报道	社长　箱田琢磨	泉廉治	1909年1月创刊，日报，发行量两千三百份
长春实业新闻（日文）		持有人兼发行人　十河荣忠	老木近信	1920年12月创刊，日报，发行量一千六百五十份
商业通信（日文）		持有人兼发行人　市川弘	福泽重三	1923年12月创刊，每日发行两次，发行量六十份
内外经济通信（日文）	商况、市价通讯	持有人兼发行人　竹内藤一	安彦六三郎	1925年4月创刊，日报，发行量两百二十份
长春商业会议所调查汇报（日文杂志）		发行人　野添孝生	同前	1920年6月①创刊，月刊，发行量五百份
长春兴信所内报（日文杂志）		持有人　清水末一	同前	1921年5月②创刊，半月刊，发行量八十份
大东日报（中文）	改善社会，提高民智。对日态度不良	持有人兼社长　霍占一	刘少清	1915年5月创刊③，发行量一千份
醒民时报（中文）		持有人　侯炳章	张子庚	1916年1月创刊④，发行量六百份
国民日报（中文）	启发民智，对日态度普通	持有人　吴亚泉	唐继先	1924年⑤4月创刊，日报，发行量三百份
东三省时报（中文）	改善社会，启发民智，对日态度公正	持有人兼社长　王恩普	李占元	1925年1月创刊，日报，发行量一千份

二、通讯员

有《大阪朝日新闻》《大阪每日新闻》《东京时事新报》及其他朝鲜、中国东北地区的各报社、通讯社的日本通讯员，但均有一定的职业，正业之余从事通讯。有数名中国通讯员派驻。

大连
报纸、通讯及杂志

名　　称	主义系统	持有人或社长	主　笔	备　考
辽东新报（日文）	时事报道	辽东新报社	难波胜治	1905年10月创刊⑥，发行量约三万九千五百份

---

① 1925年报告为"1921年1月"。
② 1925年报告为"6月"。
③ 一说1917年创刊，1924年报告为1915年9月。
④ 1923年报告为"1918年4月"，1924年报告为"1917年1月"。
⑤ 1925年报告为"1925年"。
⑥ 一说1905年11月25日创刊。

(续表)

名　　称	主义系统	持有人或社长	主　笔	备　　考
满洲日日新闻（日文）	时事报道	满洲日日新闻社	锦织晃	1908年11月创刊①，发行量约两万九千八百份
大连新闻（日文）	时事报道	大连新闻社	宝性确成	1920年3月创刊，发行量约一千两百份
关东新闻（日文）	时事报道	下村幸治②	石丸金尚	1920年5月创刊，发行量约三千七百五十份
满洲商业新报③（日文）		山口忠三	木村壮十④	1917年12月创刊，发行量五百份
泰东日报（中文）	时事报道	阿部真言	平山武靖	1908年10月创刊，发行量约一万一千五百份
满洲报（中文）	时事报道	西片朝三	金念曾	1922年7月创刊⑤，发行量约七千六百五十份
关东报（中文）	时事报道	大村猪太郎⑥	王子衡	1919年11月创刊，发行量约三千四百五十份
Manchuria Daily News（英文）	时事报道	滨村善吉	同前	1912年8月创办，发行量一千两百份
国际通信（日文）	经济通讯	川岛信太郎	诸谷司马夫	1923年10月创办，发行量四百五十份
商业通信（日文）	商况通讯	市川弘	清水治一	1924年12月创办，发行量五百份
日本电报（日文）	时事通讯	内海安吉	稻叶武	1920年8月创办，发行量八十七份
日满通信（日文）	时事通讯	津上善七	斋藤善之助	1921年4月创办，发行量三百份
帝国通信（日文）	时事通讯	越野宗太郎	米木厚二	1924年3月创办，发行量三百五十份
周刊极东（日文）	时事通讯	阿部信一	丰田志义人	1924年6月创刊，发行量三千一百五十份

永州
报纸

名　　称	主义系统	持有人或社长	主　笔	备　　考
永州商报（中文）	普及商业知识，振兴实业，与地方军政方面关系密切	总理　唐松吟		1925年3月创刊，日报，发行量五百份

福州
概况

福州的报纸都极其幼稚且财力薄弱，优良记者无法招聘自不待言，亦无配备专职通讯员的能力，只是靠同

---

① 1924年报告为"1907年11月"。
② 1925年报告为"下元幸治"。
③ 初名《大连经济日报》，1923年易名。
④ 1925年报告为"木村庄十"。
⑤ 1925年报告为"1921年7月"。
⑥ 1925年报告为"大木猪太郎"。

一通讯社的书面通讯,仅仅获取一点省内的材料。至于外国消息及福建省外的事件,不过是悉数转载自上海各报的报道,报道自然不够迅速,且多家报纸往往刊登同一报纸的报道。此外,因记者的素质都很低下,极少有抱有定见而发表独自主义、主张者,多数只是一字不差照搬上海各报的文字。而且,由于不能分辨报纸的职责,滥用报纸从民众那里获得不当利益之例不在少数。不过,因害怕触犯官方的忌讳,几乎都不敢攻击官方苛敛诛求等恶政。

关于各报的对日态度,以往极为肆意曲笔舞文煽动排日思想,但最近一两年其声音渐弱。当地报界对我方上次增兵中国东北一事颇为平静,只有二三篇关于此问题的不冷不热的报道,对日感情似乎正在逐渐向好。

美国系统的《公道报》在前一年度受到美国教会及领事馆的积极资助,开始活跃,曾一度显示出凌驾于我方的《闽报》之上的势头,其后社长美国人Peet辞职,中国人取而代之,经历这一挫折后,排日倾向不如从前。今年创刊的《国是日报》是督办周荫人之机关报,似乎致力于歌功颂德,但对于军阀的拥护则不少,似乎很为难。

现在当地报界分为报界同志会、报界合众会及报界协进会三派。上述三派并非因主义、主张或党派关系而结成,单纯是为了方便向各方要求补助而建立的联合组织。其范围如下所示:

报界合众会:会长陈奋侯

《公论报》《华同日报》《实报》《超然报》《政治日报》《正言报》《正报》《海滨日报》《平报》《三山时报》

报界同志会:会长姚谱韶

《公道报》《健报》《福建日报》《求是报》《民生日报》《公民报》

报界协进会:会长徐醒轩

《实业日刊》《闽光报》《商报》《商务时报》《航报》《农报》

官方对上述各会的公开补助如下所示:

督办公署向合众、同志两会补助:每月各二百五十元。

财政厅向合众、同志两会补助:每月各二百元。

市政局及海军向各会补助:每月各三四十元。

以周督办名义向各会补助:每个节日(一年三回)各一百五十元。

以省长名义向各会补助:每个节日(一年三回)各一百元。

报纸

名 称	主义系统	持有人或社长	主 笔	备 考
闽报(中文)		社长 山中宽太郎 持有人 善邻协会	同前	1897年12月创刊,日报,发行量约三千五百份
公道报(中文)	宣传基督教,排日报纸。美国国籍	社长 李汝统	郑公常	1916年1月创刊,日报,发行量七百份
求是报(中文)	安福系,与海军及学生关系深	社长 郭赞唐	梁道钦	1913年创刊,日报,发行量八百份,是当地最有影响报纸
健报(中文)	进步党系,与海军及学生有联络,且在工商界中有势力。对日感情不好	社长 郑作枢	陈鸣凤	1916年8月创刊①,日报,发行量约三百份
福建日报(中文)	安福系,教育界之宣传机关报。有时刊登排日报道	社长 刘笙藩	姚谱韶	1918年8月创刊,日报,发行量三百份
民生日报(中文)	对日态度不确定	社长 陈冠鸿	同前	1914年8月创刊,日报,发行量三百份

---

① 一说7月创刊。

(续表)

名 称	主义系统	持有人或社长	主 笔	备 考
公民报(中文)		社长 陈伯樵	同前	1923年8月创刊①,隔日发行,发行量两百份
实报(中文)	安福系,对日感情普通	社长 邱啸云	陈奋侯	1918年12月创刊②,日报,发行量两百份
政治日报(中文)	官方机关报,对日感情良好	经理 陈奋侯	同前	1920年1月创刊,日报,发行量三百份
超然报(中文)	国民党系,对日感情普通	经理 梁超伦	高秀奇	1921年1月创刊,日报,发行量四百份
华同日报(中文)	对日感情普通	社长 施涵宇③	施绩宇	1916年8月创刊,发行量两百五十份
正报(中文)	与官方关系密切,对日感情激烈,但最近平稳	社长 林平	同前	1922年12月创刊,日报,发行量三百份
正言报(中文)	安福系,对日态度平稳	社长 李旭人	同前	1918年3月创刊,一周两回,发行量约一百五十份
闽光报(中文)	对日感情不良	社长 廖幼铭	同前	1922年创刊,日报,发行量三百份
航报(中文)		社长 董子良	同前	1924年2月创刊,隔日发行,发行量三百份
商报(中文)	商界拥护机关报	社长 徐葆元	同前	1924年4月创刊,发行量三百五十份
实业日刊(中文)	商界之宣传机关报	社长 林翼乡	梁道钧	1924年5月创刊,发行量四百份
商务时报(中文)		社长 郑作枢	杨仲贻	1924年4月创刊,发行量四百份
公论报(中文)		社长 郑英勋	同前	1923年1月创刊,隔日发行,发行量两百五十份
三山时报(中文)	国民党系	社长 陈璋	同前	1923年3月创刊,周报,发行量两百份
海滨日报(中文)	国民党系	社长 唐继华	陈鸿衍	1923年2月创刊,隔日发行,发行量三百份
平报(中文)	国民党系	社长 林平	同前	1918年5月创刊,周报,发行量两百份
农报(中文)		社长 谢申图	徐葆元	1925年6月创刊,周报,发行量一百份
日报(中文)	安福系	社长 刘森藩	姚谱韶	1924年2月创刊,发行量三百份
国是日报(中文)	周督办之机关报	社长 何炳昭	陈琇莹	1925年5月创刊,发行量六百份
福建公报(中文)	省政府之公布机关	省长公署		1912年1月创刊,日报,发行量三百份
福州时报(日文)		社长 山中宽太郎	同前	1924年4月创刊,一周两回,发行量两百份

有China Press社、东方通信社,以及其他中国通讯社的通讯员数名。

---

① 应为1919年2月创刊。
② 一说1919年创刊,一说1918年2月创刊。
③ 此前报告为"施节宇"。

宜昌
报纸及通讯

名　　称	主义系统	持有人或社长	主　　笔	备　　考
宜昌日报(中文)	中立	社长　张遗珠	沈次刚	1922年1月创刊,日刊,发行量约一千份
宜昌新闻报(中文)	排外主义	社长　侯叔轩[①]	黄芝岩	1923年12月创刊,日刊,发行量约六百份
宜昌益世报(中文)	亲美主义	社长　张清夫	冯守儒	1924年1月创刊,日刊,发行量约五百份
鄂西通讯(中文)		社长　罗笑佛	王量佛	1922年8月创刊,每三日发行一回,发行量约二百份
荆南通讯(中文)	《宜昌新闻报》系统	社长　侯叔轩	黄芝岩	1923年3月创刊,每三日发行一回,发行量一百五十份
川鄂通讯(中文)	《宜昌日报》系统	社长　沈次刚	同前	1923年9月创刊,日刊,发行量约一百五十份

哈尔滨
概况

哈尔滨的报纸有俄文八种、中文十一种、日文一种、英文两种。当地知识阶层大多数为俄国人,因此,虽然近来中国方面受收回利权热的影响,对普通俄国人进行暴力威胁,但俄文报纸依然引领大势。这恐怕是基于过去的历史而难以改变的。

俄文报纸：1925年度,当地俄文报纸与去年相比虽无什么变化,但因受到中国方面的压迫,有逐渐丧失其影响力的倾向。由于1924年秋的《奉俄协定》,中东铁路落入苏维埃干部手中,自此逐渐抬头的共产党御用报纸 Трибуна 以中东铁路、供销合作社、职业同盟等为根据地,致力于宣传共产主义,本年5月由于上述宣传之故,被中国方面查封。共产党立即收购了 Эхо 报,将之改造成与 Трибуна 报在形式、内容上完全相同的报纸,依然以讴歌苏维埃政府、宣传共产主义、反帝国主义为目的。准共产党系的 Новости жизни 报与此呼应,时时登载排日报道,致力于使中国东北地区北部的舆论变得对苏维埃联邦方面有利,但由于绥芬河炸弹事件、满洲里国境走私事件、郭松龄事件等对苏维埃方面不利的事件不断发生,以至于舆论机关特别受到中国方面的严格监管,与从前相比气势看上去转弱。此外,中国一般商民均认为上海事件及其他中国各地发生的事件背后一定有共产党,因此嫌恶共产主义,似乎有以本国报纸攻击其唯一武器——机关报的趋势。结果, Эхо 报也终于遭到重大压迫打击。与之相反,犹太裔俄国人经营的 Новости жизни 报等于是左派的机关报,但依然拥有大量读者,现在为共产党的准机关报,总是标榜排日的态度,对中国方面采取阿谀迎合的态度,没有 Эхо 报那种极端的色彩,因此在普通俄国人中声望也很好。特别是在当地俄国商人中占多数的犹太人,由于人种的关系,是该报的后援。该报基础牢固,内容丰富,属于当地报纸优秀之列。隶属共产党系的俄国报纸除了上述之外,还有 Молва 报,内容颇为贫弱、低级,至今未能引起普遍注意。

与以上共产党的机关报相对,公然标榜复兴帝政、总是表明反对共产主义和苏维埃政府的报纸中,有 Русский голос ,但该报近来内容贫乏,而且反共产主义色彩过于浓厚,不时登载虚构的报道,因而失去了普遍信誉。

以上各报均色彩显著,而标榜中立的报纸有 Заря 报、Копейка 报及稍有右派倾向的 Рупор 报。上述报纸中,Заря 报虽然报道迅速,但时常传播虚假报道,似乎一般信誉不高。但其总是登载具有煽动性的报道,依然拥有大量读者。Копейка 报近来内容充实,逐渐普遍得到俄国人的信誉。Рупор 报由于是晚报,对于了解每天发生的事情非常合适,但内容贫乏,至今未能脱离叫卖式小报之域。

总之,由于近来中国方面的压迫愈发严重,如果登载了对他们不利的报道评论,立即就会被责令停刊。因此,当地俄文报纸努力表现出迎合的态度,已经不再能看到往年风靡中国东北地区北部的权威。根本原因恐怕是苏维埃政府放弃了在中国的各种特权,使得俄国人的地位普遍下降。

[①] 1925年的报告中为"侯述轩"。

英文报纸：当地有美国系统的 Harbin Daily News 和英国系统的 Harbin Observer。两报只是被当地英、美人及各国官衙购阅，一般俄国、中国人对其毫不关心。

中文报纸及通讯：当地中文报纸及通讯界的状况大体上似乎与前一年度没有太大差别，但随着中国方面影响力的增进，其影响力在逐渐增大，终于有压倒俄文报纸的倾向。特别是最近中国官民以"防止赤化"为宗旨的团结意外地牢固，不时利用官方的力量打压俄文报纸，另一方面则采取收买政策，使其进行御用宣传，这种活跃状况值得注意。现在算来，有报纸十一种、通讯三种之多，但除了《国际协报》《东三省商报》《晨光报》等之外，没有具有抱负经纶的报纸，均易被金钱左右，看不到丝毫权威，而且不时有附和雷同、捏造事实等的倾向。《国际协报》标榜防止赤化，是中国官方的机关报，充分发挥了御用报纸的作为。《东三省商报》以商业启发为目的，态度稍为稳健。而《晨光报》以基督教青年会、南洋烟草公司等为背景，以鼓吹恢复国权、排外思想为唯一的生命，总是发表狂妄的言论，是当地最为猛烈的排日报纸。继《晨光报》之后，以排外为能事的还有《午报》，是小型白话报纸，但以副刊漫画致力于宣传，在下层民众中声誉好，产生了相当的影响。还有郭松龄的弟弟郭大鸣主宰的《松江日报》，在军方树立了相当大的影响力，但在郭松龄失败的同时被查封停刊。《滨江时报》从以前起就是亲日报纸，但目前经营困难，不能如意开展经营活动。其他报纸不足为论。日本人经营的中文报纸有奉天《盛京时报》北满版和《大北新报》，但也没有多大影响。

中文通讯有中国官方的《华东通讯》、中东铁路方面的《国权通讯》，但内容、影响力均未得到承认。

日文报纸及通讯：《哈尔滨日日新闻》是 1922 年由《北满洲》《哈尔滨新闻》《西伯利亚新闻》合并创刊的报纸，最近内容得到一些充实，但经营困难，至今未能充分展开活动。通讯社也只不过是向特种关系者供给消息，除了《东方通信》以外，还未获得普遍影响。

报纸及通讯

名　　称	主义系统	持有人或社长	主　　笔	备　　考
Русский голос（俄文）	复兴帝政俄国，反共产，立宪民主党机关报，帝政派，在俄国人各阶级中均有影响力。最近对日感情非常良好	艾斯·武维·瓦斯特罗琴　右派舆论界的一方重镇	同前	1920 年 7 月创刊，日报，发行量约两千份
Заря（俄文）	民主主义，标榜严正中立，但属于准右派报纸之列，在无党派人士中有影响力。经济观点方面多少有些排日	社长　艾姆·莱姆毕齐	同前	1920 年创刊，日报，发行量早报四千份
Копейка（俄文）	民主主义，共产党系 Новости жизни 的姐妹报，无国籍	社长　武维·亚·琪利金	同前	1922 年创刊，日报，发行量约一千八百份
Новости жизни① （俄文）	急进社会主义，讴歌苏维埃政治，共产党左派社会民主主义机关报，接受犹太裔实业家的援助。排日态度极其浓厚。苏维埃联邦籍	社长　切鲁尼夫斯基	同前	1909 年创刊，日报，发行量约两千份
Рупор（俄文）	民主社会主义，反共产主义，属于准右派之列，言论极其稳健。可以见到排日报道	社长　卡夫曼	同前	1921 年创刊，日报，发行量两千五百份
Коммерческий телеграф（俄文）	拥护苏维埃联邦的商业利益，排日报纸	社长　琪利金（与 Копейка 报的社长为同一人）	同前	1923 年创刊，周刊，发行量六百份
Эхо（俄文）	共产主义，苏联共产党职业同盟及第三国际的机关报，在中东铁路底层工人中有影响。极端的排日报纸。苏维埃联邦籍	社长　利特曼	同前	1925 年创刊，日报，发行量九千一百份

---

① 亦译《新生活报》，1917 年报告译为《新生涯》，1920 年译为《时事新报》。

(续表)

名　称	主义系统	持有人或社长	主　笔	备　考
Молва(俄文)	半共产主义,苏维埃联邦籍	社长　戴比利	同前	1924年8月创刊,日报,发行量三百五十份
Harbin Daily News(英文)	商业机关报,美国籍	亨利·维希	同前	1918年4月创刊,日报,发行量六百份
Harbin Observer(英文)	商业机关报,英国籍	毕·维奇·福利特		1925年2月创刊,隔日刊行,发行量九百份
哈尔滨日日新闻(日文)		社长　儿玉右三	大河原厚仁	1923年1月①创刊,日报,发行量一千份
东方通信(日文、俄文)			支社长　三田雅各	1926年5月创刊
北满电报通信(日文)		杉浦龙吉	同前	1922年11月创刊,日报,发行量约五十份
哈尔滨通信(日文)		大川周三	同前	1923年1月创办,日报,发行量约一百份
帝国通信(日文)			支局长　细谷清	1925年9月创办,日报,发行量约五十份
国际协报(中文)	最近有行政长官公署及其他官方御用报纸的倾向	张复生	张子淦	1919年1月②创刊,日报,发行量一千两百份
东三省商报(中文)	与当地商业机关及中国官方有联络	叶元宰	杨立三	1921年12月创刊,日报,发行量一千份
滨江时报(中文)	超然主义	范聘卿③	赵逸民	1920年④4月创刊,发行量五百份
东隆商报(中文)		尹捷卿	郭伯冲	1917年⑤4月创刊,发行量五百份
松江日报(中文)	中国军阀的机关报	郭大鸣	杨黑轩	1923年11月创刊,日报,发行量一千份,目前休刊中,有传闻最近会复活
哈尔滨晨光报(中文)	基督教青年会的机关报,极端的排日报纸	于芳洲	张树屏	1922年⑥2月创刊,日报,发行量一千份
午报(中文)		赵郁卿	杨小舟	1920年5月⑦创刊,日报,发行量三千份

---

① 一说1922年11月创刊,1925年报告为"1922年"。
② 1925年报告为"1918年8月";一说该报1918年7月1日在长春创刊,1919年10月迁到哈尔滨。
③ 1925年报告为"范介卿"。
④ 1925年报告为"1921年"。
⑤ 1925年报告为"1918年"。
⑥ 1925年报告为"1923年"。
⑦ 1925年报告为"1921年6月"。

(续表)

名　称	主义系统	持有人或社长	主　笔	备　考
大北新报①（中文）	奉天《盛京时报》的别动队	代表者　山本久治	王丕承	1922年10月创刊,日报,发行量两千五百份
东北新民报（中文）		张家齐	同前	1925年9月创刊,日报,发行量三百份
东北早报（中文）		李权	张晋	1925年8月创刊,日报,发行量三百五十份
华东通讯（中文）	与当地特别行政长官公署及其他中国官方有密切关系	主任　瞿绍伊		1923年5月创立,发行量两百份
国权通讯（中文）	中东铁路中国方面机关报	社长　吴士仁		1925年9月创立,发行量两百份
哈尔滨无线通讯（中文）				将中国陆军接收的各地无线电讯发布给希望获得者,发行量四五十份

有中国东北地区日文报纸的支局,以及东京、大阪《时事新报》《大阪每日新闻》《大阪朝日新闻》等的通讯员。

平湖
报纸

名　称	主义系统	持有人或社长	主　笔	备　考
民声报（中文）	发扬民治	社长　张传琨	同前	1920年4月创刊②,日报,发行量五百份
平报（中文）	保存国粹	社长　马葭隐	徐羊	1925年12月创刊,日报,发行量三百份

本溪湖
报纸

名　称	主义系统	持有人或社长	主　笔	备　考
安奉新闻（日文）		社长　冈定规	发行人兼编辑　百田宪	1913年4月创刊,日报,发行量四百七十份

有中国东北地区各日文报纸的通讯员。

包头镇

名　称	主义系统	持有人或社长	主　笔	备　考
西北民报（中文）	冯玉祥的机关报	社长　蒋听松	干铎民	1925年11月创刊,发行量五百份

① 1925年报告为《大北日报》。
② 一说6月创刊。

百草沟

无报纸发行,但有《间岛新报》及《间岛日报》的通讯员。

常德
报纸

名　称	主义系统	持有人或社长	主　笔	备　考
大中日报(中文)	接近商务会和教育机关方面	总理　李汉丞	方蔚然	1923年创刊,日刊,发行量一千份
沅湘日报(中文)	国民党机关报,鼓吹联省自治	戴展诚　国民党中有影响力的人物	何天保	1924年创刊,日刊,发行量一千份

重庆
报纸

名　称	主义系统	持有人或社长	主　笔	备　考
商务日报(中文)	重庆商务总会的机关报	社长　李时雨	张自娱	日刊,发行量二千份
新蜀报(中文)	得到重庆外交后援会、反帝国主义者和学生组织的援助,总是登载排外报道,煽动民众。其记者多为左倾主义者	宋南轩	周钦岳	日刊,发行量一千八百份
四川日报(中文)		吴志伟	龚一唯	日刊,发行量五百份
大中华日报	因言论公正稳健,在各界信誉极佳。对日态度十分友好	陈学池	公复	日刊,发行量二千八百份

开原
报纸

名　称	主义系统	持有人或社长	主　笔	备　考
开原新报(日文)		持有人　石川五郎	山田民五郎	1919年2月创刊,日报,发行量约三百份
开原实业新报(日文)		持有人　篠田仙十郎	同前	1923年1月创刊,日报,发行量约两百份
商业通信(日文)		持有人　平手议一	西条德重	1924年创刊,日报

有中国东北的日文报纸通讯员数名。

开封
报纸

名　称	主义系统	持有人或社长	主　笔	备　考
新中州报(中文)		社长　马和赓	杜荫南	1922年创刊①,日刊,发行量约一千二百份
大同日报(中文)		社长　张韩丞	郭仁甫	1921年创刊②,日刊

---

① 一说1917年1月创刊。
② 一说1918年创刊。

(续表)

名　称	主义系统	持有人或社长	主　笔	备　考
大中国报(中文)		社长　刘山亭		1922年7月创刊,日刊,发行量约九百份
两河新闻(中文)		社长　鲍增瑞	熊绪端	1918年创刊①,日刊,发行量约九百份

海宁
报纸

名　称	主义系统	持有人或社长	主　笔	备　考
海宁日报(中文)		社长　朱尚	同前	1922年6月创刊,日刊,发行量五百份
硖报(中文)		沈锡九	祝映先	

海龙

无报纸发行,有《东三省公报》《盛京时报》及其他中国东北地区中文报纸的通讯员十几名。

嘉兴
报纸

名　称	主义系统	持有人或社长	主　笔	备　考
嘉兴日报(中文)		顾绍镛	顾钧镛	1924年1月创刊②,日刊,发行量六百份
嘉声报(中文)		吴仰峰	同前	1924年12月创刊,日刊,发行量四百份

琼州

名　称	主义系统	持有人或社长	主　笔	备　考
南星报(中文)	反孙派	社长　黄伯群	总编　同前	1925年3月创刊,日报

吉林
报纸

名　称	主义系统	持有人或社长	主　笔	备　考
东省日报(中文)		三桥政明	刘云峰	1922年7月创刊,日报,发行量约八百份
新共和报(中文)	吉林全省商会的机关报	社长　江大峰	叶开甲	1917年创刊,日报,发行量四百五十份
吉长日报(中文)	官方机关报	顾品一	魏邵卿	1909年创刊,日报,发行量约一千五百份
通俗白话报(中文)	吉林教育厅的机关报	社长　初鹤皋	沈仁甫	1919年1月创刊,每周发行三次,发行量约七百份

---

① 一说1919年7月创刊。
② 一说1924年3月1日创刊。

(续表)

名　称	主义系统	持有人或社长	主　笔	备　考
吉林公报(中文)	吉林省官报	省长公署政务厅第一科	薛陵熙	1916年1月创刊,日报,发行量约两千份
松江新闻(日文)		三桥政明	同前	1923年9月创刊,日报,发行量约七百份
吉林时报(日文)		儿玉多一	同前	1911年2月创刊①,周刊,发行量约四百五十份

有《大阪朝日新闻》、东京与大阪《时事新报》《东方通信》《盛京时报》《天津益世报》《北京日报》、上海《申报》《顺天时报》及其他中国东北地区日文、中文报纸的通讯员。

归化城
报纸

名　称	主义系统	持有人或社长	主　笔	备　考
西北实业报(中文)	察哈尔实业厅机关报	社长　宋焕齐	同前	1919年2月创刊②,日报,发行量七百份
绥远通俗画报(中文)	开发民智	社长　王天桂	同前	1925年2月创刊,日报,发行量四百份

衢县
报纸

名　称	主义系统	持有人或社长	主　笔	备　考
大新日报(中文)		社长　王汉青	同前	日报,发行量三百份
三衢新报(中文)		社长　罗碧霞	同前	日报,发行量三百份

珲春

无报纸发行,有《间岛新报》《东亚日报》《北鲜日日新闻》及《北鲜日报》等的通讯员派驻。

杭州
报纸

名　称	主义系统	持有人或社长	主　笔	备　考
全浙公报(中文)	进步党,省政府机关报,对日态度一般	社长　徐伟人	程光甫	1909年5月创刊,日刊,发行量一千份
之江日报(中文)	对日本态度公正	社长　陈宜慈	同上	1913年4月创刊,日报,发行量一千份
浙江民报(中文)	浙江省议会星期会议员机关报	社长　李开福	祝静远	1916年8月创刊③,日刊,发行量一千四百份

---

① 一说1912年创刊。
② 一说1918年创刊。
③ 一说1913年4月15日创刊。

(续表)

名　称	主义系统	持有人或社长	主　笔	备　考
浙江商报(中文)	杭州总商会机关报	社长　屠子嘉	叶荆公	1921年10月创刊,日刊,发行量一千三百份
杭州报(中文)	民主主义,国民党省议会良社议员机关报。当地最激烈的排日报纸	社长　许祖谦	顾萍之	1921年11月创刊,日刊,发行量二千三百份
浙民日报(中文)	省议会平社议员机关报	社长　胡芷香	朱章宝	1923年12月创刊①,日刊,发行量八百份
大浙江报(中文)		社长　周起予	同前	1925年5月创刊②,日刊,发行量一千二百份
浙江公报(中文)	官报	省长公署	任干卿	1913年创刊,日刊,发行量一千六百份

有《新闻报》《时事新报》《申报》《新闻报》等的通讯员。

衡阳
报纸

名　称	主义系统	持有人或社长	主　笔	备　考
衡阳商报(中文)	提倡国货	总理　钦祖坤		1925年5月创刊,日报,发行量五百份

黑河
报纸

名　称	主义系统	持有人或社长	主　笔	备　考
黑河日报(中文)	黑河道尹公署的机关报,有排日亲美的倾向	发行部主任　杨润如	陈凤岐	1920年9月创刊,日报,发行量约四百份

有《东三省公报》《东三省民报》《天津益世报》《申报》《盛京时报》及其他中文报纸的通讯员数名。

公主岭
报纸

名　称	主义系统	持有人或社长	主　笔	备　考
公主岭商报(日文)		持有人　三村高次郎	同前	1920年4月创刊,日报,发行量百余份

有《辽东日报》及其他中国东北地区各日文报纸及中国报纸的通讯员。

局子街
报纸

名　称	主义系统	持有人或社长	主　笔	备　考
吉东日报(中文)	得到官方支持,对日态度不良	经理　奚秉初	奚寄尘	1924年11月创刊,日报,发行量四百份,经营困难,去年末起处于停刊状态

① 一说1922年10月10日创刊。
② 一说1925年9月创刊。

有《间岛新报》和《间岛日报》通讯员。

九江
报纸及杂志

名称	主义系统	持有人或社长	主笔	备考
江声日报(中文)	国民党系,对日态度不良	经理 饶汝庸	蔡逊	1920年11月创刊①,日刊,发行量约一千份
九江潮(中文杂志)	教育研究	经理 郑天收	同前	1923年5月创刊,周刊,发行量约一百份

有上海、汉口等各地报社的通讯员,还有现居于赣州、吉安和南昌的外国传教士中,有人向上海、汉口的外文报纸发送通讯。

满洲里
报纸

名称	主义系统	持有人或社长	主笔	备考
Живое слово(俄文)	市公共团体机关报,最近劳农系的色彩浓厚	维阿明·撒贝尤鲁金	洛巴诺夫斯基	1923年创刊,日报,发行量约五百五十份

有《东方通信》及哈尔滨 Заря 报的通讯员。

无锡
报纸

名称	主义系统	持有人或社长	主笔	备考
锡报(中文)	鼓吹自治	蒋哲卿	李伯森	1912年11月创刊,日刊,发行量一千二百份
新无锡报(中文)	鼓吹自治	杨少云	张遂初	1913年11月创刊,日刊,发行量一千五百份
无锡新报(中文)	鼓吹自治	浦容潜	宋叔琴	1922年9月创刊,日刊,发行量八百份
天闻报(中文)	鼓吹自治	杨重远	冯天浓	1925年3月创刊,日刊,发行量六百份

南京
概况

由于邻近地上海有影响的报纸不少,南京报界受其影响,事业没有发展的余地。虽然报纸种类达到相当数量,但基础、内容都很贫弱,多数接受当地督办公署或警察厅安抚金的补助,勉强继续其营业。在此状态下,评论、报道之类都是一意迎合省政府的意向,几乎没有报纸有作为报纸的价值。当地有影响者、知识阶层之类的重要人士均订阅上海的《申报》《新闻报》《时报》等,而不关心当地的报纸。

一、报纸、通讯及杂志

名称	主义系统	持有人或社长	主笔	备考
江苏省公报(中文)	江苏省长公署公布机关报	江苏省长公署		1912年创刊,月刊,发行量约六百份

---

① 一说1919年创办。

定期调查报告　　（秘）1926年7月　　有关中国（附香港）报纸及通讯的调查

(续表)

名　称	主义系统	持有人或社长	主　笔	备　考
江苏省议会汇刊（中文）		江苏省议会		
大江南日报(中文)		王锡三	同前	1913年3月创刊,日刊,发行量约二百份
南方日报(中文)		王春生	同前	1915年7月创刊①,日刊,发行量约二百份
大中华报(中文)		陈晴辉	同前	1916年9月创刊,日刊,发行量约几十份
立言报(中文)		吴善之	同前	1917年10月创刊,日刊,发行量几十份
新政闻报(中文)		方灏	同前	1918年创刊,日刊,发行量约一百份
社报(中文)		王家福	同前	1918年创刊,日刊,发行量几十份
新中华报(中文)		于纬文	同前	1913年创刊,日刊,发行量约几十份
江苏日报(中文)		庄玉书	同前	1921年5月创刊,日刊,发行量约三百份
宁报(中文)	有一些国民党系统的色彩	达剑峰	同前	1920年7月创刊,日刊,发行量约几十份
谏皱报(中文)		曹燮南	同前	1921年10月创刊,隔日发行,发行量二百份
国闻报(中文)		杨义	同前	周刊,发行量十几份
市民报(中文)		章柬甫	同前	同上
共和报(中文)		吴善之	同前	同上
庸言报(中文)		贾济川	同前	同上
江东报(中文)		胜无缘	同前	同上
亚东报(中文)		陈绍西	同前	同上
南京新闻(中文通讯)（以下为中文通讯社）		王荫卿	同前	日刊,发行量几十份
南洋新闻		施绍文	同前	同上
建业通讯		吴仲仁	同前	同上
模范通讯		于迪周②	同前	同上
时事通讯		陈耀	同前	
神州通讯		吕必纲③	同前	
世界通讯		高伯翱	同前	
长江通讯		徐海岚	同前	
中亚通讯		邓菱轩	同前	

---

① 1917年报告为"1914年10月"。
② 1925年报告为"于汕周"。
③ 1925年报告为"吕必钢"。

(续表)

名　称	主义系统	持有人或社长	主　笔	备　考
震宇通讯		符一亚	同前	
Nanking Bulletin(英文)	宣传基督教及介绍地方情况	外国人俱乐部	Price	周刊
学衡(中文杂志)	学术研究,发表思想	东南大学		不定期期刊
金陵光(英、中文杂志)	同上	金陵大学		同上

二、通讯员

姓　名	所属社名
弓削极	大阪朝日新闻社、大阪每日新闻社、东京时事新报社、东京报知新闻社

南昌
报纸及杂志

名　称	主义系统	持有人或社长	主　笔	备　考
新民报(中文)	国民党系,但近年转为实利主义,迎合方本仁	经理　姜凯	余小虎	1903年创刊①,日刊,发行量约三千五百份
和平日报(中文)	虽为国民党系,但色彩逐渐稀薄	经理　周九龄	邓载民	1921年11月创刊,日刊,发行量约二千份
江西正谊报(中文)	虽为国民党系,但目前是方本仁的机关报	经理　张伯美	李斐如	1918年5月创刊,日刊,发行量约二千三百份
中庸报(中文)	普及教育	经理　熊历曦	郭超群	1918年5月创刊,日刊,发行量约二百五十份
章贡湖报(中文)	启发民智,是省议会交通系的机关报	经理　杨绳武	杨慕龙	1922年9月创刊,日刊,发行量约二百份
新世界报(中文)	与省议会研究系有关系,带有国民党系的色彩	经理　曾亢	姚朗如	1915年创刊,日刊,发行量约一百二十份
教育月刊(中文杂志)	振兴教育	基督教青年会		1915年创刊,月刊,发行量约二百份

有数名北京、上海的中国报纸的通讯员。

宁波
报纸

名　称	主义系统	持有人或社长	主　笔	备　考
时事公报(中文)		社长　汪兆平		1920年6月创刊,日刊,发行量约二千二百份
四明日报(中文)		社长　叶莞		1910年创刊,日刊,发行量一千五百份

---

① 原名《自治日报》,1910年创刊,1911年10月24日改名为《江西民报》,1921年改本名。

牛庄
报纸

名　称	主义系统	持有人或社长	主　笔	备　考
营商日报(中文)	营口总商会的机关报	持有人　营口总商会	高景房	1907年10月创刊①,日报,发行量约一千两百份
满洲新报(日文)		社长　小川义和	同前	1907年12月②创刊,日报,发行量约一千六百份
营口经济日报(日文)		持有人　铃木友一	同前	1922年5月创刊,日报,1925年2月以来停刊

有《大阪每日新闻》《大阪朝日新闻》及其他中国东北地区的日文报纸的通讯员。

农安
无报纸发行,有各地中文报纸的中国通讯员数名。

温州
报纸

名　称	主义系统	持有人或社长	主　笔	备　考
瓯海公报(中文)	收回利权	社长　王毓	黄灿	1921年7月创刊,日刊,发行量一千份
温州报(中文)		社长　白文俊	孔彫	1926年1月创刊,日刊,发行量一千份

辽阳
报纸

名　称	主义系统	持有人或社长	主　笔	备　考
辽鞍每日新闻(日文)③		社长　渡边德重	同前	1908年12月创刊④,日报,发行量约一千份
辽东日报(中文)	提倡实业,发扬文化	总理　岑鹤桥		1926年4月创刊,日报

有《盛京时报》《东三省公报》《大阪朝日新闻》及其他中国东北地区各日文、中文报纸的通讯员十几名。

龙井村
报纸

名　称	主义系统	持有人或社长	主　笔	备　考
间岛新报(日文)	开发当地,宣传文化			1918年7月创刊⑤,发行量约八百份

---

① 1919年报告为"1909年",1922年报告为"1907年10月1日",1925年报告为"1908年2月",一说1908年创刊。
② 一说1908年2月创刊。
③ 旧名为《辽阳每日新闻》《辽阳新报》。
④ 一说1908年3月创刊。
⑤ 1924年报告为"1921年"。

(续表)

名　称	主义系统	持有人或社长	主　笔	备　考
间岛日报(朝鲜文)	对朝鲜人宣传文化	社长　鲜于日	同前	1924年12月创刊,日报,发行量一千份
间岛通讯(朝鲜文)		持有人　史廷铉	同前	周刊,发行量两百份

有《大阪朝日新闻》《大阪每日新闻》《国民新闻》及其他朝鲜报社的通讯员。

乍浦
报纸

名　称	主义系统	持有人或社长	主　笔	备　考
平民报(中文)	提倡自治	社长　张秋翁		1922年10月创刊,每月发行四次,发行量四百份

济南
概况

济南的中文报纸大部分为地方政社的机关报或宣传拥护政客个人的报纸,仅靠营业收入无法维持。1925年春,张宗昌担任山东督办,极端压迫社会舆论,不承认省议会的存在,因而停刊报纸相继出现,其数量达到了十八种,而在此期间创刊的报纸仅有两种,并且只不过是省当局的宣传报纸。这样,现在若非当局的机关报或拥护军阀的报纸,则只能作为经济、文艺或是单纯的报道性报纸维系命脉。当然,停刊的报纸设备一般极其简单。因而,随着言论及政治运动的自由,报业应该会迅速恢复。

日文报纸有两种,均经营困难。

通讯方面,停刊、创刊各一种。通讯员由于死亡、离开,现在为一名。

一、报纸、通讯及杂志

名　称	主义系统	持有人或社长	主　笔	备　考
山东法报(中文)	律师公会的机关报,排日报纸	持有人　张思纬	赵甫唐	1919年5月创刊①,日报,发行量约四百份
山东商务日报(中文)	商务总会的机关报	社长兼经理　吴瑞洪	张伯衡	1916年9月创刊,日报,发行三百份
平民日报(中文)	排日报纸	持有人　王寀廷	吴拳璞	1922年4月创刊,发行量约七百份
济美报(中文)		经理　鲁岐山	同前	1916年4月创刊,日报(晚刊),发行量两百份
简报(中文)	与《大东日报》有关	经理　李仲明	薛性男	1905年6月创刊②,日报(晚刊),发行量约一千份
大东日报(中文)		持有人　张介礼	张伯秋	1912年6月创刊③,日报,发行量约三百份
大民主报(中文)	美中亲善,宣传排日。美国籍	经理　周东曜	董策汉	1919年11月创刊④,日报,发行量约一千份

---

① 一说1918年创刊。
② 1917年报告为"1906年2月"。一说1903年创刊。
③ 一说1912年8月创刊。
④ 一说1919年10月创刊。

(续表)

名　　称	主义系统	持有人或社长	主　笔	备　考
世界真理日报(中文)	省政府机关报	持有人　王约瑟	石威伯	1925年10月创刊,发行量约两千份
鲁声报(中文)	省政府机关报	持有人兼经理　刘唐臣	同前	1925年11月创刊,发行量约两百份
济南日报(中文)	日本籍	持有人　立石登　经理　杨洪九	杨洪九	1916年8月创刊,日报,发行量约两千八百份
山东公报(中文)		省长公署		
山东实业公报(中文)		省长公署内山东实业公报所		
山东教育旬刊(中文)		山东教育厅		
市政公报(中文)		山东省会市政厅		
大北通讯(中文)		社长　吴鸿远	同前	1923年7月创刊
中和通讯(中文)		社长　刘寰洲	沈仲璋	1923年创刊
公言通讯(中文)		社长　张仰之	王宣古	1925年创刊
山东新闻(日文)		社长　川村伦道	松浦均治	1916年6月创刊,日报,发行量约八百份
胶济时事新报(日文)		社长　冈伊太郎	吉冈鹿造	1918年10月创刊①,日报,发行量四百五十份
山东商报(日文)		社长　永井一吉	同前	1923年6月创刊,发行量约七十份,屡屡停刊

除上述外,还有青岛新报社的支局。

二、通讯员

姓　　　　名	所　属　社　名
秋吉满策	《东方通信》《国民新闻》《福冈日日新闻》

青岛

概况

青岛的日文报纸有原日刊《青岛新报》《青岛日日新闻》《青岛实业日报》,月刊《山东经济时报》及《いなづま》五种,但行政交接②后,由于补助中断,当地日侨锐减,再加上一般经济界不景气的影响,各报均陷入经营困难,屡次策划合并。1925年6月,在小谷节夫的热心奔走下,获得资助金三万圆,将上记五报收购,以这些报纸的经营者为股东,创办青岛新报株式会社,继续发行日文《青岛新报》及中文《大青岛报》两报。两报的论调也相当受中国方面重视。但因创业时日尚浅,目前未取得充分的业绩,经营似乎仍非常困难。

再看中国人经营的中文报纸。国民党系的《青岛公民报》自1925年4月当地纺织工人罢工以来,屡屡登载煽动性的报道。因此,同年7月张督办来到青岛时,下令将其查封。这样,现在只有《中国青岛报》及《胶澳日报》,并且,两报目前经营均萎靡不振。

英文报纸 Tsingtao Times 是继承日本人星野米藏担任主管的 Tsingtao Leader 而来。该报1925年间再次变更内容,据说最近经英国人 F.U.Sutton(奉天兵工厂技师)之手向股份制公司的组织形式转变。

---

① 一说1916年7月创刊。
② 指1922年2月中日签订《解决山东悬案条约》及其附件,日军及日侨于同年底撤出,向中国政府归还青岛主权。

此外,以往当地有中国人经营的报社、通讯社建立的青岛报界联欢社,以及 1925 年 8 月创办的报界公会。受张督办取缔公会余波的影响,两者目前都销声匿迹。

一、报纸、通讯及杂志

名　　称	主义系统	持有人或社长	主　笔	备　考
大青岛报(中文)		小谷节夫	同前	1915 年 6 月创刊①,日报,发行量一千三百份
中国青岛报(中文)		伊筱农　青岛商埠局咨议	王青人	1921 年② 11 月创刊,日报,发行量约三百份
胶澳日报(中文)		郑吟谢	崔信初	1923 年 1 月创刊,日报,发行量两百份
胶东新报(中文)	日本籍	中岛勇一	主编　赵仲全	1922 年 6 月创刊,日报,发行量约一百份
青岛时报(中文)		代表　C. F. Stockmell(英国人)	尹朴斋	1924 年 8 月创刊,日报,发行量约两百份。为转为股份制组织,目前正开展活动
青岛新报(日文)		小谷节夫		1915 年 1 月创刊③,日报,发行量六千份
Tsingtao Times(英文)		代表　C. F. Stockmell	同前	1924 年 8 月创刊,日报,发行量三百五十份。为转为股份制组织,目前正展开活动
胶澳通讯(中文)		陈旡我	陈子元	1924 年创刊,日报,发行量十余份
胶海通讯(中文)		白宇平		1925 年 1 月创刊,日报,发行量十余份
青岛日新通讯(中文)		李福堂		1924 年 4 月创刊
胶东通讯(中文)		王子云		1925 年 6 月创刊,日报,发行量约十余份
青岛新闻通讯(中文)		张皓隐	张逸	1925 年 5 月创刊,日报,发行量约三十份
青岛兴信所报(日文)		水野天英	同前	1919 年 3 月创刊
山东兴信所报(日文)		吉村荣三	同前	1922 年 1 月创刊
青岛实业兴信所内报(日文)		渡边文治		1921 年 7 月创刊,周刊,发行量约一百份
胶澳公报(中文)	官报	胶澳商埠局		1923 年 1 月创刊,每周发行两次,发行量约三百份
铁路公报(中文)		胶济铁路管理局		每月发行三次
青岛公报(日文)		三好真文		1923 年 3 月创刊,每月发行三次,发行量一百六十份

此外还有以下诸报的支社(局):

---

① 一说 1914 年创刊,一说 1915 年 1 月创刊。
② 1925 年报告为"1920 年"。
③ 1924 年报告为"1915 年 1 月 15 日"。一说 1914 年创刊。

名　　　称	支社(局)长
济南《山东新闻》	松浦均治
济南《胶济时事新报》	冈伊太郎
《济南日报》	平冈小太郎
《日本电报通信》	中岛喜一
《辽东新报》	前田七郎
济南《大北通信》	前田七郎
上海《新闻报》	吕子儒
上海《申报》	陈绍芝

二、通讯员

姓　　　名	所　属　社　名
浦上叔雄	《东方通信》
小岛平八	东京、大阪《朝日新闻》《报知新闻》
榎米吉	东京、大阪《时事新报》
前田七郎	《大阪每日新闻》
中岛勇一	《满洲日日新闻》
山田春二	《中外商业新报》
江松严	上海《新闻报》、上海《申报》

成都
报纸

名　　称	主义系统	持有人或社长	主　笔	备　考
国民公报(中文)	不偏不党,对日感情良好	社长　李澄波	同前	1912年创刊,日刊,发行量二千四百份
成都四川日报(中文)	刘湘的机关报,对日感情不佳	社长　李心白	同前	1924年7月创刊①,日刊,发行量八百份
西陲日报(中文)	刘成勋的机关报,对日感情良好	社长　徐佑根	蒲敏	1924年6月创刊,日刊,发行量五百份
民视日报 Min Sze Newspaper of Chengtu(中文)	杨森系,对日感情不佳	社长　丁祖荫	同前	1918年创刊②,日刊,发行量一千二百份
成都市日刊(中文)	成都市政公所机关报,对日态度一般	社长　曾延年	张拾遗	1924年9月创刊③,日刊,发行量七百份

---

① 一说1924年3月16日创刊。
② 1921年10月10日创刊。
③ 1924年10月创刊。

(续表)

名称	主义系统	持有人或社长	主笔	备考
新四川日刊	刘文辉的机关报,对日态度一般	社长 宋光祖	同前	1925年创刊①,日刊,发行量五百份
蓉城晚报(中文)	国民党员的机关报,对日态度不佳	社长 王觉吾	同前	1925年创刊,日刊,发行量三百份
成都快报(中文)	奉行社会主义,对日态度不佳	社长 杨治襄	同前	1925年创刊②,日刊,发行量五百份
国华报(中文)	国粹主义,对日态度一般	社长 李嘉谟	同前	1925年创刊,日刊,发行量四百份

赤峰
报纸

名称	主义系统	持有人或社长	主笔	备考
热北白话报(中文)		石菩生 奉天人,毕业于奉天法政专门学校	同前	1925年9月创刊,一度停刊,1926年5月再刊。日报,发行量一百八十份

沙市
报纸

名称	主义系统	持有人或社长	主笔	备考
长江商务报(中文)	振兴商业,提倡实业。对日态度公平	经理 侯伯章	同前	1921年7月创刊,日刊,发行量三千份

四平街
报纸

名称	主义系统	持有人或社长	主笔	备考
四洮新闻(日文)		发行人 樱井教辅	同前	1920年10月创刊,日报,发行量三百五十份

有中国东北地区各种日文、中文报纸的通讯员数名。

新民府

有《盛京时报》及奉天、大连各种中文报纸的中国通讯员数名。

辰州
报纸

名称	主义系统	持有人或社长	主笔	备考
辰州日报(中文)	市井内容	向某		1925年5月创刊,日报

① 1925年10月10日创刊。
② 1925年7月10日创刊。

诸暨
报纸

名 称	主义系统	持有人或社长	主 笔	备 考
诸暨民报(中文)	舆论代表	社长 金绍闻	赵并欢	1920年8月创刊,隔日刊行,发行量六百份
暨阳公报(中文)	同上	社长 宣成	张醉霞	1923年10月创刊,隔日刊行,发行量五百份

绍兴
报纸

名 称	主义系统	持有人或社长	主 笔	备 考
越铎日报(中文)		张心斋		1912年5月创刊,日刊,发行量一千二百份

湘潭
报纸

名 称	主义系统	持有人或社长	主 笔	备 考
湘潭公报(中文)	发扬民意,培养自治精神	总理 吴洞 原《湖南日报》记者		1925年3月创刊,日报,发行量八百份

苏州
报纸

名 称	主义系统	持有人或社长	主 笔	备 考
苏州日报(中文)		石雨声	洪野航	1912年1月创刊,日刊,发行量六百份
吴县市乡公报(中文)	倡导自治	颜心介	颜忍公、郭随庵	1916年1月创刊,日刊,发行量一千一百份
吴语报(中文)	倡导文艺	马飞黄	胡绣龙、刘望实	1916年9月创刊,日刊,发行量二千五百份
平江日报(中文)	改良教育	柳济安、梅雨时	柳济安、沈情虎	1919年3月创刊,日刊,发行量七百份
苏州商报(中文)	振兴商业,有排外色彩	方益荪	高亦混	1919年9月创刊,日刊,发行量三百份
民益报(中文)	倡导自治	屈钧晼	庞独笑	1925年创刊,日刊,发行量六百份
晨报(中文)		汪遣恨	邹子魂	1923年3月创刊,日刊,发行量三百份
中报(中文)		梅晴初	韦文宪	1923年6月创刊,日刊,发行量一千三百份
苏州明报(中文)	倡导文艺	张叔良	洪笑鸿	1924年3月创刊,日刊,发行量一千二百份

汕头
报纸及通讯

名 称	主义系统	持有人或社长	主 笔	备 考
大岭东日报 The Great Lintung Journal (中文)	国民党右倾派,宣传三民主义	社长 吴子寿	许唯心	1918年11月创刊[①],日报,发行量两千份

---

① 一说1923年创刊。

(续表)

名　称	主义系统	持有人或社长	主　笔	备　考
潮商公报 The Swatow Press (中文)	不偏不党	社长　杜宝珊	同前	1921年创刊,日报,发行量一千一百份
民声日报(中文)	接近国民党右派	社长　谢伊唐	同前	1920年创刊,日报,发行量一千七百份
天声日报(中文)	支持汕头学生联合会、外交后援会,对日态度普通	社长　詹天眼	同前	1923年8月创刊,日报,发行量七百份
公言日报(中文)	提倡旧道德、旧文学	社长　张仲祺	同前	1913年10月创刊,日报,发行量七百份
汕头商报 The Swatow Commercial Daily News(中文)	以商会有实力者为背景,并极力拥护之	社长　江仁	钱热储	1923年9月创刊,日报,发行量一千一百份
真言日报 Chin Yun Daily News (中文)	儒教及旧文学派之机关报,与孔教会有关联	社长　洪献臣	同前	1924年9月创刊①,日报,发行量六百份
民报(中文)	嘉应州人之机关报	社长　周辉浦	张怀真	1925年3月创刊②,日报,发行量一千七百份
汕头星报(中文)	商会机关报	社长　蔡级秋	许美埧	1925年8月创刊,日报,发行量八百份
新潮日报(中文)	属于国民党左派	社长　萧楚岩	李伯乐	1925年10月创刊,日报,发行量六百份
岭东晚报(中文)	拥护工会方面	社长　洪春修③	同前	1925年9月创刊,日报,发行量一千一百份
大新潮报(中文)	与在上海潮州系人有关联	社长　郭应清	同前	1925年12月创刊④,日报,发行量八百份
党声周刊(中文)	宣传三民主义	国民党汕头市党部		1925年12月创刊,周报
现象通讯(中文)				1925年11月创刊
韩江通讯(中文)	宣传工会相关事件	洪作舟		1925年4月创刊

郑家屯

有《东三省公报》《盛京时报》及其他中国东北地区各中文报纸的中国通讯员十余名。

铁岭
报纸

名　称	主义系统	持有人或社长	主　笔	备　考
铁岭时报(日文)		持有人　西尾信	同前	1911年8月创刊,日报,发行量约五百份
铁岭每日新闻 (日文、中文)		持有人　迫田采之助 社长　罗率真	罗率真	1917年11月创刊,日报,发行量约两百份

---

① 一说1923年创刊。
② 一说1923年以前创刊。
③ 一说"洪春秋"。
④ 一说1926年创刊。

有《大阪朝日新闻》《大阪每日新闻》及中国东北地区各日文报纸的通讯员数名。

头道沟
有《间岛新报》《间岛日报》《京城日日新闻》等的通讯员。

掏鹿
有《东三省公报》《东三省民报》《盛京时报》《泰东日报》等的通讯员。

洮南
有《东三省公报》《盛京时报》《东三省民报》《申报》《东边时报》及《泰东日报》等的中国通讯员。

通化
无报纸发行,有《盛京时报》及其他中文报纸的通讯员十余名,均拥有一定职业,业余发出通讯。

云南
报纸、通讯及杂志

名　称	主义系统	持有人或社长	主　笔	备　考
云南公报(中文)	省政府之公布机关报	省长公署	许鸿举	1912年8月创刊,日报,发行量约六百份
昆明市教育周报(中文)	普及教育	昆明市政公所	蒋绍封	1923年1月创刊,周报,发行量约五百份
民治日报(中文)	提倡联省自治,省政府机关报。对日态度若即若离	惠我春	同前	1922年6月创刊,日报,发行量约七百份
义声报(中文)	革新政治,促进自治。有时有排日态度	李巨裁	孙向旭	1916年4月创刊①,日报,发行量约九百份
复旦报(中文)	革新政治、外交,提倡实业。在各报中排外色彩最为浓厚,关于我国的报道尤其多	张训之	同前	1922年12月创刊,日报,发行量约五百份
均报(中文)	拥护民权	段全昌	同前	1919年创刊②,日报,发行量约六百份
云南社会新报(中文)		王苏	龙子敏	1922年2月创刊③,日报,发行量约三百份
微言报(中文)		罗继春	同前	1922年3月创刊④,三天发行一次,发行量约三百份
澎湃(中文)		徐嘉瑞	同前	1924年8月创刊,旬报,发行量五百份

---

① 一说1月10日创刊。
② 一说1920年5月24日创刊。
③ 一说1923年9月11日创刊。
④ 一说1921年12月创刊。

(续表)

名称	主义系统	持有人或社长	主笔	备考
新云南通讯(中文)	省政府之机关通讯,由《民治日报》兼营	惠我春	赵觉民	1922年6月创刊
滇南通讯(中文)		沈硕夫	同前	1924年创刊
云南省议会会刊(中文)		云南省议会	郑崇贤	1924年创刊,旬报
云南教育公报(中文杂志)		云南教育司	邵润焘	1922年9月创刊,月报,发行量约三百份
云南教育杂志(中文杂志)		云南省教育会	郑崇贤	1912年创刊,月报,发行量约三百份
云南乡村教育月刊(中文杂志)		云南省教育会	施俊霖	1924年10月创刊,月报,发行量约三百份
云南实业公报(中文杂志)		云南实业司	李巨裁	1920年11月创刊,月报,发行量约三百份
农业浅说(中文)		云南省农会	吴锡忠	1923年8月创刊,月报,发行量约三百份
军事杂志(中文)		云南省长公署军政司	宁李泰	1922年创刊,月报,发行量约八百份
昆明市月刊(中文)		昆明市政公所	孙模	1923年2月创刊,月报,发行量约三百份
云南盐政公报(中文)		云南盐运使署		1919年1月创刊,月报,发行量约三百份
云南民治月刊(中文)		云南民治实进会	邓绍先	1922年创刊,月报,发行量约三百份
云南风俗改良会刊(中文)		云南风俗改良会	徐嘉瑞	1924年2月创刊,月报,发行量约五百份
改造(中文)		东陆大学	萧寿民	1924年创刊,月报,发行量约三百份
孟晋(中文)	研究政治学术,与《民治日报》有关联	黄天石	同前	1924年10月创刊,月报,发行量三千份,在云南杂志界最有影响力
幸福周刊(中文)		张瑞宣	黄天石	1925年8月创刊,周报,发行量约一千五百份
灵学旬刊(中文)		代表 杨翼廷	陈治皆	发行量约五百份

余姚

名称	主义系统	持有人或社长	主笔	备考
姚江周报		韩振业	张一渠	1923年11月创刊,周刊,发行量一千两百份

(附)
香港
概况

香港的英文报纸有 *Hongkong Daily Press*, *South China Morning Post*, *Hongkong Telegraph*, *China Mail*

及 Sunday Herald 五种，均属于英国国籍，股份制。其中 Hongkong Daily Press，South China Morning Post，Hongkong Telegraph 三家创立较早，都是十二页版，内容精确丰富，报道迅速，论调大体公平，因此发行量虽较少，但在华南等地区信誉高，影响大。China Mail 几乎没有影响力，但其兼营的 Sunday Herald，因其他英文报纸在周日停刊的缘故，在当地有销路。

这些报纸的对日态度最近显著向好，花版面报道有关我国的新闻消息，对于我国及我国人的报道措辞严谨委婉，尤其是关于我国对中国外交方面，大多刊登向中方解释说明之类的言论，远好于对美态度。

中文报纸有《华字日报》《循环日报》《大光报》《中华民报》《华侨日报》《工商日报》及《香江晚报》七种。与前一年度相比，《香港华商总会报》、《香港晨报》（罢工开始后被政厅勒令停止发行）、《中国新闻报》（同前，但最近得到汪精卫出资，应会继续发行）、《香港时报》、《香港小报》、《香港新国华报》等六种报纸停刊，《华侨日报》《工商日报》《中华民报》三家报纸创刊。上述七家报纸中，《华字日报》《循环日报》《大光报》三家都是十二页版，发行量超过六千份，报道较迅速，尤其是依靠上海电讯迅速报道华北、华东等地区的政治状况，因此在广州、汕头等地有相当的订阅量，其他报纸都较贫弱，不足为道。

中文报纸的对日态度都比较稳健，无特别恶劣者，只是时常原封不动地刊登来自中国各地的通讯，有一些容易遭到一般民众的误解。

日文报纸《香港日报》只是单纯的"通报"机关，没有任何影响力。通讯社只有 Daily Bulletin。

一、报纸与通讯

名　称	主义系统	持有人或社长	主　笔	备　考
循环日报（Tsun Wan Yat Pao）（中文）	最近接近广东方面	股份制 经理　温荔坡	何冰甫	五十一年前创刊，早报，发行量七千余份
华字日报（Chinese Mail）（中文）	反孙文、反共产派	股份制 社长　陈止澜	劳纬孟	五十余年前创刊，早报，发行量约八千份
大光报（The Great Light）（中文）	纯国民党系，最近接近广东方面	股份制 社长　王国璇	张亦忆	1913年3月创刊，早报，发行量六千余份
香江晚报（Hongkong Man-Po）（中文）	反广东政府	经理　罗日煊	黄燕清	1921年11月创刊，晚报，发行量一千份
华侨日报（Overseas Chinese Daily News）（Wah Kiu Yat Pao）（中文）	政厅之机关报。《南华日报》之分身，继承《香港华商总会报》而成	社长　李玉堂	李大醒	1925年创刊①，早报，发行量约七千份
工商日报（Industrial and Commercial Daily）（中文）	政厅之机关报	社长　洪兴锦	黎工侬	1925年9月创刊②，发行量约两千五百份
中华民报（Chung Hua Min Pao）（中文）	《香港晨报》的后身，与广东方面关系密切	社长兼经理　林铁生	黄新彦	1925年1月创刊，发行量约两千份
香港日报（Hongkong Nippo）（日文）		持有人兼社长 井手元一	同前	1909年9月创刊，晚报，发行量五百份
Hongkong Daily Press〔孖剌报〕（英文）	着眼于拥护英帝国的利益，但不反对任何国家	股份制，实际持有人为伦敦的Murrow一家。 经营者、主笔 O. T. Breeksrear		1887年③创刊，早报，发行量一千两百份

---

① 1925年6月5日创刊。

② 一说1925年7月8日创刊。

③ 应为1857年10月1日创刊。

(续表)

名　称	主义系统	持有人或社长	主　笔	备　考
South China Morning Post [南华日报]（英文）	对日感情良好	股份制 总经理 B. Wylie	H. Ching	1906年创刊①，早报，发行量约两千份
Hongkong Telegraph [士蔑报]（英文）	曾一度致力于英美亲善，现在不如说是努力批评、督促政厅的政策	与 South China Morning Post 属于同一经营者	Alfread Hicks	1891年创刊②，晚报，发行量一千八百份
China Mail [德臣报]（英文）		股份制 经理 G. W. C. Burnett	同前	1804年创刊③，晚报，发行量七百份
Daily Bulletin（英文）	Publicity Bureau for South China 的消息发布机关，主要刊登路透社电报		编辑 William Jackson	1919年创刊，发行量约三百份
Sunday Herald（英文）		股份制 与 China Mail 属于同一系统	G. W. C. Barnett	1924年2月创刊，周日发行，发行量五百份

二、通讯员

姓　名	所属社名
J. P. Braga	Reuter's Ltd.
井手元一	大阪朝日新闻

中国（附香港）报纸及通讯统计表

地名	中文	日文	英文	俄文	法文	杂	合计	通讯合计
北京	96	2	5	—	1	英、中文1	105	102
上海	11	3	7	3	1	—	25	19
奉天	5	3	—	—			8	6
天津	26	3	5	—	1	英、中文1	36	14
汉口	32	3	2				37	20
广东	17	1	1				19	10
厦门	6	—	—				6	—
安庆	6	—	—				6	3
安东	1	1	—				2	—
抚顺	—	1	—				1	—
芜湖	2	—	—				2	

---

① 应为1903年11月7日创刊。
② 应为1881年6月15日创刊。
③ 应为1845年2月20日创刊。

(续表)

地 名	中 文	日 文	英 文	俄 文	法 文	其 他	合 计	通讯合计
齐齐哈尔	3	—	—	—	—	—	3	—
芝 罘	7	—	1	—	—	—	8	2
镇 江	1	—	—	—	—	—	1	—
张家口	2	—	—	—	—	—	2	2
长 沙	6	—	—	—	—	—	6	8
长 春	4	3	—	—	—	—	7	1
大 连	3	5	1	—	—	—	9	5
永 州	1	—	—	—	—	—	1	—
福 州	25	1	—	—	—	—	26	—
宜 昌	3	—	—	—	—	—	3	3
哈尔滨	10	1	2	8	—	—	21	7
平 湖	2	—	—	—	—	—	2	—
本溪湖	—	1	—	—	—	—	1	—
包头镇	1	—	—	—	—	—	1	—
百草沟	—	—	—	—	—	—	—	—
常 德	2	—	—	—	—	—	2	—
重 庆	4	—	—	—	—	—	4	—
开 原	—	2	—	—	—	—	2	1
开 封	4	—	—	—	—	—	4	—
海 宁	2	—	—	—	—	—	2	—
海 龙	—	—	—	—	—	—	—	—
嘉 兴	2	—	—	—	—	—	2	—
琼 州	1	—	—	—	—	—	1	—
吉 林	4	2	—	—	—	—	6	—
归化城	2	—	—	—	—	—	2	—
衢 县	2	—	—	—	—	—	2	—
珲 春	—	—	—	—	—	—	—	—
杭 州	8	—	—	—	—	—	8	—
衡 阳	1	—	—	—	—	—	1	—
黑 河	1	—	—	—	—	—	1	—
公主岭	—	1	—	—	—	—	1	—

(续表)

地名	中文	日文	英文	俄文	法文	其他	合计	通讯合计
局子街	1	—	—	—	—	—	1	—
九江	1	—	—	—	—	—	1	—
满洲里	—	—	—	1	—	—	1	—
无锡	4	—	—	—	—	—	4	—
南京	15	—	—	—	—	—	15	10
南昌	6	—	—	—	—	—	6	—
宁波	2	—	—	—	—	—	2	—
牛庄	1	2	—	—	—	—	3	—
农安	—	—	—	—	—	—	—	—
温州	2	—	—	—	—	—	2	—
辽阳	1	1	—	—	—	—	2	—
龙井村	—	1	—	—	—	朝鲜文1	2	1
乍浦	1	—	—	—	—	—	1	3
济南	10	3	—	—	—	—	13	5
青岛	5	1	1	—	—	—	7	1
成都	9	—	—	—	—	—	9	—
赤峰	1	—	—	—	—	—	1	—
沙市	1	—	—	—	—	—	1	—
四平街	—	1	—	—	—	—	1	—
新民府	—	—	—	—	—	—	—	—
辰州	1	—	—	—	—	—	1	—
诸暨	2	—	—	—	—	—	2	—
绍兴	2	—	—	—	—	—	2	—
湘潭	1	—	—	—	—	—	1	—
苏州	9	—	—	—	—	—	9	—
汕头	12	—	—	—	—	—	12	2
郑家屯	—	—	—	—	—	—	—	—
铁岭	—	1	—	—	—	日、中文1	2	—
头道沟	—	—	—	—	—	—	—	—
掏鹿	—	—	—	—	—	—	—	—
洮南	—	—	—	—	—	—	—	—

(续表)

地　名	中　文	日　文	英　文	俄　文	法　文	其　他	合　计	通讯合计
通　化	—	—	—	—	—	—	—	—
云　南	8	—	—	—	—	—	8	2
余　姚	1	—	—	—	—	—	1	—
合　计	398	43	25	12	3	4	485	227
（附）								
香　港	7	1	6	—	—	—	14	—

(秘)1927年11月

有关中国(附大连、香港)报纸及通讯的调查[①]

外务省情报部

[①] 本年度译文来自两部分,一是外务省情报部的汇编集,据此翻译了十个城市(四平街、公主岭、长春、南昌、九江、厦门、长沙、重庆、汕头、大连)、凡例、目录及最后的统计表。二是各地外交机构的原始报告,据此翻译了上述十个城市以外的其他城市,翻译时保留了相关外交机构提交报告的具体时间。

凡 例

1. 本调查录根据各公馆的报告，以1926年末为时点而编辑。此后至本书付梓为止，又对新刊、停刊的报刊及其他变化之处尽可能进行了订正、补充、删除。

2. 本调查录每年加以订正、印刷，因而，尽量以简洁为要旨。

3. 鉴于北京、上海、奉天、天津、汉口及广东是报纸、通讯方面之要地，尽量详细记载，其他各地仅为概述与简单列表（报名、党派关系、持有人、主笔、创刊年月、发行量等）

4. 最后的统计表显示的仅仅是纯粹的报纸、通讯，对于官报类、杂志等进行了省略。

有关中国（附大连、香港）报纸及通讯的调查
目　录

京兆 ……………………………… 724
北京 ………………………………… 724

直隶省 …………………………… 737
天津 ………………………………… 737

热河 ……………………………… 743
赤峰 ………………………………… 743

绥远 ……………………………… 744
绥远 ………………………………… 744

奉天省 …………………………… 744
奉天 ………………………………… 744
铁岭 ………………………………… 748
开原 ………………………………… 749
掏鹿 ………………………………… 749
牛庄 ………………………………… 750
辽阳 ………………………………… 751
新民府 ……………………………… 752
安东 ………………………………… 753
抚顺 ………………………………… 754
本溪湖 ……………………………… 754
海龙 ………………………………… 754
洮南 ………………………………… 755
通辽 ………………………………… 755
郑家屯 ……………………………… 755
四平街 ……………………………… 755

公主岭 ……………………………… 755

吉林省 …………………………… 756
吉林 ………………………………… 756
长春 ………………………………… 757
农安 ………………………………… 757
哈尔滨 ……………………………… 758
局子街 ……………………………… 763
龙井村 ……………………………… 764
珲春 ………………………………… 765
百草沟 ……………………………… 765
头道沟 ……………………………… 766

黑龙江省 ………………………… 766
齐齐哈尔 …………………………… 766
满洲里 ……………………………… 767
黑河 ………………………………… 768

山东省 …………………………… 768
济南 ………………………………… 768
青岛 ………………………………… 770
芝罘 ………………………………… 771

河南省 …………………………… 773
开封 ………………………………… 773

江苏省 …………………………… 774
上海 ………………………………… 774

定期调查报告 　　（秘）1927年11月　　有关中国（附大连、香港）报纸及通讯的调查

南京 …………………………………… 788	温州 …………………………………… 799
苏州 …………………………………… 790	
无锡 …………………………………… 790	**湖北省** ……………………………… 799
镇江 …………………………………… 791	汉口 …………………………………… 799
	沙市 …………………………………… 806
安徽省 ……………………………… 791	宜昌 …………………………………… 806
安庆、芜湖 …………………………… 791	
	湖南省 ……………………………… 807
江西省 ……………………………… 794	长沙 …………………………………… 807
南昌 …………………………………… 794	
九江 …………………………………… 794	**四川省** ……………………………… 808
	成都 …………………………………… 808
福建省 ……………………………… 794	重庆 …………………………………… 809
福州 …………………………………… 794	
厦门 …………………………………… 795	**广东省** ……………………………… 810
	广东 …………………………………… 810
浙江省 ……………………………… 796	汕头 …………………………………… 813
杭州 …………………………………… 796	
海宁 …………………………………… 797	**云南省** ……………………………… 814
嘉兴 …………………………………… 797	云南 …………………………………… 814
平湖 …………………………………… 798	
乍浦 …………………………………… 798	**（附）** ……………………………… 818
宁波 …………………………………… 798	大连 …………………………………… 818
绍兴 …………………………………… 798	香港 …………………………………… 818
诸暨 …………………………………… 798	
余姚 …………………………………… 799	中国（附大连、香港）报纸及通讯统计表 ……… 820
衢县 …………………………………… 799	

有关中国(附大连、香港)报纸及通讯的调查

京 兆

北京(1927年5月27日报告)

1926年度末北京报纸、杂志调查

概况

中文报纸:北京的中文报纸随着政权的更迭而兴亡无常,社长或主笔因为笔祸而亡,结果使得报纸本身不得不停刊者,亦不乏其例,特别是1926年度,对中国报界而言,可谓腥风血雨的一年。在中国经济报道方面举足轻重的京报社长邵振青,其学识、文章均为奇才,获得一部分人的崇敬,却与社会日报社社长林白水一起被军宪抓走枪杀,其经营的报纸也就这样停刊。《世界日报》的成平,被捕后差点遭到同样厄运,侥幸免灾。诸如此类便是显著之例。而且,奉天军进入北京以来,压迫舆论尤甚,1925年度增加至90余种的报纸,在1926年度大约减半,足见其变动之激烈。在这些报纸中有影响者不足以屈十指,《顺天时报》《晨报》《益世报》《世界日报》《北京日报》等属此类。至于其他小报,发行量普遍很少,其中还有名存而几乎无法确认实际存在者。中文报纸中购阅者最多的是《顺天时报》,因为该报既被视为日本的机关报,其报道、材料又很丰富,因而影响力之大,不可逾越。其次是《晨报》,报道精练,评论泼辣,不容其他报纸追随,受到知识阶层重视。再有,《益世报》在报道时局方面,《北京日报》在报道外交方面,各具特色,而《世界日报》的评论和报道亦显示特异才干。除此以外,其他报纸无值得一说的内容。

中文报纸的报道,政治问题居多,有关经济方面的报道,除了《晨报》《益世报》外,仅数种可见,一般登载颇少。而有关社会、文学等内容亦颇少见。这些报纸中,不少属于政党政派的机关报,或者虽不称为机关报,但从官方、军阀、政治家、政党团体各方面获得补助者也很多。因此,报道、评论基本上不得要领。自奉军入城以来,国民党、共产党系统的报纸都韬光养晦,加上军宪审查严格,时常有删除之处,为了填补这些空白之处不得不登载广告等。这是其他国家的报纸看不到的奇观。

北京的"夕刊"即晚报至今不过两三种,出现晚报也仅仅是数年前的事情,但1923年末其数量增加颇多,1925年度多达二十种左右,至1926年度却又显著减少,一般认为是上述经济界普遍不景气和严厉打压舆论所致。晚报主要是小型报纸,定价两三个铜钱,一个月的购阅费也不过四五十个铜钱,并且报道迅速敏捷,因而一般都比早报发行量多。晚报的内容会被第二天的报纸转载,而且是发往地方上的通讯材料,所以在舆论指导方面,晚报的影响是最值得关注的倾向。在晚报中,《北京晚报》比较公平,故信誉高,《大同晚报》尽管创刊后时日尚浅,靠主笔龚德柏灵敏过人的经营方式,一时超过《北京晚报》,但最近龚德柏去了南方,此后该报不振。另外,《世界晚报》等也有相当多的销售量。

中文通讯社:中国舆论界中最变化无常的是通讯社。虽然称通讯社,其经营只要有数名记者、探访员并配备油印机,立刻就能开张。因此,近来各方面的机关或者供宣传用的通讯社簇生,以至于1925年度出现数十家,1926年度其数量稍有减少。

北京的中国通讯社,发行量第一流者约百份,少者20份。一般而言,靠政党政派或个人的补助而经营者居多,因而实际上每日发布通讯者只不过数种,其他通讯社是一个月或一周发行数次,或者仅仅是为了利用通讯社之名,不时作宣传用,有名无实者不在少数。其中有影响的可举《国闻通讯》《神州通讯》《中美通讯》等数种,尤其是《国闻通讯》在社长胡霖经营下,发行英文、中文通讯。其通讯态度公平,并且内容精练,故内外信誉极高。胡霖为日本留学出身,通时务有见识,在通讯社及报纸经营方式上踏实灵敏,被视为中国报界少见的出色人物。《中美通讯》也发行英文、中文两种,得到相当重视,如果撇开具有的一些偏美色彩,现在不如应该视为国民党左派的机关。神州通讯社由陈定远经营,陈亦被视为该界新人。通讯内容稳妥,得到相当重视。至于其他通讯社,一般仅仅是部分党派的宣传机关。

中国人经营的通讯社,如前所述一般信誉低,因而日本人经营的《东方通信》《电报通信》近来明显获得中国报界重视。

中文杂志:杂志种类颇多,在此记载的是政府方面的公报和政治、经济方面可资参考的杂志,学术性的杂志加以省略。北京的杂志除了数种外,普遍不振,发行量一般以数百份居多,即使多者也不出数千。

外文报纸：北京的外文报纸，由于历史最悠久的英文《北京日报》陷入经营困难而停刊，以及国民党机关报 *Peoples' Tribune* 停刊，处于极为寂静的状态，现在不过有五种，即英文四种、法文一种。由于添加了很多外国的"Interest"，并且销路略微固定，因而像中文报纸那样随着政权更迭而浮沉，并且变节无常者比较少。其所论根据其代表的"Interest"不免有自己的色彩。外国人经营的报纸不太需要对位高权尊者献媚，因而发表评论时往往能对中国人经营的中文报纸不能明言之处，无所顾忌地明言。此为外文报纸一大特色。

报道的风格似乎逐渐向美国式变化，与评论相比，不如说以"新闻"为本意。至于评论，Grover Clark（应该在今年5月回北京）在北京时，由各国人出资经营的美国系报纸《北京导报》有几分特色，但其休假归国由阿本德代理经营后，几乎变得无声无息，看不到什么侃侃谔谔的评论。《华北正报》Gorman担任主笔后，每日就时事问题发表评论，在相关日本问题上作为日本方面有力的意见常常被路透社等引用。《东方时报》如今完全成了张作霖的机关报，其评论值得阅读者极为稀少。至于《北京快报》是影响微小的学生报纸，几乎不足为论，*Journal de Pékin* 的读者几乎限于天津、北京的法国人，发行量少，主笔Nechbaur据说有社会主义倾向，但其所论基本上是机会主义的。

报纸登载的内容除了海外通讯外，基本上是译载已经在中文报纸上登载的内容，因此有关国内的内容常常比中文报纸晚一天乃至两天，毋庸赘言特种情况不在此限。

外文通讯：其数量自然无法与中文通讯相比，但其基础牢固，其质量也远远凌驾于中文通讯之上。当然，《国闻通讯》和《中美通讯》作为中文通讯也很出色。

外文杂志：其数量寥寥无几，并且几乎不足为论。

甲、中文报纸、杂志

一、中文报纸

（1）大报

名　　称	主义及系统	持有人或社长	主笔及重要记者	页数、发行量	备　　考
顺天时报	日中亲善主义	渡边哲信	主笔　文学士金崎贤　总编　法学士佐佐木忠	八页	1901年创刊，北京代表性日刊中文报纸之一，被中国方面视为日本方面的机关报，普遍受重视。发行量约两万份左右，在华北报纸中位居第一。其信誉极为巩固。社址位于北京兴华门（和平门的改称）内化石桥
晨报	严正中立，进步主义，系统属研究系	陈渊泉（留日出身）	刘松生	八页（附半页大的附录一张）	1912年12月①创立。研究会系机关报，一段时间显示出排日态度，但最近不如说采取了亲日态度。不过，报社内福建人居多，因与学艺社同人的关系，在文化事业上攻击日本。其评论主要由陈执笔，论旨明快透彻，与天津《大公报》的评论同被称为华北报纸中的双璧。而且，该报登载的报道精练，因此与《顺天时报》《益世报》同视为华北的代表性报纸。另外，因新人投稿居多，在思想界有影响。社址在北京宣武门外大街181号
益世报（中文）	基本上亲美，进步主义	杜竹萱	颜旨微、张公恕	八页，号称八千份	1915年11月创立。与美国系统的基督教会有关系，带有亲美排日的色彩，曾经是直系的机关报，现已与该派脱离关系。评论主要由颜旨微执笔，与《晨报》相比，论旨往往欠明快，不可同日而语。报道的登载风格为美国形式，属于煽情性的，但内容相当精练，尤其是有关战局的消息压倒其他报纸，是北京的代表性报纸之一，在知识阶层拥有读者。社址在北京前门外新华街

---

① 1926年报告为"1916年"。

(续表)

名　称	主义及系统	持有人或社长	主笔及重要记者	页数、发行量	备　考
世界日报	革命军系统（但目前努力韬晦）	成平（北京大学出身）	周邦式	八页，五千份	1925年创立，《世界晚报》的姐妹报。社长成平（舍我）被称为北京报界鬼才，往往登载特别消息，令《晨报》级大报瞠目结舌。其评论亦是进步性的，风格明快。该报的对日感情难以说好。社址在北京石驸马大街九十号
北京日报（中文）	有外交系色彩	朱季箴		八页，一千份	1907年创刊，北京最早的报纸。因同行不断增加，社运逐年陷入惨境，现在只不过凭借着最老的报纸这一余威而存在。编辑、经营方面均保守，完全没有活力，因此没有任何特色可言，只是在外交报道上比较敏捷迅速，往往登载特别消息
交通日报	交通系机关报	柳民均		八页，两千份	因为是交通系机关报，故而用一页版面登载交通报道。没有任何特色，现在也没有影响。有时刊登评论，但基本上不足一阅
黄报	完全是直鲁军的机关报	薛大可	蔡健生	四页，三千份	直鲁军的机关报，因此对该军的战况进行夸大性报道，但有关军官的动静等比其他报纸敏捷迅速
卍字日日新闻	完全是中国红卍字会的宣传机关	史伯良	孔慧航	八页，两千份左右	1923年创刊，读者以红卍字教信徒及红卍字会会员居多，除了慈善事业的报道外，一般报道亦相当精练

（2）小报

名　称	主义及系统	持有人或社长	主笔及重要记者	页数、发行量	备　考
舆论报		陆少游		四页，附半页大附录一张	1922年创立，现在接受山东派补助，直鲁联军的机关报
北京时报	山东派			四页，五百份左右	张宗昌的机关报
穆声日报				半页大，四页。两三千份	营利本位
日知报	拥护政府派	王薰午	李田文	四页，附半页大附录，八百份	曾为交通系机关报，1919年①创立
平民报		吴健吾		四页，三千份	
铁道时报	交通系	魏邦珍		四页，八百份	交通系的机关报，每月接受交通部补助，在铁道职工中有若干读者
北京报		任振亚	徐伯勋	四页，约一千份	据闻与直系，尤其是吴佩孚有关系，在下层社会有读者，1919年创刊
道德日报	提倡儒家的机关报	朱淇		半页大，四页，六百份	

---

① 1926年报告是"1913年"。

(续表)

名称	主义及系统	持有人或社长	主笔及重要记者	页数、发行量	备考
商业日报		任崇高	尹小隐	四页,两千份	商界的机关报
公报	安福系	戴兰生		四页,五百份左右	安福系的机关报,发行量一度达一千份,现在完全萎靡不振
平报		孙德臣①	陆秋岩	小型四页,七千份	1921年创刊。山东同乡会提供少额补助,完全以营利为本位而经营
群强报		陆瘦郎	王丹忱	小型六页,号称一万份,实际发行五千份左右	在下层社会有读者,非常有影响
小小报		宋信生	宋志泉	小型四页,三四千份	1925年创刊,营利本位,在下层社会有读者
北京白话报		任振亚	徐仰臣	小型四页,八千份	1919年创刊,与《实事白话报》一样,在下层社会有读者
实事白话报	营利本位	戴兰生	何卓然	小型四页,八千份	1918年创刊,曾为研究系机关报,现已脱离关系,完全以营利为本位,文体为白话,下层社会有读者。是现存白话报纸中最老的
新晚报		陈济光		半页大,四页,两三千份	四川省政府机关报

(3) 晚报

名称	主义及系统	持有人或社长	主笔及重要记者	页数、发行量	备考
北京晚报		刘煌	陈冷生	半页大,五千份	1921年作为交通系机关报创刊,是北京最老的晚报,据闻现获得银行界支持。编辑亦比较到位,在晚报界具有显著地位
世界晚报	国民军系统	成平(北京大学出身)	吴前模	半页大,四千份	1924年靠吴景濂一派出资创立,与《世界日报》为姐妹报。一度似被《大同晚报》压倒,但不久挽回社运,现在已经与《北京晚报》《大同晚报》等一样,是北京一流晚报
正言晚报	山东军机关报	陆少游	李定寿	半页大,四页,三千份	社长陆少游兼《舆论报》社长,接受山东军补助,与此同时作为张宗昌的机关报而闻名
国民晚报	国民军系统	何廷述		半页大,四页,三千份	1925年依靠何培基等出资而创刊,现在依然与国民军有关
心声晚报	国民军系统	张介之	高懒云	半页大,四页,两千份	1925年创刊,曾是国民军机关报,属于二流晚报
五点钟晚报		郑知非		半页大,四页,两千份	1923年创刊,与财政界有关,编辑等均无任何特色

---

① 1926年报告为"孙德成"。

(续表)

名　称	主义及系统	持有人或社长	主笔及重要记者	页数、发行量	备　考
大同晚报		龚德柏（第一高等学校辍学）	罗介邱	日本报纸的半页大，两千份	1925年创刊，以激烈的反共主义和明快的笔调而登场，至去年秋天号称发行量超过一万份，遥遥超过上述《世界晚报》，但其后龚社长触及革命军之禁忌，多次被警察总监或警卫总司令部拘留，去年夏奉天军入城后，感到身处危险，逃至武汉投入唐生智军，任宣传部长，来往于上海与南昌之间。因此，报纸完全失去活力，近来连革命军的消息都不登载，靠留在报社者勉强维持经营。另外，据闻龚最近在汉口被徐谦等枪杀

二、中国的通讯社

名　称	主义及系统	持有人或社长	主笔及主要记者	备　考
国闻通讯社北京支社		社长　胡霖　北京支局长　金诚夫（北京大学出版）	许萱伯（同前）于致中（同前）	该通讯社总社在上海，在北京、汉口两地设有支局，在天津设有办事处，发布重要新闻以及外汇牌价方面的电讯。支局将各支局发来的电讯，加上当地新闻每天发行两次通讯，中、英文两种版面。因态度稳健，报道迅速，内容正确，现在在中国通讯社中首屈一指，内外信誉很高。社长胡霖留日出身，现在兼任与《天津益世报》齐名的天津《大公报》（发行量三千两三百份）社长
中美通讯社		宋发祥	王无为	该通讯一直与国民政府接近，同时作为美国公使馆的机关通讯而闻名，通讯有英文版和中文版。米塞斯米切尔与英文版编辑有冲突，最近（1927年4月）从该社辞职前往上海（参照英文之部）。该通讯往往进行大胆报道，结果受到当局打压，"南京事件"发生时，察觉到军事当局会干涉，甚至有时在其他地方进行工作
神州通讯社	革命军系，标榜国家社会主义	陈定远（明治大学出身，前众议院秘书长，革命军参议）	管翼贤（东京法政大学出身）、徐瑾（东京高等工业学校图案科出身，曾任博文馆职员）、陈冕雅	北京代表性通讯社之一，主笔管翼贤作为该界新人而为人所知
新鲁通讯社		李敦甫		张宗昌的机关通讯，济南新鲁通讯的分支，发行当地新闻通讯，同时与济南交换电讯。1926年夏创立
醒民通讯社		廖鸿章		据称与政府方面有关系
民治通讯社		刘子任		有奉天系色彩
中国通讯社		任小洲	宋觉生	据闻与国民军第二军有关系
民舆通讯社		张伯杰		
大陆通讯社		陆少游		
和平通讯社		江震夏		
维民通讯社		姚钧民		有国民军系色彩
亚陆通讯社		周丹忱		标榜不偏不党

(续表)

名　称	主义及系统	持有人或社长	主笔及主要记者	备　考
每日通讯社		赵蔚如（早稻田大学出身）		奉军系
正言通讯社		陆定夷		张宗昌的机关通讯
群群通讯社		何侃	钟书衡	褚玉璞的机关通讯
民警通讯社		李康		广东派的通讯社
交通新闻社		卢松坡		有交通系色彩
不党通讯社		溪乐天		
民生通讯社		卓博公		据称与经济界有关
国是通讯社		林东海		
京城通讯社		夏铁汉	夏叔龙	
太平洋通讯社		管云卿		正与直鲁联军接近
新华通讯社		詹辱生		
普及通讯社		谢哲勋		
华欧通讯社		保纪生		
政治新闻通讯社		练小举		
五洲新闻通讯社		汪铁英		国民军系通讯社
复旦通讯社		华觉民		有奉天系色彩
民国通讯社		黄冷樵		
统一通讯社		王薰午		
世界通讯社		孙九余		有国民军系色彩
求是通讯社		郑濂		

三、中国的杂志、公报

名　称	主义及系统	持有人或社长	主笔及主要记者	备　考
政府公报	政府公布机关	国务院印铸局		政府正式发布法令、公文等的机关，日刊
交通公报	交通部机关报	交通部		登载有关交通的法令、公文、报告等，日刊
商标公报	商标局机关杂志	商标局		农商部商标局每月发行两次的杂志，登载有关商标的法令、公文，以及注册的商标
警察公报	京师警察厅的机关报	京师警察厅		登载警察方面的法规、公文、布告等，日刊，1927年2月21日发刊
外交公报	外交部机关报	外交部		目前等同于停刊
教育公报	教育部机关报	教育部		目前等同于停刊
农商公报	农商部机关报	农商部		目前等同于停刊

(续表)

名　称	主义及系统	持有人或社长	主笔及主要记者	备　考
陆海军公报	陆海军部机关报	陆军部		目前等同于停刊
财政月刊	财政部机关杂志	财政部		数年来停刊
航空月刊	航空署机关杂志	航空署		近来几乎停刊
银行月刊	银行业机关杂志	银行公会		月刊杂志,不仅有银行、金融信息,还登载与财政、经济、商工业及关税问题相关的有力评论、调查报告等。执笔者有官员、实业家、学者等,有益的资料很丰富
经济周刊	经济讨论处			经济讨论处的机关杂志,周刊。其内容恰如《银行月刊》一样,登载经济、金融、商工业方面的信息,其调查事项特别有益者居多
现代评论	北京大学机关杂志	北京大学第一院		四六倍判①,约二十页,周刊,北京大学教授的机关杂志,登载有关政治、经济、社会、教育诸问题的评论、调查、研究等,其调查、研究极为有趣,值得阅读者不少
国际公报(英、中文)	尚贤堂机关杂志	基尔巴特·李德(中文名李佳白)		尚贤堂(The International Institute of China)的机关杂志,周刊,英国人基尔巴特·李德发行,登载有关政治、外交、实业、教育、宗教等方面的报道与评论。1922年创刊,总社位于上海法租界霞飞路三一八号,北京支社在北京东四报房胡同五十七号
向导周报(中文)	共产党机关报	陈独秀一派		中国共产党的机关报,至最近为止在北京发行,但张作霖进入北京后,军警严厉取缔,仅以秘密发行的形式暗中进行。四六倍判,十六页,周刊
甲寅周刊(中文)		章士钊		前教育总长章士钊主办的周刊杂志,多载章之评论。菊判②,周刊。段执政下台后,萎靡不振
政治生活(中文)	左倾派机关	陈独秀一派		共产党的机关报,与《向导》周刊属于同一系统,由陈独秀、李守常一派经营,目前与《向导》周刊一样处于隐匿状态
北京学生周刊(中文)	学生联合会机关杂志			全国学生联合会的机关杂志,一般不销售,广发于会员。四六倍判,八页,周刊
醒狮(中文)	国家主义	曾琦		标榜国家主义,在日本、法国留过学的曾琦一派经营,对抗共产党派的《向导》。十二页,周刊
农民(中文)				面向农民的通俗简单的杂志,旬刊,四页
北京工人(中文)	共产党派			共产党系工人团体发行,面向工人的通俗周刊杂志,为了宣传免费发放,一般不出售。简单的四页印刷品
国魂(中文)	国家主义			标榜国家主义的旬刊杂志,与共产党派的《政治生活》对抗
朔风(中文)	国家主义			几乎与《国魂》相同,旬刊,八页
猛进(中文)	标榜中立	李立侗	同前	李石曾之侄子、北京大学教授李立侗一派经营的评论杂志。标榜中立主义,周刊,八页
中外论坛(中文)	日中联络	程光铭	同前	1923年创刊,月刊,登载政治、经济、法律等方面的评论。程光铭为成城学校、东京帝国大学出身,自第一高等学校在学期间就担任中国问题研究会干事,提倡日中亲善,独力经营该杂志,作为非卖品免费赠阅各方面

---

① 日语表示纸张尺寸的专用名词,约188×254毫米。下同。
② 日语表示纸张尺寸的专用名词,约152×218毫米。

乙、日文报纸、杂志
一、日文报纸

名 称	主义及系统	持有人或社长	主笔及重要记者	页数、发行量	备 考
新支那	保守性	安藤万吉	长谷川贤	约三百五十份	安藤万吉发行。发行以来中坚干部多次更迭，1926年9月长谷川贤入社任主笔，北崎学负责社会栏
北京新闻	进步性	里见甫	里见甫（兼）、阪本桢、濑沼三郎	约三百五十份	最初由鹭泽与四二、森川照太发起，波多野乾一任主笔，作为《京津日日新闻》北京版发行。鹭泽归国，波多野专任《时事新报》特派员，森川亦因经费等原因，将报社一切交给里见甫主管，不过与鹭泽、森川的关系并未完全断绝，因而内部关系似乎较复杂。该报的社论除了本社人员以外，由年轻气盛而对该报有好感的我国驻北京各报通讯员轮流执笔，因此缺乏始终一贯的主义，但大致上有自由进步的倾向

二、日本通讯社

名 称	持有人或社长	主笔及重要记者	发行量	备 考
日本新闻联合社北京支局	德光衣城	大川幸之助、佐佐木健儿、龟谷利一		1926年5月创立，旧总社在东京，继承东方通信社的事业，当地支局任命一直任东方通信社支局长的德光衣城负责经营，目的在于将中国方面的新闻提供给日本新闻联合社各报，日本内地的新闻则由新成立的东方社发送给中国各地
日本电报通信社北京支局	神子岛梧郎	横田实、布施知足、须崎治平		总社在东京，向总社及各地支局发送新闻电讯，同时，将总社及各地支局发来的电讯，以及北京的新闻主要发送给中文报纸和英文报纸。在强烈吸引人心这一点上，有受到中国报纸欢迎的倾向，在当地日侨中间信誉尚低。发行量，中文版、英文版合计约三十份
东方通信社北京支社	谷口源吾	铃木幸次郎、冈本房男	日文版六十份、中文版三十份、英文版十份，合计约一百份	总社在东京，支社给在华各支社发送电讯，同时将来自总社及各支社的电讯发送给日、英、中文各报社和个人订阅者
共同通信社	野满四郎	小口五郎、风间卓		野满四郎发起，野满归国后，将一切归小口管理，发行量约三十份，以当地日侨为订阅者，此外，向青岛、奉天一带邮递数份。概括性简录

三、日本杂志

名 称	主义及系统	持有人或社长	主笔及重要记者	发行量	备 考
北京周报	介绍中国状况	藤原镰兄 东京私立政治学校毕业后，在各地任报刊记者，1911年12月末来北京，不久任新支那社主笔	藤原镰兄（兼）、清水安三、日堂义则		四段结构，每册三四十页左右，发行量号称一千份，据认为实际发行量在五六百份左右。1922年1月创刊，藤原镰兄经营的极东新信社发行，主要报道、评论中国时事问题

(续表)

名　称	主义及系统	持有人或社长	主笔及重要记者	发行量	备　考
支那问题		长谷川贤		月刊杂志,发行量约四百份	长谷川贤为东京外国语学校中文科出身,曾任《顺天时报》、日本电报通讯社北京通讯员,对中国问题进行评论。另外,长谷川贤现在兼任《新支那》总编
支那风物	介绍中国风物	中野吉三郎(号江汉)			1927年2月1日创刊,月刊,四六倍判,约三十页,中野吉三郎主持的中国风物研究会机关杂志,译载或转载有关中国风物的论文、研究及著作,发行量两三百份。发行所为中国北京尧治国胡同中国风物研究会

丙、外文报纸、杂志
一、欧文报纸

名　称	主义及系统	持有人或社长	主笔及重要记者	发行量	备　考
Peking Leader [北京导报] (英文)	一向为进步党机关报,中国国籍的报纸,1925年转至Grover Clark等手中,获得美国籍,打着Constructive, Independent, and Liberal 的旗号,但不失亲美色彩,对一般问题比较稳健公正,所论大致进步,对新思潮常表示特别同情,被认为相当浓厚地代表在华美国传教士方面的意见	理事长 Grover Clark	Grover Clark,但目前回国,Abend 代理主笔	约八百份	1917年12月创刊。1917年12月间作为梁启超的机关报创刊,刁敏谦(广东人,英国剑桥大学 L. L. D.)任主笔,由于当时其兄刁作谦任外交部秘书,以外交方面消息灵通而为人所知。刁敏谦于1919年1月间①辞去主笔一职,接着,美国人 Rach②、美国人 Josef W. Hall、美国留学出身的青年余天休、美国人 Grover Clark、原上海《申报》及 Peking Daily News 记者黄国钧、英国人 Chrifford L. Fox 等依次担任过主笔,1922年11月以来,美国人 Grover Clark 再次入社担任主笔,总理为梁秋水,与以前一样,是进步党机关报。任中国政府顾问的英国人 B. L. Simpson(Putman Weole)曾经大量投稿,发表排日性评论,但最近三四年来已无此事,特别是 Grover Clark 任主笔以来,比较稳健,不过报纸整体论调不失亲美色彩。1924年末,英美资本盘下此报,国籍亦转为美国籍,1925年根据美国 Delaware 州法律注册为社团法人。以上发起人团体(以上述 Grover Clark 为首,网罗洛克菲勒财团相关者及燕京大学相关者)召开首届理事会,选举 Grover Clark 为理事长(现在冈部三郎是理事之一)。Grover Clark 掌握该报编辑与经营全权,自旧历正月放假后,扩大版面,由过去的八页版增至十二页,周日版为十六页乃至十八页的大报。但是,1926年秋 Clark 夫妇临时归国将经营全部委任给 H. Abend 后,纸面更为不振,尽管重大事件不断突然发生,该报连社论都未发表,目前读者正被《华北正报》逐渐争取过去

---

① 1922年报告为"11月"。
② 1922年报告为"Buch"。

定期调查报告　　（秘）1927年11月　　有关中国（附大连、香港）报纸及通讯的调查

（续表）

名　称	主义及系统	持有人或社长	主笔及重要记者	发行量	备　考
North China Standard［华北正报］（英文）		顺天时报社长渡边哲信兼任	编辑主任 G.Gorman（加拿大籍爱尔兰人） 记者　松村利男、孙瑞芹	六百份	1919年12月1日创刊，晨报八页，有时发行十二页，另外，每逢事件发生发行号外。该报以鹫泽与四二为社长，原 *Japan Times* 及 *Kobe Herald* 等报的记者 J.S.Willes 担任 News Editor，国际通讯社主编佐藤显理担任主笔，于1919年12月1日创刊。但从1920年3月佐藤显理辞职，1922年3月 Willes 被解任以来，由德国人 F.Newel 和鹫泽专门负责编辑。1924年3月鹫泽辞去社长，Newel 自己负责编辑和社务，但1926年3月 Newel 解除合同归国，至1926年7月孙瑞芹与澳洲人 Taylor 担任编辑，同年8月以来渡边主管社务，从东京招聘 Gorman，正在致力于刷新、改良编辑等工作，其效果有值得一看之处
Journal de Pékin（法文）	无任何固定主义，是机会主义	M.A.Nachbaur	M.Albert Nachbaur（French Jew）	约两百份	1911年7月创刊，晨刊八页，北京唯一的法文报纸，曾经接受俄国公使馆补助，俄国发生革命后，接受法国公使馆的保护。1918年5月成为该公使馆的机关报，通过中法实业银行接受补助。据闻在该银行破产的同时，失去补助。主笔是法国人 Nachbaur，为 French Jew。以前过激派俄国人 Iwanoff 担任副主笔时，时而登载过激主义报道，据闻现在已与此人断绝关系。孙逸仙的秘书韦玉①（中国人）担任过主笔。韦玉精通法文，主要以 Wang Ti 署名，屡屡为该报起草社论。现在此人已赴汉口，与该报无关。目前 Nachbaur 自己起草社论，似乎与法国公使馆关系亦薄弱
Far Eastern Times（东方时报）（英文）	奉天系	（名义上）吴晋安国军总司令部外交处长	主笔　Dr.Samuel Chang（Minchie Chang 张敏之）	七八百份	1923年2月创刊，当时是英汉合璧的报纸（英文六页，中文六页），其发行量达七八百份。总统府顾问，英国人 B.L.Simpson 任社长，Shelden Ridge（英国人）任主笔，从张作霖、安福系、苏联驻北京代表、总统府等各方面集资，中文方面主要由上述 Simpson 的秘书史俊民负责经营，一度在北京外文报界展开雄姿。不过，作为英汉双语报纸，经营费用很高，而发行量却不见增加。Simpson 与中方股东意见不一，辞去社长之职（1925年），张煊任其后任。其后宣传奉系色彩浓厚，受到国民军密切注意。1925年11月将报社迁至天津，一度停刊，同年在该地再刊，1926年4月随着国民军撤出北京，再次迁回北京，吴晋任社长，张（Minchie Chang，英文亚细亚通讯社主干）负责经营，现今几乎无活力
Peking Express［北京快报］（英文）	以中国学生及学习汉语的外国学生为本位	宋采亮②	Pao Ching-yen（Hero Pao）（北京大学毕业）		1921年创刊，晚报，小型四页。学习英语用小报，英文附有汉译，并且固有名词附有汉语，完全面向学生，也为不懂汉字的外国人提供了方便，购阅者似乎相当多。一向为晨刊，1926年夏开始改为晚刊，一般而言无任何影响

---

① 1926年报告为"韦玉之"。
② 1922年报告为"宋采良"。

二、外文杂志

名　　称	主义及系统	持有人或社长	主笔及重要记者	发行量	备　　考
Politique de Pe'kin[北京政闻报](法文杂志)	中国政府方面的机关杂志	M. A. Monastir	M. A. Monastir	约一百份	1914年创刊,周刊,约三十页。主笔为在北京居住了二十余年的法国人Monastir,所论稳健,完全是外交部的机关杂志
China Digest [中国评报]	不偏不党	Carrol Lunt			1925年11月9日创刊,周刊,约四十页。主笔是美国人,1889年3月生于上海的作家、新闻记者,担任过《极东时报》编辑,1921年3月至12月任《远东时报》①主笔。是 The China Who's Who 主干,著有小说、诗集等。本杂志收集、摘录各报纸杂志等的报道、评论编辑而成,最初在北京发行,后迁至天津,去年冬天又迁往上海
International Journal[国际公报]	世界和平主义、尚贤堂（International Institute of China）的机关杂志,杂志卷头登载五项纲领,阐明其主义、主张	Managing Editor Gilbest Reid Associate Editor Chao Shih-chun（赵士骏）	Chao Shou-hang（赵受恒） John Gilbest Reid（Gilbest Reid之子） Chang Chien-an（张健庵）		1921年创刊。本杂志的主干 Gilbest Reid 是美国人。原为传教士,1882年首次来中国,自此在华四十余年,汉语娴熟,能读文言文,精通中国情况。欧洲大战时,认为列国以德国一国为对手而战不合适,有偏袒德国方面的嫌疑,并且痛骂当时的美国总统威尔森,触及美国官方忌惮,被命令离开中国,在马尼拉生活后获得赦免再回中国,先后任英美著名报纸 London Times、London Morning Post、N.Y. Tribune、Daily Herald 通讯员,现在热衷于自己1894年创办的尚贤堂的工作,编辑《国际公报》这一机关报,英语和汉语方面的著作不少,但尚贤堂的事业没有进步。去年以来赴上海从事尚贤堂的工作
China Economic Monthly（英文）	以发展中国经济为目的	经济讨论处（经费由海关支出）	William Henry Donald 其下有外国助手和中国助手		经济讨论处（Chinese Government Burean of Economic Information）发行。是研究中国经济状况的好资料

三、外国通讯社

名　　称	主义及系统	持有人或社长、支社长	主笔及重要记者	发行量	备　　考
Reuters News Agency[路透社电报公司]（英文）		P. D. Evans	P. D. Evans		将北京的报道通过电报发送到伦敦和上海、天津的 Reuter 通讯社及东京的国际通讯社,同时,将来自世界各地的 Reuter 社电报分发给北京和天津的各外文及中文报社。与英国政府有密切关系

---

① 原文如此,两报名意思一样,疑为一种。

定期调查报告　　（秘)1927年11月　　有关中国(附大连、香港)报纸及通讯的调查

(续表)

名　　称	主义及系统	持有人或社长、支社长	主笔及重要记者	发行量	备　　考
Chung Mei News Agency[中美通讯社](英文、中文)		宋发祥	曾经是 Mrs. Mitchell,现已辞职去上海,目前 Thomas Edson Eeunis 任主笔		欧洲战争期间继承美国政府情报局的事业发展而来,战后美、中共同出资,根据 Delaware 州法律创办通讯社,1919年3月,曾任美国公使馆副领事的 Burr 担任中美通讯社北京主任,中国方面以国务院情报部主任宋发祥为代表,任理事。1922年2月中旬,Burr 由于挪用委托资金八千余元,成为被告,受到美国领事审判,于是辞职经过西伯利亚前往莫斯科。美国传教士 Brewster 被推举为社长,由美国人经营的燕京大学教授 Wolfrey 被推举为副社长,中国方面以宋发祥为代表。国民军占据北京时期,为其机关通讯,该军撤出北京后,成为国民党的宣传机关,与此同时,宋发祥隐匿其行踪,在美国方面的保护下勉强继续发行通讯。现已进入国际社的 John Andrew Goette 一度代理,取得相当好的业绩,此人退社后,该社颇为不振
Asiatic News Agency[英文亚细亚通讯](英文)		张敏之(Dr. Samuel Chang)	张敏之	约二十份	本通讯社最初为发行英文通讯的中国通讯社,1915年所谓"二十一条"问题发生时,在袁世凯秘书顾维钧援助下,Peking Gazette 的记者张敏之(Michie C. L. Chang)创办,从各地中文报纸中巧妙地翻译面向外文报纸的内容,将其作为自家的特别通讯,发给北京、天津的各外文报纸,还与交通部签合同,每天将发自德国的无线电讯提供给上述外文报纸。其通讯大致均不足以相信的内容。最近张敏之与 Far Eastern Times 建立了关系
Tass News Agency(英文)	劳农政府的机关通讯		Mussin		1920年8月创刊。1920年远东共和国政府将尤林作为代表派遣至北京,先于此前,该社为了向海外宣传俄国情况,在北京开设支局,任命 Hodoroff 为支局长。1922年11月远东共和国与工农俄国合并,停用 Dalta News Agencies 之名(当初有 Dalta News Agencies 和 Rosta News Agencies,前者是远东共和国政府的机关通讯,后者是劳农俄国的机关通讯),仅留下 Rosta News Agencies 继续工作。1922年末 A. Hodoroff 受命转任莫斯科外交通商部,位于东交民巷桂乐大楼(Culty Bulding)的该通讯社迁至劳农俄国驻北京大使馆内,由该大使馆情报部长 U. J. Lebedoff 领导。1925年7月劳农政府合并该国所有新闻通讯机关,改称苏维埃联邦通讯社,同时将 Rosta 社通讯之名改为 Tass 社通讯。现在劳农俄国外交委员长齐切林的秘书 Mussin 在北京负责 Tass 社的通讯工作。除了地方上的通讯以外,还将来自莫斯科、赤塔、海参崴的电讯分发给北京、天津的各外文报纸及中文报纸,通讯费每月银十弗。是劳农俄国在远东的新闻政策总司令部

(续表)

名　称	主义及系统	持有人或社长、支社长	主笔及重要记者	发行量	备　考
Kuo Wen News Agency [国闻通讯] （英文、中文）		胡霖　留日出身，有识见，在报纸通讯业地位重要	胡霖 编辑主任　孙瑞芹（Lui-chin Sun）		1921年创办于上海，1922年在北京及汉口设立支局。由于该通讯与安福派有关，1924年冬北京支局被查封。随着直系政府的垮台，重新恢复，同年10月开始发布英文通讯，将中国的新闻译成英文分发给外文报纸，是中国人经营的有影响的通讯
Agence Radio Télégraphique Francaise（英文、法文）		Albert Nachbaur	Albert Nachbaur		1925年创办，利用法国无线电简单地发布世界新闻，似乎有窃取日本无线电广播的内容作为自己的通讯而发布的痕迹。虽是不显眼的通讯，但有时发布耸人听闻的通讯，往往采取排日的态度

附录：外国通讯员名单

May 1927

List of Foreign correspondents and Newspapermen in Peking	
姓　名	所属社名及社址
James L. Butts	*Chicago Daily News*, 5, Tsao Chiang Hutung
Hollet Abend	*Peking Leader*, 2, Mei Chia Hutung
Charles A. Dailey	*Chicago Tribune*, Grand Hotel des Wagonlits
Herbert B. Elliston	*Manchester Guardian*, 9, Ta Fang Hutung
William Henry Donald	*London Times*, Wall Street, Legation Quarter
William R. Giles	*Peking & Tientsin Times*, 39, Chi Hu Lao
Thomas E. Ennis	Chung Mei News Agency, 43, Ta Fu Tsu
Randall Gould	United Press of America, 1, Hsien Yu Hsiang
E. von Salmann	*Kolnische Zeitung*, German Legation
G. W. Gorman	*North China Standard*, Chuang Pang Hutung
H. J. Timperley	Reuters's Limited, 6, Tung Chang An Chieh
P. D. Evans	Reuters's Limited, 6, Tung Chang An Chieh
Morris J. Harris	Associated Press of America, 32, Chun Shuh Hutung
William	*London Daily Mail*（?）, Wagons-lits Hotel
Thomas F. Millard	*New York World*, Wagons-lits Hotel
Beddol	*London Daily News*
Lawlence Impey	*Morning Post*, London
Mussin	*Tass News Agency*

直隶省

天津（1927年10月31日报告）

有关报纸、通讯及其他的调查（1926年度）

一、概况

本年度本地中文报界，因《大公报》的复活与《庸报》的创刊而受到不小刺激。一向在本地名列前茅的中文报纸《益世报》、中文《泰晤士报》等出于与前两报竞争起见，在版面与内容方面都显示出显著进步。因难以维持而停刊的《大公报》去年由《国闻通讯》的经营者、中国报界的耆宿胡霖接手而复活，面目一新。在此前后，作为中文报纸因具有美国式编辑风格而带有罕见崭新气息的《庸报》全新出现，可谓是划时代之事。此外，如果列举本年度中文报界的变化，就是随着政局的推移，那些一党一派的机关报，由于经营困难，或者因为其主义、主张无法存在下去而停刊，其中重要的有《河北日报》《北洋商报》《导报》《报报》。与此相反，也有新创刊的，除了上述《庸报》外，有《黄报》《和平日报》《大中报》《京津快报》《民声日报》《民心日报》《民治晚报》《救世新报》《大同晚报》等，数量上比去年有增加。这些新刊的报纸中，不少可能是出于经营政策，为了谋取广告收入，而将在北京发行的报纸转到本地，或发行天津版。《东方时报》将中文版与英文版分开，将前者转到北京，可以认为是奉系出于宣传政策的需要。

再看英文报纸和日文报纸，与去年相比毫无变化，P. T. Times 是英国舆论界在华北的总代表，与此相对，Star 则代表美国方面，这是众所周知的事实。在此唯一由我国人经营的周刊 Advertiser 因经营者自身的原因迁至北京，令人惋惜。《天津日报》和《京津日日新闻》两日文报纸，均发行晨、晚报。对于报道材料集辑机关不发达的中文通讯社，两报提供了非常多的材料。两报报道影响之大，也是值得注意的现象。

通讯社数量有所增加，但就其个体进行观察，不一定能说显示了其发展。各通讯社中，实际上与个人通讯员无异者居多，这是受北京通讯社的影响。我方的东方、电通两通讯社在本地也不发行中文通讯，而是由北京邮递过来直接分发。总而言之，本地通讯社受北京同业影响之大是毋庸赘言的。

二、报纸、通讯及杂志

名　称	主义系统	持有人或社长	主笔及重要记者	备　考
直隶公报（中文）	发布省政府命令及其他公文的机关	直隶省长公署		1896年创刊的官报改称而来，外貌为杂志形，日刊，发行量约二千份。发行所为天津河北狮子林北洋印刷局
天津日日新闻 The Tientsin Daily（中文）	日中亲善。一般视为日本方面的机关报（国籍为日本）	方若　浙江人，作为日本租界中国绅商公会会长而有名望（名义上的持有人为西村博）	郭养田	1901年8月创刊，日刊，八页，发行量一千份，社址在日本租界旭街，自己有印刷所。初称《国闻报》，由于社长方若的原因，浙江、江苏人中有很多购阅者，在日本租界内尤其如此。在天津中文报纸中历史最悠久，但内容、版面均保守。近来出现一些进取性的报纸，在与它们的竞争上稍稍处于不利的形势
大公报（中文）（L'Impartial）	稳健的新思想主义，讴歌孙文主义，但与奉系关系良好	胡霖　四川人，留日出身，通晓日语，总社位于上海的国闻通讯社社长，在天津发行《国闻周报》，曾为安福派斗将，现在似乎也与安福派、奉系各派有相当联系	张炽章　留日出身，亦通晓日语	1902年创刊，日刊，八页，发行量一千五百份，社址在日本租界旭街，自己有印刷厂。曾作为安福系机关报，与该政派共盛衰，1920年复刊，但1925年末再次停刊，1926年9月变更组织，由现社长胡霖经营，面目一新，报道、编辑风格均显示崭新气息，是华北与《益世报》对抗的屈指可数的中文报纸

(续表)

名　称	主义系统	持有人或社长	主笔及重要记者	备　考
天津益世报（中文）(Social Welfare Tientsin)	亲美排日，以往为直系的机关报，但现在似乎正接近奉系	杨增益　天津人	严智威 记者　边振平、高协和、何懒云	1915年创刊，日刊，十六页，发行量一万份，社址在意大利租界大马路，自己有印刷厂，有轮转机。本报最早为法国天主教司铎等合资创办，后来断绝关系，接受美国方面支持，最近似乎接受奉系补助，与北京《益世报》属于同一系统，但经营上完全无关，近来两者关系正逐渐疏远，仅仅限于有时登载同一社论，或者交换通讯。华北的中文大报之一
汉文　泰晤士报（中文）(Peking & Tientsin Times)	英国方面的机关报，排日，拥护黎元洪一派（英国国籍）	熊少豪　广东人，香港长大，通晓英文，黎元洪秘书。曾在李景林当政时担任直隶交涉员 胡稼秋　实际负责经营	周良翰 记者　吴子通、李仲廉、黄文卿、黄能文	1917年创刊，日刊。十二页，发行量两千份，社址在法租界巴黎路，自己有印刷厂。当初作为《京津泰晤士报》的中文版，与英文 P. T. Times 共同经营，1921年分开独立经营。因为有英国方面的出资，总是持有排日态度，1923年黎派与直系争斗时，攻击直系，被迫离开中国街，搬迁到现社址。社长熊少豪任直隶交涉员时，因此关系很省政府很接近，但辞任后关系疏远
华北新闻（中文）(North China Gazette)	国民党机关报，排日，并且总体上排外，是劳动问题等各种新思想、思潮的先驱，有时过激	周拂尘　经营华北通讯社及广告社，执天津报界公会之牛耳	周窟生 记者　张道村、娄艺林、李树芳	1921年创刊，日刊，十二页，发行量约一千份，社址在法租界四号路，自己有印刷厂。1925年国奉战争时反对李景林，位于中国街东马路的报社被查封，搬迁到现地后继续致力于反奉宣传，被奉系盯视
庸报（中文）(Yung Pao)	标榜不偏不党，似乎接近吴佩孚派的直系，亲日	董显光　留美出身，英文名Hollington Tong，曾任 Millard's Review 记者。本报创刊时的主义是中日经济提携与社会政策。如其所示，现在是亲日派	邰光典	1926年6月创刊，日刊，十页，发行量一千份，社址在法租界二十一号路，自己有印刷机。发挥美国式编辑方法，报道编排等前所未见，在中文报纸中散发特别异彩
天津　黄报（中文）	直鲁联军（鲁系）机关报	薛大可　日本早稻田大学出身，与张宗昌关系良好	副社长　薛祚鸿　主持天津社，是上述薛大可之弟 记者　张庸彦、许君武	1926年6月创刊，日刊，八页，发行量八百份，社址在日本租界松岛街内小松街。北京《黄报》的分支
和平日报（中文）(Peaceful Conductou)	直隶省督办署方面的机关报	李万钟　早稻田大学出身，中央通讯社长，与直隶省军宪关系良好	同上	1926年创刊，日刊，八页，发行量五百份，社址在日本租界浪速街
东方时报（中文）	奉系机关报	吴晓佑	王少隐	1923年2月于北京创刊，1926年与英文版分开发行，日刊，十六页，发行量一千份。社址在东浮桥洋货街。最初在北京以英文、中文双语发刊，由英国人 Simpson 经营，其后为奉天方面盘下，1925年国奉战争时搬至天津日本租界，转至现社址，与英文版分开，作为中文报纸单独发行

定期调查报告　　　（秘）1927年11月　　　有关中国（附大连、香港）报纸及通讯的调查

(续表)

名　　称	主义系统	持有人或社长	主笔及重要记者	备　　考
大中华商报(中文)(Commercial Advocate)	天津绅商的机关报(过去与原直隶省长杨以德有关系)	萧润波　天津绅商	韩笑臣	1920年创刊,日刊,十二页,发行量一千份,社址在日本租界荣街。登载市况及行情表为其特色,在工商业者中有购阅者。但近来其他报纸亦注重登载经济报道,因此该报的特色正在减弱。1926年间从中国街搬迁至日本租界后有些萎靡不振
启明报(中文)(Venus)	主义、主张不固定	叶笑吾	谭锡田	1920年创刊,日刊,八页,发行量三百份,社址在南市广兴大街。当初称《启明日报》,后来改名,为直系机关报。现在仅仅显示微弱的存在感
时闻报(中文)	无政党政派关系,影响不大	李时芬	王砚甫	1904年创刊,日刊,八页,发行量六百份,社址在南市建物大街。以往以介绍外国情况为报道特色,最近有其他数种有影响的报纸出现,该报的特色也不再成为特色
天津时报(中文)		刘霁岚	黄山客	1924年创刊,日刊,八页,发行量三百份,社址在法租界马家楼。与小报《白话评报》共同经营
津声报(中文)	旧直系的机关报	胡起凤	刘家宾	1925年6月创刊,日刊,四页,发行量三百份,社址在法租界三十五号路忠恕里
大中报(中文)	总商会机关报,又与安福派有关	张履恒	张毅夫	1926年8月创刊,日刊,八页,发行量三百份,社址在日本租界桃山街
京津快报(中文)		王祐①之	同前	1926年8月创刊,日刊,四页,发行量三百份,社址在法租界五号路
民声日报(中文)	有国民党系色彩,似乎与美国方面亦有关系	杨哲民	同前	1926年1月创刊,日刊,八页,发行量五百份,社址在法租界海大道
民心日报(中文)	警察厅长个人的御用报纸	郑恩铭	同前	1926年8月创刊,日刊,八页,发行量四百份,社址在南市营业大街
民治晚报(中文)		刘少洲	叶子贤	1926年4月创刊,日刊,四页,发行量两百份,社址在日本租界明石街
白话	晨报	无固定主义,在少年徒工、工人间读者居多,影响不可小觑,以往宣传排日颇多,以娱乐性内容以及社会市井报道为主	白幼卿	董笔侠	1914年创刊,发行量两千份
	午报				1916年创刊,发行量两千份
	晚报(中文小报)				1911年创刊,发行量五千份 均为小型四页的所谓小报,如名称所示,分早、中、晚发行,社址在南市广兴大街。小报中的翘楚,未受政变影响,继续发行,下层社会读者居多,经营上似乎收益不少
消闲报(中文小报)	以烟花巷及演艺报道为主	同上	同上	以上白话报的副刊,但单独发行,日刊,小型两页,发行量五百份,社址同上
天津画报(小型)	简单幼稚的石版印刷绘画	同上	同上	1922年创刊,以上白话报的副刊,石版印刷,载满插图式绘画,日刊,发行量五百份,社址同上

① 原文不清,似"祜"似"祐"。

(续表)

名　　称	主义系统	持有人或社长	主笔及重要记者	备　　考
旭日报(中文小报)	以下各种所谓小报主要使用口语体,无特别主义、主张,以市井报道为主,即使有特种报道,亦会为宣传而夸大宣传,作为报纸价值低	周琴舫	张晓霖	1912年创刊,以烟花巷内容为主,日刊,小型四页,发行量五百份,社址在南市广兴大街
白话评报(中文小报)		刘霁岚(中日制药公司经理)	黄山客	1922年创刊,日刊,小型四页,发行量一千份,社址在法租界马家楼。与《天津时报》属于同一经营者
实闻报(中文小报)		范玉廷	杜润生	1918年创刊,日刊,小型四页,发行量三百份,社址在南市营业大街
国光报(中文小报)		黄湘泉	乔彦忠	1924年11月创刊,日刊,四页,发行量两百份,社址在南市大舜台东
国强报(中文小报)		杨荣廷	杨少林	1918年3月创刊,日刊,小型四页,发行量三百份。社址在南市平安大街西街
天津中报(中文小报)		蔡丹荣		1923年创刊,日刊,小型四页,发行量三百份,社址在南市营业大街
平民教育白话报(中文小报)	以平民教育、社会教育为主,评论劳动问题等	时子周		1925年创刊,日刊,小型四页,发行量两千份,社址在南市广兴大街
新天津报(中文小报)	直系机关报,小报,但政治、时事等报道居多,白话报之翘楚。又因报主信回教,故亦被视为回教徒的机关报	刘中儒	薛月楼	1924年9月创刊,日刊,小型六页,发行量五千份,社址在法租界马家楼
天津新闻(中文小报)	被视为李景林派机关报,虽是小报,但政治性报道居多	王秋涛	宋觉生	1926年4月创刊,日刊,小型八页,发行量一千五百份,社址在日本租界桃山街
公理晶报(中文小报)	基督教系统,多为宗教趣味	王仲英	文捷三	1926年6月创刊,隔日发行,小型四页,发行量三百份,社址在英租界广东路
大同晚报(中文小报晚刊)	反对赤化,标榜不偏不党。以下各种小报与上述小报志趣各异,使用白话进行的报道,亦以政治及时事为主,可以视为向一般报纸发展的阶梯	龚德柏	同前	1926年7月创刊,日刊,小型六页,发行量三千份,社址在法租界六号路。由北京《大同晚报》分出创立
亚明报(中文小报)		侯陆沈	同前	1926年7月创刊,日刊,小型四页,发行量不详,社址在中国街河北公园内
大北晚报(中文小报晚报)		张铭心	同前	1926年8月创刊,日刊,小型四页,社址在中国街东马路
北洋画报(中文周刊)	北方唯一的照相版画报,据闻资金由奉系提供	冯启镠		1926年7月创刊,一周发行两次,小型四页,整面照相版,有时登载漫画,发行量五百份,社址在法租界二十七号路
救世新报(中文)	道教之一救世新教的宗教机关报	张慰生		1926年创刊,日刊,四页,发行量三百份。社址在日本租界明石街

(续表)

名　称	主义系统	持有人或社长	主笔及重要记者	备　考
Peking & Tientsin Times［京津日报］（英文）	维护英国权益而为之宣传的机关报，华北影响最大的英文报纸，其评论被视为代表华北英国人的主张，最近对日态度良好（英国籍）	Tientsin Press Co., Ltd.（天津印字馆）	主笔 H.G.W.Woodhead 记者 W.U.Pennell、E.A.Kennard	1894年作为周刊创刊，1904年改为日刊。每份十八页，发行量一千五百份，社址在英租界中街一八一号。天津印字馆从事印刷业、图书销售业。如前所述，本报是华北最大的英文报纸，其历史亦悠久，在当地日侨中信誉很高
China Illustrated Review［中华星期画报］（英文）		同上	同上	周刊（每周六发行）杂志形式的出版物，半张报纸大小，二十八页，虽称画报，但登载绘画少，以时事报道为主，另外附有照相版附录。社址同上
North China Daily Mail［华北日报］（英文晚报）	以晚刊为特色，对日态度良好（英国籍）	T. Y. Fisher①	John Cowen（伦敦Times通讯员）	1914年创刊，八页，发行量五百份，社址在法租界中街
North China Sunday Times［华北星期报］（英文）	以上报纸的周日版	同上	同上	1918年创刊，周刊（每周日发行），六页，发行量三百份，社址同上
North China Star［华北明星报］（英文）	美国的机关报。曾煽动排日，但最近对日态度改变	North China Star Co., Inc.（Nevada, U.S.A）	社长兼总编 Clifford L. Fox 主笔 Clifford L. Fox 记者 A.B.Hayman	1918年创刊，日刊，十二页（周日有副刊），发行量三千三百份，社址在法租界六号路。编辑方式发挥美国报纸的特色，有煽动倾向。由于定价低廉，在英美人以外的各国人中，特别是中国有识之士中有很多购阅者
L'Echo de Tientsin［津郡法界权务报］（法文）	当地法国侨民的机关报	经费由当地法国侨民筹集		1905年创刊，日刊，八页，发行量二百份，社址在英租界马场路二号，仅在法国人中有销路
Reuters News（英文）	英国系	英国路透通讯社办事处	J. E. Henry	在当地每日发行，但发行量不多。代理、分发来自北京的电讯相当多
天津日报（日文）	高唱国家主义、国粹主义，《大阪每日新闻》系统。总领事馆及民团公告指定登载的报纸	西村博　西村及金田一良三、真藤弃生、武田守信合资经营	西村博	《北清时报》与《北支那每日新闻》合并而成，1910年创刊，早报与晚报各四页，社址在日本租界寿街
京津日日新闻（日文）	经营上与前者处于竞争的位置，与前者倾向保守相比，显示出激进倾向，故论调相反	森川照太	森川照太	1918年创刊，早报与晚报各四页，社址在日本租界旭街
天津经济新报（日文）	报道经济消息	小宫山繁	小宫山繁	1920年创刊，小型周刊，时常发行号外，发行量二百五十份。社址在日本租界明石街

---

① 1926年报告为"T. G. Fisher"。

(续表)

名　称	主义系统	持有人或社长	主笔及重要记者	备　考
若人の群(日文杂志)	天津日本青年会会报	天津日本青年会	山川真	1922年10月创刊,月刊,发行量两百份,社址在日本租界芙蓉街
国闻周报(中文杂志)	以政治评论为主,登载社会问题及其他论文、创作等	胡霖　国闻通讯社及大公报社社长	张炽章	1924年8月在上海创刊,1926年胡霖开始经营《大公报》,便在天津印刷发行。周刊,六十余页,发行量四千份。社址在日本租界旭街。天津唯一的中文杂志,得到全国性知识阶层购阅
华北通信(中文)	以往似无政党关系,但最近带有国民党色彩,与《华北新闻》相同。各通信社均将中央政治消息与地方政治及社会消息油印后发布。分发对象以当地报社为主,也提供给地方上的报社	周拂尘　亦经营《华北新闻》	同前	1921年创办,报纸翻译社的后身,每日发行一次,发行量三十份,社址在法租界四马路华北新闻社内。曾经是天津通讯社中首屈一指者,但近来其影响显著减退
捷闻通讯(中文)		王仲英	同前	1924年创办,发行量五十份,社址在南市慈善医院
益智通讯(中文)		涂培藩	同前	1924年创办,发行量五十份,社址在南市广兴大街
墨林通讯(中文)	慈善会八善堂机关通讯	王墨林	同前	1924年创办,发行量二十份,社址在运署前孙家胡同
北洋通讯(中文)		姚静轩	同前	1925年创办,发行量十五份,社址在北马路善堂联合会
公言通讯(中文)	与《白话评报》为同一经营者	刘霁岚	同前	1925年创办,发行量二十份,社址在法租界马家楼
天津新闻通讯(中文)	李景林派机关通讯,与《天津新闻》为同一经营者	宋觉生	张恨天	1925年11月创办,发行量二十份,社址在日本租界求是庐
寰球通讯(中文)	实业厅机关通讯	张天培	同前	1926年创办,发行量二十份,社址在河北地纬路西口六号
亚东通讯(中文)	教育会机关通讯	牛裴然	同前	1926年创办,发行量二十份,社址在河东韦驮庙三号
民意通讯(中文)		王醒年	同前	1926年创办,发行量二十五份,社址在南市慈善医院
新民通讯(中文)		王则民	同前	1926年创办,发行量三十份
光华通讯(中文)		王汉光	同前	1926年创办,发行量二十份,社址在城内府署西箭通
新闻编辑通讯(中文)		刘玉祥	同前	1926年创办,发行量三十份,社址在河东十字街西
中央通讯(中文)	被视为督办署机关通讯,与《和平日报》同一系统	李万钟	同前	1926年创办,发行量六十份,社址在日本租界明石街

定期调查报告　　（秘）1927年11月　　有关中国（附大连、香港）报纸及通讯的调查

(续表)

名　　称	主义系统	持有人或社长	主笔及重要记者	备　　考
国闻通讯(中文与英文)	与《大公报》为同一经营者	胡霖	张炽章	作为通讯社,总社在上海,在天津并不发行通讯,而是在北京直接寄发给各报社,数量为五十份,社址与《大公报》相同
日本电报通信(日文、中文)		山内令三郎	同前	1922年6月开设支局,每日在当地发布数次有关日本商况、市场行情的电讯(日文),发行量五十份。有关政局时事的中文通讯,由北京支局直接邮寄给订阅者,数量十份。支局位于日本租界松岛街
东方通信(中文)		岩本一吉	同前	1919年开设支局。以前在本地亦发布此通讯(中文),现在发布的通讯是由北京支局直接邮寄给订阅者,数量为十五份。支局在日本租界旭街
Reuters News(英文)	英国系统	路透社通讯员	J. E. Henry	主要代理在北京发行的通讯,在当地印刷者很少

作为英文通讯,除了 Reuters、上述 Kuo Wen（国闻）以外,天津的英文报纸上还有 French Wireless（法国军方提供）、由北京提供的 Chun Mei（中美）、Asiatic News（亚细亚通讯）等,有时也登载 Nippon Denpo（日本电报）。

三、通讯员

姓　　名	所属社名	备　　考
西村博、西村聪	大阪每日新闻社	西村博经营《天津日报》之余兼此职,是天津日侨中的老前辈。西村聪为其子,作为特派员,1925年来天津,以发布电讯为主
森川照太	时事新报社	经营《京津日日新闻》之余兼此职,以发送电讯为主,除了《时事新报》外,还让京津日日新闻社人员给《报知新闻》《中外商业》等发送电讯
小仓知正	大阪朝日新闻社	在经营天津兴信所之余兼此职,主要发布电讯
岩本一吉	日本新闻联合社、东方通信社	担任各通讯社支局主任,是专职通讯员,以电讯为主(参照通讯条目)
山内令三郎	日本电报通信社	担任通讯社支局主任,是专职通讯员,以电讯为主(参照通讯条目)
津田清三助	顺天时报社、国际通信社	担任《顺天时报》支局主任,除了通讯以外,还担任营业部工作。北京与天津之间联系往往利用电话
上田良有	满洲日日新闻社	是天津日报社社员
J. E. Henry	路透社	与 P. T. Times 有联系,主要处理电讯,兼而负责分发通讯
John Cowen	伦敦 Times 社	North China Daily Mail 主笔,兼此职。知日而对我方友善

(注)作为中国通讯社,上述通讯社社长或社员,普遍兼任其他地方报纸的特派员或寄发通讯稿,因此,没有一人是一家报社专用的(参照通讯社条目)

热　河

赤峰(1927年2月17日报告)

本领事馆负责的区域内,以往仅仅赤峰有名为《热北白话报》的日刊小报(社长兼主笔为中国人石菩生),但是1926年6月间触犯当局禁忌,以致不得不停刊。此后本馆负责的整个地域内,完全没有报纸、杂志等定期刊物发行。当然报纸通讯员,热河、赤峰、开鲁、朝阳及北票有奉天《盛京时报》通讯员,赤峰有《天津益世报》通讯员。

绥 远

绥远（1927年2月9日报告）

名　称	主义系统	持有人或社长	主笔及主要记者	备　考
绥远日报	作为绥远都统商震的机关报而创刊，宣传孙文三民主义，极力主张国民军和山西军团结，但归于奉天军势力范围之内之后，其上述意图受阻。表面上标榜启发社会、提倡教育实业	社长　熊谷士	惠慕侠	1926年11月25日创刊，发行处为绥远文庙街，日刊，每月由都统署提供银两百元，由教育厅提供百元

奉天省

奉天（1927年4月28日报告）

一、概况

奉天报纸中，中文报纸主要有《盛京时报》《东三省公报》《东三省民报》等，日文报纸主要有《奉天新闻》《奉天每日新闻》及《奉天日日新闻》等。

1.《盛京时报》由我国人经营，以日中亲善、开发满蒙为主义，是东三省最老的报纸，总是持有正确论点。因为能迅速报道事实真相，本报在日中官民间被作为唯一的指南。因而，在读者中拥有独特地位，信誉与影响是其他报纸望尘莫及的。其销路逐年增加，现在的日发行量达两万五千份。奉天城内本报的报童往往受中国官方的压迫，但普通中国人对该报的信任度很高，1925年11月从个人经营改为股份有限公司，其基础正在得到进一步巩固。

2.《东三省公报》十余年来作为奉天中国报纸的权威而存在，并且处于官方监督下，虽然代表所谓文治派，稍带机关报的色彩，但并非纯粹的机关报，其信誉与影响仅次于《盛京时报》，所论比较公正，而且稳健，但不时有进行御用性宣传之嫌疑，登载排日性报道很少，无特色异彩。

3.《东三省民报》属于中国国民党系统，是东三省最激烈的排日报纸，不过，前社长赵锄非死亡后，排日的笔锋逐渐缓和，但往往对于《盛京时报》的社论恶加评论，责难日本对中国东三省的政策。创办时日尚浅，财政上有困难，缺乏作为报纸的权威与信誉，只不过与行政官厅保持着关系。

4.《奉天新闻》总是持有稳健主义，与其他报纸相比，有关中国的报道及一般报道、经济报道等比较公正、丰富，有相当值得阅读的特色。完全是因为其论调不偏不倚，并且准确，得以拥有很多读者。

5.《奉天日日新闻》虽然经营系统数次变更，但在当地日文报纸中历史最久，拥有相当多的读者。去年奉郭战争之际，有援郭排张的倾向，尽管有欠稳妥之处，但就报道整体而言，大体上一般。

6.《奉天每日新闻》是本地日文报纸中唯一使用轮转机印刷的，发行晨刊、晚刊，拥有很多读者。

7. 通讯有东方通信、日本新闻联合通信、满洲通信、奉天电报通信、日本电报通信、商业通信等。其中东方通信报道迅速准确，最有信誉。满洲通信、奉天电报通信均为个人经营。满洲通信从日本电报通信、奉天通信从帝国电报通信那里各自获得东京电讯，将其提供给报社及一般客户，同时报道当地情况。

名　称	主义系统	持有人或社长	主笔及重要记者	备　考
盛京时报（中文）	不偏不党	社长　佐原笃介　庆应义塾出身，曾任《时事新报》记者，1899年1月作为上海特派员来中国，至今三十年。是上海报界的元老，1917年以后任上海《文汇报》董事，1926年3月辞任，同年5月就任盛京时报社社长。是东亚同文会评议员 副社长　染谷保藏　东亚同文书院出身。本社创办时入社，1910年转至满铁兴业部工作，一度代表满铁任长春运输株式会社执行董事，又任东省实业株式会社董事，1923年任《盛京时报》副社长，自此成为该报经营上的核心人物，改组为股份有限公司后，任执行董事	主笔　菊池贞二东亚同文书院出身，很早就进入盛京时报社，先任总编，再任主笔。1922年赴欧美留学，1925年3月归国，以"傲霜庵"之名称雄论坛 总编　大石智郎东亚同文书院出身记者　李克庭、穆笃里、汪冷佛、刘竹齐、金迪生	1906年10月1日创刊，日刊，八页，发行量两万五千份，资本金三十五万圆。本报创刊以来立于不偏不倚、严正公平之地位，因常常触犯中国官方禁忌，一再受到压迫。不过，在普通中国人之中信誉甚高，其影响力是不可动摇的，是中国北方舆论界的最高权威。本社过去为中岛真雄个人经营，1925年11月20日改组为股份有限公司，中岛社长于1926年5月20日辞任，佐原笃介任社长

定期调查报告　　　(秘)1927年11月　　有关中国(附大连、香港)报纸及通讯的调查

(续表)

名　　称	主义系统	持有人或社长	主笔及重要记者	备　　考
东三省民报(中文)	民治主义	社长　罗廷栋　字志超,广西省平乐县人,长期任东三省保安总司令部秘书,因前社长赵锄非去世,就任民报社长,现仍兼任镇威上将军公署秘书,为人稳健 副社长　邓鹏秋　负责本报经营	主笔　任复哉　浙江人,曾任《盛京时报》主笔,其后一度就职于东方通信社奉天支社,1925年秋进入该报 主要记者　陈丕显、王仲芳、宋悦三	1921年10月2日①创刊,日刊,八页,发行量约七千五百份左右,现在(3月31日)发行号为一千四百二十九号。本报作为奉天文治派的机关报而创办,每月接受省长公署小洋三千元的补助而经营,一度频繁登载排日报道,又因为前社长赵锄非为国民党党员,带有国民党色彩,不过,本报实际上是奉天官方的机关报,奉天官方命令地方上的县知事,强迫普通百姓订阅,但无实效。经营颇为困难,现在内外负债达到奉小洋二十多万元。报社申请增加补助,最近增加到五千元,但没有偿还债务的方法。近来报面排日报道少,变得稳健。因为经营困难,无发展希望
东三省公报(中文)	无党派关系	社长　王希哲　字光烈,奉天人,北京大学出身,初为奉天高等中学教习、奉天法政学校教习,1912年《东三省日报》改名,任该报经理,直至今日。现任社长兼主笔,为人温厚,不露圭角,有学者气质,奉天报界元老,还以书法和篆刻自成一家	主笔　王希哲 编辑　王石隐 重要记者　冯福林(东京早稻田大学出身,精通日语,负责翻译日文电讯等工作)、陈蕉影、王惠枕	1912年2月创刊,日刊,八页,发行量约八千五百份,现在(3月31日)发行号为第四千七百十六号。本报为《东三省日报》改名而来,是奉天官场半官方性机关报。作为报纸稳健扎实,但毫无特色精彩之处,极为消极。经营上每月各接受奉天省长公署、财政厅、东三省官银号等一千二百元补助,还有长期积累的信誉,因此比《东三省民报》及其他报纸稍显富裕,但实际上只是每天发行报纸,十年如一日,看不到发展之处
醒时报(中文)	无党派关系	社长　张兆麟	编辑　张维祺、张幼岐、张蕴华	1909年2月创刊,日刊,八页,3月31日这一天的发行号为第六千零四十四号,发行量约六千份。本报在奉天下层社会有读者,由社长张子岐一家经营,并且他们均为回教徒,因而尤其是在奉天回教徒中有影响。该报虽不过问政治问题,但最近取代《东三省民报》对金融问题、日中交涉事件大肆舞弄毒笔。本报只不过是奉天唯一的白话报,其评论等是罗列理由讨好官方的机会主义,完全看不到发展之处,十年如一日仍是微小型报纸
奉天市报(中文)	奉天市政公所机关报	奉天市政公所主任　盛桂珊	张耀　江苏人,前几年停刊的东报社长张煊之弟	1923年10月创刊,日刊,四页,发行量约三千五百份,登载市政公所的布告、各地电文,刊登市内杂报及广告。自3月中旬招聘探访员,3月31日这一天的发行号为第九百九十五号
奉天公报(中文)	奉天省官报	奉天省长公署政务厅、财政厅合编		1927年3月31日这一天的发行号为第五千三百八十一号,日刊,发行量一千六百份,页数加上封面平均二十四页,奉天官场的官报,登载奉天各官厅的训令、委任、指令、布告及学事报告等

---

① 1926年报告为"1922年"。

(续表)

名　称	主义系统	持有人或社长	主笔及重要记者	备　考
奉天新闻	不偏不党	持有人兼社长　佐藤善雄　1907年上海同文书院毕业，1917年从《盛京时报》独立，经营此报	总编　小松利兵卫　1911年早稻田大学法科毕业，1917年至1920年主管"组合东京法律事务所"发行的《法治国》，1921年进入本社　编辑　古田部次郎　1917年辞去关东厅警部补，进入日露实业株式会社工作，1920年进入本社	1917年创立，四页，汉字旁不标注假名，晨报。知识阶层读者居多。创刊以来，虽然力量微弱，但对于中国问题始终一贯发表正论，阐明趋势，努力指导舆论，发行量约四千份
奉天日日新闻	国家主义	大连辽东新报社经营代表　吉野直治	田原丰、山下定武、石田外信	1908年12月7日以《南满日报》之名创立，1912年改称《奉天日日新闻》，1918年改名为《大陆日新闻》，1923年1月1日归辽东新报社经营，1926年3月再次改称《奉天日日新闻》，直至今日。四页，日刊，发行量三千五百份，资本金五万圆
奉天每日新闻	与政党无关，皇室中心主义	持有人　松宫干雄　代理社长工作（经营负责人）　桥本松道	主笔　片山民部　重要记者　（政治、外交部主管）稻叶馨	1907年7月1日创立，现持有人的亡父松宫干雄①1920年7月盘下内外通信社，同月改称《奉天每日新闻》。因1925年11月去世，现持有人根据法律继承家业。早晚两次发行，日刊，八页，平均每日发行五千份，资本金十五万圆，个人经营
东方通信社奉天支社	无	支社长　荒基	记者　中川义次、海老塚正义	1921年2月5日创立，每日上午、下午两次发行，日刊，发行量约一百五十份
日本新闻联合社奉天支社	无	执行理事　岩永祐吉　支局长　樱井重义	记者　原好一	1926年5月1日创立，由东方通信社与国际通信社合办。在当地不发行通讯，迅速准确地报道海外新闻
满洲通信社	无	持有人兼社长　武内忠次郎	主笔　社长兼任　政治组　藤曲政吉　中国组　北原兼吉　经济组　浅沼孝太郎	1914年8月31日创立，中国东北最早的通讯社，创立当时，正值日德之战开始，故专发电讯，自1915年1月起以书面通讯为主，1917年5月兼营奉天兴信所（该所1919年8月盘给他人），同年6月组建"东京联合电报"（加入者为国民、读卖、万朝、报知等著名报纸），1918年1月起在大连发行《大连满洲通信》（此通讯自8月1日起停刊），1919年12月创立北京电讯，同年开始广告代理业，1922年10月开设商况部，开始发布市场行情通讯，1924年5月创刊朝鲜文《满鲜申报》（周刊）。本社从数年前的萧条开始，实施极其紧缩的方针，每日（三大节停刊）上午、下午发行两次，日刊，发行量三百二十份左右。个人经营，并无资本金。本通讯的发布对象为各个方面、内外言论界、通讯界。以上通讯有些往往被各报转载，因而相当引人注目，但内容往往较粗糙，漏误多

---

① 原文如此，疑有误。

定期调查报告　　（秘）1927年11月　　有关中国(附大连、香港)报纸及通讯的调查

(续表)

名　称	主义系统	持有人或社长	主笔及重要记者	备　考
奉天电报通信社	不偏不倚,爱国。帝国通信社系统	渡边义一	总编　小林一三 记者　鸟巢清太郎、永田一、小松重雄、秋元真贞	1922年6月16日创立,除了新闻电讯外,1927年3月1日亦有地方报道。一日三版,尺寸为"半纸"①,约四十页,发行量一百五十份。资本金一万五千圆,持有人独立经营
日本电报通信		支局长　吉川义章		1925年3月创立,日刊,发行量六十份
满洲商业通信社	作为海外日本人经济发展的指南,目的主要为发布经济信息。系统属于日本商业通信社的姐妹社	持有人　市川肇 社长代理理事　山本滋雄	主笔　平手议一 记者　平田志郎、信田义信	1921年10月创立,总社位于京城,日本商业通信社的姐妹社,社内兼设有日本商业通信社支店。通讯联络是与日本商业通信社各支社(日本主要城市、朝鲜主要城市、中国南部的上海、中国北部的天津、中国东北主要附属地)交换通讯。尺寸为"半纸",一日约三十五页左右,日刊一次或两次(周日、节日停刊),发行量约一百六十份。另外,作为电话通讯,利用日本、朝鲜、中国东北的递信省及递信局主局,各支社间通过预约电话等一日迅速交换五十余次消息
东亚兴信所	开办以来主要谋求日中两国人对彼此情况谅解,使买卖顺利,以便密切两国国人的经济提携,增进两者的福利。为此主要得到以满铁为首的当地各银行、公司、企业家以及其他各地公司、各企业家等的理解与支持	持有人兼社长　尾崎济	主笔　远矢治吉	1921年12月2日龟渊龙长创立,1925年11月25日接手,周刊,每份四页,每次发行两百三十二份,资本金三千圆的会员组织,发行满蒙的经济事项,即有关农业、林业、畜牧业、工业、矿业、商业、金融、水产、盐业、运输交通、企业经营方面的信息。另外,发行中国法律译文
奉天商工新报	与时事政治无关的一般工商业报道,经济方面。维护、指导(以中国东北为主的)工商业者利益。发表商况统计	清野富藏	主笔　神山哲三	1924年4月19日创立。本报最初是纪平伊左卫门发行的《满蒙绵丝布商况通报》,盘给现发行人后,在上述时日改为此名。周刊,每月发行两次,每次八页,发行量一千五百份,资本金一千圆,个人经营
奉天经济旬报	无	庵谷忱　奉天商业会议所会长	发行人　野添孝生 奉天商业会议所书记长 编辑　前山捷策 同上所书记员	以往发行的《奉天商业会议所月报》,1926年12月5日起改为上述名称,并且将发行次数定为每月三次,二十页至三十页,每次约发行两千五百份。完全是会员组织,向该会会员等迅速准确报道整个满蒙的经济状况,这是其特色

---

① 日本纸张尺寸单位,约242×333毫米。

铁岭(1927年2月15日报告)

有关报纸及通讯的调查(以1926年12月末为准)

一、概况

铁岭有日文《铁岭时报》及日、中双语《铁岭每日》两种报纸,其发行量《铁岭时报》每日四百份,该社在开原有支局,因此今后应该会增加发行量。《铁岭每日》每天仅仅不过两百份左右。

开原有《开原新报》《开原实业新报》以及《商业通信》三种报纸,均为我国文字的小规模报纸。就经营状况而言,《商业通信》一般认为稍佳,其他都颇惨淡。

在此将生活在铁岭、开原的我国人数与报纸数量进行对比的话,可知报纸数量有过多的倾向。各报社要获得大量读者很困难,尤其是最近经济不景气,也影响到这一事业,现实情况是两三家报社濒临倒闭,普遍处于经营困难状态。

另外,其他地方的报纸,在当地销售者主要是日文报纸,即《奉天新闻》《奉天每日新闻》《满洲日日新闻》《辽东新报》《大连新闻》等,《辽东新闻》以两百份为最多,其他为一百份至一百五十份,各报设支局或通讯员。而作为中文报纸,当地无发行者,因此中国人等购阅奉天发行的《东三省公报》《盛京时报》《东三省民报》等。

二、报纸、通讯

名　称	主义系统	持有人或社长	主笔及主要记者	备　考
铁岭时报(日文)	以时事报道为主,与政党政派无关	持有人　西尾信　1905年来中国东北,在各地经营过运输业,1911年创办该社,还经营印刷业,信誉普遍较高,东方通信的铁岭代表	主笔　西尾信 记者　本多正　1919年进入满铁,此后在《大连经济日报》《营口经济日报》工作,1923年进入该社。性格温和	1911年8月创刊,中版四页,日刊,为登载日本领事馆、居留民会公告的报纸。发行量约四百份
铁岭每日(中文与日文)	以时事报道为主,与政党政派无关	持有人　迫田采之助　1907年来铁岭,经营运输业,自1908年起任各地报纸的通讯员,1917年起经营《铁岭每日新闻》,还经营印刷业,基本有信誉,因其他副业失败,债务很多	主笔　罗率真 记者　迫田采之助	1917年11月创刊,中版四页,日刊,第一页为中文,其他为日文,发行量两百份以内,经营困难。未能获得日本官方许可,在中国警察的许可下发行

三、通讯员

姓　名	所属报名	备　考
本多正	满洲日日新闻、奉天新闻、商业通信	《铁岭时报》记者
末广荣二	辽东新报、奉天每日新闻	1907年作为通讯员来铁岭至今,同时经营药房,信奉基督教,长于奸智,性格有过激倾向
西尾信	大阪朝日新闻	《铁岭时报》持有人兼主笔
赤堀真一郎	大阪每日新闻	预备役陆军步兵大尉,曾任商业会议所书记长,1925年从该所辞职,经营农业,作为铁岭在乡军人会长,常为公事斡旋
松崎义造	奉天每日新闻	铁岭证券信托社办事员,1923年辞职后经营杂货业,言行似需要特别注意,相当有信誉

开原（以 1926 年 12 月末为准）

名　称	主义系统	持有人或社长	主笔及主要记者	备　考
开原新报	以时事报道为主	持有人　石川五郎　主业特产交易失败后,负债甚多,名义上是持有人,但一切业务委托给主笔山田民五郎	主笔　山田民五郎　1922 年以来任该社主笔	1919 年创刊,四页,日刊,发行量两百八十余份。发行以来持有人多次变更,现经营困难
开原实业新报	以经济时事报道为主	持有人　篠田仙十郎　一直为各报通讯员,1923 年经营此报	主笔　篠田仙十郎	1923 年创刊,四页,日刊,油印发行,曾一时经营良好,但目前编辑、印数者仅仅是名义上的,经营颇为困难
商业通信	以经济时事报道为主	持有人　平手议一　1920 年以来任日本通信社记者,1922 年至开原支社上任至今。性格爽快,但稍粗暴	主笔　多久岛岁一	1924 年创刊,发行量平均七十份,十三页,日刊通讯,向加入者发布一般经济状况、行情变动等通讯,经营状况大致良好

通讯员（开原）

姓　名	所属报名	备　考
佐竹令信	满洲日日新闻	在开原从事特产等种种事业,现处于失败状态,但在中国人之间有信誉
田下改正	大连新报	
曲文元	关东报	
川濑庄之助	辽东新报、奉天日日新闻	

掏鹿（1927 年 1 月 6 日报告）

本馆负责的区域内,没有报纸和通讯发行,各方在此常设通讯员,同时还负责销售报纸。报纸的种类及通讯员姓名等如下。

地方别	报　名	总社所在地	通讯员姓名	一年的销售份数
西丰县掏鹿	泰东日报	大连	万洪钧	10 800
	东三省公报	奉天	高全五	9 000
	东三省民报	奉天	李九州	7 200
	盛京时报	奉天	冯治华	14 400
	大北时报	奉天	冯治华	1 800
	东方时报	奉天	吕选三	1 800
	东三省时报	奉天	张子安	1 800
	关东报	大连	瞿伯符	1 800
西县大疙瘩	盛京时报	奉天	张小潜	33 600
	东三省公报	奉天	陈德武	28 840
	泰东日报	大连	詹汇川	28 000
	东三省民报	奉天	无通讯员,由报社向各机关直接邮寄	

(续表)

地方别	报名	总社所在地	通讯员姓名	一年的销售份数
东丰县 大肚川	盛京时报	奉天	郁兴	1 620
	东三省公报	奉天	郁兴	1 320
	东三省民报	奉天	沈子芳	1 500
	泰东日报	大连	沈子芳	800

牛庄(1927年1月12日报告)

概况

日文报纸：《满洲新报》是现在营口唯一的日文报纸，尽管有相当长的历史，但由于大连、奉天等地的经济发展显著，而这些地方的报纸也随之获得了异常发展，并且还将影响扩大到了本地，而该报的内容等依然不脱老套。其结果是，随着近年来我国人在营口的经济失去活力，该报的经营也处于重重困难之中。

中文报纸：《营商日报》声称为了整顿工厂，刷新内容，自1926年8月起临时停刊，但仍未复刊。

至于大连及奉天的日文报纸在本地的销售情况，大连约四百五十份，奉天约一百份。

一、报纸

名称	主义系统	持有人或社长	主笔及主要记者	备考
满洲新报(日文)	1.开发满蒙，发扬日本国民性。2.与政党政派无关。5.日本①	持有人 小川义和 曾为关东厅巡查，1908年10月以来在该报工作，1911年为主笔，1925年8月原社长冈部次郎死后继任社长	主笔 社长兼任 记者 淡路政太郎 曾为台湾总督府雇员，1909年以来为记者	1.1908年2月②创刊。2.日刊(周日、节日的次日休刊)，四页。3.发行量一千五百份。4.社址位于营口新市街南本街。5.1919年、1920年的景气年代发展顺利，但近来经营困难
营商日报(中文)	1.振兴地方经济。2.与政党政派无关。3.营口总商会的机关报。5.中国	持有人 1.营口总商会。2.同前	主笔 高景房 山东黄县人，曾任我方军政署书记员，该署撤除后任营口总商会书记员，1920年任该社主笔，生性质朴稳健	1.1907年10月创立。2.日刊(周日的次日休刊)，六页。3.营口西大街。4.创立当初经营困难，1915年、1916年以后顺利发展，但1926年8月5日起一直休刊

二、通讯员

姓名	所属报名	备考
小川义和	大阪每日新闻	1.参照上述满洲新报社社长简历。2.学历浅，但曾经担任过居留民会会长，现在则任商业会议所特别委员，能言善辩，善于作文，是当地相当重要的人物
淡路政太郎	大阪朝日新闻	1.参照上述《满洲新报》记者简历。1911年2月起任大阪朝日通讯员。2.性格温厚，无社会影响
东登一郎	满洲日日新闻	1.关东厅警视出身，1923年3月受聘任中国营口警察厅顾问，同年8月起任本地《满洲日日新闻》支局主任。2.生性朴实，无社会影响
田边源吉	辽东新报	经营报纸杂志代销店
吉住鹤八	大连新闻	担任过民团书记员，在自来水公司工作过，1921年6月起任该报营口支局长
田中次雄	奉天每日新闻	1.关东厅巡查出身，1914年3月末在当地经营旧货店，同时兼任该报通讯员
堀井政太郎	奉天新闻	1.1913年12月起在本地经营药种买卖，1921年6月任《奉天新闻》营口支局主任

---

① "主义系统"与"备考"栏的序号所代表的意思，可参看翻译的本年度资料"辽阳(1927年2月24日报告)"。

② 1926年报告为"1907年12月"。

辽阳(1927年2月24日报告)

有关报纸及通讯等的调查

一、概况

本领事馆负责的区域内没有有影响的报纸,仅辽阳、鞍山两地有报纸,一是日文《辽鞍每日新闻》(四页),相当于一般报纸半页大小,二是中文《辽东日报》(四页),一样半页大小。两报在普通舆论界毫无权威,都只能称是广告式报纸,仅兼做当地的社会报道机关。另外,它们与团体没有关系。

二、报纸、通讯及杂志

名　称	主义系统	持有人或社长	主　笔	备　考
1.报名:辽鞍每日新闻。2.不兼有英文名等他国语言名称。3.使用文字国别:日文。4.报纸、通讯及杂志之别:报纸	1.主义主张:着眼于报道一般政治、经济及地方消息,评论亦比较稳健。2.与政党政派无关。3.在政党政派以外各方面亦无关系或影响。4.对日本的态度自不待言。5.所属国籍:日本	持有人或社长姓名及其简历概要:社长渡边德重,山梨县人,1899年山梨县立第一中学毕业后,为山梨民报社员,1905年来中国东北,历任辽阳日本人会书记员,辽东新报社通讯员等,1908年获得发行《辽阳新报》(后改称《辽鞍每日新闻》)的许可。担任大阪朝日、东方通信通讯员,还是辽鞍印刷会社、满洲纺织会社董事,名列当地实业家之列	主笔　渡边德重　简历等同前 主要记者　野尻弥一熊本县人,1911年同县师范学校毕业后,历任同县及哈尔滨小学教员,1922年进入辽鞍每日新闻社	1.创刊年月:1908年12月创刊,当初称《辽阳新报》。1919年10月30日起改称《辽鞍每日新闻》。2.日刊、周刊或晨报、早报等的区别,每份平均页数:日刊、晨报,平均页数四页。3.发行量一千零二十一份。4.社址在辽阳附属地外。5.创刊至今的经过概要:顺利发展,无值得特记之处。6.报道特色:无
1.报名:辽东日报。2.不兼有英文名等他国语言名称。3.使用文字国别:中文	1.主义主张:标榜提倡实业,发扬文化,维持邻交。不偏不党,评论比较稳健。2.与政党政派的关系:无	1.持有人或社长姓名及其简历概要:社长谷旸,号渤岩,今年45岁,1912年奉天法政学校毕业后,在辽阳城内县署街律师开业至今。在律师业信誉相当深厚	主笔兼经理　岑鹤桥辽阳县人,今年39岁,奉天师范学校毕业后,任盛京世界广告社主任,1926年4月回辽阳,筹办《辽东新报》,个人经营,但刚起步就陷入经营困难,便与当时新创刊的《社会与教育》合并,但依然经营困难,最后将该社盘给了谷	1.创刊年月:1926年4月。同年11月与另一新发行的《社会与教育》合并,但不久就遇到经营困难,同月15日起停刊,今年1月11日更换社长而复刊。2.日刊、周刊或晨报、早报等的区别,每份平均页数:日刊、晨报,平均四页。3.发行量六百份。4.社址在辽阳城内。5.创刊至今的经过概要:不顺利,应该不会长久办下去。6.报道特色:无

三、通讯员

本地没有特别派驻者,居住于本地者作为副业兼职通讯业,有时将当地发生的事写成通讯发给各自报纸。

姓　名	所属报社	备　考
渡边源次郎	辽东新报社	1886年生,山梨县人,1894年3月市立甲府商业学校毕业,1894年进入东京正则预备校学习,同年7月离校,1908年早稻田大学商科毕业
宫崎晓一郎	同上	1887年生,福冈县人,1907年福冈县丰津中学毕业,1911年6月任海关官员,1918年3月升任海关事务官补[①],同日被免,同年进入上海交易所工作,1920年解聘,1921年8月任关东厅巡查,1922年10月受处分免职后,任《奉天每日新闻》探访记者,1925年1月起任《奉天每日新闻》鞍山支局雇员,1926年10月起任《辽东新报》通讯员
岛村户市	奉天每日新闻社	1871年生,兵库县人,1900年任京都府税务监理局雇员,1902年任京都府巡查,1911年任关东都督府巡查,1917年任辽阳三业组合书记员,1926年4月任《奉天每日新闻》辽阳通讯员

---

① "补"为日本官职之一,下同。

(续表)

姓　　名	所属报社	备　　考
渡边直八	同上	1878年生，鹿儿岛县人，在家乡当过小学校准训导，后来做过税务员、巡查等，1921年任《奉天每日新闻》鞍山支局主任
杉木心一	大连新闻社	1870年生，京都府人，在家乡当过小学校准训导，后来在政府机关做书记员，来中国东北后在辽阳经营印刷业，1925年任大连新闻社辽阳支局主任
佐藤新藏	同上	1887年生，冈山县人，小学毕业后为通讯办事员，1908年任关东都督府通信书记补，1917年任关东都督府递信书记，1925年4月辞去官职，同月经营八千代生命保险会社及胜家缝纫机公司代理店，兼任《大连新闻》鞍山通讯员
佐佐野忠八	奉天日日新闻社	1871年生，长崎县人，长崎县立商业学校毕业后，参加甲午、日俄战争，在辽阳从事过土木建筑承包业，后来任《奉天日日新闻》辽阳支局主任
末宗安吉	同上	1891年生，大分县人，先后在山东、中国东北经营商业，1924年任《奉天日日新闻》鞍山支局主任
渡边德重	大阪朝日新闻社、东方通信社	如前所述
猿渡源藏	满洲日日新闻社	1886年生，福冈县人，曾任关东厅警部，辞任后任辽阳满蒙棉花株式会社专务董事，继而经营代书业，1925年任《满洲日日新闻》辽阳支局主任，工作之余经营文具店
加藤万三	同上	1852年生，来中国东北后经营商业，1918年任满洲日日新闻社鞍山支局主任
青山员雄	奉天新闻社	1876年生，兵库县人，家乡中学毕业，1896年从关西法律学校毕业，1898年就职于大阪税务监督局，1904年为兵库县书记员，1907年任《满洲新报》记者，1911年任《釜山日报》记者，1915年任《西鲜日报》记者，1919年任《奉天每日新闻》辽阳支局主任，1926年8月任《奉天新闻》辽阳支局主任
野村数幸	同上	1896年生，广岛县人，历任中国东北各地各种报纸的通讯员，1925年任奉天新闻社鞍山支局主任
加藤政人	极东周报社	1884年生，福冈县人，早稻田中学毕业后来中国东北，经营过各种商业，1923年任极东周报社鞍山通讯员
权藤喜彦	辽鞍每日新闻社	1903年生，鹿儿岛县人，大阪关西商业学校毕业，在大阪做过银行职员，来中国东北后，任报刊记者，1924年任辽鞍每日新闻社鞍山通讯员

中国人之部

姓　　名	所属报社	备　　考
刘先普	泰东日报社	1867年生，辽阳县人，十多年前起任小学教员，1921年3月任《泰东日报》支局主任兼通讯员
张贵年	盛京时报社	1896年生，辽阳县人，辽阳满铁经营的公学堂毕业后，任制糖公司办事员，1925年任支局主任兼通讯员
丁桂卿	关东报社	1860年生，辽阳县人，秀才出身，现为奉天省职员，1925年任《关东报》辽阳支局主任兼通讯员
张锡瑕	东三省公报社	1882年生，辽阳县人，律师的办事员，工作之余担任《东三省公报》支局主任兼通讯员
白峻山	满洲报社	1900年生，辽阳县人，辽阳满铁公学堂毕业后，1924年为工商银行职员，1926年任《满洲报》支局主任兼通讯员

新民府（1927年1月27日报告）

本领事馆负责的区域内没有报纸、杂志等发行，至于通讯员，如去年1月25日所发拙信"机密公第十八号"所报告的那样，仅有《盛京时报》及中国方面的通讯员五名。1926年间没有变化。他们主要负责销售各报纸，随时发送有关当地情况的通讯,但缺乏学识和经验,没有什么特别应该报告的事项。事实如上,谨此报告。

安东(1927年2月3日报告)

一、概况

本领事馆负责的区域内发行的报纸,及至1926年10月中文日刊报纸《亚东时报》创立,加上以前的《安东新报》《东边时报》,现在有三种报纸。

《安东新报》是我国人经营的日刊报纸,是没有什么政治主义的普通时事报道机关。其创立经过是,1906年夏有志于此的两三名市民协议,计划创办股份制(每股25圆)报社,以当时的军政署翻译官小滨为五郎为社长,柳原蛟为主笔,同年9月开始募股,获得一万圆资金,同年10月15日开始创刊。

接着,1908年9月小滨社长从各股东手上购入股份,将报社变更为个人经营,继续发行。1912年9月与《安东每夕新闻》合并,1913年10月小滨社长就任当地民团理事,南部重远继任社长,不过,南部于1916年3月死亡,小滨为五郎再次任社长。1919年12月小滨死亡后,当时的主笔川俣笃任社长,直至今日。

此外,满鲜时报社长(安东的周刊报纸)中村英,鉴于经营困难和同一地方有两家报纸多有不利,听取地方有志人士的劝告后,自1925年7月将该时报停刊,就任《安东新报》副社长。该报正在步步发展,但读者的范围限于安东和新义州,发行量也不足两千份,还未取得充分成绩。

《亚东时报》为当地一流实力人士中野初太郎发起创办的日刊中文报纸,属于个人经营,以日中经济提携为目的。在外务省(提供一千圆补助)、满铁(提供五千圆补助)、地方有志人士赞助下,以资本金约一万五千圆于1926年10月创办,10月31日天长节当天发行创刊号。自此一直发行小型四页中文报纸。现在发行量约一千五百份,其中中国读者约一千两百人。当事人觉得取得了意想不到的成绩,期待着今后也能进一步发展。

《东边时报》是当地唯一的中国报纸。在原东边道尹王顺存苦心筹措下,于1923年12月21日创刊。此后每日发行,六页,发行量约一千五百份。作为中国方面唯一的舆论机关,登载政治、经济以及其他时事报道,致力于中方的宣传,恰似官方的机关报。

还有,该报从1926年8月起,在发行本报的同时开始发行小型四页的日刊报纸《小安东》,面向下层社会,正取得相当好的成绩。现任社长吕子厚创立当初是印刷主任,在原社长康荫叔离开后接任,直至今日。

二、报纸、通讯及杂志

区分	名称	主义系统	持有人或社长	主笔	备考
日刊	安东新报(日文)	作为当地日刊报纸,报道政治、经济及一般时事	川俣笃	中村英	1906年10月15日创刊,发行量一千八百五十五份
日刊	亚东时报(中文)	以日中经济提携为目标,另外登载一般时事	中野初太郎	森井国雄	1926年10月31日创刊,发行量一千五百份
日刊	东边时报(中文)	中国方面的机关报,报道政治、经济及一般消息	吕子厚	路鹤珊	1923年12月21日创刊,发行量一千五百份

三、通讯员

姓名	报纸、通信社名	备考
日文报纸		
吉永成一	奉天每日新闻安东支局,兼大阪每日新闻通讯员,兼亚东时报社员	均为无显著经验者,发布商务及一般时事通讯
佐藤一三	辽东新报安东支局	
安达岩	奉天日日新闻安东支局	
草场强太郎	满洲日日新闻安东支局	

(续表)

姓　名	报纸、通信社名	备　考
堀山宗逸	抚顺新报安东支局,兼朝鲜时报安东支局	均为无显著经验者,发布商务及一般时事通讯
川村猪佐夫	京城日报安东支局	
杉山宗作	鸭江日报安东支局	
锦贯秀藏	奉天新闻安东支局	
森和作	朝鲜新闻安东支局	
中文报纸		
马正元	醒时报安东支局	总社　奉天
王显沈	满洲报安东支局	总社　奉天
高振鹏	东三省公报安东支局	总社　奉天
王建邦	盛京时报安东支局	总社　奉天、日本人经营
王大鲁	泰东日报安东支局	总社　大连、日本人经营
罗英旗	大公报安东支局	总社　天津
段香涛	东亚日报安东支局	总社　奉天

抚顺(1927年4月28日报告)

名　称	主义	持有人	主　笔	备　考
抚顺新报	无	窪田利平	同前	1921年4月创刊,发行量约一千两百份

本溪湖(1927年4月28日报告)

名　称	主义	持有人	发行人兼编辑	备　考
安奉新闻	无	冈定规	百田宪	1913年4月创刊,日刊,发行量三百十二份

通讯员

姓　名	所属报名	备　考
特派员　长冈克晓	大阪每日新闻	
同上　冈山源六	大阪朝日新闻	鹿儿岛县师范学校毕业
同上　国松文雄	同上	
支局主任　小林五十藏	辽东新报	
支社主干　进藤兴吉	大连新闻	
支社长　太原要	满洲日日新闻	东京外国语学校毕业
通讯员　山下一良	读卖新闻	
支局长　斋藤善之助	抚顺新报	

海龙(1927年2月10日报告)

关于报纸与通讯等的调查(海龙分馆)

本领事馆负责的区域内还没有报纸、杂志等发行机关,只是作为通讯员,《东三省公报》《盛京时报》及其他中国东北各中文报纸的通讯员有十多人。他们在发出通讯的同时,销售报纸。因此,作为通讯员看不出显著的经历及影响。

洮南(1927年1月6日报告)

本领事馆负责的区域内,没有报纸、通讯及杂志等发行,通讯员也只是在销售报纸之余,做些通讯工作,但没有专业从事者。本馆负责的区域内各地通讯员姓名等如下:

姓　名	所属报名	备　考
刘贞一	盛京时报、东三省公报	原为商人
殷秀忱	东三省民报	同上
刘国忱	泰东日报	同上
赵荫南	申报、辽东时报	不详

通辽(1927年1月6日报告)

本领事馆负责的区域内,没有报纸、通讯及杂志等发行,通讯员也只是在销售报纸之余,做些通讯工作,但没有专业从事者。本馆负责的区域内各地通讯员姓名等如下:

姓　名	所属报名	备　考
徐子明	盛京时报	原为商人
刘南臣	东三省公报	同上
史印章	东三省民报	原为警官

郑家屯(1927年1月6日报告)

本领事馆负责的区域内,没有报纸、通讯及杂志等发行,通讯员也只是在销售报纸之余,做些通讯工作,但没有专业从事者。本馆负责的区域内各地通讯员姓名等如下:

姓　名	所属报名	备　考
吕联芳	盛京时报	原为商人
吕绍阳	东三省公报	同上
张元恺	东三省民报	县知事
徐省三	关东报	原为商人
王典五	泰东日报	不详

四平街
报纸

名　称	主义系统	持有人或社长	主　笔	备　考
四洮新闻(日文)	时事报道	发行人　樱井教辅	同前	1920年10月创刊,日报,发行量约四百份

有《盛京时报》及其他在东北地区的日文及中文报纸通讯员。

公主岭
报纸

名　称	主义系统	持有人或社长	主　笔	备　考
公主岭商报(日文)		持有人　三村高次郎	同前	1920年4月创刊,日报,发行量约百份

有《辽东日报》及其他中国东北地区日文及中文报纸通讯员。

吉林省

吉林(1927年3月3日报告)

一、概况

1926年末,在本领事馆负责的区域内的报纸中,中文报纸有中国人经营的《吉长日报》《新共和报》《通俗白话报》三种,以及日本人经营的《东省日报》。日文报纸有《松江新闻》《吉林时报》两种。本地为吉林省省会,人口据称约十五万人,尽管在政治、经济等各方面有着相当丰富的报道材料,但该业微弱不振,报社大多收不抵支,以至于创刊后不久即废刊或停刊。原因应该有很多,边远地区交通不便,报纸不能迅速送达,收缴订报费极为困难,加上居民层次大多低下,应该购阅的知识阶层人数少,报纸销路不广,奉天《盛京时报》在本地的销售量达八百份左右,诸如此类都是其主要原因。

二、报纸

名　称	主义系统	持有人或社长	主笔及主要记者	备　考
吉长日报	吉林省官方的机关报,致力于拥护省官方的施政方针	社长　顾品一　前清时代举人出身,现任吉林省长公署第三科长、三江会馆馆长	记者　魏邵卿　前清秀才出身,曾任中俄外交委员会吉林会员,现为省公署第三科第三组长及吉林交涉署秘书	1909年创刊,日刊,六页,发行量一千二百份,社址在吉林省城粮米行街。1912年报社遭火灾,约停刊四个月,此外并无波折,因而1915年、1916年间发行量达四千份左右。但其后逐渐衰微,1923年末发行量减少到仅仅七百份。最近约发行一千二百份。省官方每月提供四百五十元补助。以官方消息敏捷快速为特色,在本地中文报纸中居首位
新共和报	吉林全省商会机关报,与政党政派无关	社长　江大峰　曾任商总会调查员,吉林县阿什哈达木征税官	记者　叶开甲　吉林法政专门学校毕业	1917年创刊,1920年停刊,1921年再刊,1923年再次停刊,1925年5月重新发行。日刊,六页,社址位于吉林省城粮米行街,发行量约五百份,吉林商工总会每月提供五十元补助,各地商会每月共提供一百元补助,以实业方面的报道为主
通俗白话报	吉林教育厅的机关报,与政党政派等无关	持有人　教育厅　社长　初鹤皋　曾任吉林省立模范高等小学校长、省立女子师范学校校长、吉林教育厅视学员	记者　沈仁甫　曾任吉林模范区义务小学视学员	1919年1月创刊,每周一、三、五发行三次,两页,发行量约七百份,社址在吉林省城河南街。作为社会教育事业之一而出现的该报,有关教育、文化方面的报道居多。吉林教育厅每月提供吉大洋二百元补助
吉林公报	吉林省官报	吉林省长公署政务厅第一科	主笔　薛凌熙　吉林政务厅第一科长	1916年创刊,日刊,约二十页,发行量约一千五百份,社址在吉林省长公署,是省官报,专门登载指示、训令、告示等
东省日报	以日中亲善为主义,致力于公正地说明错误的对日宣传,与政党政派等无关。日本人经营	持有人兼社长　三桥政明　外国语学校中文科毕业,曾任南满建材工业会社董事长,现在负责长春《北满日报》吉林支局	主笔　刘云峰　北京协和医学校毕业,曾任吉林中华基督教青年会干事	1922年7月创刊,日刊,六页,发行量七百份,社址在吉林省城商埠地。与中国人经营的报纸相比,有关日本方面的报道迅速。至1925年3月,外务省提供补助,但其后终止。现在经营处于颇为困难之中
松江新闻(日文)	与《东省日报》相同	同上	主笔　三桥政明　记者　时政清　釜山商业学校(甲种)毕业后,入早稻田大学(英文科),中途退学	1923年9月创刊,日刊,当初为两页,1925年2月起改为四页,登载长春及其他方面的报道。社址位于吉林省城商埠地,发行量七百份。目前收不抵支,经营困难
吉林时报(日文)	以报道中国方面时事为主,与政党政派等无关	持有人兼社长　儿玉多一　明治法律学校毕业	主笔　儿玉多一	1911年2月创刊,每周三发行一次,小判,四页,发行量约三百五十份,社址位于吉林省城商埠地

三、通讯员

姓　　名	所属报名	备　　考
谷香圃	奉天《盛京时报》	就当地情况发送通讯
王恩波	《天津益世报》《北京日报》《顺天时报》、上海《申报》	除了通讯外，兼销售
高玉峰	《东三省民报》	就当地情况发送通讯
薛凤林	《满洲报》	就当地情况发送通讯
儿玉多一	《东京时事新报》《大阪时事新报》及东方通信	吉林时报社长兼长春兴信所长，工作之余为以上报纸发送通讯
三桥政明	《北满日报》《大阪朝日新闻》《大连新闻》	东三省日报社及松江新闻社长，工作之余为以上报纸发送通讯
稻村峰一	《长春实业新闻》	就当地情况发送通讯
辻川佐助	《辽东新闻》	就当地情况发送通讯
伊藤季藏	《满洲日日新闻》	中日实业兴信所吉林支所长，工作之余为以上报纸发送通讯

长春
报纸、通讯及杂志

名　　称	主义系统	持有人或社长	主　笔	备　　考
大东日报(中文)	启发民智，增进文化，改善社会风教。与吉林省议会及地方学生青年有关系	霍占一	刘少清	1915年5月创刊，日报，发行量约七百份。是当地排日先锋，在各种纪念日等总是煽动学生，致力于排外宣传。经营不振
北满日报(日文)	时事报道	社长　箱田琢磨	泉廉治	1912年1月创刊，日报，发行量两千二百份
长春实业新闻(日文)	时事报道	发行人　十河荣忠	老木近信	1920年12月创刊，日报，发行量一千六百份
商业通信(日文)		发行人　市川弘	石田鹤龟千	1923年12月创刊，每日发行两次，发行量三百三十份
内外经济通信(日文)	商况、市价通讯	发行人　竹内藤一	安彦六三郎	1925年4月创刊，日报，发行量七十份
长春商业会议所调查汇报(日文)		发行人　大垣鹤藏	同前	1921年1月创刊，每月发行两次，发行量四百份
长春兴信所内报(日文)		持有人　清水末一	同前	1921年5月创刊，每月发行两三次，发行量约八十份

有《盛京时报》《东三省公报》《北京交通日报》《新天津报》《大阪每日新闻》《东京、大阪时事新报》《福冈日日新闻》及其他日本、朝鲜、中国东北地区报纸的通讯员。

农安(1927年2月9日报告)

本领事馆负责的区域内没有报纸、杂志等发行，有在大连、奉天发行的中文报纸的分社或支局，由一两名办事员负责销售，工作之余发送通讯。其主管者姓名及销售量如下：

报　　名	主管者姓名	销售份数	备　　考
盛京时报	农安分社主任刘杰忠	八十	
东三省公报	农安分社主任丁玉衡	四十	
益世报	农安分社主任丁玉衡	四十	
东三省民报	农安分馆经理王尊三	四十	
奉天东报	农安分馆主任王尊三	三十	
泰东日报	农安分局经理牛芳馨	四十	
大连关东报	农安分社主任王海忱	三十五	

哈尔滨(1927年1月17日报告)
报纸
1. 中文

名　称	主义系统	持有人或社长	主笔及主要记者	备　考
国际协报	鼓吹协和国际主义,指导国际贸易发展。最近公报发行以来,与行政长官公署及其他官方有密切联系	张复生	张子淦、白毅、王新民、吴子尚	1919年1月10日创刊,日刊晨报,八页。发行量一千两百份。社址位于哈尔滨商埠区新城大街
东三省商报	鼓吹启发商业,与当地商业机关有联系,亦与中国官方有联系,但似乎采取比较自由的立场	叶元宰	杨立三、徐润亭、李似华	1921年12月1日创刊,日刊晨报,八页。发行量一千份。社址位于哈尔滨傅家甸新市街
东陲商报	商业机关报,倡导商业发展。依靠绅商集资	经理　尹捷卿	张骧、汪镜周	1917年4月2日创刊,日刊晨报,八页。发行量五百份。社址位于哈尔滨傅家甸升平街
滨江时报	超然主义,启发社会	经理　范聘卿	赵逸民、范介卿	1920年4月3日创刊,日刊晨报,八页(副刊消闲录),发行量五百份。曾经影响相当大,但有逐渐衰落之感。社址位于哈尔滨傅家甸安埠大街
大北新报	日中亲善,开发满蒙。奉天《盛京时报》的分身,《盛京时报》的东北北方版	代表　山本久治	王丕承、李东初	1922年10月1日创刊,日刊晨报,四切①大,四页,发行量两千五百份。社址位于哈尔滨傅家甸八站
午报	开发民智。有宣传排外倾向	赵郁卿	林啸天	1920年5月创刊,日刊午报,四切②大,四页(副刊《滨江画报》),发行量三千份。社址位于哈尔滨傅家甸中十七道街
东北月报	启发文艺	王辅濆	王瀛洲、梁醒时	1924年10月5日创刊,月刊杂志,发行量一千两百份。社址位于哈尔滨傅家甸正阳街
华东通讯	接受当地特别区行政长官公署及其他中国官方的补助,关系密切	主任　陈公韬	兼任编辑　陈公韬　发行人　陈纪扬	1923年5月1日创刊,油印通讯,四次以上。发行量三百份。社址位于哈尔滨傅家甸四道街

①②　日语表示纸张尺寸的专用名词,约382×542毫米。

(续表)

名　称	主义系统	持有人或社长	主笔及主要记者	备　考
无线通讯	分发给希望接收各地无线电讯的人,毫无独特的主义、主张	刘翰		将中国陆军接收的各地无线电讯,发布给希望获得者,发行量四五十份
大成时报	标榜改良社会、纠正舆论、发扬文艺	王觉民	社长兼任	1926年3月11日创刊,日刊晨报,四页(四切),发行量五百份。社址位于哈尔滨傅家甸中十一街道
华北新报	改良风俗,开发民智	杨妙峰	刘绍李	1926年6月15日创刊(一度停刊),同年12月1日再刊。日刊晨报,四页(四切),发行量一千份,社址位于哈尔滨傅家甸中十六街道
松北报	提倡振兴工商。接受市政局补助	王目空	社长兼任	1926年8月15日创刊,日刊晨报,四页(四切),发行量五百份。社址位于哈尔滨傅家甸新市街中十七道街
哈尔滨公报	特别区及东支行政署机关报	关鸿翼	高健国、崔萧九、杨墨轩	1926年12月10日创刊,日刊晨报,十六页,附属报俄文报纸八页。发行量两千份,社址位于特别区南岗军官街十二号

2. 俄文

名　称	主义系统	持有人或社长	主笔及主要记者	备　考
Новости жизни(俄文)	急进社会主义,讴歌劳农政治。排日色彩极其浓厚,苏联国籍	社长　切鲁尼夫斯基与克里奥林共同经营	1.主笔　切鲁尼夫斯基　正业为医生,长期涉足报业,被公认为老朽恶辣的犹太主笔。旧社会民主党员,在沙俄时代曾因侵害名誉罪入狱,大战期间志愿入伍任军医,获得释放。众所周知,其子是最近停刊的当地共产党机关报 Эхо 的前身 Трибуна 的再前身 Россия 的主笔,1920年被右派军官公然施加私刑。2.莫西克夫	1907年①创刊,日(晨)刊,六页,周日与节日八页[另有附录画报(八页)],周日与节日的翌日停刊,发行量约三千五百份。购阅者以居住于埠头区的犹太人居多。1907年切鲁尼夫斯基与莱文钦古莱卢发行的 ВѢСТНИКЪ Востока 与克里奥林发行的 Девятый вал 合并,改称 Новая жизнь。此为本报的前身。Новая жизнь 存在期间在当地舆论界出类拔萃,标榜激进社会主义,屡屡触犯当局忌惮,终于在1914年改为现名。从其孟尔什维克主义的立场出发,1917年2月革命时,大力拥戴克伦斯基政府,十月革命后将攻击的矛头尖锐地指向劳农政府,但1919年秋起对劳农政权逐渐采取妥协态度,1920年春远东的斯梅诺霍维茨妥协派首领乌斯妥尼亚洛夫博士进入该报,作为活跃于红白两派之间的妥协派的一大舆论机关而影响大增。1923年末右倾化的乌斯妥尼亚洛夫博士退出该报,其文章见报变得稀少,报纸因而稍稍转衰,最近的内容缺乏活力。因为努力为劳农政治说好话,购阅者正在减少。不过,采用最新式铅字,每到周日、节日附加八页画报,而且近来有关科学方面的内容相当丰富,以上各点是其他报纸无法追随的。另外,在特产品上市季节,在中东铁路商业部长季基的指挥下,该报大肆登载排日、排斥"满铁"的报道,是每年的"例行公事"

---

① 1926年报告为"1909年"。

(续表)

名　　称	主义系统	持有人或社长	主笔及主要记者	备　考
Молва（俄文）	共产主义，讴歌苏维埃政治。联邦籍	涅齐金	1.主笔　涅齐金　匿名戴维力，革命前开香肠加工厂，后来做 Заря 的投递员而显露头角，担任过该报的司法、杂报记者。缺乏政治定见、节操。今年12月劳农方面失去再刊其机关报 Эхо 的可能，经过商量，该报摇身一变准备成为其机关报，今后自己亲自主持经营。2.杜拉乌丁　今年夏归俄国，前任 Эхо 主笔，兼塔斯社通讯员，作为弗特洛夫的后任在秋季来本地任职。党员。3.莱弗考夫斯基　匿名泡力特拉库，今年冒充赴日大歌剧团员中的音乐家去过日本。党员。由 Эхо 转入。4.拉布罗夫　在成为劳农机关报之前担任本报首席记者。德国犹太人。5.考莫凯斯　一直任 Эхо 主笔及塔斯社通讯员的秘书，主要负责操纵劳动组织，党员	1924年8月创刊，日（晨）刊，周日与节日的翌日停刊，六页（相当于日文报纸的六页），不过，周日与节日为八页，发行量七千份（至11月仅仅为三百五十份）。购阅者以中东铁路职员为主。创刊时为不定期发行，完全靠广告费维持。但1924年中东铁路赤化后，与中东铁路苏维埃方面接近，获得若干补助。内容极其贫乏，一般俄国人几乎不加以关注，发行量也十分少。但今年12月成为劳农机关报，将 Заря 的记者全部接收下来，页数则从四页增加至六页，在 Новости жизни 的印刷厂印刷，内容与外貌均 Заря 化，并且完全获得了 Заря 的所谓强制性购阅者
Русское слово（俄文）	以复兴帝政、俄罗斯为理想的过激派。立宪民主党机关报，在帝政派俄国人中有相当影响力，但近来内容完全不值得阅读，衰落显著。对日本一向比较友好，但对抗日本经济的进入。最近亲日化显著。对于苏维埃，凡事必加以攻击。无国籍	社长　斯巴斯基	1.主笔　格鲁勃夫　今年2月 Русский голос 改名为 Русское слово，由此升为主笔，萨马拉市出身，法律家，医生。1917年从政，为立宪民主党员。其有关财政问题的见识值得倾听。2.格鲁齐亚科夫　无产阶级出身，故其思想是民主性的，没有教育背景，但是极端的反过激派，过去不仅在斯伊尔库茨克任立宪民主党报纸主笔，还与三家报纸有关。现在担任社论及政治报道	1920年6月①创刊，日（晨）刊，四页（即相当于日文报纸的六页），周日与节日六页至八页，周日与节日的翌日停刊，发行量约一千五百份。购阅者完全为白俄，还有若干份寄送西欧主要城市。本报目前由执笔于 Заря 的萨特夫斯基、卢杰夫斯基编辑。该报在创办时，尚有极右系统的 Свет 发行，代表哈尔滨地区立宪帝政派的言论，而该报在当年的10月就倾向于极右，拥护谢苗诺夫，后来凡是以复兴沙俄帝国为目的的白军将军，诸如乌兰格鲁、梅尔格卢夫、季戴利库斯、古莱勃夫、奈察维夫等加以拥护。此外还与西欧白俄领袖米李尤科夫（革命前任首相）一派有联系。1923年末，又拥戴尼古拉大公，逐渐成为白俄系思想界一大势力。1924年紧接着上述中东铁路机关报 Свет 的废刊，该报遭到财政危机，几乎失去所有优秀记者，负债不断增加，今年2月达到经营困难的极点，编辑由当时的武维·瓦斯特罗琴转为现在的萨特夫斯基担任而改名。改名后报纸的内容甚为贫乏，购阅者不断减少

---

① 1926年报告为"1920年7月"。

(续表)

名　称	主义系统	持有人或社长	主笔及主要记者	备　考
Заря	标榜中立，但近来几乎可称为白系报纸。在无所属党派人群中有影响。一向亲日，但从经济性立场有些排日色彩，近来则无法确认其倾向。无国籍	艾姆・莱姆毕齐	1.主笔　艾姆・莱姆毕齐　革命前在俄罗斯各报中最有影响的 *Русское слово* 任记者，大战期间随从西南战线布卢西洛夫将军指挥的军队任该报特派员。其后，在鄂木斯克政权时期与伊万诺夫・列夫将军一起针对高尔察克政府采取行动。经营、编辑报纸的经验丰富，足智多谋，在此点上出类拔萃。2.希普科夫　首席记者，经营丰富，战前在鄂木斯克与数家报纸有关，革命后在该市与莱姆毕齐相识。3.萨特夫斯基・卢杰夫斯基　在中东铁路赤化前，为其御用报社工作，发行白系 *Свет*。在其前则为中东铁路总公司高级职员，在 *Заря* 发表揶揄性评论	1920 年创刊，日（晨）刊，四页（即约相当于日文报纸的六页），周日与节日六页。其他俄文报纸周日与节日的翌日停刊，而本报仅仅节日的翌日停刊。发行量约四千份。主要爱读者为埠头区居民、中东铁路职员（指知识阶层）、医生、律师、法律家、小商店等。1920 年创刊时为晚刊，后来改为晨刊报纸，不断发展，1923 年进而同时发行晚刊（希普科夫任主笔），但 1925 年夏废止晚刊。内容排列摆脱俄文报纸通常所见的朴素的传统套路，仿效美国报纸使用大标题，努力标新立异。该报与中东铁路中方要人、中国一般官员，尤其是司法、警察方面关系密切，报道十分灵活，满载煽情性内容，因而在吸引读者好奇心方面值得一提，但有时荒诞无稽。今夏开始使 *Рупор* 成为其姐妹报（详情参照 *Рупор* 栏）
Рупор	民主主义，反过激派，白系。无国籍	卡夫曼	1.主笔　卡夫曼　主业为医生，但广泛涉足报业，至今年 4 月中方收回市政为止，任哈尔滨市市会议员，好论战，斗士。2.佩特洛夫　帝政时代军官出身，曾任 *Русский голос*（*Русское слово* 的前身）铁道方面的记者，约两年前转到本报	1921 年创刊，日（晚）刊，四页（相当于日文报纸的四页），发行量二千五百份。共同经营者以及出资者屡屡变化，去年间，与米鲁莱卢（犹太人，原在哈巴罗夫斯克，拥有 *Приморский край* 报、印刷厂等）共同经营，但米鲁莱卢今年初在上海创刊俄文报纸 *Заря* 后，彼此分手，报社经营遇到困难，便将其股份分给当地具有共同思想的 *Заря* 报主莱姆毕齐，成为姐妹报。登载 *Заря* 不适宜报道的内容。今年秋莫斯科界发生内讧时，以号外形式夸张地报道与此相关的欧洲电讯，受到劳农方面极端敌视。本报为当地唯一晚报，主要爱读者为居住于埠头区及新市街的俄国人、犹太人。此外，就像我国东京发行的"读卖"乃至"都"报纸那样，面向妇女的报道居多，此为特长
Гун-Бао（中国方面的机关报《公报》的俄文版）	参照中文《公报》栏	同前	1.主笔（俄文版）　梅利克・瓦卢堂扬茨　现任中国印花税局监察官。2.主编　贝斯　高尔察克军官学校出身，进入 *Заря* 后开始记者生涯，后来在其姐妹报 *Рупор* 创刊时入社，接着转入本报。3.莱平　原为船员，曾任大河原厚仁发行的 *Восток*① 记者，现在担任司法、警察报道。4.比比诺夫　匿名为卢科妥夫，军官出身，原先与 *Заря* 及 *Новости жизни* 有关系，担任铁道报道。5.布拉特诺夫斯基　曾任 1924 年创刊的 *Свет* 记者。目前负责市议会报道。6.凯撒洛夫　原为 *Свет* 与杂志 *Бамбук* 撰稿，现任中东铁路总公司书记员，匿名李欣②发表政治评论及小品文（主笔、记者均为白系无国籍俄国人，本社禁止苏联国籍者进入）	1926 年 12 月创刊，日（晨）刊，四页（即相当于日文报纸约五页），周日、节日六页，周日、节日的翌日停刊，发行量约三千份。购阅者为中国及外国官衙及大商店，几乎没个人购阅。内容除了电讯外，与中文《公报》完全不同，不少是面向俄国人的，在赞美中国当局的设施、拥护中国人利益方面极其直截了当。完全未被一般俄国人所接受，但报道正确，因而发行量正逐步增加

---

① 1912 年报告的持有人和主笔是布施胜治。
② 原文为日文"リシン"，这里根据日文发音翻译。

(续表)

名　称	主义系统	持有人或社长	主笔及主要记者	备　考
Вестник железнодорожников	标榜的主义为复兴帝政,防止赤化。无国籍	社长　克莱奇妥夫	主笔　1.克莱奇妥夫　尤莱弗大学毕业后,一度在俄国为官,后转至尼克涅斯库、乌斯尼斯克,任税务监察官,迪特里茨库斯政权时期涉足报业。2.尼克福洛夫　旧帝政时代的宪兵军官,负责社论	1925年创刊,周刊,四页(即相当于日文报纸约两页),发行量约一千份。克莱奇妥夫在浦沙政权垮台后逃到哈尔滨,此后一直准备创办报纸,1925年终于时机成熟,发行本报。只因资金匮乏,经营不振。是宣传防止赤化的报纸,每期刊登当地过激派人名及职业表是其特长。购阅者完全限于白系团体及极右俄国人。发行数量的一半偷运至俄国境内供反过激宣传用

3. 英文

名　称	主义系统	持有人或社长	主笔及主要记者	备　考
Харбинская коммерческая почта(俄、英文)	严正中立,报道经济消息。英国籍	社长　福利特　Harbin Observer 社长	主笔　福利特	1926年10月创刊,周(周一)刊,四页,发行量三百份。购阅者几乎都是外国公司、银行,发行当初英文与俄文各半,最近大部分为俄文报道,内容极为贫乏。虽为当地唯一的经济报纸,但无权威
Harbin Daily News	不偏不倚,对日感情良好。美国籍	亨利·维希	同前	1918年创刊,日报,发行量约五百份
Harbin Observer	标榜不偏不党,但似乎几乎被中国官方,尤其是中国警察收买,总是偏向中国方面,当地不少英国人也感到不快,对日感情不坏	毕·维奇·福利特　英国籍	同前	周一、三、五、六发行,晚刊。发行量四百份

4. 日文

名　称	主义系统	持有人或社长	主笔及主要记者	备　考
露西亚通信	报道劳农俄国的政治、经济状况	近藤义晴	同前	1926年2月创刊,每周发行两次,发行量约三百份
哈尔滨日日新闻	不偏不党	佐藤四郎	大河原厚仁	1921年1月创刊,日刊,发行量一千份,1926年10月转为满铁经营
哈尔滨通信	鼓吹皇室中心主义、亚洲人种大团结	大川周三	同前	1923年1月创刊,日刊,发行量五百份
东方通信(日、俄、中文)		支社长　三田雅各	同前	1922年创立,日刊,发行量日文八十份、中文和俄文各三十份
帝国通信		支局长　细谷清	同前	1925年9月创立,日刊,发行量约七十份

三、特派员及通讯员

姓　　名	所属报社名	备　　考
加贺美康夫	日本新闻联合社	支局主任
中山贞雄	大阪朝日新闻社	特派员
玉置房一	大阪每日新闻社	特派员
桑原一郎	时事新报社	特派员
八木沼丈夫	满洲日日新闻社	支社长
小此木釚三	长春实业新闻社	支局长
堀江义一	辽东新报社	通讯员
岛崎龟雄	大连新闻社	通讯员
近藤义晴	报知新闻社	通讯员
细谷清	京城新闻社	通讯员

局子街(1927年1月24日报告)

有关报纸及通讯等的调查

一、概况

在本地区,1915年为对抗我方《间岛日报》(日文),中国方面在延吉道尹陶彬领导下,于1915年7月30日发行周刊《延边时报》,不过,在陶彬转任吉长道尹的同时,于1917年末停刊。后来,随着陶彬再次上任,有人建议恢复该机关报。当时,恰好龙井村新刊《间岛新报》,受此刺激,1922年8月27日日刊《延边时报》复刊,但发行量止于四百份左右,经营出现困难,加上该报一向反对的天图铁道问题得以解决等,地方形势的变化与其平时的一些主张相背离,1923年1月以后再次停刊。1924年11月,又有名为《吉东日报》的日刊中文报纸发行。该报是中国方面对抗我方《间岛新报》的机关报。从这一立场出发,该报总是努力宣传中国方面的观点,不时发表排日文章,又因经营困难,于1925年12月停刊。如此状况持续至今。最近,中国方面的有志人士计划再度发行中文报纸,正在扎实准备中,似乎能在2月中旬发行。

二、报纸、通讯及杂志

无

三、通讯员

姓　　名	所属报名	备　　考
孙定龙	间岛新报(日文)	在朝鲜修学汉学,从事商业,1916年移居间岛,数年前就任当地朝鲜人民会主事,在此之余,担任《间岛新报》通讯员,代理售报
张基宪	间岛日报(朝鲜文)	在朝鲜修学汉学,1922年移居间岛,目前任当地朝鲜人民会书记员
李兰亭	盛京时报(中文)	现为延吉电话公司职员,曾经在吉林东南路商埠局工作过
金熙一	朝鲜日报(朝鲜文)	1917年移居间岛,在开山屯书塾、龙井村永新学校、依兰沟书塾等私立学校教书,1926年来住于局子街

龙井村(1927年1月7日报告)

有关报纸的调查(1926年12月末日调查)

一、报纸

名　　称	主义系统	持有人或社长	主笔及主要记者	其他事项
间岛新报（日文）	开发当地，宣传产业、文化	本报为合资公司，根据该社章程，前社长嗣子安东次郎为名义上的社长，目前正在东京游学。因此，依据出资社员的决议，现任主干饭塚政之实际上行使社长之职。饭塚1924年12月进入间岛新报社，立刻担任该社记者，1926年1月，前社长安东贞元死亡后，任编辑与发行人。其在舆论界无特别经历，但具备相当的素质，并且思想稳健，总是尽最大努力工作，受到官民欢迎，作为当地报纸的主干是适任的	除了编辑兼发行人的饭塚政之兼任主笔外，还有记者朝鲜人两名，顾问一名	前任社长安东贞元在外务省及朝鲜总督府的补助下，于1921年7月以日文、朝鲜文双语版创办本报。1924年11月后该补助被终止，顿时陷入经营困难，同年12月起将朝鲜文版分离出去，使版面缩小二分之一，勉强续刊。但是如果就此放任不管的话，有不得已停刊之虞，而该报作为当地唯一的日文报纸，与开发居住于当地的朝鲜人有重大关系。因此，1926年度以后外务省和朝鲜总督府再次补助，每年提供若干资金，不够的部分由当地居民集资，使得报纸继续发行，直至今日。四六判①大，日刊，在龙井村发行，其发行量与当时日文、朝鲜文双语版相比显著减少，但随着支局的增设等，正逐渐恢复以前的状况。现在实际发行量约六百份。由于居住于偏远之地的我国人势力弱，要想迅速增加购阅者有困难，目前正在极力争取，相信能有相当的发展
间岛日报（朝鲜文）	开发当地，对朝鲜人宣传产业、文化	社长　鲜于日　1908年出任《京城帝国新闻》主笔，1910年至1918年任《京城每日申报》编辑部主任，负责发行兼编辑。1919年在奉天发行《满洲日报》，任社长，1920年任《京城日报》经理兼编辑局长，1921年任《间岛新报》朝鲜文版主笔，1924年12月与《间岛新报》分开，任《间岛日报》代表。自此在外务省及朝鲜总督府的补助下，经营至今。精通日语，思想稳健扎实，勤奋努力	社长兼主笔，有记者朝鲜人两名	四六判，日刊，在龙井村发行，由于以往的关系，与《间岛新报》总是保持联系。目前发行量约一千三百份，正在当地逐渐占据地盘。在京城一带发行的左倾报纸正对本地发行渗透，该报现在苦心努力与其对抗
间岛通讯（朝鲜文）	介绍及开发产业	持有人　史廷铉　1917年任《京城每日新闻》记者，1919年任《朝鲜日报》记者，1923年任《间岛新报》记者，1924年任《间岛日报》记者，1925年10月发行《间岛通讯》，为发行人兼编辑，直至今日。精通日文，稍带左倾色彩	持有人兼记者	类似四六判大的周刊（油印），在龙井村发行，定价每份十五钱，由于以往的关系，平时与《间岛新报》《间岛日报》保持联系。目前发行量约两百五十份，内容贫弱，多为转载，勉强维持现状，将来无继续发行的希望

---

① 日语表示新闻纸尺寸的专用名词，约为546×813毫米。

二、通讯员

姓　　名	所属报名	备　　考
饭塚政之	大阪每日新闻	间岛新报社发行人兼编辑
下条幸太郎	北鲜日报	诉讼代理人
栗原礼二	国民新闻、京城日报、大阪朝日新闻、东京朝日新闻、平南每日新闻	通讯员、报纸杂志业
是永秀好	京城日日新闻、北鲜日日新闻	日本侨民会议议员、电动按摩业
史廷铉	元山每日新闻	间岛通信社发行人兼编辑
金河善	东亚日报	《东亚日报》支局长兼记者（朝鲜文通讯员）
李麟求	时代日报	《时代日报》支局长兼记者（朝鲜文通讯员）
石梦虎	科学通信、朝鲜儿童、白光、无产社新闻	记者兼通讯员（朝鲜文通讯员）
李周如	时代日本	记者（朝鲜文通讯员）
金凤益	同上	同上
李秉锡	同上	同上
尹容俊	朝鲜日报、朝鲜文坛	同上

珲春(1927年1月13日报告)

有关报纸、通讯及其他调查(1926年12月)

一、概述

二、报纸、通讯及杂志

本馆负责的区域内没有报纸、通讯及杂志发行，因此，"一""二"两项没有该当报告的事项。

三、通讯员

姓　名	所属报社名	备　　考
富樫保	龙井的间岛新报社、清津的北鲜日报社、京城的朝鲜新闻社	1910年广岛师范学校毕业，在日本和朝鲜做过小学训导，在珲春当过普通学校校长，现为药种商，民会议员。自1924年5月任《间岛新报》，同年10月任《北鲜日报》，1926年11月任《朝鲜新闻》通讯员，同时售报
牧野势一	罗南的北鲜日日新闻社	曾为《浮世》杂志记者，放浪于朝鲜，1922年来珲春，目前经营牛奶挤、售业，工作之余负责北鲜日日新闻社的通讯工作
李永燦	京城的东亚日报社（朝鲜文）	1918年从平壤崇实中学辍学，当过朝鲜平安南道德川长老派教会传道助理，1923年来珲春，为杂货商，同时任《东亚日报》珲春分局主任，做通讯工作，也负责售报。怀有排日思想，但未见不当言行
李圭贞	龙井的间岛日报社（朝鲜文）	曾任外务省巡查，1926年11月任《间岛日报》珲春支局主任，售报之余做通讯工作。思想偏激，但未见不当言行

百草沟(1927年2月25日报告)

有关报纸及通讯等的调查报告(百草沟)

一、报社

无

二、通讯员

姓　名	所属报社	备　　考
金河淯	龙井村间岛新报社	原籍咸镜北道庆兴郡。现住址在百草沟商埠地内。任间岛新报社百草沟支局长，原当地朝鲜人民会会长，因挪用公款被免职，信誉普遍低
韩一　别名允甲	龙井村间岛日报社	原籍咸镜北道定平郡，现住址在汪清县春融乡平安村。任朝鲜文报纸间岛日报社百草沟支局记者，原为当地朝鲜人民会书记员，目前兼汪清县天道教传教士，汪清青年联合会干部，显然与左倾团体有联系，表面上与我官方接近，但背后持有排日思想

头道沟(1927年2月17日报告)

本馆负责的区域内无报纸、杂志发行,有通讯员,如另纸所附,特此报告。

有关报纸及通讯等的调查(头道沟分馆)

通讯员

姓 名	所属报社	备 考
林昌昊	间岛新报社、间岛日报社、京城日日新闻社	1.简历概要:1924年3月东京涉谷名教中学第四学年完成学业,5月任《东亚日报》通讯员,1926年1月辞任,同年2月任《间岛新报》《间岛日报》《京城日日新闻》通讯员。2.有关特色、与各方面关系及影响等:毫无特色、影响
金■埌	朝鲜日报社	1.简历概要:少时受过三年书香熏陶,1926年5月起任《朝鲜日报》通讯员。2.有关特色、与各方面关系及影响等:毫无特色、影响

黑龙江省

齐齐哈尔(1927年1月29日报告)

一、报纸

名 称	主义系统	持有人或社长	主笔及主要记者	备 考
黑龙江公报(中文)	该省官报,登载法令、公文、布告等	黑龙江省长公署	张守试任编辑 张守试 历任各县知事,现在无知县空缺,因而临时任编辑	1①.1914年3月1日。2.日刊,普通报纸四分之一大,约十四页。3.四百五十余份。4.黑龙江省长公署政务厅内(齐齐哈尔城主城内)。5.购阅者大部分为官方。6.无。7.没有所谓纯年利润
黑龙江报(中文)	1.省城政府的宣传机关报。2.设立当初与共和党有关系,但现在与政党无关。3.在官方有影响。4.不排日。5.中国	1.魏毓兰(山东人,字馨若) 山东法政学校毕业任山东省署科员,现亦为该省长公署科员,有学者风范。2.署长公所出资最多,另有警务处、龙江道尹公署、财政厅、广信公司等提供补助		1.1912年2月②。2.每周四次(普通报纸大,四页)。3.最多时达一千份,现在一百四十份。4.齐齐哈尔嫩江春胡同。5.该报原作为共和党的宣传机关发行,共和党解散后成为省政府御用报,发行量又减少了。6.大部分报道转载其他报纸,没有什么特色。7.该报不登载评论
通俗教育报(中文)	1.启发民智与普及教育。2.该省教育会的机关报。3.无。4.不排日。5.中国	黑龙江省教育会	编辑赵良裔(号善卿,黑龙江省人)本省师范学校毕业后历任教员、视学、军队的文书等,现为龙江县教育局长	1.1915年5月③。2.日刊(普通报纸半页大,四页)。3.四百五十份。4.黑龙江省通俗教育社(齐齐哈尔花园后)。5.原为旧共和党设立的宣传机关,该党解散后成为教育厅的机关报。6.主要登载学生、教师等的投稿,没有什么特色
龙江益时报(中文)	1.开发民智、实业、拥护国权。2.与政党无关。3.在军界有影响。4.有时有排日报道。5.中国	1.肃德顺(号云峰,奉天人) 骑兵二旅上校副官。2.虽为个人经营,但警察厅、龙江县知事提供一些补助	张静山 过去当过该省财政厅科员	1.1926年6月18日。2.日刊(普通报纸大,四页)。3.发行之初销售量为一千余份,其后渐减,现发行五百份左右。4.齐齐哈尔电灯厂胡同。5.发行后不久陷于财政困难,1926年末起约停刊半个月,1927年1月中旬复刊。6.报道转载自他报居多,有时载时事短评

---

① "主义系统"与"备考"栏的序号所代表的意思,可参看翻译的本年度资料"辽阳(1927年2月24日报告)"。
② 1926年报告为"1916年1月"。
③ 1926年报告为"1914年12月"。

二、通讯员

姓　名	所属报社名	
高翔	盛京时报	直隶省人,原无业,以赌博为生,目不识丁,后能认读一些文字。盛京时报分馆设立时,其正得宠于旅长张奎武,头衔为督军署侦察员、呼伦贝尔镇守使副官等,为了引入当地有力人士,便聘用其负责直接通讯,但在省内各地设通讯员,让他们提供通讯。顺便说一下,《盛京时报》即使对于中国的达官显贵也无所忌惮进行评论,并且报道迅速,因此信誉一般很高。奉天军阀一开战,读者就增加
孙圣元(号大化)	东三省公报、东三省民报	奉天昌图人,原在奉天卫署任文书,因某个目的来当地未果,当了通讯员。此人现在兼任省长公署及警察厅的办事员
何省三	泰东日报	奉天海城县人,基督教徒,安东基督教堂传教士,1914年任《泰东日报》安东通讯员,1924年应黑龙江警务署高云昆之邀来齐齐哈尔,任警务署视察员,兼通讯员
宫宦陞	关东报	奉天昌图人,商界出身
胡贵卿	醒时报	奉天法库人,高等小学出身
陈耀清	东三省时报	奉天昌图人,商界出身
安翔九	满洲报	直隶人,送报人出身
梁晓山	松江日报	广东省人,曾任当地交通银行会计主任,辞职后,1923年10月松江日报分馆设立时任通讯员
崔品卿	北京晨报、天津益世报、顺天时报、申报、上海时报、时事新报	本省人,前述各报通讯员。另外,1925年从毛保臣手中接过《申报》,工作之余还向上海《时报》《时事新报》发送通讯

备考:以上虽称为通讯员,不如说类似于报亭经营者,发送的地方事件通讯十分稀少。

满洲里(1927年1月21日报告)

一、报纸

名　称	主义系统	持有人或社长	主笔及主要记者	备　考
Живое слово	1①.声称不偏不倚,但拥护苏维埃方面的利益。2.苏联籍	维阿明·撒贝尤鲁金	1.主笔 佩克·斯米卢诺夫。2.发行人 维阿明·撒贝尤鲁金。3.记者 艾波夫、沃夫切科夫	1.1923年创办。2.日刊,小判,四页。3.发行量约六百份。满洲里市四百份,海拉尔、哈尔滨等沿途各火车站有两百份的购阅者。4.在海拉尔有支局。5.呈原市政府半官报之观,但因市会解散,发行人市长的解职,其关系自然解除。6.报道贫弱,评论稀少,电讯等报道转载自哈尔滨报纸

二、通讯员

姓　名	所属报社名	备　考
小出尚	满洲日日新闻社	1926年11月被任命为通讯员,亦给《大阪朝日新闻》投稿
志水语	东方通信社、辽东新报社	1925年10月被任命为通讯员

---

① "主义系统"与"备考"栏的序号所代表的意思,可参看翻译的本年度资料"辽阳(1927年2月24日报告)"。

黑河(1927年1月29日报告)
一、报纸

名　称	主义系统	持有人或社长	主笔及主要记者	备　考
黑河日报（中文）	1.开发民智。2.黑河道尹公署机关报,有时根据道尹命令报道官方之公正或对外方面有利于道尹的消息。3.无。4.有些排日亲美。5.中国	1.董事制度,发行部主任是杨阔如。杨是直隶人,年龄40岁,曾居住在营口,为田村商店店员,无学历,仅负责报纸的财务,监督作为副业的印刷业,采购材料等,不直接干预报纸内容。2.当地一批有力人士,于太庆,原中国银行支店长。马延喜,中国银行支店长。车席珍、郭永济,面粉厂厂长。苑德昌,面粉厂厂长	1.主笔陈凤岐,号正明,湖南省人,50岁,地方上的中学毕业后,赴日本早稻田大学留学,肄业归国后,逢《黑河日报》创办,进入任主笔,另外任当地逢源金厂顾问,从事地形调查等。没有可认定的能力。2.副主笔聂典勋,江苏省人,南京高等师范毕业,兼任道立初中教师	1.1920年9月10日。2.日刊,普通报纸大,六页。3.约五百份。4.黑河日报社（黑龙江省黑河南大街路南）。5.创办以来经营不良,1923年间临时借交通银行大洋三千元,扩大副业印刷业,仍经营困难。6.报社订购了23种以上的报纸,多为这些报纸的转载,没有值得阅读的内容。是黑龙江省各报纸中唯一进行时事评论的报纸

二、通讯员

姓　名	所属报社名	
刘乃轩	顺天时报	1918年3月起开设,约销售二十份
丁考廷	东三省公报 上海申报	1919年3月开设,约销售四十份 1922年3月开设,销售二十份
赵荣光	东三省民报 新闻报	1917年5月开设,销售三十份 1922年2月开设,销售十份
张希齐	泰东日报 松江日报 盛京时报	1922年3月开设,销售十五份 1923年5月开设,销售十五份 1918年6月开设,销售五十份
金宝琦	黑龙江报	1925年6月开设,销售二十份

山东省

济南(1927年1月27日报告)
一、概况

张宗昌对济南中文报纸的态度依然如故,极端封压民论,即使是时事问题也完全看不到自由评论,各报仅仅是省当局的机关报,或者是"报道性报纸",与去年毫无差别。

二、现存的报纸、杂志

名　称	主义系统	持有人或社长	主笔及主要记者	备　考
大民主报（中文）	宣扬基督教,与美国接近	股份制,原财政厅长常勉齐是大股东,现任社长周朗山	董郁青	1919年11月创刊,日刊,发行量约一千份
平民日报（中文）	进步党,据闻与原山东省长孙发绪关系密切	王贡忱	潘配三	1922年4月创刊,日刊,发行量约五百份
新鲁日报（中文）	省政府派	持有人　山东办公署 社长　管孟仁	孙东吴	1926年8月创刊,日刊,发行量约两千份
世界真理日报（中文）	省政府派	持有人　山东办公署 社长　贺雨忱	钟季祥	1925年10月创刊,日刊,发行量约七百份

(续表)

名　称	主义系统	持有人或社长	主笔及主要记者	备　考
大东日报(中文)	属进步党派,持有人张担任过山东省议会正、副议长,曾率议员十余人建立政治团体诚社,现已退社	持有人　张公制 社长　郭旭初	李治民	1912年6月创刊,日刊,发行量约四百份
山东法报(中文)	致力于宣扬法治,属排日派	持有人、社长　张星五	李鲁芳	1919年5月创刊,日刊,发行量约三百份
山东商务日报(中文)	商务总会系统	持有人、社长　吴鲁藩	张伯衡	1916年9月创刊,日刊,发行量约两百份
鲁声报(中文)	省政府派	持有人　山东督办公署 社长　刘唐臣	刘汉臣	1925年11月创刊,日刊,发行量约两百份
简报(中文)	经济报纸	社长　李仲铭	李江秋	1904年1月创刊,日刊,发行量约一千份
齐美报(中文)	经济报纸	社长　鲁岐山	张寒鹃	1916年1月创刊,日刊,发行量约一百份
济南日报(中文)	日本籍	持有人　平冈小太郎	扬洪九	1916年8月创刊,日刊,发行量约两千五百份
山东公报(中文)		省长公署		日刊
山东实业公报(中文)		省长公署内山东实业公报所		发行时间极为不定
山东教育旬报(中文)		山东教育厅		
市政公报(中文)		山东省会市政厅		
山东新报(日文)	日本籍	报主　吉木周治	社长兼总编　小川雄三	发行至今的《山东新闻》与《胶济时事新报》合并,1926年10月31日起改称《山东新报》,发行量约一千五百份
山东商报	日本籍	社长　永井一吉		1923年6月创刊,仅报道济南发、抵货物数量及金银行情,发行量约七十份

三、通讯社与通讯员

新鲁通讯社	省政府派	管孟仁	范烟桥	1926年1月创办,日刊,在北京有支社
刘寰洲	无			上海《申报》《商报》
丁惠夫	省政府派			上海《新闻报》
李秋江	无			上海《申报》、北京《益世报》
何冰如	无			上海《新闻报》
宗硕安	无			北京《晨报》及《益世报》
秋吉满策				除了任《青岛新报》支局长外,还任《东方通信》《国民新闻》《福冈日日新闻》的通讯员
伴野韶光				日本电报通信社济南支社主任

青岛(1927年4月28日报告)

概况

青岛的日文报纸,1925年6月五种报纸合并为《青岛新报》一种,不过,今年10月,总社位于济南的《山东新报》与《胶济时事新报》合并,新创立了山东新报社,当地支社继承《胶济时事新报》的权利,发行青岛附录版。

我国人经营的中文报纸,有《大青岛报》与《胶东新报》两种,而后者因经营不振,可以看到屡屡停刊。

而中国人经营的小型报纸中,今年8月以来创刊者多达五种,但均处于经营困难之中,目前存续的仅《中华商报》(石版印刷)一报。

一、报纸、通讯及杂志

名 称	主义系统	持有人或社长	主 笔	备 考
青岛新报(日文)		小谷节夫	总编　榎米吉	1915年1月创刊,日刊,发行量约六千份
山东新报青岛附录(日文)		支社长　前田七郎	总编　鸟越圆治郎	1926年10月31日创刊,日刊,发行量约一千五百份
青岛兴信所报(日文)	一般经济状态及个人信用情况调查	水野天英	同前	1919年3月创刊,不定期,发行量最多时两百三十份
山东兴信所报(日文)	同上	吉村荣三	同前	1922年1月创刊,日刊,发行量约两百份
青岛实业兴信所内报(日文)	同上	渡边文治	小川岩男	1921年7月创刊,周刊,发行量约一百份
日本电报通信(日文)	报道时事及经济问题	支局长　中岛喜一		1922年12月创刊,日刊,发行量约五十份
青岛公报(日文杂志)	登载日中官公署及民团的命令、规定等	三好真文	同前	1923年3月创刊,每月发行三次,发行量约一百六十份
大青岛报(日文)①		小谷节夫	陈介夫	1915年6月创刊,日刊,发行量约一千五百份
胶东新报(中文)		中岛勇一	同前	1922年6月创刊,日刊,发行量约两百八十份
中国青岛报(中文)	中国总商会的机关报	伊筱农	王青人	1921年11月创刊,日刊,发行量约六百七十份
胶东日报(中文)		王效吉	姜丽川	1923年12月创刊,日刊,发行量约五百八十份
青岛时报(中文)		代表 C. F. Stockwell(英国人)	尹朴斋	1924年8月创刊,日刊,发行量约六百份
中华商报(中文)		马起栋	李士贤	1926年7月创刊,日刊,发行量约一百二十份
青岛新闻通讯(中文)		张浩荫	同前	1925年6月创刊,日刊,发行量约三十份
胶澳通讯(中文)		陈冘我	同前	1924年1月创刊,日刊,发行量约二十份
胶澳公报(中文)	胶澳商埠局官报	胶澳商埠局		1923年1月创刊,月刊八次,发行量约三百份

① 原文如此,有误,应为"中文"。

(续表)

名 称	主义系统	持有人或社长	主 笔	备 考
铁路公报(中文)	登载有关胶济铁路的事项	胶济铁路管理局		1925年2月创刊,月刊三次,发行量约三百份
Tsingtao Times		代表 C. F. Stockwell(英国人)	同前	1924年8月创刊,日刊,发行量约六百份

二、报纸、通讯支社(局)

名 称	支社(局)长
山东新报(济南)	前田七郎
济南日报(济南)	平冈小太郎
满洲日日新闻(大连)	井原福治
辽东新报(大连)	前田七郎
日本电报通信(东京)	中岛喜一
日本新闻联合社(东京)	主任　浦上叔雄

三、通讯员

名 称	所 属 报 名
前田七郎	大阪每日新闻、东京日日新闻
榎米吉	东京时事新报、大阪时事新报
小岛平八	东京朝日新闻、大阪朝日新闻、报知新闻
山田春二	中外商业新报
江松严	上海新闻报、上海申报

芝罘(1927年1月13日)
一、概况

本地市面自去年以来处于萧条之谷底,加上遇到政府强制征收各种苛捐杂税等人祸,市况更加萧条,商店关门歇业者不断出现。在此现状下,报业也受周围情况的影响,依旧萎靡不振,使用的印刷机铅字、编辑方法现在仍未摆脱旧式套路,完全看不到改良的痕迹,还是踏袭过去的陋习。很多小报并列,其中除了一两家外,经营都处于千辛万苦的惨境,诸如烟台通讯社和新闻记者联合会(即新闻记者联欢社)都已经自动消亡,取而代之创办的是两个规模极小的报社,一为《东海报》,已经发刊,二为《烟台新闻》,应该不日发刊。

如前所述,各报都根本不能适应时代需要,担负起报纸应有的使命,而且从当地关系来看,其数量也过多。各报皆因经营资金不足,难以谋划改良。但报社数量还有增加的倾向,这种不考虑后果之举完全是受到言论自由的美名与占据社会地位这种虚荣心的驱使。现在各报如果谋求合作,共同建立一家有影响的报社的话,各报都有债务在身,而且印刷机、铅字等各有各的规格,不投入巨资根本无法获得合作的成果。因此现在除了依靠自然淘汰之外别无他法。另外,各报的对日感情现在都终于回到了常轨,一年比一年趋于良好,这是值得关注的。

二、报纸、通讯及杂志

名 称	主义系统	持有人或社长	主笔及主要记者	备 考
芝罘日报（中文）	服务社会，抑强扶弱。不属于任何特别系统。王社长是记者团领袖，因此其主张为各界看重	社长 王宗儒 芝罘毓才中学出身，曾任奉天东边道立中学教员、胶澳督办公署秘书。获得七等嘉禾勋章，现担任我领事馆文案工作	颜竹轩 旧学者	1908年创刊，日刊，八页，发行量四百份，社址位于大马路。该报是芝罘最老的报纸，开始是日本人与中国人合办经营，不久归桑名贞治郎个人经营，后来遇到排日运动，经营困难起来，1922年5月盘给王宗儒。与当地我国人来往频繁，致力于日中提携，日文报纸译载居多。当地三大报纸之一，资本金三千两百元，负债三千元
钟声报（中文）	发扬民智，不屈不挠	社长 丁训初 前清秀才，有才学，在芝罘居住二十余年，是当地报界比较富有经验的人物	主笔 自己兼任	1913年创刊，日刊，十二页，发行量六百份（比去年减少一百份）。《明星晚报》（晚报）两页，发行量六百份。社址位于芝罘老广仁堂街。对日感情最近颇为良好。与《芝罘日报》一样，报道稍有值得阅读的内容，世评不错。资本金六千元，负债一千五百元。当地三大报纸之一
爱国报（中文）	提倡法治，重视公益，无特别系统	社长 褚宗周 北京朝阳大学法律专科毕业，在当地经营律师业	主笔 仲绍文 旧学者	1919年创刊，日刊，八页。此外，附加爱国特刊，半折大，四页。发行量约一千份（比去年增加两百份），社址位于同乐里。创刊之初为律师刘震浔经营，业绩不佳，后盘给现任社长褚宗周。直奉战争时得到社会认可，由于资金比较充裕，编辑风格比较进步等原因，销售第一。对日感情颇为良好。当地三大报纸之一。资本金七千五百元，负债两千元
芝罘商报（中文）	提倡实业，谋其贸易发展。无特别系统。总是持公平态度，完全不登载攻击性言论，对日感情良好	社长 李循芳 商人	主笔 荣师堂 旧学者	1915年创刊，日刊，八页，附录半折大，四页。发行量三百份（比去年减少一百份）。社址位于芝罘安仁街。该报注重经营印刷业，将发行报纸视为副业，因此商业方面的报道等并无值得阅读的内容。资本金七千元，负债一千元
烟台大东报（中文）	主张发扬民治，监督政府。作为系统无特色，原社长郑侯东经营时，因为任道尹公署秘书，故此方面的消息居多，但现在无法延续此特色，颇为不振	社长 郑千里 国民党员，思维明晰，因资金匮乏，无发挥实力的余地	主笔 自兼	1917年创刊。现在发行量一百份。社址位于悦来街。起初称《新芝罘》，后改称《胶东报》，郑千里任社长时，经营困难，盘给郑侯东，1925年改名为《烟台大东报》，其后经营者经营失败，债务高筑，1926年8月5日停刊，郑侯东又将该报转让给现社长郑千里（原主笔），9月1日续刊，但依然萎靡不振。日刊，四页，附加晚些时日的天津中文报纸《黄报》，仅此维持余命。广告占大部分，报道完全没有价值。资本金一千元
大民报（中文）	与世间同浮沉，人是我是，人非我非主义。无确切主义，故而无党派系统色彩	社长 张宗濂 普通学者	主笔 同前	1922年6月创刊，日刊，八页，发行量两百五十份，社址位于芝罘同乐街。该报在本地毫无影响，经营颇为萎靡不振，对日感情不能令人满意。资本金四千元，负债两千元
新报（中文）	利用机会努力迎合人心	社长 娄子周 普通学者，通晓滑稽文，先后在《芝罘日报》《钟声报》等工作过，1922年7月起独立经营	主笔 同前	1922年7月创刊，日刊，六页，发行量约三百份。社址位于刘公祠街。附设小特报，晚报，一页，发行量八百份，登载市井俗话，受到下层社会欢迎。一向极力主张排日，但现在已经无昔日痕迹。资本金三千元，负债两千元

(续表)

名　称	主义系统	持有人或社长	主笔及主要记者	备　考
东海报（中文）	努力提出教育，毫无党派系统色彩	社长　张星南　烟台镇立教育会会长	主笔　郭绥乡　旧学者，至1925年任《钟声报》主笔	1926年12月24日创刊，日刊，八页（每页半折大），发行量一百份。该报为当地教育会会长经营，努力提倡教育，因此是当地所需的报纸。社址位于潮州会馆街。资本金一千元
芝罘记者联欢社 该社记者团由各报社社长、主笔组成，现在会员计有14人，芝罘日报社长王宗儒担任会长，除了左右舆论界，研究经营、共同利益以外，也代表舆论界负责交涉处理相关事件（大民报社的不正当行为一被揭露，即遭到开除）				
Chefoo Daily News〔烟台英文日报〕（英文）	英国籍。无主张、主义。现社长兼主笔兼任路透社通讯员，因而多为转载该电讯、美国电讯、上海英文报纸。过去美国人经营时煽动排日风潮，现社长上任后对日良好	James Mcmullan & Co., Ltd 英商仁德洋行，股份有限公司，经营进出口业、保险代理业、印刷业，资本金五万元	D. R. F. Mcmullan 仁德洋行代表	1917年创刊，半折，十二页，发行量三百份，社址位于芝罘大马路。当初由英商仁德洋行创刊，1917年转为美国人Coruwell经营，1922年10月发行副刊中文报纸（半折，两页），但不久为《大东报》合并而停刊。1924年起再次归入现在的仁德洋行之手。该报是山东省内最老的日刊英文报纸，现为十二页，日刊，但广告占大部分。虽无值得阅读的报道，但由于是外国人比较多的地方而没有其他英文报纸，只能购阅此报
晨星 Morning Star（中文杂志）	宣传基督教。当地奇山教会发行的宣传杂志，原为英国籍，现为中国籍	袁润甫　奇山教会干事，烟台基督教联合会副会长，中国青年会干事	主笔　同前	1910年创刊，月刊，美浓判①，五十余页。发行量约一千两三百份。社址位于芝罘大马路。英国人 James McMullan 创刊，当初毫不起眼，现在袁任主笔后稍加改革。奇山教会当初为 Mrs. James McMullan 所有，1925年其死去后，该教会归属中国人，袁任干事长，变为中国籍，教会的部分基金成为仁德洋行的股份

三、通讯员

姓　名	所属报社名	备　考
高见义男	大阪每日新闻社、大连辽东新报社、东方通信社	进出口、保险、船舶代理商，芝罘岩城商会持有人。工作之余接受委托，发送通讯
D. R. F. McMullan	路透社	进出口、印刷业、保险代理，英商仁德洋行（James Mcmullan & Co., Ltd）代表，Chefoo Daily News 主笔

河南省

开封(1927年2月9日报告)

名　称	社　长	主　笔	备　考
新中治报（中文）	马和赓	杜荫南	1922年创刊，日刊，发行量约一千两百份
大同日报（中文）	张韩丞	郭仁甫	1921年创刊，日刊
大中国报（中文）	刘山亭		1922年创刊，日刊，发行量约九百份
两河新闻（中文）	鲍增瑞	熊绪端	1918年创刊，日刊，发行量约九百份

---

① 日语表示纸张尺寸的专用名词，约273×394毫米。

江苏省

上海
一、中文报纸、通讯及杂志
概况

1. 中文报界的现状概观。上海从1926年至现在,作为中文报纸(有关小型报纸在后项记述)可举出的有《申报》《新闻报》《时事新报》《神州日报》《时报》《民国日报》《商报》《新申报》《中华日报》《中国晚报》《中南晚报》十一种,其中《申报》和《新闻报》,其历史最老,报道内容丰富,不仅为当地中文报界之雄,而且称得上该国代表性中文报纸。两报均在海外拥有订阅者。还有其他各报,虽然有规模大小之分,但作为该国中文报纸,均可归入优秀之列。此等中文报纸,可视为特异现象的是其主要报纸大多在租界内发行,而且在外国领事馆注册,受该国庇护。因而,中国官方对于报社无法直接施加压力,只能动用租界警察向会审公廨起诉,使其加以处分,或采取间接手段,下令邮局停止发送,或者禁止在租界以外的中国市区投递、阅读等。

而且,当地中文报纸与其他地方报纸一样,几乎皆与某个政党或政派有直接或间接的关系,因而会特别作为某派机关报而为人周知,其报道、社论有时有失偏颇,对于这一点,准备通过报纸试图观察时局等的人需要保持戒心。不过,各社近来都在推进公平采用各方面意见或信息的方针,这也是事实。另一方面,普通人士对报纸的态度逐渐改善,以往甚至倾向于无论如何都努力回避与新闻记者接触的中国方面的军人、官方等,毋宁说乐于引见,以此发表意见或表明立场的人正在增加,这一显著现象是有目共睹的。

中文报纸对日本之态度:去年5月30日所谓南京路事件①发生后,随着普通中国人的感情好转,明显变得公平的各报,今年也依然继续着同样的对日态度。因该国政情无止境地不稳定,虽说各社基本上倾向于收敛对内外各种问题的评论,但未见发表故意攻击日本政策之类的评论。还有,作为国民党机关报,具有长久历史、以往在日本总领事馆注册的《民国日报》,因内部原因,本年8月取消上述注册。现在作为日本报纸正在发行的中文报纸有《神州日报》及本年新获批的《中南晚报》两种。

2. 广告刊登问题。南京路事件后,根据在反英气势驱使下的学生团体提出的强烈要求,本年1月以来停止刊登英美烟草公司广告,除了一二家报纸之外,一直持续到年末。各社以往从该公司获取多额广告费(以《申报》二千三百弗为最高,最低三百三十弗),现在忍受着广告费收入的减少。另一方面,1919年抵制日货时遗留下的不刊登日本方面广告的问题,也因广告供给方的处境以及主要报社方面的逡巡不前,被搁置着,处于与去年同样的状态。日本轮船始发与抵达的预报跟以往一样,完全没有报纸报道。

3. 上海日报公会

沿革:1906年当地各主要中文报纸以维持、增进共同利益为目的而创立。

会员:《新闻报》《时报》《神州日报》《民国日报》《新申报》《中华新报》《商报》(《申报》1918年、《时事新报》1919年退出公会)

经费:入会费五十弗,每月会费二十弗。

事务:以提供官方公务电报给各报为日常工作。另外,根据需要临时召开会议,讨论要务。

现状:平时虽然接近有名无实状态,但在发生共同利益问题的情况下,作为统一意见的捷径,好像具有其存在之意义。

4. 小型中文报纸。在此称为小型中文报纸的,是指每数日刊行一次、普通报纸半页大的小报。此种报纸以历史最老的《晶报》为首,现在能够看到发行的约达十种,因为普通报纸偏重于政治方面的事项,枯燥无味,引起读者不满,小报能迎合此类读者的需求。小报以此为着眼点而编辑,选择有关社会各种各样层面的材料,以讽刺的或滑稽的笔法,加上以漂亮的照相版剪辑插入,而使报面轻快流畅等,具备了普通中文报纸无法企及的内容、外观,各种阶级都一致热烈欢迎,拥有相当多的订阅者,其影响力不可轻视。此种以普通民众为对象的报纸其未来值得充分关注。

5. 中文通讯界之现状概观。当地中文通讯界,其历史极短,首次看到中文通讯社设立,虽说仅为六年前之事,但在报道方面,上海当地发生的事自不待言,还提供来自全国各地的通讯,其内容不仅仅是政治方面,也涉及一般社会的材料。当然,因为各社财力不充分,仅国闻通讯社对特约阅读者提供有限的电讯,除此以外皆以邮递

---

① 即五卅运动的开端,下同。

传送通讯。这样，面对该国急剧变动的政情，根本不是外国通讯社的对手，可认为前途渺茫。现在通讯社总计十四家，其中国闻最为活跃，次之为联合、公平等。还有，各通讯社与中文报纸一样，与国内各政党政派之间多少有关系，因而其通讯也难免带有各自的特别倾向。

甲、报纸及通讯

名　称	主义系统	持有人或社长	主笔及重要记者	备　考
申报 Shun Pao	标榜中立派，而带有进步党色彩。一直接近直系，与已故张謇一派即江苏实业派、江苏教育会也有较深关系。似乎鼓吹教育主义、和平主义、实业主义。对日本态度良好。在法国领事馆注册	社长　史量才　江苏省松江人，张謇的手下，无值得特别提及的学历。与作为报社记者相比，作为报纸经营者更为适合。所谓有才士之气质，在报界和实业界具有影响力	总主笔　陈景韩　江苏人，留日出身，为人干练，文笔锐利 次席　张蕴和、康通一	1872年创刊，日刊，二十页。发行量二万多份。作为中国最老的报纸，基础巩固，信誉笃厚。1914年现社长史家修经营此报，一度在德国领事馆注册，1916以冈田有民之名于日本领事馆注册。其后因排日风潮，受到周围压力，取消在我方的注册，改在法国领事馆注册。以往对我方有善意，虽在排日风潮甚为激烈之际，也保持冷静态度，论调亦为公正稳健。在官场、实业界其他上流社会订阅者较多。其报道内容、外观均未必逊色于日本内地主要报纸。目前处于与《新闻报》激烈竞争状态之中，而北伐军进军武汉后，长江上游及西南各省禁止发售《新闻报》，因而目前代替该报，在以上地区扩大影响力。社址位于上海汉口路
新闻报 Sin Wan Pao	标榜为不偏不党的实业派，但接近直系，努力为曹锟政府辩护过。而且在上海中文报纸中排日倾向一向最为明显。依据美国法律，在特拉华州注册。理事长Fergusson兼任北京政府的顾问，由此可窥见该报特色	社长　Ferguson 总理　汪伯虞　前总理汪龙标之子，孜孜不倦，正致力于维持所继承的事业	总主笔　李伯虞　陕西人，留日出身。曾任《时报》《神州日报》记者，为人严谨 次席　张铁民　Fergusson的旧友。张总齐　北京特派员，担任总主笔很久，目前在北京，与京津各地要人保持联系 记者　吴树人　兼任上海日报公会秘书长。唐天骥　号千里，曾任国务院秘书长、无锡县知事，现为三省联合会委员	1893年创刊，日刊，十六至二十页，股份制，美国系统报纸。股东中以理事长Fergusson（据说最近欲在故国度余生而有意卖出其股份）为主，中国实业界有力人士居多。在电讯报道丰富这一点上不亚于《申报》，而且经济栏也值得一看。但其态度有稍微轻薄、不认真之嫌，尤其是往年的排日报道、社论，曾经让人怀疑该报的真实价值。以上海为中心，苏州、杭州、南京地区及长江上游方面也有不少订阅者。但由于国民党北伐军将本报视为资本家的机关报，禁止在自己控制的地区订阅，所以受到不小打击。然而，在普通实业界读者仍很多，其发行量接近九万份，占上海中文报界第一位。基础巩固，营业状态良好。社址位于汉口路
时报 Eastern Times	标榜为中立派，十年前在教育界有影响力，而其后因编辑变更，以至于名声不振。未见有特别的主义、主张	社主兼总理黄伯惠　江苏人，游历过英、美，通英语。在上海有地产，号称财产百万	总主笔　金剑花安福派国会议员 顾问　陈景韩　兼《申报》总主笔，黄社主对他非常信任	1904年创刊，日刊，八至十页。康有为出资，最初由狄楚青（康有为之门人）担任经营。1907年以宗方小太郎之名在日本总领事馆注册，但在1919年排日运动激烈之际，仿效《申报》在法国总领事馆注册。报道极为稳健。去年正月狄楚青以八万弗盘给现社主黄伯惠。以一万弗购入铜版机器等，但据说经营相当困难
神州日报 National Herald	中立派，与党派无关系。在日本领事馆注册，致力于为日本立场辩护，被视为上海的亲日报纸	社长　余洵　留日出身，相当理解日本，为人亦干练	吴瑞书　江苏人，留日出身 次席　孙朣媛	1906年创刊，日刊，十二页。发行量六千份。当初为《民主报》社长于右任经营，但其后成为安福派机关报，一时带有革命色彩，鼓吹排日。1916年由北京政府收购，1921年归归《大共和报》经营者钱芥尘经营，不久转归现社长余洵之手经营，同时以神崎正助之名在日本总领事馆注册。尔后即使在排日风潮激烈之际也始终为日本立场辩护。本年10月将注册名义变更为波多博。本报还发行名为《晶报》的附录，单独销售发行量达到约一万三千份。社址位于山东路

(续表)

名称	主义系统	持有人或社长	主笔及重要记者	备考
时事新报 China Times	为研究系唯一的机关报，多转载北京《晨报》的文章，有欲迎合学生思想趋势之倾向。很难说对日本态度良好。在法国总领事馆注册	经理　林炎夫　温州人，曾在俄国经营杂货店，二年前成为该报经理，正在极力策划报社业务发展	总主笔　张东荪　浙江人，留日出身，曾为参议院秘书，对哲学有兴趣，不负责事务工作 主笔　潘公弼　江苏人，留日出身	1908年创刊，日刊，十二至十六页，发行量一万多份。曾与《舆论报》和《时事报》合并，当时称为《舆论时报》，但后来改为今名。革命后归共和党员及进步党员陈敬第和孟森经营。1914年被德国人收购，在德国领事馆注册，但1916年移交给前社长黄群(进步党党员)经营，接着断绝与德国的关系，以日本人波多博之名义在日本领事馆注册，但1916年秋起，成为梁启超一派的机关报。在排日风潮发生时，取消在我方的注册，进而在法国领事馆注册。现在正在显示各报中最活泼的编辑风格，发行名为《学灯》的副刊，全面鼓吹新思想。在政界、教育界读者众多。社址位于山东路
民国日报 Republicans Daily News	为国民党机关报，好激进论调。被视为当地仅次于《新闻报》《商报》的排日报纸。1925年春改良活字、报面等，使面目焕然一新，但据说这些都是接受已故孙文三万元补助的结果	经理　叶楚伧　江苏人，旧文学造诣深，政治上所论偏于极端。为反共产主义者，先前任主笔时，与前经理邵仲辉有思想上的冲突。1925年一度退社，同年12月①复任。其后工部局加大对邵的压迫，邵不得已逃到广东，又作为国民政府代表赴俄。因此，叶继承其位就任经理。目前作为国民政府秘书长在汉口。沈君匋代理经理	总主笔　陈德征　国民党左倾一派 记者　严慎予	1916年创刊，日刊，10至12页，发行量四千份。曾因以过激言论攻击北京政府而被交通部禁止邮送，但从1921年初起获解禁。在西南诸省及当地学生界拥有较多读者。发行副刊《觉悟》，致力于鼓吹新思想。经常痛骂资本主义、帝国主义。目前营业不尽如人意。今秋陈德征代替叶楚伧担任编辑，就露骨地鼓吹共产主义，另一方面又刊登有关劳动运动的报道，因此被租界当局起诉，其出逃至广东。租界当局下令该报停刊一周等，不断加大压力。因在公共租界维持经营困难，终于不得已将营业所从山东路迁往法租界爱多亚路
新申报 Shanghai Tribune	曾为安福系机关报，但最近作为孙传芳方面的机关报，进行露骨宣传。孙与北伐军对抗以来，尤其主张反对赤化	经理　黄秋岳　与孙传芳有密切关系	孙叔子　江苏苏州人，前清举人，曾为天津《华北新闻》总主笔，担任过徐世昌政府的顾问，缺乏政治上之见识	1913年创刊，日刊，十六页，发行量约五千份。前上海总商会会长朱葆三等人与英国人共同出资创办，让前《申报》经营者席子佩负责经营。1918年7月中归席子佩单独经营，在葡萄牙领事馆注册。1922年7月中以冈田有民之名义在日本领事馆注册。去年接受李恩浩或张学良的补助，而最近与孙传芳产生关系，每月接受维持费银二千五百元，社址位于山东路
商报 Shanghai Journal of Commerce	表面上标榜振兴实业。一向与奉系有相当深的关系，同时也与南方派多少有些关系。为上海总商会傅筱庵一派的机关报	总理　方椒伯　上海总商会副会长 总理代理　洪雁宾 经理　陈仲眉 董事长　傅筱庵	总主笔　董柯贞 陈布雷　宁波人，善于健笔长论，临事表现出冷静的研究态度，但对日本时时大发谬论。先前为总主笔，而现在作为国民政府秘书在汉口，兼该社通讯员	1921年1月创刊，日刊，十二页。发行量四千份。广东人汤节之、宁波人虞洽卿等有力实业家出资经营。其后，创刊当时起就有关系的美籍犹太人Sokolsky也退出，目前由宁波帮经营。经营困难，正在显示出具有相当弹性的编辑风格。社址位于山东路

---

① 1926年报告为"11月"。

定期调查报告　　（秘）1927年11月　　有关中国(附大连、香港)报纸及通讯的调查

(续表)

名　　称	主义系统	持有人或社长	主笔及重要记者	备　　考
中国晚报	无特别主义、系统,但与国民党多少有点关系。持有人沈卓吾与英美人接近,因此一向有排日倾向,而近来其色彩变淡薄	沈卓吾　商人出身,作为记者无足轻重,但有才干,在商界有相当影响力,热衷于提倡国货。一向接近英美人,但近来出于某种动机终于接近日本方面。兼营中国新闻社(通讯社)	张冥飞　排日分子	1921年创刊,晚刊,发行量约二千份,内容不值得一看。以本年12月31日为期暂时停刊。社址位于南京路
中南晚报	发扬民意,与国民政府有关系	好像是吴苍及蒋裕泉共同出资之报刊	高咏微	本年8月以山田纯三郎名义在日本总领事馆注册,发行量三千份。社址位于山东路
中华日报	无固定主义	社长　邵伯谦　前《民国日报》经理邵仲辉之兄,兼《民国日报》营业部长	主笔　束凤鸣　前《神州日报》英文译员	发行量仅为二百多份,主要以广告收入勉强维持经营,社址位于山东路
国闻通讯 Kuo Wen News Agency(以下为通讯社)	与国民党及国民军有关系,对日本有相当善意	社长　胡霖　留日出身,精通日语及日本情况,而且通晓政界情形。为人亦干练,为安福系人物。作为记者也前往巴黎和会,对中国政治具有眼光。对日本有善意,立论公正,对英美抱有反感。现在在天津经营《大公报》,不在上海	上海分社主任"李子宽"①	1921年末创立。社长胡霖曾在天津任《大公报》(安福系机关报)主笔,但直皖战争后于北京创设新社,大部分为邮送的书面通讯,而对于特约者提供电讯。不仅提供中文通讯,而且还将其英译后提供给英文报纸。本社设在天津,北京,上海有分社,此外,在各地设通讯员。经费充裕,设备齐全,未来会引人注目。本社除通讯以外,与中国及各国报纸、杂志之间有特约关系,进行广告代理。前年以来又发行《国闻周报》。社址位于山东路
联合通讯	吴景濂派	李次山	同前	1919年1月创立,湖南督军张敬尧出资创立。发布书面通讯,但其后与唐绍仪、伍廷芳等产生关系,最近又与吴景濂一派有关系。除了在上海有总社之外,不设分社。基础不稳固。社址位于贵州路
公平通讯	当初与卢永祥及何丰林有些关系,但现今为国民党柏文蔚一派机关报	社长　李晓南　安徽人,国民党员	郑青士	1922年12月创立,原为赵恒惕、刘湘等的机关报,而现今无此关系。经费不足,无分社。社址位于爱多亚路五福里
东南通讯	与国民党右倾派及唐继尧有相当深的关系	陈冰伯	同前	1923年创立,薄弱
远东通讯	曾为陈炯明一派机关报,1925年江浙战争期间与齐燮元有关系	社长　朱少屏,寰球学会会长,兼《申》报记者	同前	1924年4月创立,发送大量通讯,近来将其英译提供给各家外文报纸
苏苏通讯	江苏省议会机关	吴觉我	李味青	1923年创立,社址位于新重庆路

---

① 原文有引号,保留。

(续表)

名　称	主义系统	持有人或社长	主笔及重要记者	备　考
国民通讯	似乎支持劳工及学生等，此方面的通讯居多			1925年5月30日南京路事件后创立
中国新闻	与国民党多少有些关系	沈卓吾（见前述）	同前	1923年创立，附属于中国晚报馆，近来萧条。社址位于南京路
大同通讯	安福系	马芹甫	同前	1918年秋创立，1920年直皖争斗后将徐树铮等创立的中孚通讯改称而创办。上海设总社，北京有分社。社址位于成都路
中外通讯	与研究会派多少有关	周孝庵	同前	1924年2月创立，社址位于爱多亚路
世界通讯		陈无我		1921年间创立，专门从事外国报纸的翻译通讯。内情不详，但有外国人经营的通讯社之说，另一种说法是与华俄（Delta）通讯社有关系
中南通讯		郁慕侠	同前	与政治无关，仅以外国商人等为对象，以获取广告费为目的
上海通讯	与党派无关系			1925年夏创立，社址位于宁波路
中世通讯	与党派无关系			1925年夏创立，社址位于劳合路

乙、杂志

（一）关于政治、外交的杂志

杂志名	主义、系统	创刊时间	发行期	社址	定价	备　考
东方杂志	政治、外交、经济、评论	1906	半月刊	上海河南路　商务印书馆	二角	与党派无关系，为新文化派，中国最大的、有权威的时事杂志。四六倍判①，一百一十页，发行量八千份
太平洋	政治、外交	1912	年十册	上海河南路　商务印书馆	二角	太平洋杂志社编辑
国闻周报	政治、经济	1924.8	周刊	上海国闻周报社	九仙	胡霖主编，上海唯一尝试政治评论的杂志，发行量约三千份
政铎	同上	1925.12.31	月刊	上海法政大学学生会	一角	有共产系味道，四六倍判，七十页
大亚杂志	亚细亚主义	1922.10.1	月刊	上海四川路　联洋发行社	二角	同时使用英、中文，四六倍判，五十页
武铎	军界中心主义	1923	年六册	上海武铎杂志社	一角	中国新式陆军学校出身者的机关杂志

（二）有关国家及社会主义、劳动问题的杂志

杂志名	主义、系统	创刊时间	发行期	发行所	定价	备　考
醒狮	国家主义、反共产主义	1924.10.10	周刊	上海哈同路民厚北里醒狮社	二仙	以军备扩张、利权回收、反对教育为主义，反对共产主义。报纸半页大，八页

---

① 日语表示纸张尺寸的专用名词，约188×254毫米，下同。

(续表)

杂志名	主义、系统	创刊时间	发行期	发行所	定价	备 考
独立青年	反共产、反军阀主义	1926.1	月刊	上海闸北宝山路宝光里 独立青年杂志社	一角	将1925年起发行的杂志《孤军》改名,于今年1月发行,菊判,约一百四十页
民气旬报	国家主义、反军阀主义	1925.7.11	旬刊	上海宝山路颐福南里 民气旬报社	二仙	四六倍判,约八十页
正气日报	国家主义、反帝国主义	1925.7.19	日刊	上海西门外 正气日报社	铜元一枚	主张正义,报纸半页大,四页
独立报	同上	1926.2.28	周刊	上海南京路四三号 独立报社	同上二枚	反共产,报纸大小,四页
新大场	同上	1925.10.10	旬刊	上海塘山路崇义坊大场镇	同上	报纸半页大,四页
明旦	同上	1925.12.14	周刊	上海复旦大学内 民治研究社	同上二枚	同上,反共产系
雷声	国家主义	1925.5.1	周刊	上海法租界自逊路 雷声社	二仙	报纸半页大,四页
大江季刊	国家主义、反帝国主义	1925.1	季刊	上海泰东图书局	三角	大江会同人编辑,同会标榜国家主义、反帝国主义,是以志士为己任之团体
来复报	国家产业主义	1925.4.19	周刊	上海香港路四号 中华商业协会	一仙	报纸半页大,四页
工商学联合会日报	国家产业主义、排外主义	1925.6.30	日刊	上海西门黄家阙路 上海工商学联合会	一仙	上海工商学联合会机关刊物,排外思想激烈,报纸半页大,四页
中国青年	共产主义	1923.10.20	周刊	地址不详 中国共产主义青年团	二仙	纯粹共产主义宣传机关刊物,四六倍判,十五页
中国学生	国家主义	1925.8.1	周刊	上海西门 中华民国学生联合会总会	二仙	该会的机关刊物,四六倍判,十五页
上海学生	同上	1925.9.26	周刊	上海中华新路 上海学生联合会	二仙	该会的机关刊物,四六判①,十五页
民众	同上	1925.9.15	半月刊	上海大学 毛尹若	二仙	反帝国主义,民族解放,四六判,十五页
民锋	同上	1925.3.1	半月刊	同上	二仙	同上
国民	同上	1923.2	周刊	上海法租界西蒲石路 国民社	铜元五枚	共产宣传,四六倍判,十六页
政治家	共产主义	1926.2.1	半月刊	上海国立政治大学学生自治会	三仙	四六倍判,十六页
火曜	同上	1925.3	旬刊	上海城内 上海书店	四角	
新晋	同上	1926.2.3	半月刊	上海大学内 新晋社	铜元四枚	四六倍判,八页

---

① 日语表示书籍、杂志纸张尺寸的专用名词,约127×188毫米,下同。

(续表)

杂志名	主义、系统	创刊时间	发行期	发行所	定价	备考
同济学生	同上	1926.4.10	不定期	上海同济大学	非卖品	同上
平民之友	反资本主义，共产系	1924.8.20	周刊	上海北车站界路　平民书局	铜元一枚	报纸半页大，四页
血潮日刊	反帝国主义，排外主义，共产系	1925.6.27	日刊	上海学生联合会	同上	同上
热血日报	同上	1925.6.9	日刊	上海北浙江路华兴路热血日报社	同上一枚	上海事件宣传机关刊物，报纸半页大，四页
上海工人	反资本主义，共产系	1925.6	周刊	上海总工会	一仙	
上海总工会日刊	同上	1925.6.10	日刊	上海总工会	一仙	宣传上海事件，同时以赤化工人为目的，报纸半页大，四页
劳工周刊	同上	1925.10	不定期	上海兆丰路　湖南劳工会	非卖品	湖南劳工会机关报，报纸半页大，四页
劳工青年	同上	1925.5.1	旬刊	上海岳州路凤鸣里劳工青年会	同上	上海的共产主义系统劳动团体机关杂志，四六倍判，八页
劳动青年	同上	1925.6	周刊	劳动青年会	同上	
五九	排日、排外主义，共产主义	1924.10.1	月刊	上海爱而近路德润里国民对日外交大会	非卖品	徐谦任名誉编辑，周霁光为编辑主任，四六倍判，八页
湘锋	国家主义，共产系	1925.12.1	月刊	上海大学内　湘社	一角五仙	虽为湖南省出身学生机关杂志，但属于共产系统，菊判，八十八页
自由人	无政府主义	1924.10.15	月刊	上海大学内　自由人社	三仙	北京无政府主义社上海同人机关杂志，四六倍判，十六页
不平鸣	同上		不定期	上海大学内　湖南出版社	一仙	无政府主义者世界语宣传机关杂志
公理日报	同上	1925.6.9	日刊	上海闸北天通庵路上海学术团体对外联合会	铜元一枚	与世界语学会有关，报纸半页大，四页
安徽黎明	同上	1924.3.18	周刊	上海法租界福煦路安徽黎明社	二仙	虽称安徽省人的机关杂志，但主义倾向非常多，四六倍判，十六页
工余	同上	1922	不定期	上海工余社	非卖品	菊判，八十页，目前停刊中
新建设	孙文主义	1923.11	月刊	上海法租界辣斐德路新建设杂志社	二角	上海的民党机关杂志，四六倍判，一百九十页
建设	同上	1926.3.12	周刊	上海环龙路　建设社	铜元五枚	同上
实践	同上	1925.11	旬刊	上海北四川路　三民出版社	一仙	
革命青年	同上	1925.10.3	周刊	上海商科大学内　革命青年周报社	同上四枚	四六倍判，十页

(续表)

杂志名	主义、系统	创刊时间	发行期	发行所	定价	备考
中山主义	同上	1925.12.20	周刊	上海大学内 中山主义研究会	铜元三枚	同上
革命导报	同上	1925.12.26	周刊	上海马浪路吉庆里 孙文主义学会	同上四枚	邵元冲、孙科等执笔,以研究孙文学说为目的,反共产主义宗旨居多,四六倍判,十六页
青天白日	同上	1925.12.20	周刊	上海大学内 孙文主义学会分会	同上四枚	四六倍判,十四页
国民导报	同上	1925.8.19	周刊	上海商科大学内 国民导报社	同上六枚	同上,十六页
独立评论	同上	1925.11	半月刊	上海宝山路 独立评论社	二仙	支持工人及学生的倾向,同上,八页
太平导报	国家主义,国民党反共系	1926.1.2	周刊	上海法租界贝勒路 太平导报社	一角	反共产机关杂志,由孙传芳信任的赵厚生编辑,四六倍判,四十页
爱国青年	同上	1925.5.19	半月刊	上海宁波第四中学内 爱国青年社	二角	四六倍判,二十四页
国民月刊	同上	1923.11.20	月刊	上海宜昌路 国民月刊社	非卖品	四六倍判,二十四页
中国国民党周刊	同上	1926.1.2	周刊	上海环龙路四四号 国民党出版委员会	铜元二枚	国民党上海支部机关杂志,四六倍判,十二页
党务月刊	同上	1925.10.1	月刊	同上	非卖品	国民党上海执行部出版,兼宣传及党务报告,四六判,四十八页
中国国民	同上	1925.11.9	二日刊①	上海西门林荫路 国民党上海特别市党部	铜元	上海市党部机关刊物,报纸半页大,四页
觉悟	同上		日刊	上海 民国日报社		《民国日报》作为副刊发行,报纸半页大,四页
新星	国家社会主义	1925.1.1	月刊	上海 中国新社会公民党	非卖品	
劳动周报	工联主义	1925.11	周刊	上海西门 上海劳动周报社	铜元	为工团联合会机关刊物,因与总工会倾轧而停刊中,报纸半页大,四页
劳工杂志	劳动问题,反共产系	1926.2.1	月刊	上海海能路 江季公	五仙	为反共产系劳动杂志,四六判,六十页

（三）有关经济的杂志

杂志名	主义、系统	发行期	发行所	定价	备考
农业丛刊	农业研究	不定期	上海河南路 商务印书馆		
农学杂志	同上	年八册	同上	三角	农学杂志中的普通杂志

---

① 原文模糊,似"二"似"三"。

(续表)

杂志名	主义、系统	发行期	发行所	定价	备考
农业	农业研究	年八册	同上	五角	南京东南大学的机关杂志,该界翘楚,字横排,四六倍判
兴业杂志	工业研究	年四册	均益兴业公司	四角	
工程	同上	年四册	会刊办事处	三角	
中国工业杂志	同上	月刊	贸易印刷公司	三角	1925年创刊
上海总商会月报	商业及时论	月刊	上海总商会	二角	上海总商会机关杂志,四六倍判,约二百页
银行周报	商业及金融	周刊	上海汉口路银行周报社	一角	上海金融界权威。另外每月有经济统计附录,四六倍判,六十页,1917年创刊
钱业月报	同上	月刊	上海宁波路 本报发行所		上海钱业公会机关报,菊判,一百页,1920年创刊
上海银行公会报	同上	年刊	上海银行公会	非卖品	
中外经济周刊	经济各方面	周刊	上海博物院路 经济讨论分处	一角	经济讨论分处机关报,中文版,1923年创刊
工商新闻	同上	周刊	上海望平街 工商新闻社	三仙	1923年创刊
立世经济周报	同上	周刊	上海河南路 梁书局	二角五分	1925年创刊,四六倍判,三十页
劝用月刊	国家提倡	周刊	上海北四川路 唤群书报社	非卖品	1926年创刊,同报纸一样大,四页
道路月刊	路政	月刊	道路月刊社	二角	
道路杂志	同上	月刊	中华全国道路建设协会	二角	1920年创刊

二、日文报纸、通讯及杂志

名称	主义、系统	持有人或社长	主笔及重要记者	备考
上海日报	拥护日本人利益	社主 井手三郎	岛田数雄	1903年创刊,日刊,十页,发行量约三千份。为上海最老的日文报纸。基础巩固,相当有信誉。1899年创刊的周刊《上海周报》为本报之前身。社址位于白保罗路
上海日日新闻	同上	宫地贯道	同前	1914年创刊,日刊,十页,发行量约两千份。社址位于乍浦路
上海每日新闻	介绍上海及中国一般经济情况	深町作次郎	同前	1918年11月创刊,日刊,八页,发行量约三千份。1924年11月由《上海经济日报》改名而来。创立时日尚浅,正仔细注意经营、编辑工作。其经济栏广受欢迎。不仅在上海,而且在长江一带销路较好。社址位于汤恩路
日本新闻联合通信			支社长 波多博	1926年5月创刊,向我国发送有关中国的报道通讯。社址位于闵行路
东方通信			支社长 龙岗登	1926年5月创刊,发行有关日本及中国的日、英、中文时事通讯

(续表)

名　称	主义、系统	持有人或社长	主笔及重要记者	备　考
日本电报通信	以有关经济的电讯为主,代理报纸广告		上海支社长　儿玉璋一	1920年11月创刊。除了将日本内地经济方面的通讯提供给日本相关主要公司及部分中国公司之外,也发送一般电讯消息。社址位于四马路
上海公论	主要介绍中国政治、经济、文化	社长　渡边天洋	同前	1919年创刊,为月刊杂志,但曾经有时数月不发行。发行量不多,为改名而来的刊物。创立时日尚浅,但正在仔细注意经营、编辑工作。其经济栏目受普遍欢迎。不仅在上海发行,多行销于长江一带。社址位于汤恩路
上海	拥护日本人,介绍中国情况	西本省三	同前	1913年创刊,周刊,发行量约一千份。创刊当初佐原笃介为社长,但后来西本任社长。为小型报纸,并行发行外文、中文两张报纸日刊翻译通讯。社址位于海宁路
日本新闻联合通信	刊登有关化①社会的社论、报道		支社长　波多博	1926年5月创刊,向我国发送有关中国报道的通讯。在东京设分社②,社址位于密勒路
上海时论	论述中国时事问题	社长　堀清	同前	1926年创刊,月刊杂志。内容比较充实。社址位于密勒路

三、外文报纸、通讯及杂志

1926年末至现在,作为上海外文报纸,英文报纸晨报有 North China Daily News,Shanghai Times,China Press,China Courier 四种,晚刊有 Shanghai Mercury,Evening News 两种。此外,法文报日刊有一种,俄文日刊有两种。除了英文报纸以外,其他报纸读者范围有限,因此影响亦不大。

上述报纸中,North China Daily News 曾号称东方第一之英文报,内容、外观均充实,其社论在 Impartial, Not Neutral 这一编辑主题下比较稳健,甚至可以说是保守的,作为代表在华英国官民的舆论载体,对于内外同样加以关注。该报的内地通讯最为丰富,不容他社追随。仅次于该报、有影响力的为 Shanghai Times。编辑上增添了美国风格,1925年以来夺得了 China Press 所占据的上海第二大报的地位。

1926年间上海外文报界中值得关注的事件有:排英倾向的英文日刊 China Courier 及周刊 China Tribune 创刊;宣传布尔什维主义的俄文报 New Shanghai Life 被中国军方查封,自此停止发行;原 China Press 主笔 Powell 感慨于上海无美国人所有的日报,开始为创办美国报纸活动等。

作为通讯社,以路透社、东方社两社为主,还有国闻社(中)、United Press(美)等。

路透社最有影响力,与东方社一起,上海的各国报纸上几乎没有不刊登其通讯的。

报纸、通讯及杂志

名　称	主义、系统	持有人或社长	主笔及重要记者	备　考
North China Daily News〔字林西报〕(英文)	拥护英国政策及英国人利益,对日本的态度比较公正	董事兼社长　H. E. Morris 董事　Gordon Morris 秘书兼常务董事　R. W. Davis	主笔　O. M. Green 兼任伦敦《泰晤士报》及《曼彻斯特卫报》通讯员 副主笔　R. Wood	1854年创刊,晨刊,十六至十八页,发行量约六千份。为东方最老的报纸。为英国总领事馆、在华英国高等法院公布信息用报纸,而且工部局公报(参照周刊类别栏目)与本报一起发送。另发行周刊 North China Herald(《字林星期周刊》),发行量一千二百份 社址位于上海外滩十七号 North China Building 内

---

① 原文如此,应该有遗漏。
② 原文如此,应该是"在东京设总社"。

(续表)

名　称	主义、系统	持有人或社长	主笔及重要记者	备　考
Shanghai Mercury [文汇报]（英文）	拥护英国政策，对日本有好感（英国籍）	常务董事兼主笔 W. J. Davey 董事 A. T. Richardson		1880年创刊，晚报，发行量八百份，为仅次于《字林西报》的老报。日、英国人股东占多数。另外发行周刊 Celestial Empire（《华洋通闻》），经营似有困难，发行量三四百份。社址位于江西路四十号A
Shanghai Times [泰晤士报]（英文）	拥护英国政策，对日本有好感（英国籍）	社长 E. A. Nottingham	主笔 G. B. Sayer 副主笔 R. Sweetland 费城 Public Ledger 通讯员	1889年创刊，晨报，十六页，发行量四千五百份。归现任社长经营以来，改善报面，年年增加销售量（参照前年报告），现今在英文报纸中仅次于 North China Daily News，占第二位。1921年末创刊的周日号 Shanghai Sunday Times 增添照相版四页，达四十页以上，销售量有六千五百份。为上海外文报纸中唯一全年不停刊的报纸。社址位于爱多亚路三十二号
China Press [大陆报]（英文）	拥护美国政策，献媚于所谓"年轻中国"，带有排日色彩（美国籍）	社长 S. Fessenden 会计 Major P. Holcomb 执行董事 A. Sopher	主笔 C. J. Laval 主笔（Associate） R. L. Hope	1910年创刊，晨报，十四页，周日版四十页（增添四页照相版）。发行量日刊三千三百至三千五百份，周日版四千五百至五千份。系美国法人发行，但事实是英国人控制的。营业由法国保护民犹太人 Arthur Sopher 和 Theodore Sopher 兄弟掌控，其姊为已故 Edward Ezra（犹太裔英国人）之妻。编辑部中美国人占多数，编辑方法为美式 sensational，中国人中有较多读者。另外，有关本报史略参照前面的报告
Evening News [大晚报]（英文）	中国籍	执行董事 Y. D. Sheng	主笔 A. L. Meyer	晚报，八页，发行量约八百份。本报由1921年末创刊的 China Press 的晚报 Evening Star 与陈友仁创刊的 Shanghai Gazette 两晚报于1922年11月合并后改名而成。现任汉口政府外交部长的陈友仁曾任北京 Gazette 主管，因在报纸上泄露日中军事协定，其报被勒令停止发行，1918年5月来此地创办了 Shanghai Gazette。与以往的两报相比，该报外貌稍有改观，编辑为美国风格。此后作为国民党机关报，经陈友仁之手发表孙文方面的意见。因经营不尽如人意，1925年中移至奉系之手，再后来转让给上述 Y. D. Sheng
China Courier [公论日报]（英文）	支持中国国民党，排英	美国特拉华州法人 China Publishing Company	主笔 谢福生（称 Francis Zia） 副主笔 H. P. Howard	1926年6月创刊。英中混血儿、原英国律师 Kentwell 于在华英国法院表明是为 J. Fight (British Snobbery) 而创办。创刊初为四页。曾称作 Shanghai Courier，三个月后扩大至八页，改为现名。主笔谢福生为中日联谊会理事，1927年3月孙传芳在浙江省与南方军队交战时登载对孙不利的战报，被上海警备司令手下在公共租界非法缉拿，关押于龙华达三个星期。据说现在（1927年4月22日）被国民党右派收买。发行量二千份，社址位于香港路六A号

(续表)

名　称	主义、系统	持有人或社长	主笔及重要记者	备　考
L'Echo de Chine [中法新汇报] (法文)	拥护法国政策利益	法国天主教会教徒	主笔兼经理 A. Vandelet 中国记者 Dyl. Zi①	1896年创刊，晨报，八页，发行量四百份。为天主教机关报。由于为法文，读者有限。论调明显保守，最近未见显示排日态度。报道中路透电讯比英文报纸晚一日(是否是翻译上的原因)。刊登在法租界顾家宅无线局接收的来自"波尔多"的无线广播新闻，此为该报之特权。约每隔十日刊登署名长山子爵的日本通讯。该通讯总是刊登在头版，排美、俄色彩明显。社址位于法租界公馆马路二十三号
Russia [罗西俄文沪报] (俄文)	白俄系	原陆军大佐 Kolesnikoff	同前	日刊，发行量二千份。记者、印刷工共十三人，普遍得到白俄人赞助。社址位于百老汇路
Shanghai Kosga Zaria② (俄文)	中立系	M. S. Lembich	主笔 L. Arnold-off	1925年11月创刊，晨报，发行量约一千份。系 Harbin Zaria 的持有人 Lembich 经营。社址位于法租界爱多亚路十三号
Far Eastern Finance and Commerce [金融商业报] (英文)	政治性质较少，对日本有好感。英国人经营	Far Eastern Publications, Ltd. 董事 A. W. Pennel 执行董事兼秘书 F. L. Pratt	F. L. Pratt	1920年1月创刊，周刊，十二页，发行量五百份。该社每年还发行 Handbook of Finance and Commerce。社址位于九江路六号③
Far Eastern Capital & Trade [商务周报] (英文)	不刊登政治评论。英国人持有	持有人 David Arakie	同前	1925年创刊，周刊，发行量约五百份。社址位于仁记路二五号。发行 Far Eastern Trade Year's Book
China Weekly Review [密勒氏评论报] (英文)	拥护美国政策，排日色彩显著，向中国学生献媚的美国报纸	发行人兼主笔 J. B. Powell Millard Publishing Co., Inc.	主笔 J. B. Powell 副主笔兼总经理 R. H. Powell	1917年5月创刊，周刊，发行量声称约四千份，详情不明。以远东尤其是中国政治、经济、社会研究为主。长期以来对日本总是采取反对态度。最初称为 Millard Review，但断绝与创刊人 Millard 的关系以后就改名为 Weekly Review of Far East，1923年再改为现名，但其中国名称一直是上述旧名，没有变化。报道内容极为贫乏，大多原封不动转载其他报纸、杂志的报道，但在中国人中间有相当多的读者。主要向美国发送，据说免费分发二千份左右。现主笔至1925年为止为 China Press 主笔，后来辞职，感慨于在中国没有美国人拥有的报纸，认为应该在上海创办美国人拥有的英文日报，组织起股份有限公司，但其后毫无音信。1927年4月26日上海美国商业会议所在其年会上认为，本报社论、方针违背在华美国人利益，以七十对两票的多数通过本报应该辞去商业会议所会员之劝告书。社址位于爱多亚路四号

---

① 1926年为"Syl."。
② 1926年报告无"Kosga"。
③ 1926年报告为"九号"。

(续表)

名 称	主义、系统	持有人或社长	主笔及重要记者	备 考
The China Tribune [中国公论报] (英文)	支持中国国民党,排英	持有人 美国特拉华州法人 China Publishing Company	谢福生	1926年3月创刊,与 China Courier 为同一经营者,每周六发行,日刊报道的转载居多。社址位于香港路六号
路透社通讯 (英文通讯)	报纸、商业通讯(英国系统)	Reuters Ltd.	远东总经理 W. Turner	是将来自欧美各国的路透社通讯分发到中国各地及日本之中心,来自日本及中国各地的通讯称为 Reuters Pacific Service,美国 A. P. 的通讯称 Reuters American Service。提供给日、英、法、中文各种报纸。社址位于爱多亚路四号
United Press (英文通讯)		United Press 社	China Press 社	该通讯社仅将刊登在 China Press, Evening News 及 China Courier 上的有关中国报道向美国发送,似乎以此为本务
Lloyd's Weekly [劳合周报] (英文)	政治评论较少由英国人经营	持有人兼主笔 G. T. Lloyd		周刊,发行量五百份。主要刊登有关上海当地的社会报道。社址位于江西路四十一号
Shipping and Engineering	刊登有关东亚船舶与工程方面的报道。英国人持有		C. W. Hampson	1909年创刊,周刊,发行量约六百份。在船舶业者中间拥有相当信誉。社址位于外滩十七号 North China Building 内
Far Eastern Review [远东时报] (英文)	以东亚财政、工业、矿业报道为主,拥护美国利益,对日本有好感。美国人持有	George B. Rea	同前	月刊,发行量约一千五百份,为东方的英文杂志之巨擘。在矿山、铁路报道上有特长,也刊登有关产业、贸易的政论。以往对我方挥舞种种毒笔,但和平会议后态度一变,甚至对日本表示善意,尝试严正批评美国对东方,尤其是对日本的政策。总是致力于介绍我方在朝鲜、"满洲"及台湾之政绩。社址位于仁记路十六号
Asiatic Motor [东亚汽车月刊] (英文)	刊登有关汽车、飞机等的专业杂志。美国人持有	发行人 W. C. Rea	同前	月刊,发行量六百份。社址位于九江路二 A 号
Henderson's Magazine (英文)	普通趣味杂志。英国人持有	持有人 F. W. Henderson	同前	1921年创刊,月刊,发行量三千份。值得提及的是,在中国的英文杂志中销售量最多,内容丰富。社址位于北京路四十七号
Blue Lantern Magazine [蓝灯时报] (英文)	文艺、普通兴趣杂志。英国人持有	Henrry Chinese①	同前	月刊,社址位于仁记路二十五号
China Journal of Science and Art [中国科学美术杂志] (英文)	有关中国美术研究、考古、狩猎之杂志。英国人持有		主笔 Arthur② de Sowerby	1924年创刊,月刊。编辑、投稿人均以相当知名的人士居多。社址位于博物院路六号

---

① 1926年报告为"Harry Chrimes"。
② 1926年报告为"Asthur"。

(续表)

名　称	主义、系统	持有人或社长	主笔及重要记者	备　考
British Chamber of Commerce Journal（英文）	英国系统	上海英国商业会议所	E. M. Gull	月刊，不仅是上海英国商业会议所机关杂志，还是 Associated Chamber of Commerce in China and Hongkong 机关杂志，充分摘录中国方面的新条约、重要公文书等，适合于作为记录保存
Chinese Recorder（英文）	美国长老教会派机关杂志		Rev. F. Rowlinson①	月刊，社址位于北四川路一三五号
China Sunday School Journal（英文）	同上	China Sunday School Union		
The Asiatic Review［大亚杂志］（英、中文）	亚细亚民族合作，日、中、印、菲交流意见	亚洲民族协会	执笔人　吴山、蔡晓白、陈杰奇、许贯南、H. P. Shastri	在日本人中与福民医院院长顿宫医学博士相关。不定期刊物，不太有影响
Israels Messenger	上海犹太复国主义协会机关报，拥护远东犹太人及犹太教之利益	上海犹太复国主义协会	N. E. B. Ezra	1904 年创刊，月刊。1910 年 2 月停刊，但 1918 年复刊。感激我方对巴勒斯坦问题的态度，大正天皇驾崩之际，发表郑重的社论表示哀悼之意
The Shanghai Market Price Report［上海货价季刊］（英、中文）		财政部驻沪调查货价处		1920 年创刊，为季刊，非卖品。向中国及外国的官方团体、学校等免费发送。调查发布上海进出口货物的批发价格及其指数。内容并不完整，但由于只有此调查，所以一般均只能以此为依据。另外发行日刊及周刊。季刊最为详细
Shanghai Customs Daily Returns（英文）		海关统计局		1866 年创刊，日刊。刊登出入港船名及货物目录与上海海关告示等。所在地为 34 Hart Road
Quarterly Trade Returns（英、中文）		同上		1869 年创刊，季刊，按各港口记载
Report on Foreign Trade of China & Abstract of Statistics（英、中文）		同上		1864 年创刊，年报，相当于中国全国贸易年报第一卷
Analysis of the Foreign Trade of China（英、中文）		同上		同上，分为进口和出口
Annual Trade Reports & Returns（英、中文）		同上		同上，为各港口类别报告
Decennial Reports（英、中文）		海关统计局		发行于 1893 年、1904 年、1913 年、1924 年，按各港口记述十年间之变迁

---

① 1926 年报告为"Lawlinson"。

(续表)

名　　称	主义、系统	持有人或社长	主笔及重要记者	备　　考
The Municipal Gazette（英、中文）		上海公共租界工部局		1907年创刊,周刊,工部局公报。发布规定及报告公示事业等,夹在 North China Daily News 之中,每星期五免费发送给该报读者
上海公共租界工部局行政年报与预算(英文)		同上		为工部局董事会发送给选举者纳税人的施政年报。记述、统计均极为详细,对上海情况研究者而言是不可或缺之资料。第一、二卷为报告,第三卷为预算及决算,为非卖品
法租界行政年报及预算(法文)		上海法租界公董局		年报,记载董事会的议事录、警察、卫生工作部等的报告与预算、决算。为非卖品

四、通讯员

	姓　　名	所属报名	备　　考
特派员	长永义正	时事新报	
同上	中村桃太郎	东京、大阪朝日新闻	
同上	村田孜郎	大阪每日新闻及东京日日新闻	
通讯员	龙冈登	长崎日日新闻	
	O. M. Green	*The Times*, London, *Manchester Guardian*	*North China Daily News* 主笔
	J. B. Powell	*Chicago Tribune*, *Manila Daily Bulletin*	*China Weekly Review* 主笔
	A. P. Finch	*Chicago Daily News*, *London Daily Mail*	*Shanghai Times* 记者
	R. Sweetland	*Philadelphia Public Ledger*	*Shanghai Times* 副主笔
	E. A. Nottingham	Australian Press Association	*Shanghai Times* 持有人
	J. W. Fraser	*Morning Post*	

南京(1927年1月12日报告)

南京领事馆负责的区域内报纸及通讯方面的调查

一、概述

本领事馆负责的区域内报纸如另表所示,虽然数量不少,但均内容贫弱,主义、主张等均不值得一看,特别是大多数报纸每个月从当地警察厅领取若干同情费,处于勉强维持其经营的状态。

另外,1926年9月间,五省联军总司令部,为了对抗广东军的巧妙宣传,创办了拥护联军、反对赤化的宣传机关报《联军日报》,分发给五省内的各机关、军人及普通民众,让大家阅读,但对联军方面奉承拍马的内容多,而"新闻"的价值低。

当地报界的实情如上所述,因而,中流以上的市民大部分购阅上海发行的《申报》《新闻报》《时报》等。

二、报纸、通讯及杂志

日刊报纸

名　　称	主义系统	持有人或社长	主笔及主要记者	备　　考
江苏省公报(中文)	江苏省官报	江苏省长公署		1912年创刊,日刊,菊判,十多页,发行量约六百份。刊登省长公署及各厅的指令、告示、公文等。定价为三个月大洋两元,六个月四元

(续表)

名　　称	主义系统	持有人或社长	主笔及主要记者	备　　考
联军日报(中文)	爱国爱民,反对赤化	联军总司令部		1926年9月创刊,日刊,发行量数千份。定价一个月六十仙,一年六元五十仙。对抗广东方面的宣传,反对赤化的宣传机关,使军人及各界购阅。登载反对赤化的宣传报道及发表军事情况等
大江南报(中文)		王锡三	同前	1913年3月创刊,六页,发行量约两百份
南方日报(中文)		王春生	同前	1915年7月创刊,日刊,八页,发行量约两百份。创刊当初称《南方话报》,1917年5月改为现名
大日华日报①(中文)		陈晴辉	同前	1916年创刊,日刊,小型四页,发行量数十份
立言报(中文)		吴善之	同前	1917年10月创刊,日刊,四页,发行量约数十份
新政闻报(中文)		方灏	同前	1918年创刊,日刊,四页,发行量约一百份
新社报(中文)		王家福	同前	1918年创刊,日刊,四页,发行量约数十份
新中华报(中文)		于纬文	同前	1913年创刊,日刊,四页,发行量约数十份。原称《金陵话报》,1916年9月改为现名
江苏日报(中文)		庄玉书	同前	1921年5月创刊,日刊,四页,发行量约三百份
宁报(中文)		达剑峰	同前	1920年7月创刊,日刊,四页,发行量数十份
谏皱报(中文)		曹燮南	同前	1921年10月创刊,发行量两百份,有时隔日发行

周刊报纸

名　　称	持有人或社长	主笔及主要记者	备　　考
国闻报(中文)	杨义	同前	发行量每周数十份,普通报纸一半大小
市民报(中文)	章柬甫	同前	同上
共和报(中文)	吴善之	同前	同上
庸言报(中文)	贾济川	同前	同上
江东报(中文)	胜无缘	同前	同上
亚东报(中文)	陈绍西	同前	同上

通讯社

名　　称	持有人或社长	主笔及主要记者	备　　考
南京新闻(中文)	王荫卿	同前	每日发行,发行量数十份
南洋新闻(中文)	施绍文	同前	同上
建业通讯(中文)	吴仲仁	同前	同上
模范通讯(中文)	于迪周	同前	同上
时事通讯(中文)	陈耀	同前	同上
神州通讯(中文)	吕必纲	同前	同上
世界通讯(中文)	高伯翱	同前	同上
长江通讯(中文)	徐海岚	同前	同上
中亚通讯(中文)	邓芰轩	同前	同上
震宇通讯(中文)	符一亚	同前	同上

① 1925年、1926年报告为《大中华报》,其他要素基本相同,应为同一种报纸。此处报名疑有误。

月刊杂志

名　称	主义、系统	持有人或社长	主笔及主要记者	备　考
江苏实业日志（中文）	奖励实业	实业厅		菊判，一百页以内，发行量数百份，收录省长公署、实业厅的指令、公文、诸调查等有关实业方面的报道，但无值得阅读的内容

周刊刊行物

名　称	主义、系统	持有人或社长	主笔及主要记者	备　考
Nanking Bulletin	宣传基督教，介绍地方上的情况	外国人俱乐部	Price	登载南京的基督教、外国人的动静，以及地方上的消息等报道

不定期发行的杂志

名　称	主义、系统	持有人或社长	主笔及主要记者	备　考
学衡（中文）	学术研究及思想发表	东南大学		东南大学教员、学生进行学术研究、发表思想的机关杂志
金陵光（中文）	同上	金陵大学		有中、英文，美国教会所设金陵大学的教员、学生进行学术研究、发表思想的机关杂志

通讯员

姓　名	所属报社名	备　考
弓削极	大阪朝日新闻社、大阪每日新闻社、东京时事新报社、东京报知新闻社	

苏州（1927年10月12日报告）

本领事馆负责的苏州区域内报纸、通讯员调查书

名　称	社　长	主　笔	发行量	出版年月	报道（主旨）
吴县市乡公报	颜心介	郭随庵、颜忍公	七百份	1916年1月	地方自治
苏州日报	石雨声	洪野航、方觉非	四百份	1912年1月	同上
苏州明报	张叔良	洪笑鸿、陆怡然	三千七百份	1924年3月	同上
吴语	马飞黄	胡绣龙、仇崐盦	一千四百份	1916年9月	文艺
中报	梅晴初	梅郎、洪笑鸿	一千份	1923年6月	同上
苏州商报	方益荪	高亦崑	四百五十份	1919年8月	振兴商业

无锡（1927年10月12日报告）

名　称	社　长	主　笔	发行量	出版年月	报道（主旨）
锡报	蒋哲卿、吴砚蠡	李伯森	一千四百份	1917年11月①	地方自治
新无锡报	杨少云	张遂初	一千六百份	1913年11月	同上
无锡新报	浦容潜	宋叔琴	九百份	1923年9月②	同上

---

① 1926年报告为"1912年11月"。

② 1926年报告为"1922年9月"。

镇江(1927年1月12日报告)
日刊报纸

名　称	主义系统	持有人或社长	主笔及主要记者	备　考
自强报(中文)		张定一	同前	1919年创刊，八页，发行量一千二百份，镇江最有影响的报纸
三山日报(中文)		童仁甫	同前	1922年创刊，四页，发行量四百份。主笔童仁甫为镇江对外后援会会员，每逢有事，便煽动排日

定期报纸

名　称	主义系统	持有人或社长	主笔及主要记者	备　考
江声报(中文)		刘煜生	同前	1924年创刊，四页，发行量四百份，隔日发行
陶情报(中文)	恋爱主义	张定一	同前	1926年创刊，两页，发行量六百份，每三天发行一次

安徽省

安庆、芜湖(1927年10月10日报告)

1926年安徽报纸、通讯的趋势

1925年的安徽报界，因中央、地方政情变化的影响，尤其是安福系东山再起，呈现出活跃之势，但其年末中央、地方均发生政变，今年初陈调元执掌安徽军政，民政亦多受其掣肘。陈调元执政对民论、民权完全不认同，在今年一年中对于安徽舆论界施加非常大的压力，因此，新兴力量当然不会出现，现有报纸盛衰也未受到什么影响，在极其平凡当中度过了整整一年。自1923年以来，安徽的报纸与上海的同业者之间严格约定拒绝在报纸上登载日本人的广告。尽管如此，芜湖的《皖江日报》及《商工日报》两报废弃规约，自年末开始内部承诺登载我国人的广告，并且逐渐营造实施的气氛，从以往的排日宣传打开了一个新局面，这是唯一应该特别指出的。

安徽省报纸、杂志、通讯社调查(1926年12月末)

名　称	主义系统	持有人或社长	主笔及主要记者	备　考
1①.民岩报。2.无英文名称。3.使用文字为中文。4.日刊报纸	1.民治、民权。2.有国民党系色彩，但多倾向于迎合地方绅士之意。3.地方上各官方、各公团及青年爱读。4.对日感情不佳。5.中国籍	社长 吴霭航 宣城人，今年60岁，前清举人，在江苏各县做过官，1909年辞官，与革命运动产生共鸣，着手发行报纸。性格刚直，且有文才。1913年柏文蔚下台后，国民党气势不振，其主义、主张稍趋稳健，有与当地耆老绅士及官方接近的倾向。实权主要为吴天鹤掌握，因而报道国民党系的色彩浓烈。社长吴霭航个人经营	主笔 社长吴霭航兼任 记者 吴天鹤 吴社长的族弟，北京清华大学出身，与新思想有共鸣。 苏小东 当地中学出身，专门负责地方上的通讯、市井消息	1.1909年4月创刊。2.日刊，八页，无晨、晚报的区别。3.发行量约两千份，在省内各地有广泛读者。4.社址位于安庆前门大街。印刷特约安徽官纸局，社内并无印刷设备。5.本报发行量至最近才达到两千份，广告之类也有增加，但仍称不上基础坚实。只是发行历史悠久，读者几乎是固定的，不像其他新刊的报纸，容易起波折。6.报道分为政府命令、专电、要闻、本城本省新闻各栏，各地各县通讯报道有特色，省内有广泛的读者

---

① 如前所述，外务省向各地领事馆下达调查指令时以序号形式罗列需要调查的内容。芜湖领事以上报告各栏都出现序号。有关序号代表的意思，可参看翻译的本年度资料"辽阳(1927年2月24日报告)"。

(续表)

名　称	主义系统	持有人或社长	主笔及主要记者	备　考
1.新皖铎。2.无英文名称。3.使用文字为中文。4.日刊报纸	1.标榜拥护自治,但并未见一定的主义、主张。2.有关政党政派关系,其创刊时是靠省议员部分出资,为其一派的机关报。因省议会解散,目前毫无关系,营利本位。3.马联甲任督军时,受到其补助,有其机关报之称,一度与《民岩报》对立,马失势后,便失去了其特色。4.本报创刊当初,频繁登载排日报道,做学生的后援。与政府关系密切后,一度改变其态度。目前未见特别色彩	1.社长　张振铎　相城县人,今年49岁,前清拔贡出身,有过担任柏文蔚秘书的经历,民党系官僚,1922年省议员改选时,刘干飞等拿出资金创办本报,作为其机关报,推举张振铎为该报经理,掌管文字与经营工作。因此因缘,该报此后终于归张振铎独立经营,直至今日。2.发行量及广告都远不及《民岩报》,经营极为不振,处于勉强维持的程度	主笔　社长张振铎兼任 记者　孙小初　安庆人,高等师范学校出身。另外有钱吉兮、李鸣亚两编辑	1.1922年2月创刊。2.日刊八页。3.发行量一千余份。4.社址位于安庆四牌楼大街,印刷特约安徽官纸印刷局。5.安徽省议会第三期议员改选时,刘干飞等部分议员创办此报,作为其机关报。第三期省议会以流产告终。后归其主笔张振铎经营,以营利为本位,为了维持经营,总是迎合官方,获取补助。报道、评论欠引人注目的特色。6.无值得特别记载的事项
1.商报。2.无英文名称。3.使用文字为中文。4.报纸	1.标榜改良、发展商工业。2.与政党政派无关。3.与安庆商会有关系,在安庆商人中有援助者。4.为了代表商人的利益,对日感情总是稳健。5.属于中国籍	1.社长　苏绍泉　相城人,高等师范出身,在初中做过教员,有些经历 2.本报于1923年由总商会及各商帮出资五千元创刊,作为总商会的机关报。因为其财政援助未能继续,名义上与实际上均归苏社长个人经营	主笔　社长兼任 记者　赵嘉谟、张元恺　两人均无特别学历、阅历	1.1923年7月创刊。2.日刊,六页。3.读者主要为安庆市及石牌一带的商人,每日发行一千份左右。4.社址在安庆。5.本报以提倡改良、发展商工业为主旨,但其报道、评论并无引人注目之处,与一般报纸毫无区别,仅仅是订阅者有很多工商业方面的老客户。6.有关工商业方面的报道稍微多些
1.政治报。2.无英文名称。3.使用文字为中文。4.日刊,四页	1.更新政治,拥护民生。2.与政党政派无关。3.在财政系统有支持者,该方面有出色的报道。4.创刊时日尚浅,未见醒目的对日评论。5.中国籍	1.社长　蒋永我　相城人,今年40岁,上海震旦大学出身,属于其个人经营。2.本报由蒋永我1925年3月独立创刊。蒋社长与财政厅管辖的厘金局有关系,获得其津贴,在局内有很多熟人,报道等自然带有财政系统的味道	主笔　蒋社长兼任 记者　张寄千　徽州人,高等师范出身,曾经做过中小学教师	1.1925年3月①创刊。2.日刊,四页。3.发行量不出七八百份。4.社址在安庆。5.没有值得记载的经历。6.报道、评论极其平凡,报面以上海报纸的摘录为主
1.社刊。2.无英文名称。3.使用文字为中文。4.报纸	1.启发实业。2.不偏不党。3.标榜振兴实业,并且社长有在实业部工作过的经历,了解其情况,还有收集材料之便,专门在实业界扩大其影响。4.在排日运动方面还未见显著倾向。5.中国籍	社长　胡祝如　庐州人,曾在安徽实业部任科长。有此阅历,在实业界有相当广的关系与友人	主笔　社长兼任记者为苏绍家一人。苏绍家是商报社长苏绍泉的族弟	1.1925年创刊。2.日刊,四页。3.发行量八百份左右。4.社址位于安庆吕纯阳街。5.没有值得记载的经历。6.一般认为有关实业方面的报道稍多,其他无特色

① 1926年报告为"1926年3月"。

(续表)

名　　称	主义系统	持有人或社长	主笔及主要记者	备　　考
1.全皖新报。2.无英文名称。3.使用文字为中文。4.报纸	1.营利本位。2.不偏不党。3.无值得特别记载之处。4.同前。5.中国籍	社长　翁醉亭　安庆人,一直作为京津各报的通讯员,负责发送安徽及安庆地方上的通讯	主笔　社长兼任　此外没有称得上记者的人	1.1925年4月创刊。2.日刊,四页。3.发行量约五百份。4.社址位于安庆龙府池街。5.没有值得记载的经历。6.仍未见一定的倾向
1.皖江日报。2.无英文名称。3.使用文字为中文。4.日刊报纸	1.启发民治思想,普及国民教育。2.不偏不党。3.在地方上的有志之士,即官绅间有影响。总是主张稳健。4.平时主张稳健。排日运动时,同行报纸《商工日报》①如果不登载排日性评论的话,该报就会登载,以获得此派欢心。两报总是对立,更似多曲笔,但1925年以来,其态度大为改观。5.中国籍	1.社长　谭明卿　当涂县人,今年51岁,前清秀才出身,前半生为学塾教师,性格谦和,有守旧倾向,出色地迎合政府当局及地方绅党,并随之变化。个人方面对日亦有好感。2.本报创刊当初,由谭社长与其同乡崔祥鸿等各出资二千五百元合办经营,其后绅商潘伯和等投资若干,陆廷桢等干部出资两千得以创刊,维持经营。目前完全属于谭社长个人经营	主笔　社长兼任　记者有两人,舒相承今年42岁,李鸿勋29岁。李鸿勋主要负责社会报道	1.1917年1月②创刊。2.日刊,八页。3.发行量一千五百份。4.社址位于芜湖徙门巷。5.与社长的阅历相同。6.报道设工商栏,以该方面的报道详实为特色,评论大致稳健、平凡
1.工商日报。2.无英文名称。3.使用文字为中文。4.日刊报纸	1.开发工商业,发展教育与自治。2.与政党政派无关。3.在商务会及其他实业界有销路,也直接或间接受其援助。4.以往频繁发表排日评论。虽然有此历史,但最近其态度显著变化,对于1925年的五卅事件,评论认为对日应该分开交涉。一直对日表示好感。5.中国籍	1.社长　张九皋　南陵县人,今年40岁,金陵大学辍学,曾任《皖江日报》记者,因与社长意见相异而辞职,在商人支持下自己创办了此报。张社长因其年龄与学识,与《皖江日报》的保守性相比,则有进取性态度。两报的对峙比较令人感兴趣。2.在商务会获得部分同情,与《皖江日报》一起从商总会等获得种种利权,维持其社务	主笔　社长兼任　记者张香九是南京高等师范出身的新人,另有周相五等编辑	1.1909年11月③创刊。2.日刊,八页。3.发行量约两千份。4.社址位于芜湖大马路。5.创刊当初是日刊,六页,仅仅维持每日两三百份的发行量。第一次革命时期④,其发行量渐渐增加,奠定了相当的基础。随着柏文蔚下台,又因迎合过袁世凯的独裁政治,遭国民党痛恨,致使该社印刷机等被破坏,停刊数月。有过此段历史后,积极顺应时势潮流,伴随着皖直等各政派的消长而出色地谋求协调,使得报社的基础逐渐巩固。6.报面设有市政及工商栏,努力标榜与工商的关系,但其评论、报道无特色,摆脱不了地方报纸的色彩

通讯社

安徽省的通讯社,有安庆的国民通讯社、自由通讯社、醒民通讯社、正谊通讯社四社。前三社一直存在,正谊通讯社系1925年新设。

一、国民通讯社属于社长王活平个人经营,与政党政派没有关系。王社长今年53岁,相城县人,旧学出身。本社创立于1920年7月,不定期向北京、天津、上海及其他十几处发送书面通讯。

二、自由通讯社属于社长赵嘉谟个人经营。赵嘉谟今年45岁,安庆高等师范出身,做过中等学校教员,数

---

① 此年报刊"名称"一栏出现的报名为《工商日报》。
② 1926年报告为"1909年11月"。
③ 1926年报告为"1917年1月"。
④ 即辛亥革命时期。

年后援助自治新报社长刘泰和创办《自治新报》,负责经营,但感到报纸难以维持,便与刘泰和共同创办本社,推举刘为社长,赵负责实际工作。1924年赵自己就任社长。本社也不定期向北京、天津、上海等各地发送书面通讯。

三、醒民通讯社属于社长魏小峰个人经营。魏社长秀才出身,1921年自己创办本社,延续至今。向北京、天津等各埠不定期发送书面通讯。

四、正谊通讯社属于北京《公世报》安庆特约通讯员经营。本省凤阳县人①,今年38岁,有过在北京报界工作的经历。本社创办于1925年4月,完全以营利为本位,向天津、北京等地发送书面通讯。

江西省

南昌

名　　称	主义系统	持有人	主笔	备　　考
国民日报(中文)	三民主义,省政府的机关报	刘伯伦	同前	1926年11月创刊,日刊,发行量约二千五百份,社长与职员都是国民党员,每月从省政府获取补助二千元
工商报(中文)	振兴工商业,国民党系	姚朗如	余小虎	1920年1月创刊,日刊,发行量二千份左右
南昌商报(中文)	发展商业,无党派色彩	万松花	同前	1926年12月创刊,日刊,发行量五六百份
章贡湖日报(中文)	无主义主张	杨绳武	杨治农	1922年9月创刊,日刊,发行量五六百份
贯彻日报(中文)	鼓吹农工,有共产系色彩	陈资始	同前	1927年2月创刊②,日刊,发行量四五百份
九南通信(中文)	无主义主张	涂阴蔬③	同前	1926年10月创刊

有上海《申报》《新闻报》及《商报》通讯员。

九江

名　　称	主义系统	持有人	主笔	备　　考
国民新闻(中文)	共产主义	师古农	梁伯隆	1926年12月创刊,日刊,发行量一千五百份,社长与职员都以左派身份相团结。每月获得市党部和民团四五百元补助

有上海《申报》《新闻报》通讯员。

福建省

福州④

福州的中国报纸一览表(1927年6月调查)

	名　　称	社长或经理	主笔或编辑	色　彩	每月经费补助	备　考
×○	民国日报	吴求哲、林寿康	金满城、谢某	省党部	党费	
×	求是日报	林寿昌	陈公珪、梁道钧	省党部	党费二百元	

---

① 原文遗漏社长姓名。
② 应为1926年12月20日创刊。
③ 人名疑有误,待考。
④ 提交报告时间不明,应该是在1927年6月以后。

(续表)

	名 称	社长或经理	主笔或编辑	色 彩	每月经费补助	备 考
×	实业日刊	李文滨、林翼卿	黄孟菁	省党部	党费一百元	
	公道日报	李汝统	李汝统			报界同志会
	福建日报	刘森藩	姚谱韶、姚毓士	旧教育派		报界同志会
	民生日报	陈冠鸿、林恒卿	林恒卿			报界同志会
	商报	林叔向、林幼宇	陈受光、林鉴秋	商民协会		
	商务时报	郑子枢	郑子枢、吴烛非	总工会		报界同志会
	公民报	庐英、罗某	陈杰人			报界同志会
○	晚报	钟梦龄	兰璜	国民党闽南派	吕渭生出资	
○	三八女报	徐珪碧	齐宝衡	总工会妇女部		
×○	工人日刊	林寿康、林文煊	箫一健、唐继华	总工会		
○	市声报	林鹏南	薛友苏	宋渊源派、海军	宋渊源出资	
○	南强报	陈琛	陈雪琴	吴威派		
	政治报	陈奋侯	陈奋侯	吴威派	吴威出资	
	省闻汇刊	黄英	黄英			报界同志会
	正报	林幼新	马仲藩			报界同志会
×○	南声日报	张绮园、林荣波	陈天尺、杨湘衍	海军	海军二百元	
○	航报	郑雅波	郑雅波			
○	民铎日报	萧一鸣、李芳	王一韩、陈岱生	谭曙卿	由各方面募集	有经理为陈觉如、编辑为陈鸥波之说
○	侨商时报	李元农	徐醒吾		由侨民募集	
○	民声报	冯时中	陈宇昂			
○	民治报	陈伯萱	陈伯萱			
	郑言报	李旭人	李旭人			

注:(1) 标有"○"者,表示是革命军占领福州后创刊。(2) 标有"×"者,表示排日色彩浓厚。

厦门

厦门有九种中文报纸,其中《全闽新日报》是当地最早的报纸,财政基础稳固,内容也相当丰富,从台湾、上海接收电讯,受到普遍欢迎。此外,除《民钟日报》的经营状况相对较良好,其余报纸都创立时日尚浅,经营困难,时常休刊。与当地一样,小城市有大量报社并存,因此发行量多者仅仅数百份。除上述《全闽》《民钟》两家报纸外,其他报纸的内容都难免贫乏、低级。

报纸

名　　称	主义系统	持有人	主笔	备　　考
全闽新日报(中文)	使中日民族融和,介绍日本文明。日本国籍	名誉社长林景仁	谢龙阔(台湾人)	1907年8月创刊①,日报,发行量约一千两百份。每年接受台湾善邻协会一万余圆的补助
江声日报(中文)	标榜三民主义、奖励产业、改善教育。党军之机关报	总理　周彬川	陈三民	1918年11月创刊,日报,发行量五百五十份。排外色彩一向浓厚,屡屡挥舞排日毒笔,最近态度缓和
思明日报(中文)	启发民智、振兴产业、鼓吹新文化。属于中国基督教徒派,有拥护国民党的倾向	总理　徐吉人	黄笃奕	1920年9月创刊②,日报,发行量约六百六十份。排外色彩一向浓厚,"上海事件"以后因排英运动高涨,为迎合新教徒,更加特意登排日报道,但最近转为资本家经营,论调有所缓和
厦声日报(中文)	福建民军之机关报,排日色彩颇为浓厚	总理　黄■哗	苏眇公	1920年2月创办,日报,发行量约八百份。对日态度颇差
厦门商报(中文)	中国杂货商公会之机关报	总理　江蕴和	同前	1921年10月创刊③,日报,发行量约三百份
民钟日报(中文)	鼓吹爱国观念,培育民主思想,振兴工业。社会主义色彩	总理　李硕果	梁冰弦	1918年创刊④,日报,发行量约一千份。论调过激,但最近对日态度良好

有上海《新闻报》支局。

浙江省

杭州(1927年3月23日报告)

浙江省内报纸调查(1926年末)

一、概况

杭州现在的报纸数量为五种,均为中文日刊报纸,此外还有公布法令、规定的机关报《浙江公报》。与1925年末比较,减少两报:《全浙公报》在2月间停刊,《之江日报》和《杭州报》在3月间停刊。而《虎林日报》则在1月间创刊。

杭州的报纸发行量总计一万一千余份,与去年比较,增加两千余份,比前年则增加约近四千份。其中购阅者半数在杭州,余下半数在附近各县。

各报社的规模极其弱小,有的自己没有印刷机,委托他社印刷。同一人会兼任两三家报社的探访记者。现在似乎没有一家报社是以一万弗以上的资本运营的。因此,其内容不充实,诸如其登载的电讯,全部转载自上海报纸,或不过是官方公布的消息,对于其他地方发生的事情,则报道迟缓。当然,报上杜撰内容不少,似乎仅仅在报道本地消息方面维系着命脉。

另外,在浙江省内杭州以外各县,报纸总数合计为18种,其发行量合计约一万七千份。其报社规模或小于杭州的报社,或同等程度。

只是由于当地文化程度较高,言论很兴盛,扩展民权的思想出现在这些报纸上,民主主义的内容居多,带有排外色彩的言论亦不鲜见。不过,报纸的影响力很弱,而且言论发表过多,反而失去唤起世人关注的力量。

在以上状况下,当地知识阶层虽有购阅当地报纸者,但不阅读者好像不少,他们多数一味关心上海的报纸,每天进入杭州的上海报纸约有四千份。

---

① 8月21日创刊。
② 一说7月21日创刊。
③ 10月10日创刊。
④ 一说1916年10月1日创刊。

定期调查报告　　（秘）1927年11月　　有关中国(附大连、香港)报纸及通讯的调查

名　　称	主义系统	持有人或社长	主笔及主要记者	备　考
浙江民报(中文报纸)	扩张民权。浙江省议会星期会议员的机关报,未见对日本的特别态度。中国①	社长　李开福(字乾荪,浙江海盐人,原在上海时事报社工作,归来后任《之江日报》社长,1916年8月从该社辞职,自己创办《浙江民报》,现为省议员)	主笔兼记者　朱厚人(浙江宁波人,原《杭州报》编辑)	1916年8月创刊,日刊,六页,三千份,杭州城内羊坝头
浙江商报(中文报纸)	开发商业。杭州总商会的机关报,并未感到对日本持特别排斥的态度。中国	社长　屠子嘉(浙江杭县人,原警察厅警佐) 主要出资者　王锡荣(字湘泉,浙江杭县人,原杭州总商会会长、浙江垦放局长、两浙盐运使)、王祖耀(竹斋,浙江绍县人,杭州总商会会长)、张旭人(浙江吴兴县人,浙江储丰银行副经理、省议会议员)、金溶熙(字溶仲,浙江杭县人,绸业合作所董事长)	主笔兼记者　叶荆公(浙江杭县人,前清举人)	1921年10月创刊,日刊,六页,两千四百份,杭州城内太平坊
浙民日报(中文报纸)	发扬民治精神,促进地方自治。省议会平社议员的机关报,在浙东一带有影响	社长　胡芷香(浙江建德县人,原省长公署咨议) 主要出资者　现省议会议员陈邦达、卢旌贤、毛犟、毛云鹊、朱章实等	主笔　丁楚孙(浙江杭县人,浙江法政学校出身)	1923年12月10日创刊,日刊,四页,一千四百份,杭州城内保佑坊
大浙江报(中文报纸)	发扬民意,改善民政。浙江总司令部机关报	社长　周起予(字商甫,浙江绍兴县人,现为上海《新闻报》《时事新报》《新申报》通讯员)	社长兼主笔	1925年5月创刊,日刊,六页,三千五百份,杭州城内羊坝头
虎林日报(中文报纸)	提倡教育,振兴实业	社长　俞斯馨(字蒙香。浙江新昌县人,原浙江警备队总司令部副官长)	社长兼主笔	1926年1月15日创刊,日刊,四页,一千三百份,杭州城内保佑坊
浙江公报	公布法令、规定	省长公署	主笔　任干乡(浙江杭县人,省长公署科员)	1913年创刊,日刊,一千六百份

海宁(1927年3月23日报告)

名　　称	主义系统	持有人或社长	主笔及主要记者	备　考
海宁日报(中文报纸)	普及教育,提高自治	社长　朱尚(字宇仓,浙江海宁县人)	社长兼主笔	1922年6月创刊,日刊,四页,三百份,海宁城内木牌坊
硖报(中文报纸)	普及教育,提高自治	社长　祝映先(浙江海宁县人)	社长兼主笔	1922年10月创刊,日刊,两页,两百四十份,硖石河西街
新硖报(中文报纸)	输入文明	社长　潘两真	社长兼主笔	1924年10月创刊,日刊,两页,两百份,硖石赵家湾

嘉兴(1927年3月23日报告)

名　　称	主义系统	持有人或社长	主笔及主要记者	备　考
嘉兴日报(中文报纸)	发扬民治	社长　顾绍镛(字凤台,浙江嘉兴县人,现任商业联合会长)	主笔　顾钧镛(字一鹏,顾凤台之弟,浙江嘉兴县人)	1924年1月创刊,日刊,六页,一千两百份,嘉兴城内菩萨桥南,资本金约五百弗

---

① 如前所述,外务省向各地领事馆下达调查指令时以序号形式罗列需要调查的内容。杭州领事以上报告的"主义系统"与"备考"栏,虽然未出现序号,但显然也是按照其序号直接填写的,并且省略了相关关键词。有关省略的关键词,可参看翻译的本年度资料"辽阳(1927年2月24日报告)"。

平湖（1927年3月23日报告）

名　称	主义系统	持有人或社长	主笔及主要记者	备　考
民声报(中文报纸)	发扬民治	社长　张传琨(字子石,浙江平湖县人)	社长兼主笔	1920年4月创刊,日刊,四页,五百份(普通报纸一半大小),平湖城内汉水桥

乍浦（1927年3月23日报告）

名　称	主义系统	持有人或社长	主笔及主要记者	备　考
平民报(中文报纸)	提倡自治	社长　张秋翁		1922年10月创刊,每月发行四次,四百份,乍浦荷花池
澈钟(中文报纸)	趣味主义	社长　朱益谦		1922年7月创刊,不定期发行,五百份,乍浦电报局内,非卖品,会员组织

通讯员

姓　名	所属报名	备　考
周起予	《新闻报》《时事新报》《新申报》	字商甫,浙江绍兴县人,钱业出身,曾为省议会速记员,现为《大浙江报》社长兼主笔
倪慕侠	《申报》	浙江杭县人,前清附贡生
孙炳如	《新闻报》	浙江杭县人,现为杭州总商会书记员

宁波（1927年3月23日报告）

名　称	主义系统	持有人或社长	主笔及主要记者	备　考
时事公报(中文报纸)	使社会开通,提倡商业	社长　金臻庠	主笔　鸟一蝶	1920年6月创刊,日刊,八页,五千六百份,宁波江北岸同兴街
四明日报(中文报纸)	使社会开通	社长　李霞城	主笔　毛二千	1910年创刊,日刊,八页,两千七百份,宁波江北岸

绍兴（1927年3月23日报告）

名　称	主义系统	持有人或社长	主笔及主要记者	备　考
越铎日报(中文报纸)	开发民智,监督社会	社长　陈庚厓		1912年5月创刊,日刊,六页,七百份,绍兴城内大街,资本金五千弗
越州公报(中文报纸)	发扬民智	社长　俞微民		1926年创刊,日刊,六页,四百份,绍兴城内大路

诸暨（1927年3月23日报告）

名　称	主义系统	持有人或社长	主笔及主要记者	备　考
诸暨民报(中文报纸)	舆论代表,传播文化	社长　金绍闻(字月如,浙江诸暨县人)	主笔　赵并欢(浙江诸暨县人)	1920年8月创刊,隔日刊,四页,六百份,诸暨城内县衙内
暨阳公报(中文报纸)	舆论代表,主张正义	社长　宣成(字云幔,浙江诸暨县人)	主笔　张醉霞(浙江诸暨县人)	1923年10月创刊,隔日刊,四页,五百份,诸暨东门外

余姚(1927年3月23日报告)

名　称	主义系统	持有人或社长	主笔及主要记者	备　考
姚江周报(中文报纸)	输入文明,传布消息	社长　韩振业(字厥修,浙江余姚人)	主笔　俞士南	1923年11月创刊,四页,周刊,一千份,余姚城内邵家花园

衢县(1927年3月23日报告)

名　称	主义系统	持有人或社长	主笔及主要记者	备　考
大新日报(中文报纸)	振兴教育,扩充实业	社长　王汉青(浙江衢县人)	社长兼主笔	日刊,木版印刷,四页(普通报纸一半大小),三百份,衢县后巷
三衢新报(中文报纸)	振兴教育,扩充实业	社长　罗碧霞(字锦春,浙江衢县人)	社长兼主笔	日刊,木版印刷,四页(普通报纸一半大小),三百份,衢县小西门

温州(1927年3月23日报告)

名　称	主义系统	持有人或社长	主笔及主要记者	备　考
瓯海公报(中文报纸)	收回利权	社长　王毓(字云龙,浙江瑞安县人)	主笔　黄灿(字一萍,浙江永嘉县人)	1921年7月创刊,日刊,四页,一千份,永嘉铁井栏
温州民报(中文报纸)	国民党系	社长　陈日恩(浙江永嘉县人)	主笔　谢越尘	1926年1月创刊,日刊,四页,八百份,永嘉铁井栏

湖北省

汉口(1927年2月9日报告)

本领事馆负责的区域内报纸及通讯状况报告书(1926年12月末)

一、概况

1. 报纸

去年9月国民革命军进入武汉后,地方政权呈现一大转变。自此当地的中国报界也发生显著变化,先前因遭笔祸而受到吴佩孚禁止发行处分的《楚光日报》(国民党)复刊,接着国民党机关报《汉口民国日报》《血花世界报》《新民报》《朝报》及革命军机关报《革命军日报》等创刊,而吴佩孚系统或与旧军阀有关系的各报,因害怕受到没收、查扣等可怕的打压,陆续自发废刊或停刊。此类报纸的经营者则惧怕以后遇到麻烦,外逃避难者不在少数。至去年12月末,已经不存在的有《国民新报》(被没收)、《群治报》《通报》(被没收)、《民德报》(被查扣)及《时事新报》《汉江日报》《时报》《午报》《武汉晚报》《民治日报》《大晚报》《政法日报》《快报》《华中日报》《爱国白话报》《警报》《汉江晚报》《正心报》《晨报》(扣押)等,涉及19种。目前在当地继续发行的报纸,除了新创刊的上述五种报纸外,"大判"①纸四页以上的报纸有十三种,"小判"②纸四页的有三种,均高唱国民政府、国民党、革命军万岁,作为宣传工具而维系着余命。

追根溯源,武汉的中文报纸至数年前为止只不过仅仅十二三种,1921年末萧耀南来武汉任湖北督军后不久,兼任省长,在庶政各方面采取自由放任政策,对于舆论界亦极其开放,对于申请办报者无限制地加以批准,每个月还总是给报纸记者或通讯员提供若干补助,努力怀柔他们,结果报纸数量顿时大增,终于使得基础及内容薄弱者丛出。

至于这些中文报纸的经营方法,实际状况是,多数报社自己不探访、不收集报道材料,武汉的数十名通讯员或称为访员的社外探访员每天发来原稿,对此原稿进行随意取舍选择后,将其送交特约印刷厂,就此足矣,

---

① 日语表示纸张尺寸的专用名词,约285×400毫米。
② 日语表示纸张尺寸的专用名词,约235×315毫米。

不需要任何设备,是以投资区区数百元就已足够。因此,这些报纸基础自然薄弱,据说其中发行后不过数旬就停刊者并不少见。

武汉中文报纸中稍具组织者,分为总务部、编辑部、发行部、会计部、印刷部等,但其规模都极小,甚至连有印刷设备者也屈指可数。就此等报纸的编辑情况而言,规模较大者,总编以下有两三个记者,其中有报纸在各地设特约通讯员,但多数报纸不过是转载武汉的通讯社及社外探访员送来的新闻原稿,或京津、上海、广东、南昌等现时政治中心报纸报道的摘录。而电讯之类,不少报纸或改译其他报社的电讯,或随意编造电讯,或将各地邮递来的报道概括一下,作为本社特电或专电登载。我国联合通信社及路透社的电讯,在中国报纸电报栏一向居重要地位。这样,武汉的中文报纸拥有本社特别新闻来源者极少,除了《汉口民国日报》以外,各报基本上都登载同样的报道。

武汉报纸中,稍稍称得上有基础者为《国民日报》《新闻报》《中西报》《正义报》《武汉商报》《大汉报》《公论报》及《江声》。其中诸如《国民日报》,作为政府机关报,以有关政府方面的报道迅速准确而著称,但其发行量与上述各报一样,不过三千份左右。

总而言之,武汉中文报纸的规模如前所述,而报道材料的收集、报面外观的设计等,都根本未用心对待,大半报面为广告、摘录、转载的内容覆盖,无争取先机的独特报道,亦无指导舆论,可视为社会人心之木铎的权威报道或社论。遇到重要问题,偶尔能作为时评或评论而发表简论的话,就算是上乘之作了。

在宣传和民众运动方面历经磨炼和富有经验的国民政府各机关,为了自己而有效地操纵着报纸,对于正在取得的革命运动成果,不会轻易错过,如果是对外问题等的好材料,则不惜言过其实夸大报道。这作为中国报纸的特色,本来就有定论,而本地报纸尤甚。幸好对于日本正处于面向最好感情之时,最近有关排日报道几乎无影无踪,取而代之的是排英宣传。诸如此类实在是让有识者失笑的状态。

还有,现在武汉报界有"新闻界俱乐部"和"武汉报界同志会"两个团体。前者由《新闻报》《大陆报》《中西公论》《武汉商报》《江声》等有八页以上报面的报社组成,后者由《时事白话报》《鄂报》《商工白话报》等未参加前者而有四页报面的报社组成。

此外,有日文报纸三种,英文报纸两种,购阅者范围狭窄,规模小而经营不振,不值一提。

2. 通讯社

武汉中文报纸的报道材料,或来自通讯社及社外探访员的特约,或为共同散发得到的原稿,或是国民政府各机关出自宣传需要通过通讯社向各报散发的政治、军事、民众运动等特别材料,仅此而已。这些提供地方性新闻的通讯社数量,在去年秋天动乱以来,显著减少,现在只有国闻通讯社、人民通讯社、平民通讯社、一德通讯社、经济通讯社、血光通讯社、革命通讯社七家,其他诸如农工通讯社、三民通讯社、湘鄂通讯社等仅仅是挂着招牌,有名无实。上述通讯社中,有的有数名探访员,与官公署及各种机关有联系,将新闻材料油印,编辑成通讯稿,除了与报社特约的"特别新闻"以外,大多是先送到当地中国街称作"派报处"的报纸收发处,对于报社采用的通讯稿,月末计算收费。与从事迅速通讯与宣传的报社不同,通讯社是所需经费少、收入较多的职业,因此,以前有从事报业经验而精明能干者,为脱离低薪贫穷的报纸记者生活,转至通讯业者不在少数。尤其是萧督办在世期间,对于稍有影响的通讯社经营者,给予名誉职位顾问或咨议头衔,每月提供若干津贴。但去年秋天国民军进入武汉后,以往与军阀有过关系的通讯社经营者都逃往他方避难,通讯社数量自然就减少了。

二、报纸

名　称	主义系统	持有人或社长	主笔及主要记者	备　考
汉口民国日报(中文)	三民五权主义,纯正国民党、国民政府机关报	国民革命军占领当地后,没收本地报界耆老李振经营的《国民新闻》,于1926年10月改称《民国日报》,总司令部政治部副主任郭沫若着手经营,现经理为省党部领袖董必武(国民党左派,湖北省人,留日出身)	主笔为汉口特别市党部领袖宛希俨(湖北省黄梅县人,东南大学出身),总编国民党员李奇(湖北省安陆县人,武昌商科大学毕业),编辑石信嘉(湖北省黄梅县人,北京大学毕业)、孙际且(湖北省咸宁县人,武昌师范大学毕业)、马念一(东京第一高等学校毕业)	社址位于汉口歆生路长悟里第四号。日刊,十二页,发行量约五千份。有平面手印机四台。该报有过度宣传之嫌,报道迅速,内容亦充实,称得上是当地报界的唯一权威。目前排英宣传猛烈,但对日本的论调、报道却可以说最为稳健

名 称	主义系统	持有人或社长	主笔及主要记者	备 考
新闻报（中文）	纯粹营利主义，无党派关系	社长 张云渊 江苏省无锡县人,长期居住于汉口,经营报纸销售代理和《大汉报》,在募集广告方面有特殊才能,1914年创刊本报。为人寡言而稳健,无学识	主笔 凤竹荪 记者 曾莘加 湖北法政学校毕业。另有叶聘三、王子衡等,被定论为稳健的记者	创刊已经有十三年,社址位于汉口英租界一码头鼎安里,日刊十六页,发行量约三千五百份,资本金银两万元,有平面手印机三台。在武汉报界中对日本最具有善意的谅解。社长张云渊专心于社务,另外经营名为维新印书馆的印刷厂,主笔凤竹荪与下面的记者均为稳健学究性人物,因此不登载类似排日报道那种闹市报道,作为最扎实稳健的报纸,在武汉各界,尤其是工商界有信誉,而诸如广告费,每月有两千元以上的收入,可谓武汉报界特异的收入额。该报有来自上海的特电,在开封、九江、长沙、宜昌等地有通讯员
汉口中西报（中文）	是与《新闻报》一样稳健公平的报道类报纸,并无党派关系,记者比《新闻报》具有新知识,因此,论调自身适应时代潮流	社长 王华轩 曾在湖北签捐局为官,稳健的旧式学者	主笔 喻笛痴 新学出身,通晓时务,擅长撰写稳健的政治短评 记者 王丽生 留美出身,精通英文。此外有两名编辑记者	创刊已经有十八年,日刊,十页,发行量两千六百份,资本金六万元,有平面手印机三台。社长王华轩与《新闻报》的张云渊、凤竹荪同属武汉报界耆宿。其经营风格亦酷似《新闻报》。与《新闻报》持亲日主义相对,本报具有亲英主义色彩,但对日本并未舞弄攻击性文笔
大汉报（中文）	属于旧国民党系,孙文主义的宣传机关	社长 祝润湘 原社长胡石庵去年夏天去世后接任,成为经理,但学识、经营之才均缺乏	主笔 朱伯鳌 是旧式学者 记者 丁愚庵 旧式学者,善写文章 蔡寄鸥 能文,善小说,极端排日主义,作为《正义报》主笔,该报的排日报道不少出自蔡之曲笔	创刊已经有十六年,社址在汉口日本租界中街。日刊,十二页,发行量两千五百份,资本金一万元,有印刷设备,兼营大汉印书馆。原社长胡石庵作为旧国民党员重要分子,与北京方面的宣传机关亦有联系,参与排日运动,去年夏天病故后,会计主任祝润湘接任经营。此人及下属记者均为国民党员,但总是受到新国民党员压迫。该报自武昌革命时就作为国民党系机关报,在武昌政府的补助下创刊。在华中等地,《大汉报》之名最为闻名,具有相当大的影响。去年夏天因吴佩孚而遭受笔祸,受到种种压迫,因社址在日本租界终于逃过一劫
商报	旧交通系叶恭绰、梁士诒等出资,同派的机关报	社长 王春轩 政商出身	主笔 邹碧痕 新学出身,兼上海报纸的通讯员 记者 王定郊 武昌商科大学出身。另有记者四名	创刊已经七年,日刊,十二页,发行量两千六百份,社址在汉口张美之巷后巷口,资本金一万元。有大小平面印刷机五台及电动马达,兼营印刷业,承接印刷武汉大小报纸九种。旧交通系梁士诒、叶恭绰等着眼于武汉的未来,实质上希望日后的发展,主要旨在有益于工商业的发展,创办了本报。对于日本并不加以攻击

(续表)

名　称	主义系统	持有人或社长	主笔及主要记者	备　考
正义报	王占元任督军时，获得湖北省政府一万元，其后接近黎元洪，获得数万元补助。作为主义，似乎反对军阀，但与国民党无任何关系，武汉著名的排日报纸	社长　马宙伯　前清举人，曾有担任宜昌关监督兼交涉员的经历，现任黄陂同乡会会长，性格颇顽固，不好与人交游，无固定主义、主张，是为了金钱而不择手段之徒，拥有巨额财富，是武汉排日的急先锋	记者　蔡寄鸥(有关其人其履历见《大汉报》记者栏，此处从略) 雷鹏九　前清举人 马登融　我国东京高等工业学校毕业生。 另有两名青年记者	创刊已经七年，社址位于汉口正街周家巷下首，日刊，十一页，发行量两千五百份，资本金三万元。有平面手印机三台。 排日态度：该报一向专门鼓吹排日主义，过去数年来没有一日不登载排日报道，例如其倭寇的广告连载到了令读者厌恶的程度。报纸的价值因此也终于受损，购阅者有逐渐减少的倾向。另一方面，我领事馆也想了各种方法，使得其排日态度自去年秋天以来改善很多，此后未出现特别引人注目的排日论调。该报最早登载排日报道为1920年我方设立汉口交易所之际。当时该报向中国报纸捐款作为收买费，引起不满，成为发端。该报在武汉报界一向有相当大的影响，湖北省自不待言，在四川、河南、湖南也有购阅者。该报巧妙地捏造排日报道，堂而皇之大书特书，而地方上的报纸则竞相转载之。因为区区一《正义报》，使得日本及日本人在华中等地区如何被相互误传，是大致能够想象的
公论日报(中文)	完全是营利本位，并无主义系统	社长　王民仆　虽无学历，却是读书人。做过探访记者，与湖北各团体联合会会长马刚侯接近，获得其资助创办此报，后来与省官方接近，直至今日	主笔　殷弼臣	创刊已经八年，社址位于汉口后花楼正街。日刊，十二页，发行量一千五百份，资本金四万元，有平面手印机三台。本报创刊当时，恰好有日本人发行《湖广新报》，也恰好有《正义报》那样连载排日报道者，其在接近官僚的同时，不再登载排日报道。社长王民仆善言能辩，擅长煽动演讲，不过近年来几乎未发表过排日演讲言论
新民报(中文)	作为国民党的机关报由特别市党部成员唐爱陆经营，宣传三民五权主义，提倡工商业	社长　唐爱陆　浙江人，特别市党部成员，北京法政大学毕业	主笔　李经安 记者　谢楚衡　两人均为国民党员，但无影响力	本报是《时报》的后身，1926年9月创刊，日刊，八页，社址位于汉口歆生路，发行量大约不过一千两百份
朝报(中文)	营利本位，主义在于提倡商务，无系统	社长　黄既明　湖北人，并无什么经历，读书人		1926年10月创刊，社址位于汉口五常里二十六号。日刊，四页，发行量大约不过一千份，无印刷机，在大汉书馆印刷
大陆报(中文)	营利本位，无主义系统	社长　王子林　湖北法政学校毕业，曾任京汉铁路车捐局长	主笔　萧怀先　湖北文华大学出身 记者　黄笃生	创刊已经有八年，社址位于汉口生成里。日刊，八页，发行量约一千份，资本金一万元，无印刷机，在维新书馆印刷
江声	最初为湖南老国民党员谭延闿的机关报，后来被湖南省长赵恒惕收买，反对谭，国民革命军攻占武汉后，续上旧缘，接近国民党	社长　王重民　湖南人，老国民党员	主笔　罗普存　武昌法律专门学校毕业	创刊已经五年，社址位于汉口后花楼皮业公所左巷。日刊，十二页，资本金一万元，发行量一千份，无印刷机，在商报馆印刷。该报有关湖南的报道很多，购阅者主要在湖南一带

定期调查报告　　（秘）1927年11月　　有关中国(附大连、香港)报纸及通讯的调查

(续表)

名　称	主义系统	持有人或社长	主笔及主要记者	备　考
鄂报(中文)	无	社长　李锦公　日本大学毕业生,曾任我方《湖广新报》记者		创刊已经四年,社址位于汉口贯忠里。日刊,四页,无资金,每月由日本人捐赠银一百一十元,作为广告费。吴佩孚统治时每月接受过银一百元补助。总是欲与日本接近
中报(中文)	无	社长　胡良焯　东京高等师范学校毕业	主笔　同前	创刊已经四年,社址位于汉口歆生里。日刊,四页,发行量五百份。该报是1923年武汉地区排日运动一结束,当地日侨中的"中报会"作为日本的宣传机关创办。该会会每月提供五百五十元补助,但1924年4月停止支付补助,是亲日报纸
黄报(中文)	原先为拥护段祺瑞而创办,因经营不振,目前归于营利本位	社长　陈殿川　安福系政客	主笔　胡卓公	创刊已经五年,社址位于汉口后城马路桃源坊。日刊,四页,发行量约五百份,据说由段祺瑞提供补助
定报(中文)	除了提倡实业外,无主义系统	社长　葛仁之　湖北省人,当地开业律师		1926年9月创刊,日刊,四页,发行量大约不过六百份
革命军日报(中文,是插入照相版的小型报纸)	革命军的宣传机关,在军队及民众间鼓吹三民五权主义及革命运动	经营者　总司令部政治部经营之		八页至十二页的小型报纸,有关革命军活动状况及其他主要内容,附有照相版,多为黄埔中央军事政治学校的毕业生负责编辑。据闻发行量约五千份
楚光日报(白话小型报纸)	国民党的机关报	社长　宛希俨　汉口特别市党部领袖,《民国日报》主笔		去年夏天,在吴佩孚统治时因笔祸被查封,进入革命军时代后立刻复活,致力于宣传国民党。社址位于汉口歆生路,六页,小型报纸,发行量约达三千份
时事白话报(白话小型报纸)	标榜国民党,排斥资本主义,拥护劳动者	社长　马遂尘　武昌法政专门学校毕业生,年少气锐的国民党员	主笔　李锡光	创刊已经六年,社址位于汉口清芬一马路。日刊,四页,发行量约一万份,资本金四千元,有平面手印机一台。 对日态度:本报是白话报,购阅者以普通工人和一般下层民众居多,往年发行量曾达两万份。出于保护劳动者利益,一味攻击资本家和军阀,恰似劳动者的机关报,1923年、1924年间大肆鼓吹排日,但后来大大缓和。目前在排日方面没有特别醒目的报道
工商白话报(白话小型报纸)	拥护劳动者利益,没有系统,立场中立	社长兼主笔　邓博文　湖北省黄陂县人,长年在当地过着记者生活,为人稳健		创刊已经四年,社址位于汉口小董家巷。日刊,四页,发行量约达四千份以上,购阅者以下层工人居多。宣传排斥资本家主义,对日本并未加以恶言
血花世界社①(中文)	属国民党极左派系,标榜三民五权主义,有掺入共产主义之嫌疑。另外,据闻血花世界的题字是蒋介石所书,但与蒋无任何关系	社长　李之龙　湖北省人,新国民党员	主笔　李之骥　李之龙之弟,国民党员。另有程扶九、程亚主、刘近愚等记者数名,均为国民党左倾分子	办事处位于汉口新市场,除了宣传三民五权外,还一直宣传过激的革命思想或共产主义。日刊,四页,发行量约两千份,1926年11月创刊。另外,因为相关者均为国民党员,据说汉口市党部每月提供补助

---

① 从这一年的"概况"看,应该是《血花世界报》。

(续表)

名称	主义系统	持有人或社长	主笔及主要记者	备考
汉口日报（日文）	当地日侨的进步、发展	社长兼主笔 冈幸七郎	记者 中津纯人、近藤义胜、矢野锐二	创刊已经二十年，社址位于汉口日本租界。日刊，六页，发行量约八百份，有平面手印机一台。内容平凡，其他报纸的摘录转载居多。去年11月以来，因印刷工人罢工，不得不缩为四页，处于勉强维系经营状态
汉口日日新闻（日文）	当地日侨的进步、发展	社长兼主笔 宇都宫五郎	记者 内田佐和吉	创刊已经七年，社址位于汉口日本租界。日刊，六页，发行量五百份。内容平凡，多为转载其他报纸。去年11月以来，因印刷工人罢工，与《汉口日报》一样缩为四页
中支那（日文）	介绍华中等地区状况	社长兼主笔 吉福四郎	记者 木村浩二郎	1925年7月创刊，社址位于汉口日本租界。发行量四百五十份，周刊，"四切"①大，八页，无印刷机。去年11月以来临时停刊
Central China Post 英文楚报（英文）国籍英国	拥护长江沿岸英国人的利益，使其向上发展	社长兼主笔 John Archibald 苏格兰人，五十四年前作为传教士来华，从事传教事业，1912年独立经营本报。精通汉语，通晓中国情况。其社论总是极端攻击中国	记者 G. Highfield 苏格兰人，在列宁格勒居住了约十八年，担任俄国士官学校英语教师，数年前来武汉 John Archibald 主笔的次子，香港大学毕业，懂一些汉语 助理 侯登轩 广东人，武昌文华大学毕业	创刊已经十五年，社址位于汉口英租界。日刊，十四页，发行量一千五百份，资本金三十万元。两三年前，由在武汉的数名英国人变更为股份制，有莱诺铸排机三台，电动印刷机大、中、小七台，兼营印刷、文具业，承印《汉口税关日报》，报纸的广告收入很多，基础牢固 对日态度：回顾昔日外国在华获得利权时代外国人的优越地位，一直对中国现状加以攻击，认为日本是英国在东亚最可亲近的国民，总是持亲日态度
The Hankow Herald（前年将 The Independent Herald 改为此名）自由西报（英文）	美国籍。拥护美国利益	社长 Bruno Schwartz 美国人	记者 周培德、林悦芳，再有一名	创刊已经四年，社址位于汉口法租界。日刊，十二页，发行量五百份，资本金五万元，有电动印刷机两台，兼营文具销售 对日态度：本报1923年以 The Hankow Independent News 为名创刊，其后两次更名，美中合资经营，采用美国海军提供的"波尔多"无线电讯、Chung Mei（中美通讯）、国闻通讯社的通讯稿，报道在当地来说普遍敏捷迅速，刊登来自在华美国人及中国方面的排日报道，对日本有时出现攻击性笔调

三、通讯社

名称	社长	编辑	备考
国闻通讯社（中文）	喻耕屑 与中国各地国闻通讯社有密切联系，总是与官方保持接触，消息准确。其通讯范围颇广，在武汉通讯社界有影响力，是《天津益世报》、上海国闻通讯社通讯员		1923年创刊，社址位于汉口洪春里

---

① 日语表示纸张尺寸的专用名词，约382×542毫米。

名 称	社 长	编 辑	备 考
扬子通讯社(中文)	喻血轮　曾任上海《四明日报》总编，为人机敏，活动家		1921年10月创刊，社址位于汉口德润里
一德通讯社(中文)	叶春霆　湖北省荆门县人，原中央法政大学教授、武昌商科大学教授，曾任我方《湖广新报》编辑记者，至去年为止，作为湖北督办署咨议每月领取八十元津贴	周浚川　湖北荆门人，高级农学校毕业，兼英、日文译员 曾社伯　湖北荆门人，武昌师范大学毕业 张致和　湖北荆门人，高级农学校毕业	1923年3月创刊，社址位于汉口日本租界槐荫里
人民通讯社(中文)	邓素秋　兼经理、编辑，湖北省黄梅县人，曾担任过《公论报》主笔	帅元钟　湖北省黄梅县人，中学毕业的学历	社址位于汉口锦春里，国民党极左派的机关，省党部每月补助五百元
血光通讯社(中文)			社址位于武昌，国民党左派的机关，省党部每月补助三百元，表面上的经营者为省党部
经济通讯社(中文)			附设于银行公会的通讯社，经理为朝报社长黄既明
农工通讯社			社址位于汉口有益街，国民党省党部的机关报
三民通讯社			社址位于汉口同善里。经理毛楚材是湖北省人，多年从事记者工作，有此方面经验
其他：还有革命通讯社、民德通讯社、统一通讯社等，与国民党有关，但目前通讯工作已停止			

四、杂志

名 称	主 干	备 考
银行杂志	周沉刚	汉口中国银行公会机关杂志，登载武汉的金融经济报告，每月发行两次，已经发行三年半，是内容丰富的杂志
中央政治会议公报	总政治部秘书处	
市政周刊	汉口市政局	
市政周报	汉口市公务局	
汉声周报	汉口特别市党部	

五、通讯员

姓 名	所属社名	备 考
聂醉仁	上海申报馆、上海时事新报馆、北京晨报馆	曾任湖北督办署咨议
喻可公	上海新闻报馆	
喻耕屑	天津益世报馆、上海国闻通讯社	(如前所载)
丁愚庵	北京顺天时报社	曾任我方《湖广新报》及《大汉报》记者
邹碧痕	北京京报馆	《汉口商报》记者

(续表)

姓　　名	所属社名	备　考
朱伯厘	上海民国日报社	
冈幸七郎	联合通信社、东方通信社、大阪朝日新闻社	汉口日报社长
宇都宫五郎	东京时事新闻社、万朝报社、东京报知新闻社、大阪每日新闻社	汉口日日新闻社长
周培德	上海 China Weekly Review（美国籍，周刊密勒氏评论社）华中通讯员	

沙市(1927年3月4日报告)
沙市的报纸(1926年12月末)

名　称	主义系统	持有人或社长	主笔及主要记者	备　考
长江商务报 1.无别名。2.中文。3.日刊①	1.振兴商务，提倡实业。2.与政党政派无关。3.总是与商界保持联系，迅速报道商业消息。4.可以认为对我国态度最公平。5.纯粹中国人	1.经理　侯伯章　多年经营、执笔，今年9月在宜昌病故。此后其弟侯仲涛(38岁)继承之。2.主要出资者为侯伯章、侯仲涛两兄弟	经理兼主笔　侯仲涛 38岁，前主笔侯伯章之弟，曾为河东盐运使宜昌关监督易乃谦的随员，又历任陆军部军法司粮饷局长，帮助其兄经营北京《民新日报》、汉口《强国日报》《大公报》等。据称《长江商务报》能达到今日盛况，多靠其从中帮助。精通书画雕刻	1.1921年7月14日创刊。2.日刊，四页。作为附录，报道每天的商品行情、外汇牌价。3.发行量两千份。4.社址位于沙市三府街。5.侯伯章、侯仲涛共同经营，1922年7月改组为资本五千弗的股份制公司，兼营印刷业。一个月报纸定价六十仙。6.沙市为棉花和土货输出港，因此各种商业繁盛，多为想了解附近地区商业消息者购阅。7.除了短评和本埠报道以外，大体上为上海、汉口大报的摘录，报道、评论皆公平

宜昌(1927年2月24日报告)
宜昌领事馆负责的区域内报社、通讯社调查(1926年12月末)

名　称	主义系统	持有人或社长	主　笔	备　考
宜昌日报(中文)	反帝国主义	张遗珠	同前	1922年1月5日创刊，日刊，四页，活版印刷，发行量三百份。1926年9月因宣传北伐军，张社长被联合督查处长张福臣拘留，因有人极力为其乞命才免于被枪杀之灾，但报纸被迫停刊。杨森入城后11月被释放，报纸复刊
宜昌益世报(中文)	反帝国主义	张清夫	同前	1924年1月14日创刊，日刊，小判，四页，石版印刷，发行量两百份。今年秋天因北伐军干涉，一度停刊，12月复刊
宜昌新闻报(中文)	反帝国主义	黄芝岩	同前	1923年12月1日创刊，日刊，四页，活版印刷。发行量一百五十份，因经营困难，停刊很多
通讯社至去年为止有三社，都已消失				

---

① "名称""主义系统"与"备考"栏的序号所代表的意思，可参看翻译的本年度资料"辽阳(1927年2月24日报告)"。

湖南省

长沙

1926年7月,唐生智作为北伐军前敌总司令收复长沙以来,与旧势力有关的各报纸,仅仅除了《大公报》以外,以《大湖南日报》《湖南日报》为主的报纸都停刊,新出现以新势力为背景的《南岳日报》《湖南民报》《长沙民国日报》及《市商民日报》四报,取而代之。这些报纸的内容,农民的劳动运动、国民革命、排英占据大部分。革命新兴之气氛洋溢报面,与过去相比,面目一新。

报纸与通讯

名称	主义系统	持有人或社长	主笔	备考
南岳日报(中文)	省政府机关报	冯天柱 民政厅长	龚饮冰	1926年4月于衡山创刊,同年7月迁至长沙,日刊,发行量一千五百份
湖南民报(中文)	指导工农,发扬党化。省党部机关报,共产系	谢觉哉 省党部常务委员。李荣植	赵间云	1926年8月创刊①,日刊,发行量一千七百份
长沙民国日报(中文)	指导工农,发扬党化。国民党左派	仇鳌、凌炳	陈扬廷	1926年2月创刊,日刊,发行量一千两百份
大公报(中文)	改善社会,代表舆论。得到绅士、学者等支持	张平子、李抱一	龙兼公	1916年2月创刊②,日刊,发行量一千三百份
市商民日报(中文)	商民协会机关报	左益斋	周海龙	1926年10月创刊,日刊,发行量一千六百份。因国民政府北伐成功而迅速发展的工农运动对一般市民的利益造成极大威胁,商民成立商民协会加以对抗,本报是其机关报
大中通讯(中文)		杜否予、杜兮侬 均为共产主义者		1913年创刊。每日一次以上向长沙、北京、上海、汉口、常德等各地的报纸提供地方上的时事报道,又将各地的通讯提供给长沙、常德的报纸。是当地最大的通讯,但最近经营陷入不振
大同通讯(中文)		刘其		每日一次,主要将省内发生的事提供给长沙、常德的各报纸。取代《大中通讯》成为有影响的通讯
咸宜通讯(中文)		朱深		
亚陆通讯(中文)	军事、外交方面的通讯	李同西		
三余通讯(中文)	金融及商业事项	蔡禄存		
西字通讯(中文)	商务会和省议会方面的消息	陈兰生		
长沙通讯(中文)	省议会、教育会方面的消息	文麓尧		
国光通讯(中文)	教育、警察、实业方面的消息	龚克明		

---

① 应为1926年7月创刊。
② 应为1915年9月1日创刊。

有上海《新闻报》《申报》《时报》、汉口各中文报纸,以及汉口 Central China Post 通讯员。

四川省

成都(1927 年 1 月 22 日报告)

概况

成都的报纸在军人领袖的支持下勉力经营过来。除了《国民公报》一如既往保持中立外,《民视日报》《成都快报》为邓锡侯一派的机关报,《四川日报》等五种报纸均为刘文辉一派的机关报。时至 1925 年度末,有《国民公报》《四川日报》《民视日报》《新四川日刊》《成都快报》《西陲日报》《成都市日刊》《蓉城晚报》及《国华报》九种报纸。在 1926 年,其中的《西陲日报》以下四报陆续停刊,新增《新川报》《四川民报》《革命日刊》三报。现在一共有八种报纸。最近,随着国民军进入长江一线,扩大影响,四川各将领为了自保,出现了大多加入国民军之势。此类舆论机关认为时机到来,均致力于讴歌革命,鼓吹收回国权,乃至普遍制造出排外气氛,如此情况,比比皆是,特别是与刘文辉一派有关的各报,此种色彩极其浓厚。各报均依靠各将领等的补助支持勉强继续经营,对于外界发生的事件,除了依靠邮寄通讯以外,并无获得电讯之途径。因此,报道极其迟延,诸如电讯栏的报道,主要转载重庆方面外国人获得的消息,除此之外毫无他法。普通报道则是罗列市井琐事和有利于国民军方面的内容,甚欠准确,有时甚至登载无稽之谈而招致普遍嘲笑。诸如此类,不一而足。内容普遍贫弱,除此以外无值得特别记载的情况。

名 称	主义及系统	持有人或社长	主笔及主要记者	备 考
国民公报 中文报纸	1.①2.不偏不党。3.在商、政、学各界有信誉。4.对我国态度暧昧。5.中国	1.社长 李澄波 四川双流县人,前清廪生,现兼任四川法政专门学校国文教授。2.李澄波一人出资经营	1.社长李澄波兼主笔。2.记者 李慕传 四川华阳县人,前清秀才。刘冰研 成都县人,前清廪生,曾在成都发行《鼎泉报》,因经营困难,不到一年停刊,1922 年做过邓锡侯的秘书,现为田颂尧的参议	1.1912 年创刊。2.日刊,晚报,共十页。3.发行量两千五百份。4.成都提督街。5.1912 年以合资组织形式创刊,1918 年李澄波独立经营。6.报道、论调比较稳健。7.成都报纸中最有信誉,经营资本银五千元
四川日报 中文报纸	1.平民主义。2.刘湘一派的机关报。3.在军、学、商各界有影响。4.对我国态度不良。5.中国	1.社长 李心白 四川梁山县人,北京大学毕业,原江北县征收局长。2.刘湘一派出资,每月刘湘补助二百元,刘文辉补助一百元	1.李心白兼主笔。2.记者 吴浩义 湖北省人,前清秀才,曾任《成都川报》记者。林丹芝 四川开县人,四川法政专门学校毕业	1.1924 年 7 月创刊,1926 年 11 月因登载反对刘文辉筹款的报道,被勒令停刊。现在随着刘文辉就任国民军长,在宣传其主义之名下,得以解除禁刊令。2.日刊,八页。3.发行量六百份。4.社址位于成都商业场。5.原为杨森的机关报,杨败走后成为刘湘、刘文辉的机关报。6.论调方面,为了鼓吹革命、收回国权,发表盲动性言论
民视日报 中文报纸	1.东亚民族发展。2.邓锡侯一派的机关报。3.在学、军界有影响。4.对我国态度不良。5.中国	1.社长 丁祖荫 四川蓬溪县人,无学历,相当有文才,曾任杨森秘书、刘湘咨议,现为邓锡侯咨议。2.原由杨森经营,现转至邓锡侯一派经营,邓每月出资一百元,李其相每月出资二百元,藉此经营	1.丁祖荫兼主笔。2.记者 舒君实 四川华阳县人,成都国学专门学校毕业,现兼任田颂尧咨议	1.1918 年创刊。2.日刊,四页。3.发行量一千三百份。4.社址成都悦来商场。5.论调稳健。6.1918 年丁祖荫出资创刊,1922 年成为刘湘的机关报,1924 年接受过杨森一派补助,现在则接受邓锡侯及其一派的补助。7.经营资本三千元

---

① 成都领事的原始报告,"主义系统"与"备考"栏,均以序号报告相关内容。有关序号,应该是外务省向各地领事馆下达调查指令时以序号形式罗列的调查内容。在撰写报告时,有少数地方的领事报告仍保留了序号,最完整的是该年度辽阳领事的报告。各序号规定的具体调查内容,可参看翻译的本年度资料"辽阳(1927 年 2 月 24 日报告)"。此处原文缺内容。

(续表)

名　称	主义及系统	持有人或社长	主笔及主要记者	备　考
新四川日刊中文报纸	1.社会主义。2.刘文辉的机关报。3.在军界有影响。4.对我国态度不良。5.中国	1.社长　周雁翔　四川蒲江县人,四川法政学校毕业,兼任刘文辉的参事。2.刘文辉每月出资五百元	1.周雁翔兼任主笔。2.记者　马肇鸿　四川江津人,四川国立高等师范学校毕业	1.1925年创刊。2.日刊,八页。3.发行量八百份。4.社址位于成都提督街。5.论调激烈,鼓吹革命,收回国权,发表盲动性言论。6.刘文辉独立经营
成都快报中文报纸	1.国家主义。2.①3.在各界信誉、影响低。4.对我国态度不良。5.中国	1.社长　杨治襄　四川崇庆县人,原共产主义者,目前转为国家主义,令人感到无固定主义,唯视现实利益。巴黎中法学校毕业,曾任杨森的秘书、刘湘的咨议,目前与督办邓锡侯有联系。2.杨治襄与有志人士合资经营。此外,清乡督办邓锡侯每月补助银六十元	1.杨治襄兼任主笔。2.记者　张开元　四川璧山县人,巴黎中法学校毕业,原任杨森秘书	1.1925年创刊。2.日刊,小型四页。3.发行量五百份。4.社址位于成都新集商场。5.杨治襄等一派经营。资本银两千元。6.有关报道、论调,因是邓锡侯的机关报,一向过激的言论多少有缓和倾向
新川报　中文报纸	1.平民主义。2.刘文辉的机关报。3.对我国态度不良。4.中国	1.社长　苏法成　四川长寿县人,北京法政大学毕业,兼刘文辉秘书。2.刘文辉每月提供两百元,刘的部下每月提供三百元供经营	1.苏法成兼主笔。2.记者　程仲梁　四川资中县人,四川法政学校毕业	1.1926年4月创刊。2.日刊,八页。3.发行量六百份。4.社址位于成都春熙路。5.在论调方面,宣传排外,鼓吹革命,收回国权。故而发表盲动性言论
四川民报中文报纸	1.平民主义。2.王瓒绪师长的机关报。3.对我国态度不良。4.中国	1.社长　王国源　四川巴县人,广岛高等师范毕业。2.王师长独立经营,王每月出资四百元	1.王国源兼任主笔。2.记者　陈岳庵　四川华阳县人,四川省立第一师范学校毕业,现兼营成都昌福馆的书店,销售中外书籍	1.1926年5月创刊。2.日刊,四页。3.发行量五百份。4.社址位于成都新集商场。5.论调为鼓吹革命,收回国权,故发表盲动性言论
革命日刊中文报纸	1.共产主义。2.国民党左派机关报。3.对我国态度不良。4.中国	1.社长　唐伯琨　四川荣昌县人,湖北武昌大学毕业。2.唐及国民党左派共同出资,每月一百五十元。此外,刘文辉每月补助六十元	1.唐伯琨兼主笔。2.记者　陈洪福　四川华阳县人,四川国学专门学校毕业	1.1926年12月创刊。2.小型四页,日刊。3.发行量三百份。4.社址位于成都少城东二道四十九号。5.在论调方面,鼓吹革命,论调激烈

重庆

名　称	主义系统	持有人	主笔	备　考
商务日报(中文)	振兴实业,重庆商务总会的机关报	社长　温小鹤	李时辅	1915年创刊②,日刊,发行量三千份
新蜀报(中文)		宋南轩	周钦岳	日刊③,发行量两千五百份。有重庆外交后援会、反帝国主义者和学生团的后援

---

① 此处原文缺内容。
② 一说1914年4月25日创刊。
③ 1921年2月1日创刊。

(续表)

名　称	主义系统	持有人	主笔	备　考
四川日报(中文)	鼓吹平民政治	吴自伟	龚一唯	日刊①,发行量八百份
团务日报(中文)	开发地方,江巴卫戍总司令兼团防总监王陵基的机关报	廖维新	邓有关	1925年创刊②,日刊,发行量九百份
重庆日报(中文)	国民党右派机关报	石荣廷	刘蔚芋	1926年创刊③,日刊,发行量五百份
新新日报(中文)	基督教青年会机关报,记者中左倾派系者居多	张登瀛	王纹泉	日刊④,发行量七百份

此外,还有川康新闻编译通讯、长江通讯、扬子江通讯、新文化通讯、团务通讯、粉江通讯、巴江通讯等中文通讯,材料均不准确,而且费用不廉,故购阅者不多。

广东省

广东(1927年2月28日报告)
有关广东报纸、通讯的调查梗概(1926年末)

广东的报纸,一向是随着政权的变化而盛衰起伏无常。国民党政权建立以来,实行极端言论抑制压迫,结果使得报纸数量渐减,1919年、1920年前后,日刊报纸有30余种,而如今仅仅不到十种。

这些报纸中,现在影响最大的是政府机关报《广州民国日报》和《国民新闻》,Canton Gazette 是本地唯一的英文报纸,在外国人中间被视为重宝,但发行量极少。作为非政府系统的报纸《七十二行商报》以经济报道见长,一向具有影响,但现在也萎靡不振。

广东报界的特色,可以列举以下四点。

(1) 报纸发行总量的增加

如前所述,广东报纸总数减少了,但报纸发行总量却有连年增加的倾向,即1919年、1920年前后为两三万份,1923年五万份,1925年六七万份,据称1926年达到八万份。

(2) 国民党政府对言论的抑制压迫

现政府学习俄国式政治,重点在于宣传国民党的主义,结果一般言论遭到极为严重的抑制压迫,每日定时在报界公会审查发行前的报纸,如果有与国民党的主义、主张相反的内容,似乎会毫无顾忌地命令停刊,或者删除内容,不论是否属于御用报纸,报纸的论说都千篇一律,迎合政府的施政,除此以外毫无特点和新意。

(3) 优秀的记者少

广东的报纸,均未脱离地方报纸之域,因此,各报社优秀记者都很少,尤其是具备日本知识的那种记者寥寥无几,因此,诸如有关日本情况乃至政策的评论,仅仅停留在想当然的评论上,只不过是从三民主义或排外主义立场阐发的带有偏见的感情性评论。而有关广东情况的通讯,原封不动转载国民党宣传部稿件者居多,靠报纸了解社会真相是难上加难。

(4) 民间报纸经营困难,政府系统的报纸发达

最近迅速发展的劳工运动,对报社经营也产生不小影响。自1926年8月报业工人罢工以来,各社的排字工人工资从平均二十五余弗激增至三十余弗,资金少的报社因此陷入经营困难,而政府机关报依靠丰厚的资金和官方保护,越来越压倒民间舆论机关,仅1926年间倒闭的日刊报纸,就达到九种。

广东与报社有关的团体中,需要关注者如下:

---

① 1923年8月创刊,1927年3月31日后停刊。
② 一说1926年3月创刊。
③ 1926年11月6日创刊。
④ 1926年4月10日创刊。

(1)报界公会:前清时代称粤省报界公会,进入民国改为此称,是报社经营者方面的组织,记者在此交换新闻。还有,如前所述官方在此审查报纸,诸如报社的劳资纠纷,几乎都在此公会协商解决。但随着职工方面工会影响的增大,本公会的影响自然有衰微的倾向。

(2)广东全省印务总工会:1926年1月由已经存在的印刷工社(会员约四百人)、景源字社(会员约三百人)、中文排字工社(会员约一千名)三工会合并成立。中文排字工社成立于1925年5月,由当地报社及各印刷厂排字工人组成,在廖仲恺、谭平山等国民党激进派支持下逐渐增大影响,成为本工会的中枢力量。

去年7月总工会要求报界公会加倍增加工资,未被接受,进行了约二十天的罢工,结果在政府仲裁下,工人方面获得胜利。如此过激的增加工资的要求,对于当地仍未充分发展的报业来说,其进步当然会受到一些阻碍。

(3)广东新闻记者联合会:1926年8月在政府鼓励和援助下建立,办事处设于上述报界公会内,现设执行委员9人和监察委员5人。迄今为止,没有值得特别记载之处。

(4)派报工会:1921年成立,报纸代销业者的组织。该组织亦与报社经营关系不浅。过去,出于对其蛮横的激愤,各报社曾经安排直属报社的送报员,但受到该工会的破坏归于失败。其弊端逐渐加甚,各报社正苦心寻求改善对策。

一、报纸

名 称	主义系统	持有人或社长	主笔及主要记者	备 考
广州民国日报(中文)	纯国民党及国民政府机关报	甘乃光 曾就读于当地岭南大学,现任中央党部、省党部、市党部执行委员,亦为省政府委员	主笔 刘鲁际 主要记者 黄奚若、杨大悟、毛盛炯	1923年5月创刊。原名《群报》,1922年孙文赴上海、陈炯明进入本地后改称为《星报》,后来孙文再次归来,没收该报,重新创办《民国日报》,陈孚木久别后再次任编辑,因为积极为国民党左派活动,当选为农工厅长,其位置让给刘。该报是广东最新式的报纸,报道主要致力于宣传国民党的主义。目前发行量据称有一万两三千份,日刊,有十二页之多,是当地名副其实的第一流报纸
国民新闻(中文)	纯国民党机关报	甘乃光(同前)	主笔 张叔廉 主要记者 黄鸣一、范直公、陈振中	继承原商民团的机关报《粤商公报》,1925年胡汉民让赵士觐创刊,后来因与廖仲恺暗杀事件牵连,胡汉民、赵士觐等离粤,政府让陈孚木负责经营,后来甘乃光接手。创刊时日尚浅,但依靠政府及国民党帮助,影响日益增加,报道、论调与《广州民国日报》几乎别无二致,日刊,达十二页之多,发行量据称八千份。据说,所需经费与《广州国民日报》一样均由现政府提供
七十二行商报(中文)	稳健,无所属	合资组织,由商人出资。社长 罗啸璈 广东南海县人,1914年曾任都督府民政司内务科长。现任绅维女子师范学校理事、上海及广东精武会干事等要职,当地报界元老	主笔 陈宝尊 广东法政学校出身,曾任述善学校教师、省长公署咨议 主要记者 罗啸泉、邝赞泉、刘楚善	1906年7月创刊,当初时值粤汉铁路收购热,七十二行商人作为其机关报而创办,故名《七十二行商报》,但现在几乎为罗啸璈个人经营。论调稳健,无党派性色彩,普遍受到社会,尤其是商人方面的欢迎。经济栏与广告栏为本报的长处。一向为十二页,1925年6月抵制英国罢工以来,缩减至八页,加上职工罢工纠纷等,看上去内容显著下降。资本金八万元,发行量六千份,职工三十人
国华报(中文)	原属交通系,后接近陈炯明派,最近倾向国民党系	合资公司 社长 王泽民 广东番禺县人,香港医校出身	主笔 黄天山 主要记者 谢泽樊、陈柱廷	1913年10月创刊,初称《国报》,是进步党的机关报,由康有为、梁启超出资。1920年因登载广西军事方面的报道,被勒令禁止发行,于是改称《国华报》再刊,孙文归粤时,因登载北京政府各要人的照片,再次被军政府司法部长徐谦勒令停刊。接着是1923年1月16日歌颂梁士诒内阁,又被孙派勒令停刊。6月16日发生政变,7月起在陈炯明监督下复刊,因此本属于陈派。但国民党掌权以来,正渐渐与之接近。现在在当地动辄登载排日性报道的几乎只有该报。资本一万一千元,八页,发行量六千份

(续表)

名　　称	主义系统	持有人或社长	主笔及主要记者	备　考
新国华报（中文）	属于国民党系统	梁闰三	主笔　卢博郎 主要记者　张伦叔、李启芬	1922年创刊,至去年8月为与葡萄牙有关的商人李抗希所有,在葡萄牙远东公司援助下经营而来。但去年因排字工人罢工,以一万元盘给当地大罗天新剧团,部分记者被更换,目前被视为国民党系统
公评报（中文）	无党派关系	钟超群	主笔　陈柱廷 主要记者　陈仲尧、黄章	1924年当地实力派钟兰荼①兄弟创办,现社长钟超群为钟兰荼之子,还未加入报界公会,登载烟花巷方面内容,在此方面有很多读者,发行量八百份
广州共和报（中文）	接受市商会补助	宋季辑　茶商,曾任元帅府咨议	主笔　潘抱真 主要记者　刘晓东、陆文英	1912年2月创刊,淫猥内容居多,在下层社会受欢迎。1919年因刊排日性报道,曾被勒令停刊三个月。表面上是合资公司,实际上属于宋个人所有,近来接受市商会补助,成为其机关报。资本一万五千元,日刊,八页,发行量五千份
人权报（中文）	国民党系统	罗伟疆　原《民国日报》主笔,属于国民党右派人物	主笔　张清泉 主要记者　龚干甫、荣卓	1911年3月创刊。国民党系人物李竹多组织创办,用以致力于鼓吹革命,在海外华侨和学生中相当受欢迎,后来经营上不顺利,接着李去世,去年8月发生罢工,报社被盘给现社长罗。资本五千元,日刊,发行量一千份
黄埔日刊（中文）	黄埔学校及国民党的机关报	黄埔中央军事政治学校		小型四页,日刊,由黄埔军官学校宣传部编辑印刷,纯国民党系统的机关报,用作宣传,免费分发居多,发行量声称一万份
英文粤报（Canton Gazette）（英文）	国民党机关报	出资者　陈友仁 经营者　李才　北京大学出身,曾任北京英文报记者 另外,据说与陈友仁关系密切的美国人Mrs. Prohme（至去年为止任《北京国民新报》编辑主任）应陈要求来粤在该社活动	李才（兼任）	1919年广东政府外交部长伍廷芳出资,创刊Canton Daily News,路透社通讯员黄宪昭总理之。其后每逢政变,本报就发生变化,1923年黄宪昭被赶出广东,由陈友仁盘下,以李才为总理,创办现《英文粤报》。是广东唯一的英文报纸

二、通信社

名　　称	主义系统	持有人或社长	社员	备　考
中华通讯社	国民党系机关	甘乃光	沈若梅、徐振亚 沈兼任《民国日报》记者。徐原为公安局人员	继中央通讯社转移至武汉之后,作为纯国民政府的专属通讯机关,于1926年12月创办,编辑主要由《广州民国日报》《国民新闻》的记者分担,政府方面的材料主要由上述两报转达发表
觉悟通讯	国民党资本家的机关通讯	合资组织 陈剑如、张持	陈剑如、周浩华、徐蔚然	1922年创办（广州市昌兴路十八号三楼）。当初由广西军总司令刘震寰、广东军总司令许崇智、广东财政厅长廖梅培等出资创办。上述三人垮台离粤后,与国民党保持关系,现为市政厅的机关通讯

---

① 原文模糊,疑似"荼"。

(续表)

名　称	主义系统	持有人或社长	社员	备　考
展民通讯社	无色彩	杨宝公	谭杰民、冯河	1917年创办,接受商民方面一些补助
南方通讯	无色彩	孔仲南	廖式如、王西畸	(广州市长寿直街)1920年孔独力创刊《南方报》,后因陷入经营困难,改为通讯社,销路不广
世界通讯社	国民党系	陈闰秋	戴子明	1920年创办
执中通讯社	稳健派	黄石棠	二人	1920年黄独力创办,通讯公平。据说其后由总商会及商联会提供一些补助,在香港方面有相当销路
知行通讯社	国民党右派	麦平一、刁炳辉的合资组织	梅耿乏、刘子汪	1926年麦平一、刁炳辉两人共同出资创办,得到国民党右派要人补助,在香港、澳门方面有销路
海外通讯社	民党右派	何侠　军人出身	苏杰、苏达观	1926年何侠靠华侨联合会的帮助创办,现在受到同会的补助,属于国民党稳健派
持平通讯社	无色彩	冼炯魂	莫侠、李健民	1925年创办,粤路公司与广三铁路每月提供补助
大阪朝日新闻		通讯员　平井真澄		
联合通信		通讯员　山上政义		
日本电报		通讯员　田野边英寿		
美国UP通讯		W. F. Cary		

汕头
报纸及通讯

名　称	主义系统	持有人或社长	主　笔	备　考
大岭东日报 The Great Lintung Journal(中文)	宣传三民主义,民党右派	社长　吴子寿	总编　许唯心	1918年11月创刊①,日报,发行量一千六百份。官方每月补助三百元
民声日报(中文)	营利本位,呈现御用报纸之观,对国民党采取若即若离的态度	社长　谢伊唐	同前	1920年创刊,日报,发行量一千七百份
潮商公报 The Swatow Press(中文)	不偏不党	社长　杜宝珊	同前	1921年创刊,日报,发行量一千一百份
天声报(中文)	营利本位,中立派	社长　詹天眼	同前	1923年8月创刊,日报,发行量一千份,低级报纸
汕头商报(中文)	报道商况,以商会有实力者为背景,并极力拥护之	社长　江仁	钱热储	1923年9月创刊,日报,发行量一千一百份

---

① 一说1923年创刊。

(续表)

名　称	主义系统	持有人或社长	主　笔	备　考
真言日报(中文)	与孔教会有关联	社长　洪献臣	同前	1924年9月创刊①,日报,发行量六百份
民报(中文)	共产主义。汕头总工会及省农会机关报	社长　周志初	同前	1925年3月创刊②,日报,发行量一千一百份
汕头星报(中文)	总商会机关报	社长　张淑楷	许美埙	1925年8月创刊,日报,发行量八百份,经营不振
岭东民国日报(中文)	国民政府机关报,有稍左倾倾向	社长　李春涛	同前	1926年1月创刊③,日报,发行量两千八百份,执当地言论界之牛耳,内容、外观均胜出其他报纸一等。每月接受中央宣传部三千元的补助
汕头新闻报(中文)	宣传三民主义	陈峰垒		1926年10月创刊,日报,发行量一千份
岭东晚报(中文)	拥护工会	社长　洪春修	同前	1925年9月创刊,日报,发行量一千份,低级报纸
党声周刊(中文)	宣传三民主义	李春涛	执笔者　市党部各部长等	1925年12月创刊,周报,发行量一千份。登载市党部决议与党务的进行情况等
国民通讯(中文)	外交后援会与总工会的机关通讯,兼汕头共产党的宣传机关	社长　梁工甫		1926年5月创刊,日刊

云南省

云南(1927年4月7日报告)

有关报纸、通讯及杂志的调查

一、概况

1. 报纸：现在云南除了有省政府发布任命官员及其他布告等的《官报》以外,还有七种报纸在发行。其中的《民治日报》属于政府的机关报,有相当多的资本,省公署还每月提供八百元补助。社长惠我春深得唐继尧信任,并且兼任官印局长,因而在此局印刷。其他报纸资本均极少,擅长写文章而无正当职业者为了糊口而经营,完全靠广告收入。如此状态下,这些报社当然没有印刷设备,都是委托市区的印刷店。更有甚者,只有主笔,连一个记者也没有,靠从其他报社记者那里买消息登载。这样一来,数家报纸的社会版报道,会出现每个字句都一样的内容。看这种报纸,当然会认为毫无价值。至于发行量,亦不足四五百份,无法期待有大的社会价值。只是《民治日报》因为是政府机关报,虽然不一定能指望其论调正确,但由于兼营新云南通讯社,还从当地无线电信获得发布的内外各种消息,因而内容稍显丰富,报道比较准确、稳定,最有信誉,发行量也达到了八百份左右。《义声报》历史悠久,至数年前为止,其经济报道具有特色,发行量超过《民治日报》,但去年以来影响逐渐下降,时至今日似乎已经看不到任何特色。《复旦报》在海外消息方面具有特色,屡屡登载排日报道,但近来收敛笔锋。该报

---

① 一说1923年创刊。
② 一说1923年以前创刊。
③ 在周恩来主持下,于1月20日创刊。

报道、报面贫弱是毋庸赘言的。再看《西南日报》，1926年11月1日，以开发实业为目的这一远大抱负而创刊，有关重要商品的行情等被认为有相当大的参考价值，但是可能是因记者人手不够，空栏目很多，完全与期望背离。此报创刊时日尚浅，因而只能等以后再看其价值。再简单说一下1926年度的舆论状况，在该省，除了《民治日报》接受上述补助外，其他各报原先每月也接受市政公所五十元补助，因而在内政问题上总是追随政府方针，不能说论侃侃，例如受1925年内讧影响，1926年初省务会议召开期间，仅仅陈述事实经过，祝贺该省民治又前进了一步。对3月以来云南一直下跌的银市，以及旨在改善此种状况而召开的金融会议，丝毫没有发表关于真正原因及其对策的正确评论与主张，而是玩弄词藻说"现今滇币下跌是由需要巨额战费而引起的，这显示了云南为了中国国民、为了正义竭尽了全力"。对于决议通过的为了整顿金融而倍增的课税，也是追随政府，称赞说，民国以来滇省还从未增加过税收，这次课税倍增似乎一时加重了人民的负担，但以纸币征收的一半税额是要烧掉的，不仅能解除眼前无限的痛苦，而且将来还会分年附上利息偿还，所以最后不会造成人民损失，如此等等。

至于对外问题，除了《复旦报》以外，一般都持冷静态度，大多报纸只是陈述事实经过，就是说，有关出兵东北事件，只是登载了学生团体的通电。有关大沽口事件及其与此相关的惨杀学生事件，《民治日报》仅仅详细报道了其情况，指出了段政府的无能软弱，避开了对国际问题的评论。其他各报也基本上效仿该报，只有《复旦报》反复登载中国方面对于日本抗议的反驳及各团体的通电，认为其责任在日本方面，同时登载打倒日本帝国主义及其走狗段、张等带有火药味的报道，致力于反日宣传。

在五九、五卅纪念日，重复与往年同样的论调，其后是追踪报道广东北伐军的情况，有关对外问题的评论很少，只是评论认为以俄国为后盾的蒋介石得势后，会危及中国的前途；应该拥护共和五色旗，没有理由使用青天白日旗。接着是9月4日的万县事件，对此是详细报道其情况，或者不直接照搬上海等地的报纸，或者登载学生各团体的通电，但没有看到诸如足以唤起舆论的那种实实在在的评论。有关修改条约与治外法权问题，本来是以往的观点，但从10月起，更为大肆宣扬，列举过去数年间因不平等条约国家受到的损失，特别对于日中关系，认为日本在对华贸易上正在逐渐扩大出口，而中国的对日出口至今萎靡不振，这完全是不平等条约造成的，通过列举数据说明其不合理性，主张应该早日废除。对于关税附加税问题，去年末基本平静，只是进入今年后开始登载各地实情、外交部声明及其方针等，但间或可以感觉到当地舆论希望与其他地方一样加以实施，同时又有赞成日本态度的倾向。

当地为密切报业人员关系而组织的报界公会，将办事处设在官印局内。成立以来《民治日报》社长惠我春一直担任会长，每月举行一次例会，发布政府公布的消息，以及试图统一报道内容，与历年报告无异。

2. 杂志：当地可以视为杂志者仅有《孟晋》及亦可称为其副刊的《幸福周刊》，但今年3月末主管黄天石赴日以后，两者均停刊。此后市内完全看不到杂志。当然，官公署、学校、各种公私团体出于报告其工作状况、宣传等目的，会定期或不定期发行杂志。

3. 通讯社：现在云南有新云南通讯社与滇南通讯社两家。前者兼营《民治日报》，负责宣传省政府的主义政策，后者主要为省内各报提供海外消息。两者均依靠邮递通讯，即以快邮代电报。因而无法期待被视为报道生命的速度。另外，云南省内没有省外报社派驻特派员，也没有外文报纸。

名　称	主　义	持有人	主　笔	备　考
民治日报(中文)	政府的宣传机关报，提倡联省自治，标榜开发实业，对日本不即不离	惠我春(字云岑)　前清时代的秀才，曾任云南陆军学校教官，进入民国任唐继尧机关报《义声报》主笔，自此一直跟随唐之左右。1921年与唐归云南，发行本报，努力宣传其政策至今。现兼营新云南通讯社，任官印局长，报界公会创立后一直任会长	同前	1922年6月以合资组织形式，资本金六千元创刊，日刊，八页，发行量九百份，社址在城内文庙东街二十九号。1916年以《义声报》之名作为唐继尧的御用报纸发行，1921年随着唐的逃亡而停刊。一味宣传、拥护唐的主义政策，直至今日。刊登省政府无线电信接收到的内外消息，在云南报纸中内容最丰富，报道亦比较正确。省公署每月补助八百元

(续表)

名　称	主　义	持有人	主笔	备　考
义声报(中文)	旨在革新政治,发展实业,促进自治。与政党政派无关,稍具排日色彩	李巨裁(号祥云)　云南实业养成所毕业生,实业司科长	李仁甫	1916年4月创刊,日刊,六页,发行量三百份,社址在西华山街江川会馆内。发行以来为唐继尧的御用报纸,因唐逃亡,改称《民声报》而经营,唐归来后再次恢复原名,脱离御用报纸关系。曾经在经济报道上具有特色,影响超过《民治日报》,但去年以来迅速衰微。市政公所每月补助一百元
复旦报(中文)	标榜革新政治、外交,排日色彩浓厚,有关日本的报道特别多	刘国澍(号惠苍)　东京高等工业学校毕业生,现为市政公所技师	张磨明	1922年创刊,日刊,六页,发行量约三百份,社址在云南省城二蘖街一百零五号。本报原名《救国日报》,1918年由出自对日中交涉事件的愤慨而归国的留学生创办,致力于排日宣传,1922年12月改称为《复旦报》。本报特别注重海外消息,现在仍不时发表排日报道,但近年来稍趋稳健。市政公所每月提供一百元补助
均报(中文)	改良风俗,拥护民权	段全昌(号奇僧)　云南法政学校毕业后在河南省为官,民国初年回云南,1919年创办本报	张天傲	1919年创刊,日刊,四页,发行量两百五十份,社址在云南省城绣衣街九十一号。本报曾经受到国民党李宗黄的支持,现在与此人脱离关系,以营利为本位。其报道值得阅读者很少。市政公所每月提供一百元补助
社会新报①(中文)	注重道德,提倡提高社会生活,与党派无关	龙子敏　一直任本报记者,在王苏领导之下。最近因王离开报社而取代之		1922年2月创刊,日刊,四页,发行量约两百份,社址在云南省城洗马河肴美巷十五号。最初称晚报,1922年改称《社会新报》,值得阅读的报道很少,但似乎逐渐进入发展轨道。市政公所每月提供一百元补助
微言(中文)	提倡正义,维持风化	罗继春(号养儒)　云南法政学校毕业		1922年3月创刊,四日发行一次,发行约两百份,社址在云南省城文庙街五十七号。本报的资金似乎由南洋兄弟烟草公司云南分店提供,但其存在一直未得到承认。近来南洋兄弟公司也应从云南撤出,因而本报也会同时停刊
西南日报(中文)	旨在促进云南经济发展	沈圣安　曾任《义声报》记者,去年11月1日独立发行此报	李余空	1926年11月1日创刊,日刊,八页,发行量约三百份。社址在云南省城武庙下街七十一号。本报怀着大的抱负与期待创刊。因发行时日尚浅,内容仍不充实,其影响如何只能等以后再论。市政公所每月提供一百元补助

---

① 1926年报告为《社界新报》。

定期调查报告　　（秘）1927年11月　　有关中国（附大连、香港）报纸及通讯的调查

(续表)

名　　称	主　　义	持有人	主笔	备　　考
新云南通讯	由政府机关报《民治日报》兼营，宣传政府的主义、政策	惠我春	赵觉民、周忠国	1922年6月在《民治日报》创办的同时，于文庙东巷二十九号民治日报社内创立。作为政府的宣传机关，向各省发送省内重要消息的通讯。云南省与各省的陆上通信，需要一个月以上，依靠海底电缆则费用昂贵，无法利用。由于大多依靠邮寄，因此几乎没有价值。市政公所每月提供一百元补助
滇南通讯（中文）	无党派关系	沈硕夫（号浩苍）	同前	1924年于省城武庙下街创立，向省内各报提供省外各种消息。市政公所每月提供一百元补助
云南公报（中文）	云南省政府官报	省长公署	许鸿举	1912年8月创刊，日刊，菊判。十二三页，发行量约六百份，社址在省长公署枢要处第四科公报所
昆明市教育周报（中文）	促进教育	昆明市政公所	蒋绍封、倪鹏	1924年1月创刊，周报，发行量约五百份，社址在省城昆明市政公所教育科
云南实业公报	奖励、指导实业	云南实业司	李巨裁　《义声报》主笔	1920年11月创刊，月刊，大版①，一百四十五页，社址在省城实业公司。登载实业公司的业绩、调查报告、评论等，有些内容略有阅读价值
改造	研究国学，融合东西文化	东陆大学	萧寿民　东京帝国大学经济学士，富滇银行总参事。季耀商　京都帝国大学法学士。以上均为东陆大学教授	1924年创刊，月刊，大判，一百页，社址在省城东陆大学。发布该大学时事，同时时常临时增刊，发表有关儒学或老庄学的研究文章
孟晋（已停刊）	纵横于政治、文学等全领域	黄天石（号剑珠）曾任《民治日报》记者两年，1924年9月辞职，任建国联军建设部联治筹备处副处长，现任省公署顾问	同前	1924年10月创刊，月刊，大判，一百页左右，社址在省城小南门昆安巷十三号。登载政论、小说等。是云南稍微像样的杂志，但1926年3月黄天石赴日以后处于停刊状态
幸福周刊（已停刊）	旨在提高社会生活	张瑞宣　现云南司法司长，山东省人，前国会议员	黄天石	1925年8月创刊，周刊，发行量约一千五百份。该刊也随着黄天石赴日而停刊

---

① 日语表示纸张尺寸的专用名词，约285×400毫米，下同。

(附)
大连
报纸、通讯及杂志

名　　称	主义系统	持有人或社长	主　笔	备　考
满洲日报(日文)	时事报道	满洲日报社		1927年11月1日《辽东新报》与《满洲日日新闻》①合并后改名而成
大连新闻(日文)	时事报道	大连新闻社	山口可名	1920年3月创刊,发行量约一万七千五百份
满洲商业新报②(日文)		山口忠三	长谷川良之助	1917年12月创刊,发行量约一千份
关东新闻(日文)	时事报道	关东新闻社	下元幸治	1920年5月创刊,发行量约两千八百六十份
满洲妇人新闻(日文)	时事通讯	佐藤肇	同前	1923年12月创刊,发行量两千六百份
泰东日报(中文)	时事报道	阿部真言	平山武靖	1908年10月创刊③,发行量约一万两千两百份
满洲报(中文)	时事报道	西片朝三	久留宗一	1922年7月创刊,发行量约三万五千份
关东报(中文)	时事报道	永田善三郎	王子衡	1919年11月创刊④,发行量约四千一百份
Manchuria Daily News(英文)	时事报道	滨村善吉	同前	1912年8月创刊,发行量一千份
联合通信(日文)	时事通讯	川岛信太郎		1923年10月创刊,发行量一千七百份
电报通信(日文)	时事通讯	内海安吉	稻叶武	1920年8月创刊,发行量八十七份
日满通信(日文)	时事通讯	津上善七	斋藤善之助	1921年4月创刊⑤,发行量三百份
帝国通信(日文)	时事通讯	越野宗太郎	米木厚二	1924年3月创刊,发行量三百五十份

香港(1927年3月31日报告)

名　　称	主义系统	持有人或社长	主笔及主要记者	备　考
华侨日报(中文)	承袭香港《华商总会报》而来,与英文报纸South China Morning Post有关系	股份制 社长　李玉堂	黄■恭	1925年创刊,早报,发行量八千份以上,目前是当地读者最多的报纸
循环日报(中文)	对广东政府有好感,但表面上标榜中立	股份制 经理　温荔坡	何雅选	1873年(五十余年前)创刊,早报,十二页,发行量七千五百份

① 1907年11月创刊。
② 初名《大连经济日报》,1923年易名。
③ 1908年11月3日创刊。
④ 一说1920年9月1日创刊。
⑤ 一说1925年4月创办。

定期调查报告　　（秘）1927年11月　　有关中国（附大连、香港）报纸及通讯的调查

(续表)

名　　称	主义系统	持有人或社长	主笔及主要记者	备　　考
华字日报(中文)	反共产、反广东，对香港政厅有好感，受到支持，但表面标榜超然主义(被广东政府禁止输入)	股份制 社长　陈止澜	劳纬孟	六十余年前创刊，早报，发行量七千份
大光报(中文)	与旧国民党有关，基督教徒的机关报	股份制 社长　王国■	黄天石	1927年3月创刊，早报，发行量六千份
香江晚报(中文)	反广东政府	经理　黄绍颐	郑天建	1921年11月创刊，晚报，发行量平日三千份，周日六千份
工商日报(中文)	香港政厅的机关报	股份制 社长　洪兴锦	徐天放	1925年9月创刊，早报，发行量三千份
南中报(中文)	承袭《中华民报》而创办，但系统不一样，属《华侨日报》系	经理　胡惠民	胡伯达	1926年末创刊，晚报，发行量平日三千份，周日六千份
香港晨报(中文)			陈国英	1926年创刊，早报，发行量一千份以下
香港日报(日文)		持有人　井手元一	同前	1909年9月创刊，早报，发行量四百五十份
South China Morning Post(英文)	健康公正，对日感情良好	股份制 总经理　B. Wylie	H. Ching	1906年创刊，早报，发行量三千份
Hongkong Daily Press(英文)	以拥护英帝国利益为着眼点，最近一两个月来，有关我国对华对英态度，倾向于发表稍稍不友好的论调	股份制 总经理　O. T. Breakspear	同前	1857年创刊，早报，发行量两千五百份
Hongkong Telegraph(英文)	支持香港政厅的态度	与South China Morning Post属于同一经营者	Alfred Hicks	1891年创刊，晚报，发行量两千三百份
China Mail(英文)	重点在于地方问题及经济问题	股份制 经理　G. W. C. Burnett	同前	1804年创刊，晚报，发行量一千六百份
Sunday Herald(英文)	重点在于地方问题	与股份制 China Mail 属于同一系统	G. W. C. Burnett	1924年2月创刊，周日晨刊，发行量一千份
Daily Bulletin(英文)		作为Publicity Bureau for South China的消息发布机关，主要登载路透社电讯	William Jackson	1919年创刊，日刊，发行量四百份
Hongkong Weekly Press(英文)		Daily Press 经营 O. T. Breakspear	同前	1857年创刊，周刊，每周五发行，发行量约两千份
Overland China Mail(英文)		由China Mail社经营，G.W.C.Burnett	同前	1845年创刊，周刊，每周四发行，发行量约三千份

通讯员

姓　　名	所属社名	备　　考
	路透社①	亲日
德富雪夫	大阪每日新闻社	
井手元一	大阪朝日新闻社	兼职

中国（附大连、香港）报纸及通讯统计表②

地名	中文	日文	英文	俄文	法文	杂	合计	通讯合计
北京	31	2	4	—	1	—	38	42
天津	37	3	5	—	1	—	46	16
赤峰	—	—	—	—	—	—	—	—
绥远	1	—	—	—	—	—	1	—
奉天	6	3	—	—	—	—	9	6
铁岭	—	1	—	—	—	中、日文1	2	—
开原	—	2	—	—	—	—	2	1
掏鹿	—	—	—	—	—	—	—	—
牛庄	1	1	—	—	—	—	2	—
辽阳	1	1	—	—	—	—	2	—
新民府	—	—	—	—	—	—	—	—
安东	2	1	—	—	—	—	3	—
抚顺	—	1	—	—	—	—	1	—
本溪湖	—	1	—	—	—	—	1	—
海龙	—	—	—	—	—	—	—	—
洮南	—	—	—	—	—	—	—	—
通辽	—	—	—	—	—	—	—	—
郑家屯	—	—	—	—	—	—	—	—
四平街	—	1	—	—	—	—	1	—
公主岭	—	1	—	—	—	—	1	—
吉林	5	2	—	—	—	—	7	—
长春	1	2	—	—	—	—	3	2
农安	—	—	—	—	—	—	—	—
哈尔滨	10	1	2	8	—	英、俄文1	22	6

---

① 原文遗漏路透社通讯员姓名。
② 如"凡例""1"所说，收到各地外交机构的调查报告后，外务省情报部进行编辑，"至本书付梓为止，又对新刊、停刊的报刊及其他变化之处尽可能进行了订正、补充、删除，而本年度绝大部分城市使用的是当地外交机构的原始报告，因此，各地数据与原始报告之间可能存在不吻合的情况"。

(续表)

地 名	中 文	日 文	英 文	俄 文	法 文	杂	合 计	通讯合计
局子街	—	—	—	—	—	—	—	—
龙井村	—	1	—	—	—	朝鲜文1	2	1
珲 春	—	—	—	—	—	—	—	—
百草沟	—	—	—	—	—	—	—	—
头道沟	—	—	—	—	—	—	—	—
齐齐哈尔	2	—	—	—	—	—	2	—
满洲里	2	—	—	1	—	—	1	—
黑 河	1	—	—	—	—	—	1	—
济 南	11	2	—	—	—	—	13	1
青 岛	6	2	1	—	—	—	9	2
芝 罘	8	—	1	—	—	—	9	—
开 封	4	—	—	—	—	—	4	—
上 海	11	4	10	2	1	—	28	19
南 京	7	—	1	—	—	—	8	10
苏 州	6	—	—	—	—	—	6	—
无 锡	3	—	—	—	—	—	3	—
镇 江	4	—	—	—	—	—	4	—
安 庆	6	—	—	—	—	—	6	4
芜 湖	2	—	—	—	—	—	2	—
南 昌	5	—	—	—	—	—	5	1
九 江	1	—	—	—	—	—	1	—
福 州	25	1	—	—	—	—	26	—
厦 门	6	—	—	—	—	—	6	—
杭 州	5	—	—	—	—	—	5	—
海 宁	3	—	—	—	—	—	3	—
嘉 兴	1	—	—	—	—	—	1	—
平 湖	1	—	—	—	—	—	1	—
乍 浦	2	—	—	—	—	—	2	—
宁 波	2	—	—	—	—	—	2	—
绍 兴	2	—	—	—	—	—	2	—
诸 暨	2	—	—	—	—	—	2	—
余 姚	1	—	—	—	—	—	1	—
衢 县	2	—	—	—	—	—	2	—

(续表)

地 名	中 文	日 文	英 文	俄 文	法 文	杂	合 计	通讯合计
温 州	2	—	—	—	—	—	2	—
汉 口	20	3	2	—	—	—	25	11
沙 市	1	—	—	—	—	—	1	—
宜 昌	3	—	—	—	—	—	3	—
长 沙	5	—	—	—	—	—	5	8
成 都	8	—	—	—	—	—	8	—
重 庆	6	—	—	—	—	—	6	—
广 州	9	—	1	—	—	—	10	9
汕 头	11	—	—	—	—	—	11	1
云 南	7	—	—	—	—	—	7	2
合 计	296	36	27	11	3	3	376	142
（附）								
大 连	3	5	1	—	—	—	9	4
香 港	8	1	5	—	—	—	14	3